다시 읽는
민주주의와
교육

대전환 시대, 삶과 생명의 교육철학

표지 사진은 듀이의 실험학교(laboratory school)를 배경으로 아동이 작업에 참여하는 모습을 담고 있다.
출처: 시카고대학교 실험학교자료실.

다시 읽는
민주주의와 교육
대전환 시대, 삶과 생명의 교육철학

초판 1쇄 인쇄 2024년 1월 5일
초판 1쇄 발행 2024년 1월 13일

지은이 존 듀이
옮긴이 심성보
펴낸이 김승희
펴낸곳 도서출판 살림터

기획 정광일
편집 조현주, 송승호
북디자인 꼬리별

인쇄·제본 (주)신화프린팅
종이 (주)명동지류

주소 서울시 양천구 목동동로 293, 2215-1호
전화 02-3141-6553
팩스 02-3141-6555
출판등록 2008년 3월 18일 제313-1990-12호
이메일 gwang80@hanmail.net
블로그 http://blog.naver.com/dkffk1020
한국교육연구네트워크 www.kednetwork.or.kr

ISBN 979-11-5930-273-2 93370

한국교육연구네트워크 번역총서 12

다시 읽는
민주주의와 교육

대전환 시대, 삶과 생명의 교육철학

존 듀이 지음 | 심성보 옮김

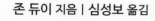

Democracy and Education 살림터

| 일러두기

▸이 책은 아래의 원서를 번역하였다.
  John Dewy, *Democracy and Education: An Introduction to the Philosophy of Education*,
  The Free Press, New York, 1916.
▸저자 주는 본문에 *로 표시하고 각주로 나타냈고, 옮긴이 주는 책 말미에 미주 형식으로 덧붙였다.

머리말

이 책은 민주주의 사회에 내포된 이념을 탐색하고 진술하며, 그 이념을 교육의 실제 문제에 적용하려는 노력의 산물이다. 위의 관점에 비추어 이 책은 공교육의 구성적 목적과 방법에 필요한 여러 조치를 포함하며, 민주화 이전의 사회 상황에서 체계화된 지식의 이론과 도덕성 발달의 이론을 비판적으로 검토한다. 물론 이러한 이론들에는 과거 사회에서 정식화되어 지금의 민주사회에서도 여전히 효력을 발휘하며 민주적 이상의 충분한 실현을 저해하는 것에 대한 비판적 평가도 들어 있다. 이 책의 내용에서 자연스럽게 드러나겠지만, 이 책에 진술된 철학은 민주주의의 성장을 과학의 실험 방법, 생물학의 진화이론 그리고 산업의 재조직화와 관련된 것으로 보고, 이러한 방면의 발달이 교육 내용과 방법에 어떤 변화를 가져오는지 지적하는 데 관심을 둔다.

이 책의 내용을 비판적으로 검토해 준 컬럼비아대학교의 굿젤 박사에게 진심으로 감사드린다. 더욱이 감사드려야 할 컬럼비아대학교의 킬패트릭 교수는 비판적 검토와 함께 이 책의 주제 순서에 대해서 조언해 주었다. 때로 나는 그의 의견에 기꺼이 따랐다. 엘지 리플리 크라프 양은 많은 비판과 제언을 해 주었다. 이 모든 분들에게 감사를 드린다. 굿젤 박사와 킬패트릭 교수는 인쇄 교정본까지 읽는 친절함을 베풀었다. 그리고 오랜 기간에 걸쳐 내 강의를 들은 수없이 많은 학생들에게도 큰 도움을 받았다는 것을 밝혀 둔다.

존 듀이
1915년 8월 뉴욕, 컬럼비아대학교

『민주주의와 교육』을 왜 다시 읽어야 하는가?

　듀이는 세계적으로 가장 영향력 있는 교육철학자이다. 듀이는 철학을 문명의 활동력으로 생각하는 실천적 사상가이고, 민주주의 이상을 학교 교육에 구현하고자 한 민주주의를 옹호한 공적 지식인이다. 듀이를 하이데거, 비트겐슈타인과 함께 20세기 가장 중요한 세 명의 철학자라고 칭송하기도 한다. 그리고 듀이의 『민주주의와 교육』은 플라톤의 『국가론』, 루소의 『에밀』과 함께 세계의 3대 저작으로 교사나 연구자들이 읽어야 할 세계적 고전의 반열에 올라 있다. 이 책은 실험학교 교재뿐 아니라 일반 학교의 교육학적 교재로도 손색이 없고, 20세기를 넘어 21세기에 이르기까지 가장 영향력 있는 위대한 저서로 자리하고 있다. 시대를 앞서간 100여 년 전의 저서이지만 30개국 이상에서 출판된 것으로 알 수 있듯이 사회, 정치, 문화, 교육 등 많은 영역에 걸쳐 오늘날에도 지대한 영향력을 미치고 있다.

　『민주주의와 교육』은 52세인 1911년에 쓰기 시작하여 1916년(57세)에 완성되었다고 한다. 그만큼 많은 생각을 해야 했고, 실천을 이론화하고자 애썼다. 이 책은 그 덕분에 탄생한 위대한 저서로 듀이의 명성은 더욱 높아졌다. 1916년에 출간된 이 책은 듀이가 시카고대학교에서의 실험학교 7년 경험을 교육학적으로 종합하여 재정리했으며, 여기에 사회철학, 심리학, 사회학, 역사학, 생물학 등을 교육학적 이론으로 종합해 냈다. 1916년은 시카고대학교에서의 실험학교 작업을 끝내고 곧바로 컬럼비아대학교(1905~1930)로 적을 옮긴 후 13년이나 지난 때였다. 당시 그가 개설한 강좌 제목은 '논리학과 교육적 문제', '사회생활과 학교 교육과정', '윤리학과 교육적 문제', '철학과 교육의 역사적 관계', '교육철학' 등이다. 듀이는 『민주주의와 교육』에서 철학을 '교육의 일반이론'이라고 정의하였다. 철학적 원리는 교육 실천이라는 실험실을 통해서 실증되는 것이다. 철학적 원리 없이는 올바른 교육이 불가능하고, 교육 실천을 통해서 증명된 이론이 바로 철학이 된다는 주장이다. 그런 뜻에서 듀이는 철학자인 동시에 교육사상가이다.^{박봉목, 2000: 368-369}

『민주주의와 교육』은 흔히 '민주교육론'으로 오해하기 쉬우나, 사실 책의 부제대로 '교육철학 입문서'라고 할 수 있다. 다루는 주제를 보면 '교육철학 개론서', 더욱 적극적으로 말해서 '교육학 개론서'라고 해도 과언이 아니다. 이 책은 20세기 가장 영향력 있는 교육철학 입문서이자 종합적 교육론을 개진한 위대한 저서이다. 그리하여 교육의 미래에 대한 '전망'을 과거의 교육에 대한 성찰을 통해 새롭게 조망하고 있다.

듀이의 민주주의 교육이론이 성숙한 모습을 드러낸 지 백 년을 넘어선 지금, 여전히 세계적 이목이 집중되면서 듀이는 다시금 교육계의 거목으로 부상하고 있다. 그는 미국을 대표하는 교육철학자를 넘어 세계적 교육철학자로서 여전히 전 세계의 교육이론과 실천적 지도자들에게 감명을 주고 있다.

오늘날 듀이 이론의 중요성이 지속적으로 부각되는 증거로는 『민주주의와 교육』의 출간 100주년을 맞이한 2016년을 즈음하여 듀이의 민주주의 교육이론에 관한 연구가 새롭게 표출된 점을 들 수 있다. 새로운 연구에는 주요 학술지의 특별호, 단일 저서와 편집 도서 그리고 핸드북이 포함되었다. 교육에 대해 놀랄 정도로 독창적이며, 지적으로 확산적 탐구가 이루어졌던 20세기 초에 발간된 이 책은 21세기가 되어서도 여전히 생명력을 보이고 있다.

『민주주의와 교육』이 출판되자마자 책의 유명세는 해외 강연으로 이어졌고, 듀이의 해외 강연은 미국 밖으로 자신의 교육이론을 펼쳐 나가는 계기가 되었다. 그의 정치적, 사회적 견해의 진화에 따라 그 영향력이 더욱 확산된 것은 『민주주의와 교육』의 주장들이 아직도 구현되지 못하고 있는 현실을 반영한다. 그동안 나타났던 일련의 교육혁신은 듀이의 사상에 일정한 뿌리를 두고 있는데, 여기에는 열린교실, 협동학습, 체험교육, 학습공동체학교 그리고 아동을 위한 철학적 탐구공동체 등이 포함된다. 이런 교육활동의 영향력이 결국 약화된 것은 듀이 이론의 한두 가지 요소만 선택하고 나머지는 무시했기 때문이다. 하지만 무수한 '대안적' 사실들이 넘쳐나고 '민주적' 가치가 후퇴하고 있는 탈진실 시대로 접어들면서, 듀이의 민주적 교육론은 더욱 부각되었다.

『민주주의와 교육』의 핵심 화두는 자연과 인간 경험의 연속성, 실천적으로 발달하는 창조적 지성, 구성원의 다양한 개성과 자유로운 소통의 힘이 확보되는 민주사회 등으로 요약할 수 있다. 듀이는 산업자본주의와 기계문명의 영향 아래서 인간 경험이 삶이나 생명을 상실하며 황폐해지고, 사회공동체적 삶이 소외와 대립으로 치닫는 현실을 문제로 의식했다. 특히 분업화가 가속화되고 계층적 구분이 심화되면서 자신이 하는 일의 기술적, 지적, 사회적 의미를 깨닫지 못한 채 기계적으로 행하거나 변덕스럽게 목적 없이 떠도는 습성이 형성되는 것을 문제 삼았다. 기계적이고 무감각하게 굳어진 현대인은 이 세계 안에서 제대로 교감하고 소통하지 못한다. 보고 들어도 그 깊은 의미를 실감하지 못하며, 일상 삶에서 생각과 느낌과 행위가 서로 엇갈리고 분열되어 있다. 이러한 문제의식에서 출발해 '민주적 공동체'로서 학교의 교육적 경험을 통해 자연과 인간을 향한 기본적인 지적, 정서적 기질을 형성하는 교육적 대안을 모색했다. 듀이의 문제의식과 그로부터 모색된 교육적 대안은 사회적 삶과 교육의 근본적 전환이 요청되는 오늘의 우리에게 더욱 많은 메시지를 던져 준다.

미국 교육감의 말대로, 비록 현재 미국에서는 진보주의 교육의 영향이 침체해 있는 상태지만, 앞으로도 계속해서 학교에 영향을 미치는 세력으로 남아 있을 것이다.Hayes, 2021: 290 근본적으로 문제 상황이 해결되지 않는 한, 듀이의 목소리는 여전히 살아 있고 앞으로도 살아 있을 것이다.Ryan, 1997: 357 작금 우리 사회가 듀이에 다시 관심을 보이게 된 것은 아마도 학교와 사회의 민주주의와 공동체성의 중요성이 부각되고 있기 때문일 것이다. 또 지역사회가 붕괴되고 있는 현실도 작용했을 것이다. 학교가 더불어 살아가는 공동체 정신과 민주시민이 지녀야 할 자질을 기르는 장이 되기보다는 상류사회로 진출하기 위한 극심한 경쟁터가 되고 있는 것도 큰 문제가 되었다.

듀이의 『민주주의와 교육』이 호명되고 있는 것은 학교의 지식교육과 지역사회의 연속성이 강조되고 있는 것과 무관하지 않다. 이런 흐름은 우리 교육의 중대한 변화 징후를 보이는 사회적 현상이다. 이런 징후가 듀이를 다시 호출하고 있다. 그의 말대로 인간은 환경과의 상호작용을 통해 성장하고 발달하는 존재이다. 아동·청소년이 살아가는 마을이 배움터가 되어, 삶과 앎이 통일되는 배움, 연대적이고 협력적인 삶을 통해 민주주의를 체득하는 마을교육공동체는 매우 중요하다. 듀이는 시민들에게 근대 경제 안에서 효과적으로 행동할 수 있는 능력을 길러주는 새로운 공동체적 기관, 특히 민주적이고 공동체적인 학교의 설립을 요청하고 있다. 듀이의 민주주의 교육철학과 실험학교 정신 그리고 학교교육과 지역교육의 연계 정책은 우리의 미래교육을 위한 새로운 대안적 철학과 방법론으로 다시 주목받기에 충분하다.

『민주주의와 교육』의 내용을 핵심어로 요약하면 교육과 학교, 가르침과 배움, 교육과정과 교과 및 지식, 성장과 소통, 작업(노작)과 놀이, 사회와 공동체, 민주주의와 연대 활동, 경험의 계속적 재구성, 사회정의와 가치 등으로 압축할 수 있다. 『민주주의와 교육』은 듀이가 전 생애에 걸쳐 교육에 대한 학문적이고 실천적 작업을 한 사상의 결실이다. 특히 교육적·철학적 주제가 창의적이고, 대립하는 갈등적 주제일 경우에는 새로운 융합을 시도하고 있다. 교육 실천 활동을 하면서 제기되는 여러 가지 문제를 이론적으로 해석한 책으로 『민주주의와 교육』만큼 친절한 안내서도 없을 것이다. 듀이는 이 책을 자기 사상의 결정판이라고 여겼고, 논리적 완결성을 갖추고 있다고 자평했다.

표피적인 교육 현상을 좀 더 깊게 이해하고자 한다면, 『민주주의와 교육』을 반드시 읽어야 한다. 교육이 무엇이고, 무엇을 위한 것인가를 고민하는 교육자라면, 또 교육 현상을 좀 더 깊게 이해하고 실천하고자 하는 활동가라면 이 책을 한 번쯤 끝까지 정독할 필요가 있다. 물론 높은 경지에 이른 듀이의 탁월한 교육이론은 초심자가 읽기에는 매우 어렵다. 그렇지만 독자의 이해를 돕기 위한 주와 옮긴이 해제를 읽으면서 본문을 읽으면 이해가 잘될 것이다.

특히 다음과 같은 물음을 가진 사람은 『민주주의와 교육』을 반드시 읽을 필요가 있다. 우리의 교육체제에서 형식교육과 비형식교육의 연계는 원활한가? 학교 안의 '지식(양식)'과 학교 밖의 '경험(상식)'은 잘 연계되고 있는가? 어떻게 해야 마음(자아)과 경험(행함)의 상호작용을 원활하게 할 수 있는가? 수업할 때 흥미와 도야를 잘 조화시키고 있는가? 학습자의 역량을 잘 발휘할 수 있는 조건은 무엇인가? 아이들의 올바른 '성장'을 도와주려면 교육체제를 어떻게 해야 하는가? 우리 학교는 공동체적 운영을 하고 있는가? 학교 구성원들의 소통 관계는 어느 정도인가? 혁신학교는 민주적 공동체 철학을 잘 구현하고 있는가? 교과와 교과의 연계성 및 상호작용이 왜 중요한가? 교과활동은 왜 지역사회와 연계성을 가져야 하는가? 교육과 수업은 회고적인가 전망적인가? 사회적 효율성과 교양의 가치가 적절하게 결합할 지점은 어디인가? 학교문화에서 소통과 공론의 장이 잘 이루어지고 있는가? 사회 문제의 해결에서 구조와 문화가 잘 공존하면서 이루어지고 있는가? 애국주의와 세계시민주의는 대립적인가 아니면 공존 가능한가? 우리의 국가 교육정책은 자연과 문화를 잘 융합시키고 있는가? 포스트 코로나 시대의 교육정책은 어디로 가야 하는가? 새로운 사회의 도래를 위한 교육체제(학교체제, 마을체제, 가족체제)는 새로운 미래 질서를 준비하고 있는가? 이런 질문을 하면서 책을 꼼꼼히 읽는다면 의문의 실타래가 하나둘 풀릴 것이다.

오늘날 듀이의 교육론이 우리 교육계에서 다시 부상되고 있는 것은 국가교육의 목적과 방향, 학교개혁, 교육과정 개혁 그리고 마을교육공동체

운동에 주는 의의가 크다는 점과 무관치 않다. 2010년대 이래로 지역교육의 시대가 열리면서 학교의 민주성과 공동체성의 붕괴를 막기 위한 교육운동으로 '혁신학교운동'이 등장하고, 혁신학교운동의 발전은 곧 지역사회의 새로운 갱신을 모색하는 '마을교육공동체운동'으로 발전해 간 상황과 연관된다. 바다 없는 섬의 존재는 고립된 공동체이기 때문이다. 그래서 '한 아이를 키우려면 온 마을이 필요하다'라는 말이 설득력 있게 다가온다. 이러한 차원의 문제의식을 알려 주는 관점으로 듀이의 학교와 지역사회의 연계에 대한 관점이 조명되면서 새로운 관심을 받기 시작했다. 특히 듀이의 민주적인 연합적 삶의 양식과 실험학교 정신은 앞으로 도래할 새로운 미래의 교육 담론으로 주목받고 있다. 듀이는 학교를 작은 사회(공동체)로 보았으며, 시민성을 기르는 장이자 민주주의의 시발점으로 보았기 때문이다.

이러한 문제는 듀이가 20세기 미국 사회를 진단했던 맥락과 매우 닮았다. 일찍이 19세기 미국에서도 급격한 산업화와 근대화의 영향으로 지금의 한국 교육에서와 같은 문제점이 나타났다. 급속한 산업화는 사람을 민주주의 사회의 구성원보다는 사회의 한 부속품으로 여기는 일이 빈번했다. 잇달아 획일성, 관료주의와 같은 특징을 가진 근대 학교의 낡은 체제가 수시로 확인되고, 성찰이 부족한 신자유주의 정책 수용에 따른 사회·경제적 차등과 경쟁의 논리가 교육정책을 지배하였다. 이에 대해 듀이는 수많은 교육 문제를 사회 문제 그리고 삶/생명의 문제와 연관시켜 논리정연하게 자신의 교육관을 폈다. 현재 없는 미래 및 미래교육을 비판하면서 미래를 현재의 연장으로 이해한다. 즉 미래를 위해 준비하는 교육이 아니라 아동(학생) 자신의 현재 삶을 중요하게 여긴다. 듀이는 진보주의 교육철학의 관점에서 일목요연하게 교육 문제를 논의하고 있다. 교육의 목적, 지식(앎), 흥미, 도야, 성장, 경험, 사고, 교육 방법, 교과, 놀이, 여가, 직업, 작업, 도덕, 진보적 교육, 교육철학의 기능 그리고 개인과 사회의 관계, 노동과 여가의 관계, 이론적 교과와 실제적 교과의 관계, 자연 교과와 인문 교과의 관계 등을 두루 다루고 있다.

역자가 대학을 다니던 1970년대 억압 시대에는 듀이의 교육관이 잘 들어오지 않았다. 당시에는 듀이의 생각이 너무 온건하고 기능적인 것으로 보였다. 그러나 권위주의 정권 출범 후 또다시 민주주의 교육의 기반이 흔들리고 있는 작금의 정국은 듀이의 『민주주의와 교육』을 다시 호출하고 있다. 보수와 진보의 대결 국면에서 양자를 아우르는 중도적 입장의 듀이 이론을 다시 불러낸 것이다. 그런데 기존에 번역된 『민주주의와 교육』은 반공동체주의적이고 반실천주의적으로 번역되어 듀이 이론을 곡해한 곳이 적지 않다. 그래서 번역자는 이를 듀이의 관점으로 되돌려 놓고자 하였다.

이 책을 번역하게 된 일차적 동기를 제공하며 한 학기 동안 『민주주의와 교육』을 함께 발표하고 수업에 참여한 충남의 '새로운학교네트워크' 선생님들의 노고, 이 책을 요약하여 발표하고 토론도 열심히 한 한국교육연구네트워크 '민주주의와 교육 세미나' 참여자들에게도 감사의 말씀을 드린다. 특히 번역의 오자, 탈자, 오역을 발견하여 글을 아름답게 해 준 한희정 선생님, 이형빈 교수님, 유성상 교수님의 노고에 무한한 감사를 드린다. 그리고 『민주주의와 교육』의 생명·생태적 의미를 부각시켜 준 현광일 선생님, 『민주주의와 교육』 속에서 연대적·협력적 삶을 통해 마을교육공동체운동의 의미를 살려낸 김태정 선생님, 그리고 번역문투의 글을 이오덕 정신에 따라 우리말로 읽기 쉽게 고쳐 준 이부영 선생님의 공헌에 감사하지 않을 수 없다. 이들은 이 책을 독자들이 잘 이해하도록 애쓴 숨은 공로자들이다. 각 장의 번역 제목은 현시기에 맞게 변경한 것도 있고, 소제목은 독자들의 이해를 위해 수정 또는 추가한 것도 있다.

『민주주의와 교육』은 교육을 바라보는 기본적인 철학적 사유나 이와 관련된 교육적 논란들을 파악하여 대안을 제시하는 데 큰 도움을 줄 것이다. 그리고 새로운 교육의 출발을 위한 이론적 토대로서, 또 지역사회 교육운동의 발전을 위해 크게 기여할 것이다. 듀이가 서문에서 밝힌 대로 명목상으로는 민주주의 사회라고 하지만, 실제로는 그렇지 않은 우리 사회에 큰 귀감이 되는 역할을 충분히 할 것이다. 민주주의 위기 국면에서 교육과 사회의 대전환을 위한 근본적 성찰에도 이 책은 크게 도움이 될 것이다. 민주주의가 꽃피우기 시작하고, 교육의 혁신이 요구되는 21세기의 시대적 전환점에서 듀이를 호출할 필요가 있다.

진보 진영이든 보수 진영이든 『민주주의와 교육』의 출판을 계기로 듀이의 교육이론을 더욱 깊이 이해하여 우리 교육을 새롭게 성찰하고 함께 협력하고 연대하기를 염원한다. 학교에서 교육받는 아이들은 사회의 구성원이며, 그러한 구성원으로서 교육과 돌봄을 받아야 한다. 이러한 평범한 교육목표는 일반적으로 교육자들에 의해 협소하게 이해되곤 하지만, 듀이는 어린이(유기적 전체, 사회의 구성원)와 지역사회(사회의 적극적 기여자) 간의 상호작용에 대한 더 넓은 이해가 필요하다고 주장한다. 듀이는 이 책에 학교의 사명에 관한 교육학, 교육정치, 교육정책에 대한 여러 가지 함의를 담아냈다. 그는 과학의 진보, 산업혁명, 그리고 민주주의의 진보에 따라 철학의 재구성, 사회적 이상의 재구성 및 이에 따른 교육의 재구성을 위한 교육개혁이 요청된다고 역설한다. 인간은 환경과의 상호작용을 통해 성장하고 발달하는 존재로서 세상과 교육의 관계를 총체적으로 바라보고 주변 세계를 깊이 이해해야 '새로운 아이'가 탄생할 수 있으며, 이를 통해 '새로운 세상'은 도래할 것이다. 이렇게 사회 및 교육의 대전환을 요구하는 시대 상황에서 새로운 교육사상적 자양분으로 『민주주의와 교육』을 읽고 논의하는 민주적 학습공동체들이 출현하기를 고대한다.

옮긴이 심성보 씀

차례

1장

삶과 생명의 필요로서의 교육

전승에 의한 삶의 갱신

생명체가 무생물과 분명하게 구별되는 점은 갱신을 통해 자기 존재를 보존하는 데 있다. 무생물인 돌멩이는 강한 타격에도 견딘다. 버티는 힘이 쳐내는 힘보다 크면 겉보기에 아무런 변화가 없다. 하지만 그 반대의 경우에는 산산조각이 나 버리고 만다. 돌멩이는 결코 내려치는 힘에 맞서 자기를 보존하려고 애쓰지 않으며, 그 힘을 되받아 자기 운동을 지속하는 데 이롭게 만드는 경우란 더더욱 없다. 하지만 생명체는 이와 다르다. 생명체는 강한 힘을 받아 쉽사리 쓰러질 수 있지만, 작용하는 에너지를 자신의 생존 수단으로 만들기 위해 어떤 식으로든 반응한다. 그렇게 하지 못하면, 생명체는 그저 조각나 버릴 뿐만 아니라 고등생물의 경우에는 삶이나 생명으로서의 정체성을 상실하게 된다.[1]

생명체는 살아 있는 한, 주위 에너지를 자기에게 이롭게 만들려고 애쓴다. 생명체는 빛, 공기, 습기, 토양 등을 이용한다. 그것을 이용한다고 함은 주위 에너지를 자기 생존의 수단으로 만든다는 뜻이다. 생명체가 성장하는 한, 환경을 이용하려고 쏟는 에너지는 돌이켜 얻는 것으로, 즉 성장함으로써 그 이상의 보상을 받는다. 이런 의미에서 생명체는 자기 활동을 지속하기 위해 주위 에너지를 정복하고 제어해 가는 존재라 할 수 있다. 한마디로 생명체란 환경과의 상호작용[2]을 통해 자기를 갱신해 가는 과정이라고 할 수 있다.

하지만 이러한 과정이 고등 생명체라고 해도 무한히 계속될 수는 없다. 시간이 지나면 생명체는 소멸하고 죽음에 이른다. 개별 생명체가 자기갱신의 과업을 무한정 지속할 수는 없다. 그러나 생명 과정의 연속성은 어느 한 개체의 존재 여부에 달려 있지 않다. 번식을 통해 다른 생명체가 계속해서 생기는 것이다. 또한 지질학적 기록이 보여 주듯이, 개별 생명체뿐만 아니라 전체 종이 소멸하기도 하지만, 생명 과정은 점점 더 복잡하게 진화된 종을 통해 계속 이어진다. 일부 종이 멸종할 때, 그들이 싸워

이기지 못한 장애를 이용할 만큼 보다 잘 적응한 새로운 종들이 생겨난다. 이렇게 보면 삶의 연속성은 살아 있는 생물체의 필요에 따라 환경 조건을 계속 재적응시켜 왔음을 의미한다.[3]

행함으로서의 경험

여기까지는 '생명체'[4]를 가장 하위 수준에서 하나의 물체로 이야기해 왔다. 그러나 우리가 '생명' 혹은 '삶'이라는 말을 쓸 때, 그 의미는 넓게 개인적인 것이든 인간 전체의 것이든 넓은 범위의 경험[5]을 포함한다. 『링컨의 삶』이라는 제목의 책을 보면, 우리는 그 속에 생리학 논문 같은 내용이 들어 있을 것이라고 생각하지 않는다. 아마도 당시 그의 삶에 영향을 미친 사회적 상황들, 말하자면 어린 시절의 환경, 가족의 생활환경과 직업, 인격 발달 과정에 있었던 주요 에피소드, 특기할 만한 고군분투나 업적, 개인적인 소망, 기쁨과 아픔들에 대한 묘사들이 적혀 있으리라 예상한다. 이와 비슷하게 포괄적인 의미로 원시 부족의 삶, 아테네 사람들의 삶, 미국이라는 국가의 삶에 대해서도 이야기할 수 있다. '생명' 혹은 '삶'[6]이란 관습, 제도, 신념, 승리와 패배, 유희와 일 등을 포괄하는 넓은 의미를 지닌다.

'경험'이란 말도 이와 같이 풍부한 의미로 쓸 수 있다. 그리고 단순히 생물학적 의미의 생명에 대해서와 마찬가지로, 인간 경험에도 갱신을 통한 연속성의 원리가 적용된다. 즉 생물학적 차원에서 존재의 갱신이 있듯이, 인간의 경험은 신념, 이상, 소망, 행복, 불행, 실천의 재창조가 이루어진다. 사회집단이 갱신을 통하여 그 경험의 연속성을 확보해 간다는 것은 의심의 여지가 없는 사실이다. 이렇게 볼 때 가장 넓은 의미에서, 교육이란 사회적 차원에서 삶 혹은 경험의 연속성을 이루기 위한 수단이다. 어느 사회집단에서든지, 원시 부족에서든 현대 도시든 구성원들은 모두 언어도, 신념도, 이상도, 사회적 규준도 갖추진 않은 채로 미숙하고 무력한 상태로 태어난다. 각 개인, 즉 그 집단에서 삶의 경험을 짊어지고 가는 단위로서 개별 존재는 시간이 지나면 사라진다. 하지만 그 집단의 삶, 생명은 계속 이어진다.

집단의 연속성을 위한 필요로서의 교육

이와 같이 사회집단에서 개별 구성원들이 태어나고 죽는다는 일차원적이고 거부할 수 없는 사실로부터 우리는 교육의 필요성을 말할 수 있다. 한편으로는 새로 태어난 구성원들, 곧 미래에 집단을 이끌어 갈 이들의 미숙함과 그 집단의 지식과 관습을 담지한 성인의 성숙함 사이에 현저한 격차가 존재한다. 다른 한편으로는 미숙한 구성원들의 적절한 수요가 물리적으로 확보되어야 할 뿐만 아니라, 그들이 성인 구성원들의 관심, 목적, 정보, 기술 및 실천에 입문해야 한다. 그렇지 않으면 그 집단의 고유한 삶은 끝나 버릴 것이다. 그런데 원시 부족에서도 성인이 이룬 성취는 미숙한 구성원들이 스스로 터득할 수 있는 수준을 훨씬 넘어서 있다. 그리고 문명이 발달함에 따라 미숙한 아이들이 본래 갖고 태어나는 능력과 어른이 형성한 표준과 관습 사이의 간극은 점점 더 커지고 있다. 단지 신체적인 성장, 즉 그저 연명에 필수적인 것들의 숙달 정도로는 그 집단의 사회적 삶과 경험을 이어 나가는 데 충분치가 않으며, 의도적인 노력과 사려 깊은 수고가 요청된다. 다시 말해 사회집단의 목적과 습관에 대해 무지할 뿐 아니라, 아무 관심 없이 태어난 존재들이 그것을 인지하고 적극적인 관심을 지니도록 만들어야 한다. 그 간극에 다리를 놓는 것은 오로지 교육만이 할 수 있다.

그런데 사회도 생명체와 마찬가지로 전승의 과정을 통해 존속된다. 이러한 전승이란 연장자가 연소자에게 행하기, 생각하기, 느끼기의 습관을 전달해 줌으로써 이루어진다. 이상, 희망, 기대, 기준, 의견들이 집단에서 사라져 가는 사회 구성원들로부터 새로 태어나는 이들에게 의미 있는 소통을 하지 못한다면, 사회의 삶은 존속될 수가 없다. 만일 어떤 사회에서 구성원들이 영영 죽지 않는 경우가 있다고 하면, 새로 태어나는 구성원들을 교육한다고 할지라도, 그것은 사회적 필요에서라기보다는 개인적인 관심에 따른 일일 것이다. 그러나 사실상 교육이란 사회적 삶의 필요에 따라 이루어지는 일이다.

만약 역병이 돌아 사회 구성원 모두를 한꺼번에 앗아간다면, 그 집단이 영영 사라질 것은 불을 보듯 분명하다. 그런데 구성원 개개인이 죽음을 맞으리라는 것도 전염병이 모두를 당장에 앗아가는 것만큼이나 확실하다. 그러나 사회 구성원의 연령별 차이 때문에, 즉 어떤 사람들이 죽을 때 또 다른 사람들이 태어나기 때문에, 그 집단의 관념과 실천의 전승을 통해 사회의 직조를 끊임없이 다시 짜는 일이 가능하다. 그런데 이러한 갱신은 절대로 저절로 이루어지지 않는다. 온전하고 철저한 전승이 이루어지도록 수고하고 애쓰지 않는다면, 가장 문명화된 집단도 미개나 야만의 상태로 다시 떨어질 수 있다. 어린아이들은 너무나도 미숙해서 다른 이들의 안내와 도움 없이 혼자 남겨진다면, 생존에 필요한 기본적 능력조차도 습득할 수 없다. 인간에게서 태어나는 어린아이는 많은 하등 동물의 새끼에 비해 원래 갖고 태어나는 능력 면에서 매우 부족하고, 심지어 신체적 생존에 필요한 초보적인 능력 습득에도 세심한 가르침이 필요하다. 그렇다면 인류가 거둔 온갖 기술적[7], 예술적, 과학적, 도덕적 위업들에는 얼마나 더한 교육적 수고가 필요하겠는가!

소통으로서의 배움

가르치고 배우는 일이 사회 존속에 필요하다는 사실은 자명한 것이라서 이제까지 당연한 이치를 너무 장황하게 다룬 것처럼 느꼈을지 모르겠다. 그러나 이러한 논의가 필요한 까닭은 당연한 이치를 강조함으로써 교육에 관해 지나치게 학교교육 위주로 생각하는 형식주의적 견해에서 벗어날 수 있기 때문이다. 학교제도란 분명히 미숙한 아이들의 타고난 기질 형성을 위한 중요한 전달 수단의 하나이다. 그런데 학교는 어디까지나 하나의 수단에 지나지 않으며, 사회의 다른 기관들과 비교할 때 상대적으로 피상적인 수단일 뿐이다. 따라서 우리가 더욱 근원적이고 지속적인 방식으로 가르침의 필요성을 제대로 파악한다면, 학교라는 제도적 수단을 본래의 참된 맥락 속에 확실하게 자리매김할 수 있다.

사회는 전승과 소통에 '의해' 계속 존속할 뿐만 아니라, 더 적절하게 말하자면 전승과 소통 '가운데' 사회가 존속한다고 할 수 있다. 공통의, 공동체, 소통[8]이라는 말들 사이에는 언어적 연결선을 넘어 존재하는 것이 있다. 즉, 사람들 사이에는 공통된 것이 있기에 공동체를 이뤄 살아가며, 소통이란 사람들이 무언가를 공통으로 가지게 되는 과정을 나타낸다. 사람들이 공동체나 사회[9]를 이루기 위해 함께 공유하는 것에는 목표, 신념, 열망, 지식, 즉 공통된 이해와 사회학자들이 말하는 '비슷한 마음가짐' 등이 있다. 그런데 이러한 것들은, 예컨대 벽돌을 전해 주듯, 서로 물리적으로 이 사람에서 저 사람에게 물건처럼 전달될 수 없다. 또한 사람들이 파이를 나누어 먹듯 조각으로 나누어 먹듯 그렇게 나눌 수 있는 성질도 아니다. 결국 공통된 이해에 참여할 수 있게 해 주는 소통만이 바로 그런 유사한 정서적·지적 성향들,[10] 다시 말해 기대와 요구에 반응하는 '유사한 방식'을 확고히 해 줄 수 있다.

사람들이 물리적으로 가까이 산다고 하여 하나의 사회를 이루는 것은 아니다. 마찬가지로 다른 사람들로부터 몇십 리 몇만 리 떨어져 있다고 하여 사회적 영향을 받지 않는 것도 아니다. 사람들은 수천 리 떨어져 있어도 책이나 편지로 같은 지붕 아래 사는 사람들보다 더 친밀한 연대감을 형성할 수가 있다. 또한 사람들이 공통의 목적을 위해 일한다고 해서 꼭 하나의 사회집단을 이루는 것도 아니다. 가령 기계를 구성하는 부품들은 공통의 결과를 내기 위해 최대한 상호 협력하는 셈이지만, 그것들이 '공동체'를 형성한다고 볼 수는 없다. 그러나 만일 부분이 전체의 목적을 인지하고, 그에 관심이 있어서 그 목적에 비추어 자기만의 특수한 활동들을 조절해 간다면, 그 부분은 하나의 공동체를 형성하는 셈이 될 것이다. 그런데 기계의 부품들이 그런 식으로 작동하려면, 소통이 이루어져야 한다. 말하자면 각 사람은 다른 이들이 무엇을 하는지를 알아야 하며, 어떤 식으로든 자기 자신의 목적과 성취한 바를 다른 이들이 알도록 해 주어야 한다. 의견의 일치를 이루려면 우선 소통이 필요하다.[11]

이렇게 보면 심지어 가장 사회적이어야 할 집단에서조차 결코 진정으로 사회적이라 할 수 없는 많은 관계가 있다는 것을 우리는 인정해야 한다. 어떤 사회집단이라도 상당히 많은 인간관계가 여전히 기계적 수준에 머물러 있다. 그때 개인들은 각자 바라는 결과를 얻기 위해 서로 이용하기만 할 뿐, 다른 사람들이 어떻게 느끼고 생각하는지 그들의 정서적·지적 성향을 고려하지도 않고 동의를 구하지도 않는다. 그렇게 이용함으로써 신체적 힘의 우위 또는 지위, 기술, 전문적 능력, 기술적·재정적 수단의 통제력 등에서 우월성을 드러내려 할 뿐이다. 부모와 자녀, 교사와 학생, 고용주와 피고용인, 통치자와 시민의 관계도 이렇게 기계적 수준에 머물러 있다면, 아무리 각자의 활동이 서로에게 긴밀히 영향을 줄지라도 결코 진정으로 사회적인 집단을 형성한 것이 아니다. 명령을 주고받음으로써 행위[12]와 결과를 바꾸어 놓을 수는 있지만, 그 자체로 목적의 공유나 관심의 소통에 이를 수는 없다.

사회적 삶은 결국 소통과 동일할 뿐만 아니라 모든 소통—그래서 진정한 사회적 삶 모두—은 교육적 의미를 지니고 있다. 진정한 소통의 수용자라면 경험이 확대되고 변화된다. 이 과정에서 그 사람은 다른 사람이 생각하고 느낀 것을 공유하는 것이며, 빈약하게든 충분하게든 그렇게 한다면 자기 자신의 태도가 바뀌게 된다. 그런데 의미를 전달하는 사람 자신 또한 영향을 안 받는 것이 아니다. 어떤 경험을 풍요롭게 그리고 정확하게, 특히 어느 정도 복잡하게 얽혀진 경험인 경우, 다른 사람에게 의미 있게 소통하는 실험을 시도해 보라. 그러면 그 경험을 향한 자신의 태도가 변화하는 것을 발견하게 될 것이다. 만일 그렇지 않으면 그것은 그저 사족이나 감탄사에 의존한 것일 뿐이다. 사실 경험을 의미 있게 소통하려면 얼마간 형식을 갖추어야 한다. 경험에 형식이 갖추어지려면, 그 사람은 한 걸음 물러나 그것을 다른 사람의 시선으로 바라보고, 다른 사람의 삶과 어느 지점에서 만날 때 그 의미를 실감케 할 형식에 이를 수 있을지 헤아려 보아야 한다. 진부한 말이나 유행어를 내뱉는 경우를 제외하고, 자신의 경험을 다른 사람이 이해할 수 있도록 말하려면, 상대방 경험의 어떤 부분을 상상 속에 동화시켜야 한다. 이런 의미에서 모든 소통은 '예술'과 같다. 따라서 진정으로 사회적인, 혹은 긴밀히 공유하는 상태로 있는 사회제도라면 어떤 것이든 거기에 참여한 사람들에게 교육적 작용을 한다고 말할 수 있다. 반면에 사회제도가 주형틀에 넣어진 조직처럼 '판에 박힌' 방식으로 될 때는 교육적 힘을 상실하게 된다.[13]

결론적으로 사회적 삶의 존속을 위해 가르침과 배움이 필요할 뿐만 아니라, 더불어 살아가는 과정 자체가 교육이라고 할 수 있다. 즉, 사회적 삶은 경험을 확장하고 경험에 빛을 비춰 주며, 상상력을 자극하고 풍부하게 해 주며, 표현[14]과 생각을 명료하고 생생하게 할 책임을 불러일으켜 준다. 진정으로 혼자서 살아가는 사람—정신적으로나 육체적으로나 혼자—이라면, 자신의 지난 경험에 대해 그 의미를 끌어내고자 성찰적으로 숙고해야 할 경우가 거의 또는 전혀 없을 것이다. 어린이들을 가르쳐야 할 필요성은 성숙한 사람과 미숙한 사람 간에 성취의 격차를 좁히기 위해서뿐만 아니라, 가장 쉽게 소통되고 가장 잘 활용할 수 있도록 경험의 질서와 형식을 변화하는 데 커다란 자극을 제공하기 위해서다.

형식교육의 위상

이상의 논의로부터 두 가지 유형의 교육이 구별되어 나타난다. 한 가지는 그저 연명하는 수준이 아니라 누구나 다른 사람과 더불어 살아가면서 실질적으로 생존할 수 있게 하는 교육이고, 다른 하나는 어린 사람들을 의도적으로 가르치는 교육이다. 이 둘 사이에는 아주 큰 차이가 있다. 전자에서 교육은 부수적으로 일어난다. 그러한 교육이 자연스럽고도 중요한 것이지만, 그 자체가 사람들이 모이는 핵심 목적은 아니다. 사실상 경제, 가족, 정치, 법률, 종교 등 그 모든 사회제도의 가치는 처음부터 우리의 경험을 확장하고 증진시키는 교육적 효과에 달려 있다고 해도 과언이 아니다. 하지만 그러한 결과가 처음부터 그 제도들이 생겨난 애초의 동기는 아니다. 이는 한정되어 있고 보다 즉각적으로 실제적인 이유에서 나타난 것이다. 예컨대 종교적 모임은 전능한 권위의 은혜를 얻고 악의 세력을 피하려는 욕망에서 시작되었다. 가족제도란 의식주의 기본 욕구를 충족시키고 종족을 보존하려는 욕망에서, 그리고 조직화된 노동은 대개 다른 사람들을 부려야 하는 필요에서 생겨난 것이었다. 그러다 점차로 제도의 부산물로서 의식적 삶의 질과 범위에 미치는 영향에 주목하게 되었다. 그리고 점차 교육적 영향을 제도 운용의 주된 요인으로 여기게 되었다. 심지어 오늘날 산업 영역에서도 근면과 검소 같은 일부 가치를 제외하고, 세상사가 이루어지는 여러 가지 형태의 인간 모임(연합)[15]에서 생겨나는 지적·감정적 태도에 대해서는 물질적 생산에 비해 거의 주목하지 않고 있다.

그러나 아이들을 다루는 데에서는 사람들이 모임을 이루며 사는 사실 자체가 인간 삶의 당연한 사실로서 중요한 의미를 얻게 된다. 물론 아이들과 교제할 때 우리 행위가 그들의 성향에 미치는 영향을 간과하거나 그러한 교육적 결과를 손쉽게 다른 어떤 외적이고 구체적인 성과에 종속시키기도 한다. 하지만 어른을 상대할 만큼 손쉽게 그러지는 않는다. 아이들을 훈련해야 할 필요가 매우 절실해서 이러한 결과들을 전적으로 무시한 채 지나칠 수가 없는 것이다. 또한 아이들을 공동의 삶에 참여할 수 있게 이끄는 것이 우리의 주요 임무이기에, 그럴 힘을 길러주는지 여부를 고려하지 않을 수가 없다. 이렇게 볼 때, 모든 사회제도의 궁극적인 가치는 독특하게 인간적인 결과, 즉 인간의 의식적 경험에 미치는 영향에 달려 있음을 깨닫는 데 조금이라도 지혜로워졌다면, 그 교훈은 주로 아이들을 다루면서 배운 것이라고 믿어도 좋을 것이다.

이렇게 해서 지금까지 살펴본 광범위한 교육의 과정 안에서 보다 형식화된 종류의 교육, 즉 직접적 가르침과 학교교육 같은 유형을 구분할 수가 있게 되었다. 그런 형식교육과 훈련을 미개 사회집단에서는 거의 찾아보기 어렵다. 원시사회 집단은 아이들에게 주로 필요한 성향을 불어넣기 위하여 성인의 집단에 충성하도록 하는 모임을 그대로 이용한다. 따라서 젊은이들을 완전한 사회 구성원으로 입문시키기 위한 성인식과 관련되는 것 이외에 가르침을 목적으로 고안된 교재, 학습 자료, 제도적 기관 같은 것이 따로 없다. 대개 아이들이 연장자들이 하는 일에 참여함으로써 어른의 관습을 배우고 그들의 정서적 체제와 관념을 익히도록 하는 방식에 의지한다. 더러는 이러한 배움이 어른의 일에 참여하며 도제교육을 받는 식으로 직접 이루어진다. 또 더러는 소꿉놀이를 통해 어른의 활동을 재현하며 배우는 식으로 간접적으로 이루어진다. 그래서 아마도 원시인에게는 오로지 배우기 위해서 학습 외에 다른 아무것도 하지 않는 학교와 같은 별도의 장소를 열심히 찾는다는 것은 앞뒤가 안 맞는 일로 보일 것이다.

그러나 문명이 진보함에 따라, 어린이의 능력과 어른의 관심 사이에 간극은 더욱 확대되었다. 따라서 어른의 일에 직접 참여함으로써 배운다는 것은 비교적 덜 발달된 일을 제외하고는 점점 더 어려워졌다. 어른이 하는 일의 많은 부분은 공간적으로나 그 의미에서나 너무도 동떨어진 것이어서 유희적인 모방 활동은 더 이상 거기에 담긴 정신을 재현하기에 적절치 않게 되었다. 이제는 어른의 활동에 효과적으로 참여하는 데 필요한 능력을 기르려면 그것을 목표로 사전에 마련된 훈련에 의존해야 한다. 이렇게 해서 의도적 기관인 학교와 특정한 학습 자료인 교과가 고안되고, 가르치는 일은 정해진 일단의 사람들에게 위임된 것이다. 형식화된 제도로서 학교교육이 없으면, 복잡한 사회의 온갖 자원과 업적을 모두 전하기란 불가능하다. 학교교육은 어린이들이 다른 사람들과 비형식적 모임에서만 훈련받는다면 접근할 수 없는 경험으로 길을 열어 준다. 그런 형식교육을 통해서 여러 가지 책을 접하게 되고 지식의 상징인 기호를 숙달하게 되는 것이다.

우연적 배움과 의도적 가르침의 균형

문제는 간접교육에서 형식교육으로 전환하는 데에는 분명히 위험이 따른다는 것이다. 실제 활동에 참여함으로써 배운 것은 직접이든 연극적 재현을 통한 대리 경험에서든 간에, 적어도 그 사람 자신의 것이고 생생하다. 이러한 경험에서 얻는 질적인 차이는 직접 접해 볼 기회의 범위가 좁은 약점을 어느 정도 보완해 줄 만큼 귀한 것이다. 이와 달리 형식교육은 현실에서 동떨어진 죽은 교육, 흔히 비판하는 말로, 추상적이고 탁상공론식의 내용이 되기 쉽다. 사실 상대적으로 더 미개한 사회일수록 축적된 지식은, 그것이 어떤 수준이든지 적어도 실제에서 쓰이며 인격의 일부로 체화되어 있다. 그러한 지식은 긴급하고 급박한 일상의 관심사 속으로 연결되는 지식의 경우처럼 절실하고 살아 있는 의미를 담은 채로 존재한다.

그러나 고도로 문명화된 문화에서는 배워야 할 많은 것이 상징과 기호로 저장되어 있다. 그것은 주변의 낯익은 활동이나 대상으로 번역되기가 쉽지 않다. 이러한 교과 내용은 상대적으로 전문화되어 있어 얼마간 피상적으로 느껴진다. 즉, 현실성의 일상적인 기준에서 볼 때, 그것은 가공된 것이다. 현실감의 척도는 흔히 실제적인 관심과 관련되는 정도에 달려 있다는 점에서 그렇게 보일 것이다. 결국 이렇게 상징으로 저장된 교과 내용은 일상적인 사유와 표현의 습관에 맞게 동화되지 못한 채, 그 자체로 별도의 세계에 존재하게 된다. 그래서 형식적으로 가르침을 받는 내용은 언제나 경험의 소재로부터 유리된 채, 그저 학교의 교과 내용으로만 그칠 위험이 있다. 게다가 그 바탕에 계속 이어지는 사회적 관심은 우리의 시야를 떠나 사라지기 십상이다. 따라서 사회적 삶의 구조 안으로 흘러들지 못한 채, 대개 상징으로 표현된 전문적인 정보 수준에 머무는 것들이 학교교육에서 크게 두드러진 특징을 이룬다. 결국 이렇게 해서 오늘날 교육에 대한 일상의 왜곡된 교육관이 생겨나는 것이다. 즉, 교육이란 사회적 필요에 의한 것이며, 정신적 삶에 영향을 주는 모든 인간의 모임들과 한 가지라는 점을 간과하게 되고, 그럼으로써 교육을 동떨어진 사태에 대하여 정보를 전달하고 언어적 상징과 기호를 통해 학습을 전하는 일, 즉 문해력의 습득과 동일시하는 견해를 갖게 된다.

　이러한 현실에 주목할 때, 교육철학이 대처해야 할 가장 중대한 문제 가운데 하나는 교육에서 비형식적인 측면과 형식적인 측면, 부수적인 측면(우연적 배움)과 의도적인 측면(의도적 가르침) 사이에서 적절한 균형을 유지하는 방법을 찾는 일이다. 정보나 전문화된 지적 기술을 습득하는 과정이 사회적 성향의 형성에 영향을 미치지 못할 때, 일상의 생생한 경험은 의미를 얻지 못하게 된다. 게다가 학교교육은 학습에서만 '빈틈없는 사람들', 즉 이기적 전문가들만 낳게 된다. 학교교육이 전문화의 길로 나아갈수록, 한편으로 정해진 학습과정을 통해 배웠기 때문에 의식적으로 알고 있는 것과, 다른 한편으로 사람들과의 교제를 통해 배워 인격의 일부로 흡수되었기 때문에 무의식적으로 알고 있는 것 사이의 간극은 더욱 심화되고 있으며, 양자를 통합하는 일은 점점 더 다루기 힘든 과제가 되어 간다.

요약

계속 살아남아 생존하려고 노력하는 것이 바로 생명체의 본질이다. 이 존속은 끊임없는 갱신을 통해서만 보장되는 만큼 생명은 스스로 새롭게 되는 과정이다. 영양과 번식이 생물학적 생명에 해당한다면 교육은 사회적 삶에 필요하다. 이 교육은 일차적으로 소통을 통한 전승으로 이루어진다. 소통은 경험이 공통의 소유가 될 때까지 함께하는 과정이다. 소통은 그것에 참여하는 성향에 서로 수정을 가한다. 모든 인간 연합의 궁극적 의미는 경험의 질 향상에 기여하는 데 있다. 우리는 미숙한 사람들을 다루는 과정에서 이 사실을 가장 쉽게 인식하게 된다. 모든 사회제도는 사실상 교육적 효과를 지니고 있지만, 이 교육적 효과가 연합적 목적의 중요한 부분이 되는 것은 어른과 아이들이 교섭할 때이다. 사회가 그 구조나 자원 면에서 더욱 복잡해짐에 따라 형식적이거나 의도적인 교육의 필요성이 증대한다. 형식적 교육 및 훈련의 범위가 커짐에 따라 좀 더 직접적인 교섭을 통해 얻는 경험과 학교에서 배우는 것 사이에 바람직하지 않은 간극이 생길 위험이 있다. 과거 수 세기 동안 지식 및 전문적 기술의 급속한 성장을 볼 때 그 위험이 지금보다 컸던 적은 없었다.

2장

교육의 사회적 기능

환경의 성격과 의미

지금까지 우리는 공동체나 사회집단이 계속적인 자기갱신을 통해 스스로를 유지하고, 이 갱신에서 집단의 미숙한 성원들의 교육적 성장으로 일어난다는 점을 살펴보았다.[16] 무의도적 또는 의도적 기관들을 통해 사회는 아직 그 구성원이 되지 못한, 겉보기에 이방인이라고 볼 수 있는 사람들을 변화시켜 그 자체의 자원과 이상을 맡길 수 있는 든든한 후원자로 변모시킨다. 그런 점에서 교육은 양육하고 육성하고 함양하는 과정이다. 이 모든 말들은 성장의 조건에 주의를 기울인다는 뜻을 담고 있다. 또 우리는 교육의 목적이 들어 있는 수준 차이를 표현하기 위해 기른다, 키운다, 자라게 한다는 말을 쓴다. 어원적으로 교육이라는 말은 순전히 이끈다거나 양육하는 과정을 뜻한다. 이러한 과정이 가져올 결과를 생각할 때, 우리는 교육을 형성하고 조형하고 주형하는 활동이라고 말한다. 말하자면 교육은 사람을 사회활동의 표준이 되는 형식으로 만들어 넣는다는 뜻이다. 이 장에서 우리는 한 사회집단이 미숙한 성원을 그 자체의 사회적 형식에 맞도록 길러내는 방법의 일반적인 특징을 고찰하려고 한다.[17]

교육에서 필요로 하는 것은 사회집단의 현재적 관심과 목적 그리고 관념의 공유에 이를 때까지 경험의 질을 변화시키는 일인 만큼, 교육이 단순히 신체적 형성의 문제가 아닌 것만은 분명하다. 물건은 이리저리 물리적 위치를 바꾸어 놓을 수 있고, 이 사람에게서 저 사람으로 전달할 수 있다. 그런데 신념과 포부는 물리적으로 뽑아내어 다른 사람에게 집어넣을 수가 없다. 그렇다면 어떻게 전달할 수 있겠는가? 직접 전염을 시키거나 문자 그대로 주입이 불가능하다는 점을 감안한다면, 문제는 나이 어린 사람이 나이 많은 사람의 관점에 동화하거나, 아니면 나이 많은 사람이 나이 어린 사람을 자신들과 비슷한 마음으로 이끌어 내는 방법을 찾는 데 있다.

이에 대해 대체로 대답해 보면, 환경의 작용으로 특정한 반응을 불러일으키는 것이라고 말할 수 있다. 필요로 하는 신념을 망치로 두들겨 집어넣을 수도 없고, 요구되는 태도를 붓으로 칠할 수도 없는 일이다. 하지만 사람은 자신을 둘러싸고 있는 특정 매개체가 그로 하여금 다른 것보다 어떤 것을 보고 느끼게 하며, 다른 사람들과 더불어 원만하게 일하도록 특정한 계획을 세우게 하고, 다른 사람의 승인을 얻을 수 있도록 어떤 믿음은 강하게 하고 또 어떤 신념은 약하게 할 수 있다. 그리하여 환경은 점차로 개인의 마음속에 모종의 행동 체계와 어떤 행위의 성향을 만들어 낼 수 있다. '환경'이라는 말은 개인을 둘러싼 주위의 사물을 가리키는 것이 아니라 그 이상의 것을 가리킨다. 그것은 개인 자신의 능동적인 성향과 그를 둘러싸고 있는 주변 사이의 특별한 연속성을 뜻한다.[18] 물론 무생물도 주위와 연속성을 나타내고 있다고 할 수 있지만, 비유적으로 말한다면 몰라도 둘러싼 주변이 곧바로 환경을 구성한다고는 말할 수 없다. 왜냐하면 무생물은 자신에게 작용하는 영향에 관여하지 않기 때문이다. 이에 비해 생물, 특히 인간 생명체의 경우에는 시공간적으로 멀리 떨어져 있는 것들이 오히려 가까이 있는 것보다 더 진정한 환경을 구성할 수 있다. 사람을 달라지게 할 수 있는 것이 그의 진정한 환경이라고 할 수 있다. 따라서 천문학자의 활동은 그가 관찰하거나 계산하는 별에 따라 다르다. 바로 옆에 있는 것 중에는 그의 망원경이 가장 가까운 환경이다. 골동품 수집가의 환경은 그가 관심을 보이는 인간 생활의 먼 옛날이며, 그 시대와 그를 연결하는 유물과 묘비 등이 그의 환경이 된다.

간단히 말해 환경은 생명체의 특징적인 활동을 조장하거나 방해하는, 또는 자극하거나 억제하는 조건으로 이루어진다. 물이 물고기의 환경이라고 하는 것은 물고기의 활동, 즉 물고기의 생명 유지에 필요하기 때문이다. 북극은 탐험가가 실제 거기에 도달하든지 못하든지 그의 환경의 중요한 요소가 된다. 북극은 그의 활동을 규정하며, 그를 북극의 탐험가라는 독특한 존재로 만들어 주기 때문이다. 삶이란 단순한 수동적 생존-그런 것이 있다고 가정할 때-이 아니라 능동적인 행위 방식을 뜻하며, 바로 그 사실 때문에 환경 또는 매개체라는 것은 그 활동을 지속시키거나 좌절시키는 조건으로서 들어오는 것을 뜻한다.

학습과 사회적 환경

다른 사람들과 어울려 활동하는 존재는 사회적 환경에 놓여 있다. 그가 무슨 일을 하는지, 그리고 무슨 일을 할 수 있을지는 다른 사람들의 기대와 요구, 승인과 비난에 좌우된다. 다른 사람들과 연결된 존재는 자기 자신의 활동을 수행하면서 다른 사람들의 활동을 고려하지 않을 수 없다. 왜냐하면 다른 사람들은 그의 경향성을 실현하는 데 없어서는 안 될 조건이기 때문이다. 그가 움직이면 그것이 곧 다른 사람들을 움직이며, 그 또한 다른 사람들에게 움직임을 당한다. 한 개인의 활동을 과연 그 혼자만의 고립된 행동으로 규정할 수 있는지를 생각해 보기 위해서는 상인이 상거래, 즉 사고파는 일을 다른 사람의 도움 없이 혼자서 할 수 있는지 생각해 보면 된다. 제조업자가 집무실에 혼자 앉아 계획을 세울 때 원자재를 사거나 완제품을 팔 때와 마찬가지로 그의 활동은 사회에 의해 확실히 사회적으로 통제된다. 다른 사람과 어울려서 일하는 행위와 연계된 우리의 생각과 감정은 매우 명백한 협력이나 적대적인 행위 못지않게 사회적 행동 유형에 속한다.

우리가 특히 주의를 기울여야 할 점은 사회적 매개체(환경)[19]가 미숙한 성원을 어떻게 양육하는가 하는 것이다. 사회적 매개체가 외부적인 행동 습관을 형성한다는 것을 알기는 그리 어렵지 않다. 개나 말도 사람들과의 연합으로 행동이 수정된다. 개나 말에게 여러 가지 습관을 들이는 까닭은 그들이 행사하는 일에 인간이 관심을 쏟기 때문이다. 인간은 동물에게 영향을 미치는 자연스러운 자극을 통제함으로써, 달리 말하면 특정 환경을 만들어서 동물을 통제한다. 먹이, 재갈, 고삐, 고함, 수레 등은 말의 자연적 또는 본능적 반응이 나타나는 방식을 통제하는 데 사용된다. 특정한 행동이 유발될 때까지 끊임없이 작동함으로써 습관이 형성되고, 그 습관은 최초의 자극과 같은 균일한 기능을 발휘한다. 만약 미로 안에 든 쥐가 어떤 골목을 어떤 순서로 몇 번 돌아야 먹이가 있다는 것을 알게 되면, 쥐의 활동은 차차 수정되어 배가 고플 때마다 다른 골목이 아닌 바로 그 골목을 거쳐 나아가는 습관을 취하게 될 것이다.

인간의 행동도 이와 비슷한 방식으로 수정된다. 불에 덴 아이는 불을 무서워한다. 만약 아이가 어떤 장난감을 만질 때마다 손을 데게 하는 사태를 부모가 만든다면, 아이는 불을 건드리는 것을 피하는 것과 똑같이 자동적으로 장난감을 피하는 법을 배울 것이다. 그러나 이상에서 말한 것은 교육적 가르침과는 구별되는 훈련과 관련이 있다. 훈련을 통한 변화는 행동의 정신적·정서적 성향의 변화라기보다는 외면적인 행동의 변화인데, 이 구분은 뚜렷하지 않다. 아이는 시간이 지나면서 아마 그 특정한 장난감뿐만 아니라 그와 비슷한 장난감에 대해서도 심한 반감을 느끼게 될 것이다. 이런 혐오감은 심지어 원래 최초의 화상 경험을 잊은 후에도 지속될 수 있다. 나중에는 겉으로 보이는 자기의 비합리적인 혐오감을 설명하기 위해 그럴듯한 이유를 만들어 넣을지도 모른다. 이와는 달리 환경을 바꾸어 행동에 대한 자극에 영향을 줌으로써 외면적 행동 습관을 바꾸면, 그 행동과 관련된 정신적 성향도 따라서 바뀌는 경우가 있다. 하지만 이런 일이 언제나 일어나지는 않는다. 무서운 주먹을 피하도록 훈련된 사람은 그에 상응하는 생각과 감정이 동반되지 않아도 자동으로 주먹을 피하게 된다. 여기서 우리는 '훈련'과 '교육'의 차이를 발견할 수 있다. 그 한 가지 단서는 예컨대 사람이 말을 부릴 때, 말은 그 행동이 적용되는 사회적 용도에 진정으로 함께하는 것이 아니라는 사실에서 찾을 수 있다. 말이 행동을 수행하는 것이 말에게 이익이 되도록 함으로써—먹이를 주는 등— 말을 부리는 사람에게 유리한 결과를 얻는다. 하지만 아마도 말은 거기서 새로운 이익을 얻지 못할 것이다. 말이 흥미를 느끼는 것은 여전히 먹이일 뿐 자신이 하는 봉사가 아니다. 말은 공유 활동의 파트너가 아닌 것이다. 만약에 말이 동업자가 된다면, 말은 연대적 활동에 참여할 때, 그 일에서 다른 사람이 얻는 성취와 같은 흥미를 느끼게 될 것이다. 그렇게 되면 그는 이미 말이 아니라 사람의 생각과 감정을 공유하게 된 것이다.

그런데 대개의 경우—너무 많은 경우— 미숙한 인간의 활동도 유용한 습관을 갖도록 단순히 이용되고 있다. 그는 인간처럼 교육받는 것이 아니라 동물처럼 훈련된다. 그의 본능은 처음부터 지니고 있던 고통이나 쾌락의 대상에 계속 집착한다. 하지만 행복을 맛보거나 실패의 고통을 피하려면, 다른 사람들의 뜻에 맞는 방식으로 행동하지 않으면 안 된다. 이와 달리 미숙한 인간이 공동의 활동을 진정으로 공유하거나 참여하는 경우도 있다. 이때 그의 원래 충동은 수정된다. 그는 단순히 다른 사람의 행동에 조화되는 방식으로만 행동하는 것이 아니라, 그렇게 행동함으로써 다른 사람을 움직이는 것과 동일한 생각과 감정이 자신의 내부에서 일어난다. 예를 들어 어떤 호전적인 부족이 있다고 하자. 그 부족이 얻고자 하는 업적, 그 부족이 중요시하는 성취는 싸움과 승리와 관련이 있다. 이 매개체가 촉진제가 되어 처음에는 게임에서, 나중에 커서는 진짜 전쟁을 통해 호전적인 성향을 보인다. 용감하게 싸우면 승인과 승진을 거두지만, 싸움에서 물러서면 미움과 조롱을 받고 좋은 평판을 받지 못한다. 인간의 타고난 호전적인 성향과 감정이 다른 사람들을 희생시키면서 강화되고, 그 마음이 전쟁과 관련된 것들로 향하는 것은 놀라운 일이 아니다. 그렇게 해야만 인간은 자신의 집단에서 완전히 인정받는 구성원이 될 수 있다. 그리하여 인간의 정신적 습성은 점차 그 집단의 습관[20]에 동화된다.

이러한 예시에 나타난 원리를 정리하면 다음과 같이 말할 수 있다. 사회적 매개체, 즉 환경은 특정한 욕망이나 생각을 직접 심어 주는 것도 아니며, 또한 '본능적으로' 눈을 깜박이거나 주먹을 피하는 것과 같이 순전히 어떤 육체적 행동 습관을 형성하는 데 그치는 것도 아님을 알게 될 것이다. 어떤 가시적이고 구체적인 행동 방식을 자극하는 조건을 설정하는 것이 최초의 단계이다. 개인을 연대 활동의 공유자 또는 파트너로 만들어서 그 활동의 성공을 자신의 성공으로, 그리고 그 활동의 실패를 자신의 실패로 느끼도록 하는 것이 연합의 완성 단계이다. 그가 집단의 정서적 태도에 사로잡히는 순간, 그는 그 집단이 노리는 특별한 목적과 그 목적 달성에 사용되는 수단을 예민하게 인식할 것이다. 다시 말하면 그의 신념과 관념은 집단 내의 다른 사람들의 그것과 비슷한 형식을 취하게 될 것이다. 또한 그 지식은 습관적으로 추구하는 구성 요소이기 때문에 그는 거의 동일한 지식 축적을 성취할 것이다.

지식을 얻는 데에 언어가 한 사람에게서 다른 사람으로 직접 전달되어 공통된 생각을 하도록 하는 가장 중요한 원인이 된다는 점은 분명하다. 다른 사람의 마음에 생각을 전달하기 위해 우리가 해야 할 일은 마치 그의 귀에 소리를 전달하기만 하면 그만인 것처럼 여겨질 정도이다. 그래서 지식을 전달하는 일이 순전히 물리적 과정과 동일한 것으로 생각된다. 그러나 언어로부터 배우는 과정을 잘 분석해 보면, 그것은 바로 앞에서 제시된 원리와 완전히 부합됨을 알 수 있다. 예를 들어 다른 사람들이 하듯 모자를 머리에 얹어 본다든지, 다른 사람에게 주어서 써 보게 한다든지, 바깥에 나갈 때 다른 사람에게 씌우는 것과 같이, 실제로 그것을 사용해 봄으로써 아이가 모자라는 개념을 갖게 되는 것은 누구나 인정할 만한 것이다.

그러나 공유 활동의 원칙이, 예컨대 그리스의 철모와 같이 직접 사용해 볼 기회가 없이 말이나 글을 통해 개념을 갖게 되는 경우 어떻게 하여 적용되는지 의문을 제기할 수 있다. 미국 대륙의 발견에 관한 책을 읽고 학습할 때 그것을 배우는 사람은 어떤 활동을 공유하는가? 여기서 언어가 많은 것을 배우는 중요한 도구가 되는 만큼 언어의 기능을 잠깐 살펴볼 필요가 있다. 갓난아기는 아무런 뜻도 없이 어떤 관념도 나타내지 않는 단순한 소리, 잡음, 어조만으로 말을 배우기 시작한다. 어떤 소리는 달래는 효과가 있고, 또 어떤 소리는 깜짝 놀라게 하는 것과 같이 소리는 단순히 반응을 일으키는 한 가지 자극에 불과하다. 모자라는 소리는 여러 사람이 함께 참여하는 활동과 관련하여 발화되지 않는다면, 촉토족 Choctaw; 아메리칸 인디언의 말처럼 언뜻 듣기에도 명확하지 않은 투덜거리는 무의미한 소리에 지나지 않을 것이다. 엄마가 아기를 집 밖으로 데리고 나갈 때, 아기의 머리에 무언가를 얹으면서 '모자'라고 말한다. 엄마를 따라 밖으로 나가는 것은 아이의 흥미를 끈다. 엄마와 아이는 신체적으로 함께 나가는 것뿐만 아니라 나가는 일에 관심이 있다. 그들은 그것을 함께 즐긴다. 그 활동에 들어 있는 다른 요소와 연결되어 '모자'라는 소리는 아이에게 부모에 대해서 갖는 것과 같은 의미를 지니게 된다. 그 소리는 모자를 매개로 하여 참여하는 활동을 나타내는 기호가 되는 것이다. 언어가 '서로 이해할 수 있는' 소리로 구성되어 있다는 단순한 사실만으로도, 언어의 의미가 공유된 경험과 관련되어 생긴다는 것을 보여 주기에 충분하다.

요컨대, '모자'라는 소리가 특정한 방식으로 사용됨으로써 '모자'라는 물건이 그것을 얻는 방식과 정확히 같은 방식으로 의미를 지니게 되는 것이다. 그리고 아이가 그 소리나 물건이 어른에게 의미하는 것과 똑같이 형성되는 것은 그것이 양자의 공동 경험 속에서 사용되기 때문이다. 연대 활동 속에서 소리와 물건이 어린이와 어른 사이의 능동적 연계성을 확립하는 수단으로 사용되기 때문에, 이 소리와 물건이 동일한 방식으로 사용된다고 보장할 수 있다. 비슷한 관념이나 의미가 생겨나는 것은 각자하는 일이 다른 사람이 하는 일에 의존하고 영향을 미치는 행동에 두 사람이 동업자로 참여하기 때문이다. 두 원시인이 협동하여 짐승을 사냥할 때, 만약 말하는 사람에게는 '오른쪽으로 이동하라'는 신호가 듣는 사람에게는 '왼쪽으로 이동하라'는 뜻을 갖는다면, 함께 사냥하는 일이 제대로 될 수 없을 것이다. 서로를 이해한다는 것은 소리와 물건이 공동의 과제를 추구한다는 점에서 양자에게 동일한 가치를 지닌다는 것을 뜻한다.

이와 같이 협동적 작업에 사용되는 다른 것들과의 연결을 통해 의미를 지니게 됨으로써 소리는 의미 있게 된다. 그리고 그 소리는 그 밖의 비슷한 소리들과 연결되어 사용됨으로써 새로운 의미를 지니게 된다. 이것은 그 소리들이 나타내는 물건이 서로 관련을 맺는 것과 꼭 마찬가지다. 예컨대 아이가 그리스 철모에 관해 배울 때 쓰인 여러 말들은 원래 공통 관심과 목적을 가진 활동에 사용됨으로써 의미를 지니게 되었거나 이해된 것이다. 이제 그 말은 그것을 듣거나 읽는 사람에게 머릿속으로 그 철모가 실제로 사용되는 활동을 상상으로 재연함으로써 새로운 의미를 불러일으킨다. 이 경우에 당분간 '그리스 철모'라는 단어를 이해하는 사람은 철모를 실제 사용하는 사람들과 정신적으로 동업자가 되는 것이다. 그는 상상력을 통해 함께 하는 활동에 참여한다. 말의 의미를 완전히 이해한다는 것은 쉬운 일이 아니다. 대부분의 사람에게 '철모'는 그리스인이라고 불리는 사람들이 한때 착용했던 이상한 모양의 모자로 머리 덮개 정도의 관념에 머물 것이다. 따라서 우리는 다음과 같은 결론을 얻는다. 즉, 관념을 전달하고 획득하기 위해 언어를 사용한다는 것은 곧 사물이 공유된 경험이나 협동적 행동에 사용됨으로써 의미를 지니게 되는 원리의 연장이고 정교화라고 할 수 있다. 즉 어떤 의미에서도 그 원리에 어긋나는 것이 아니다. 말이 명시적으로나 상상으로 공유된 상황에 들어오지 않는다면, 그 말은 의미나 지적 가치가 전혀 없는, 순전히 물리적 자극으로 작용할 뿐이다. 그것은 어떤 정해진 관례대로 활동이 이루어지도록 하지만, 의식적인 목적이나 의미를 전혀 수반하지 않는다. 예를 들어 덧셈 기호는 어떤 수 아래에 다른 수를 써서 수를 더하는 행위를 수행하는 자극은 될 수 있지만, 그 행위를 행하는 사람이 자신이 하는 일의 의미를 인식하지 않는다면, 그는 자동인형처럼 작동할 뿐이다.

사회적 매개체의 교육적 영향

지금까지 논의한 최종 결론은 사회적 환경(매개체)이 특정 목적을 갖고 특정 결과를 수반하는 특정 충동을 유발하고 강화하는 활동에 개인을 참여시킴으로써 개인의 행동에 대한 감정적·정서적 성향을 형성한다는 것이다. 음악가 집안에서 자라는 아이는 음악 안에서 자극받아 형성한 소질을 틀림없이 갖게 될 것이며, 다른 환경에서 자랐다면 다른 충동이 자극되었을 텐데도 그보다는 음악적 소질이 더 자극될 것이다. 그 아이가 음악에 관심이 있고, 또 다소간의 실력을 갖추지 못했다면, 음악에 대한 특정 능력을 얻는 것을 제외하고는 '이방인'으로서 자신이 속한 집단의 삶에 참여할 수 없을 것이다. 개인이 관계를 맺고 있는 사람들의 삶에 어떤 방식으로든 참여하는 것은 불가피하다. 즉 그들과 관련하여 사회적 환경은 무의식적으로 또한 어떤 정해진 목적을 떠나 교육적 또는 형성적 영향을 발휘한다.

원시공동체에서 아이들을 집단의 관례나 신념으로 길러내는 데에는 그러한 직접적인 참여—이것이 앞에서 말한 간접적 또는 우연적 교육을 이루는—가 거의 유일한 영향력을 행사한다. 오늘날 사회에서도 심지어 학교교육을 가장 철저하게 받은 아이들에게도 직접적 참여를 통해 기본적인 양육을 제공한다. 집단의 관심과 직업에 따라 어떤 것은 존경을 받는 대상이 되고, 이와 다른 것들은 혐오의 대상이 된다. 연합은 충동이나 애정 또는 혐오를 만들어 내는 것이 아니라 스스로 애착을 갖는 대상을 제공한다. 우리 집단이나 계급이 일을 처리하는 방식은 주의를 기울여야 할 적절한 대상을 결정하는 경향이 있으며, 따라서 관찰과 기억의 방향 및 한계를 규정한다. 우리에게 낯선 것이나 이질적인 것—즉, 집단의 활동 바깥에 있는 것—은 도덕적으로 금지되고 지적인 의심의 대상이 되는 경향이 있다. 예를 들어, 우리는 우리가 지금 아주 잘 알고 있는 것을 옛사람들이 전혀 간파하지 못했다는 점을 도무지 믿을 수 없다고 생각한다. 우리는 선천적 바보임을 조상 탓으로 돌린다든지, 우리 입장에서 우리가 우수한 지능을 타고났다고 가정하는 식으로 설명하려는 경향이 있다. 그런데 이런 설명은 그들의 생활방식이 이러한 사실에 주의를 요구하지 않고, 그들의 마음을 다른 곳으로 돌렸다는 것이다. 감각이 작용하기 위해서 그것을 자극할 수 있는 대상을 필요로 하듯, 우리의 관찰력, 기억력, 상상력은 자발적으로 작동하는 것이 아니라 현재의 사회적 작업이 설정한 요구에 따라 작동한다. 인간의 성향을 구성하는 주요 요인은 학교교육과는 관계없이 그러한 사회적 영향으로 형성된다. 의식적이고 의도적인 교육이 할 수 있는 일은 기껏해야 그렇게 형성된 능력을 자유롭게 형성시켜 더 충분히 발휘할 수 있도록 하는 것과 몇 군데 조잡한 부분을 제거하는 것, 그리고 이 활동들이 더 큰 의미를 낳도록 적절한 대상을 제공하는 것 뿐이다.

이러한 '환경의 무의식적인 영향'은 너무나 미묘하게 또한 광범위하게 작용하여 인격과 마음의 모든 기질 하나하나에 영향을 미치는 것이 사실인데, 이제 그 영향이 가장 두드러지게 나타나는 몇 가지 방향을 구체적으로 살펴볼 필요가 있다.

첫째, 언어의 습관이다. 말의 기본적 양식, 어휘의 대부분은 체계적인 수업이 아니라 사회적 필요로 이루어지는 일상생활의 교류에서 형성된다. 우리가 말을 잘하게 된 것처럼 갓난아기는 모국어를 습득한다. 이와 같이 압축된 언어 습관은 의식적인 교육으로 교정되거나 심지어 대체되기도 하지만, 흥분했을 때는 의도적으로 학습된 어법이 종종 사라지고 원래 배운 말이 그냥 튀어나오는 경우가 많다.

둘째는 매너이다. 흔히 말하는 대로 모범은 훈계보다 강하다. 좋은 매너는 좋은 양육에서 온다는 말이 있듯이, 좋은 매너는 좋은 양육 그 자체다. 이러한 양육은 정보를 전달해 줌으로써 습득되는 것이 아니라 습관적 자극에 따른 습관적 행동으로 습득된다. 의식적인 교정과 가르침이 한없이 이루어짐에도 불구하고, 매너를 형성하는 가장 중요한 요소는 주위의 분위기와 정신이다. 그리고 매너는 작은 도덕일 뿐이다. 더욱이 중심 도덕에서도 의식적인 교육은 그 내용이 아이의 사회적 환경을 이루고 있는 사람들의 일상적 언행과 일치할 때 한해서만 효과가 있다.

셋째는 좋은 취향과 미적 감상이다. 만약에 우리의 눈이 언제나 우아한 형태와 색채로 된 조화로운 사물을 본다면, 자연히 높은 수준의 취향이 생기게 된다. 정돈되지 않은 채 겉만 번지르르하고 지나치게 치장된 환경은 취향의 퇴폐를 가져온다. 마찬가지로 삭막하고 무미건조한 환경은 아름다움에 대한 요구를 고갈시킨다. 이런 어려움에 맞서야 하는 의식적 가르침은 다른 사람들이 생각하는 것에 대한 간접적 정보를 전달하는 것 이외에 할 수 있는 일이 없다. 의식적 가르침으로 길러진 그러한 취향은 결코 자발적이거나 개인 내면에 깊이 스며들게 하는 것이 아니라, 사람들이 존경하도록 가르쳐졌던 사람들이 어떻게 생각하는지를 열심히 상기시키는 것에 머물고 있다.

여기에서 덧붙여지는 가치 판단의 더 심층적인 기준은 한 개인이 습관적으로 젖어 있는 상황으로 형성된다. 이것은 위의 세 가지에 추가되는 것으로, 네 번째 포인트라기보다는 이미 언급한 것들을 융합하여 말하는 것이라고 할 수 있다. 무엇이 가치 있고, 무엇이 가치 없는가에 대한 의식적 평가가 이루어지는 범위가 우리가 전혀 의식하지 못하는 규준에 따라 이루어지고 있다는 점을 우리는 전혀 인식하지 못하고 있다. 그런데 일반적으로 말하면 탐구나 성찰 없이 당연하게 여기는 것이야말로 우리의 의식적 사고를 결정하고 우리의 결론을 확정하는 것이라고 말할 수 있다. 그리고 성찰적 사고 단계의 배경을 이루고 있는 이런 습성은 다른 사람과의 관계에서 끊임없이 생각을 주고받으면서 형성된 것들이라고 할 수 있다.

특별한 환경으로서의 학교

일상생활에서 무의도적으로 이루어지는 교육적 과정에 관한 지금까지의 진술에서 가장 중요한 점은 주로 다음과 같은 것이었다. 성인이 미숙한 사람들의 교육을 의식적으로 통제하는 유일한 방법은 그들의 행동과 사고 및 감정이 일어나는 환경을 통제하는 것이다. 우리는 환경을 통해 간접적으로 교육하는 것이지, 결코 직접 교육하지 못한다. 따라서 그 일을 할 수 있는 교육을 우연적인 환경에 맡겨 버리는 것과 그 목적에 맞는 환경을 설계하는 것 사이에는 대단히 중요한 차이가 있다. 그리고 교육적 영향이라는 관점에서 볼 때, 어떤 환경도 교육적 효과에 비추어 의도적으로 통제되지 않으면 우연한 환경에 지나지 않는다. 지성적인 가정이 비지성적인 가정과 다른 점은 주로 그 가정에서 벌어지는 생활과 교류의 습관이 아이의 발달에 주는 영향을 고려하여 선택되거나 적어도 그런 분위기를 풍긴다는 점이다. 그러나 학교는 사회 구성원의 지적·도덕적 성향에 영향을 미칠 것을 명시적으로 언급하여 구성된 환경의 전형적인 사례이다.

대체로 말하면, 사회적 전통이 너무 복잡해져서 그 사회가 축적하고 있는 상당 부분이 문자로 기록되고 문자 기호를 통해 전달될 때 학교가 등장한다. 문자 기호는 음성 기호보다 훨씬 더 인위적이거나 관습적인 성격을 띤다. 또한 문자는 다른 사람과의 우연적인 교류를 통해 배울 수 없다. 게다가 문자화된 형식은 일상생활에서 비교적 거리가 먼 내용을 선정하고 기록하는 경향이 있다. 세대를 이어 축적된 업적은 그 일부가 비록 일시적으로 사용되지 않더라도 문자 기록 속에 보관되어 있다. 따라서 공동체가 자신의 영토와 시대의 바깥에 있는 것에 상당히 의존하게 되는 순간, 모든 자원을 적절하게 전달하기 위해 학교라는 정규 기관에 의존하지 않으면 안 된다. 확실한 예를 들어 설명하자면, 고대 그리스인과 로마인의 생활은 우리 삶에 깊은 영향을 미쳤지만, 그것들이 우리에게 영향을 미치는 방식은 일상적 경험으로 잘 드러나지 않는다. 이와 마찬가지로 오늘날 살고 있으면서도 공간적으로 멀리 떨어진 영국인, 독일인, 이탈리아인은 우리의 사회 문제에 직접 관련되어 있지만, 뚜렷한 진술과 관심이 없으면 이런 상호작용의 본질을 이해할 수 없다. 이와 마찬가지로 젊은이에게 눈앞의 생활과는 멀리 떨어져 있는 물리적 에너지와 눈에 보이지 않는 구조가 우리의 활동에서 어떤 역할을 하고 있는지 이해시키는 일을 순전히 일상의 공동생활에 맡겨 둘 수 없다. 따라서 그러한 문제를 다루기 위해 특별한 유형의 사회적 교섭이 이루어지는 기관으로 학교가 설립된 것이다.

이러한 유형의 교섭은 일상적인 삶의 연합과 비교할 때, 두드러지게 다른 세 가지 기능이 있다. 첫째, 복잡한 문명은 너무 복잡하여 한꺼번에 동화시킬 수 없다. 그것은 말하자면 토막으로 나누어서 단계적으로 조금씩 흡수해야 한다. 현재 우리의 사회적 삶에서 이루어지는 관계는 너무나 많고 서로 얽혀 있어서 가장 유리한 위치에 있는 어린이라도 가장 중요한 많은 관계를 쉽게 공유할 수 없다. 그리고 그것들을 공유하지 않는다면, 그 의미는 그에게 전달되지 않을 것이고 정신적 성향의 일부를 구성할 수가 없다. 말하자면 숲 때문에 나무를 볼 수 없게 되는 것이다. 사업, 정치, 예술, 과학, 종교, 이 모든 것이 한꺼번에 주의를 끌기 위해 아우성을 칠 것이며 그 결과는 혼란밖에 없을 것이다. 따라서 우리가 학교라고 부르는 사회적 기관[21]의 첫 번째 임무는 '단순화된' 환경을 제공하는 것이다. 학교는 가장 기본적이면서도 아이들의 반응을 일으킬 수 있는 특징적 요소를 선정한다. 그리고 나서 학교는 무엇이 더 복잡한지에 대한 통찰력을 얻는 수단으로 처음 획득한 요소를 사용하여 점진적인 순서를 확립해 나가야 한다.

둘째, 학교 환경의 임무는 기존 환경의 무가치한 특징을 가능한 한 제거하여 그것이 정신적 습성에 영향을 주지 못하도록 하는 것이다. 한마디로 학교는 순화된 행동의 환경을 만든다. 학교에서 '선정'하는 일에는 단순화뿐만 아니라 바람직하지 않은 것을 제거하는 일도 포함된다. 모든 사회는 쓸데없는 것, 과거의 낡아 빠진 유물 그리고 확실히 해로운 것들에 시달리고 있기 때문이다. 학교는 환경으로부터 그러한 것들을 제거하고, 일상의 사회적 환경에서 그러한 것들이 주는 영향력을 상쇄하기 위해 할 수 있는 일을 해야 할 책임이 있다. 최선의 것을 선정하고 학교만의 전용물로 삼음으로써 학교는 최선인 것의 힘을 강화하려고 노력한다. 사회가 보다 개화됨에 따라 학교는 기존의 성취 전체를 계승하고 보존하는 것을 넘어 더 좋은 미래 사회를 위해 노력해야 할 책임이 있음을 인식하게 된다. 학교는 이 목표를 달성해야 할 가장 중요한 기관이다.

셋째, 학교 환경의 임무는 사회적 환경의 여러 요소 사이의 균형을 잡고, 각 개인이 태어난 사회집단의 제약에서 벗어나 더 넓은 환경과 활발하게 접촉할 기회를 갖도록 조치하는 데 있다. '사회', '공동체'와 같은 단어는 마치 각각에 상응하는 하나의 대상이 있다고 생각하게 만드는 경향이 있지만, 이것은 그릇된 생각이다. 사실 현대 사회는 다소 느슨하게 연결되어 있다. 하나하나의 가정이 확장되어 바로 이웃의 친구들과 어울려서 하나의 사회를 이루고 있다. 마을, 또는 길거리의 놀이 집단은 하나의 공동체이며, 사업체, 클럽도 각기 다른 공동체이다. 이렇게 더 친밀한 집단을 넘어 미국과 같은 나라에는 다양한 인종, 종교단체, 경제 집단이 있다. 현대 도시의 내부는 명목상으로 정치적 통일체를 보이고 있지만, 그 안을 들여다보면 아마도 옛날에 전 대륙에 있었던 것보다 더 많은 수의 공동체가 있고, 서로 다른 지역사회와 풍속과 전통, 포부 그리고 정치나 통치 등이 존재할 것이다.

이러한 집단들은 각각 그 성원의 활동적 성향에 대한 형성적 영향을 행사한다. 교회, 노동조합, 사업 동업자, 정당 등과 마찬가지로 진정으로 동호회, 클럽, 갱, 파긴[22]의 도둑들의 집, 감옥의 죄수들에게도 그들의 집단적 활동, 연대적 활동에 들어오는 모든 사람에게 교육적 환경을 제공한다. 위 집단은 하나하나가 가정, 마을 또는 국가와 다름없는 단체생활 또는 공동생활의 양식을 나타낸다. 또한 예술가조합, 문단, 전 세계에 흩어져 있는 전문적 학회의 구성원과 같이 성원 상호 간의 직접적인 접촉이 조금도 없거나 거의 없는 공동체들도 있다. 그 까닭은 그들이 공동의 목표를 가지고 있고, 각 구성원의 활동은 다른 성원이 하는 일에 대한 지식에 의해 직접 수정되기 때문이다. 옛날에는 집단의 다양성이 주로 지리상의 문제였다. 많은 사회가 있었지만, 그 각각은 자신의 영토 안에서 비교적 동질성을 띠었다. 그러나 상업, 교통, 통신의 발달, 이민과 함께 미국과 같은 국가는 서로 전통적 관습을 달리하는 여러 집단의 연합으로 구성되었다. 아마도 이 상황이 바로 아이들에게 동질적이고 균형 있는 환경을 제공할 교육기관을 설립하도록 요구했다고 볼 수 있다. 이러한 방식으로만 비로소 동일한 정치적 단위 속에서 서로 다른 집단의 병치를 통해 원심적 힘을 완화할 수 있다. 학교에서 인종과 종교와 풍습이 다른 아이들이 서로 뒤섞이는 것은 모든 사람에게 새롭고 더욱 넓은 환경을 창출한다. 모든 아이가 공통된 교과를 배움으로써 고립된 집단 성원의 시야보다 한층 광대한 지평을 지닌 통일된 전망에 익숙해진다. 미국 공립학교의 동화하는 힘은 균형 잡힌 공통의 관심이 효과를 내고 있다는 나름대로 설득력 있는 증거이다.

학교에는 또한 각각의 개인이 속한 다양한 사회적 환경의 다양한 영향들을 각 개인의 성향 속에서 조정하는 기능이 있다. 가정에서 통용되는 규범과 거리에서 통용되는 규범이 다르다. 또한 공장이나 상가에서 통용되는 규범과 교회 모임에서 통용되는 규범이 다르다. 한 환경에서 다른 환경으로 옮겨 갈 때 사람은 상반되는 영향을 받으며, 따라서 서로 다른 상황이 요구하는 상이한 판단과 감정의 기준을 가진 존재로 분열될 위험이 있다. 이 위험에 대처하려면 학교는 안정시키고 통합하는 임무를 수행하지 않으면 안 된다.

요약

한 사회의 연속적이고 진보적인 삶에 필요한 태도와 성향이 아이들의 마음속에 생기도록 하는 일은 신념, 정서, 지식을 직접 전달함으로써 이루어질 수 있는 것이 아니다. 그것은 환경을 매개로 하여 이루어진다. 환경은 생명체의 특징인 활동을 수행하는 것과 관련된 조건의 총합으로 구성된다. 사회적 환경(매개체)은 한 개인의 주위에 있는 모든 사람의 활동 전체를 뜻하며, 이 사람들의 활동은 그 성원인 개인의 활동을 수행하는 것과 연루되어 있다. 개인이 연대적 활동에 어느 정도로 참여하거나 공유하는가에 따라 환경의 진정한 교육적 효과가 발휘된다. 그리고 연대적 활동에서 자신의 몫을 다함으로써 개인은 그 활동을 추진시키는 목적을 자기 것으로 받아들이고, 그 방법과 내용에 익숙해지며, 필요한 기술을 익히고, 그 정서적 기풍에 젖어들게 한다.

성향을 더욱 깊고 더 친밀하게 교육적으로 형성한 것은 의식적인 의도 없이 아이들이 각각 속해 있는 여러 집단의 활동에 점진적으로 참여하는 동안에 일어난다. 그러나 사회가 더 복잡해짐에 따라, 미성년자의 능력 육성을 전담할 특별한 사회적 환경을 마련할 필요가 있다. 이 특별한 환경의 중요한 세 가지 기능을 들면, 기르고자 하는 성향에 작용하는 요소들을 단순화하고 정렬하는 것, 기존 사회의 풍습을 순화하고 이상적으로 만드는 것, 그리고 아이들이 일상의 사태에서 영향을 받도록 방치하지 않고 더 넓고 균형 잡힌 환경을 접할 수 있도록 하는 것이다.

3장

지도로서의 교육

환경의 지도성

이제 교육이라는 일반적 기능이 가정하는 특별한 형태, 즉 지도, 통제 또는 안내의 기능을 고찰할 때가 되었다. 이 세 가지 중에서 가장 좋은 것은 마지막의 '안내'라는 말인데, 개인의 타고난 능력을 협력을 통해 지원한다는 관념을 가장 잘 반영한 말이다. 이와 달리 '통제'는 영향력이 외부로부터 주어져서 통제받는 사람에게서 어느 정도 저항을 불러일으킨다는 개념을 나타낸다. '지도'는 좀 더 중립적인 용어로서 지시를 받는 사람의 능동적인 경향이 아무런 목적 없이 분산되는 것이 아니라 일정한 연속적 경로를 따라 이끌어진다는 사실을 암시한다. '지도'는 기본적인 기능을 표현하는데, 그것이 어떻게 발휘되느냐에 따라 한쪽 극단에서는 안내와 조력으로 나타나고, 다른 극단에서는 규제와 지배를 나타내는 경향을 보인다. 어떤 경우든 우리는 때때로 '통제'라는 말에서 읽히는 의미를 조심스럽게 멀리해야 한다. 이따금 개인의 타고난 성향은 순전히 개인주의적이거나 이기적이며, 따라서 반사회적이라고 공공연하게 표방하거나 무의식적으로 가정한다. 이때 통제는 타고난 충동을 공적인 또는 공동의 목적에 복종시키는 과정을 의미한다. 개인의 본성은 개념적으로 이런 통제 과정에 상당히 부합하지 않는 것으로, 그것에 협조하는 게 아니라 대립하는 관계에 있기 때문에 이러한 관점에서는 통제가 강압이나 강제의 성질을 띨 수밖에 없다. 정부체제와 국가이론은 이 생각에 입각하여 구성되었으며, 그런 만큼 교육의 사상과 실제에 중대한 영향을 미친다. 하지만 그러한 견해 어디에도 전혀 근거가 없다. 분명히 개인은 때로 자기 멋대로 행동하고 싶은 것이 사실이며, 또 그것이 다른 사람들과 대립하는 경우가 있을 것이다. 그러나 개인은 또한 사람들이 하는 활동에 들어와서 연대적 행동, 협력적 행동에 참여하는 데도 관심이 있으며, 대체로는 그러한 일에 관심을 기울인다. 그렇지 않다면 사회나 공동체 같은 것은 성립하기 어려울 것이다. 경찰관을 두는 문제를 두고 생각해 봐도, 누군가 그렇게 함으로써 개인이 이득을 본다고 생각하지 않는 한, 겉치레로 사회적 조화를 유지하기 위하여 경찰 제도를 두려고 할 사람은 아무도 없을 것이다. 사실 통제라는 것은 권력에 의한 지도를 강조하는 형태를 의미할 뿐이며, 다른 사람이 지도할 때 행사되는 규제만이 아니라 자신의 노력을 통해 행사하는 규제까지도 통제에 포함시킬 수 있다.

일반적으로 말해 모든 자극은 활동을 지도한다. 자극은 단순히 활동을 일으키고 부추기는 것이 아니라 활동을 일정한 대상 쪽으로 이끌어 나간다. 이 상황을 반대 측에서 말하면, 반응이란 단순히 방해받지 않는 '반작용'이 아니라, 글자의 뜻 그대로, '응답'하는 것이다. 그것은 자극을 만나 서로 '상응'하는 것이다. 서로에 대한 자극과 반응에 적응하는 작용이 있다. 빛은 무언가를 보기 위해 눈에 자극이 되는 것이며, 눈이 하는 일은 보는 것이다. 눈을 뜨고 있고 빛이 있다면, 보는 것이 발생한다. 자극은 기관에 대한 외부로부터의 방해가 아니라, 적절한 기능을 발휘하는 조건이 된다. 따라서 모든 지도나 통제는 어느 정도 활동 그 자체의 목적으로 안내하는 것이다. 지도와 통제는 이미 어떤 기관이 이미 하게 되어 있는 일을 충분히 수행하도록 도와준다.

그런데 위의 일반적인 진술은 두 가지 측면에 한정할 필요가 있다. 첫째로 몇 가지 본능적 행동을 제외하고는 미숙한 인간이 받는 자극은 초기엔 특정한 반응을 일으킬 만큼 명확하지 않다. 미숙한 인간의 경우에는 자극이 언제나 불필요한 많은 에너지를 방출한다. 이 에너지는 표적을 벗어나 낭비될 수도 있고, 행위를 성공적으로 수행하는 데 오히려 방해될 수도 있다. 자전거를 처음 타는 사람의 행동과 잘 타는 사람의 행동을 비교해 보자. 자전거를 처음 타는 사람은 방출하는 에너지에 방향의 축이 거의 없고, 대체로 분산적이고 원심적이다. '지도'라는 것은 행동에 초점을 두는 것으로 그 행위가 진정한 의미에서의 반응이 되도록 하는 것이며, 그렇게 하기 위해서는 불필요하고 산만한 동작을 없애야 한다. 둘째 어떤 활동이든지 어느 정도 협조하지 않는 활동이란 일어나지 않지만, 사람이 하는 반응 중에는 행위의 순차성이나 연속성에 잘 맞아 들어가지 않는 것들이 있다. 예컨대 권투를 하는 사람이 한 번은 상대의 주먹을 재빨리 피했더라도, 그것 때문에 다음번에 더 센 주먹에 맞을 수가 있다. 적절한 통제란 잇따른 행위가 연속적인 순서에 따라 질서 있게 진행되도록 하는 것을 뜻한다. 각각의 행위는 즉각적인 자극을 대처할 뿐만 아니라 그다음의 행위를 하는 데에도 도움이 된다.

요컨대 '지도'는 동시적이면서도 연속적이다. 특정한 시점을 두고 생각해 볼 때, 지도라는 것은 부분적으로 불러낸 모든 성향 중에서 현재 필요한 지점에 에너지를 집중시킬 수 있는 것을 선택하는 데 필요하다. 연속적인 순차성을 생각해 보면, 지도는 하나의 행위가 그 전후의 행위와 균형을 이루어 활동의 순서를 수립해야 한다. 따라서 초점과 순서는 지도의 두 가지 측면, 즉 하나는 공간적인 것이고, 다른 하나는 시간적인 것이다. 앞의 것은 표적을 확실히 맞추도록 하며, 뒤의 것은 이후의 행위에 필요한 균형을 유지하는 것이다. 물론 이 두 가지는 개념으로만 구분될 뿐이며, 실제[23]에서는 분리될 수가 없다. 활동할 때 어느 일정한 시점에서 이미 다음의 활동을 준비하는 방식을 염두에 두어야 한다. 그리하여 즉각적인 반응이라는 것은 장차 일어날 일을 예상해야 하는 것과 얽혀서 복잡한 문제를 야기한다.

이러한 일반적인 논의에서 두 가지 결론이 도출될 수 있다. 첫째, 순전히 외적인 지도는 불가능하다는 점이다. 환경은 기껏해야 반응을 유발하는 자극을 주는 역할에 지나지 않는다. 이런 반응은 개인이 이미 가지고 있는 성향에서 비롯된다. 협박이 무서워서 무슨 일을 할 때도, 협박이 통하는 것은 개인에게 공포 본능을 가지고 있기 때문이다. 만약 그에게 공포의 본능이 없거나, 만약 있더라도 그것을 억제할 수 있다면, 협박은 그에게 아무런 영향을 미치지 못한다. 이것은 마치 눈이 없는 사람에게는 빛이 시각을 일으키지 못하는 것과 같다. 어른의 관습과 규칙은 아이들의 활동을 유발하고 지도하는 자극을 제공하지만, 이것은 따지고 보면 아이들이 그 행동으로의 지도에 자진해 참여하기 때문에 가능하다. 엄밀한 의미에서 그 어떤 일도 아이들 위에 또는 아이들 속에 강요하거나 주입할 수는 없다. 이 사실을 간과하면 곧 인간의 본성을 왜곡하고 뒤집게 된다. 실리적이고 현명하게 지도를 하려면 지도를 받는 사람의 본능이나 습관이 지도에 일익을 담당한다는 점을 고려해야 한다. 정확하게 말하면, 모든 지도는 방향의 재정립에 지나지 않는다. 즉, 지도라는 것은 이미 진행 중인 활동의 방향을 바꾸는 것이다. 이미 활동하고 있는 에너지를 알지 못하면, 지도하려는 시도는 분명히 실패하게 될 것이다.

둘째로 다른 사람이 강제하는 관습과 규제에 의한 통제는 대체로 근시안적일 수 있다. 이러한 통제가 당장 효과를 낼 수 있을지는 모르지만, 이러한 방식으로는 개인의 이후 행동에서 균형을 잃을 수 있다. 예를 들어 위협을 받은 사람은 자기 행동이 유발할 거북한 결과가 생길 게 두려워서 본능적으로 하고 싶었던 행동을 하지 않게 된다. 이 경우 그 사람은 장차 그보다 더 나쁜 일을 하도록 하는 유혹에 노출되는 위치에 남겨질 수 있다. 또한 교활하고 음흉한 본능이 자극되어서 이와 다르게 이후 무슨 일이든 교묘한 속임수로 살살 빠져나가는 쪽으로만 생각하게 될지도 모른다. 다른 사람의 행동을 지도하는 위치에 있는 사람들은 그들의 지도를 받는 사람들이 이후 순차적 발달의 중요성을 간과할 위험을 언제나 안고 있다.

사회적 지도의 유형

다른 사람의 행위를 지도하는 것을 당장의 목표로 삼을 필요가 있으면, 어른은 언제든지 지도할 생각을 하기 마련이다. 일반적으로 말하면 어른은 아이들이 반항한다고 느낄 때, 다시 말하면 그가 보기에 못마땅한 행동을 할 때 의식적으로 아이들을 지도하려고 한다. 그러나 보다 영속적이고 영향력 있는 통제 방식은 그와 같이 의도적인 통제가 아니라 순간순간 계속적으로 눈에 띄지 않게 하는 통제이다.

우리가 원하는 것을 아이들이 하지 않거나 우리가 시키는 일을 하지 않을 때, 우리는 그들을 통제할 필요를 강하게 느끼고, 또 어떻게 그들을 통제할까를 생각하게 된다. 그러한 경우에 우리의 통제는 가장 직접적이게 되고, 이때 지도하는 사람은 바로 앞에서 말한 실수를 저지를 가능성이 크다. 심지어 우리는 말을 물가로 끌고 갈 수는 있어도, 물을 먹일 수는 없다는 사실을 잊거나, 또 죄를 뉘우치는 방에 사람을 가둘 수는 있지만 그를 회개시킬 수는 없다는 사실을 망각한 채 우월적 지위의 힘을 통해 영향력을 행사하려고 한다. 이같이 타인에 대해 직접적인 행동을 취할 때는 모두 물리적 결과와 도덕적 결과를 구분할 필요가 있다. 사람에게 억지로 음식을 먹이거나 강제로 가두어 두는 것이 당사자를 위해 이익이 되는 경우도 있을 것이다. 또한 아이가 불에 데려고 할 때는 확 잡아 끌어낼 수도 있다. 물론 그렇다고 해서 성향의 개선이나 교육적 효과가 있지는 않다. 거친 으름장 같은 어조는 아이를 불에서 떼어놓는 데 효과적일 수 있으며, 마치 아이를 낚아채는 것과 같은 물리적 효과를 낼 수 있다. 그렇지만 이 두 경우 어디에서도 그 이상의 도덕적 의미를 지닌 자발적 복종이 나오지는 않는다. 집의 문을 잠그면 다른 사람이 집에 침입하는 것을 막을 수 있지만, 문을 닫아도 누군가의 도둑질하려는 성향을 바꾸어 놓을 수는 없다. 신체적 귀결과 교육적 귀결을 혼동하면, 우리는 원하는 결과를 얻는 과정에 언제나 스스로 참여하려는 그 사람의 성향을 활용할 기회를 놓치게 되고, 또 그렇게 함으로써 그의 마음속에서 올바른 방향으로 경향을 발달시킬 기회를 잃게 된다.

일반적으로 말하면 행위의 의식적 통제는, 그 행위가 본능적이거나 충동적이기에 행동하는 당사자가 그 결과를 모르는 경우로 한정되어야 한다. 자기가 하는 행동이 가져올 결과를 예측할 수 없고, 더욱이 더 많은 경험을 한 사람들이 행동의 결과를 말해 주어도 알아듣지 못할 경우 자신의 행동을 지적으로 이끌어 가는 일은 불가능하다. 이런 상태에서는 모든 행위가 똑같은 행동으로 보인다. 즉 이 같은 상황에서 행동하는 사람은 자기보다 힘센 그 누구에게라도 이끌리며, 그 행동에 대해 왈가왈부하는 것은 헛일이다. 경우에 따라서는 자기 나름대로 실험하도록 허용함으로써 그 결과를 스스로 발견하게 하여 장차 비슷한 상황을 겪을 때는 좀 더 지혜롭게 행동하도록 하는 것이 좋을 수도 있다. 하지만 때로 어떤 행동은 타인에게 너무 폐가 되고 불쾌감을 유발할 것 같아 그렇게 하도록 둘 수가 없다. 이런 경우에는 '그래서는 안 된다'는 '직접적 부동의'를 표명할 수밖에 없다. 무안을 주거나, 야단치거나, 냉대하거나, 질책하거나, 벌을 주는 방법이 사용될 수 있다. 아니면 아이의 내면에 있는 경향 중에서 지금 문제 되는 행실과 상반되는 경향을 불러일으켜 문제행동을 다른 방향으로 돌리게 하는 것도 한 방법이다. 칭찬에 대한 아이의 예민한 감수성이나 얌전한 행동을 함으로써 사랑을 독차지하고자 하는 그의 기대를 이용하여 다른 방향으로 행동을 유도할 수 있다.

학습활동의 지도와 성인의 역할

이러한 통제 방법은 매우 의도적으로 사용되었기에 너무나 명백하다. 따라서 이보다 중요한 영구적인 통제 방식을 떠올릴 수 없다면 일부러 언급할 가치조차 없을 정도이다. 또 다른 방법이란 미숙한 인간이 그들과 관련을 맺고 있는 사람들(즉, 어른)이 '사물을 사용하는 방식'-자신의 목적을 달성해 내는 수단을 활용하는 방식[24]-이다. 개인이 사회적 매개체 속에서 삶을 영위하고 활동하고, 또 존재한다는 사실 자체가 그의 활동을 효과적으로 지도하는 상시적인 안내원 역할을 한다. 바로 이런 이유에서 우리는 '사회적 환경'이 무엇을 의미하는지 더 자세히 검토할 필요가 있다. 우리는 흔히 우리가 살고 있는 물리적 환경과 사회적 환경을 서로 분리하는 경향이 있다. 이 양자를 분리하는 것은 한편으로 우리가 지금까지 말해 온 더욱 직접적이거나 개인적인 통제 방식이 도덕적으로 중요하다는 것을 과장해 말하는 결과를 가져온다. 또 다른 한편으로는 최근의 심리학, 철학에서처럼 순전히 물리적 환경과의 접촉이 지적 결과를 가져올 가능성이 있다는 것을 과장하는 쪽으로 우리의 생각을 이끌어 간다. 그러나 사실 물리적 환경을 매개하지 않고서 한 인간이 다른 인간에게 직접 영향을 줄 수는 없다. 미소를 짓는다거나 얼굴을 찡그리는 것, 꾸지람한다든가 경고나 격려의 말을 하는 것, 이 모든 것이 물리적 변화이다. 그렇지 않으면 한 사람의 행동이 다른 사람의 태도를 바꾸게 할 수는 없다. 구태여 비교해서 말하면, 그런 식으로 영향을 주고받는 것은 개인적인 것으로 간주해도 좋을 것이다. 이 경우에는 물리적 매개가 단순한 개인적인 접촉의 수단으로 축소된다. 이러한 직접적이고 개인적인 상호 영향과는 대조적인 것으로 어떤 결과를 얻기 위한 수단과 결과의 척도로서 사물을 사용하고, 함께 추구하는 연합에 참여하는 것을 들 수 있다. 어머니가 자식에게 도와 달라고 말한 일도 없고 또 도와주지 않는다고 야단을 치지 않았다 하더라도, 자녀는 부모와 함께 가정생활을 한다는 사실만으로도 그 활동 안에서 스스로 지도를 받게 된다. 모방, 흉내, 협력의 욕구가 불가피하게 통제를 행사하는 것이다. 어머니가 아이에게 필요한 것을 건네주면, 아이는 그것을 잡기 위해 손을 뻗어야 한다. 주는 행위가 있으면 받는 행위가 있어야 한다. 아이가 물건을 받은 후 그것을 어떻게 다루는지, 어떤 용도로 쓰이는지는 아이가 어머니를 줄곧 지켜봤다는 사실로 인해 확실히 영향을 받는다. 아이는 부모가 무엇인가를 찾는 것을 볼 때, 자기도 그 물건을 찾고 그것을 찾았을 때는 부모에게 건네주는데, 이는 다른 상황에서도 그랬듯이 아이에게는 자연스러운 일이다. 이런 사례가 무수한 일상의 교섭에서 쌓인다는 사실을 생각하면, 아이들의 활동을 지도하는 가장 항구적이고 지속적인 방식을 알 수 있다.

이렇게 말하는 것은 앞서 협동적 활동에 참여하는 것이 성향을 형성하는 주요한 방식이 된다는 사실을 반복하는 것에 지나지 않는다. 다만 여기서는 협동적 활동에서 '사물의 사용'이 중요한 역할을 한다는 인식을 명시적으로 추가했을 뿐이다. 이때까지의 학습 철학은 그릇된 심리학으로 말미암아 부당한 침해를 받았다. 이때까지의 주장에 따르면, 학습은 흔히 감각의 통로를 통해 마음에 각인된 사물의 특성을 받아들이는 것이었다. 이것저것 감각적 인상의 무더기를 받아들이고, 그다음에 관념의 연합이라든지, 아니면 모종의 정신적 종합의 힘이 작용하여 그 감각적 인상을 '관념'으로, 즉 사물의 '의미'로 조직한다는 것이다. 예컨대 돌, 오렌지, 나무, 의자 등의 물체는 색, 모양, 크기, 단단한 정도, 냄새, 맛 등의 서로 다른 인상을 전달하며, 그 인상들이 모여서 각 사물의 특징적인 의미를 구성한다. 하지만 실제로는 각각의 물건이 가지고 있는 특수한 성질로 말미암아 특정한 용도로 사용되고 있으며, 그리하여 그 물건에 결부된 의미를 제공한다. 의자와 책상은 그 용도 또는 사용되는 목적이 다르다. 값이 비싸고, 따뜻한 기후에서 자라며, 먹으면 기분 좋은 향과 상큼한 맛이 난다는 것 등이 오렌지의 의미이다.

적응적 반응과 지적 행위

물리적 자극에 적응하는 것과 지적 행위의 차이에서, 전자와 달리 후자는 사물의 의미에 그것에 대한 반응을 포함한다. 어떤 굉음은 내 마음과 상관없이 나를 놀라게 하여 펄쩍 뛰게 할 수 있다. 그러나 내가 굉음을 듣고 달려가서 물을 퍼다 불을 끄면 현명하게 반응하는 것이다. 그 소리는 불이 났다는 것을 의미하고, 화재를 의미했고, 불은 꺼야 한다는 것을 의미했다. 돌부리에 부딪혔을 때 나는 순전히 물리적으로 그것을 한쪽으로 걷어찰 수도 있지만, 지적으로 행동하여 다른 사람이 걸려 넘어지지 않도록 한쪽으로 치워 놓을 수도 있다. 이때 나는 그 물건이 가진 의미에 반응하는 것이다. 천둥이 치면 내가 그것을 의식하든 말든 천둥소리에 깜

짝 놀란다. 의식하지 않았다면 더 놀랄 것이다. 그러나 내가 혼잣말로 또는 큰 소리로 '저것이 천둥이다'라고 말한다면, 나는 광음의 의미에 대해 반응하는 것이다. 이때 나의 행동은 정신적 성질을 띠는 것이 된다. 사물이 우리에게 어떤 뜻으로 다가오면 우리는 무엇을 해야 할지 그 '의미'를 알고 행동한다. 즉 의도적이거나 의식적으로 행동한다. 그렇지 않을 때 우리는 맹목적으로, 무의식적으로, 비이성적으로 행동하게 된다.

위에서 말한 두 종류의 적응적 반응에서 우리의 활동은 지도되거나 통제된다고 말할 수 있지만, 단순히 맹목적인 반응에서는 지도도 맹목적으로 된다. 이 경우 훈련은 있을지 모르나 교육은 없다고 할 수 있다. 반복되는 자극에 동일한 반응을 되풀이하는 것은 행동하는 습관을 특정 방식으로 고정시킬 수 있다. 우리 모두에게는 자신도 그 뜻을 전혀 알 수 없는 습관이 많은데, 이는 습관이 스스로 무엇을 하고 있는지 전혀 모르는 사이에 형성되었기 때문이다. 다시 말하면 우리가 그 습관을 소유하고 있다기보다는 그 습관이 우리를 소유하고 있다고 할 수 있다. 습관이 우리를 움직이고 통제한다. 그 습관이 무엇을 성취하고자 하는지를 우리가 의식하지 못하는 한, 또 그 결과의 가치를 우리가 판단하지 않는 한, 우리는 그 습관을 통제한다고 말할 수 없다. 어떤 사람을 만날 때마다 아이의 목덜미에 압박을 가해 절을 하게 하면, 마침내 절하는 것이 자동화되게 할 수 있다. 그러나 아이가 결과를 예견하면서-다시 말하면 모종의 의미를 지니고- 그것을 할 때까지 그것은 아이의 입장에서 그 사람을 인정하거나 존경을 나타내는 행위가 아니다. 아이가 스스로 그것이 어떤 일인인지를 알고 그 의미를 실현하기 위해 행동할 때까지 그 아이가 특정한 방식으로 행동하도록 '양육하였다'거나 '교육받았다'고 말할 수 없다. 그러므로 사물에 대해 어떤 '관념'을 갖는다는 것은 단순히 그 사물에서 어떤 감각적 인상을 느끼게 되었다는 뜻이 아니다. 관념을 갖고 있다는 것은 어떤 사물이 행위의 포괄적인 체계 속에서 어떤 위치를 차지하고 있는가를 보아 그것에 반응하는 것을 뜻한다. 다시 말하면 사물이 우리에게 미치는 작용, 그리고 그 사물에 대한 우리의 행위가 어떻게 진전되며 결과가 어떠하리라는 것을 예견하는 것이다.

따라서 사물에 대해서 다른 사람들과 동일한 관념을 갖고, 다른 사람과 같은 마음이 되어 그와 같이 어떤 사회집단의 진정한 성원이 된다는 것은 사물과 행위에 대해서 다른 사람들이 결부시키는 것과 같은 의미를 부여하는 일이다. 이런 것이 없다면 공동의 이해라든가 공동체 생활이라는 것이 불가능하다. 따라서 공유된 활동을 통해 각 개인은 다른 사람이 하는 일과 관련시켜 자신이 하는 일을 생각하며, 또 자신이 하는 일과 관련시켜 다른 사람의 일을 생각한다. 즉, 모든 개인의 활동은 포괄적 상황에 동일하게 놓여 있는 것이다. 다른 사람들이 잡아당기는 밧줄을 우연히 같이 당기는 일이 그 사람들이 잡아당기고 있음을 미리 알고 그들이 하는 일을 돕는 예정된 일이 아니라면, 공유된 활동이거나 연대적 활동이라고 할 수 없다. 핀을 만드는 제조 과정을 보면, 핀이 만들어지기까지 여러 사람의 손을 거친다. 그 과정에서 개인은 다른 사람이 무슨 일을 하는지도 모르고, 또 자신의 행동을 그것에 비추어 보지도 않고, 오직 자기가 맡은 일만을 한다. 다시 말하면 개인은 단순히 따로따로 떨어진 결과-예컨대 자신의 급여-만을 위해 일할 수 있는 것이다. 이때는 여러 행위가 수렴되는 공동의 결과는 없다. 따라서 이 경우에는 몇 가지 활동이 공존하고 있을 뿐이며, 더욱이 각자의 행동이 어떤 한 결과에 기여함에도 불구하고, 이 때문에 참다운 교섭이라든가 연합은 존재하지 않는다. 만약 개개인이 자기 자신의 행위가 다른 사람들의 일에 영향을 주리란 것을 알고, 또 다른 사람들의 행위가 자기 자신에게 미치는 영향을 고려하면서 일한다면, 이때는 공동의 마음, 공동의 의도가 존재하는 것이다. 그 일에 참여하는 사람들 사이에 이해가 생기고, 이 공동의 이해가 각각의 행위를 통제한다고 할 수 있다.

가령 한 사람이 자동으로 공을 받아서 다른 사람에게 던지고, 또 사람은 다시 자동적으로 공을 던지는 장면이 벌어진다고 하자. 그리고 이때 그 두 사람은 공이 어디서 왔는지 어디로 가는지 전혀 알지 못한 채 행동한다고 하자. 분명히 그러한 행동은 목표나 의미가 없을 것이다. 이 행동은 물리적으로 통제될 수 있을지언정 사회적으로 지도되었다고 할 수는 없다. 반면에 각자가 상대방이 무엇을 하고 있는지 알게 되고, 상대방의 행동에 관심을 갖게 되고, 또 그렇게 함으로써 상대방의 행동과 관련하여 자신이 하는 일에 관심을 갖게 된다고 가정해 보자. 이 경우에 두 사람의 행동은 지적인 성격을 지니게 된다. 즉, 그 행동은 사회적으로 지도된 것이다. 약간 더 현실적인 예를 하나 더 들어 보자. 어린아이가 배가 고파서 눈앞에 있는 음식을 보고 운다고 하자. 만약 이 아이가 자신의 내적 상태를 다른 사람이 하는 일과 관련짓는 일이라든지, 그 사람의 일과 자신의 만족이 관계가 있다는 것을 알지 못한다면, 더욱 초조해하며 더욱더 커지는 자기의 고통에 반응할 것이다. 이때 그 아이는 자기 유기체의 상태에 의해 물리적 통제를 받고 있는 것이다. 그러나 그 아이가 전후의 관계를 고려하면 태도가 완전히 달라진다. 그 아이는 우리가 흔히 말하는 대로 관심을 갖는다. 즉 다른 사람이 하는 일을 눈여겨보고 살핀다. 아이는 이제 자신의 배고픔에만 반응하는 게 아니고 장래의 만족을 위해 다른 사람들이 하는 일에 비추어 행동한다. 이런 식으로 그 아이는 또한 자신의 배고픔을 깨닫지 못하고 그냥 지나가는 것이 아니라 자신의 내적 상태를 감지하고 인식하거나 확인한다. 이때 그의 내적 상태는 그에게 관심 혹은 인식의 대상이 된다. 그 대상에 대한 그의 태도는 적어도 어느 정도로는 지적인 성격을 띤다. 그리고 이같이 다른 사람의 행동과 자신의 내적 상태의 의미를 확인할 때, 그 아이의 행동은 '사회적으로' 지도된다.

사회적 통제와 협동적 관계

지금까지 설명한 주요 요지에는 양면이 있음을 주의해야 한다. 그중 하나는 방금 다룬 것이다. 즉, 물리적인 사물이 마음에 영향을 미치거나 관념이나 신념을 형성하는 것은 장차 어떤 결과를 얻기 위한 행위와 관련됨으로 인해 가능하다는 것이다. 또 다른 요지는 사람들이 '서로 성향'을 수정한다는 것은 오직 물리적 조건을 특별히 사용함으로써 가능하다는 것이다. 우선 얼굴을 붉히는 것, 미소를 짓는 것, 얼굴을 찌푸리는 것, 주먹을 불끈 쥐는 것, 또는 그 밖의 모든 자연스러운 몸짓 등 소위 표현 동작으로 인해 다른 사람들이 민감하게 여기는 경우를 먼저 생각해 보자. 이런 것들은 그 자체로는 표현하는 기능이 아니다. 그것들은 사람의 태도에 상응하는 유기체가 지닌 신체적 동작의 일부이다. 사람은 수줍음이나 부끄러움을 나타내려고 얼굴을 붉히는 것이 아니라 특정한 자극에 대한 반응으로 모세혈관의 순환에 변화가 와서 저절로 얼굴이 붉어지는 것이다. 하지만 그와 관계를 맺고 있는 다른 사람들은 그러한 얼굴색의 변화나 그 밖에 약간 지각할 수 있을 정도의 근육 수축을 활용하여 그 사람이 지금 어떤 상태에 있으며, 장차 어떻게 하려고 하는지를 알아낸다. 얼굴을 찡그리는 것은 준비해야 할 임박한 책망, 또는 가능하다면 신뢰를 회복하기 위해 말이나 행동으로 제거해야 하는 불확실성이나 주저함을 의미한다.

멀리서 한 남자가 사납게 팔을 흔들고 있다. 멀찌감치 떨어져서 무관심한 태도로 보면, 그 사람의 동작은 우리가 우연히 주목한 물리적 변화와 다름이 없다. 관심과 흥미가 없다면 손을 흔드는 것은 풍차 바퀴 돌아가는 것처럼 우리에게 아무런 의미가 없다. 그러나 관심이 생기면 연관을 맺기 시작한다. 우리는 그의 행위에 비추어 어떻게 해야 할지를 판단하지 않으면 안 된다. 도와 달라는 손짓인가? 지금 곧 무엇인가가 폭발할 테니까 신변 보호를 위해 조심해야 한다는 뜻인가? 전자의 경우라면 그의 행동은 우리에게 자기 쪽으로 '달려오라'는 뜻이며, 후자의 경우라면 '달아나라'는 뜻이다. 어느 경우이든 그의 행위는 물리적 환경의 변화를 일으켜서 우리에게 어떻게 행동해야 하는지를 알려 주는 신호이다. 이때 우리는 어떻게 행동해야 하는지를 그의 행위가 일어나고 있는 사태에 비추어 판단하려고 하고 있으며, 이 점에서 우리의 행위는 '사회적으로' 통제된다고 말할 수 있다.

앞에서 말한 바와 같이pp. 43-45 참조, 언어는 우리 자신의 행위와 다른 사람의 행위를 공동의 상황과 관련하여 지칭하는 협동적 관계의 한 예이다. 그러므로 언어는 사회적 지도의 수단으로서 당연히 다른 어떤 것보다도 중요하다. 그러나 언어는 덜 세련된 것이기에 더욱 구체적인 물리적 배경-바라는 결과를 얻기 위해 물리적 수단을 사용하는 활동-을 기초로 하지 않는다면, 그렇게 효과적인 도구가 되지 못할 것이다. 아이는 어른이 의자, 모자, 책상, 삽, 톱, 쟁기, 말, 돈 등의 여러 가지 물건을 사용하는 것을 본다. 만약 아이가 어른이 하는 일에 한몫 낀다면, 그것으로 말미암아 그 아이는 그 사물을 마찬가지의 방식으로 사용할 수 있게 되며, 다른 물건도 그것에 합당한 방식으로 사용할 수 있게 된다. 만약 의자를 책상 가까이 당겨다 놓으면, 아이는 그것이 앉으라는 신호이고, 어떤 사람이 오른손을 내밀면 아이는 자기도 손을 내밀어 그것을 잡아야 한다는 것을 안다. 이같이 세세한 예는 수없이 들 수 있다. 현재 사람들이 인공적 사물과 자연적 재료를 사용하는 공통된 습관은 모든 점에서 가장 근본적이고도 가장 포괄적인 사회적 통제의 방식이 되고 있다. 아이들은 학교에 다니기 시작할 때부터 이미 '마음'을 지니고 있다. 아이들은 이미 언어의 사용을 통해 호소할 수 있는 지식과 판단력이 있다. 그런데 이러한 '마음'은 다른 사람들이 물건을 사용하는 방식과 관련하여 물건을 사용함으로써 이전에 획득했던 지적 반응이 조직을 이룬 습관이다. 통제는 성향의 획득에 불가피하다. 통제는 성향 전체에 구석구석 퍼져 있다.

이상에서 말한 것에서 따라오는 하나의 최종 결론은, 통제의 근본적인 수단이 개인적인 것이 아니라 지적인 것이어야 한다는 점이다. 사람이 다른 사람에게서 직접적인 개인적 호소로 움직인다는 의미라면, 통제는 '도덕'-물론 중요한 시점에서 도덕적 방법은 중요하다-이 아니다. 통제는

'이해'의 습관을 통해서 이루어지며, 이 이해의 습관은 협력과 원조를 통해서든 대립과 경쟁을 통해서든 다른 사람들과 상응하고 더불어 사물을 사용하는 동안 일어난다. '마음'을 구체적으로 해석하면, 그것은 정확히 사물이 어떤 용도로 사용되는가를 이해하는 힘이다. 사회화된 마음은 협동이나 공유된 상황에서 사물이 어떤 용도로 사용되는가를 이해하는 힘이다. 그리고 마음을 이런 뜻으로 해석하면 마음은 곧 사회적 통제의 한 방법이다.

모방과 사회심리학

우리는 앞에서 그릇된 학습심리학의 주장 한 가지를 살펴보았다. 그 그릇된 학습심리학이라는 것은 개인의 마음을 말하자면 '공백'으로 보고, 그 텅 빈 마음이 물체와 직접 대면한다고 주장하며 지식, 관념, 신념 같은 것은 마음과 물체의 상호작용에서 발생한다고 본다. 주위의 다른 사람과의 연합이 정신적·도덕적 성향의 형성에 지배적인 영향을 미쳤다는 사실이 인식된 것은 비교적 최근의 일이다. 현재에도 다른 사람과의 관계가 소위 사물과의 직접적인 접촉을 통한 학습 방법을 위한 보조 수단이라고 주장하는 사람들이 있다. 말하자면 물리적 세계에 관한 지식을 사람에 관한 지식으로 보충하는 것 정도로 취급하고 있는 형편이다. 지금까지의 논의가 밝히려는 요지는 그러한 관점이 사람과 사물 사이의 관계를 부당하게 또 불합리하게 단절시키고 있다는 점이다. 사물과의 상호작용은 외적 적응의 습관을 형성할지도 모른다. 그러나 그러한 상호작용이 의미라든가 의식적인 의도를 가진 활동으로 간주되는 것은 오직 사물이 모종의 결과를 얻으려는 목적으로 사용될 때이다. 그리고 한 사람이 다른 사람의 마음을 변화시키는 유일한 방법은 자연적이든 인공적이든, 물리적 조건을 활용하여 상대방을 모종의 대응하는 활동을 하도록 이끄는 것이다.

이것이 우리가 얻은 두 가지 주요 결론이다. 그런데 개인과 물체 사이의 '직접적인' 관계를 강조하는 심리학은 그 부수적인 주장으로 개인과 개인 사이의 직접적인 관계를 강조한다. 따라서 이제 위의 두 가지 결론을 이러한 심리학 이론과 곧바로 대조시키면서 그 뜻을 보충하고 강화하는 게 바람직하다. 내용상으로 보면 위에서 말한 소위 사회심리학은 모방이라는 개념 위에 설정되었다. 따라서 이후에는 지적 성향의 형성에서 모방의 역할과 그 본질에 대해 논의할 것이다.

이 이론에 따르면, 개인에 대한 사회적 통제는 다른 사람의 행동을 닮거나 모방하려는 개인의 본능적 경향에 기초를 둔다. 여기서 다른 사람의 행동은 본보기가 된다. 모방 본능은 실로 강력한 것이어서 어린아이들은 다른 사람들이 제시하는 본에 일치시켜 자기의 행동계획 안에서 이들을 재연하는 데 몰두한다. 모방을 우리가 지금까지 말한 것으로 바꾸어 설명하면 공통 관심사의 결과로 이어지도록 사물을 활용하는 데 다른 사람들과 함께하는 것을 가리킨다. 그런데 이것을 일컬어 '모방'이라고 하면 그 의미가 그릇되게 해석될 소지가 있다. 현재의 모방 이론이 저지르는 기본적인 오류는 그것이 마차를 말 앞에 매다는 방식과 다름없다는 데 있다. 다시 말하면 결과를 원인으로 착각하게 한다. 사회집단을 이루고 있는 개인들이 같은 마음을 가지고 서로를 이해한다는 점에서는 의심의 여지가 없다. 그들은 비슷한 상황이 주어지면, 그 상황을 통제하는 동일한 관념, 신념과 의도를 가지고 행동하는 경향이 있다. 이것을 바깥에서 보면, 그들은 서로를 '흉내 내는' 데 참여한다고 말할 수 있을지도 모른다. 비슷한 종류의 일을 비슷한 방식으로 한다는 점에서는 이 설명이 충분히 타당성을 갖는다고 할 수 있다. 그러나 '모방'은 그들이 '왜' 그런 방식으로 행동하는지는 전혀 설명하지 않는다. 실상은 그 사실을 되풀이해서 설명할 뿐이다. 마치 "아편이 사람을 잠자게 하는 것은 아편에 잠자게 하는 힘이 있기 때문이다"라는 유명한 문구처럼 말이다.

행위의 객관적 유사성, 타인과의 일치에서 생겨나는 정신적 만족을 가리켜 '모방'이라고 부르기 시작했다. 이러한 사회적 사실이 동일성을 낳는 심리적 힘이라고 여겨졌다. 모방이라고 불리는 것의 상당 부분은 단지 비슷한 사람들은 동일한 자극에 동일한 방식으로 반응한다는 식으로 설명될 수 있는 것들이다. 모욕을 당하면 화를 내고 모욕한 사람에게 대드는 것은 모방과는 아무런 관계가 없다. 이렇게 말하면, 어떤 사람은 서로 다른 관습을 가진 집단에서는 모욕에 대한 반응도 서로 다른 방식으로 나타난다는 어김없는 사실을 들어 반박하려고 할지 모른다. 어떤 집단에서는 모욕에 주먹다짐으로 맞서고, 다른 집단에서는 결투를 신청하고, 또다른 집단에서는 경멸적 태도를 보이며 묵살할 것이다. 이러한 일이 일어나는 까닭은 흉내 낼 모방의 틀이 다르기 때문이라고 할 수 있다. 하지만 모방에 호소할 필요는 없다. 관습이 다르다는 단순한 사실은 행동으로 몰아가는 실제의 자극이 다르다는 것을 의미한다. 그렇게 되는 데에는 의식적인 가르침이 한몫을 하겠지만, 사람들이 관례적으로 하는 권장과 비난의 영향이 더 크다. 또한 여기에 개인이 집단에서 일반적으로 통용되는 방식으로 행동하지 않으면, 문자 그대로 집단에서 외톨이 상태에 있게 된다는 사실 또한 큰 영향을 끼친다. 개인이 다른 사람들과 친밀하게, 동등한 자격으로 교류하려면 다른 사람들이 행동하는 방식대로 행동하지 않으면 안 된다. 이러저러한 방식으로 행동하면 집단행위의 일원이 되고, 그것과 다른 방식으로 행동하면 거기서 쫓겨난다는 사실에서 오는 압력은 잠시도 쉴 사이 없이 계속된다. 흔히 모방의 효과라고 불리는 행동은 사실 주로 '의식적인' 가르침의 산물이며, 그 삶과 교류하는 다른 사람들의 '무의식적인' 승인과 확인이 선별적으로 미치는 영향력의 결과라고 할 수 있다.

가령 어떤 사람이 아이에게 공을 굴리는 경우를 생각해 보자. 아이는 공을 받아서 굴려서 돌려주고, 이런 식으로 공굴리기가 계속된다. 이 경우에 자극은 단지 공을 보거나 상대방이 공을 굴리는 모습을 보는 것뿐만이 아니라 그 '상황', 즉 공굴리기 놀이가 진행되고 있다는 사실도 포함한다. 반응이란 단순히 공을 다시 굴리는 것이 아니라, 그 공을 굴려서 다른 사람이 다시 굴리도록 함으로써 공굴리기 게임이 계속 이어지도록 하는 것이다. 아이가 따라야 할 '본' 또는 '모델'은 상대방의 행동이 아니다. 각자가 상대방이 지금 하고 있는 일과 앞으로 해야 할 일을 고려해서 자기 행동을 맞추어나가는 일이 전체적 상황에 요구된다. 여기에 모방이 끼어들지 모르지만 그 역할은 부차적인 것에 지나지 않는다. 아이는 스스로 관심과 흥미를 보이며 공굴리기를 계속하고 싶다고 생각한다. 그러다가 그는 상대방이 어떻게 공을 잡아서 쥐는지를 주의하면서 자신의 행위를 개선하려고 한다. 이때 아이는 행위의 수단을 모방하려는 것이지, 행위의 목적이나 해야 할 것을 모방하는 것이 아니다. 그 아이가 수단을 모방하려는 이유는 자기 자신이 주도하는 바에 따라 그 놀이에 자발적으로 또 효과적으로 참여하고 싶기 때문이다. 아이가 아주 어릴 때부터 자기 목표를 성공적으로 달성하기 위해서는 자신의 행위를 전적으로 다른 사람들의 행동에 맞출 수밖에 없다는 점을 생각해 보면, 다른 사람이 행동하는 대로 행동하는 것, 그리고 그렇게 행동하기 위해서 다른 사람의 행동을 이해하는 것이 얼마나 중요한 일인지를 알 수 있다. 동일한 마음을 가지고 행위를 해야 한다는 압력은 바로 이 사실에서 나오는데, 이 압력은 대단히 강해서 그것을 모방으로 설명하는 것은 당치도 않다.

사실상 목표의 모방을 그것에 도달하는 데 도움이 되는 수단을 모방하는 경우와 구별해서 말한다면, 그것은 피상적이고 잠정적인 과정으로 성향에 거의 아무런 영향을 미치지 않는다. 바보들은 특히 이런 종류의 흉내 내기를 잘한다. 이 모방은 외부적인 동작에는 영향을 주지만, 이 행동들의 의미에는 아무런 영향을 미치지 못한다. 아이들이 이런 종류의 흉내 내기에 참여하는 것을 발견하면, 잘한다고 그들을 격려하는 것-사회적 통제의 중요한 수단이라면 그렇게 하겠지만-이 아니라 유인원, 원숭이나 앵무새 짓, 또는 고양이 짓이라고 꾸중할 가능성이 크다. 이에 비해 목표 성취에 필요한 수단을 모방하는 것은 지적인 행위이다. 거기에는 면밀한 관찰이 요구되며, 현재 하려고 하는 것을 더 잘할 수 있게 하는 방안을 신중하게 선택하는 능력이 필요하다. 어떤 목표를 달성하기 위해 모방 본능을 사용한다면, 그 본능은 행위를 효율화할 수 있는 발달의 요인이 될 수 있을 것이다.

따라서 지금까지의 보충적 논의는 진정한 사회적 통제란 어떤 정신적 성향의 형성을 통해 이루어진다는 결론을 더욱 확실하게 해 준다. 다시 말해 개인이 연대 활동에 효과적으로 참여하기 위해서는 그것과 관련된 사물, 사건, 행위를 이해할 필요가 있다는 것이다. 연대 활동이라는 것은 언제나 다른 사람의 저항에 부딪혀 생기는 마찰의 경우에 사회적 통제는 필연적으로 인간의 타고난 성향에 반하는 어떤 행동을 강요함으로써 이루어진다는 견해로 이어진다. 또 서로 관련된 것-또는 상대방의 행동에 맞추는 일에 흥미를 보이는 것-과 같은 상황을 잘못 고려하면, 우리는 모방을 사회적 통제를 촉진하는 주요한 힘으로 간주하게 될 것이다.

원시인과 문명인 비교 그리고 교육적 함의

원시인 집단은 왜 야만성을 지속시키고, 문명인 집단은 왜 문명을 지속시키는 것일까? 의심할 필요도 없이, 맨 먼저 머리에 떠오르는 대답은 원시인은 야만인이기 때문일 것이다. 말하자면 그들은 지적 수준이 낮고 도덕적 감각에 결함이 있는 존재라는 생각을 하기 때문일 것이다. 하지만 면밀히 조사해 보면, 과연 그들의 타고난 능력이 문명인보다 현저하게 열등한지 의심스럽다. 그런 조사가 결정적으로 보여 준 것은 태어나면서부터의 차이가 문화의 차이를 설명하기에 불충분하다는 사실이 명백해졌다. 보기에 따라서는 원시인의 마음은 그들의 뒤떨어진 제도가 '원인'이라기보다는 오히려 '결과'이다. 그들의 사회적 활동의 성격으로 말미암아 주의와 관심을 기울이는 사물은 어느 한쪽으로 국한되어 있고, 그 때문에 그들이 받는 정신적 발달의 자극도 극히 제한될 수밖에 없다. 우리에게 주목의 대상이 되는 대부분의 사물이 그들의 주목 범위 밖에 있고, 그들의 주목 범위 안에 있는 사물을 두고 말하더라도 원시사회의 풍습은 정신적 자양분이 될 수 없는 특질에 관찰과 상상을 가두어 두는 방향으로 작용한다. 그들이 자연의 힘을 잘 통제할 수 없다는 사실은 곧 자연물의 극히 일부분만이 연대 활동으로 들어온다는 뜻이다. 자연자원의 극히 일부분만이 활용되고, 또 이들은 거기에 알맞은 가치를 발휘하도록 활용되지도 않았다. 문명이 진보했다는 것은 자연물이나 자연력의 많은 부분이 행위의 수단이 되고, 목표를 달성하기 위한 수단으로 변형되었다는 뜻이다. 문명인은 우수한 능력을 지니고 출발한 것이 아니라 그들의 능력을 끌어내고 지도할 수 있는 탁월한 자극제를 가지고 출발한다. 원시인은 대체로 조잡한 자극을 다루는 데에 비해서 문명인은 '정제된'[25] 자극을 가지고 있다.

우리 선대의 인간이 기울였던 노력은 자연적 조건을 변화시켜 왔다. 이들 여러 조건은 처음에 존재했던 때에는 인간의 노력과는 무관했다. 인간이 재배한 모든 식물과 길들여진 동물, 도구와 연장, 제품, 장식, 예술작품 등 모든 인간적 노력은 원래 인간의 특징적인 활동에 무관심하거나 방해가 되었던 여러 조건을 호의적이고 알맞은 조건으로 변혁시켰음을 뜻한다. 아이들의 활동은 오늘날 이러한 정선되고 인간의 노력이 깃든 자극에 통제되며, 그러기에 그들은 인류가 오랜 세월에 걸쳐 느리게 고생하며 이룩해 놓은 것을 짧은 기간 내에 가로질러 갈 수 있게 된 것이다. 말하자면 오늘날 아이들을 유리한 위치에 서게 한 문명은 그 이전 인류의 성취로 구축된 것이다. 예를 들어 현재 우리가 가지고 있는 도로망과 교통수단, 편리하게 사용하고 있는 열, 빛, 전자 기구, 기계와 장치 같은 경제적이고 효과적인 반응을 일으키는 자극을 그 자체만으로, 또는 그것들을 모두 긁어모아도 문명을 이루는 것은 아니다. 그런 것들을 사용하는 것이 '문명'이다. 우리가 흔히 그러한 물건을 문명이라고 생각하는 것은 그런 것들이 없으면 무언가를 사용한다는 게 불가능하기 때문이다. 그렇게 하지 않으면 궁핍한 환경에서 겨우 생계를 꾸리고, 그 혹독한 환경의 위협으로부터 스스로를 보호할 방안을 힘들여 강구하는 데 소비했던 오랜 시간을 문명 덕분에 절약해서 자유롭게 사용할 수 있게 된 것이다. 이를 위해서 축적된 지식이 전달되고, 그것을 구현하는 물리적 장치가 자연계의 다른 법칙들에 들어맞는 그런 결과를 가져온다는 사실로 이 지식의 정당성이 보증된다. 따라서 이러한 인공적 장비들은 아마도 과거 최고의 지적 능력을 너무 많이 낭비해 왔던 자연에 대한 미신적 신앙, 공상적 신화, 그리고 자연에 대한 헛된 상상의 재발을 막는 예방책—가장 중요한 예방책—이 된다. 그러한 장비들은 그냥 사용되지 않고, 진정으로 공유된 연합적 삶에 이익이 되는 방향으로 사용된다. 여기에 다른 요인을 하나 더 덧붙인다면, 이때 그 장비는 예방책이 되는 것 이상으로 문명의 긍정적 자산이 된다.

고대 그리스가 우리가 가진 물질적 자원의 극히 일부밖에 갖지 못했음에도 가치 있고 숭고한 지적·예술적 성취를 이룩한 것은 그리스인들이 보유한 자원을 사회적 목적을 위해 운용했기 때문이다. 그러나 상황이 어떠하든, 야만 상태이건 문명 상태이건, 또는 물리적 힘에 불가항력적으로 통제되는 상태거나 여전히 공유된 경험에 종속되지 않은 기계장치의 반쪽 노예가 된 상태이거나를 막론하고, 사물이 행위에 사용되는 방식이 일상생활의 교육을 위한 조건이 되며, 지적·도덕적 성향의 형성을 지도하는 것은 분명하다.

지성은 경험에 형식과 구조를 부여하는 것

의도적 교육은 우리가 이미 본 바와 같이 특별히 선택된 환경을 의미하며, 그 선택은 바람직한 방향으로 성장을 촉진하는 재료와 방법을 토대로 이루어진다. 언어는 물리적 조건이 사회적 삶에 이익이 되도록 최대로 변형된 상태를 나타내기 때문에-물체는 본래의 성질을 사회적 삶의 도구가 됨으로써 원래의 성질을 잃어버린다-그 밖의 장비에 비해 언어가 중요한 역할을 차지하는 것은 타당하다. 우리는 언어를 매개로 인간의 과거 경험을 대체해 공유함으로써 현재의 경험을 넓히고 풍부하게 한다. 우리는 상징적으로나 상상적으로 상황을 예견할 수 있다. 언어는 수많은 방식으로 의미를 압축하여 사회적 결과를 기록하고 사회의 전망을 예고한다. 글을 모르는 것과 교육을 받지 못했다는 것이 거의 동의어로 쓰이고 있다는 사실은 삶에서 가치 있는 것의 자유로운 공유가 정말 중요하다는 것을 말해 준다.

그런데 언어라고 하는 이 특수한 도구를 학교에서 강조하는 데에는 위험이 따른다. 이론적으로 위험하다는 게 아니라 실제로 위험하다. 쏟아붓는 가르침, 수동적 흡수에 의한 학습이 어디서나 비난받고 있음에도 불구하고 어째서 실제에서는 여전히 확고하게 고수되고 있는가? 교육은 '말하는' 일과 '말해지는' 일이 아니다. 교육은 능동적이고 구성적인 과정이란 점이 이론상 널리 인정되지만 실제에서는 거의 실천되지 않는 원리이다. 이 개탄스러운 사태는 이 원리를 단지 말로만 하기 때문에 생겨난 것인가? 그 원리는 설교되고, 강의되고, 저술되고 있다. 그러나 그것이 실제로 이행되기 위해서는 현실에서는 좀처럼 달성할 수 없을 정도로 학교 환경이 행동을 위한 도구나 물적 자료를 갖추어야 한다. 이 원칙이 실천되기 위해서는 수업 방법과 학교 행정이 바뀌어서 학생들이 실물에 대한 직접적이고 연속적인 작업을 할 수 있도록 허용하고, 그것을 보장해야 한다. 그렇다고 해서 교육 자원으로서 언어가 덜 사용되어야 한다는 것이 아니다. 언어 사용이 공유 활동과 일상적으로 연결되어야 더욱 생생해지고 유익해질 수 있다. "이것들은 마땅히 해야 하고, 저것들도 하지 않은 채로 내버려 두어서는 안 된다." 학교에서 해야 할 '이것들'은 협동적인 연대 활동에 필요한 도구를 제공하는 일이다. 물론 이것들을 행한다고 해서 저것들, 즉 언어를 가르치는 일을 버려서도 안 된다.

학교가 학교 밖 환경에서 효력이 있는 교육적 조건에서 벗어날 때, 필연적으로 학교에서 사회적 의의는 사라지고, 그 대신 책에 의존하는 가짜 지성이 들어설 수밖에 없다. 아이들은 의심할 바 없이 배움을 위해 학교에 다니지만, 학습이 별도로 분리된 과업으로 이루어질 때 배움이 적절하게 이루어진다는 것은 아직 증명되지 않았다. 이같이 학습을 별도의 과업으로 취급할 때 공동의 관심과 가치를 지닌 활동에 참여함으로써 생기는 사회적 의식이 배제된다면, 고립된 지적 학습을 꾀한다는 것은 그 자체의 목적에 위배된다. 우리는 근육운동이나 감각적 흥분은 사람을 고립된 상태에 가두어 두고서도 가르칠 수 있을지 모르지만, 그렇게 해서는 현재 살고 있는 삶에서 사물이 어떤 의미를 가지고 있는가를 이해하도록 하는 것은 불가능하다. 이와 마찬가지로 학교가 사회에서 단절되어 있을 때, 우리는 대수학, 라틴어 또는 식물학에 대한 기술적 전문 능력을 확보할 수는 있지만, 그 능력을 유용한 목적으로 이끄는 유형의 지성[26]을 확보할 수는 없다. 학생들을 다른 사람들이 능력과 장비를 사용하는 방식에 의식적으로 맞추어 자료와 도구를 사용하는 그런 상황에 처하게 하는 협동적 활동에 참여시킬 때, 비로소 성향을 사회적으로 지도하는 일이 가능하다.

요약

아이들의 타고난 자연스러운 충동은 그들이 태어난 집단이 지닌 삶의 습관과 일치하지 않는다. 따라서 그들은 지도를 받거나 안내를 받아야 한다. 이 통제는 물리적 강제와 같지 않다. 그것은 어느 한 시점에서 작용하는 충동을 어떤 특정 목적에 집중시키는 것이며, 일련의 동작에 연속적 순서를 부여하는 것이다. 어떤 자극으로 그들의 행동을 불러낼지 결정함으로써 항상 다른 사람의 행동에 영향을 주게 된다. 하지만 명령과 금지, 승인과 비난 같은 몇 가지 경우에는 직접 행위에 영향을 미치려는 목적을 가진 사람에게서 자극이 일어난다. 이 경우에 우리는 다른 사람의 행동을 통제하는 것을 가장 잘 의식하기 때문에, 이런 종류의 통제의 중요성을 과대평가하면서 오히려 더 지속적이고 효과적인 방법을 소홀히 다룰 가능성이 있다. 통제의 기본적인 형태는 아이들이 참여하는 상황의 성격에서 나온다. 아이들은 사회적 사태에서 자기들의 행동 방식을 다른 사람들이 하고 있는 일에 비추어 그것에 맞추지 않으면 안 된다. 이것이 그들의 행위를 공통의 결과로 향하게 하여 참여자들에게 공통된 이해를 가져다주는 것이다. 왜냐하면 모두가 각각 다른 행동을 하더라도, 모두 같은 일을 생각하기 때문이다. 행동의 목적과 수단에 대한 이런 공통된 이해야말로 사회적 통제의 본질이다. 그것은 개인에 대한 직접적 통제가 아니라 간접적이고 정서적이며 지적인 통제이다. 이뿐만 아니라 그것은 외적인 강압에 의한 통제가 아니라 사람의 성향에 내재된 통제이다. 흥미와 이해의 동일성을 통해 이러한 내부 통제를 이루는 것이 교육의 과업이다. 책과 말이 많은 일을 하지만, 대체로 이들 행위자에게 너무 독점적으로 의존하고 있다. 학교는 그 효력을 충분히 발휘하기 위해 교육을 받는 아이들에게 연대적 활동에 참여할 기회를 더 많이 주고, 자신의 힘과 그들이 사용하는 자료와 장비에 사회적 의의가 충만하도록 해야 한다.

4장

성장, 습관, 그리고 가소성을 위한 교육

성장의 의미와 조건

　사회는 아이들의 활동을 지도함으로써 아이들의 장래를 결정하며, 동시에 사회 전체의 장래도 결정한다. 어느 시기의 아이들이 얼마 지난 후에는 또 다음 사회를 구성할 것이기 때문에, 더 나중에 올 사회의 성격은 더 이른 시기에 아이들의 활동이 지도받은 방향에 따라 결정될 것이다. 이같이 더 나중의 결과를 향해 행위가 누적되어 나가는 활동이야말로 성장이 의미하는 바이다.

　성장의 일차적 조건은 미숙함이다. 이 말은 어떤 존재든 아직 덜 발달된 어느 시점에만 발달할 수 있다는 뜻으로, 그저 뻔한 소리로 들릴지 모른다. 그러나 미숙이라는 어휘의 접두사 '미未, im'는 단지 비어 있거나 부족하다는 것뿐만 아니라 적극적인 무언가를 담고 있다. 이와 관련하여 '수용력', '잠재성' 같은 용어에는 이중적으로 소극적 의미와 적극적 의미가 모두 포함되어 있음에 주목할 만하다. '수용력'이라는 말은 소극적으로 단순히 받아들이는 능력을 의미할 수 있다. 1쿼트의 수용력이라고 쓸 때가 그렇다. '잠재성'의 경우도 그저 잠복 중인 무활동 상태, 즉 외적 영향에 의해 뭔가 달라질 수 있는 능력을 의미하는 것일 수 있다. 다른 한편으로 수용력이란 뭔가를 할 수 있는 능력, 즉 일종의 힘을 의미하며, '잠재성'도 적극적인 의미의 효능 혹은 효력을 뜻한다. 이와 유사하게 여기서 미숙함이 성장 가능성을 의미한다고 말할 때, 그것은 나중에 존재하게 될 '힘의 부재'를 지칭하는 것이 아니라 적극적으로 현재 존재하는 힘, 곧 발달할 '토대역량'[27]을 표현하는 것이다.

　그렇지만 우리는 흔히 미숙함을 단순히 부족한 상태로 간주하며, 성장을 미숙과 성숙 사이의 간격을 채우는 무언가로 다루는 경향이 있다. 그것은 아동기를 그 자체로서가 아니라 '비교하는 시선으로' 보기 때문이다. 즉 우리가 성인기를 고정된 기준으로 삼고 비교해 보기 때문에, 아동기를 단지 어떤 결핍으로 여기게 되는 것이다.[28] 이때 우리의 관심은 아이가 현재 갖지 못한 것, 어른이 될 때까지는 갖지 못할 것에 고정된다. 이렇게 비교하는 관점이 어떤 목적을 위해서는 충분히 정당할 수 있다. 하지만 그것이 전부라고 한다면, 우리 어른이 오만한 무례를 범하는 것이 아닐까? 아이들이 만일 명료하고 진솔하게 자신을 표현할 수 있다면, 어른과 달리 그들 나름의 다른 이야기를 들려줄 것이다. 또한 훌륭한 어른의 권위를 담은 책에서 도덕적·지적 목적을 위해 어른이 어린아이와 같이 되어야 한다는 확신을 지지해 주기도 한다. 미숙함에 담긴 가능성을 부정적인 것으로 보는 견해는 고정된 목적을 이상이나 표준으로 설정한다는 점에서 심각한 문제점이 있다. 그때 성장의 완성이란 '성취된' 성장을 뜻하며, 성장의 부재, 즉 더 이상 성장하지 않는 어떤 상태를 의미하게 된다. 하지만 몇 가지 사실을 살펴보면 이러한 전제의 무익함은 쉽게 드러난다. 가령 어른이면 누구나 더 이상 성장할 가능성이 없다는 말을 들으면 불쾌히 여길 것이다. 또한 어른은 성장 가능성이 끝났다는 사실을 발견하면, 그 사실을 상실의 징표로 슬퍼할 일이지 자신이 이미 이룩한 성취를 자신이 지닌 토대역량의 적절한 발현으로 여기지는 않을 것이다. 그렇다면 왜 아이와 어른에 대해 불균등한 척도를 들이대려 하는가?

상대적 관점이 아니라 절대적 관점에서 볼 때, 미숙함이란 적극적인 능력 혹은 할 수 있는 토대역량, 즉 성장할 '힘'을 나타낸다. 일부 교육학적 주장과 달리, 어린아이에게는 적극적인 활동을 애써 '이끌어 내려고 educe' 할 필요가 없다. 왜냐하면 삶이 충만한 곳이라면 이미 열심이고 열정적인 활동이 존재하기 때문이다. 성장이란 생명체의 활동들에 대해 가해져야 할 어떤 것이 아니라 그 활동들이 이룩해 내는 무엇이다. 가능성이라고 할 때의 이러한 적극적·구성적 측면은 미숙함의 두 가지 주요한 특질인 의존성과 가소성을 이해하는 열쇠를 제공해 준다. 첫째, 의존성을 뭔가 적극적인 것이라고 하면 이상하게 들릴 것이며, 일종의 힘이라고 하면 더욱 그럴 것이다. 그렇지만 의존성이 무력감뿐이라면 발달은 전혀 일어날 수가 없다. 스스로 아무 힘도 없는 존재는 줄곧 다른 사람이 업고 다녀야 한다. 사실 의존성이 기생 상태로 떨어지는 것을 의미하는 게 아니라 능력의 성장을 의미한다는 것은 의존성 자체에 이미 구성적인 그 무엇이 들어 있음을 암시한다. 다만 다른 사람들에게 보호받기만 한다면 성장은 촉진되지 않을 것이다. 둘째, 그렇게 되면 결국 그런 식의 보호는 오히려 무기력 상태를 유지하는 벽을 쌓는 일이 될 뿐이다. 물론 물리적 세계에 관해서 아이들은 무력하다. 아이들은 태어날 때부터 그 이후에도 오랫동안 신체적으로 자기를 가누고 스스로 살아갈 힘이 없다. 갓난아이는 그 모든 것을 스스로 해야 한다면 한 시간도 버티기 어려울 것이다. 이런 점에서 아기는 거의 전적으로 무력한 셈이다. 이에 비하면, 짐승의 새끼들은 헤아릴 수 없이 월등하다. 아기는 신체적으로 허약할 뿐 아니라 자신이 가진 힘을 물리적 환경에 대처하는 데 사용할 수 없다.

(1) 그런데 아이들이 이토록 철저하게 신체적으로 무력한 상태에 있다는 사실은 그 반대편에서 보면, 이를 보완할 힘이 있다고 볼 수도 있다. 짐승의 새끼가 어릴 때부터 신체적 조건에 비교적 잘 적응할 수 있다는 사실은 그만큼 그들이 주위 동료들의 삶과 그다지 밀접하게 얽혀 살아가지 않는다는 것을 뜻한다. 달리 말하자면 동물의 새끼들은 사회적 재능이 부족하기에 신체적 재능을 가질 수밖에 없다. 이에 비해 갓난아이는 사회적 능력을 지니고 있어서 신체적으로 내던져진 것처럼, 마치 사회적 힘이 오직 아이들을 돌보는 어른에게만 있고, 아이들은 그 힘을 수동적으로 받아들이는 용기처럼 이야기하고 생각하는 경향이 있다. 아이들에게 태어나면서 놀라울 정도로 다른 사람들의 협력적 관심을 불러 모을 수 있는 능력이 있다고 말한다면, 사람들이 아이들의 필요에 매우 주의가 깊다는 말을 우회적으로 하는 말로 여길 것이다. 그러나 자세히 관찰하면, 아이들에게는 사회적 교류에 필요한 최고의 능력이 부여되어 있음을 보게 된다. 주위 사람들의 태도와 행동에 공감하며 감응할 수 있는 유연하고 민감한 능력을 아이들만큼 가진 어른은 드물다. 아이들은 비록 물체에 대한 주의력이 약하지만, 또 그것을 조절할 수 있는 능력도 없지만, 그

에 반비례하여 주위 어른이 하는 행위에 대해서는 강한 관심과 주의력을 가지고 있다. 아이의 타고난 심적 구조와 충동은 손쉽게 얻을 수 있는 사회적 민감성을 북돋아 주는 경향이 있다. 청소년기 이전의 어린이가 이기적이고 자기중심적이라는 주장은, 그것이 설령 참이라고 해도, 여기서 말한 진리와 모순되지는 않을 것 같다. 그 주장은 단지 어린이의 사회적 민감성이 자기 자신을 위해 쓰인다는 것이지, 그것이 없음을 의미하는 것은 아니다. 어떻든 그 말 자체가 사실상 참은 아니다. 소위 아이들이 순전히 이기적이라는 주장을 뒷받침하기 위해 예로 드는 사실들을 살펴보면, 그들이 표적 혹은 목표물을 향해 나아갈 때의 강한 열정과 진솔함을 나타내는 것들이다. 만약에 아이들이 겨냥하는 목적이 어른에게는 부족하고 이기적인 것으로 보인다면, 그것은 오직 어른이 오늘날의 아이들만큼 그 시대에 열심히 그 목적을 달성한 나머지 이제는 그 일에 흥미가 없어졌기 때문이다. 그 밖에도 아이들의 태생적 자기중심성이 주로 어른의 자기중심성에 배치된다고 해서 그것을 이기심으로 몰아붙인다. 자기 자신의 일에 너무나 몰두하여 자녀의 일에는 관심을 기울이지 않는 어른의 눈에 아이들이 터무니없이 자기들의 관심사에만 빠져 있는 게 부당하다고 생각하는 것은 당연한 일이다.

요컨대 사회적 관점에서 볼 때, 의존성은 약점이라기보다는 일종의 능력을 뜻하며, 상호의존성을 내포하는 의미이다. 개인의 독립심이 커지면 커질수록 그의 사회적 능력은 언제나 그만큼 줄어들 위험이 있다. 말하자면 더욱더 자기 자신에게만 의지하도록 만드는 과정에서 그 사람은 더 자족적으로 되고, 나아가서는 냉담하고 무관심한 쪽으로 변할 수 있다. 그럴 때 종종 다른 이들과의 관계에 너무나 무감각해져서, 마치 자신은 정말로 홀로 서고 홀로 행할 수 있으리라는 허상을 키우게 된다. 그런 식의 냉담한 독존 상태는 의학적인 병명을 붙일 수는 없지만, 일종의 정신병으로 이 병이 없다면 오늘날 세상의 고통이 대부분 치유될 것이다.

(2) 생물의 성장에서 나타나는 특수한 적응 능력이 곧 '가소성'[29]이다.

이것은 창틀 접착제나 왁스의 가소성과는 다른데, 그저 외적 압력에 따라 형태를 바꾸는 능력이 아니다. 그보다는 사람들이 자신의 성향을 보유하면서도, 주위 환경의 색조를 받아들이듯이 융통성 있게 변화하는 탄력성에 가깝다. 사실은 이보다 더 깊은 의미가 있다. 그것은 본질적으로 경험에서 배우는 능력이며, 하나의 경험에서 더 나중 상황의 어려움에 대처하는 데 쓸 수 있는 무언가를 보유하는 힘이다. 이러한 의미에서 가소성이란 이전 경험의 결과에 근거하여 행동을 바꿀 수 있는 힘, 곧 '성향을 발달시키는 능력'을 뜻한다. 이것이 없으면 습관의 획득은 불가능하다.

익히 알고 있듯이 고등동물의 새끼, 특히 인간의 어린아이들은 본능적 반응을 활용하기 위해 학습을 해야 한다. 인간 존재는 다른 동물들보다 훨씬 더 많은 수의 본능적인 성향을 지니고 태어난다. 하지만 하등 동물의 본능은 태어난 지 얼마 안 되어 곧 적합한 행동을 할 수 있도록 저절로 완성되는 데 비해, 인간의 갓난아이는 본능 대부분이 원래 그대로는 거의 의미가 없다. 처음부터 특수하게 분화되고 완성된 조절 능력은 즉각적인 효율성을 확보하지만, 기차표처럼 정해진 길로만 통한다. 반면에 자신의 눈, 손, 귀, 다리를 활용하기 위해 실험을 통해 그 각각의 반응을 다양하게 연합해 보아야 하는 존재는, 그 과정에서 융통성 있게 다양한 조절 능력을 더불어 획득하게 된다. 예를 들어 병아리는 알에서 부화하고 몇 시간 지나지 않아 음식 부스러기를 정확하게 부리로 쪼아 먹는다. 눈으로 보는 활동과 몸과 머리를 움직여 쪼는 활동을 정확히 조율하는 데 몇 차례 시도만으로 완전해진다. 갓난아기는 시각 활동과 조율해야 하는 내뻗는 붙잡기 행동이 거의 정확해지기까지, 즉 보이는 물체를 붙잡을 수 있는지와 어떻게 붙잡기를 실행해야 하는지 알게 되기까지 대략 6개월이 걸린다. 그런데 결과적으로 병아리에게 본래 부여된 능력의 상대적인 완전함은 제약이 된다. 아기에게는 본능적인 잠정적 반응들과 그로부터 생기는 경험들이 '무수히 많은 것'이 일시적으로는 서로 엇갈리게 작용하지만, 결국에는 이득이 된다. 어떤 행동이 완전하게 주어지지 않고 배워 익혀야 할 때는 필연적으로 상황 변화에 따라 유연하게 여러 요인을 달리 변화시켜 보는 법, 즉 다양한 조합을 시도해 보는 법을 학습하게 된다. 이렇게 발달하게 된다는 사실로 인해 진보의 가능성이 계속 열린다.[30] 이보다 더 중요한 것은 인간 존재는 배움의 습관을 획득하게 된다는 사실이다. 즉 인간은 배우는 법을 배운다.

이같이 의존성과 변동 가능한 통제, 즉 가소성이라는 두 가지 사실이 인간 삶에서 차지하는 중요성은 인간의 '길어진 유아기'[*]에 관한 학설에서도 요약되어 나타난다. 유아기가 연장된다는 것은 어린이뿐만 아니라 집단의 구성원들에게도 중요한 의미를 지닌다. 의존하며 배우는 존재들은 어른에게 양육과 애정의 필요를 일깨운다. 변함없고 지속적인 돌봄의 필요가 아마도 성인의 일시적인 동거를 영속적인 연대로 탈바꿈하게 만든 주요 요인이었을 것이다. 그러한 필요가 또한 애정 어린 공감적 돌봄의 습관과 연합적 삶에 필수적인, 다른 이들의 복지를 향한 적극적 관심 형성에 크게 영향을 미쳤음이 분명하다. 한편 지적인 면에서 보면, 이러한 도덕적 발달로 인해 많은 새로운 관심 대상들이 생겨나고, 미래의 전망과 기획을 자극하게 된다. 이처럼 사회의 진보와 유아기의 연장은 상호 영향을 미친다. 사회적 삶이 복잡해질수록 필요한 능력의 습득에 더욱 긴 기간의 유아기가 요청되고, 이렇게 해서 의존 상태가 늘어난다는 것은 또한 가소성의 신장, 즉 다양하고 새로운 적응 방식을 획득하는 능력이 늘어남을 뜻한다. 여기서 다시 사회의 진보를 위해 더 강한 추진력이 생긴다.

---

[*] '유아기 연장'의 중요성에 관한 주장은 수많은 저자에게서 발견되지만, 존 피스크(John Fiske)가 저서 『진화론자의 산책』에서 이 점을 처음으로 체계적으로 제시한 것으로 인정받고 있다.

성장의 표현으로서의 습관

앞서 보았듯이, 가소성은 이전 경험에서 이후의 활동을 달라지게 만들 요인을 얻어 가져가는 능력이다. 이것은 습관을 획득하는 능력 혹은 일정한 성향을 발달시키는 능력을 뜻한다. 이제 습관의 특징적 성격에 대해 알아보자. 우선 무엇보다도 습관이란 일종의 실행 기술이며, 즉 행동을 효율적으로 하는 방식이다. 이런 의미에서 습관은 자연 조건의 목적을 실현하기 위한 수단으로 활용하는 능력이다. 습관은 행동 기관을 제어함으로써 환경을 적극적으로 제어하는 것을 뜻한다. 그런데 실행 기술로 습관에 대해 말할 때, 우리는 아마도 환경을 제어하는 측면보다는 우리 몸을 제어하는 측면을 강조하기 쉽다. 예를 들어 걷기, 말하기, 피아노 치기나 조각가, 외과 의사, 건축가의 특수한 전문 기술들에 대해서 그것이 단지 유기체의 어느 부분이 용이하고, 능숙하고, 정확하게 작용하는 것처럼 생각하곤 한다. 물론 그런 면이 없지 않지만, 유기체의 몸에 형성된 습관의 가치는 결국 환경 조건을 얼마나 경제적이고 효과적으로 제어할 수 있느냐에 달려 있다. 우리가 걸을 수 있다는 것은 자연의 어떤 성질들을 마음대로 쓸 수 있다는 것이며, 또한 온갖 다른 습관들도 마찬가지다.

우리는 종종 교육을 개인과 환경 간의 상호 조절에 이르는 습관 형성의 과정으로 정의한다. 이 정의는 성장의 본질적인 국면을 잘 드러낸다. 여기서 '조절'을 목표 달성을 위한 수단의 '제어'라는 적극적 의미로 이해하는 것이 중요하다. 우리는 습관을 단순히 가해진 변화로 여길 뿐, 그것이 또한 환경을 계속적으로 변화시키는 능력으로 이루어져 있다는 사실을 간과하기 쉽다. 그때 '조절'의 의미는 마치 밀랍이 찍어 누르는 봉인에 맞추어지듯이 환경에 순응하는 일로 생각될 것이다. 이와 같이 환경을 고정된 어떤 것으로서 유기체에 일어날 변화의 목적과 표준을 제공하는 것으로 여길 때, 조절이란 그저 고정된 외적 조건에 우리 자신을 맞추는 일이 된다.[*] 물론 타성으로서의 습관은 사실상 '상대적으로' 소극적인 의미를 지니고 있다.[31] 우리는 우리 주위의 것들에, 우리의 옷, 신발, 장갑에도, 어느 정도 한결같은 기후에도, 매일 어울리는 동료들에게도 길들여지고 익숙해진다. 이처럼 환경에 적합하게 되는 것, 즉 환경을 변화시키는 능력과 상관없이 유기체에 형성된 변화가 '타성', 즉 소극적인 습관의 분명한 특징이다. 그러나 이렇게 상대적으로 소극적인 조절-적극적 조절과 구별하기 위해 '순응'이라 일컫는 것이 더 적절할 수도 있다-이 갖는 특징을 환경을 적극 활용하는 능력으로서 습관의 의미와 혼동해서는 안 될 것이다. 여기서 습관의 구분 문제는 잠시 접어 두고, 타성의 두 가지 특징에 주목해 보자.

낯선 도시에 익숙해지는 것을 고찰해 보자. 첫째로 말할 수 있는 것은 우리는 먼저 사물을 사용하며 그것을 통해 익숙해진다는 것이다. 처음에는 자극이 지나치게 많고 또한 반응 행동도 지나치고 부적응 반응이 나타난다. 그러다 점차 어떤 자극은 중요한 것이어서 선택적으로 반응하게 되고, 그 밖의 자극은 약화된다. 그때 우리는 그런 자극에 더 이상 반응하지 않는다고 말해도 좋고, 아니면 실제로 계속 반응한다고 해도 좋다. 사실대로 말하면, 마침내 항구적인 반응, 즉 조절이 평형을 이루었다고 할 수 있다. 이것이 타성의 두 번째 특징과 연결되는데, 이러한 안정적인 조절 상태는 상황이 달라질 때 새로이 특수한 조절을 이루는 배경이 된다는 점이다. 우리는 환경 '전체'를 결코 한꺼번에 바꾸려고 하지 않는다. 우리는 환경의 대부분을 있는 그대로, 당연한 것으로 받아들인다. 이러한 것들을 배경으로 필요한 변화를 창출하려 할 때, 우리의 활동은 특정 지점에만 초점을 두게 된다. 타성은 이렇게 당시에는 변화시킬 마음이 없는 어떤 환경에 대한 조절적 평형 상태로서, 우리의 적극적인 습관에 지

---

[*] 물론 이러한 방식의 생각은 3장에서 살펴본바, 자극과 반응을 단지 외적 관계로 보는 개념들, 그리고 이번 장에서 주목했던 미숙과 가소성의 부정적 개념들과 논리적으로 상응하는 것이다.

렛대를 제공해 주는 것이다. 사실 적응이란 우리의 활동이 '환경에(to)' 적응하는 것과 마찬가지로 또한 '환경이(of)' 우리 자신의 활동에 적응하는 그런 상호적인 것이다. 예를 들어 사막 평원에서 그럭저럭 살아가는 원시 부족을 상상해 보자. 그들은 나름대로 적응해 간다. 그러나 그들의 적응은 사물을 최대한 있는 그대로 받아들이고, 인내하고, 견디는 방식이다. 다시 말해 수동적으로 받아들이는 것을 최대로 하는 반면에 능동적으로 제어하는 것, 즉 환경 조건을 필요에 맞추어 활용하는 일을 최소로 한다. 이 장면에 문명화된 사람들이 이 사막 현장에 들어선다고 해 보자. 그들도 또한 적응해 간다. 그런데 그들은 사막에 물을 끌어들이고, 그 환경 조건에서 자랄 수 있는 동식물을 찾기 위해 세계를 두루 탐색하며, 거기에서 잘 자라는 것들을 조심스럽게 선별하고 품종을 개량해 간다. 그 결과 황무지에서 장미가 꽃을 피우게 된다. 원시인은 단순히 주어진 환경에 길들여 '타성화된' 상태라면, 문명인은 환경을 변화해 가는 적극적인 '습관'을 형성한 것이다.

그런데 습관의 중요한 의미는 이제까지 살펴본 실행 단계나 동작 단계에서 그치지 않는다. 습관이란 행동의 용이함, 경제성 및 효율성이 증대되는 것만이 아니라 지적·정서적 성향의 형성을 의미하기도 한다. 우선 어떤 습관이든지 거기에는 하고 싶어 하는 성향, 즉 그 습관을 실행하기 위한 조건을 더욱 적극적으로 좋아하고 선택해 가는 정서적 성향이 따른다. 습관은 미코버Micawber[32]처럼 적절한 자극이 나타나 발휘되기를 막연히 기다리지 않고 적극적으로 그 습관을 온전히 실행하게 될 상황을 찾아 나서는 그런 것이다. 만약 어떤 습관이 표출될 기회가 지나치게 억눌리면, 행동의 성향은 불안과 극심한 갈망으로 나타난다. 습관은 또한 일종의 지적인 성향을 나타내기도 한다. 습관이 있는 곳에는 행동이 적용되는 자료와 장비에 대한 지식이 있으며 그 습관이 작용하는 상황을 이해할 명확한 방식이 있다. 생각과 관찰, 반성의 유형은 습관을 구성하는 기술이나 열망의 요소이며, 이런 종류의 요소를 갖춘 사람이 기술자, 건축가, 의사 혹은 상인으로 활약한다. 미숙련 형태의 노동에서 이런 지적인 요소들이 최소한으로 줄어드는 까닭은 바로 그 노동에 쓰이는 습관이 질적으로 높지 않기 때문이다. 그러나 연장 다루기, 그림 그리기, 실험 수행하기와 같은 것이 일종의 습관이듯이 판단하기와 추론하기도 마땅히 일종의 습관이다. 또 이러한 설명만으로는 습관의 지적 측면을 충분히 강조한 것이 아니다. 이 설명은 절제된 표현이다. 사실 눈과 손의 습관에 내포된 마음의 습관으로 말미암아 눈과 손의 습관에 의미를 부여한다. 특히 무엇보다 습관이 갖는 변화 가능하고 유연한 활용성과 지속적인 성장과의 관련성을 분명히 하는 것이 바로 습관이 지닌 지적인 요소이다. 우리는 흔히 굳어지고 '고착된' 습관에 대해 말하곤 한다. 그것은 물론 습관의 소유자가 필요할 때마다 항상 자원으로 쓸 수 있을 만큼 매우 확고하게 형성된 힘을 의미하는 것일 수 있다. 하지만 굳어진 습관이라 하면, 신선함, 열린 마음, 독창성 등이 결여된 상태로서 관례나 판에 박힌 방식을 뜻하기도 한다. 이렇게 습관의 고착성이란 우리가 자유롭게 사물에 대해 꽉 잡고 있는 상태가 아니라, 무언가가 우리에 대해 고정된 장악력을 행사하는 상태를 의미한다. 이런 사실은 습관에 관해 흔히 하는 두 가지 생각을 나타낸다. 하나는 습관을 기계적이고 외적인 행위 양식과 동일시하면서 그에 내포된 지적이고 도덕적 태도를 간과하는 것이다. 다른 하나는 습관을 '나쁜 습관'과 동일시하면서 부정적 의미를 부여하려는 경향이다. 많은 이들이 자신이 선택한 전문직에서의 능력도 일종의 습관이라고 하면 의아해하면서, 습관의 전형적인 사례로 담배, 술, 또는 추잡한 말 사용 등을 떠올릴 것이다. 이때 습관이란 그에게 지배력을 행사하는 무엇, 자신의 이성적인 판단으로는 비난할 만한 것이면서도 쉽게 떨쳐 버리지 못하는 어떤 것이 된다.

이와 같이 습관이 판에 박힌 행동 양식으로 변질하거나 우리를 사로잡는 행동 방식으로 타락하는 것은 결국 지성과 단절되는 정도에 달려 있다. 판에 박힌 습관은 아무 생각이 없는 습관이며, '나쁜' 습관이란 이성과 완전히 단절되어 의식적으로 숙고하여 내린 결론이나 결심과는 반대로 가는 습관이다. 앞서 살펴보았듯이, 습관의 획득은 본래의 가소성, 즉 적절하고 효율적인 행동 방식을 찾기까지 반응을 달리해 볼 수 있는 능력 때문에 가능하다. 따라서 판에 박힌 습관과 '우리'가 소유하기보다 '우리를' 소유하고 있는 습관은 바로 그 가소성을 소멸시키는 습관이다. 그런 습관은 뭔가 달리해 보는 힘이 차단되었음을 나타낸다. 나이가 들수록 생리적인 기초인 신체 기관의 유연성이 의심할 여지 없이 떨어지는 경향을 보인다. 그와 더불어 아이처럼 본능적으로 잘 움직이고 행동을 달리해 보는 성향, 새로운 자극과 새로운 발달을 열렬히 좋아하는 마음은 '안정기'에 들어간다. 이것은 어떤 측면에서 변화를 싫어하고 과거의 성취에 안주해 버린다는 것을 의미할 수 있다. 그래서 습관을 형성하는 과정에서 지성을 온전히 활용할 수 있게 하는 환경만이 굳어지는 습관의 경향에 대응하는 방안이 될 것이다. 물론 신체 기관의 생리적 조건을 굳어지게 만드는 것이 사유 작용에 관련되는 생리적 구조에도 동일하게 영향을 미친다. 하지만 이러한 사실은 지성의 작용이 최대한으로 발휘될 수 있도록 지속해서 주의를 기울여야 할 필요성을 보여 줄 뿐이다. 습관의 외적인 효율성, 사고를 수반하지 않는 신체의 운동적 숙련을 달성하기 위해 기계적 작업, 판에 박힌 반복적 연습에 의존하는 근시안적 방법은 주위 환경을 계획적으로 포위하여 성장의 길을 고의로 차단하고 있음을 말한다.[33]

발달 개념의 교육적 관련

이 장에서는 지금까지 교육에 대해서 별로 언급하지 않았다. 주로 성장의 조건과 그 의미에 대해서 살펴봤는데, 우리의 결론이 타당하다면 거기에는 분명히 교육적으로 중요한 의미가 담겨 있을 테다. 교육을 발달로 개념화할 때, 교육의 의미는 결국 발달을 '어떻게' 파악하는지의 문제가 된다. 우리의 핵심적 결론은 삶은 발달이며, 또한 그렇게 발달하고 성장해 가는 과정이 곧 삶이라는 것이다. 그 의미를 교육적으로 풀어 보자. 첫째, 교육의 과정은 그 자체 이외에 어떤 목적도 갖지 않으며, 교육이 곧 그 자체의 목적이라는 것, 둘째, 교육의 과정은 계속 재조직하고 재구성하고 혁신해 가는 과정이라는 것이다.

(1) 발달을 어린이와 어른의 특징에 비추어 '비교하는' 용어로 해석할 때, 그것은 특별한 경로로 힘을 방향 잡는 일, 즉 실행 기술, 분명한 관심과 흥미, 그리고 특정한 관찰과 사유의 대상들을 포함하는 습관의 형성을 뜻한다. 하지만 상대적인 비교의 관점이 전부는 아니다. 어린이에게도 고유한 힘이 있다. 그 사실을 간과하면 어린이의 성장을 위한 기관을 가로막거나 뒤틀어 버리게 된다. 어른은 자기 힘을 활용하여 환경을 바꾸어 나간다. 그렇게 함으로써 힘의 방향을 전환하여 지속적인 발달을 가능케 한다. 이러한 사실을 무시하면, 발달은 정지되고 수동적 안주 상태가 초래된다. 다시 말하면 정상적인 어린이, 정상적인 어른이라면 모두 똑같이 성장한다. 양자 사이의 차이는 성장이냐 비성장이냐가 아니라, 서로 다른 조건에 따른 적합한 성장 방식이 다르다는 데 있다. 특정한 과학적·경제적 문제들에 대처하기 위한 힘의 발달에서는 어린이가 어른다움으로 성장해야 한다고 말할 수 있다. 또 한편으로 동정적 호기심, 편견 없는 반응, 마음의 개방성을 두고 말하면, 어른이 어린이답게 성장해야 한다고 말할 수 있다. 이 두 설명 중 어느 것도 잘못된 게 없다.

앞에서 우리는 세 가지 생각, 즉 미숙함을 단순히 결핍된 성질로 보는 것, 조절을 고정된 환경에 대한 정적인 순응으로 보는 것, 그리고 습관을 굳어진 것으로 보는 것을 비판적으로 짚어 보았다. 이것들은 모두 성장과 발달에 대한 잘못된 관념, 즉 고정된 목표를 향한 움직임을 성장으로 보는 견해와 밀접하게 관련된다. 여기서 성장이란 '그 자체가 목적'이 아니라, 다른 '어떤 목적을 갖는' 것으로 여기는 것이다. 이러한 세 가지 잘못된 관념은 교육적으로도 그에 상응하는 문제 현상으로 나타난다. 첫째로, 어린이의 본능적인 타고난 관념을 살리는 데 실패하고, 둘째로 새롭고 낯선 상황의 대처에 필요한 주도성을 기르는 데 실패하고, 셋째로 자동적인 기술 확보를 위해 고안된 반복적 훈련이나 여타의 방법을 과도하게 강조하면서 개개인의 고유한 지각을 희생시킨다. 이 모든 경우에서 어른의 환경은 어린이를 위한 표준으로 받아들여지며, 어린이는 어른의 환경에 맞게 길러져야 한다.

이러한 잘못된 견해들은 자연적인 본능을 무시하고 그저 귀찮게 여기는가 하면, 억누르는 방식으로 어떻게든 외적 표준에 일치시켜야 할 성가신 특성들로 취급한다. 정해진 기준에의 일치가 목표이므로, 어린 사람의 독특하게 개성적인 면은 억눌러야 하거나 못난 장난질, 혹은 무질서의 원천으로 간주된다. 또한 일치는 곧 통일성에 상응하는 것으로 여긴다. 그 결과는 새로운 것에 대한 무관심, 진보에 대한 반감, 불확실하거나 잘 모르는 것에 대한 두려움이다. 여기서 성장의 목적은 성장 과정의 바깥에, 그 너머에 존재하는 것이기 때문에, 그것을 향해 가도록 외부인 동인에 의지해야 한다. 어떤 교육 방법에 기계적이라는 낙인이 찍힐 때는 언제나, 외적인 목적 달성을 위해 외적인 압력을 가하고 있음이 틀림없다.

(2) 사실 성장에는 더욱더 성장하는 것 외에 다른 어떤 목적도 없으므로, 교육은 더욱더 많은 교육 이외에 그 어떤 것에도 종속되어서는 안 된다. 학교를 졸업한다고 해서 교육이 끝나서는 안 된다고 말하는 것은 상식이다. 이런 상식의 요지는 학교교육이란 성장을 위한 힘을 조직함으로써 계속적인 교육을 보장하는 데 그 목적이 있다는 점이다. 삶 그 자체로부터 배우려는 성향, 그리고 모든 이들이 살아가면서 배울 수 있는 공동의 삶의 조건을 만들려는 성향이야말로 학교교육이 가져올 수 있는 가장 훌륭한 결과물이라고 할 수 있다.

미숙함을 어른의 성취라는 고정된 표준에 비추어 상대적으로 정의하려는 시도를 버리면, 우리는 또한 미숙을 바람직한 특질이 결여된 상태를 나타내는 것으로 생각하는 경향을 포기하게 된다. 또 이런 생각을 버릴 때 수업[34]에 대한 잘못된 생각, 즉 마치 채워지기를 기다리는 지적·도덕적 구멍 속에 지식을 부어 넣음으로써 결핍을 채우는 방법이라 여기는 습관도 버릴 수밖에 없다. 삶은 곧 성장을 의미하기에 생명체는 이 단계나 저 단계나 상관없이 동일한 내재적 충만감과 절대적 요구를 지니고 참되게 적극적으로 살아간다. 그런 점에서 교육은 나이와 관계없이 성장 혹은 잘 사는 것을 보장하는 조건을 마련해 주는 과업이다. 보통 우리는 처음에 미숙한 상태를 가능한 한 빨리 극복해야 할 무언가로 간주하며 안타깝게 바라보고, 그것을 되도록 빨리 극복하려고 생각한다. 그러다가 이러한 교육 방법을 통해 성장한 사람은 어른이 되고 나서 자신의 아동기와 청년기를 다시 초조한 눈으로 돌아보면서 기회를 놓쳐 버렸다든지 힘을 헛되이 낭비했다면서 후회한다. 이 역설적 상황은 삶 자체에 고유한 내재적 특질이 있고, 교육이 해야 할 일도 그 특질을 실현하는 데 있다는 것을 인식할 때까지 계속될 것이다.

삶이 곧 성장임을 인식한다면, 사실상 게으른 방종에 지나지 않는 이른바 아동기에 대한 낭만적 이상화의 오류[35], 결과적으로 그저 나태한 오류를 막을 수 있다. 삶이란 얄팍한 행동이나 흥미와 동일시되어서는 안 된다. 단지 겉으로 순전히 바보같이 보이는 것이 실상은 무언가로 되려고 하지만 아직은 훈련되지 않은 힘의 징표임을 분간하는 일은 언제나 그렇게 쉬운 것이 아니다. 그리고 우리가 꼭 명심해야 할 것은 나타나는 발현 그 자체가 전부인 양 받아들여서는 안 된다는 점이다. 그것들은 어디까지나 앞으로 가능한 성장을 암시하는 신호이다. 그것들을 발달의 수단으로, 힘을 더욱 증진시키는 수단으로 다루어야지, 그 자체를 그대로 탐닉하거나 장려해서는 안 된다. 겉으로 드러나는 현상에 과도하게 관심을 두면-그것을 격려하는 방식으로든 꾸중하는 방식으로든-, 그것을 굳어지게 해서 결국 '발달 지체'로 귀결될 수 있다. 부모와 교사에게 중요한 것은 현재의 충동적 힘이 무엇을 향해 움직여 가느냐이지, 주어져 있는 그 힘이 무엇인가가 아니다. 미숙함의 상태를 존중한다는 원리의 참뜻은 에머슨의 명구를 통해 가장 잘 표현될 수 있다. "아이를 존중하시오. 너무 지나치게 아이의 부모 노릇을 하려 하지 마시오. 그가 홀로 머무는 자리를 침입하지 마시오." 이렇게 제안하면 그에 답하여 다음과 같이 반대하는 소리도 듣게 된다. "당신은 공적·사적 규율의 고삐를 정말 내던지려 하십니까? 당신은 어린아이를 그 자신의 정념과 변덕이 미친 듯이 이끌어 가도록 그대로 내버려 두고서, 이런 혼란을 아이의 본성을 존중하는 것이라고 말하려 합니까?" 그러면 나는 이렇게 답하겠다. 미숙함의 상태를 존중한다는 원리의 참뜻은 다시 에머슨의 명구를 통해 가장 잘 표현될 수 있다. "아이를 존중하시오. 아이를 끝까지 존중하시오. 그러나 또한 당신 자신도 존중하시오. … 아이 훈련에서 두 가지 명심해야 할 두 가지 핵심은 그의 본성을 지키고, 그 이외의 모든 것은 단련하여 제거하는 것, 그의 본성을 지켜 주되, 그러나 소란 피우는 것, 빈둥대는 것, 멋대로 날뛰는 것은 멈추게 하는 것, 그의 본성을 지키고 그 본성이 지시하는 바로 그 방향에 있는 지식을 갖추어 주는 것입니다." 이렇게 말한 뒤에 에머슨은 계속해서 아동과 청소년에 대한 존중이란 가르치는 이들에게 쉽고 태평스러운 길을 열어 주는 것이 아니라 오히려 "교사의 시간, 생각, 삶을 향한 막중한 부담을 요청하는 일입니다. 거기에는 시간과 관습, 통찰, 사건, 이 모든 위대한 교훈과 신의 조력이 필요합니다. 그렇게 해 볼 생각을 하는 것만으로도 훌륭한 인격과 사색의 깊이를 나타내 줍니다"라고 했다.[36]

요약

성장의 힘은 다른 사람들의 필요성과 가소성에 달려 있다. 이런 두 가지 조건 모두는 아동기와 청소년기에 최고조에 달한다. 경험에서 배우는 힘, 즉 가소성은 습관의 형성을 의미한다. 습관은 환경에 대한 통제력, 즉 인간의 목적을 위해 활용하는 힘을 부여해 준다. 습관이란 두 가지 형식을 띠게 된다. 하나는 타성이다. 달리 말하면 유기체의 활동과 환경 조건 사이에 형성되어 있는 일반적이고 지속적인 균형 상태이다. 다른 하나는 새로운 조건을 만나 활동을 재적응해 나가는 능동적 능력이다. 전자는 성장의 배경을 제공하고, 후자는 성장해 나가는 과정을 구성한다. 능동적 습관에는 자신의 능력을 새로운 목적에 적용할 때의 사고력, 창의력, 자발성을 포함하고 있다. 능동적 습관은 성장 자체를 나타내는 판에 박힌 일과 정반대되는 것이다. 성장은 삶을 특징짓는 것이므로 교육이란 성장하는 것과 한가지이며, 그 이외의 다른 계속적인 성장의 욕망을 낳고, 그 열망이 다른 목적을 지니지 않는다. 따라서 학교교육의 가치를 판단하는 척도는 계속적인 성장의 열망을 낳고, 그 열망이 사실상 발휘하게 할 수단을 제공하는 정도에 달려 있다.

5장

불확실한 미래와 준비설, 발현설
그리고 형식도야설

삶을 위한 준비 교육

앞에서 교육의 과정은 계속적인 성장의 과정이며, 그 목적은 각각의 단계에서 성장의 능력을 더해 주는 데 있다고 주장하였다. 이 개념은 실제적 영향을 미쳐 온 다른 견해와 극명하게 대비된다. 여기서는 그 대비를 분명히 드러내면서 지금까지 말한 개념의 의미를 더욱 명확하게 부각하고자 한다. 첫 번째로 대비되는 것은 교육을 장래의 준비 혹은 채비의 과정으로 보는 견해이다. 여기서 '준비'란 당연히 성인 생활에 대한 책임과 특권을 준비하는 것이다. 아이들은 아직 본격적인 의미에서 완전한 지위에 있는 사회의 정식 구성원이 아니며, 성인의 후보자로 자기의 차례를 기다리는 명단에 올라 있다고 본다. 이 생각을 약간 더 확장해 보면, 어른의 삶도 그 자체의 의미를 지니는 것이 아니라, '그다음 삶'을 위한 대기 상태에 있다는 말이 된다. 이렇게 볼 때, 이 견해는 성장을 소극적으로 또는 결핍의 측면에서 파악하는 것과 동일하다. 그것에 관해서는 이미 앞에서(4장) 비판한 바 있기에 여기서는 되풀이하지 않고, 다만 교육을 장래의 준비로 보는 데서 생기는 해로운 결과를 말해 보려고 한다.

첫째로 이러한 교육관은 추진력의 상실을 보여 준다. 즉, 동기가 충분히 활용되지 않는다. 흔히 말하듯이 아이들은 현재에 살고 있다. 그것은 피할 수 없는 사실일 뿐만 아니라 오히려 뛰어난 장점이기도 하다. 단순한 장래로서 미래라는 것에는 긴박함과 구체성이 없다. 무엇을 준비해야 할지, 왜 준비해야 하는지 모르는 상태에서 무언가를 준비한다는 것은 존재하는 사다리를 내팽개치는 것이며, 막연한 가망성 속에서 동기를 찾는 것이 된다. 둘째, 이런 상황에서는 망설이고 뒤로 미루는 것이 더 중시된다. 준비를 갖추어야 할 미래는 아직 멀리 있고, 미래가 현재가 되기까지는 많은 시간이 가로놓여 있다. 그 준비를 갖추는 데 서둘러야 할 이유가 무엇인가? 게다가 현재는 현재대로 신나는 일을 할 기회가 얼마든지 있고, 그러한 모험을 하도록 하는 초대장을 내밀기 때문에 미래에 대한 준비를 뒤로 미루려는 유혹은 더욱 커진다. 관심과 에너지는 거기에 쏠리게 되고, 그 결과 자연스럽게 교육이 나타나겠지만, 그 교육적 효과는 최대한의 노력을 쏟아 교육적 조건을 만드는 경우보다 더 적게 나타날 것이다. 셋째, 이러한 견해가 바람직하지 않은 결과를 낳는 이유는 피교육자의 특수한 능력을 고려하지 않고 평균적 기준을 적용하기 때문이다. 왜냐하면 개인의 강점과 약점을 엄밀하고 정확하게 판단하지 않고 아이들이 평균적으로 다소 먼 미래에—예를 들어 일 년 후 학년이 올라갈 때, 대학에 갈 때쯤, 또는 그러한 예비 단계가 아니라 삶의 중대한 일을 본격적으로 시작할 때— 장차 무엇을 하게 되어 있는지에 대한 막연하고 불확실한 의견으로 대체되기 때문이다. 전략적으로 유리한 지점에 주의를 기울이지 않고, 비교적 비생산적인 지점으로 눈을 돌리는 데서 생기는 손실은 이루 말할 수 없다. 이런 준비론의 문제점은 바로 그것이 성공이라고 생각하는 장래를 위하여 준비시킨다는 바로 그곳에서 실패한다는 데 있다.

불확실한 미래를 대비하는 교육

마지막으로, 미래를 준비하는 교육 원리는 쾌락과 고통이라는 우발적 동기에 아주 크게 의존할 수밖에 없게 한다. 미래는 현재의 가능성과 단절되었을 때, 자극과 방향을 제시하는 힘이 없기에 거기에 무언가를 걸어매야 작동할 수 있다. 여기에 사용되는 방법이란 잘하면 상을 준다는 약속과 잘못하면 벌을 준다는 위협이다. 현재가 요구하는 바에 따라, 또 삶의 한 요소로서 하는 건전한 일은 대체로 무의식적인 것이다. 이런 일의 자극은 우리가 실제로 직면한 사태 안에 있다. 그러나 이 상황을 무시할 때 우리는 학생들에게 정해진 과정을 따르지 않으면 벌을 받게 된다든가, 그대로 하면 장차 언젠가는 현재의 희생에 상응하는 대가를 치르게 된다는 말을 해야 한다. 미래를 준비시켜 준다는 명목으로 현재의 가능성을 소홀히 하는 교육체제가 얼마나 광범위하게 처벌 체제에 의존하는지는 널리 알려진 사실이다. 그 결과 이러한 몰인정하고 무기력한 방법에 대한 반감이 생겨 시계추가 정반대의 극단으로 움직여 미래를 준비하는 데 필요한 정보라는 사탕발림으로 학생들을 속여 그들이 관심을 보이지 않는 것들을 먹일 가능성이 있다.

교육이 미래를 준비해야 할 것인가 여부가 문제 되는 것은 물론 아니다. 만약 교육이 성장이라면, 교육은 당연히 현재의 가능성을 점차 실현하도록 해 주어야 하며, 따라서 개인이 나중에 생길 요구 사항을 더 잘 처리하는 데 한층 적합한 사람이 되도록 해야 한다. 성장이란 예기치 않은 순간에 갑자기 완성되는 게 아니라 끊임없이 미래로 이끌어 가는 과업이다. 학교 안에서든 밖에서든, 환경이 현재 미숙한 인간의 토대역량을 적절하게 활용하는 여러 조건을 제공한다면, 현재에서 자라나는, 현재의 연장인 미래가 소중히 다루어지라는 것은 확실하다. 문제는 장래의 필요를 위한 준비를 중시하는 것이 아니라 그것을 현재 노력의 주된 원동력으로 삼는 것이다. 끊임없이 발달하는 삶을 위한 준비의 필요성이 크면 클수록, 현재의 경험이 될 수 있는 대로 풍부하고 의미 있게 되도록 반드시 모든 노력을 경주해야 한다. 그렇게 하면 현재는 어느 틈엔가 미래로 합쳐져서 그에 따라 미래를 소중히 가꾸게 될 것이다.

발현으로서의 교육

발달 개념에 바탕을 두었다고 스스로 공언하는 교육관이 있다. 그러나 이 교육관은 한쪽 손으로 하고자 하는 일을 다른 쪽 손으로 못 하게 한다고 볼 수 있다. 왜냐하면 이 교육관에서 말하는 발달이란 계속적인 성장이 아니라 잠재적 능력이 일정한 목표를 향해 발현[37]해 가는 것이기 때문이다. 이 교육관에서 말하는 목표는 완성 또는 완전이다. 이 목표에 도달하지 못한 삶은 어느 단계에서든 단지 그 목표를 향해 펼쳐지는 과정일 뿐이다. 논리상으로 보면, 이 교육관은 앞에서 말한 준비이론의 한 가지 변형된 형태에 불과할 수 있다.[38] 실제에서 두 이론의 차이는 준비이론을 주장하는 이들이 실제적·직업적 임무에 준비시키는 것을 강조하는 반면, 발달이론을 주장하는 이들은 발현되고 있는 원리의 이상적·정신적 성질을 중요시한다는 데 있다.

성장과 진보라는 것이 변하지 않는 최종 목표를 향하여 조금씩 접근하는 과정이라는 생각은 삶에 대한 정적인 이해를 동적인 이해로 전환하는 과정에서 생길 수 있는 마지막 취약점이다. 그러한 생각은 삶을 동적인 것으로 이해하는 스타일을 흉내 낸다. 그것은 발달, 과정, 진보라는 말을 입에 올린다. 그러나 그들에게 이런 것들은 오직 잠깐 지나가는 과도기적인 것에 지나지 않으며, 그 자체로서의 의미는 결여되어 있다. 그런 것들은 현재 일어나고 있는 것에서 벗어나 그 무엇을 향하여 나아가는 운동으로만 중요성을 지닌다. 그들에게 성장이라는 것은 완성된 존재를 향하여 나아가는 과정에 불과하며, 따라서 최종적 이상은 불변의 것으로 생각된다. 추상적이고 불확실한 미래가 현재의 힘과 기회를 경시하고, 그 과정에 내포된 모든 것들을 통제하고 있다.

이 견해에서 발달의 기준으로 삼고 있는 완전함이라는 목표는 우리를 넘어 아주 멀리 떨어져 있기에, 엄밀히 말하자면, 우리는 그 목표를 달성할 수 없다. 따라서 목표가 현재를 안내하는 데 활용되려면, 목표를 표상하는 무언가로 변형되어야 한다. 그렇지 않으면 아이들이 표현하는 언어와 동작 등은 어느 것이나 모두 내부에서 시작하는 발현으로 간주되지 않을 수 없고, 따라서 신성불가침한 것으로 볼 수밖에 없을 것이다. 어느 특정한 태도 또는 행위가 현재의 태도나 행동이 이상적인 목적으로 가까이 가는지 아니면 멀어지는지를 판단하는 모종의 확실한 기준을 설정하지 않는 한, 우리가 할 수 있는 유일한 대안은 오직 아이의 적절한 발달을 방해하지 않도록 모든 환경의 영향력을 제거하는 것뿐이다. 그렇게는 할 수 없기에 작동하는 대체물이 설정되어야 한다. 대부분의 경우 이 대체물은 말할 필요도 없이, 어른이 아이에게 습득시키고자 하는 어떤 관념이다. 그러므로 암시적 질문이나 그 밖의 교육적 방안을 통해 교사가 바라는 것을 학생에게서 '이끌어 내기 위해' 수업을 진행한다. 그러한 의도가 성과를 거두면, 아이가 제대로 발현하고 있다는 증거를 얻었다고 할 수 있다. 그러나 일반적으로 말하면 학생은 교사가 바라는 방향으로 나아가는 데 아무런 주도권을 가지고 있지 않기 때문에, 거기서 얻어진 결과란 교사가 바라는 것을 아이들이 무작위로 암중모색하거나 타인이 제공한 단서에 의존하는 습관을 형성하는 것이다. 이러한 방법이 참다운 원리를 따라가고 있다고 주장한다면, 그것은 명시적으로 '알려 주는' 방식의 교육−이 방식의 성과는 학생들이 얼마나 교사의 말에 집착하느냐에 달려 있다−보다 더 해로울 수 있다.

철학사상 영역에서 보면, 절대적 목표를 추진하는 데 필요한 대표적 상징물을 제시하려는 두 가지 전형적인 시도가 있었다. 프뢰벨과 헤겔 사상은 모두 인간의 삶에 '내재된' 총체 또는 절대자[39] 개념에서 출발한다. 완벽하거나 완전한 이상은 그냥 이상이 아니라 지금 여기에 작동하고 있는 것이다. 그러나 두 이론에서 보는 이상은 암묵적으로, '잠재적으로' 또는 내포된 상태로만 존재한다. 두 이론에서 보는 발달은 이렇게 포장되어 있는 것이 점차 명시적으로 외현화하는 과정을 뜻한다. 두 사상체계를 세운 프뢰벨과 헤겔은 완전한 원리의 발현이 점진적으로 구현되는 경로에 대하여 서로 다른 생각을 하고 있다. 헤겔의 경우 그 과정은 절대자 안에 있는 서로 다른 요소들을 구현하고 있는 일련의 역사적 제도들을 통해 이루어진다. 반면 프뢰벨의 경우에는 작동하는 힘이 절대자의 본질적 특성에 상응하는 상징, 대체로 수학적 상징[40]을 제시함으로써 이루어진다. 이 상징을 아이들에게 제시하면, 아이의 마음속에 잠자고 있던 전체 또는 완전성[41]이 깨어난다는 것이다. 이런 생각은 다음과 같은 사례에서 그 방법의 특성을 살펴볼 수 있다. 유치원에 가 본 사람은 누구든지 아이들이 둥그렇게 앉아 있는 것을 보게 된다. 이렇게 둥그렇게 둘러앉는 것은 그것이 아이들을 앉히는 방법으로 편리하기 때문만은 아니다. 원이라는 것은 일반적으로 '인간의 집단생활을 나타내는 상징'이기 때문에 둘러앉는 것이라고 프뢰벨은 말한다. 프뢰벨은 아이들의 타고난 능력이 중요하다고 인식했고, 아이들을 사랑으로 보살폈으며, 아이들을 연구하도록 다른 사람들에게 막대한 영향력을 발휘했다. 이런 사실들은 아마도 현대 교육이론에서 성장 개념을 널리 인식시키는 데 가장 중요하고도 효과적인 영향을 미쳤다고 할 수 있다.[42] 그러나 잠재적 원리가 발현되는 것을 발달로 봄으로써, 발달 개념에 관한 그의 설명과 그것을 촉진하는 여러 가지 조직화된 방법은 매우 혼란스럽다. 프뢰벨은 성장하는 것이 '성장'이고, 발달하는 것이 '발달'이라는 점을 제대로 인식하지 못했고, 그 때문에 완성된 산물에 중점을 두게 되었다고 할 수 있다. 그리하여 프뢰벨이 말한 목표라는 개념은 '성장의 지체'를 뜻하는 것이 되고, 이 기준은 그의 이론을 추상적이고 상징적인 공식으로 설명한 것을 제외하고는 여러 가지 능력을 직접 이끄는 데에는 적용할 수 없는 기준이 되고 말았다.[43]

완전히 발현된 상태라고 하는 멀리 존재하는 목표를 전문 철학 용어로 표현하자면 '선험적인'[44] 것이다. 즉, 이것은 직접적인 경험과 지각에서 분리된 그 무엇이라고 할 수 있다. 그런데 경험론과 관련지어 말하면, 그런 목표는 공허하다. 이것은 지성으로 파악하고 진술할 수 있는 구체적인 내용을 나타내는 것이 아니라, 막연한 정서적 포부를 나타낼 뿐이다. 이러한 모호함은 모종의 선험적 공식으로 보충할 수밖에 없다. 프뢰벨은 경험의 구체적 사실을 발달의 초월적 이념의 상징으로 간주함으로써 이 둘을 관련지었다. 자의적인 선험적 공식—선험적인 개념은 자의적일 수밖에 없다—으로 이미 알려진 사실을 하나의 상징으로 본다는 것은, 그럴듯해 보이는 유사성을 마치 법칙인 것처럼 여기에 하는 낭만적 환상을 불러일으킨다. 그러한 상징체계가 일단 정착되고 나면, 다음 과제는 어떤 구체적인 기법을 고안하여 지각 가능한 상징의 내적 의미를 아이들이 성취하도록 하는 것이다. 상징체제의 형성자인 어른은 자연스럽게 기법의 고안자이고 통제자일 수밖에 없다. 그리하여 프뢰벨의 추상적 상징주의에 대한 사랑은 종종 공감적 통찰력을 능가했고, 교육의 역사에서 일찍이 볼 수 없었던 자의적이면서 외부로부터 강요된 받아쓰기 방식이 발달을 대체하게 되었다.

헤겔은 범접하기 어려운 절대자를 대신할 만한 구체적인 대응물을 상징의 형식이 아니라 제도의 형식에서 찾았다. 헤겔 철학도 프뢰벨 철학과 마찬가지로 어떤 면에서 보면, 삶의 과정에 대한 타당한 개념을 세우는 데 무시할 수 없는 중요한 공헌을 했다. 헤겔은 추상적 개인주의 철학의 약점을 분명하게 파악하고 있었다. 그는 역사적 제도를 한꺼번에 쓸어 없앨 수 없다는 것을 알았고, 제도를 책략에서 생겨나고 기만의 품에서 자란 폭군처럼 취급해서는 안 된다는 것도 알았다. 역사와 사회에 대한 헤겔 철학은 레싱, 헤르더, 칸트, 쉴러, 괴테 등 일련의 독일 사상가들의 축적된 노력을 집대성한 것으로 집단적 인간 생활의 위대한 산물로서 제도가 중요한 교육적 영향력을 지니고 있음을 올바르게 인식하는 데 초점을 두었다. 이 독일 사상운동의 의미를 파악한 사람의 눈으로 보면, 이제 제도나 문화를 인공적 산물로 파악하기는 불가능했다. 이 사상운동은 개인의 마음 형성에서 언어, 정부, 예술, 종교와 같은 '객관적 마음'의 역할을 보여 줌으로써, 인간의 '마음'을 아무것도 가진 것이 없는 개인이 원래부터 소유하고 있는 것으로 보는 심리학을, 사실 차원이 아닌 사상 차원에서 완전히 붕괴시켰다. 그러나 헤겔은 절대적 목표라는 개념에 사로잡혀 현재 구체적으로 존재하는 제도를 그 절대적 목표로 향해 차차 접근해 가는 오르막길 계단에 배열해야 했다. 각 제도는 그 시대, 그 장소에서 절대적으로 필요하다. 왜냐하면 그것은 절대정신이 자기를 실현해 나가는 과정의 한 단계이기 때문이다. 그러한 각 계단 또는 단계를 생각하면, 그것의 존재는 완전한 합리성의 증거인 것이다. 왜냐하면 그것은 총체성에 필수적인 요소이고, 그 총체성이야말로 절대이성[45]이기 때문이다. 개인은 있는 그대로 제도에 반하는 그 어떤 정신적 권리도 없다. 개인의 발달이나 양육도 현존하는 제도의 정신을 고분고분 받아들이는 데 있다. 혁신이 아니라 순응이 교육의 본질인 것이다. 역사가 보여 주듯 제도가 변화하는 것은 사실이지만, 이 제도의 변화는 국가의 흥망성쇠와 마찬가지로 '세계정신'의 작용이다. 세계정신이 선택한 기관인 몇몇 위대한 '영웅들'을 제외하고는 누구도 세계정신의 작용에 그 어떤 역할도 수행하지 않는다. 19세기 후반에 와서 이러한 유형의 이상주의는 생물학의 진화론과 결합되었다. '진화'는 자체의 목적을 달성하기 위해 스스로 작동하는 힘이었다. 그것에 반대하거나 그것과 비교하면, 개인의 의식적인 생각과 선호는 완전히 무기력하다. 말하자면, 개인의 생각들은 오직 스스로 작동하는 수단일 뿐이다. 사회적 진보는 실험에 의한 선택이 아니라 '유기적 성장'을 나타낸다고 생각되었다. 모든 이성의 힘은 강력하지만, 그 힘은 절대이성만이 쥐고 있다고 보았다.

헤겔이 위대한 역사적 제도가 마음의 지적 양육에서 적극적으로 작용한다고 인식한 것―이러한 생각은 그리스인들에게는 매우 익숙한 개념이기에 '재발견'했다고 해야 한다―은 교육철학에 큰 공헌을 했다. 그것은 루소보다 확실히 진일보한 생각이다. 루소[46]는 교육이 본성의 발달이며, 개인에게 외부로부터 강요되거나 접목된 것이 아니라고 주장했지만, 사회적 상태는 '자연'이 아니라는 개념 때문에 루소의 주장은 훼손되었고, 결국 헤겔이 루소를 능가하는 진정한 진보를 보여 주었다. 그러나 헤겔 이론은 발달을 완전하고 총체적인 목적이라고 보면서, 개인을 추상적으로 확대하여 구체적 개체성을 삼켜 버리고 말았다. 헤겔의 후계자 중 일부는 전체와 개체의 주장을 조화시켜 사회의 개념을 유기적 전체 또는 유기체로 파악하려고 했다. 사회조직이 개인의 능력을 적절하게 발휘하는 데 그 전제가 된다는 것은 의심할 여지가 없다. 하지만 신체 기관이 서로서로, 또 몸 전체와의 연관성에 따라 해석되는 '사회적 유기체'[47]라는 것은 각 개체가 전체 속에서 어떤 제한된 위치와 기능을 지니고 있어 다른 기관들의 위치와 기능에 의해 보완되어야 한다는 것을 의미한다. 신체조직의 한 부분이 분화되어 한 부분은 손이고 그래서 오직 손의 일만 할 뿐이며, 다른 부분은 눈이며 오직 눈의 일만 할 뿐이기에 그것들이 모두 합쳐져야 '유기체'를 이루는 것과 마찬가지로, 어떤 개인은 사회를 기계적으로 조작하는 일을 하며, 또 다른 개인은 정치가의 일, 또 한 사람은 학자의 일 등 사회 내의 개체들로 분화되어야 한다. 그리하여 '유기체'라는 개념은 사회조직의 계층 구분을 철학적으로 정당화하는 데 사용되며, 이 생각을 교육에 적용하면 성장이 아니라 외부 통제가 '교육'이라고 보는 견해를 지지하게 된다.

능력 훈련으로서의 교육

교육 영역에서 성장의 개념이 큰 영향력을 행사하기 이전에 한때 크게 유행한 이론이 그 유명한 '형식도야 이론'[48]이다. 이것은 하나의 올바른 이상을 염두에 두고 있다. 즉, 교육이 나타내야 할 한 가지 성과가 있다면, 그것은 특정 성취 능력을 창출하는 것이다. 훈련을 받은 사람은 훈련을 받지 않은 사람에 비해 자기에게 의미 있는 중요한 일을 더 잘할 수 있는 사람이라는 것이다. 여기서 '더 잘한다는 것'은 더 쉽게, 더 효율적으로, 더 경제적으로, 더 빨리한다는 뜻이다. 이것이 교육의 성과라는 점에서 이미 말했듯이, 습관이 교육적 발달의 산물이라는 점과 다를 바 없다. 그런데 지금 검토하고 있는 형식도야 이론은 말하자면 지름길을 질러가는 방식이다. 그것은 몇 가지 능력들-이 명칭은 이후 말하겠지만-을 단순히 성장의 결과가 아니라 직접적이고 의식적인 수업의 목적으로 본다. 이 이론에서는 마치 골프 선수가 숙달할 몇 가지 타법을 열거할 수 있듯, 분명하게 한정된 몇 가지 능력을 훈련해야 한다고 주장한다. 따라서 교육이 해야 할 일은 그 능력을 훈련시키는 일에 직접 착수하는 것이다. 그러나 이렇게 생각한다면 그러한 능력들이 이미 마음속에 훈련되지 않은 형태로 존재한다는 것을 가정하지 않으면 안 된다. 이것을 가정하지 않으면 그 능력을 창조하는 일은 그 밖의 다른 활동이나 작용의 부수적인 산물로 간주될 수밖에 없을 것이다. 그 능력이 비록 조잡한 형태로나마 거기에 있기 때문에 남은 일이라고는 그것을 끊임없이 점점 세련된 형태로 반복적으로 연습하도록 함으로써 마침내 세련되고 완성할 수 있도록 하는 것뿐이다. 이 개념이 적용된 '형식도야'라는 이름에서 '도야'[49]는 훈련된 능력의 '결과'와 반복적인 연습을 통한 훈련의 '방법'을 동시에 가리킨다.

형식도야 이론에서 말하는 능력의 형식들은 지각, 기억, 회상, 연상, 주의, 의지, 느낌, 상상, 사유 등과 같은 능력들[50]이며, 이런 것들이 제시된 자료를 연습하면서 형성된다. 이 이론의 고전적 형태는 로크[51]가 제시했다. 한편으로는 외부 세계가 있어 수동적인 감각을 통해 지식의 자료나 내용을 불어넣어 준다. 또 한편으로 주의, 관찰, 기억, 비교, 추상, 종합 등 몇 가지 기존 능력들을 갖춘 마음이 있다. 자연계에서 사물이 결합하고 분리되는 것과 마찬가지로, 마음이 이들 사물을 구별하거나 조합하면서 그 결과로 생기는 것이 지식이다. 그러나 교육에서 중요한 것은 마음의 능력들이 완전히 확립된 습관이 될 때까지 그 능력들을 연습하거나 실천하는 것이다. 이 과정은 당구 선수나 체조 선수들이 특정한 근육을 일정한 방식으로 계속해서 사용하면, 마침내 기술이 자동화된다는 사실로 늘 비유되었다. 심지어 사유 능력도 간단하게 구분하고 조합하는 반복적 연습을 통해 훈련된 습관으로 형성할 수 있다. 로크가 생각하기에 수학은 이 훈련을 위한 비할 데 없는 좋은 기회가 된다는 것이다.

로크의 이러한 설명은 당시의 이원론에 잘 부합했다. 그것은 마음과 물질, 개인과 세계 양자를 모두 공평하게 다루는 것처럼 보였다. 양자 중에서 한쪽은 지식의 재료, 즉 마음이 작용해야 할 대상을 제공하며, 다른 한쪽은 불과 몇 가지 안 되는 것으로 각기 특수한 연습을 통해 훈련될 수 있는 일정한 마음의 능력을 제공했다. 이 구상은 지식의 내용에 적절한 비중을 두면서 교육의 목적은 단순히 정보를 받아들이고 저장하는 데 있는 것이 아니라 주의, 기억, 관찰, 추상화 및 일반화 등 개인의 능력을 형성하는 것에 있다는 점을 강조했다. 지식의 재료는 어떤 것이든지 밖에서 온다는 것을 강조한 점으로 보면, 그것은 실재론적 입장을 취한다고 볼 수 있고, 지적 능력의 형성을 최종적으로 강조하고 있는 점을 보면 관념론적 입장을 취한다고 할 수 있다. 개인은 홀로 그 어떤 참된 관념을 가질 수도 생성할 수도 없다는 주장을 보면, 그것은 객관적이고 비개인적 입장으로 보인다. 그런데 교육의 목적을 개인이 처음부터 소유한 특정 능력의 완성에 둔다는 점에서 보면, 개인주의적인 입장을 나타낸다. 이와 같이 가치를 양쪽에 골고루 분배하는 사고 방식은 로크 이후 이어지는 세대의 지적 분위기를 신중하게 대변해 준다. 형식도야 이론은 로크의 사상과 분명한 관련은 없지만, 그 후 교육이론과 심리학 이론의 통설처럼 되어 왔다. 이 이론은 실제로 교육자의 과제를 막연한 것에서 명확한 것으로 만드는 데 공헌했고, 가르치는 기술을 비교적 쉽게 고안할 수 있도록 했다. 즉, 각각의 능력을 충분히 연습할 수 있도록 필요한 것을 제공하기만 하면 되었던 것이다. 이 연습은 곧 주의를 기울이고, 관찰하고, 암기하는 등의 행위를 반복하도록 하는 것이다. 난이도에 따라 이들 행위를 배열하고 그것을 반복할 때, 먼저 것보다 나중 것을 약간 더 어렵게 하면 완전한 수업 체계가 이루어지는 것이다. 따라서 이 개념을 비판하는 데는 그것을 주장하고 있는 근거와 교육적 적용 모두에서 여러 가지 관점이 있을 수 있고, 이 관점들은 똑같이 타당성을 지니고 있다.[52]

(1) 아마 가장 직접적인 비판은 관찰, 기억, 의지, 사유 등 소위 원래의 능력들이라는 것이 순전히 허구임을 지적하는 것이다. 연습을 통해 훈련되기를 기다리는 그런 기성의 능력 따위는 없다. 오히려 다수의 생득적 경향과 본능적 행동 방식이 존재하며, 이것은 중추신경계의 원초적인 신경조직에 기초를 두고 있다. 말하자면, 눈은 빛을 따라가며 응시하는 충

동적인 경향, 목 근육은 빛이나 소리 있는 쪽으로 고개를 돌리는 경향, 손은 뻗어 잡거나 구부리거나 비틀거나 하는 경향, 성대는 소리를 내는 경향, 입은 역겨운 물질을 뱉는 경향, 입술을 다물고 오므리는 경향 등 이루 헤아릴 수 없는 충동적 경향들이 있다.

이러한 경향은 서로 확실히 구별된 소수의 것이 아니라 한없이 다양한 것으로 갖가지 미묘한 방법으로 서로 얽혀 있다. 또한 완성을 위해 연습하기만 하면 되는 잠재적·지적 능력이 아니라 환경 안에서 일어난 변화에 대해 특정한 방식으로 반응하여 다시 다른 변화를 일으키는 경향이다. 목구멍에 이물질이 들어가면 기침을 한다. 이것은 그 이물을 뱉어내어서 이후의 자극을 수정하려는 경향을 나타낸다. 손이 뜨거운 물질을 만지면 충동적으로, 완전히 부지불식간에 손을 뗀다. 이때 손을 떼는 것은 손에 오는 자극을 변화시켜 유기체의 필요에 더 적합한 자극이 되게 한다. 그런데 손을 떼는 동작은 손에 오는 자극을 바꾸어 유기체의 필요에 더욱더 적합한 자극이 되도록 한다. 이와 같이 매개체의 특정한 변화에 대한 반응으로 유기체의 활동이 특정한 방향으로 변화하는 것, 그것이 바로 앞에서^{p. 40 참고} 말한 환경 통제가 일어나는 과정이다. 아주 어릴 적에는 보는 것, 듣는 것, 만지는 것, 냄새 맡는 것, 맛보는 것이 모두 이런 종류에 속한다. 그렇지만 이런 행동에는 엄밀히 말해서 정신적, 지적 또는 인지적이라는 요소가 들어 있지 않으며, 그것을 아무리 반복해서 연습하더라도 관찰, 판단, 지적 요소(의지)가 부가될 수는 없다.

(2) 마찬가지로 우리가 원래 가지고 있었던 충동적 활동을 훈련하는 것도, 운동으로 근육을 단단하게 하는 것처럼 '연습'에 의해 달성되는 세련과 완성의 과정은 아니다. 이것은 어떤 특정한 시간에 일어나는 산만한 반응 중에서 자극을 활용하는 데 특별히 부합되는 것을 선택하는 과정이다. 즉, 일반적으로 빛이 눈을 자극할 때 본능적으로 생기는 몸 전체의 반응, 특수하게는 손의 반응 중에서 손을 뻗어 물건을 효과적으로 잡고 조작하는 동작에 특히 알맞은 반응을 제외한 모든 것은 점차로 사라

진다. 그렇지 않으면 훈련은 일어나지 않는다. 이미 말한 바와 같이, 극소수의 예외를 제외하고는 유아들에게서 볼 수 있는 것처럼 최초의 반응은 너무 산만하고 막연해서 유아들이 실질적으로 할 수 있는 것은 많지 않다. 이런 점으로 보아 훈련의 정체성은 곧 선택적 반응이라고 할 수 있다. 또한 이것에 못지않게 중요한 것은 일어난 반응에 들어 있는 여러 가지 요소 사이의 세부 조정이다. 물건을 잡는 데 영향을 미치는 손 반응의 선택뿐 아니라, 이 반응만 부르고 저 반응은 부르지 않는 특정 시각적 자극을 선택하면서 양자 사이의 연결이 설정된다. 그러나 조정은 여기서 그치지 않는다. 물체를 잡을 때 특징적인 온도 반응이 일어날 수 있고, 이 반응 또한 조정에 포함될 것이다. 나중에 가서는 이런 온도 반응이 시각의 자극과 직접 연결되어 손 반응이 억제될 수 있다. 벌겋게 타는 불길을 만지지 않고 보기만 해도 멀리하게 된다. 또는 아이가 물건을 손에 쥐고 있다가 그것을 두드리거나 구기거나 찌그러뜨리면 소리가 난다. 이때 청각 반응이 반응 체계 속에 들어온다. 다른 사람들이 말소리(무엇인가에 붙여진 이름)를 내면서 그와 동시에 활동을 하면, 청각 자극과 연결된 귀의 반응과 성대 반응 또한 복합 반응 체계의 한 요소로서 그 체계 속에서 조정된다.

(3) 반응과 자극의 상호 적응─활동의 순서를 고려하면, 반응이 자극에 적응되는 것과 마찬가지로 자극도 반응에도 적응된다고 말할 수 있다─이 더 세부적일수록 확보된 훈련은 더 경직되면서 활용의 범위가 좁아진다. 이것을 다른 말로 하면, 훈련에 지적 또는 교육적인 성질이 덜 가미된다고 할 수 있다. 흔히 말하는 설명에 따르면, 반응이 세부적일수록 그것을 연습하고 완성함으로써 습득된 숙련은 다른 행동에 전이될 가능성이 줄어든다. 형식도야의 이론에 따르면, 철자법 공부를 하는 학생은 그 특정 어휘의 글자를 배울 뿐만 아니라 관찰력, 주의력, 기억력 등을 배우며, 이들 능력이 필요할 때는 언제나 써먹을 수 있다는 것이다. 그런데 실제로는 그렇지 않다. 사실 학생들이 특정한 어휘의 형태에 주의를 기울

이고 그것을 머릿속에 고정시키는 일에만 전념하고, 그것이 다른 것들과 어떤 관련이 있는지—예컨대, 단어의 의미, 그것이 습관적으로 쓰이는 맥락, 단어 형태의 파생과 분류 등—에 관심을 보이지 않으면, 거기서 획득된 능력은 거의 아무짝에도 쓸모없는 게 되고 만다. 오직 쓸모가 있다면 어휘의 시각적 형태를 알아보는 것인데, 이것은 관찰 능력 일반은 말할 것도 없고, 기하도형 사이의 정확한 구별을 할 수 있는 능력을 키우는 데에도 도움이 되지 않는다. 학생은 단순히 글자의 모양이 주는 자극과 입으로 또는 글씨로 그것을 재생해 내는 운동 반응을 선택할 뿐이다. 앞에서 쓴 용어를 써서 말하자면, 조정이 미치는 범위는 지극히 제한되어 있다. 학생이 순전히 글자와 단어의 형태만 연습하면, 그 외의 다른 것을 관찰하거나 기억 또는 재생에 사용되는 자극과 반응의 결합은 의도적으로 제거되는 셈이고, 그렇게 제외되기에 필요할 때 다시 복원할 수가 없다. 흔히 전문적인 용어로 그것은 전이될 수 없는 것이다. 이에 비해서 능력이 학습된 맥락이 넓으면 넓을수록—다시 말하면 조정된 자극과 반응이 더 다양할수록—, 그 획득된 능력은 다른 행동을 효과적으로 수행하는 데 더 많이 활용될 수 있다. 엄밀히 말하면, 어떤 '전이'가 일어나서가 아니며, 어떤 특정한 행위에서 사용되는 범위가 넓게 걸쳐 있을수록 그만큼 활동의 범위가 넓다는 뜻이며, 그만큼 좁고 고정된 조정이 아니라 유연한 조정이 이루어지고 있다는 뜻이다.

(4) 문제의 핵심으로 들어가서, 형식도야 이론의 가장 근본적인 오류는 이원론이다. 즉, 주제로부터 활동 및 능력을 분리한다는 점이다. 보는 능력 일반, 듣는 능력 일반, 또는 기억하는 능력 일반 따위는 없다. 단지 '무언가'를 보거나 듣거나 기억하는 능력이 있을 뿐이다. 정신적 능력이든 육체적 능력이든, 그 능력을 행사하는 과정에 관련이 있는 주제를 떠나서 일반적으로 어떤 능력의 훈련에 대해 논한다는 것은 무의미하다. 운동은 혈액순환, 호흡, 영양 섭취에 영향을 주어 활력과 체력을 증진시키지만, 이 축적된 힘이 특정 목적에 활용되려면 반드시 그 목적을 달성하는

물질적 수단과 관련되어 사용되어야 한다. 활력이 있으면 사람이 약할 때보다 테니스나 골프, 보트 타기를 더 잘할 수 있다. 그러나 공과 라켓, 공과 골프채, 돛과 키를 확실한 방식으로 사용할 수 있어야만 그 분야의 전문가가 된다. 그중 어느 하나를 숙달하는 것은 미세한 근육을 조정하는 적성을 갖고 있음을 보여 주는 신호이거나, 아니면 모든 분야에 동일하게 포함되는 조정의 전문성도 보장해 준다. 게다가 좁은 맥락 속에서 시각적 형태를 취한 철자 능력의 훈련과, 문맥이나 단어의 발생계통 확인 등과 같이 의미를 파악하는 활동을 하면서 익히는 철자법 사이의 차이는 비유하자면, 체육관에서 특정한 근육을 '발달'시키기 위해서 들어올리기 운동을 하는 것과 게임 또는 스포츠 경기를 하는 것 사이의 차이와 같다. 전자는 통일적이고 기계적이며, 엄격하게 세분화되어 있고, 후자는 시시각각 달라져서 어떤 동작도 서로 같은 것이 없을 정도이다. 새로운 긴급 상황에 계속해서 적응해야 하는 만큼, 거기서 형성되는 조정은 언제나 유연하고 탄력성이 있어야 한다. 그러므로 이 경우의 훈련은 훨씬 더 '일반적' 성격을 띤다. 다시 말해, 그것은 넓은 영역을 다루고 더 많은 요소를 포함한다. 마음에 관한 일반교육과 전문교육에서도 정확히 동일하게 적용된다.

단조롭게 획일적인 연습을 자꾸 되풀이하면 실제로 하나의 특수한 행위의 기술은 크게 향상될 것이다. 하지만 이 기술은 그 특수한 행위에만 한정될 뿐이다. 그것이 부기이건, 대수 계산이건, 또는 탄수화물의 실험이건 마찬가지다. 어떤 사람이 어느 특정 분야에서 권위자일 수 있지만, 그것과 별로 가깝지 않은 분야에서는 빈약한 수준의 판단을 흔히 보게 되는데, 이것은 그 특수한 분야의 훈련이 다른 분야의 문제를 다루는 데 별로 관련이 없기 때문이다.

(5) 결국 관찰, 회상, 판단, 심미안 등의 능력은 원래 타고난 활동적 성향이 어떤 대상이나 주제에 대해 활용된 결과가 조직된 형태로 나타나는 것이라고 보아야 한다. 관찰하는 능력을 시동시키는 버튼을 누름으로써,

다시 말해 관찰하려고 하는 '의지'를 발동시켜 면밀히 또는 철저히 관찰하는 것이 아니다. 그러나 눈과 손을 집중적으로 광범위하게 사용해야만, 성공적으로 수행할 수 있는 어떤 일에 당면할 때, 우리는 저절로 관찰하게 된다. 관찰이라는 것은 감각기관과 대상의 상호작용 결과이고 귀결이다. 따라서 그 대상에 따라 달라질 수밖에 없다.

결국 우리가 먼저 학생이 어떤 대상을 관찰하고 회상할 때 어떤 종류의 전문가가 되고자 하는지, 그리고 무슨 목적으로 그 일을 해야 하는지를 결정해 두지 않는다면 관찰력, 기억력 등 마음의 능력 발달을 설정하는 것은 부질없는 일이다. 이것을 결정하는 기준이 사회적이어야 한다고 선언하는 것은 앞에서 이미 말한 것을 다른 형태로 되풀이하는 것에 지나지 않는다. 우리는 학생들이 다른 사람들과 함께 생활하는 집단의 유능한 구성원이 되게 하는 것들에 주목하고 기억하고 판단하기를 바란다. 만약 그렇지 않다면, 우리는 학생들에게 벽의 갈라진 틈을 주의 깊게 관찰하도록 하거나, 알지 못하는 무의미한 단어 목록을 기억하게 하는 것과 같은 일을 하라고 하게 될 것이다. 아닌 게 아니라 만약 우리가 형식도야 이론을 그대로 따른다면, 바로 이런 식의 교육을 실제 해야 할 판이다. 식물학자나 화학자나 공학자의 관찰 습관이 이런 식의 교육에서 형성된 관찰 습관보다 더 좋다고 말하는 것은 그들이 다루는 주제가 삶에 더 큰 의의를 지니고 있기 때문이다.

이상의 논의를 마무리하면서, 우리는 일반교육과 전문교육의 차이가 기능이나 능력의 전이 가능성과는 아무런 상관이 없다는 점에 주목해야 한다. 말뜻 그대로, 능력을 한 곳에서 다른 곳으로 옮기는 '전이'는 불가사의한 일이며 불가능한 일이다. 다만 어떤 활동은 다른 활동보다 넓은 범위에 걸쳐 있고, 또 많은 요인의 조정을 필요로 한다. 이들의 발달은 끊임없는 변경과 재적응을 요구한다. 상황이 달라짐에 따라, 그중의 어떤 요인은 중요성이 감소하고, 이때까지 별로 중요하지 않던 요인들이 부각한다. 앞서 고정된 무게를 통일적인 동작으로 들어 올리는 운동을 반복하는 것과 스포츠 경기의 차이를 보여 주는 비유처럼, 활동할 때는 행위의 초점이 끊임없이 이동한다. 이에 따라 주제의 변화에 맞춰 활동의 초점을 옮겨 즉각 새로운 조합을 신속하게 만드는 연습이 이루어진다. 어떤 활동은 폭넓은 활동 범위를 가지고 있고-즉, 매우 다양한 세부 활동들의 조정을 포함하는-, 더욱이 그 활동이 차차 발전하는 과정에서 뜻하지 않게 끊임없이 방향을 바꾸어야 할 때는 언제나 일반교육이 생겨난다. '일반적'이라는 말은 바로 이와 같이 넓고 유연하다는 것을 나타낸다. 실제 문제와 관련시켜 보면 교육이 사회적 관계를 고려할수록 그만큼 그 교육은 앞에서 말한 조건에 부합되며, 따라서 일반교육의 성격을 띤다. 어떤 사람이 전문적인 철학, 문헌학, 수학, 공학 또는 재정학 분야의 전문가라고 하더라도, 자신의 전공 분야 이외의 문제에서는 행위와 판단이 서툴고 분별력이 없을 수 있다. 그러나 그러한 전문적인 주제에 대한 그의 관심이 사회적으로 넓은 범위에 걸치는 인간 활동과 연결된다면, 그에게 나타나는 행동 반응의 범위는 훨씬 넓고 융통성 있게 통합되어 있을 것이다. 교과가 사회적 맥락에서 유리되어 있다는 것은 오늘날 실시되고 있는 일반교육-마음의 일반적 훈련-의 으뜸가는 장애물이다. 문학, 예술, 종교가 이처럼 사회적 맥락에서 유리될 때, 일반교육의 전문적인 지지자들이 강력하게 반대하는 기술교육 못지않게 좁은 것이라고 할 수 있다.

요약

'교육적 과정의 결과는 그 이상의 더 많은 교육을 받을 능력을 갖게 하는 데 있다'는 준비이론은 교육의 실제에 심각한 영향을 미쳐 온 몇 가지 교육관과 두드러진 대조를 이룬다. 우리가 앞서 고찰한 첫 번째 교육관은 어떤 미래의 의무나 특권을 위한 준비를 갖추는 것이 교육이라고 보는 견해이다. 이러한 교육목적은 가르치는 사람과 배우는 사람의 주의를, 그것이 결실을 맺을 수 있는 유일한 지점에서 당연히 주의를 기울여야 할 오직 한 가지 점, 다시 말해 즉각적인 현재의 필요와 가능성을 최대한 살리는 것에서 빗나가게 한 구체적인 폐해라는 점이 지적되었다. 그 결과, 이 생각은 스스로 공언한 목적을 실현하지 못했다. 교육이 내부에서 시작하는 '발현'이라는 개념은 이미 말해 온 '성장'의 개념과 매우 유사해 보인다. 그러나 이 교육관은 프뢰벨과 헤겔의 이론에서 밝혀진 바와 같이, '준비' 이론만큼이나 현재의 유기적 경향과 현재 환경의 상호작용을 소홀히 하고 있다. 이 경우 모종의 암묵적 전제가 기성의 상태로 주어져 있는 것으로 보고, 성장의 의미는 단지 과도적이라고 본다. 그 자체로 목적이 아니라 이미 내재된 것을 드러내기 위한 수단일 뿐이다. 명시적이지 않은 것은 명확하게 사용할 수 없기에 그것을 나타내는 무언가를 찾아야 한다. 프뢰벨의 경우 특정 대상과 행위—그것들은 대부분 수학적인 것이지만—의 신비한 상징적 가치가 펼쳐지는 과정에 있는 절대적 전체를 나타낸다. 헤겔에 따르면 현존하는 제도는 실제적·현실적인 것의 구체적 표현이다. 상징과 제도에 대한 강조는 경험의 직접적인 성장이 가지고 있는 풍부한 의미로부터 눈을 돌리게 만든다. 영향력은 있지만 결함이 있는 또 다른 이론으로 마음은 태어날 때부터 지각, 기억, 의지, 판단, 일반화, 주의집중 등과 같은 특정한 정신적 기능이나 능력을 가지고 있으며, 교육이란 반복적 훈련을 통해 이러한 기능을 훈련하는 것이다. 이 이론은 주제를 비교적 외적인 것으로 삶과 무관한 것으로 취급하며, 주제의 가치는 단순히 그 일반적 능력을 연습할 기회를 제공하는 데 있다고 본다. 이 이론에 대한 비판의 핵심은 거기서 가정하는 능력들이 상호 간에, 또 그 적용 대상인 자료와 유리되어 있다는 점에 있다. 실제 면에서 볼 때, 이 이론에서 나타나는 결과는 주도성, 독창성, 재적응력—특수한 여러 활동 간의 폭넓은 계속적 상호작용에서 생길 수 있는 특성들—을 희생시키면서 편협하고 전문화된 기술의 훈련을 지나치게 강조한다는 점이다.

6장

과거와 미래의 접점으로서의 보수적 교육과 진보적 교육

형성으로서의 교육

이제 우리가 다루고자 하는 이론은 마음 능력론의 존재를 부정하고 정신적·도덕적 성향의 발달에서 교과의 독특한 역할을 강조하는 유형의 이론이다. 이 이론에 따르면, 교육은 내부에서 발현되는 과정이 아니며, 마음 자체에 내재한 능력의 훈련도 아니다. 교육은 오히려 외부에서 제시된 교과를 통해 내용의 일정한 연합 또는 연계를 만들어 냄으로써 마음을 형성해 주는 일이다. 교육은 철저하게 글자 그대로 뜻을 취한 가르침을 통해 이루어지는, 외부에서 들어가 마음 내부에 붙박아 진행된다는 뜻을 지니고 있다. 교육이 마음을 형성해 준다는 점에는 의심의 여지가 없다. 사실상 이것은 이미 앞서 제기된 개념이다. 그러나 여기에서 형성이란 '외부에서' 작동하는 어떤 개념에 의존하는 기술적 의미를 지니고 있다.[53]

교육사에서 이런 유형의 이론을 대표하는 최고의 위치에 있는 사람은 헤르바르트J. F. Herbart[54]이다. 그는 앞서 논의한 형식도야 이론처럼 타고난 능력의 존재를 전적으로 부정한다. 마음은 오직 그것에 작용하는 다양한 실재[55]에 대한 반응으로서 다양한 특성을 만들어 내는 능력을 부여받았을 뿐이다. 질적으로 다른 여러 가지 반응을 표상[56]이라고 한다. 각각의 표상은 한번 생기면 그 후로 계속해서 지속된다. 표상은 새로운 재료에 대한 정신 반응에 의해 생성된 새롭고 더 강력한 표상에 의해 의식의 '문턱'[57] 아래로 밀려날 수 있지만, 의식의 표면 아래에서 그 자체의 내재적 가속도에 의해 활동이 지속된다. 주의집중, 기억, 사유, 지각, 심지어 정서에 이르기까지 소위 '능력'이라는 것은 그러한 의식에 잠겨 있는 표상이 서로 그리고 새로운 표상과 상호작용함으로써 형성되는 배열, 연합, 복합을 가리키는 것이다. 예컨대 지각은 의식 밑바닥에 자리한 낡은 표상이 표면에 떠올라 새로운 표상을 만나 결합하는 과정에서 생긴 표상의 연합을 말하며, 기억은 낡은 표상이 또 하나의 표상과 얽혀 의식의 문턱 위로 떠올려지는 과정을 말하는 것이다. 쾌락은 여러 표상의 각각 독립적인 활동이 하나가 되어 서로를 강화하는 데서 나타나는 결과이며, 고통은 그 활동이 각기 다른 방향으로 끌어당길 때 나타나는 결과라고 할 수 있다.

그러므로 마음의 구체적인 성격은 전적으로 서로 다른 특성이 있는 여러 가지 표상들이 형성한 다양한 배열로 구성된다. 마음을 '채우고 있는' 그것이 바로 마음이다. 마음은 전적으로 '내용'에 관한 문제이다. 이 이론이 교육에 시사를 주는 교육적 함의는 세 가지를 든다. 첫째, 사물을 사용할 때 어떤 종류의 마음이 형성되는가 하는 것은 거기서 어떤 반응을 불러일으키는지, 불러낸 반응들이 어떤 방식으로 배열되는지에 달려 있다. 마음을 형성하는 것은 전적으로 적절한 교육 자료를 제시하는 문제이다. 둘째, 이전의 표상들은 새로운 표상들 중 무엇을 동화할 것인가를 결정하는 '통각기관'[58]을 구성하기 때문에, 이전의 표상들이 어떤 성격을 가지고 있는가는 대단히 중요한 문제이다. 새로운 표상들은 이미 형성된 표상들의 조직화를 더욱 강화하는 효과가 있다. 교육하는 사람의 과제는 적절한 자료를 선택하여 원래 반응의 성격을 고치는 것이며, 또 그 이전의 교변작용[59]에서 확보된 관념의 축적을 바탕으로 그 이후에 형성된 표상들의 순서를 배열하는 것이다. 내부에서 시작하는 발달을 강조하는 발현 이론의 경우에는 통제가 미래의 궁극적 목적에 비추어 이루어지는 데 비해, 여기서는 통제가 뒤에서 그리고 과거로부터 이루어진다.

셋째, 어떤 교수법에도 적용되는 특정한 형식적 절차를 정하는 것이 가능하다. 새로 배울 교과를 제시하는 일은 분명히 중심적인 과제이다. 그러나 안다는 것은 이 새로운 교재가 이미 의식 아래에 잠긴 내용과 어떤 방식으로 상호작용하는가에 달려 있기에 맨 처음 단계는 '준비', 즉 새로운 표상에 동화될 오래된 표상을 의식의 바닥 위로 끌어올리는 것이다. 그런 다음 새로운 표상의 제시 이후에 새로운 표상과 오래된 표상이 상호작용하는 과정이 있고, 마지막으로 새로 형성된 내용을 당면 과제의 수행에 적용하는 단계가 온다. 모든 수업은 이러한 경로를 따라 진행되어야 하며, 마찬가지로 모든 교과에서 전 연령의 모든 학생을 위한 수업에 적용되는 완전히 일관된 방법이 있다.

헤르바르트의 위대한 공헌은 가르치는 일을 판에 박힌 일상성이나 우연의 영역에서 벗어나게 한 것이다. 그는 가르치는 일을 의식적인 방법의 수준으로 끌어올렸다. 이제 가르치는 일은 순간순간 일어나는 우발적인 영감과 전통을 맹종하는 혼합물이 아니라, 명확하게 결정된 목적과 절차에 따라 진행되는 의식적 과업이 되었다. 그뿐만 아니라 교육과 훈육에서 우리는 궁극적 이상, 사변적인 정신적 상징 등의 막연하고 다분히 신비적인 일반론에 만족하지 않고, 모든 것을 명확하게 말할 수 있게 되었다. 또 그는 어떤 종류의 자료에 대해서도 연습할 수 있는 기성의 여러 능력이 있다는 개념을 폐기하고, 구체적인 교과, 내용이 모두 중요하다고 주의를 환기시켰다. 헤르바르트가 학습 자료에 관한 문제를 정면으로 제기했다는 점에서, 다른 어떤 교육철학자보다 큰 영향을 미쳤다는 점은 의심할 여지가 없다. 그는 방법의 문제를 교과 내용과의 관계라는 관점에서 파악했다. 즉, 방법은 그 내용이 이전의 내용과 적절하게 상호작용을 할 수 있도록 새로운 교과 내용을 제시하는 방식과 순서와 관련된다.[60]

하지만 이러한 헤르바르트 견해의 이론적 결함은 근본적으로 다음과 같은 점에 있다. 즉, 살아 있는 존재에는 능동적이고 독특한 기능이 있고, 이 기능은 생명체가 환경을 다루는 동안 방향이 전환되고, 상호 결합하면서 발전되어 나간다는 존재임을 경시하는 데 있다. 이 이론은 옛날 훈장의 전형적인 모습을 연상시킨다. 이는 이 이론의 강점과 약점을 동시에 나타낸다. 마음은 가르쳐지는 것으로 채워지는 것이며, 배움의 중요성은 장차 더 많은 가르침을 받을 수 있다는 가용성에 있다는 개념은 바로 옛날 선생이 지닌 삶의 관점을 반영한다. 이 교육철학은 학생들을 가르칠 교사의 의무에 대해서는 고상한 말을 많이 하지만, 학생의 배울 특권에 대해서는 거의 입을 다물고 있다. 이 이론은 지적 환경이 마음에 미치는 영향을 대단히 강조하지만, 그러면서도 환경이라는 것이 공동의 경험에 대한 개인적인 참여를 포함한다는 점은 그냥 지나쳐 버린다. 헤르바르트 이론은 의식적으로 공식화된 방법을 만들어 사용할 방법이 있다는 것은 지나칠 정도로 과장하여 말하면서도, 생생한 무의식적인 태도의 역할이 중요하다는 점은 과소평가한다. 그리고 오래된 것, 지나간 것의 중요성을 역설하면서도, 참으로 새롭고 예기치 못한 것이 작용한다는 것을 가볍게 넘긴다. 한마디로 이 이론은 교육적인 것이 무엇인지 진지하게 고려하지만, 그것의 본질이라고 할 만한 것, 즉 효과적인 실천의 기회를 찾는 생생한 에너지는 빠뜨리고 있다. 모든 교육은 지적인 측면이건 도덕적 측면이건 인격을 형성하지만, 이 형성이라는 것은 사회적 환경이라는 교과를 잘 활용하는 방향으로 본래적 활동들을 선정하고 조정함으로써 이루어진다. 나아가 이 형성은 타고난 활동을 '대상으로(of)' 할 뿐만 아니라, 그 활동을 '매개로(through)' 이루어진다. 요컨대 그것은 재구성과 재조직의 과정이라고 할 수 있다.

반복과 회고로서의 교육

  내부에서의 발달과 외부에서의 형성이 절묘하게 결합되어 나타난 교육이론이 생물학적 또는 문화적 면에서의 반복설이다. 개개의 인간은 발달하지만 그 발달이 적절히 이루어지려면, 생물의 지난 진화와 인간 역사를 단계별로 질서정연하게 되풀이해야 한다는 것이다. 생물의 진화 과정에서 반복은 생리학적으로 발생하고, 인간 역사에서의 반복은 교육을 통해 일으켜야만 한다. 단순한 배아로부터 성숙기로 성장하는 개체는 가장 단순한 형태에서 가장 복잡한 형태로 변해 온 동물 진화의 역사를 반복한다는 점이 생물학적 진실-또는 전문적으로 표현하면, 개체발생은 계통발생과 반복한다-로 주장된다. 과거의 문화적 반복에 과학적 근거를 부여했다는 것 말고, 이 사실이 옳은가 그른가 하는 문제는 우리의 관심사가 아니다. 다시 말하면 우리의 관심사는 '문화적 반복설'에 있다. 문화적 반복설에 의하면 첫째, 어떤 특정한 연령층의 어린이는 지적인 면에서나 도덕적인 면에서 미개 상태에 있다. 그들의 본능은 조상들이 한때 영위했던 생활 방식대로 유목민, 수렵인의 본능이다. 그래서 결론은 이 단계의 아이들에게 적합한 교육 내용은 그것에 상응하는 단계의 인간들이 만들어 낸 자료-특히 신화, 민담, 노래 등-여야 한다는 것이다. 그다음 아이들은 예컨대 목축생활 단계에 부합하는 단계로 나아가고 이어서 다른 단계 등으로 나아가고, 마침내 현대 생활에 참여할 단계에 이르러 현재의 문화생활 상태에 도달한다는 것이다.

이상에서 말한 상세하고 일관된 형태의 반복설은 독일의 작은 학교-대부분 헤르바르트 정신을 이어받은 사람들이 운영하는 학교- 이외에는 거의 전파되지 않았다. 하지만 이 이론의 밑바탕을 이루는 생각은 교육이란 본질적으로 회고적[6] 성격을 띤다는 것이다. 즉, 교육은 주로 과거를 돌아보며, 특히 과거의 문헌에 의존해야 한다는 것과 마음은 과거의 정신적 유산에 따라 양식이 만들어질 때 적절하게 형성된다는 것이다. 이 생각은 특히 고등교육에 대단히 강력한 영향을 미쳤기에 이 이론을 극단적으로 공식화하여 검토해 볼 가치가 있다.

우선, 반복설의 기초라고 할 수 있는 생물학적 근거는 반복설의 주장과 맞지 않는다는 점을 지적할 수 있다. 태아의 성장이 의심할 여지 없이, 하등 생물의 특징을 얼마간 지니고 있다는 것은 사실이다. 하지만 그 성장 과정이 어떤 점에서나 엄밀하게 과거의 진화 단계를 그대로 밟는 것은 아니다. 만약 반복이라는 엄격한 '법칙'이 있었다면, 진화적 발달은 분명히 일어나지 않았을 것이다. 그 경우라면, 각각의 새로운 세대는 바로 이전 세대의 존재 양식을 되풀이했을 것이다. 요컨대 진화 또는 발달이 일어난 것은 뒷세대가 앞 세대의 성장 구도를 지름길로 질러가고 그것에 변경을 가했기 때문이다. 이 말은 곧 교육의 목적이 그런 성장의 지름길을 촉진하는 데 있다는 뜻이 된다. 교육적으로 말하면, 미숙함의 가장 큰 이점은 그것이 낡아 빠진 과거에 안주할 필요로부터 아이들을 해방시킬 수 있다는 것이다. 교육의 과업은 아이들을 과거를 되풀이하도록 이끄는 것이 아니라, 오히려 과거를 재현하거나 그 길을 다시 밟는 일로부터 아이들을 해방시키는 것이다. 아이들의 사회적 환경은 계몽된 인간의 생각하고 느끼는 습관이 작용하여 구성하는 환경이다. 이러한 현재의 환경이 아이들에게 미치는 지도적 영향력을 무시한다는 것은 곧 그것의 교육적 기능을 포기하는 것이나 다름없다. 한 생물학자는 이렇게 말했다. "여러 동물의 발달 역사를 살펴보면, 일련의 독창적이고 결정적이며 다양하지만, 반복의 필요성에서 벗어나 조상의 방법을 보다 직접적인 것으로 바꾸기 위해 여러 가지로 재주를 부리면서, 또 때로는 실패도 해 가면서 꾸준히 노력해 온 흔적을 발견할 수 있다." 만약 교육이 그 실패를 점차 성공으로 바꾸기 위해 의식적인 경험을 통해 의도적 노력을 촉구하지 않았다면, 이것이야말로 참으로 어리석은 일이 될 것이다.

교육에서 과거의 역할은 무엇인가?

반복설에는 두 가지 타당한 점이 있다. 비록 반복설의 전체 주장에 가려지기는 하지만, 이를 왜곡시키는 잘못된 맥락과의 연결에서 분리하는 것은 어렵지 않다. 첫째, 생물학적 측면에서 우리가 아는 한, 아이들이 하는 충동적 활동들은 처음에는 맹목적이며, 대부분 서로 갈등하고, 되는대로 우발적이고 산발적으로 발생하는 것이어서 당면한 환경에 잘 적응하지 못한다는 것, 어린이의 삶은 이런 충동적 활동의 집합체로 시작한다는 사실이다. 둘째로 과거의 역사적 산물이 미래에 도움이 되는 한, 그것을 활용하는 것은 지혜 있는 사람의 당연한 역할이라는 사실이다. 이는 이전 경험에서 얻어진 결과이기 때문에, 그것이 미래 경험에 대해 갖는 가치는 한없이 크다. 과거의 산물로서 문헌은 현재 사람이 그것을 소유하고 활용하는 한, 개인이 가진 현재 환경의 일부라고 할 수 있다. 하지만 그것을 현재의 자원으로 활용하는 것과 '회고적' 성격의 표준과 귀감으로 삼는 것 사이에는 엄청난 차이가 있다.

(1) 첫 번째 지점이 반복설에서 왜곡된 형태로 나타나는 것은 일반적으로 유전 개념의 오용을 통해서다. 유전이라는 것은 과거 인간의 생명이 어떤 방식이든 개체의 주요 특성을 미리 결정한다는 것, 그리고 그 특성은 너무 고정되어 있어서 어떤 중대한 변화도 가져올 수 없다는 것을 가정한다. 이렇게 보면, 유전의 영향은 환경의 영향과 반대되는 것으로 생각되고, 환경의 효능은 작아 보인다. 그러나 교육의 목적이라는 관점에서 볼 때, 유전이란 개인이 원래 타고난 자질, 그것 이외의 아무것도 아니다. 교육은 인간 존재를 있는 그대로 받아들여야 한다. 한 개인에게 타고난 소질이 있다는 것은 교육이 받아들여야 할 기본적인 사실이다. 그러한 소질이 이러저러한 방식으로 만들어졌다든가 혹은 조상에게서 물려받았다든가 하는 것은 생물학자들에게는 중요할지 몰라도, 그러한 활동 소질이 현재 존재한다는 사실과 비교해 보면, 교육자들 입장에서는 특별히 중요한 바가 아니다. 가령 어떤 사람이 조상에게서 물려받은 유산을 어떻게 쓰는가 하는 문제에 지도나 조언을 해야 하는 경우를 생각해 보자. '물려받은 것'이라는 사실이 장래의 용도를 미리 결정한다는 식의 생각은 명백히 그릇된 것이다. 지도나 조언을 하는 사람은 존재하는 것, 즉 물려받은 것을 가장 잘 활용하는 것에 신경을 쓴다. 다시 말하면 가장 유리한 조건에서 그것을 운용하는 것에 관심을 둔다. 물론 '주어지지 않은 것'을 활용할 수는 없다. 교육자도 그럴 것이다. 이 점에서 유전은 교육의 한계 범위가 된다. 이 사실을 안다면, 오늘날 널리 퍼져 있는 고정 관념, 즉 개인을 가르쳐서 천성적으로 적합하지 않은 일을 할 수 있도록 만들려는 생각에서 생기는 에너지의 낭비와 염증은 능히 방지할 수 있을 것이다. 상황이 이러함에도 반복설은 아이에게 이미 있는 능력을 어떻게 활용해야 하는가에 대해서는 말해 주지 않는다. 사실상 백치의 경우를 제외하고는, 비록 머리가 모자라는 아이도, 원래의 능력은 현재 실제로 활용하는 것 이상

으로 다양하며 잠재적 가능성이 크다. 그러므로 개인의 타고난 적성과 결핍에 대해 세밀하게 탐구하는 일은 교육의 예비 단계로 반드시 필요하지만, 이후의 중요한 조치는 이미 있는 활동이 잘 발휘될 수 있도록 환경을 조성해 주는 일이다.

유전과 환경의 관계는 언어에 잘 나타난다. 만약에 어떤 사람이 또박또박 소리 내는 성대가 없다면, 만약 청각이나 기타 감각, 성대와 청각 사이의 연결 장치가 없다면, 그에게 말하는 법을 가르치는 것은 순전히 시간 낭비일 것이다. 그런 점에서 인간은 부족하게 태어났고, 교육은 그 한계를 받아들여야 한다. 반대로 인간이 선천적인 음성기관을 가지고 있다는 사실 자체가 언젠가는 어떤 말을 할 수 있다든지, 어떤 언어를 말하게 될 것임을 결코 보장할 수 없다. 그의 활동이 일어나는 환경, 그의 활동이 실행되는 환경이 어떠하냐가 이러한 것들을 해결할 것이다. 만약 그 환경이 사람들이 서로 말을 주고받지 않거나, 꼭 필요한 경우에만 몸짓을 최소한으로 하는 비사회적 환경이라면, 그는 마치 사람들이 서로 말을 주고받지 않거나, 절대적으로 필요한 경우에 한해 최소의 몸짓만으로 살아가는 그런 환경이라면, 그는 마치 성대가 없는 것처럼 음성언어를 배울 수 없을 것이다. 그가 내는 소리가 중국어를 말하는 사람들의 신체 기관에서 나오는 소리라면, 비슷한 소리를 내는 활동이 선택되고 조정될 것이다. 이 예시는 개인이 교육을 받을 수 있는 모든 범위에 해당한다. 그것은 곧 과거의 유산을 현재의 요구나 기회와 바르게 연결하는 것이라고 할 수 있다.

(2) 교육에서 가르쳐야 할 적절한 내용은 과거의 문화적 산물에서 발견될 수 있다는 이론—일반적으로 또는 더욱 구체적으로 가르치는 내용의 발달 단계와 상응하는 문화 시대에 창출된 특정 문헌에서—은 앞에서 비판한 성장 과정 및 결과를 단절하는 견해의 또 다른 사례이다. 성장 과정을 생생하게 살아 있게 하는 것, 그렇게 함으로써 미래에 그 과정이 유지되도록 하는 것이 교과의 교육적인 기능이다. 그러나 개인이 사는 것은

현재일 뿐이다. 현재는 단순히 과거 뒤에 오는 것이 아니다. 더욱이 과거에 의해 만들어진 것도 아니다. 현재는 바로 삶이며, 과거를 뒤로한 채 살아가는 것이 바로 삶이다.[62] 과거의 산물을 공부하는 것이 현재를 이해하는 데 도움이 되지 않는 것은 현재가 그 산물로 말미암아 존재하는 것이 아니라, 그 산물을 만들어 낸 삶으로 말미암아 존재하기 때문이다. 과거와 그 유산에 대한 지식은 그것이 현재에 들어올 때만 큰 의의가 있으며, 그렇지 않은 한 그것은 의의가 없다. 그리하여 과거의 기록과 유물을 교육의 주요 자료로 삼는 것이 잘못인 것은 그것이 현재와 과거 사이의 생생한 관계를 단절시켜서 과거를 현재에 대항하는 것으로, 또 현재를 다소나마 과거의 쓸데없는 모조품으로 만든다는 데 있다. 이러한 상황에서 문화는 장식이나 오락, 은신처나 피난처가 될 뿐이다. 사람들은 과거가 현재의 미숙한 부분을 숙성시키는 기관이 아니라 현재의 미숙한 세계에서 벗어나 마음속에 그려진 원숙한 세계에서 살려고 할 것이다.

요컨대 현재 제기된 문제를 해결하기 위해 과거를 탐구하게 되고, 과거는 우리가 탐구를 통해 찾은 것에 의미를 부여해 준다. 과거가 과거인 이유는 다른 데 있지 않다. 현재를 특징짓는 것이 분명 그 안에 들어 있지 않다는 데 있다. 움직이는 현재에 과거가 들어 있다고 볼 수 있는 것은 오직 과거가 현재의 사조를 이끄는 데 활용된 경우이다. 과거는 상상력의 큰 자원이며, 삶에 새로운 차원을 열어 주지만, 이 모든 것은 과거가 현재와 단절된 또 하나의 세계가 아니라, '현재의 과거'로 생각될 때 이루어진다. 현재에 일어나고 있는 삶의 행위와 성장의 작용은 언제 어디서나 현재에 나타날 수 있는 일이며, 이것을 소홀히 하는 원리는 그 어떤 것이든 자연스럽게 과거로 눈을 돌릴 수밖에 없게 만든다. 그것이 설정한 미래의 목표는 너무 멀리에 있고 공허하기 때문이다. 그러나 현재에서 이미 등을 돌린 이상, 과거의 전리품을 싣고 다시 현재로 돌아올 길은 막혀 있는 상황이다. 눈앞에서 벌어지고 있는 현실의 필요와 사건들에 관해 적절한 감수성을 지닌 사람이라면, 현재의 배경을 이루는 과거로부터 '가장 생생한 동기'를 얻게 되고, 그런 사람들에게는 과거가 현재와 단절된 일이 없으므로 굳이 먼 옛날을 뒤져서 알아낼 필요도 없을 것이다.

재구성으로서의 교육

신체적 본성이든 과거의 문화적 산물이든, 교육을 내부의 잠재된 힘의 발현으로 보는 관점이나 외부에서의 형성으로 보는 관점과 대조되는 이상적 성장을 가져오는 교육관은 교육을 경험의 끊임없는 재조직 또는 재구성이라고 보는 것이다. 교육은 언제나 당면한 목적이 있으며, 활동이 교육적인 성격을 띠는 한, 그것은 그 목적, 즉 경험의 질을 직접 변혁시킨다는 생각에 다다른다. 유년기, 청년기, 성인기, 이 모든 단계는 각각 교육하기에 알맞은 시기이다. 각각의 경험 단계에서 실제로 배운 것이 바로 그 경험의 가치를 이룬다는 뜻에서, 그리고 각각의 시기에 이루어지는 삶의 주요한 과업은 그 자체로서 인지 가능한 의미를 풍부하게 하는 데 기여한다는 뜻에서 그러하다.

따라서 우리는 교육의 전문적인 정의에 도달한다. 즉, 교육이란 경험의 의미를 더하고 이후 경험의 경로를 방향 짓는 능력을 높이도록 경험을 재구성하거나 재조직하는 일이다. 첫째, 경험의 의미가 더해진다는 것은 우리가 참여하는 여러 활동의 관련과 연속성을 더욱더 잘 인지한다는 것과 같은 뜻이다. 활동은 애초에 충동적인 형태로 출발하기에 맹목적 성격을 띤다. 우리는 처음에 그것이 무엇을 위한 것인지, 다시 말하면 그것이 다른 활동과 어떻게 상호작용하는지 모른 채 활동한다. 그러다가 활동에 교육과 가르침의 의미가 수반될 때, 우리는 이전에 감지할 수 없었던 여러 관련성을 알게 된다. 앞에서 들었던 간단한 사례를 다시 생각해 보자. 자! 밝은 빛에 손을 뻗는 아이는 화상을 입는다. 그는 일정한 시각 작용-그리고 그 반대도-과 관련된 어떤 접촉 행위는 뜨거운 느낌과 아픔을 수반한다든가, 어떤 빛은 열의 원천임을 의미한다는 것을 알게 된다. 과학자가 실험실에서 불꽃에 대해 더 많이 알게 되는 행위도 원리적으로 이와 조금도 다르지 않다. 즉, 이러저러한 일을 함으로써 그전에는 드러내지 않았던 열과 그 밖의 것들 사이의 일정한 관련을 감지하게 되는 것이다. 그리하여 이러한 일들과 관련된 그의 행위는 더 많은 의미를 지니게 된다. 장차 그러한 일들을 다룰 때, 그는 스스로 무엇을 하고 있는지, 또는 자기가 무엇을 '하려고 하는지'를 한층 자세하게 알게 된다. 그는 일들이 그냥 일어나도록 내버려 두지 않고 어떤 특정한 결과를 의도적으로 일으키려고 한다. 이 모든 것들은 동일한 내용을 여러 가지 방식으로 바꾸어 말한 것에 지나지 않는다. 바로 이런 식으로 불꽃이 의미를 갖게 된다. 연소, 산화, 빛과 온도에 관해 알려진 모든 내용이 지적 내용의 본질적인 부분이 되는 것이다.

둘째, 교육적 경험의 또 하나의 측면은 그 이후 활동을 방향 짓거나 통제할 능력이 더해진다는 것이다. 자기가 무슨 일을 하는지 안다거나 어떤 결과를 의도적으로 일으킨다든가 하는 것은 말할 필요도 없고, 장차 일어날 일을 더 잘 예견할 수 있다는 말이다. 따라서 유익한 결과를 얻고 바람직하지 않은 결과를 피하기 위해서 미리 준비하거나 대비해야 한다. 이렇게 진정한 교육적 경험, 즉 지식이 전달되고 능력이 증대되는 경험은 한편으로는 아무 생각 없이 하는 습관적 활동과 다른 한편으로는 아무렇게나 제멋대로 하는 활동과 구별된다. 후자의 '제멋대로 하는 활동'은 '무슨 일이 일어나든 상관하지 않는다'는 것이다. 이때 우리는 되는대로 행동해 버리며, 우리의 행위와 그 결과—행위의 결과는 곧 그 행위가 다른 것들과 어떻게 관련되는지를 드러내는 증거—를 관련지으려 하지 않는다. 그러한 무목적적이고 무계획적인 활동은 고의적인 장난, 부주의 또는 무분별한 행동으로 취급되어 모든 사람에게 빈축을 사는 것이 일반적이다. 하지만 일부에서는 그러한 방향을 잃은 행동의 원인을 다른 모든 것들과 분리된 젊은이의 성향 자체에서 찾으려는 경향이 있다. 그러나 사실상 그러한 활동은 주변 환경에 적응하지 못한 데에서 비롯된, 폭발적으로 일어나는 현상이다. 개개인은 자신의 목적의식이 없거나 자신의 행위가 다른 행위에 미치는 영향을 인지하지 못한 상태에서 외부의 명령을 받거나 남의 말을 듣고 행동할 때 제멋대로 행동하는 경향이 있다. 이렇게 자신이 이해하지 못하는 일을 할 때도, 우리가 무엇인가 배우고 있을지도 모른다. 심지어 가장 지적인 행동을 할 때도, 우리가 하는 일의 대부분은 그 의미를 모르고 하는 경우가 많다. 왜냐하면 우리가 의식적인 의도를 갖고 하는 행동은 수많은 관련성을 가지고 있으며, 그 관련성 중 상당 부분은 우리에게 지각되거나 예측되지 못하기 때문이다. 그렇기는 해도, 오직 행동하고 난 뒤에 이전에는 전혀 몰랐던 여러 결과를 보면서 비로소 배우게 된다. 그러나 학교에서의 많은 일들은 학생들이 행동한 이후에도 그들이 추구하는 결과—예컨대 정답—와 방법 사이의 연관성을 볼 수 없는 종류의 행동을 하도록 규칙을 정해 놓고 있다. 학생의 입장에서 보면, 모든 것이 속임수이며 일종의 불가사의한 일이다. 그런 행동은 본질적으로 제멋대로이고, 그런 습관으로 이끌 뿐이다. 전자의 판에 박힌 반복적 행동, 즉 자동적인 행동은 '특정한' 일을 하기 위한 기술 향상에는 도움이 된다. 그 점에서는 교육적 효과가 있다고 보아야 할지 모른다. 그러나 그런 행동은 그전에는 볼 수 없었던 새로운 방향과 관련성을 인식하는 데까지 이르지 못하고, 의미의 지평을 넓히기보다는 그것을 제한할 뿐이다. 더욱이 환경은 변화하고 있고 우리의 행동 방식도 사물과 조화로운 관계를 잘 맺는 방향으로 바꿔야 하기 때문에 고립된 획일적 행동 방식은 어떤 위기 국면에서 파국에 직면할 수 있다. '기술'이 있다고 큰소리치던 사람이 형편없는 꼴이 되고 마는 것이다.[63]

이 장과 앞 장에서 비판되었던 다른 일방적 생각과 대조되는 연속적 재구성으로서의 교육 개념이 보여 주는 가장 본질적인 특징은 다른 교육관이 어느 한쪽만을 강조하는 데 비해, 이 교육관은 목적(결과) 및 과정을 동일하게 본다는 것이다. 목적과 과정의 동일하다는 것은 언어상으로 볼 때 자기모순적인데, 이는 단지 언어적으로만 그렇다. 하나의 활동적 과정인 경험이 일정한 시간 동안 진행되고 난 뒤의 기간이 앞부분을 완결한다는 뜻이다. 이 뒷부분은 지금까지 보이지 않던 연계성을 밝히는 것이다. 그리하여 뒷부분의 결과는 앞부분의 의미를 드러내면서 경험 전체가 이러한 의미를 가진 사물 쪽으로 나아가려는 경향과 성향을 확립한다. 이러한 지속적인 경험과 활동은 모두 교육적 성격을 지니며, 이 모든 교육은 그러한 경험을 가지도록 하는 데 있다.

사회적인 것으로서의 경험의 재구성

마지막으로 지적하려는 것―나중에 다시 자세하게 검토하겠지만―은 경험의 재구성이 '개인적'일 뿐만 아니라 '사회적'인 것이기도 하다는 점이다. 앞의 여러 장에서 교육이란 미숙한 사람에게 그들이 속해 있는 사회집단의 정신을 채워 넣어 주는 일이라고 말하고, 마치 아이들이 어른의 적성과 기량을 일종의 따라잡기 하는 것처럼 교육을 설명했는데, 이것은 교육을 단순화해서 설명하고자 한 것이다. 동적이지 않고 정적인 사회, 다시 말하면 이미 확립된 관습을 유지하는 것을 가치의 척도로 삼는 사회에서는 지금 말한 것과 같은 생각이 대체로 들어맞는다. 하지만 진보하는 공동체에서는 그렇지 않다. 진보하는 사회에서는 젊은이들이 경험을 형성해서 현재의 습관을 되풀이하지 않고 더 좋은 습관이 형성되도록 하며, 그렇게 함으로써 그들 스스로 현재보다 향상된 미래의 성숙한 사회를 이루도록 노력한다. 오랫동안 인간은 교육을 의식적으로 이용하여 사회의 명백한 폐단을 제거할 수 있다고 보았다. 그래서 젊은이들을 이런 폐단을 되풀이하지 않는 길로 이끌고, 교육이 인간의 더 나은 희망을 구현하는 도구가 될 수 있다는 것을 어느 정도 암시해 왔다. 그런데 우리는 사회를 개선하는 구성적 기관으로서 교육의 잠재적인 효능을 인식하는 것과 함께, 교육이 어린이와 청소년의 발달을 도모하는 일일 뿐 아니라 그들이 구성원이 될 미래 사회의 발전을 도모하는 일임을 아직 충분히 깨닫지 못하고 있다.

요약

교육은 과거를 회상하는 방식으로 생각할 수도 있고, 미래를 전망하는 방식으로도 생각할 수 있다.[64] 다시 말하면, 교육이란 미래를 과거에 순응시키는 과정으로 생각될 수도 있고, 과거를 발전하는 미래의 자원으로 활용하는 과정으로 생각될 수도 있다. 전자는 이미 지나간 것에서 표준과 표본을 찾는다. 마음은 어떤 사물을 접하는 것에서 생기는 내용의 집합체로 간주될 수 있다. 이 경우에는 이전에 접했던 사물에서 생기는 표상이 나중의 사물을 동화시키는 자료가 된다. 미숙한 존재에게서 초기 경험의 가치를 강조하는 것은 특히 그 가치를 하찮게 여기는 경향이 있기 때문에 대단히 중요하다. 그러나 이 경험들은 겉으로 드러난 자료로 제시되는 것이 아니라, 타고난 활동력과 환경이 상호작용하여 경험이 점진적으로 수정되어 가는 과정을 뜻한다. 표상을 통한 형성이라는 헤르바르트 이론의 결함은 이런 끊임없는 상호작용과 변화를 경시하는 데 있다. 마찬가지로 공부의 일차적인 교재를 인간 역사의 문화적 산물—특히 문예 작품—에서 찾는 이론에도 동일한 비판의 원칙을 적용할 수 있다. 사람들이 활동하고 있는 현재 환경과의 관계가 단절된다면, 과거의 문화유산은 현재의 환경과 대립하는 일종의 경쟁적이고 달갑지 않은 환경이 된다. 과거 문화유산의 가치는 현재의 시점에서 적극적으로 관련된 사물의 의미를 증대시키기 위한 목적에 사용된다는 점에 있다. 이 장에서 발전된 교육의 개념을 정식으로 요약하면, 교육은 경험의 연속적인 재구성이라고 할 수 있다. 경험의 연속적 재구성이라는 교육관은 먼 미래를 위한 준비, 내부에서 시작하는 발현, 외부에서 시작하는 형성, 그리고 과거의 반복 등의 교육관과 뚜렷이 대비되어 부각된다.

7장

민주적 교육과 연합적 삶의 유형

지금까지 일반적으로 어느 사회집단에서나 있을 수 있는 교육에 관해 이야기해 왔다. 간혹 특정 사회의 교육을 논했다 하더라도, 그것은 예시를 위한 것에 불과하였다. 이제 우리는 교육이 각기 다른 유형의 공동체 생활에서 작동할 때 그 정신과 내용, 방법에서 어떤 차이가 생기는지를 명확히 해야 한다. 교육은 사회적 기능이며, 미숙자가 그들이 속한 사회집단의 생활에 참여하게끔 해서 그들의 지도와 발달을 확실히 하는 일이라는 말은 결국, 한 집단에 퍼져 있는 삶의 질에 따라 교육이 달라진다는 것을 뜻한다. 특히 어떤 사회가 변화하면서 더 나아지려는 혁신의 이상을 품고 있다면, 기존 관습을 영구히 유지하려는 사회와는 다른 교육의 기준과 방법을 갖출 것이다. 그러므로 지금까지 전개된 일반적인 생각을 우리의 교육 실천에 적용 가능한 것으로 만들기 위해서는 현존하는 사회적 삶의 성격을 더욱 면밀히 이해해야 한다.

인간 연합의 함의

'사회'는 하나의 단어지만, 실제로는 여러 뜻을 지니고 있다. 사람들은 온갖 방식으로, 다양한 목적을 위해 함께 어울린다. 한 사람은 여러 다양한 집단에 관계하고 있으며, 그와 관계를 맺는 사람들과 아주 다르다. 그저 여럿이 모여 있는 연합적 생활 양식이라는 점 외에는 공통되는 것이 전혀 없어 보일 때도 있다. 또한 보다 큰 사회조직에서는 언제나 그 안에 수없이 많은 작은 집단들이 있다. 거기에는 정치적 분파뿐만 아니라 산업, 과학, 종교 관련 모임들도 있다. 목적을 달리하는 정당들, 사교적 모임들, 파벌, 갱, 기업, 조합, 혈연으로 긴밀하게 결속된 집단 등 수없이 다양한 집단들이 있다. 여러 근대 국가들과 일부 고대 국가들에도 서로 다른 언어, 종교, 도덕규범, 전통 등을 달리하는 다양한 종류의 집단들이 있었다. 이렇게 볼 때, 예를 들어 오늘날의 대도시처럼 수많은 하위 정치 단위는 작은 사회들이 느슨하게 연합한 집합체일 뿐, 내적으로 통합되어 행위와 사유가 잘 스며드는 포용적 공동체라고 보기 어렵다.p. 36 참조

따라서 사회라든가, 공동체라는 말을 붙이기가 모호해 보인다.[65] 거기에는 찬양조의 규범적 의미와 단순한 서술적 의미[66], 즉 바람직한 사회라면 '마땅히 그러해야 하는' 것과 현존하는 사회가 '사실상 그러한' 것이라는 의미를 모두 담고 있다. 사회철학 논의에서는 거의 언제나 전자의 의미가 가장 중요한 것으로 다루어진다. 즉 사회를 그 본질적 성격상 마땅히 그러해야 하는 것으로 개념화한다. 그래서 하나의 단일체로서 목적과 복지를 공유하는 칭송할 만한 공동체에 수반되는 특질들, 예컨대 공적 목적의 헌신, 상호 공감성 같은 것들을 강조하게 된다. 그러나 그러한 본래의 '함축된 의미'에만 관심을 한정하지 말고, 넓게 사회라는 말의 '외연을 보면', 우리는 하나의 사회가 아니라 좋거나 나쁘거나 한 여러 다양한 사회들을 발견하게 된다. 거기에는 범죄 공모를 위한 사람들의 모임, 대중의 욕구를 먹잇감으로 삼는 기업가들의 연대, 야합과 수탈을 일삼는 정치적 기구들도 있다. 그런 조직은 사회라고 할 때의 이상적 요건에 부합하지 않기 때문에 사회가 아니라고 한다면 어떨까? 한편으로 그런 식의 개념은 사실상 두 가지 부분적인 대답이 가능하다. 하나는 그렇게 생각하는 것은 사회의 개념을 '지나치게 이상화'해서 그러한 사회 개념은 사실과의 아무런 관련이 없어 전혀 소용이 없다는 점이다. 또 하나는 비록 이 조직체들이 다른 집단의 이익과 대립한다고 하더라도, 각각 그들 나름대로는 단결시킬 만한 '사회'로서 어느 정도의 칭송할 만한 특질이 있다는 점이다. 사실 도적들 사이에도 명예심이 있으며, 강도단에도 구성원을 존중하는 공동의 관심이 있다. 갱들도 독특한 형제애적인 정서가 있으며, 편협한 파당에도 자기들의 규율에 대한 강한 충성심이 있다. 가족의 삶은 그 울타리 밖 사람들에 배타적이며, 의심하고 시기하는 특성이 강할 수 있지만, 그 안에서 서로 사랑하고 협력하는 데에서는 모범적 전형이 될 수도 있다. 이렇게 다양한 차이를 고려해 볼 때, 결국 어느 집단에서 교육을 받

든 간에 그 구성원들은 사회화되기 마련이지만, 사회화[67]의 질과 가치는 그 집단의 습관과 목표에 달려 있게 된다.

그러므로 다시금 사회적인 삶의 형식이 지닌 가치를 판단하는 척도가 필요해진다. 이러한 척도를 탐색할 때 우리는 다음의 두 가지 극단적 방식을 피해야 한다. 첫째, 이상사회라고 여길 만한 어떤 것을 상상 속에서 짜내어 기준으로 수립해서는 안 된다. 우리의 기준을 조금이라도 실천 가능한 것이라고 확신할 수 있으려면, 실제로 존재하는 사회들에 기초하여 개념을 정립해야 한다. 둘째, 앞서 살펴보았듯, 우리의 이상적 기준이 실제로 발견되는 특성을 단순히 되풀이하는 것이어서도 안 된다. 문제의 해결은 실제로 존재하는 공동체적 삶의 형식에서 바람직한 특질을 추출하고 이를 활용해서 바람직하지 못한 모습을 비판하고 개선을 도모하는 일이다. 어느 사회집단에서나, 심지어 도적의 무리에서도 발견되는 사실은 공통의 관심사를 발견하고 다른 집단들과 상호작용과 협력적 교섭을 어느 정도로는 하고 있음을 보게 된다. 이 두 가지 특질에서 우리의 기준을 고안해 낼 수 있는데, 그것은 다음과 같은 물음으로 표현될 수 있다. 첫째, 의식적으로 공유되고 있는 관심사가 얼마나 많고 다양한가? 둘째, 다른 형식의 모임들과의 상호교섭이 얼마나 충만하고 자유로운가? 바로 이것이 기준이다. 예컨대 이 두 가지 고려 사항을 범죄조직에 적용해 보면, 첫째 구성원들을 의식적으로 함께 묶는 끈이 매우 적어서 그저 약탈에 대한 공동 관심으로 축약될 정도이다. 둘째, 삶의 가치를 주고받을 때 다른 집단으로부터 스스로를 고립시키는 그런 성격의 연대임을 발견하게 된다. 따라서 그런 집단(사회)이 제공하는 교육은 부분적이고 왜곡되어 있다. 다른 한편으로 모범적인 사회의 사례라고 할 만한 가족의 삶에 이 기준을 적용해 보자. 첫째, 그러한 가정에서는 모든 가족이 물질적, 지적, 미적 관심에 참여하고 있으며, 한 구성원의 발전은 즉시 다른 가족에게도 가치 있는 경험을 주고 있고, 또한 다른 가족에게도 쉽게 전달된다. 둘째, 가족은 고립되어 있는 전체가 아니라 기업체, 학교, 모든 문화 기관이나 기타 유사한 집단들과 밀접한 관계를 맺고 있고, 정치조직 등에서 적절한 역할을 하며 그 대가로 지원을 받기도 한다. 요컨대 이 경우 많은 수의 관심이 의식적으로 소통되고 공유되고 있으며, 다른 유형의 모임들과 다양하고 자유로운 접촉이 이루어지고 있음을 알 수 있다.

집단 성원들 사이의 공통되고 공유된 관심

먼저, 앞에서 말한 기준의 첫 번째 요소를 전제적으로 통치되는 국가에 적용해 보자. 전제국가에는 통치자와 피통치자 사이의 조직에 공통의 관심사가 없다고 말하는 것은 옳지 않다. 이 경우에도 통치권을 행사하는 권력자는 어떤 방식으로든지 인민의 본래 활동들에 호소해야만 하며, 그들의 힘을 어느 정도 움직여야 한다. 탈레랑[68]은 "통치자는 칼을 가지면 뭐든지 할 수 있다. 그러나 그 칼날 위에 앉을 수는 없을 것이다"라고 했다. 이 말이 풍자하는 이면의 뜻을 생각해 보면, 그것은 곧 국가를 결속하는 힘이 순전히 강압적 물리력만으로는 되지 않음을 인정하는 것이다. 문제는 자극하는 활동이 그 자체로 무가치하고 비열하다는 것, 말하자면 단지 공포심을 느끼도록 작동시키는 능력이라고 할 수 있다. 어떤 점에서 이 말은 맞다. 그러나 여기서 간과한 것은 공포가 경험에서 반드시 바람직하지 못한 요인이기만 한 점은 아니라는 사실이다. 조심스러움, 세심한 검토, 분별력, 그리고 나쁜 일을 피하기 위해서 미래 사태를 예견하려는 욕구와 같은 바람직한 특성들도 비겁한 행동이나 비열한 굴종이 그렇듯이, 공포의 본능이 작용한 결과이다. 그런데 전제국가의 진짜 난제는 공포의 호소가 다른 활동과 '유리되어 있다는' 점이다. 다시 말해 공포를 불러일으키면서 손에 잡히는 보상, 가령 안락함과 편안함 같은 것에 대한 욕망을 자극할 뿐 많은 다른 능력들은 그대로 방치한다는 데 문제가 있다. 아니면 다른 능력에 영향을 미치긴 하나, 오히려 왜곡되는 방식으로 발휘된다고 하는 편이 더 적절할 것이다. 따라서 다양한 능력이 그 자체의 목적을 위해 활동하지 못하고 단지 쾌락을 얻고 고통을 피하기 위한 수단으로 전락한다.

이것은 바로 광범위한 공통의 관심사가 그리 많지 않고, 사회집단의 구성원 사이에 오고 가는 자유로운 소통이 막혀 버린 상태에 해당한다. 그때에는 자극과 반응도 지나치게 편향적이다. 가치를 공유하기 위해서는 모든 구성원이 다른 사람과 서로 주고받을 기회가 공평해야 한다. 따라서 구성원들이 함께 나누는 일과 경험이 많아야 한다. 그렇지 않으면, 일부 사람만 지배자로 교육하게 되고 그 영향력으로 인해 다른 이들은 노예로 전락시킨다. 또한 다양한 삶의 경험을 자유롭게 교류하는 길을 가로막을 때, 각각의 경험은 그 의미를 잃고 만다. 결국 사회가 특권계급과 종속계급으로 분리되면 사회적 삼투작용을 저해하게 된다. 상류 계급에 미치는 해악이 물질적·가시적 측면에서는 하류 계급에 비해 덜하기는 하지만, 마찬가지로 심각하다. 상류 계급에서 문화는 결실 없이 메말라 죽어가고, 자기만족에 빠져 그들 사이에서만 통용된다. 그들의 예술 또한 화려하게 치장된 전시물이 되어 가짜 같아지고, 물질적 부는 사치스러운 탐닉이 되고, 지식은 지나치게 전문화된다. 이들의 삶의 태도는 우아하기보다는 오히려 매우 번잡한 허례허식에 그치게 된다.

결사체와 집단의 충분하고 자유로운 상호작용

공유되는 관심이 다양할 때 생겨나는 자유롭고 공평한 상호교섭의 결여는 지적 자극을 불균형하게 한다. 이와 달리 자극의 다양성은 참신함을 의미하며, 참신함은 생각을 촉발한다. 활동이 그저 몇 가지 정해진 방식으로 제한되면 될수록 경험의 적절한 상호작용을 가로막는 계급 경계가 엄격할 때처럼, 소외된 사람들 편에서는 행위가 점점 판에 박힌 듯이 되풀이될 가능성이 커진다. 이와 달리 물질적 풍요를 누리는 사람들 편에서는 행위가 점점 더 변덕스럽고 산만하고, 충동적으로 되기 쉽다. 플라톤은 '노예'란 자신의 행위를 통제하는 목적을 다른 사람에게서 받아 행하는 자라고 정의한 바 있다. 사실상 이런 의미의 노예 상태는 법적으로 노예제도가 존재하지 않는 곳에도 두루 펴져 있다. 사람이 사회적으로 기여하는 활동에 종사하면서도, 자신이 행하는 봉사의 의미를 이해하지 못하고 그에 대해 관심도 없을 경우 그런 노예 상태에 항상 머무르게 된다. 요즘 일의 과학적 관리에 관해 많은 말들을 한다. 일의 효율성을 확보하는 과학을 순전히 근육운동만으로 한정하는 것은 편협한 태도이다. 과학적 접근의 주요한 계기는 인간과 일의 관계—일에 참여하는 다른 사람과의 관계를 포함해서—의 발견이고, 그것은 인간에게서 자기가 하는 일에 대한 지적 흥미를 불러일으킬 수 있다. 생산 효율성을 위해서 종종 노동의 분업이 필요한 게 사실이지만, 분업이라는 것도 노동자들이 각각 자기가 하는 일에 대한 기술적, 지적, 사회적 관계를 인식하지 않는다면, 또 그러한 인식에 동기를 부여하며 그 일에 종사하지 않는다면, 그 일은 기계적이고 틀에 박힌 직업으로 전락할 것이다. 활동의 효율성, 과학적 관리와 같은 문제를 완전히 기술적인 외부 사항으로 격하시키는 경향은 산업을 통제하는 사람들, 즉 그 목적을 제공하는 사람들의 사유가 어느 한쪽으로 치우쳐 있다는 증거이다. 원만하고 균형 잡힌 사회적 관심이 결여되어 산업의 인간적 요소나 관계성에 주의를 기울이게 하는 자극이 충분히 일어나지 않았다고 할 수 있다. 그렇게 되면 지성의 작용이 단지 제품의 기술적 생산과 판매에 관련된 요인으로만 좁게 한정된다. 의심할 여지 없이, 이렇게 제한된 범위 안에서 아주 정밀하고 강렬한 지성이 발달할 수 있다. 하지만 중요한 사회적 요인을 고려하지 않는 지성일 경우 그것은 곧 마음의 결핍을 낳고, 나아가 그것에 상응하는 정서적 삶이 왜곡되어 나타날 수도 있다.

위에 예시된 내용은 호혜적 관심이 부족한 결사체 모두에 해당하는 것으로 이것은 다음의 둘째 논점으로 이어진다. 갱이나 파벌의 고립과 배타성은 이들 집단의 반사회적 충성심의 표현이다. 이 같은 정신은 비단 갱이나 파벌 집단에만 나타나는 것이 아니라, 한 집단이 다른 집단과 풍부한 상호작용을 하지 않고 '자기들만의' 관심사만을 추구하는 경우 어디에서나 일어난다. 이러한 집단의 주요한 목적은 다른 집단들과 폭넓은 관계를 맺어 조직을 새롭게 하고 진보를 가져오는 게 아니라 이미 가진 기득권을 고수하는 것이다. 국가가 서로 고립되어 있을 때, 가정이 더 큰 삶과 관련을 맺지 않고 가정 내부에만 관심을 둘 때, 학교가 가정이나 지역사회의 관심과는 유리되어 있을 때, 부자와 빈자 및 유식자와 무식자가 구분되어 있을 때 등 이러한 모든 경우는 바로 앞에서 말한 특징을 잘 드러낸다. 여기서 본질적으로 문제가 되는 지점은 고립 상태가 삶의 경직성과 형식적 제도화를 조장하고, 집단 내부의 고정적이고 이기적인 이념만을 추구하도록 만드는 데 있다. 미개 부족이 '외부인'과 '적'을 동의어로 쓴다는 것은 우연한 일이 아니다. 이는 그들이 가진 지금까지의 관습을 고수하는 것과 그들의 경험을 동일하게 생각해 왔다는 사실에서 발생하는 것이다. 이러한 생각에 터해 보면, 다른 사람과의 교류를 두려워하는 태도는 지극히 논리적인 귀결에서 나온 것이다. 그러한 접촉 활동을 하게 되면, 관습을 해체할지도 모르기 때문일 것이다. 그러나 다른 사람과의 교류는 분명히 재구성의 계기를 만든다. 정신적 삶이 기민하게 넓어지게 되는 것은 물리적 환경과의 접촉 범위가 확장되는 것에 달려 있다는 것은 너무나 잘 알려진 사실이다. 그러나 이 같은 원리는 그것을 소홀히 하기 쉬운 분야, 즉 사회적 접촉이 이루어지는 영역에서 훨씬 더 의미 깊게 적용될 수 있다.

인류 역사상 번영의 시대에는 언제나 그 이전까지 서로 단절되어 있던 인민과 계급 간의 거리를 없애는 데 기여한 요인들이 작용했다. 흔히 전쟁이 이득이라고 주장하는 것도 이러한 이유에서 생겼다. 국가 사이의 갈등이 적어도 두 나라 국민이 서로 교류를 맺지 않을 수 없게 했으며, 그리하여 뜻하지 않게 두 인민이 상대방에게 배워서 시야가 확대된 데서 비롯된 것이다. 여행, 경제와 상업 등의 추세는 현재 이미 상당한 정도로 대외적 장벽을 허물어뜨렸다. 즉, 인민과 계급을 서로 더 밀접하게, 더욱더 두드러지게 연결해 주는 방향으로 나아갔다. 하지만 이렇게 공간적 거리가 물리적으로는 제거되었지만, 지적·정서적 의의를 확보하는 일은 대부분 풀어야 할 과제로 여전히 남아 있다.

민주주의의 이상과 민주적 공동체

앞에서 말한 기준의 두 가지 요소는 모두 민주주의 이상을 지향한다. 첫 번째 요소는 사회의 구성원이 공유된 공동 관심사의 수가 많고 종류가 다양하다는 점뿐만 아니라, 사회 통제의 한 요소로서 상호 관심사의 인정을 크게 중시한다는 것을 의미한다. 두 번째 요소는 사회집단—서로 단절을 의도적으로 유지하면 고립될 수도 있는—이 서로 더 자유로이 상호작용할 뿐 아니라 사회적 습관에 변화가 일어난다는 것을 의미한다. 다시 말해, 다양한 상호 교류를 통해 새로운 상황에 맞추어 끊임없이 재적응한다는 것을 의미한다. 이 두 가지 특성이 바로 민주적으로 구성된 사회의 특징이다.

교육적 측면에서 생각해 보면, 먼저 민주적 공동체가 다른 어떤 공동체보다도 그 안의 여러 관심사가 서로 스며들고, 진보나 재적응을 중요하게 고려하는 사회적 삶의 양식을 구현하도록 하기 위해 우리는 숙의적이고 체계적인 교육에 더 관심을 두어야 한다. 민주주의가 교육에 전심전력을 기울인다는 것은 잘 알려진 사실이다. 여기에 대해 좀 피상적인 설명을 하자면, 정부는 국민투표에 의존하는 만큼, 통치자를 선출하고 따를 사람들을 잘 교육하지 않으면 정부가 성공할 수 없다. 민주적 사회는 외적 권위에 복종하는 것을 거부하기 때문에 그 대체물을 자발적 성향과 관심에서 찾아야 한다. 이것은 교육으로 길러질 수 있다. 그러나 이 피상적인 설명 이외에 더 심오한 설명이 있다. 진정한 의미에서 민주주의란 정부 형태 그 이상을 의미하며, 더 근본적으로 함께 모여 살아가는 삶의 양식이고, 또한 함께 참여하고 연대하면서 의미를 나누는 경험의 방식이다. 이는 곧 어떤 관심사에 함께 참여함으로써 각자가 다른 사람들의 행동을 참조하여 행하고, 다른 이들의 행동을 고려하여 자기 행동의 초점과 방향을 잡아 나가는 개인이 늘어나는 것을 말한다. 더 나아가 그것은 자기 활동의 온전한 의미를 깨닫지 못하게 하는 계급, 인종, 국가 간에 가로놓인 경계의 장벽을 허무는 일이다. 이렇게 사람들 사이의 접촉 지점이 더욱 많고 다채로워지면, 개인이 반응해야 할 자극이 매우 다양하다는 것을 뜻하며, 결과적으로 유연하게 행동해 봄으로써 학습하는 능력이 한결 더 중요한 가치를 지니게 된다. 그렇게 되면 지금까지 억압되었던 능력이 해방되어 잘 발휘된다. 또한 여러 관심사를 차단하는 배타적인 집단이었다면, 그동안 자극받지 못한 채 억눌려 있을 온갖 다양한 관념이 자유롭게 해방되어 발달하게 된다.

공유된 관심의 범위가 확대되거나 개인의 능력이 자유롭게 발휘되는 것이 민주주의의 특징을 이루지만, 이것이 숙의와 의식적인 노력에 의해 생겨난 것은 아니다. 오히려 그러한 변화는 자연 에너지에 대한 과학적 통제력이 확보된 결과, 공업과 상업, 교통, 이민, 통신 등의 발달로 인해 생겨난다. 한편으로는 개인화가 증대되고, 다른 한편으로는 더 넓은 관심을 가진 공동체가 존재하게 된 이후에는 이를 지속시키고 확장하기 위한 사려 깊은 노력이 중요한 역할을 한다. 여러 계급으로 분리되어 각각 다른 계급에 속하게 되면, 어떤 사회는 치명적인 타격을 입기 때문에 모든 구성원이 균등하고 쉬운 조건으로 지적 기회에 접근할 수 있게 하는 것은 분명히 중요하다. 각기 다른 계급으로 갈라진 사회에서는 지배계급에 대한 교육에만 특별히 주의를 기울이기만 하면 될 것이다. 그러나 유동적 사회[69], 다시 말하면 어디서나 변화가 일어나고 이 변화를 사회의 구석

구석으로 연결해 주는 통로가 많은 사회에서는 그 성원을 교육해서 모두가 개인의 주도성과 적응력을 지닐 수 있도록 조치해야 한다. 그렇게 하지 않으면, 사람들은 자기에게 갑자기 닥친 변화에 압도되어 그 의미라든가 연관성을 파악할 수 없게 된다. 결국 다수의 사람이 맹목적으로 외적 지시에·따르며 일해서 얻은 결실을 소수가 착복하는 혼돈 상태에 이르게 된다.

플라톤의 교육철학

민주적인 개념들이 교육적으로 함의하는 바를 명료하게 하는 일은 다음 장에서 다룰 것이다. 이 장의 나머지 부분에서는 역사적으로 교육의 사회적 의미가 특별히 두드러졌던 세 시기에 전개된 교육이론을 살펴보고자 한다. 가장 먼저 다루려는 것은 플라톤의 교육이론이다. 교육의 사회적 역할을 플라톤 이상으로 잘 표현한 사람은 없다. 그는 개인이 각각 타고난 적성에 따라 사람이 유용한 일을 함으로써, 즉 개인이 속해 있는 전체에 공헌함으로써 사회를 안정적으로 조직하는 것, 또 적성의 발견을 통해 그것이 사회에 유용하도록 점차 훈련하는 것이 교육의 중요한 임무로 규정했다. 지금까지 말한 많은 내용은 대체로 플라톤이 일찍이 의식적으로 세상을 가르쳤던 내용에서 빌려온 것이다. 그러나 플라톤이 처한 조건은 지적으로 통제할 수 있는 상황이 아니어서 자기 생각을 교육에 적용하는 데는 많은 제약을 받을 수밖에 없었다. 그는 개인과 사회집단을 특징짓는 활동이 무수히 많다는 점을 거의 보지 못했다. 그래서 그의 견해는 제한된 부류(계급들)의 능력이나 사회적 배치에 한정될 수밖에 없었다.

플라톤은 정의로운 사회 구성이란 궁극적으로 존재의 목적을 앎으로써 정한다는 생각에서 출발한다. 그 목적을 알지 못하면 우연과 변덕에 휘둘리게 된다. 존재의 목적, 즉 그것이 지향하는 좋은 것을 알지 못한다면, 우리가 할 수 있는 것 중에서 어느 것을 증진해야 하며, 사회제도를 어떻게 배열할지를 결정할 그 어떤 합리적 기준도 가질 수 없다. 개인과 사회조직 모두에 해당하는 특징으로 여러 가지 활동의 적절한 배분과 한계-플라톤이 '정의'라고 불렀던-에 대한 아무런 개념을 가질 수 없다. 이러한 상황에서 최종적이고 영원한 좋음에 대한 지식은 어떻게 획득할 수 있겠는가? 이 질문을 다루면서, 우리는 표면상 극복할 수 없는 난관에 부딪히게 된다. 즉, 그러한 지식은 정의롭고 조화로운 사회질서가 갖추어진 곳에서만 가능하다. 그렇지 못한 다른 사회에서는 언제나 정신이라는 것은 잘못된 판단이나 관점을 취함으로써 혼란스럽고 잘못된 방향으로 나갈 수밖에 없다. 무질서하고 파벌적인 사회에서 여러 가지 상이한 모델과 표준을 제시하지만, 그러한 조건에서는 개인이 마음의 일관성을 가지기란 불가능한 일이다. 충분하게 자기 일관성을 가진다는 것은 오직 완전한 전체에서나 가능한 일이다. 합리적인 근거가 있는지 없는지 상관없이, 혹은 균형이 잡힌 요구인지 아닌지와 무관하게 어떤 요소를 다른 요소보다 지나치게 우위에 두는 사회는 필연적으로 사람들의 생각을 잘못된 길로 유도할 것이다. 그것은 어떤 것을 장려하면서 또 어떤 것은 비방하면서, 그리고 이런 상태에서 생기는 마음이란 겉으로 보기에 통일성을 가진 것처럼 보이지만, 그 통일성은 사실, 강압에 의한 것으로서 왜곡된 것에 지나지 않을 수 있다.

궁극적으로 교육이라는 것은 제도, 관습, 법 등이 부여하는 틀에 맞추어 이루어진다고 할 수 있다. 오직 정의로운 국가에서만 그 틀은 올바른 교육을 제공할 수 있다. 그리고 오직 올바르게 훈련된 마음을 가진 사람들만이 앞서 플라톤이 중시한 존재의 목적, 즉 사물을 질서 짓는 원리를 파악할 수 있다. 이래서 우리는 아무래도 벗어날 수 없는, 어쩔 수 없는 순환론의 고리에 갇힌 것처럼 보인다. 플라톤은 여기서 하나의 탈출구를 제시한다. 일부 철학자, 또는 지혜나 진리를 사랑하는 사람들이 열심히 공부하면 적어도 참다운 존재의 적절한 틀을 개략적으로 배울 수 있다고 보았다. 만약 강력한 통치자가 이 틀을 따라 국가를 형성한다면, 그때 국가의 규율이 바로잡히게 된다. 그러므로 개인을 걸러내서 어떤 일에 적합한지 알아보고, 각 개인을 그 본성에 맞는 일에 배치하는 방법을 마련하는 교육을 강구할 수 있다. 그리고 각자가 자신의 역할을 하고 거기서 이탈하지 않는다면, 전체의 질서와 통일성이 유지될 수 있는 것이다.

한 철학사상의 체계에서 한편으로는 사회제도가 교육적 중요성을 지니고 있고, 다른 한편으로는 그 사회제도가 젊은이를 교육하는 데 사용되는 수단에 의존하고 있음을 플라톤의 철학만큼 올바르게 인식한 경우를 찾아보기란 쉽지 않다. 또 개인의 능력을 발견하고, 이들을 발전시키고, 그 능력을 훈련시켜 이들이 다른 사람들의 활동과 관계를 맺도록 하는 교육의 기능을 이 정도로 깊이 있게 통찰한 사람도 찾아보기 쉽지 않다. 하지만 플라톤 이론이 기초를 둔 사회는 너무 비민주적인 사회였기에 자기 이론에 내포된 문제점을 분명히 의식했으면서도 해결책을 찾지 못했다. 플라톤은 사회에서 개인의 위치가 집안, 재산 그리고 그 밖의 관례적 지위에 의해 결정되는 것이 아니라 교육을 받는 동안 드러나는 본성 자체에 따라 결정되어야 한다는 것을 강하게 강조했음에도, 개인들이 각각 고유성을 가지고 있다는 점을 전혀 파악하지 못했다. 플라톤은 사람을 본성에 따라 계급으로, 또 그것도 아주 적은 일부의 계급으로 분류했다. 따라서 교육이 시험을 통해 개인을 걸러내는 일을 한다는 것은 바로 플라톤이 분류한 세 가지 계급[70] 중에서 개인이 어디에 속하는지를 보여주는 것일 뿐이다. 사실 각 개인이 개별적으로 자신의 계급을 구성한다는 인식이 없는 상황에서, 각 개인이 가질 수 있는 능동적 경향성을 다양하게 조합될 수 있다는 것을 거의 인식하지 못했다. 개인의 기질 속에는 오직 세 가지 종류의 재능이나 능력이 있을 뿐이라고 생각했기 때문이다. 결국 다양성만이 변화와 진보를 만들 수 있다는 점에서, 플라톤처럼 생각하는 교육이라는 것은 각 계급에서 곧바로 고정된 한계에 부딪힐 수밖에 없다.

어떤 개인은 나면서부터 식욕이 강한데, 이런 사람들은 인간의 욕구를 표출하고 충족시켜줄 수 있는 노동계급과 상인계급에 배치된다. 또 어떤 사람은 교육받은 결과를 통해 욕구의 수준을 넘어 관대하고 진취적이며 단호하고 용감한 성향을 가지고 있음을 보인다. 이런 사람들은 국가의 시민-신민으로 전시에는 국가의 수호자가 되고, 평시에는 내부의 파수꾼이 되지만, 그들은 이성, 즉 보편적인 것을 파악하는 능력이 결여되어 곧바로 한계에 봉착한다. 이성을 가진 사람들은 최고 수준의 교육을 받을 수 있으며, 국가의 입법자가 될 수 있다. 왜냐하면 법이라는 것은 경험의 특수자[71]를 통치하는 보편자[72] 역할을 하기 때문이다. 하지만 플라톤이 의도적으로 개인을 사회적 전체에 종속시켰다는 말은 사실이 아니다. 물론 플라톤은 모든 개인의 고유성, 타인과의 통약불가능성[73]을 인식하지 못했다. 결과적으로 변화하면서 동시에 안정적일 수 있다는 것을 인식하지 못하면서 제한된 인간의 능력과 계급에서 해결책을 찾으려는 그의 주장은 결국 개인을 사회에 종속시키는 생각으로 귀결되고 말았다.

각 개인이 타고난 소질에 적합한 일을 할 때, 그들도 행복하고 사회도 잘 조직된다는 플라톤의 생각, 그리고 개인이 지닌 소질을 발견하여 그것이 잘 발휘할 수 있도록 훈련하는 것이 교육의 일차적 임무라는 플라톤의 확신은 더할 나위 없이 훌륭하다. 그러나 지식이 진보함에 따라 개인의 소질의 차이를 무시한 채 이들을 몇몇 뚜렷이 구분되는 계급으로 묶는다는 플라톤의 생각이 피상적이며, 또한 개인의 본래적 능력이란 무수히 많으며 다양하게 변화할 수 있는 것임을 깨닫게 되었다. 달리 말하면, 사회가 민주화되면 될수록 사회조직은 개개인의 특수하고 다양한 자질을 활용하는 방향으로 이루어질지언정, 계급으로 구분하는 계층화는 발생하지 않게 된다. 결국 플라톤의 교육철학은 혁명적이기는 했지만, 견고한 이상의 포로가 되고 말았다. 플라톤의 생각은 변화나 변경이란 무질서한 혼란을 보여 주는 증거이며, 진정한 실재는 불변하는 것이었다. 그래서 플라톤은 현존하는 사회의 상태를 급진적으로 변화시키고자 했으면서도, 일단 변화되고 난 뒤에는 변화가 있을 수 없는 그런 국가를 건설하는 데 목적을 두었다. 그에게서 삶의 최종 목적은 고정되어 유연하지 않았다. 이렇게 예견되는 결과에 의해 조직된 국가라면, 아무리 사소한 세부 사항이라도 변경되어서는 안 된다. 그런 세부 사항의 변경은 그 자체로서 그리 중요하지 않을지 모르나, 그런 변경을 허용하면 사람들의 마음에 변화의 생각을 심어 주고, 따라서 결국에는 사회가 해체되고 무정부 상태가 된다는 것이다. 이렇게 플라톤 철학의 붕괴는 교육의 점진적 개선으로 더 나은 사회를 이룩하고, 또 그 사회가 다시 교육을 개선하도록 하는 순환 방식으로 교육과 사회가 끝없이 개선되어 나간다는 것을 신뢰하지 않았다는 사실에서 분명하게 드러난다. 그에게는 정의로운 교육이라는 것이 이상국가가 출현하기 전에는 존재하지 않고, 그것이 실현된 이후의 교육은 그냥 이상국가를 보존하는 것으로 한정되었다. 그랬기에 플라톤은 이러한 국가의 존재를 위해 철학적 지혜를 통해 국가의 통치권을 행사하는 것과도 우연히 공존하는 일종의 우연한 행운에 의존할 수밖에 없는 곤혹스런 상황에 빠지게 되었다.

18세기 개인주의의 이상

18세기 철학에 들어서면, 우리는 매우 다른 생각의 범위를 발견하게 된다. '자연'은 여전히 기존의 사회조직에 반대되는 것을 의미한다. 이 점에서 플라톤은 루소에 큰 영향을 미쳤다. 그러나 이제 자연의 목소리는 개인 재능의 다양성과 온갖 종류의 개체성을 자유롭게 개발할 필요를 역설했다. 자연을 따르는 교육은 수업과 훈육의 목표와 방법을 제시하는 것이다. 게다가 극단적인 경우, 타고나거나 원래의 소질은 비사회적이거나 심지어 반사회적인 것으로 생각되었다. 사회제도는 기껏해야 이러한 비사회적 개인이 그 자신을 위해 더 많은 개별적 행복을 얻기 위한 외적 수단에 불과한 것으로 생각되었다. 그럼에도 이렇게 말하는 것은 이 사조의 의미에 대한 부적합한 생각을 전달할 뿐이었다. 사실상 그 사조의 주요한 관심은 진보, 더욱이 사회적 진보에 있었다. 겉으로 보기에는 반사회적인 철학으로 보였지만, 사실상 더 넓고, 더욱 자유로운 사회, 즉 세계시민주의[74]를 위한 추동에 다소 투명한 가면을 씌운 것에 지나지 않는다. 자연에 따르는 교육의 적극적 이상은 인간성 구현이었다. 말하자면 국가의 공민이 아닌 인류의 한 구성원이 될 때, 인간의 능력은 해방될 수 있다. 현존하는 정치조직 안에서 개인은 국가 통치자가 제시하는 요구 사항과 이기적인 관심에 맞추고 있어 그의 능력이 방해되고 왜곡된다. 18세기에 나타난 초개인주의 사조는 인간이 무한히 완전해지는 이상과 동시에 그 인간성만큼이나 넓은 범위를 가진 사회조직이라는 이상의 이면 또는 대응을 나타내는 것이라고 할 수 있다. 여기에서 해방된 개인이야말로 더 폭넓고 진보적인 사회를 이끌어 나가는 기관이며 수행자로서 역할을 담당하게 되었다.

이러한 복음을 전파한 선구자들은 당시 그들이 속해 있는 사회적 자산의 폐해를 예민하게 자각하고 있었다. 그들은 이 폐해를 사회가 개인의 자유로운 능력에 가한 제약이라고 보았으며, 그 제약은 왜곡되고 부패한 것으로 비쳤다. 그리하여 과거의 봉건제도가 권력을 부여한 계급의 배타적 이익을 위해 작동되던 외적 제약에서 삶을 해방시켰던 그들의 열렬한 헌신의 결과는 이제 자연을 숭상하는 지적 체제로 나타났다. '자연'의 이상을 자유롭게 활동시킨다는 것은 곧 인위적이고 부패하고 불공평한 사회질서를 새롭고 보다 나은 인간성의 왕국으로 대체하는 것이었다. 하나의 모형으로, 또 그것을 실현하는 추진력으로 '자연'을 속박하지 않는 신념은 당시 자연과학의 발달을 통해 더욱 강화되었다. 교회 및 국가의 편견 그리고 인위적인 속박에서 벗어나려는 자유로운 탐구는 세계가 자연법칙의 무대라는 것을 보여 주었다. 뉴턴의 태양계는 자연법칙의 지배를 표현하는 것으로 모든 힘이 서로 평형을 이루고 있는 놀라운 조화의 장면이었다. 만약 인간이 인위적으로 부과한 강제적인 속박을 제거할 수만 있다면, 자연법칙은 인간관계에서도 그와 동일한 결과를 성취할 것으로 여겨졌다.

자연을 따르는 교육은 더 공동체적인 사회를 보장하는 첫걸음으로 생각되었다. 경제적인 또는 정치적 제도의 한계는 궁극적으로 사유와 감정의 한계에 달려 있다는 점이 분명해졌다. 외부의 족쇄로부터 인간을 해방시키는 첫 번째 단계는 그릇된 신념과 이상이라는 내부의 족쇄로부터 인간을 해방시키는 것이었다. 이른바 사회적 삶이라고 불리는 기존의 제도는 이 일을 감당하기에는 너무나 거짓과 부패로 가득 차 있었다. 이 과업을 수행하자면 기존제도 자체가 파괴되어야 하는 것을 말하는데, 어떻게 그 제도가 그 일에 착수할 것이라고 기대할 수 있겠는가? 그렇다면 그 일을 맡을 수 있는 곳은 '자연'일 수밖에 없다. 심지어 그 당시에 유행했던 초감각주의[75] 지식이론도 그런 개념에서 파생되어 나온 것이다. '마음'이란 원래 수동적이고 비어있다고 주장하는 것은 교육의 가능성을 드높이는 한 가지 방법이었다. 만약 마음이라는 것이 사물의 글씨가 그 위에 쓰일 '서판'이라고 한다면, 자연환경을 통한 교육의 가능성은 참으로 무한할 것이다. 그리고 자연 세계의 사물은 조화로운 진리의 현장이기에 자연을 따르는 교육은 확실히 진리로 충만한 마음을 길러낼 것이다.

국가 교육과 사회 교육

온갖 사회적 구속에서 자유를 향한 처음의 열정이 쇠퇴하면서 개인주의 이론이 지닌 약점은 구성적 차원에서 보면 더욱 분명해졌다. 모든 것을 자연에만 맡기는 것은 교육이라는 관념 자체를 부정하는 것밖에 되지 않기 때문이다. 자연에 따르는 교육이란 결국 아이들을 우발적 환경에 맡기는 셈이 된다. 가르침의 과정을 수행하기 위해서는 어떤 방법뿐만 아니라 적극적 행정기구가 필요하다. 소위 '모든 능력의 완전하고 조화로운 발달'이란 이에 대응하는 사회적인 의미로 계몽되고 진보된 인간성을 요구하며, 이것을 실현하는 명시적인 조직이 필요하다. 여기저기 흩어진 개개인들이 자연을 따르라는 교육의 복음을 선포할 수 있을지 모르나, 실제로 그 일을 수행할 수는 없다. 페스탈로치[76] 같은 사람은 새로운 교육 실험을 시도한다거나, 돈과 권력이 있는 자선가들에게 자기를 본보기 삼으라고 권할 수는 있었을 것이다. 그러나 그조차도 새로운 교육의 이상을 효과적으로 추구하는 데는 국가의 지원이 필요하다고 보았다. 새로운 사회를 만들어 낼 새로운 교육을 실현하기 위해 결국 현존하는 국가의 활동에 의존할 수밖에 없는 것이다. 민주주의 이상을 지향하는 운동은 필연적으로 공적으로 수행되고 관리되는 학교를 지향하는 운동이 될 수밖에 없다.

당시 유럽의 역사적 상황을 보면, 국가가 지원하는 교육운동은 정치생활의 민족주의 운동과 동일시되었다. 이 사실은 이후의 운동에 굉장히 중요한 의미를 지닌다. 특히 독일 사상의 영향으로 교육은 공민적 기능을 담당하는 기관이 되었고, 공민적 기능은 국민국가의 이상을 실현하는 것과 동일시되었다. '국가'는 인간성을 대체했다. 세계시민주의는 국가주의에 자리를 내주었다. 인간을 양성하는 것이 아니라, 시민을 양성하는 것이 교육의 목적이 되었다.[77] 위에서 말한 역사적 상황이라는 것은 특히 나폴레옹의 독일 정복이 초래한 여파였다. 독일제국은 교육에 대한 체계적 관심이야말로 정치적 역량과 능력을 회복하고 유지하는 최선의 수단임을 자각했다. 그 후 사태의 진전은 이 신념이 옳았음을 입증했다. 사실 당시 독일은 대외적으로는 취약했고 분열되어 있었다. 이 조건을 자극제로 삼은 독일제국은 프러시아 정치가들의 지도력에 힘입어 광범위하고 확고한 토대에 기반한 공교육체제를 수립했다.

이러한 실제의 변화는 필연적으로 이론의 변화를 가져왔다. 개인주의 이론이 뒷전으로 밀려난 것이다. 국가는 공교육의 수단만을 제공했을 뿐 아니라, 그 목표도 제시하였다. 초등학교에서 대학에 이르는 학교제도가 애국적 시민과 군인, 장차 국가의 관료와 행정가를 길러냈을 뿐 아니라 국방, 산업, 정치적 방어와 확장의 수단을 제공하는 방식으로 교육의 실제가 이루어졌기 때문에 교육이론은 사회적 효율성이라는 목적을 강조하지 않을 수 없었다. 다른 나라들과 경쟁 관계 또는 다분히 적대적 관계로 둘러싸인 민족주의 국가를 지키는 것이 무엇보다 중요한 과제가 되는 조건에서 사회적 효율성을 모호한 세계주의적 인도주의 관점으로 해석하는 것 또한 불가능하였다. 특정한 국가 주권을 유지하는 데는 국방, 상업적·국제적 패권을 위한 다툼에서 상위에 있는 국익에 개인을 종속시킬 필요가 있었기에 사회적 효율성도 이와 유사한 종속을 의미하는 것으로 이해되었다. 이런 상황이었기에 교육의 과정은 개인의 발달이라기보다는 규율 훈련의 하나로 받아들여졌다. 하지만 인격의 완전한 발달을 교양의 이상으로 삼는 생각이 여전히 남아 있었기 때문에 교육철학은 두 관념의 조화를 시도했다. 조화는 국가의 '유기적'[78] 성격에 대한 개념 형태를 취했다. 즉, 고립된 존재로서 개인이란 아무것도 아니며, 오직 조직된 제도 속에서 또 그 목적과 의미를 받아들여야 개인이 진정한 인격을 갖게 된다는 것이다. 겉으로 보기에 개인이 정치적 권위에 복종하는 것처럼, 또는 개인의 희생을 요구하는 상관의 명령에 복종하는 것처럼 보이지만, 실은 국가에 구현된 객관적 이성을 자기 자신의 것으로 내면화하는 것이라고 할 수 있고, 이것이야말로 개인이 진정으로 합리적인 존재가 되는 유일한 길이다. 예컨대 헤겔 철학에서 보는 것과 같은 제도적 이상주의[79]의 특징이라고 볼 수 있는 발달이라는 관념은 한편으로는 인격의 완전한 실현을 위한 것이면서, 다른 한편으로는 현존하는 제도에 철저히 '훈육된' 복종이라는 두 관념을 결합시키려고 한 그런 숙고의 노력을 기울인 성과로 나타난 것이다.

독일이 나폴레옹에 대항하여 독립 투쟁을 벌인 한 시대 동안, 독일에서 교육철학이 어느 정도로 변혁되었는지는 초기 개인주의적-세계주의적 이상을 잘 표현한 칸트를 통해 이해할 수 있다. 18세기 후기에 몇 년에 걸쳐 행한 강의를 모아 놓은 『교육론*Pedagogics*』에서 칸트는 교육을 인간이 되는 과정으로 정의하고 있다. 인간은 자연-이성의 피조물이 아닌 자연으로 본능과 욕망만을 부여받은 상태- 속에 잠겨 그 일생을 시작한다. 자연은 발전하고 완성시킬 수 있는 교육의 배아만을 제공해 줄 뿐이다.[80] 진정한 인간의 삶이 가진 특이성은 각자 자기 자신의 자발적인 노력을 통해 스스로를 창조해 나가는 데 있다. 즉, 인간은 자신을 도덕적이고 이성적이며 자유로운 존재로 만들어야 한다. 이러한 창의적인 노력은 서서히 진행되는 여러 세대에 걸친 교육활동으로 이루어진다. 그것은 현존하는 사태에 적응하도록 하는 것이 아니라, 장차 더 나은 인간성을 실현하도록 후세대를 교육하는 일에 의식적인 노력을 기울일 때 그 속도는 더 빨라진다. 그러나 여기에서 더 큰 어려움이 닥친다. 각 세대는 젊은이들의 교육에서 교육의 적절한 목적-즉 인간성이 가능한 잘 실현되도록 조장하는 일-을 지향하지 않고, 대체로 현재의 세상에서 성공하도록 교육하는 경향을 보이기 때문이다. 부모는 자녀가 출세하기만을 바라는 교육을 하고, 군주는 자기 목적의 도구로 자기의 백성을 교육하기에 더욱 그렇다.

그렇다면 인간성을 높이는 교육은 누가 할 것인가? 이 질문에 대한 칸트의 대답은 계몽된 사람들의 개별적 노력에 의존하지 않을 수 없다는 것이다. "모든 문화는 사적 인간에서 시작되며, 그들로부터 밖으로 퍼져 나간다. 더 나은 미래 조건의 이상을 파악할 능력이 있는 확장된 성향을 지닌 사람들의 노력을 통해서만이 오직 인간 본성은 그 목적을 향해 접근해 갈 수 있다. … 통치자들은 단지 신민을 자기의 의도를 더욱 적합한 도구로 만드는 그런 종류의 훈련에만 관심이 있다." 더 나아가 칸트는 통치자가 개인들이 운영하는 학교에 보조금을 대주는 것까지도 아주 세심하게 살펴야 한다고 말한다. 통치자가 관심을 두는 것은 인간성을 최대한 구현하는 데 머무는 것이 아니라, 그 국민의 복지에 있기 때문이다. 따라서 통치자가 학교에 돈을 지원할 때는 그 관심은 학교의 계획을 유도하는 데 있다. 이러한 칸트의 견해를 미루어 볼 때, 우리는 18세기 개인주의적 세계시민주의의 특징적인 요점에 대한 명시적 설명이 나타나 있음을 알 수 있다. 개별 인격의 충분한 발전은 곧 인간성 전체의 목적이나 진보의 이념과 동일시되고 있다. 게다가 우리는 국가가 주도하고 통제하는 교육이 이러한 이상의 실현을 방해한다는 데 공포감을 느끼고 있다. 그 이후 20년이 채 지나지 않아 칸트의 철학적 후계자인 피히테와 헤겔은 국가의 주요한 기능이 교육에 있다는 생각을 더 다듬었다. 말하자면, 구체적으로 독일의 재건은 국가의 이익에 맞게 수행된 교육으로 달성되어야 하며, 사적 존재로서 개인이 국가의 제도와 법을 통한 교육적 훈육에 자발적으로 종속하지 않으면, 필연적으로 이기적이고 비합리적인 존재로서 그 자신의 욕망이나 상황에 사로잡힐 수밖에 없다는 것이다. 이러한 정신에서 독일은 초등학교에서 대학교에 이르기까지 공적이고 보편적인 의무교육 체제를 수립하고, 모든 사립 교육기관을 엄격한 국가통제와 관리하에 둔 최초의 나라가 되었다.

이 간략한 역사적 검토에서 두 가지 결론이 나온다. 첫째는 개인적 교육관, 사회적 교육관이라는 것은 크게 보아서 또는 구체적인 맥락에서 떨어져 나와서 파악하면 아주 무의미하다는 점이다. 플라톤은 교육의 이상으로 개인의 실현을 사회의 통일성 및 안정성과 동일하게 다루었다. 그가 처해 있던 상황 때문에 계층화된 계급으로 조직된 사회의 개념에 자신의 이상을 밀어 넣음으로써 계급 속에 존재하는 개인을 잃어버리고 말았다. 18세기 교육철학은 형식에서 지극히 개인주의적이었지만, 이 형식은 고상하고 자비로운 사회적 이상에서 영감을 받았다. 그 사회적 이상이라는 것은 곧 사회가 인간성의 발휘를 포함하도록 조직되어야 하며, 인간의 무한한 완성 가능성이 실현되도록 준비해야 한다는 것이다. 19세기 초 독일의 관념주의 철학은 또다시 교양 있는 인성의 자유롭고 완전한 발달과 사회적 훈육, 그리고 정치적 순응을 동일한 것으로 다루었다. 이는 국민국가가 개별 인격의 구현과 보편적 인간성의 구현을 연결하는 매개자로 보았다. 따라서 이 사상에 생명을 불어넣는 교육 원리는 '인격이 지닌 모든 힘의 조화로운 발전'이라는 종래의 용어로 표현하든지, 아니면 '사회적 효율성'이라는 더욱 최근의 용어로 표현하든지 간에 별 차이가 없다.

이상의 고찰은 모두 이 장의 첫머리에 제시된 다음과 같은 주장을 뒷받침해 준다. 즉, 사회적 과정, 사회적 기능으로서의 교육은 우리가 염두에 둔 사회의 종류를 정의할 때까지 명확한 의미를 지닐 수 없다는 것이다. 이러한 고찰은 두 번째 결론으로 가는 길을 열어 준다. 민주주의 사회에서, 또 이 사회를 건설하는 데에서 교육의 근본적인 문제 중 하나는 국가의 목적과 이보다 넓은 사회적 목적 사이의 갈등에서 빚어진다는 것이다. 초기의 세계주의적이고 인도주의적 개념은 교육을 실제로 집행하고 관리하는 기관이 무엇인가에 대한 규정이 모호하고, 또 실제로 그런 기관이 없었기에 더 악화되었다. 유럽에서, 특히 그중에서도 대륙의 여러 국가에서 인간의 복지와 진보를 위해 교육이 중요하다는 점에 대한 새로운 각성이 국익과 결부되어 일어났고, 따라서 교육이 수행해야 할 사회적 목적은 결정적으로 편협하고 폐쇄적인 작업을 하는 데 활용되었다. 교육의 사회적 목적이 교육의 국가적 목적과 동일시되었고, 그 결과 사회적 목적의 의미가 완전히 모호해졌다.

교육의 사회적 목적과 국가의 목적이 빚어내는 이 혼란은 인간 교류의 현재 상황을 그대로 반영한다. 한편으로 과학, 상업, 예술 등의 활동은 국가의 경계를 넘어선다. 이런 활동들은 그 질과 방법에서도 대체로 국제적인 성격을 띤다. 그것은 서로 다른 나라에 살고 있는 사람들 사이의 상호의존과 협력 관계를 필요로 한다. 그러나 그와 동시에 정치에서 국가가 가장 먼저 고려되어야 한다는 생각이 오늘날과 같이 뚜렷하게 부각된 적이 없었다. 각 나라는 이웃 나라들과의 관계에서 서로 적의를 누르고 있는 상태이며, 당장이라도 전쟁이 일어날 듯한 분위기에서 살아간다. 각국은 무엇이 그 나라에 이익이 되는가를 판단할 최고의 궁극적인 판단자이며, 각국은 그 나라의 독자적 이익을 갖는 것을 당연한 일로 여기고 있다. 이것을 의심하는 것은 곧 정치의 실제와 정치의 기초라고 생각되는 국가의 주권 그 자체를 의심하는 것이 된다. 더욱 넓은 범위에 걸친 연합적이고 상호 부조적인 정신에 입각한 사회적 삶과 좁은 범위의 상호 배타적이고 그리하여 잠재적으로 적대적 이익 추구 및 목적 사이에 일어나는 모순—그것이 바로 모순이기 때문에—은 교육의 기능과 평가 기준으로서 '사회적'이라는 것이 무엇을 뜻하는지에 대해 지금까지 교육이론이 밝힌 것보다 더욱 명확한 개념을 가지도록 요구하고 있다.

교육제도가 국민국가에서 운영되면서도 여전히 교육과정의 완전한 사회적 목적이 제한도 없고 제약도 받지 않으며 타락도 하지 않는 일이 가능할 것인가? 대내적으로 보면, 이 질문은 현재의 여러 경제적 조건 때문에 사회가 계층으로 분열되어 어떤 계급이 다른 계급의 고급문화를 위한 단순한 도구로 되어 가는 경향을 마주하게 된다. 대외적으로 보면, 이 질문은 한편으로는 국가에 대한 충성심과 애국심을 요구하고, 또 한편으로는 국가의 정치적 판도를 초월하여 사람들을 함께 묶는 보다 높은 차원의 공동 목표에 대한 헌신을 요구하는 것을 어떻게 조화시킬 것인지와 관련이 있다. 이 두 문제의 어느 국면도 단순히 소극적인 수단에 의존하여 해결하려고 해서는 안 된다. 교육이 한 계급에 의한 다른 계급의 착취를 용이하게 하는 도구가 되려고 적극적으로 나서는 일만 없으면 된다는 생각으로는 충분하지 않다.

따라서 학교시설을 충분히 확충하고 효율적으로 운영함으로써 단순히 명목상으로만이 아니라 실질적으로 경제적 불평등에서 비롯된 영향을 감소시켜야 하며, 국가 전체 구성원들이 미래의 직업에 필요한 동등한 기술을 갖출 수 있도록 보장해야 한다. 이 목적을 달성하려면 행정적으로 학교시설을 충분히 정비하고, 더 나아가 젊은이들이 이 시설들을 이용할 수 있도록 가정이 뒷받침해야 한다. 그뿐만 아니라 문화의 전통적 이상, 전통적 교과와 교수법 및 훈육 방식 등을 수정하여 모든 젊은이가 자신의 경제적·사회적 삶의 주인이 될 때까지 교육적 영향을 받도록 해야 한다. 이 이상을 실현하기란 요원한 감이 없지 않지만, 한 가지 분명한 것은 교육의 민주적 이상이 우리의 공교육체제를 점차 지배해 가는 특징이 되지 못한다면, 민주적 교육의 이상은 풍자적이지만 비극적 환상에 불과할 수 있다. 국가와 국가 사이의 관계를 고려하는 관점에서도 마찬가지의 원리가 적용될 수 있다. 전쟁의 공포를 가르치거나 국제적 반목과 적대감을 자극할 만한 것을 모조리 피하는 것만으로는 충분하지 않다. 지리적 한계를 넘어 인간의 협력을 추구하고 사람들을 결속시키는 모든 것이 강조되어야 한다. 모든 인간이 서로 더욱 충만하고, 더욱 자유롭고, 더 알차게 연합하고 교류하는 일과 관련하여 국가주권의 부차적이고 잠정적인 성격을 언제나 마음속 깊이 심어 주어야 한다. 이러한 원리의 적용이 교육철학의 고찰과 여전히 동떨어져 있다는 느낌이 든다면, 지금까지 논의를 전개해 온 교육사상의 의미를 충분히 이해시키지 못했다는 것이다. 여기서 말한 두 번째 결론은 사회적 목적을 향해서 점진적으로 성장하면서 개인의 능력을 자유롭게 하는 일이 교육이라는 생각 자체와 밀접하게 결부되어 있다. 만약 교육의 의미를 이렇게 파악하지 않으면, 교육의 민주적 기준은 곧 일관성 없이 적용된다고 할 수밖에 없을 것이다.

요약

교육은 사회적 과정이며, 사회의 종류가 다양하므로 교육을 비판하거나 구성하는 기준은 '특정한' 사회적 이상을 내포한다. 사회적 삶의 한 형태가 어느 정도의 가치를 지니고 있는가를 측정하는 기준은 첫째로 한 집단의 관심사가 다른 집단들과 어느 정도로 공유되고 있느냐 하는 점, 둘째로 그 집단이 다른 집단과 어느 정도로 충분하고 자유롭게 상호작용을 하느냐 하는 점이다. 다시 말해 한 사회가 대내적으로나 대외적으로 자유로운 교류와 경험의 소통에 장벽을 설치한다면, 그것은 바람직하지 않은 사회다. 한 사회의 모든 성원이 동등한 조건으로 자기 이익을 위해 참여하고, 사회 안에서 여러 형태의 연합적 삶의 상호작용을 통해 제도를 유연하게 재조정해 나가면 그것은 그만큼 민주적인 사회라고 할 수 있다. 그런 사회에서 개인은 사회적 관계 및 통제에 개별적 관심을 가지고 아울러 무질서를 초래하지 않고 사회 변화를 도모하는 마음의 습관을 지녀야 한다. 이러한 관점에서 이 장에서는 역사적으로 전형적인 세 가지 교육 철학을 고찰했다. 플라톤의 교육철학은 형식상으로는 위에서 언급된 것과 매우 유사한 이상을 제시한 것처럼 보이지만, 구체적인 계획에서는 개인이 아닌 계급을 사회의 단위로 삼았다는 점에서 그것을 해결하는 과정에서 타협하고 말았다. 18세기 계몽사상에 나타난 소위 개인주의 교육철학은 사회의 개념을 인간성만큼이나 넓은 범위를 포함하고 있으며, 개인이 사회의 진보를 추진해 가는 이행 주체가 된다고 보았다. 그러나 그 이상의 구현을 '자연'으로 돌아가는 것으로 인식하고 있듯, 개인주의 교육철학은 그 이상을 발전시킬 구체적인 추진기관을 갖지 못했다. 19세기의 제도적 이상주의 철학은 국민국가를 그 추진기관으로 삼음으로써 개인주의 철학의 결함을 보충하려고 했다. 그렇게 하는 과정에서 교육의 사회적 목적이라는 개념을 적용하는 범위를 정치적 단위에 속한 사람들로 좁혔고, 개인이 제도에 예속된다는 생각을 다시 꺼내 들었다.

8장

교육목적의 민주적 이론

민주적 사회와 교육목적의 성격

앞의 여러 장에서 설명한 교육은 사실상 '민주적 공동체'에서 교육의 목적이 무엇이어야 하는지에 관한 결과를 예상하여 논의한 것이다. 앞에서 말한 대로 교육의 목적이란 개인이 자신의 교육을 계속할 수 있도록 하는 데 있으며, 학습의 목적과 보상은 성장 능력의 계속적인 증대에 있다. 오늘날 이러한 생각이 사회의 모든 구성원에게 적용되려면, 오로지 인간과 인간의 교류가 상호적이어야 하며, 이해관계의 고른 배분과 그로 말미암은 광범위한 자극을 통해 사회적 습관과 제도를 재구성하기 위한 준비가 잘 갖추어져야 한다. 이 말은 그 사회가 '민주적 사회'여야 가능하다는 뜻이기도 하다. 따라서 나는 교육의 목적을 찾을 때 교육과정의 외부에 존재하는 목적을 찾는 데는 관심이 없다. 우리는 이런 외부 목적에 동의하지 않는다. 우리의 관심은 오히려 목적 그 자체가 작동하는 과정 내부에 속해 있는 경우와 그 목적이 외부로부터 설정될 경우 이들 사이에 존재하는 상태를 대비하는 데 있다. 그리고 후자는 사회적 관계가 고르게 평형을 이루지 못할 때 반드시 생겨나는 것이다. 왜냐하면 그런 경우에 사회집단 전체 중에서 일부는 필연적으로 그 목적이 외적 규제에 따라 결정되기 때문이다. 이러한 목적은 자신의 경험이 자유롭게 성장한 것에서 나오지 않은 것이며, 그들의 목적이 오직 명목상의 목적이고, 실제로 자신의 것이 아니라 다른 사람들의 보다 이면적인 목적에 이르는 수단에 불과할 뿐이다.[81]

여기서 우리가 첫 번째 다루어야 할 문제는 목적이 외부에서 주어지는 게 아니라 활동 내부에서 나올 때, 그 목적의 성격이 무엇이냐는 것이다. 그 성격을 규정하는 첫 단계로 단순한 결과와 목적이 뚜렷하게 다르다는 것을 밝혀야 한다. 예를 들어 에너지가 표출하면 거기에는 반드시 어떠한 결과가 뒤따른다. 사막에 바람이 불면 모래알의 위치가 바뀐다. 이 경우는 결과이며 효과로 나타난 것이지 목적은 아니다. 이때 나타난 결과에는 그 이전에 일어난 일을 완성한다든지 성취한다든지 하는 게 없기 때문이다. 거기에는 단순히 공간적 재배치가 생겼을 뿐이다. 모래알의 위치가 변화된 상태와 변화되지 않은 상태 사이에는 별다른 차이가 없다. 어느 상태에서나 모두 같다. 따라서 처음의 상태를 출발점이라고 한다든지 나중의 상태를 종착점이라고 한다든지 할 아무런 이유가 없고, 또 그사이에 일어난 일을 가지고 변혁의 과정 또는 구현의 과정이라고 할 아무런 근거도 없다.

예를 들어, 꿀벌의 활동을 모래에 바람이 불어서 생긴 변화와 대비시켜서 생각해 보자. 꿀벌의 행동에서 결과가 목적이라고 할 수 있는 이유는 그것이 계획되었거나 의식적으로 의도되었기 때문이 아니라, 그것이 앞서 일어났던 일의 진정한 종료 또는 완료이기 때문이다. 꿀벌이 꽃가루를 모으고 밀랍을 만들고 벌집을 지을 때, 각각의 단계는 다음 단계의 길을 준비하는 것이다. 벌집이 지어지면 여왕벌은 그 속에 알을 낳는다. 여왕벌이 알을 낳으면 그곳이 봉인되고 일벌들이 그 알을 품어 부화에 필요한 적당한 온도를 유지하며 키운다. 알이 부화하면 벌들은 스스로를 돌볼 수 있을 때까지 새끼에게 먹이를 주면서 키운다. 이 모든 사실은 아주 잘 알려져 있기에 우리는 생명이나 본능은 어쨌든 일종의 불가사의한 일이라면서 그것을 지나쳐 버리기 쉽다. 이리하여 우리는 사건의 본질적인 특징이 무엇인지에 크게 주목하지 않는다. 사건의 각 요소가 차지하는 시간상의 위치와 순서의 의의, 즉 어떻게 앞의 사건이 뒤의 사건으로 연결되고, 후속된 일은 언젠가 앞의 결과를 이어받아서 다음 단계에 제공되고 활용되는, 말하자면 전 과정을 총괄하여 마무리 지으며 종착지에 도달한다는 사실을 간과한다.

목적은 항상 결과와 관련되기에 목적이 문제가 되었을 때, 우선 살펴봐야 할 것은 부여된 일이 내재적 연속성을 지니고 있는가이다. 아니면 먼저 이 일을 하고, 그다음에 저 일을 하는 단순한 일련의 행위가 이루어지는 순차적인 집합체에 불과한 것인가? 학생의 행동 하나하나가 거의 전적으로 교사의 지시로 움직여지고, 학생의 행동 순서가 오직 교과 내용의 짜인 배열이나 타인의 지시에서 온 것일 때, 교육목적을 논한다는 것은 말이 안 된다. 또한 변덕스럽게 불연속적으로 벌어지는 행위를 자발적 자기표현이라는 이름으로 용납하는 것도 역시 목적을 완성하는 것과는 매우 어긋나는 일이다. 목적은 질서정연하게 순서에 따라 이루어지는 활동을 의미하며, 그 순서는 하나의 과정을 점진적으로 완성해 가는 것이다. 어떤 활동을 하는 데는 일정한 시간이 필요하고, 그 시간이 흐르는 동안 계속 성장하는 활동을 고려한다면, 목적이란 결말, 즉 일어날 수 있는 종료 상태에 대한 사전의 예견을 가리킨다. 만약 벌들이 그 활동의 귀결을 예상한다면, 그리고 상상력으로 예견하여 그 종말을 인지한다면, 그들은 목적의 초보적 요소를 지닌 셈이다. 그러므로 결과의 예견을 허용하지 않고, 또 어떤 일정한 활동의 경과가 어떻게 되는지 알기 위해 미리 내다볼 수 있는 자극도 주지 않는 상황적 조건에서 교육의 목적-또는 다른 어떠한 사업의 목적이라도-에 대해 논한다는 것은 무의미한 일이다.

다음으로 가시적 목적은 활동의 방향을 지시한다. 그 목적은 활동을 그냥 구경하는 사람의 안일한 관점을 나타내는 것이 아니라, 그 결과에 도달하기까지 취해야 할 단계 하나하나에 영향을 미친다. 그러한 예견은 세 가지 기능을 한다. 첫째, 그것은 현재 주어진 조건을 주의 깊게 관찰하여 목적지에 도달하는 데 어떤 수단을 쓸 수 있는지, 그 과정에 어떤 장애가 있는지를 살피도록 한다. 둘째, 그것은 수단의 활용에서 적절한 순서 또는 계열이 어떤 것인지를 제시한다. 그것은 경제적인 선택과 배치를 용이하게 한다. 셋째, 그것은 여러 가지 대안 중에서 가장 적절한 것을 선택할 수 있게 한다. 만약 우리가 이렇게 행동하거나 저렇게 할 때, 어떤 결과가 올 것인지를 예측할 수 있다면 두 가지 행동 방침의 가치를 서로 비교할 수 있고, 그중에서 어느 쪽이 더 바람직한지를 판단할 수 있을 것이다. 만약 우리가 썩은 물에서 모기가 생긴다는 것과 모기는 질병을 옮길 가능성이 있다는 것을 알면, 우리는 그렇게 예상되는 결과를 좋아하지 않기에 그것을 피하려는 예방 조치를 할 수 있다. 예견되는 결과를 대할 때, 단순히 지적 방관자의 자세를 취하지 않고 그 결과에 관심을 가진 사람으로서 우리는 결과를 가져오는 과정에 능동적으로 참여하는 사람이다. 즉, 우리는 이런저런 결과를 가져오기 위해 사태에 개입하는 것이다.

물론 이 세 지점은 서로 밀접히 연결되어 있다. 현재의 조건을 면밀히 검토할 때 비로소 결과를 정확하게 예견할 수 있고, 그 결과가 중요할수록 현재의 조건을 관찰할 동기가 생긴다. 관찰을 충분히 할수록 스스로 나타날 사태나 난관의 현장은 더 다양해질 수 있고, 취할 수 있는 대안도 더 많아질 것이다. 결국 상황의 가능성이나 취할 수 있는 대안적 행위들이 더 많이 인지될수록, 그중에서 선택된 활동은 더 많은 의미를 지니게 되며, 또 더 유연하게 통제할 수 있다. 이에 비해 오직 한 가지 결과만 염두에 두었을 때는 그 밖의 다른 것은 전혀 안중에 없게 된다. 그것을 성취하려는 행위에 부여되는 의미는 제한적일 수밖에 없다. 이때는 그 목표를 향해 맹목적으로 나아갈 뿐이다. 때로는 이런 좁은 길이 효과적일 수 있지만, 이런 길을 취해 예기치 않은 난관에 부딪힐 경우, 현장의 여러 가능성을 폭넓게 탐구한 다음에 행동의 노선을 선택하거나 자유롭게 사용할 수 있는 방책들이 그리 많지 않을 수 있다. 즉, 사태의 요구 조건에 맞추어 행동을 조정하는 게 쉽지 않다는 말이다.

여기서 우리가 내리고자 하는 결론의 핵심은 '목적을 가지고 행동'하는 것이 '지적으로' 행동하는 것과 동일하다는 점이다. 행위의 종착점을 예견하는 것은 대상과 우리 자신의 능력을 관찰하고, 선택하고, 순서를 정할 수 있는 기초를 마련해 준다. 이러한 것들을 할 수 있다는 것은 곧 마음을 갖는다는 것을 뜻한다. 왜냐하면 마음이란 주어진 사실과 이들 상호 간의 관계를 지각함으로써 의도적인 목적에 맞게 행동을 통제하는 것을 말하기 때문이다. 마음을 가지고 일한다는 것은 미래의 가능성을 예견한다는 뜻이고, 그 가능성을 실현할 계획을 세우는 일이다. 그리고 그 계획을 실행에 옮길 수단과 방해가 되는 장애를 주시하는 일이기도 하다. 그것이 막연한 포부가 아니라 정말로 그 일을 하려는 마음이라면, 마음을 가지고 일한다는 것은 방편과 난관을 모두 고려하는 행동 계획을 세우는 것을 말한다. 지성은 현재의 조건을 미래의 결과에, 또 그 결과를 현재의 조건에 연관시켜서 파악하는 능력이다. 이러한 특성들은 바로 목적, 의도를 갖는 것이 뜻하는 바와 전적으로 동일하다. 어떤 사람이 어떤 활동을 할 때도 자기가 지금 무슨 일을 하는지 모른다면, 즉 자기 행위의 예상되는 귀결을 모르는 정도라면, 그만큼 우둔하고 맹목적이고 지성이 없는 것이다. 한마디로 그는 마음이 결여되어 있는 셈이다. 사람이 필요 이상으로 결과에 대한 느슨한 추측에 만족하면, 또 운에 맡겨 모험을 하거나 현실의 여러 조건-자신의 능력을 포함하여-을 세밀하게 조사하지 않은 채 계획을 세운다면, 그 사람은 불완전한 지성에 머물러 있게 된다. 이처럼 마음이 상대적으로 결여되어 있으면, 일어나려는 일을 자신의 '느낌'으로 추측하게 된다. 따라서 지적으로 행동하려면 행동의 계획을 수립할 때, '멈추어 서서, 눈을 부릅뜨고, 귀를 기울여야' 한다.

목적을 가지고 행동하는 것과 지적으로 활동하는 것을 동일하게 본다면, 목적의 가치-경험 안에 있는 목적의 기능-를 이해하기에 충분하다. 우리는 '의식'이라는 추상적 명사가 모종의 실체를 가리킨다는 사고방식에 젖어 있어 그것이 '의식적인'이라는 형용사에서 파생했다는 사실을 망각하고 있는 듯하다. '의식한다'는 말은 자기가 하는 일이 뭔지를 안다는 것이다. '의식적'이란 의도적이고, 관찰하고, 계획적으로 활동하는 특징을 나타낸다. 의식이란 우리가 주위의 광경을 안일하게 관조할 때 생기는 것도, 사물이 도장 찍듯이 남긴 인상에서 생기는 것도 아니다. 그것은 어떤 활동의 목적을 지닌 성질, 다시 말하면 활동이 목적에 의해 방향 지어진다는 사실을 가리켜서 붙여진 이름이다. 이것을 뒤집어 말하면, 목적을 갖는다는 것은 자동기계처럼 행동하지 않고 의미를 가지고 행동한다는 뜻이다. 그것은 무엇인가를 하려는 뜻을 품고 있고, 그 뜻에 비추어 사물의 의미를 파악하는 것이다.

좋은 목적을 위한 준거

이상에서 논의한 결과를 바탕으로 목적을 수립하는 올바른 방식이 어떤 준거를 갖추어야 하는지 고찰해 보자.

첫째, 목적은 현재 조건에서 생겨나는 자연적 산물이어야 한다. 목적은 이미 진행되고 있는 것에 기초를 두어야 한다. 즉 현재 상황의 방책과 난관에 바탕을 두어야 한다. 그런데 종종 우리 활동이 추구하는 목적─교육이론과 도덕이론─은 이 원리를 위반한다. 이 이론들은 우리의 활동 '바깥에' 있는 목적, 즉 상황의 구체적인 구조와는 동떨어진 어떤 외적 원천에서 비롯된 목적들을 가정한다. 그리고 이어지는 문제는 우리의 활동을 이들 외부에서 제공된 목적들의 실현에 영향을 미치게 한다. 말하자면 그것이 우리가 '해야 하는' 행위라는 것이다. 분명히 말하는데 이 '목적들'은 지성을 제한한다. 이러한 목적은 여러 가능성을 예견하고, 현재의 조건을 관찰하며, 그 대안적 가능성 중에서 더 나은 것을 선택하는 마음을 불러일으키지 않는다. 그러한 목적들이 우리의 지성을 제한하는 까닭은 이미 확립된 지성 밖의 권위에 의해 부여된 것이고, 또한 지성에 오직 기계적 선택 수단만을 행사하기 때문이다.

둘째, 위에서 우리는 마치 목적이 그것을 실현하려 노력하기 이전에 그것을 완전히 설정할 수 있는 것처럼 말했다. 만약 지금까지 말한 것이 그런 인상을 주었다면, 이제 그런 인상에 제한을 두어야 한다. 처음 드러날 목적의 모습은 잠정적 윤곽 그리기에 지나지 않는다. 그것을 실현하려고 노력하는 행위가 목적의 가치를 검증한다. 만약 그런 정도의 잠정적인 목적이 활동을 성공적으로 이끌어 가는 데 부족함이 없다면, 목적의 모든 기능이 미리 목표를 설정하는 것이기 때문에 그 이상의 다른 것은 필요하지 않을 것이며, 때로는 단순한 힌트만으로도 충분할 것이다. 그러나 대부분의 경우─적어도 복잡한 상황에서는─ 그 목적에 따라 행동하는 것은 지금까지 간과되었던 조건을 드러낸다. 그렇게 되려면 원래의 목적에 수정을 가하여 더 보태거나 빼거나 해야 한다. 목적에 융통성이 있어야 하는 것은 이 때문이다. 따라서 목표는 유연해야 하고, 상황에 맞게 변경할 수 있어야 한다. 행동의 진로와는 떨어진 외부에서 설정된 목적은 언제나 경직되어 있다. 그 목적이란 외부로부터 삽입되거나 부과되어야 하기에 상황의 구체적 조건과 작동하는 관계를 맺을 수 없다. 행동하는 동안에 발생하는 사태는 그것을 확인하지도 반박하지도 못하며 변경할 수도 없다. 그러한 목적이란 주장될 뿐이다. 그러다가 목적이 현실에 적응하지 못해 비롯된 실패는 단순히 정황이 뒤틀린 것에서 기인한 것이지, 사실 그 목적이 상황에 맞지 않아 비롯된 것은 아니다. 이와 달리 정당한 목적의 가치는 그것을 사용하여 상황의 조건을 바꾸는 데 있다. 목적은 상태의 조건에 바람직한 변경을 가져올 수 있게 사태를 다루도록 한다. 주어진 여건을 그대로 수동적으로 받아들여 토양, 기후 등이 어떻게 변할지 무시하면서 농사 계획을 세우는 농부가 있다면 커다란 실수를 저지르는 것이다. 현실과 동떨어진 외재적 목표의 폐단 중 하나는 실제에 적용할 수 없다는 점인데, 이 때문에 오히려 당면한 사태에 무턱대고 덤벼드는 반응을 보일 가능성이 있다. 좋은 목적이란 학생들의 경험 현황을 조사하여 잠정적 처리 계획을 세워 그 계획을 끊임없이 주목하면서 사태의 발전에 따라 그것을 수정하는 일이라고 할 수 있다. 요컨대 이런 목적은 실험적인 것으로 행동에 의해 검증을 거치면서 끊임없이 성장해 간다.

예견되는 결과

셋째, 목적은 언제나 활동을 구속하지 않고 자유롭게 하는 것이어야 한다. 이 점에서 '예견되는 결과'라는 말은 시사하는 바가 크다. 왜냐하면 이 말은 모종의 활동 과정이 종결된 대상을 우리 자신 앞에 제시한 상태로 마음에 떠오르게 한다는 것을 나타내기 때문이다. 우리가 어떤 활동을 규정할 수 있는 유일한 방법은 마음속에 그 종결 당시에 나타날 대상-총을 쏠 때 겨냥하는 과녁과 같은 것-을 그려 보는 것이다. 그러나 우리가 잊어서는 안 될 것은 여기서 말하는 '대상'이 표적 또는 표지에 불과하다는 것, 또 그것들은 우리가 수행하려고 하는 활동을 구체화하는 기준에 불과하다는 것이다. 엄밀히 말하면 표적이 아니라 '표적을 맞히는 것'이 바로 '예견되는 결과'라고 할 수 있다. 비유해서 말하자면 우리가 총을 쏠 때 표적을 겨냥하지만, 그와 동시에 조준장치로 총을 바라보는 것과 같다. 우리가 예견하는 서로 다른 대상들은 활동을 방향 짓는 수단이다. 예컨대 한 마리의 토끼를 겨냥한다고 하자. 그가 바라는 것은 똑바로 총을 쏘는 것이며, 이것이 우리가 시도하고자 하는 일종의 활동이다. 이와 달리 우리가 바라는 게 토끼라고 말한다고 하더라도, 그 토끼는 우리 활동과 동떨어진 게 아니라 활동 중 한 요소로서의 토끼이다. 우리가 토끼를 먹으려고 한다든지, 사격술을 자랑하고 싶어 한다든지, 하여튼 무엇인가를 하기 위해 토끼를 쏘려고 한다. 그것 자체, 즉 다른 것들과 유리된 그것 자체가 아니라 그것으로 무엇인가를 하려고 한다는 것이 우리의 목적이다. 우리가 얻고자 하는 대상은 능동적인 목적-활동을 성공적으로 계속해 가는 것-의 한 국면에 지나지 않는다. 이것이 앞서 말한 '활동을 자유롭게 한다'는 말의 의미이다.

많은 경우 활동이 더 계속해 갈 수 있도록 어떤 과정을 완결하는 것과는 대조적으로 그 활동의 외부에서 부과된 다분히 정태적 성격을 띤 목적이 있다. 이 목적은 항상 고정되어 있는 것으로 도달하거나 소유할 '그 무엇'을 가리키는 것으로 파악된다. 목적을 이러한 개념으로 생각할 때, 활동은 그 자체로서 의의나 중요성을 가진 것이 아니라 그와는 다른 그 무엇에 도달하는 데 필요한 피할 수 없는 수단일 뿐이다. 그 자체로서는 의의가 있는 것도 아니며 중요하지도 않다. 목적과 비교해 보면, 그것은 오직 필요악에 불과하다. 즉, 활동은 목적에 도달하기 위해서 거쳐야 할 그 무엇에 지나지 않으며, 여기서 가치 있는 것이라고는 오직 목적 그것뿐이다. 이것을 다른 말로 표현하면, 외적 목적의 관념은 수단과 결과의 분리를 가져올 수 있다. 이에 비해 활동의 내부에서 그 활동을 이끌기 위한 계획으로 생겨난 목적은 결과인 동시에 수단이며, 여기서 결과와 수단은 편의상의 구분일 뿐이다. 모든 수단은 그것을 손에 넣기 전에는 우리가 아직 달성하지 않은 잠정적 목적이며, 모든 목적은 그것이 달성되는 순간 그 이후의 다른 활동을 수행하는 수단이 된다. 논의를 정리하면, 우리가 하고 있는 활동의 미래 방향을 돋보이게 할 때 우리는 그것을 '목적'이라고 부르며, 현재 활동의 방향을 돋보이게 할 때 우리는 그것을 '수단'이라고 부른다. 수단이 목적에서 분리되면 언제나 활동의 의의는 그만큼 감소하며, 그리하여 될 수 있으면 기피해야 할 고역이 되고 만다. 농사를 지을 때 여러 동식물을 이용하지 않을 수 없다. 농부가 동식물에 진정한 애착이 있는가, 아니면 오직 그것이 가져올 결과에만 관심을 보이며 그것을 얻기 위한 수단으로 사용하려 하는가는 그의 삶에서 중대한 차이를 발생시킬 것이다. 앞의 경우에는 그의 활동 과정 전체가 의의를 지니면서 활동의 국면 하나하나가 그 자체로서 독자적 가치를 얻는다. 그는 매 단계에서 그의 목적을 실현하는 경험을 할 것이다. 그에게 장기적 목적, 즉 예견되는 결과란 저만큼 앞날을 내다보는 눈으로 그의 활동을 언제나 충만하고 자유롭게 지지해 준다. 만약 그가 앞을 내다보지 않으면, 그의 시야는 가려지고 말 것이다. 목적은 활동의 다른 부분이 그렇듯이 결정적으로 행위의 수단이 된다.

목적을 교육에 적용하기

교육목적이라고 하여 다른 목적과 특별히 다를 것이 없다. 교육목적도 어떤 방향이 잡힌 활동의 목적과 같다. 교육자도 농부와 마찬가지로 어떤 일을 해야 하며, 그 일을 처리하는 데 필요한 자원이 있고, 어떤 장애를 극복하지 않으면 안 된다. 장애든 자원이든, 농부가 다루는 여러 조건은 그의 목적과는 별도로 자체의 구조와 작용을 가지고 있다. 씨에서 싹이 트고, 비가 내리고, 태양이 빛나고, 벌레 먹고, 역병이 발생하고, 계절이 바뀐다. 그의 목적은 단순히 이런 조건을 활용하는 것이며, 활동과 에너지가 상반되지 않고 함께 작용하도록 하는 것이다. 만약 농부가 농사의 목적을 세우면서 토양, 풍토, 식물 성장의 특징 등 여러 조건을 고려하지 않는다면, 이것이야말로 어리석은 일일 것이다. 그의 목적은 주위 사물의 에너지와 결합하여 자신의 에너지가 가져올 결과를 예견하는 것이며, 이 예견을 기초로 날마다 자신의 활동을 이끌어 가는 것이다. 있을 수 있는 결과를 예견함으로써 그가 다루어야 할 사물의 성질과 성능을 더욱 주의 깊고 광범위하게 관찰하고, 계획의 설계 즉 수행해야 할 행위에 순서를 정하는 일을 할 수 있다.

부모든 교사든 교육을 하는 사람도 이와 마찬가지다. 교육자가 자기 '자신의' 목적을 설계하는 것은 농부가 농사의 조건과는 무관하게 농사의 이상을 세우는 것과 같이 터무니없는 일이다. 목적을 올바로 설계한다는 것은 농사건 교육이건 간에 어떤 기능을 수행하는 데 필요한 관찰, 예상, 배열의 책임을 받아들인다는 뜻이다. 어떤 목적이라도 매 순간, 시간마다 활동을 계속할 때 관찰하고, 선택하고, 계획하는 일을 돕는 정도만큼 가치를 지닌다. 만약 목적이 개인의 상식을 활용하는 데 방해가 되면-목적이 외부에서 부여되거나 권위로 받아들여질 때는 분명 그렇게 되지만-, 그것은 해악을 끼치게 될 것이다.

여기서 명심해야 할 것은 교육 그 자체가 목적을 가지는 것은 아니라는 점이다. 부모, 교사 등 사람들이 목적을 가졌을 뿐이지 교육이라는 추상적 관념이 목적을 가진 것은 아니다. 따라서 그들의 목적은 아이마다 다르고, 아이가 성장함에 따라 그리고 가르치는 사람의 경험이 성장함에 따라 한없이 다양하게 나타난다. 따라서 말로 타당한 목적을 세운다고 하더라도, 교육자 자신이 발견한 구체적 상황의 에너지를 해방시키고 지도

하면서 어떻게 관찰하고, 어떻게 예견하며, 어떻게 선택하는지를 제안하는 정도로까지 인식하지 않으면, 말로 표현한 목적 자체는 이익보다 해를 끼치는 경우가 많을 것이다. 최근 한 작가는 이렇게 말했다. "소년이 시시한 탐정소설Sleuth 대신에 스콧Scott의 소설을 읽도록 이끄는 것, 소녀에게 재봉을 가르치는 것, 다른 아이들을 못살게 구는 존의 버릇을 뿌리 뽑는 것, 반 학생들에게 의학 공부하도록 준비시키는 것, 이런 것들은 구체적인 교육의 작업에서 우리가 실제로 직면하는 수많은 목적의 예시들이다."

이상의 몇 가지 제한점을 유의하면서, 이제 모든 좋은 교육목적에서 찾아볼 수 있는 몇 가지 특성을 설명해 보자. 첫째, 교육목적은 가르침을 받을 특정 개인의 내재적 활동과 필요-타고난 본능과 획득된 습관 모두를 포함-에 기초를 두어야 한다. 예컨대 '준비'라는 목적은 앞에서 살펴본 바와 같이, 현재 가지고 있는 능력을 간과하고, 좀 먼 장래의 성취나 책임에서 그 목적을 찾는 경향이 있다. 일반적으로 우리는 어른의 마음에 중요하다고 생각되는 것만을 고려하여 피교육자들의 능력과는 상관없이 그것을 목적으로 설정하는 경향이 있다. 또한 우리는 흔히 그 어떤 특정한 시간과 장소에서도 학습이 일어난다는 사실을 망각하고, 개인의 특수한 능력과 요구 사항들을 고려하지 않은 채 학습의 균일한 목적을 주장하곤 한다. 물론 어른의 지각이 넓은 범위에 걸쳐 있으므로 젊은이들의 능력과 약점을 관찰할 수 있고, 결국 그런 능력이 있기에 그들이 어떤 결과에 도달할 수 있는지를 결정하는 데 지대한 가치가 있다. 예컨대 어른의 예술적 능력은 아이들이 지닌 반응의 경향이 장차 어떻게 발전할 수 있는가를 잘 보여 준다. 어른의 성취가 없다면, 우리는 아이의 선긋기, 모사, 본뜨기, 색칠하기 등 활동의 의의를 확실히 보장할 수 없다. 이와 마찬가지로 만약 어른의 언어가 없었더라면, 우리는 젖먹이의 응얼대는 충동의 중요성을 파악할 수가 없다. 그러나 어른의 성취를 아동기와 청년기 행동의 위치와 의미를 파악하는 맥락에서 활용하는 것, 그리고 그것을 피교육자의 구체적인 활동을 고려하지 않으면서 확고한 목적으로 설정하려고 하는 것은 전혀 별개의 일이다.

교육목적의 민주적 통제와 권위적 통제

둘째, 교육목적은 수업을 받는 학생들에 맞추어서 활동을 도와줄 수 있는 방식으로 쉽게 표현되어야 한다. 교육목적은 '그들의' 능력을 해방시키고 조직하는 데 필요한 환경이 어떤지를 알려 주어야 한다. 교육목적이 구체적인 교육의 절차를 마련하는 데 도움을 주지 않았다면, 또 그 절차가 교육목표를 검증하고 수정하고 확장하는 데 도움을 주지 않는다면 무가치한 것이다. 이 경우 교육목적은 특정한 교육활동에 도움이 되지 않고, 오히려 사태를 관찰하고 파악하는 것을 저해하고 만다. 그것은 가시적이고 고정된 목적에 들어맞는 것 말고는 어떤 것도 인식할 수 없게 한다. 경직되게 주어진 완고한 목적은 세심한 주의를 기울이는 일조차 필요 없게 만든다. 목적이 '반드시' 적용되어야 한다면, 사소한 세부 사항을 주목할 필요가 있겠는가? 결국 외부에서 부여된 목적의 폐단은 그 뿌리가 깊다. 교사들은 상부 당국자로부터 그 목적을 부여받는다. 상부 당국자는 현재 사회에 통용되는 것에서 목적을 설정한다. 그리고 교사들은 그 목적을 그대로 아이들에게 부과한다. 이러한 사태에서 맨 먼저 발생하는 심각한 결과는 교사의 지성이 자유롭게 발휘되지 않는다는 점이다. 교사의 지성이 상부에서 내려온 목적을 그대로 받아들이는 것으로 한정되기 때문이다. 개별 교사가 권위적인 감독관의 지시 사항, 교수 방법론 교재, 교육과정 규정 등을 완전히 벗어나 그들의 마음을 학생의 마음과 교과에 직접 닿게 할 자유를 누릴 경우는 참으로 드물다. 이것은 곧 교사의 경험에 대한 불신을 드러내며, 더 나아가 이 불신은 학생들의 반응에 대한 신뢰의 결여를 보여 준다. 학생들은 이중 삼중으로 외부에서 부과된 것을 통해 그 목적을 그대로 수용한다. 그렇게 되어 그들은 자신의 경험을 둘러싸고 '자연스러운 목적'과 '무조건 받아들여야 하는 목적'이 충돌하면서 계속 혼란에 부딪힌다. 성장하는 경험은 모두 내재적 의미가 있다는 민주적 기준이 인정될 때까지, 우리는 외부적 목적에 맞추어야 한다는 요구에 따라야 하는 지적 혼란을 겪게 된다.

교육목적의 연속성

셋째, 교육자는 이른바 '일반적이고 궁극적인 목적'이라고 주장되는 것을 경계하지 않으면 안 된다. 물론 모든 활동은 아무리 특수한 것이라 하더라도, 다른 사물로 끝없이 뻗어 나가며, 따라서 그런 여러 갈래의 연관 속에서 일반적 성격을 띠게 된다. 일반적 관념이 우리에게 그런 관련을 더 민감하게 파악할 수 있도록 해 준다면, 관념은 아주 일반적일수록 좋다. 그러나 '일반적인 것'은 또한 '추상적인 것' 또는 특수적 맥락에서 유리된 것을 뜻하기도 한다. 이러한 추상성은 멀리 존재하는 것을 뜻하며, 따라서 배우고 가르치는 일이 수단과는 유리된 목적을 위해 준비하는 방편에 지나지 않을 수도 있다. '교육은 문자 그대로, 그리고 언제나 그 자체로 보상'이라는 말은 공부와 도야라는 것, 그 자체가 가치 있는 것이 아니라면 교육적 의미를 지니지 못한다는 뜻이다. 따라서 진정으로 일반적인 목적이란 우리의 시야를 넓히고, 더 넓은 범위의 결과(또는 연관)를 고려하도록 자극할 것이다. 이것은 곧 수단에 대한 관찰이 더 넓은 범위에 걸쳐 유연성을 갖게 된다는 것이다. 예를 들어, 농부가 상호작용하는 힘을 더 많이 고려할수록 활용할 수 있는 즉각적 자원은 더 다양해질 것이다. 그는 더 많은 수의 가능한 출발점과 자신이 하고 싶은 일을 할 수 있는 더 많은 방법을 알게 될 것이다. 미래의 가능한 성취에 대해 생각이 더 풍부해질수록, 그만큼 현재 활동은 좁은 대안적 선택들에 덜 얽매이게 될 것이다. 우리가 충분히 알고 있을수록, 거의 아무 데서나 활동을 시작해도 좋은 것이며, 그러면서도 활동을 끊임없이 또 유익하게 계속해 갈 수 있을 것이다.

일반적 또는 포괄적 목적이라는 용어를 단순히 현재 활동의 장을 거시적으로 검토한다는 뜻으로 이해한다면, 오늘날 교육이론에서 흔히 찾아볼 수 있는 더 큰 목적들을 채택하여, 그런 목적들이 교육자의 진정한 관심사인 즉각적이고 구체적인 다양한 목적들을 이해하는 데 어떤 도움을 주는지를 따져 볼 수 있다. 물론 그러한 거대한 목적들을 서로 대립시켜 보거나, 그중에서 어느 하나를 선택할 필요가 없다는 것을 전제—사실상 이 전제는 바로 앞에 말해 온 것에서 귀결되는 결론이다—로 한 것이다. 우리가 실제 행동을 할 때 특정한 시기에 특정한 행동을 선택해야 하지만, 그러한 포괄적인 목적은 동일한 장면을 바라보는 상이한 관점에 지나지 않기에 포괄적인 목적은 몇 개라도 공존할 수가 있다. 비유해서 말하자면, 우리는 여러 개의 다른 산을 동시에 오를 수는 없지만, 서로 다른 산에 올라가서 느낀 전망은 서로를 보완할 수 있다. 눈에 들어오는 경치는 서로 모순되거나 양립 불가능한 세계가 아니다. 이를 약간 다르게 표현하면, 어떤 목적을 진술하면 그와 관련된 다른 관찰과 질문을 불러일으킨다. 그러므로 우리의 목적은 일반적일수록 더 좋다. 어떤 목적을 진술하다 보면 다른 목적을 진술할 때 간과했던 것을 강조할지도 모르기 때문이다. 과학 연구를 하는 사람들에게 많은 가설이 도움이 되는 것과 마찬가지로, 많은 목적은 교육을 하는 사람에게 큰 도움이 될 것이다.

요약

'목적'은 우리의 의식에 들어와 현재의 조건을 관찰하고, 미래의 행동 방식을 결정하는 중요한 요소로 활용되는 어떤 자연적 과정의 결과를 뜻한다. 그리고 목적은 활동이 지성적임을 말한다. 좀 더 구체적으로 말하면, 목적은 어떤 주어진 상황에서 여러 가지 다른 방식으로 행동했을 때 그에 따라 생기는 여러 가지 선택 가능한 결과를 예견하고, 그 예견된 바를 활용하여 관찰과 실험의 지도(방향 짓기)를 예상하는 것을 뜻한다. 그러므로 참된 목적은 모든 점에서 외부로부터 행동의 진로에 부과되는 목적과 대립할 수밖에 없다. 후자는 고정되고 경직되어 있으며, 주어진 사태에서 지성을 발휘하는 자극이 되는 것이 아니라, 이러저러한 일을 하라는 외부에서 내려진 명령에 속한다. 그러한 목적은 현재의 활동과 직접 관련을 맺지 않고, 현재의 활동에서 멀리 떨어져 있으며, 그 목적 달성에 필요한 수단과 유리되어 있다. 자유롭고 균형 잡힌 활동을 유발하기보다는 활동에 제한을 가하는 경향이 있다. 교육에서 이러한 외부적으로 부과된 목적이 널리 퍼져 있다면, 교육이 먼 장래를 위한 준비라는 관점이 강조되고, 교사와 학생 모두의 작업을 기계적이고 노예적인 일처럼 만들게 될 것이다.

9장

자연적 발달, 사회적 효율성 그리고 교양을 위한 교육목적

동시대 교육에 대한 도전

바로 앞 장에서 교육의 목적을 확립하려는 시도-모든 것을 하나로 종속시키는 최종적 목적을 확립하려는 시도-가 부질없음을 지적하였다. 또 일반적 목적이라는 것은 현재의 조건을 조사하여 가능한 전망을 세우는 것이기 때문에 여러 가지 목적을 세우는 게 모순적인 것은 아니다. 사실상 다수의 일반적 목적이 서로 다른 시대에 주창되었고, 이 모두 시대에 맞는 커다란 가치를 지니고 있었다. 왜냐하면 목적을 공식적으로 표명한다는 것은 어느 특정한 시대를 강조하는 문제이기 때문이다. 그래서 우리가 강조할 필요가 없는 것-말하자면 그냥 놓아두더라도 저절로 잘돼 가는 것-에 대해서는 관심을 두지 않는 것 같다. 오히려 현재 사태의 결함과 필요에 근거하여 설명의 틀을 설정하려고 한다. 정당하거나 대략적인 것은 명시적인 진술 없이 당연한 것으로 받아들이는 경향이 있다. 이에 비해 우리가 어떤 변화를 일으키고자 할 때는 명시적 목적의 틀을 설정하려고 한다. 그래서 특정한 시대나 세대가 의식적 투사를 할 때, 실제 현실에서는 가장 적은 것을 강조하는 경향이 있음은 설명이 필요할 정도의 역설은 아니다. 권위가 지배하는 시대에는 개인의 자유가 타당하다는 반응을 크게 요구할 것이고, 개인의 활동이 무질서하게 벌어지는 시대는 교육목적으로서 사회 통제가 필요하다고 요청할 것이다. 그렇게 하여 실제적이고 암묵적인 실천과 의식적이고 명시된 목적은 서로 균형을 이룬다. 완전한 삶, 더 나은 언어학습 방법, 말 대신 실물로 하는 수업, 사회적 효율성, 인격적 교양, 사회봉사, 인성의 완전한 발달, 백과사전적 지식, 훈육, 심미적 관조, 유용성 등 여러 목적은 역사적으로 서로 다른 시대에 각자 쓸모가 있었다.

다음의 논의에서는 최근 영향력을 발휘하고 있는 세 가지 목적을 고찰하려고 한다. 그 밖의 어떤 것들은 앞의 몇 장에서 산발적으로 논의했고, 여타의 것들은 나중에 지식의 문제, 교과의 가치를 논의하며 다룰 것이다.

교육목적을 제공하는 자연

우리는 자연을 사회에 대립되는 위치에 놓고, 교육이 자연에 따른 발달의 과정이라는 점을 고려하는 것에서 시작한다.p. 138 참조 그런 다음 그것과 반대되는 것으로 사회적 효율성을 교육목적으로 설정하는 견해로 이어진다. 여기서는 대체로 사회적인 것과 자연적인 것을 대립하는 것으로 위치시킨다. 현학을 앞세우는 관습이나 인위성에 혐오감을 느낀 교육개혁자들은 자연을 표준으로 삼고 의지하는 경향을 보인다. 여기서 자연의 관념은 발달의 법칙과 목적을 제시하며, 자연의 법칙을 따르고 순종하는 것이 우리의 임무다. 이 개념의 긍정적인 가치는 피교육자들의 타고난 소질을 고려하지 않는 목적은 어떤 것이든 잘못임을 설득력 있게 환기해 준다는 점이다. 이 견해의 약점은 '자연스러운'이라는 말은 '정상적'이라는 뜻이 있음에도, '물리적'이라는 뜻과 쉽게 혼동하는 경향이 있다는 것이다. 그렇게 되면 예측하고 계획하는 일에 지성을 구성적으로 사용한다는 뜻이 상당히 무시되고, 자연의 작용에 방해가 되지 않도록 물러나서 자연이 하는 대로 두어야 한다는 뜻이 된다.[82] 이 주장이 옳든 그르든, 이를 가장 잘 표명한 사람이 루소이므로 그의 주장을 살펴보려고 한다. 루소는 말한다.

우리가 받는 교육은 세 가지 원천, 즉 자연, 인간, 사물에서 나온다. 우리의 신체 기관과 능력이 자발적으로 발달하는 것이 자연의 교육이다. 이렇게 발달한 신체 기관과 능력을 어디에 쓰는가 하는 것은 인간의 교육이다. 주위의 사물에서 개인이 각자 경험을 획득하는 것은 사물의 교육이다. 이 세 가지 교육이 서로 조화하여 동일한 목표를 향할 때 비로소 인간은 자신의 참다운 목적을 추구할 수 있다. … 이 목적이 무엇인지 묻는다면 그 대답은 자연이다. 왜냐하면 교육이 완전한 것이 되려고 하면 그 세 가지가 동시에 작용해야 하므로, 우리의 통제에서 완전히 벗어나 있는 종류의 교육이 다른 두 교육을 결정할 때 반드시 규제할 수밖에 없기 때문이다.

그러고 나서 루소는 '자연'을 타고난 능력과 성향을 뜻하는 것으로 정의한다. 그의 말을 빌리면 자연은 "본성을 제약하는 습관이나 타인의 의견에 의해 수정되기 이전 상태의 능력과 성향"을 가리킨다.

루소가 그의 사상을 표현한 방식에 관해서는 세심한 연구가 필요하다. 루소의 말에는 교육에 관해 말한 것 중에서도 근본적인 진실이라고 할 만한 내용이 묘하게 비틀려 표현되어 있다. 앞의 몇 문장에 적힌 내용보다 더 잘 표현하기는 어려울 것이다. 교육적 발달의 세 가지 요소는 (1) 신체 기관의 타고난 구조와 기능적 활동, (2) 이들 기관의 활동이 다른 사람의 영향하에서 이용되는 것, (3) 환경과의 직접적인 상호작용이다. 루소가 제시한 앞의 진술들은 확실한 근거가 있고, 다음의 또 다른 두 명제도 마찬가지로 타당하다. 즉, (1) 교육의 세 가지 요소가 조화를 이루고 협력적일 때에만 개인의 적절한 발달이 일어나고, (2) 신체 기관의 타고난 활동은 독창적인 것만큼 조화로운 상태가 어떤 상태인가를 파악하는 데 기본이 된다.

그런데 루소가 말한 그 밖의 내용을 참고하여 앞의 말 이면에 숨어 있는 의미를 읽어 볼 수 있다. 그는 세 가지 요소 중 어느 하나가 교육적으로 효과를 나타내기 위해서는 그 세 가지가 어느 정도로 협력해야 한다고 보지 않고 그 세 가지가 각각 독립적으로 작용한다고 본다. 특히 루소는 타고난 신체 기관과 기능이 독립적이며, 루소 자신이 말한 것처럼 '자발적 발달'이라고 생각한다. 그는 이 발달이 신체 기관, 기능이 어디에 쓰이는지와 상관없이 일어날 수 있다고 생각한다. 그리하여 사회적 접촉에서 오는 교육은 각각 떨어진 발달에 종속되어야 한다고 본다. 타고난 활동을 억지로 강요하거나 왜곡해서는 안 되며 그 '활동 자체'에 합치되는 방향으로 사용해야 한다고 말하는 것, 그리고 타고난 활동은 그 사용과 무관하게 학습의 표준과 규범을 제공해야 정상적으로 발달할 수 있다고 가정하는 것 사이에는 굉장한 차이가 있다. 앞에서 사용한 예시로 되돌아가서 말하자면, 언어를 습득하는 과정은 적절한 교육적 성장을 보여주는 완벽한 모델이다. 언어를 배우는 첫 출발은 발성기관, 청각기관 등의 타고난 활동에서 시작된다. 그러나 이런 활동이 그 자체로 독자적으로 성장한다든가, 그대로 두더라도 완벽한 말을 구사할 수 있게 된다는 생각은 터무니없는 것이다. 그의 말을 문자 그대로 받아들이면, 루소의 원리는 어른이 아이들의 옹알대는 소리를 단순히 정확한 말이 발달하는 시작—이들은 실제로 그렇지만—으로서뿐만 아니라, 언어 그 자체—모든 언어교육의 표준—를 제공하는 것으로 받아들여야 한다는 뜻이다.

이상의 논의를 다음과 같이 요약할 수 있다. 루소는 교육에 절실히 요청되는 개혁방안으로 신체 기관의 구조와 활동이 그 기관을 사용하도록 가르치는 모든 교육에 조건을 부여한다고 주장한 점에서는 옳았으나, 그 조건뿐만 아니라 발달의 목적도 제시한다고 암시하는 것은 크게 잘못된 것이다. 사실 타고난 활동은 무작위적이며 변덕스러운 운동과 달리 용도에 따라 발전한다. 그리고 사회적 환경의 역할은 앞에서 살펴본 것처럼, 능력을 최대한 활용함으로써 성장의 방향을 정하는 것이다. 본능적인 활동은 신체 기관들의 특정한 작동에 강력한 편향을 주는데, 우리는 이를 거스를 수 없을 뿐만 아니라 만약 거스르려고 시도한다면 이를 왜곡하거나 방해하고 심지어 타락시킬 수 있을 정도로 강력하기 때문에, 이러한 본능적 활동을 비유적 표현으로 '자발적'이라 할 수 있다. 그러나 그러한 활동이 '자발적이고 정상적인 발달'을 한다는 개념은 순전히 만들어 낸 신화라고 할 수 있다. 자연적 또는 타고난 힘은 모든 교육에서 활동을 시작하고 제약하는 작용을 하지만, 결과나 목적을 제시하지는 않는다. 학습되지 않은 능력에는 처음부터 학습이 없지만, 학습은 학습되지 않은 능력이 자발적으로 흘러넘치는 것이 아니다. 루소가 교육 또는 학습에 반대의견을 표명한 것은 의심할 여지 없이 그가 자연을 신과 동일시했기 때문이다. 루소가 보기에 인간이 원래 가지고 있는 능력은 전적으로 선한 것으로 지혜롭고 선한 창조자로부터 직접 주어진 것이다. '신은 마을을 만들었고, 인간은 도시를 만들었다'는 속담을 약간 바꾸면, '신은 인간의 신체 기관과 기능을 만들었고, 인간은 그것들을 사용하는 용도를 만들었다'고 말할 수 있다. 따라서 전자의 발전은 후자가 따라야 할 표준을 제시한다는 결론이 나온다. 인간이 원래의 활동을 어디에 사용할 것인지 결정하려고 시도할 때, 그것은 신의 섭리를 방해하는 것이다. 이와 같이 사회제도에 의해 신의 작품인 자연을 방해하는 것은 개인의 타락을 가져오는 주요한 원천이다.

루소가 모든 자연적 성향의 내재적 선함을 그토록 부르짖은 것은 인간의 타고난 본성이 전적으로 사악하다는 당시 널리 퍼져 있던 견해에 대한 반발로, 이것은 아동의 흥미에 대한 사람들의 태도를 바꾸는 데 강력한 영향을 미쳤다. 그런데 원시적 충동은 그 자체로 선하지도 악하지도 않으며, 그것을 어떤 목적에 쓰느냐에 따라 선이 되기도 하고, 악이 되기도 하기에 둘 중 하나가 된다는 것은 당연하다. 다른 본능을 희생시키면서 어떤 본능을 무시하고, 억압하고, 조급하게 강요하는 것이 불가피하게 많은 질병의 원인이 된다는 것은 의심의 여지가 없다. 여기서 우리가 배워야 할 점은 본능을 소위 '자발적으로' 발달하도록 내버려 두지 않고 본능을 적절하게 조직해 줄 환경을 마련해야 한다는 것이다.

루소의 말에 담긴 일면의 진리 문제로 돌아가 생각해 보면, 교육목적으로서의 '자연적 발달'은 당시 행해지던 많은 관행의 폐단을 바로잡는 수단을 제시해 주었다. 그와 동시에 몇 가지 바람직한 구체적 목적을 나타내고 있음을 알 수 있다. (1) 교육목적으로서의 자연적 발달은 신체 기관과 건강 및 활력의 필요성에 주목한다. 자연적 발달이라는 목적이 부모와 교사에게 말하는 것은 건강을 목적으로 삼으라는 것이다. 체력을 고려하지 않고는 정상적 발달이 이루어질 수 없다. 이는 명백한 사실이지만 그것을 실제에서 올바르게 인정한다면, 그것은 거의 자동적으로 우리 교육활동의 상당 부분을 혁명하는 결과를 가져올 것이다. '자연'이라는 것은 참으로 모호하고 은유적인 용어이지만, '자연'이 말할 수 있는 의미 중 하나는 교육이 효율성을 가지려면 특정 조건이 필요하다는 것, 또 그 조건이 무엇인지를 알고 우리의 교육을 그것에 합치시키지 않는 한, 아무리 고귀하고 이상적인 목적도 실패할 수밖에 없다는 것이다. 그리고 그 경우의 목적은 효과적이라기보다는 언어적이고 감상적인 것에 지나지 않아 목적으로서 구실을 다하지 못한다는 것이다. (2) 자연적 발달이라는 목적은 신체적 움직임의 존중이라는 목적으로 바꾸어 말할 수 있다. 루소는 "아이들은 언제나 움직이고 있다. 가만히 앉아 있는 생활은 해롭다"고 말한다. 이와 달리 "자연의 의도는 마음을 행사하기에 앞서 몸을 단련하는 데 있다"고 말할 때, 그 사실이 공정하게 진술된 적은 거의 없다. 만약 루소가 이 말을 자연의 '의도'—자연이 의도를 가졌다는 것은 다분히 시적 언어 형식으로 표현한 것이지만—가 특히 신체 근육을 단련하여 마음을 발달시키는 데 있다는 식으로 했더라면, 이것은 확실한 사실을 말한 것이라고 볼 수 있다. 즉, 자연을 따르는 교육의 목적은 구체적으로 말하면 사물을 탐색하고, 자료를 다루고, 놀이와 게임을 할 때 신체 기관의 사용이 실제로 어떤 위치를 차지하는가를 올바르게 존중해 주어야 한다는 뜻으로 해석할 수 있다. (3) 자연적 발달이라는 목적은 아동의 개인차 존중이라는 목적으로 바꾸어 말할 수 있다. 아동의 타고난 능력을 고려한다는 원리를 채택하는 사람이라면 누구나 그 능력이 개인마다 다르다는 사실에 강한 인상을 받을 것이다. 그러한 차이는 비단 능력의 강도뿐만 아니라 질과 배열에도 나타난다. 루소는 다음과 같이 말한다. "개인은 독특한 기질을 가지고 태어난다. … 우리는 기질이 다른 아이들을 무차별적으로 똑같은 일에 종사하게 한다. 그 교육은 각각의 특이한 기질을 파괴하고 단조로운 통일성만 남겨 놓는다. 그리하여 우리는 자연이 준 참다운 재능이 자라지 못하게 방해하는 일에 쓸데없는 노력을 기울인 뒤에 그 자리에 대신 채워 넣은 순간적이고 허망한 재주가 차차 사라지는 모습을 보게 된다. 그래서 우리가 짓밟은 자연적 능력은 결코 되살아나지 않는가 보다." (4) 자연을 따르는 교육의 목적은 아동의 기호와 흥미가 어디서 생기며, 어떻게 성장하고 쇠퇴하는지에 주의를 기울여야 한다는 것을 뜻한다. 능력은 불규칙하게 싹트고 피어난다. 모두가 똑같이 골고루 발달한다는 것은 있을 수 없다. 쇠가 뜨거울 때 쳐야 한다. 특히 중요한 것은 능력이 생기기 시작할 때다. 아주 어린 시기 어린이의 경향성을 어떻게 다룰 것인지는 어린이가 자라서 나타나는 근본적인 성향을 결정하고, 그 능력이 나중에 발휘될 방향을 결정하는 데 우리가 상상하는 것 이상의 영향력을 미치고 있다. 어린 시절의 삶에 대한 교육적 관심—유용한 기술을 가르치는 것과는 구분되는 교육적 관심—은 루소의 뒤를 이은 페스탈로치와 프뢰벨이 성장의 자연적 원리를 강조한 것에서 시작되었다고 해도 과언이 아니다. 성장의 불규칙성, 그리고 그것의 의의는 신경계통의 성장을 연구한 한 학자의 말에 잘 나타나 있다.

성장이 계속되는 동안, 신체와 정신의 모든 것은 한쪽으로 치우쳐 이루어진다. 왜냐하면 성장은 결코 전반적으로 일어나는 것이 아니며, 이때는 이 지점에서, 또 저 때에는 저 지점에서 강화되면서 일어나기 때문이다. … 이렇게 타고난 자질의 엄청난 차이가 있는 조건에서 성장의 자연적 불균등이 안고 있는 역동적인 가치를 인정하고, 성장의 들쑥날쑥한 측면을 깎아내어 둥글게 다듬는 것보다는 불규칙성을 그대로 두고 그것을 활용하여 성장을 도와주는 방법이 있다면, 그것은 신체 안에서 일어나는 성장을 가장 가깝게 따르는 방법이며, 이것이 또한 가장 효과 있는 방법이다.*

아이들이 제약을 당하는 조건에서는 자연스러운 경향성을 관찰하기가

---

* Donalson, *Growth of Brain*, p. 356.

어렵다. 그런 경향성은 어린이의 자발적인 말과 행동, 즉 정해진 일을 하도록 명령받지 않은 상태에서, 또 관찰되고 있다는 것을 의식하지 않는 상태에서 하는 말과 행동에 가장 잘 나타난다. 이것은 그러한 경향성이 자연스러운 것이기 때문에 무조건 바람직하다는 것이 아니라, 그런 경향성이 작용하고 있고 또 그렇기 때문에 고려되어야 한다는 뜻이다. 우리는 바람직한 자연적 경향성이 작동할 수 있도록 환경을 마련해 주어야 하며, 그러한 경향성의 작동이 다른 경향성을 소멸시키는 쪽으로 작동되지 않도록 해야 한다. 아이들의 경향성 중에서 부모의 걱정을 자아내는 것들은 대체로 일시적인 것에 지나지 않는데, 그래서 그것에 너무 주의를 기울이면 도리어 아이들의 주의를 그것에 고정시킬 수가 있다. 어른은 너무나 쉽게 자신의 습관과 희망을 표준으로 삼아 그것에 어긋나는 어린이의 충동에서 비롯된 모든 일탈을 근절해야 할 사악한 것으로 생각하기 쉽다. 이런 생각은 자연을 따라야 한다는 교육 원리가 주로 반발하는 인위적 조작이 아이들을 어른의 표준틀에 끼워 맞추려고 하기 때문에 생기는 결과라고 볼 수 있다.

결론적으로 자연을 따라야 한다는 교육의 원리가 나타나게 된 역사적 배경을 보면, 거기에는 서로 내적으로 관련 없는 두 가지 상이한 요소가 결부되어 있음을 알 수 있다. 루소 이전의 교육개혁자들은 교육의 힘이 거의 무한에 가깝다는 식으로 교육의 중요성을 강조하는 경향이 있었다. 인민들 사이, 계급 사이 그리고 같은 인민들 사이의 차이는 모두 훈련과 연습 그리고 실천의 차이에서 기인한다고 생각했다. 타고난 마음, 이성, 이해 등은 대체로 말하면, 모든 실제적인 목적을 위해 모두 동일하다. 원래 타고난 마음이 동일하다는 것은 모든 사람이 본질적으로 평등하다는 뜻이며, 모든 사람을 동일한 수준으로 끌어올릴 수 있다는 가능성을 의미한다. 이러한 견해에 대한 반론으로 자연과의 합치를 주장한 교육이론은 마음과 그 능력에 관해 훨씬 덜 형식적이고 덜 추상적인 견해를 나타낸다. 그전의 관점에서는 마음을 분별력, 기억력, 일반화 등의 추상적 능력으로 파악했던 것에 비해, 이 교육이론에서는 그러한 추상적 능력을 구체적인 본능과 충동, 생리적 능력으로 대체했다. 이러한 본능과 충동, 생리적 능력은 개인마다 다르다고 보았다. 루소는 심지어 한배에서 난 강아지도 서로 다르다고 보았다. 이러한 측면에서 보면, '자연에 합치하는 교육'이라는 원리는 확실히 현대 생물학, 생리학, 심리학의 발전에 의해 더욱 확고해진 것이 분명하다. 요컨대 '자연에 합치하는 교육'이 주장한 것은 직접적인 교육적 노력을 통해 인간을 변형하고 변혁시키는 일, 즉 '양육'의 힘이 크지 않은 것은 아니지만, 선천적으로 타고나는 능력, 즉 '자연' 또는 학습되지 않은 능력은 그러한 양육을 할 수 있는 토대나 자원을 제공해 준다는 것을 의미한다.

다른 한편으로, 자연을 따른다는 교육 원리는 정치적 이념으로서의 의미도 지니고 있었다. 즉, 그것은 기존의 사회제도, 관습, 이상에 대한 반항이었다.p. 138 참조 "창조주의 손에서 나올 때는 모든 것이 선이었다"는 루소의 말은 동일한 문장의 결론 부분, 즉 "사람의 손에서는 모든 것이 타락한다"는 말과 대비될 때만 비로소 좋은 뜻을 갖는다. 다시 루소는 다음과 같이 말한다. "자연인은 절대적 가치를 가지고 있다. 그는 하나의 단위수이며 온전한 정수로서 자신과 그 동료 인간 이외에는 어느 것과도 관계를 맺지 않는다. 문명인은 상대적 단위이며, 분수의 분자와 같이 분모, 즉, 사회라는 통합체의 관계로서만 가치를 지닌다. 정치제도는 사람을 부자연스럽지 않게 만들 때 훌륭한 것이 된다."* 이와 같이 현존하는 사회, 즉 제도화된 사회적 삶이 인위적이고 유해하다는 생각이야말로 자연이 성장을 일으키는 주요한 동인일 뿐만 아니라, 그 성장의 계획과 종착점이 된다고 생각하도록 한 계기가 되었다. 사악한 제도와 풍습은 거의 자동적으로 잘못된 교육을 제공하게 되는데, 아무리 조심스레 학교교육을 하더

---

* 루소가 마음속에 그리고 있었던 사회는 현존하는 사회와 근본적으로 다른 종류의 사회임을 유념해야 한다. 즉, 그것은 사회의 목적이 그 구성원들 전부의 이익과 일치하는 우정사회(fraternal society)로 이것은 현존하는 사회보다도 훨씬 좋은 것이지만, 그래도 자연 상태보다는 나쁜 사회라고 루소는 생각했다.

라도, 그 폐단을 상쇄할 수 없다는 사실은 충분히 인정해야 한다. 그러나 여기서 우리가 내려야 할 결론은 환경에서 따로 떨어져 교육해야 한다는 것이 아니라, 타고난 능력들이 더 잘 사용될 수 있는 환경을 마련해야 한다는 점이다.

교육목적으로서의 사회적 효율성

자연은 참다운 교육목적을 제공하고, 사회는 거짓된 교육목적을 제시한다는 생각은 필연적으로 반론을 불러올 수 있다. 자연주의 교육관과 반대되는 교육관은 교육의 임무가 자연이 확보할 수 없는 것을 제공해 주는 데 있다는 주장을 편다. 교육은 개인을 사회 통제를 위해 적응시키는 일이고, 타고난 능력을 사회적 규칙에 종속시키는 일을 담당해야 한다는 것이다. 사회적 효율성에 가치를 두는 교육관이 주로 자연적 발달의 교리가 길을 잃은 지점에 대한 반론에 초점을 두고 있음을 발견하는 것은 놀라운 일이 아니다.[83] 이와 마찬가지로 사회적 효율성을 위한 생각이 자연적 발달이라는 생각에 담겨 있는 참뜻을 간과하면 관념의 오용이 발생할 수 있다. 능력의 발달, 즉 효율성이 무엇을 뜻하는지를 알아내려면, 반드시 연합적 삶의 활동과 그 성취에 관심을 돌려야 한다. 그런데 효율성을 확보할 방안을 활용이 아니라 복종에서 찾고 있다는 데 이 생각의 오류가 있다. 다시 말하면 사회적 효율성은 소극적 억제로 얻어지는 것이 아니라 개인의 타고난 능력을 사회적으로 의미 있는 일에 적극적으로 활용함으로써 획득되는 것이다.

이를 구체적 목표로 바꾸어 표현하면, (1) 사회적 효율성은 산업적 능력의 중요성을 부각시킨다. 사람은 생계 수단 없이는 살 수 없으며, 이 수단을 어떻게 사용하고 어떻게 소비하는지가 사람이 서로 관계를 맺는 방식에 지대한 영향을 미칠 수밖에 없다. 만약 한 사람이 생계를 유지하고 자녀를 부양할 능력이 없으면, 그는 다른 사람의 활동에 방해가 되거나 기생할 수밖에 없다. 스스로 가장 교육적인 삶의 경험 하나를 놓치게 된다는 말이다. 만약 그가 산업에서 나온 생산물을 올바르게 사용하는 방법을 훈련받지 못하면, 부를 소유하게 될 때 스스로를 타락시킬 수 있으며, 다른 사람에게 해를 끼칠 심각한 위험으로 치달을 수 있다. 어떤 교육 계획도 이런 기본적인 고려를 소홀히 할 수 없다. 그럼에도 더욱 고상하고 정신적인 이상이라는 명분 아래 고등교육에 대한 준비는 종종 그러한 기본적인 고려 사항을 소홀히 했을 뿐만 아니라 교육적 관심의 대상이 될 수 없는 것으로 치부해 왔다. 이 점에서 과두사회에서 민주사회로 변화한 결과로서 생활상의 경제적 문제를 해결하는 능력, 그리고 단순한 과시나 사치를 위해서가 아니라 경제적 자원을 유용하게 운용할 수 있는 능력을 갖추도록 하는 교육의 중요성을 강조하는 것은 당연한 일이기도 하다.

그런데 이러한 목적을 주장할 때, 현존하는 경제적 상황과 기준을 궁극적인 것으로 받아들일 심각한 위험이 있다. 민주주의의 기준은 자신의 진로를 선택하고, 이를 성취할 수 있을 정도의 역량을 발전시킬 것을 요구한다. 그렇지 않고 개인을 미리 특정한 산업적 요구에 맞추면서, 그것도 타고난 능력의 훈련에 입각한 것이 아니라, 부모의 부나 사회적 지위에 입각해 선택하게 된다면, 이것은 민주주의 원칙의 위반이라고 할 수 있다. 사실상 오늘날 산업은 새로운 발명의 진전을 통해 빠르고 급격한 변화를 겪고 있다. 새로운 산업이 생겨나고 오래된 산업은 혁명적 변화를 겪고 있다. 이러하기에 너무 특수하게 세분화된 분야의 효율성을 훈련하려는 시도 자체가 그 목적에 부합하지 않을 수 있다. 일을 수행하는 방법이 바뀌면 그것을 따라야 하는 사람들은 더 막연한 훈련을 받을 때보다도 적응 능력이 떨어져 뒤처질 수밖에 없다. 하지만 무엇보다 현 사회의 산업 구조는 지금까지 존재했던 기존 사회와 마찬가지로 불평등으로 가득 차 있다. 그래서 진보주의 교육의 목적은 부당한 특권, 불공평한 궁핍을 영속화하지 않고 그것을 바로잡는 일에 참여하는 것에 중점을 둔다. 사회적 통제가 개인 활동을 계급적 권위에 종속시킨다고 생각한다면, 산업교육은 현상 유지를 그대로 받아들이는 것으로 점유될 위험에 직면할 수 있다. 개인의 장래 직업은 경제적 기회의 격차에 따라 결정될 수밖에 없다. 선택 방법에 대한 자각이 없다면, 플라톤 체계P. 136가 지녔던 결함들을 부지불식간에 부활시킬 수 있다.

(2) 사회적 효율성의 목적은 시민적 효율성 또는 좋은 시민성이라는 요소도 포함하고 있다. 산업적 역량과 시민적 역량을 분리하는 것은 물론 자의적이다. 그러나 시민적 역량이라는 용어는 직업적 능력보다 막연한 여러 단서를 나타내는 데 사용될 수 있다. 이러한 특성은 정치적 의미에서 개인을 시민성에 더욱 친화적인 동료로 만드는 모든 것에서 비롯된다. 즉, 그것은 사람과 정책을 현명하게 판단하는 능력, 법률을 준수하고 제정하는 데 결정적인 역할을 하는 능력 등을 함의한다. 시민적 효율성이라는 목적은 적어도 정신력 일반을 훈련한다는 식의 생각에 빠지지 않도록 하는 장점이 있다. 그리고 이 목적은 능력이 무언인가를 하는 것과 관계가 있어야 하고, 또 우리가 해야 할 일 가운데 가장 필요한 것은 다른 사람과 관계 맺는 일을 포함한다는 사실을 환기시킨다.

여기서 우리는 시민적 효율성이라는 목적을 너무 좁게 이해하지 않도록 경계해야 한다. 과거 어떤 시대에는 이 목적을 너무 한정시켜 해석함으로써 과학적 발견을 제외시킨 적이 있다. 궁극적으로 사회적 진보를 확보할 수 있게 한 원동력이 과학적 발견에 의존했다는 사실에도 불구하고 말이다. 그럼에도 과학적 사고를 하는 사람은 사회적 효율성이 완전히 결여된 단순한 이론적 몽상가로 여겨졌다. 사회적 효율성이란 결국 경험을 주고받는 과정에 참가하는 능력 그 자체라는 점을 명심해야 한다. 사회적 효율성은 자신의 경험을 다른 사람들에게 더 가치 있게 만드는 모든 것, 그 가치 있는 경험에 더욱 풍부하게 참여할 수 있도록 하는 모든 것을 포괄한다. 예술을 창조하고 감상할 수 있는 능력, 오락을 즐기는 능력, 여가를 의미 있게 활용하는 능력 등은 일반적으로 시민성과 관련된 요소보다 더 중요하다.

가장 넓은 의미에서 보면, 사회적 효율성은 경험이 더욱 잘 소통되도록 적극적으로 관여하는 마음의 사회화 그리고 개인을 다른 사람의 이익에 둔감하게 하는 사회적 계층화의 장벽을 허무는 것이다. 사회적 효율성을 외부적 행위로 제공되는 서비스에 한정시키면, 그것을 보장할 수 있는 유일한 방도로 가장 중요한 요소인 지적인 동정심과 선의가 등한시될 수 있다. 사실 바람직한 성질로서 동정심이란 단순한 감정이 아니라 사람들이 공통적으로 가지고 있는 것에 대한 정련된 상상력이고 인간을 불필요하게 갈라놓는 모든 것에 대한 거역을 의미한다. 소위 다른 사람에게 선의를 보인다는 것이 때로는 그들이 스스로 선택한 이익을 추구하고 찾도록 그들을 자유롭게 하기는커녕, 오히려 그들의 이익이 어떠해야 한다고 자기 멋대로 호도하려는 의도를 감춘 무의식적인 가면에 불과할 수 있다. 만약 삶이 각각 다른 사람에게 줄 수 있는 능력의 다양성[84]을 적극적으로 인정하지 않는다면, 또한 각 개인에게 각자의 선택을 지성적인 것이 되도록 격려하는 것이 사회 전체를 위해 유용하다는 확신을 기초로 하지 않는다면, 사회적 유용성은 물론이고 사회봉사조차도 딱딱한 금속처럼 차디찬 것이 되고 만다.

교육목적으로서의 교양

사회적 효율성이라는 목적이 교양 개념과 일치하는지 그렇지 않은지는 앞에서 말한 여러 가지 고려 사항에 비추어 고찰되어야 한다. 교양은 적어도 무엇인가 세련된 것, 원숙한 것을 의미하며, 날 것과 덜된 것의 반대임은 분명하다. '자연스러운 것'이 날 것과 동일시될 때, 교양은 이른바 자연적 발달과 반대된다. 교양은 또한 개인적인 것이다. 그것은 사상, 예술의 감상 그리고 폭넓은 인간적 관심사와 관련된 함양을 뜻한다. 효율성을 활동의 의미나 정신이 아닌 좁은 범위의 행동으로 본다면, 교양은 효율성과 대립한다. 그러나 교양이라고 부르건, 인격의 완전한 발달이라고 부르건, 개인 안에 있는 독특한 것-개인에게 통약 불가능한 게 없다면, 그는 개인이 아닐 것이다-에 주의를 기울인다면, 그것은 언제나 진정한 의미에서 사회적 효율성과 동일한 결과를 가져올 것이다. 이런 뜻에서 교양은 평범한 것, 평균적인 것의 반대다. 독특한 성질이 발달할 때는 반드시 특별한 인성이 생겨나고, 그와 함께 대량의 물질적 재화를 공급하는 것 이상의 사회적 서비스가 부수적으로 따라올 가능성이 생긴다. 의미 있는 자신만의 자질을 지닌 개인으로 구성된 사회가 아니라면, 어떻게 진정으로 봉사할 가치가 있는 사회라고 말할 수 있는가?

사실상 높은 가치의 인성이 사회적 효율성에 반대된다고 생각하는 것은 하류 계급과 상류 계급이 엄격하게 구분된 봉건사회 조직의 산물이다. 이러한 사회조직에서 상류 계급은 자신을 인간으로 발달시킬 여유와 기회가 있는 반면에, 하류 계급은 외적 물자를 공급하는 고된 일만 하는 것으로 국한한다. 외적 생산물과 산출물로 측정되는 사회적 효율성이 민주주의 사회의 이상으로 촉구될 때, 그것은 귀족사회의 특징인 대중에 대한 평가절하가 민주사회에서도 공공연히 받아들여지고 이어짐을 의미한다. 그러나 민주주의에 도덕적이고 이상적인 의미가 있다면, 이는 사회적 보상이 모든 사람에게 요구되는 것이며, 모든 사람에게 각각의 특이한 능력을 발달시킬 기회가 주어져야 한다는 것이다. 교육에서 효율성과 교양이라는 두 목적을 분리하는 것은 민주주의 차원에서는 치명적인 결함이며, 협소한 의미의 사회적 효율성을 교육의 목적으로 채택하는 것은 민주주의의 본질적 정당성을 박탈하는 것이라고 할 수 있다.

사회적 효율성이라는 목적은 다른 교육목적과 마찬가지지만, 경험의 과정 안에 포함되어야 한다. 효율성이 독특한 가치를 지닌 경험을 성취하는 것이 아니라 특정한 외적 생산물을 성취하는 것으로 측정되는 것은 물질적인 관점에 따른 것이다. 상품은 효율적 인격의 산물일 수도 있겠지만 엄격하게 볼 때 그 결과는 교육의 부산물이다. 외적인 목적을 설정한다는 것은 교양 개념을 전적으로 '내적인' 것과 동일시하는 잘못된 교육관에 대한 반작용으로 강화되는 것이라고 할 수 있다. 그리고 '내적인' 인격을 완성한다는 생각은 사회적 분열을 나타내는 확실한 신호이다. '내적' 인격이라고 일컬어지는 것은 단순히 다른 사람과 연결되지 않는, 즉 자유롭고 충만한 소통이 불가능하다는 것을 가리킨다. 소위 정신적 교양이 뭔가 불건전하고 쓸모없다고 생각되는 까닭은 그것이 마음속에 가지고 있는 것, 다른 사람과 관계없이 자기만 가지고 있는 것으로 여겨졌기 때문이다. 한 사람이 어떤 존재인가는 자유로운 교류를 통해 다른 사람과 어떤 연합적 관계를 맺고 있는가에 달려 있다. 이것은 다른 사람에게 물자를 공급한다는 뜻에서의 효율성뿐 아니라 자기만의 배타적인 세련이나 연마로서 교양을 넘어서는 것이다.

농부든 의사든, 교사 혹은 학생이든 다른 사람에게 가치 있는 결과를 이루어 내는 것이 내재적 가치를 지닌 경험 과정의 부산물임을 깨닫지 못한다면, 그 사람은 자기의 소명을 놓친 것이다. 다른 사람을 위해 유용한 일을 하는 데 자신을 희생시킬 것인가, 아니면 오직 자기만의 목적-즉 자신의 영혼을 구원하는 것이든, 정신적인 내적 삶과 인격을 구축하는 것이든-을 추구하기 위해 다른 사람을 희생시킬 것인가, 둘 중 어느쪽을 선택할 것인가? 어느 한쪽을 선택하는 것은 옳지 않다. 실제로는 그 어느 쪽도 언제나 지속해서 추구할 수는 없으므로 타협하며 교대할 수밖에 없다. 즉 코스를 번갈아 가며 때로는 이쪽, 때로는 저쪽을 선택해야 한다. 소위 정신적이고 종교적 가치를 추구한다고 공언하는 이 세상의 많은 사상은 대부분 자기희생과 자기 영혼의 완성이라는 두 이상을 강조하면서도, 삶의 이원론을 깨뜨리려고 하지 않았다. 이는 참으로 큰 비극이 아닐 수 없다. 이 같은 이원론은 너무 깊이 뿌리 박혀 있어 쉽사리 전복되지 않는다. 그렇기 때문에 오늘날 교육은 사회적 효율성과 개인적 교양이 적대적이지 않고 동의어임을 감안한 그런 목적을 힘써 추구해야 한다는 특수한 과제를 안고 있다.

요약

　일반적이거나 포괄적인 목적은 교육의 특수한 문제를 검토하기 위한 관점이다. 따라서 교육의 목적이 뭔가 어떤 광범위한 목적을 말할 때, 그 진술된 방식이 지닌 가치를 깊이 검토하려면, 다른 목적이 제시한 절차나 방법으로 쉽게 또 일관성 있게 변환되는지 검토해야 한다. 이 장에서 세 가지 일반적인 목적, 즉 자연적 발달, 사회적 효율성 그리고 교양 또는 개인의 정신적 풍요에 적용시켜 검토해 보았다. 각각의 목적은 부분적인 접근방식을 통해 진술함으로써 다른 목적과 서로 충돌하는 것으로 파악되었다. '자연적 발달'이라는 목적을 좀 더 제한적으로 이해하면, 이른바 '자발적 발달'이라고 부르는 것 안에 포함된 원초적 힘을 최종적으로 받아들이는 셈이다. 이 관점에서 보면, 다른 사람들에게 유용하도록 그 원초적 힘을 훈련하는 것은 비정상적인 억압이며, 의도적인 양육을 통해 그것에 근본적 수정을 가하는 것은 원초적 힘을 타락시키는 일이다. 그러나 '타고난' 활동이라는 것은 그것을 사용해서 양육될 수 있으며, '자연적' 활동 또한 이 타고난 활동이 사용되어 발달될 수 있다고 판단한다면, 양자 사이의 갈등은 점점 사라질 것이다. 이와 마찬가지로 사회적 효율성이라는 개념이 다른 사람에게 외적 봉사를 하는 것으로 해석되면, 그것은 경험의 의미를 풍부하게 하는 목적과는 필연적으로 대치될 수밖에 없고, 마음의 내적 수련으로 해석된 교양은 사회화된 성향과 대립하게 될 것이다. 하지만 사회적 효율성이 진정한 교육목적이 되게 하려면, 그것은 공유된 공동의 활동에 자유롭게 또는 충만하게 참여하는 능력을 함양하는 것을 가리킬 수 있다. 이를 구현하려면 교양의 도움 없이는 불가능하다. 또 다른 한편으로, 이러한 공동 활동에 참여하면 교양 형성에 도움이 된다. 왜냐하면 다른 사람과의 교류에 참여하면서 학습하지 않는다면, 즉 관점을 넓히지 않고, 또 새로운 것을 인식하지 않으면, 그것을 실현하기가 어렵기 때문이다. 교양을 '의미에 대한 인식 범위 및 정확성을 끊임없이 확장해 나가는 능력'이라고 정의한다면, 아마도 이보다 더 나은 정의는 없을 것이다.

10장

민주적 목적을 위한 흥미와 도야의 재구성

민주적 목적의 형성과 공유

우리는 앞에서 관찰자의 태도, 참여자 또는 행위주체의 태도 차이를 살펴보았다.[85] '관찰자'는 지금 무슨 일이 일어나고 있는지에는 관심이 없다. 어떤 결과가 나오든 단지 구경할 뿐이기에 어떤 결과가 나와도 상관없다는 말이다. 이와 달리 참여자 또는 '행위주체'의 입장은 지금 일어나고 있는 일과 밀접한 관련이 있으며, 그 결과는 그에게 중요한 의미가 있다. 그의 장래 운명은 어느 정도 경기의 승패에 달려 있다. 따라서 그는 일어난 현 사태가 취하는 방향에 영향을 주려고 자기가 할 수 있는 일은 무엇이든지 하려고 한다. '관람자'의 입장은 마치 교도소에 갇힌 사람이 창밖에 쏟아지는 빗줄기를 보는 신세와 같다. 비가 오든 안 오든 아무런 상관이 없다. 이와 달리 계속 내리던 비가 꺾일 다음 날을 위해 나들이를 계획하는 사람은 다르다고 예상할 수 있다. 확실히 지금 어떻게 반응해도 내일 날씨에는 영향을 줄 수 없지만, 적어도 예정된 나들이를 연기할 수는 있다. 장차 일어날 일에 영향을 미치는 어떤 조치를 할 수 있다는 말이다. 어떤 사람이 마차가 달려와서 자신을 칠지도 모른다는 것을 알아차리고 예감했다면, 그 차의 돌진을 멈출 수는 없더라도, 장차 일어날 결과를 예견하고서 적어도 차를 비켜설 수는 있다. 많은 경우에 훨씬 더 직접 사태에 개입할 수 있다. 그리하여 사태의 진전에서 참여하는 사람의 태도는 이중적 모습을 보인다. 한편으로는 장래의 결과에 대해 염려와 불안을 보이는 경향이며, 또 한편으로는 더 나은 결과를 보장하고 더 나쁜 결과를 피하려는 방향으로 행동하는 경향이다.

흥미의 뜻

이러한 태도를 지칭하는 말로 관심과 흥미를 들 수 있다. 이 말은 어떤 사람이 사물에 내재한 가능성과 밀접한 관계가 있다는 것, 그리하여 그 사물이나 사태가 자기에게 어떤 영향을 미치게 될지를 신경 쓴다는 것, 그리고 그의 기대나 예견에 근거하여 사태가 어떤 특정한 방향으로 변화가 일어나도록 행동하고 싶어 한다는 것을 가리킨다. 흥미, 관심, 목적은 필히 서로 연결되어 있다. 목적, 의도, 결과와 같은 말에는 원하는 것과 그것을 얻기 위한 노력이 이루어지는 결과를 강조하는 뜻이 담겨 있다. 이 경우에 그것을 바라는 사람의 간절한 마음, 애타는 걱정과 같은 개인적 태도를 전제한다. 흥미, 관심, 애착, 걱정, 동기 등과 같은 말은 개인의 운명에 예견되는 의미와 가능한 결과를 얻기 위해 행동하는 적극적인 열망을 덧붙여 강조한다. 여기에는 객관적인 변화가 당연히 전제된다. 그런데 객관적 변화와 개인적 태도의 차이는 역점을 두는 것의 차이에 지나지 않을 수 있다. 한쪽의 언어에서 그림자가 되어 있는 의미가 다른 쪽 언어에서는 빛에 닿기 때문이다. 이 경우 예상되는 것은 객관적이고 당사자와 무관한 비개인적인 결과이다. 예컨대 내일 비가 오거나 차에 치일지도 모를 가능성이다. 이와 달리 능동적인 존재는 사태의 결말로부터 초연하지 않으면서 그것에 동참하는 당사자이기에 개인적으로 무엇인가 대응할 수 있는 여지가 있다. 머릿속으로 예견된 차이는 현재의 차이를 낳고, 그것이 근심이나 노력이 되어 나타날 것이다. 애착, 관심, 동기 같은 말은 개인의 선호하는 태도를 가리키지만, 항상 대상을 향한 태도, 즉 가시적 결과에 대한 태도이다. 이 사태에서 객관적 결과를 예견하는 국면을 '지적' 측면이라고 부르고, 개인적인 관심을 가지는 국면을 '정서적', '의지적' 측면이라고 부를 수 있는데, 실제 사태에서는 두 측면이 분리되지 않는다.

이런 두 측면이 분리되려면, 혼자 동떨어져 자기만의 길을 가겠다는 태도를 보일 때는 가능할 수도 있겠다. 그러나 개인적 태도라는 것은 항상 그들이 참여하는 상황에 대한 반응이고, 이들의 태도가 좋은 결과로 잘 나타나는지 아닌지는 그것이 다른 여러 가지 변화와 어떻게 상호작용을 하는지에 따라 달라질 것이다. 생명 활동은 환경 변화와 연동되어 번영하기도 하고 쇠퇴하기도 한다. 이들은 문자 그대로 이러한 변화와 밀접히 연결되어 있다. 욕망, 감정, 애착은 우리가 하는 일들이 주위의 사물이나 사람들의 행동과 연관된 여러 방식을 보여 주는 것에 지나지 않는다. 이러한 태도들은 당사자와 무관한 객관적 영역에서 분리된 순전히 개인적이고 주관적인 영역을 표출하는 것이 아니라, 오히려 그렇게 분리된 세계란 존재하지 않는다는 것을 보여 준다. 개인이 사물에 대해 모종의 태도를 보인다는 것은 곧 사물의 변화가 자아의 활동과 결코 분리되지 않으며, 그 자아의 행적과 복리는 다른 사람 및 사물의 움직임과 밀접한 관계를 맺고 있음을 확실하게 보여 준다. 그리하여 흥미와 관심은 사태의 진전 과정에서 자아와 세계가 서로 관여하고 있음을 드러낸다.

'흥미'라는 말은 일반적 의미로는 (1) 능동적 발달의 전반적 상태, (2) 소망하는 예견된 객관적 결과, (3) 개인의 감정적 성향을 나타낸다. 첫째, 사람이 좋아하는 일, 취미활동, 연구, 사업 등을 종종 '흥미'라고 한다. 우리는 그 사람의 흥미가 정치, 언론, 자선사업, 고고학, 판화 수집, 은행업에 있다고 말한다. 둘째, 우리는 또한 흥미라는 말을 할 때, 어떤 대상과 사람이 접촉하거나 관여하는 지점, 즉 어떤 대상이 그 사람에게 영향을 주는 지점을 나타내기도 한다. 법률로 해결해야 하는 중재 사건이 발생하여 법정에 설 지위를 가지려면 '이해관계'가 있다는 것을 증명해야 한다. 즉 당사자는 앞으로 제시될 조치의 일부가 자기 일과 관련이 있음을 진술해야 한다. 기업체의 말 없는 동업자는 사업의 수행에 직접 참여하지는 않더라도, 기업체의 번영과 쇠퇴가 자신의 이익과 채무에 영향을 주기 때문에 이해관계가 걸리기 마련이다. 셋째, 사람이 이런저런 일에 흥미를 보일 때, 그 사람의 개인적 태도와 바로 맞물린다. 어떤 대상에 흥미가 있다는 것은 그 대상에 몰두하거나 넋을 잃거나 푹 빠져 있다는 것이다. 흥미가 있다는 것은 방심하지 않고, 관심을 갖고, 주의를 기울인다는 말이다. '흥미가 있는 사람'이라고 말할 때, 우리는 그 사람이 특정한 일에 자기 자신을 잃어버렸다는 사실과 그 일에서 자기 자신을 찾았다는 사실을 동시에 가리킨다. 이 두 가지 표현은 모두 대상 속에 자아가 몰입되어 있는 상태를 보여 준다.

교육에서 흥미의 위치를 낮게 평가하는 경우는, 위에서 말한 세 가지 의미 가운데 두 번째를 처음에는 과장하여 주장하다가 그것만 따로 떼 내어 강조한 것에 해당한다. 이 두 번째 경우의 '흥미', 주로 '이해관계'는 단순히 대상이 개인적 이익이나 손해, 성공이나 실패에 어떤 영향을 끼치는가의 관점에서 파악된다. 사태의 객관적인 진전과 분리되어 순전히 개인적 쾌락이나 고통의 상태로 격하된다. 따라서 교육적으로 흥미에 중요성을 부여한다는 것은 아이들에게 관심이 없는 다른 학습 자료에 어떤 매력적 요소를 가미한 것, 즉 쾌락이라는 미끼를 끼워 놓아 주의나 노력을 끄는 것을 말한다. 이러한 수법은 소위 '어르는 교육학' 또는 '허기 채우는' 교육이론이라는 비난을 받는다.

이러한 방법에 대해서는 다음과 같은 반론이 제기된다. 학생이 습득해야 할 기능의 종류나 몸에 익힐 학습 자료가 그 자체로서는 조금도 흥밋거리가 되지 못한다는 사실 또는 가정이 타당한가 하는 점이다. 다시 말해 학습 내용이 학생의 정상적 활동과 무관하다고 보는 데 문제가 있는 것이다. 이에 대한 대책이란 흥미의 교육 원리가 결점이 있다는 것을 들추어내는 것도 아니고, 학생과는 관련 없는 학습 자료의 덫에 달 달콤한 미끼를 찾는 것도 아니다. 사실 대책이란 학생의 현재 능력과 관련된 대상과 행동 방식을 발견하는 것이어야 한다. 학습 자료가 학생의 활동을 불러일으키고, 그것을 일관성 있게 또 지속해서 수행하도록 하는 기능이 있다면, 그 기능이 바로 '흥미'일 것이다. 이때 만약 학습 자료가 그런 작용을 할 수만 있다면 그것을 흥미롭게 할 방안을 굳이 찾을 필요도 없을 것이며, 자의적이고 반강제적인 노력에 호소할 필요도 없을 것이다.

'흥미'라는 말은 어원적으로 '사이에 있는 것',[86] 즉 멀리 떨어져 있는 두 사물을 연결하는 것을 뜻한다. 교육의 경우에 두 사물 사이의 메워야 할 간격은 시간적인 것으로 생각할 수 있다. 어떤 과정이 성숙하는 데 시간이 걸린다는 사실은 매우 명백하다. 우리는 흔히 성장 과정에 시작하는 단계가 있고, 완성 단계가 있으며, 그사이에 밟아야 할 과정, 즉 중간 과정이 있다는 사실을 간과하기 쉽다. 학습의 경우에 학생의 현재 능력은 시작하는 단계이며, 가르치는 사람의 목적은 먼 곳에 있는 끝점을 나타낸다. 이 두 단계의 사이에 끼여 있는 매개, 즉 중간 조건으로서 수행해야 할 행위, 극복해야 할 난관, 사용해야 할 장비가 여기에 해당한다. 문자 그대로 시간적 의미에서 이러한 것들을 통해서만 맨 처음의 활동은 만족스러운 완성 단계에 도달하게 된다.

이러한 중간 조건에 흥미를 갖는 이유는 바로 현재 진행 중인 활동이 장차 예견되는 소망의 결과에 도달하는지가 그것에 달려 있기 때문이다. 흥미가 현재의 경향성을 성취하기 위한 수단이 된다는 것, 활동하는 행위자와 그의 목적 '사이'에 있다는 것, 그리고 '흥미'를 갖는다는 것은 모두 동일한 의미다. 학습 자료를 흥미롭게 만들어야 한다고 말하는 것은 그 자료가 현재 보여 준 대로 학생의 현재 능력과 도달해야 할 목적 사이에 연관이 결여되어 있다는 뜻이다. 그렇지 않다면 연관이 있더라도 학생이 그것을 알아차리지 못하고 있다는 말이다. 학생에게 이미 존재하는 연계성을 깨닫도록 하여 흥미를 갖게 유도하는 것은 전적으로 옳다. 그런데 외적이고 인위적인 유인을 통해 흥미가 생기도록 하는 것은 이때까지 흥미의 교육 원리를 향했던 온갖 나쁜 평판을 다 받을 수도 있음을 유의해야 한다.

도야의 뜻

흥미라는 말의 의미에 대해서는 이 정도로 하고 이를 도야와 관련지어 고찰해 보자. 많은 시간이 걸리는 활동은 활동의 시작부터 완료에 이르는 동안에 많은 수단이 사용되는데, 장애가 가로놓였을 경우 숙고와 인내가 요구된다. 이와 관련하여 사용되는 '의지'라는 말의 일상적 의미는 유혹과 역경에 처해 있음에도 계획된 행동 방침을 끝까지 참고 견디면서 밀고 나가는 숙의적이고 의식적인 성향을 뜻한다. 의지가 강한 사람이란 자신이 정한 목적을 달성하는 데 마음을 약하게 먹거나 우유부단하지 않은 사람이다. 그 능력은 집행력이다. 다시 말하면 그는 목적을 실행 또는 수행하면서 꾸준히 열심히 노력한다. 반면 의지가 약한 사람은 흐르는 물처럼 불안정할 것이다.

분명히 의지에는 두 가지 요소가 있다. 하나는 가시적 목적과 관련이 있고, 다른 하나는 가시적 목적이 사람의 마음을 어느 정도 강하게 사로잡는지와 관계가 있다. (1) 고집은 끈질긴 집념이지만 의지의 힘은 아니라고 할 수 있다. 고집은 아마도 단순한 동물적 관성이나 민감성 결여를 보여 준다. 사람도 분명하게 생각한 목적의식이 있어서가 아니라, 이왕 시작했기 때문에 일을 무작정 밀고 나가는 경우가 있다. 일반적으로 말하면, 완고한 사람은 자신이 거부한다는 사실을 인지하지 못할 수도 있고, 자신이 제안한 목적이 무엇인지를 밝히기를 거부하는 모습도 보인다. 만약 자기가 그것을 분명히 그리고 완전히 인식하려고 한다면, 혹시 그 목적이 가치 없는 것으로 드러날지도 모른다고 미리 감지했기 때문일 것이다. 그의 고집이 더 분명히 드러날 가능성은 목적을 달성하기 위한 수단을 사용하는 끈기와 에너지에서 찾기보다는 그 목적이 밝혀졌을 때, 아마도 그것을 비판적으로 검토하는 것을 꺼리는 속마음이 있을 것이다. 집행력을 제대로 갖춘 사람이라면 그는 목적에 대해 다각적으로 숙고하고, 자신의 행동이 가져올 결과에 대해 가능한 한 분명하고 충분한 생각을 하는 사람이다. 의지가 약하거나 제멋대로라는 소리를 듣는 사람은 자기 행동의 결과에 대해 늘 스스로를 속이는 사람일 것이다. 그런 사람은 자기 마음에 맞는 일부의 특징만 골라잡고, 그것에 부수되는 다른 모든 상황적 조건은 무시하는 경향이 있다. 그러다가 행동을 시작하고 나면, 지금까지 마음에 들지 않았던 결과들이 드러나기 시작한다. 그러면 그 사람은 낙담하거나 목적은 좋았는데 운이 나빠서 일이 어긋났다고 불평하며, 다른 방향으로 행동을 전환한다. 이렇게 의지가 강한 사람과 의지가 약한 사람의 차이는 지성-즉, 얼마만큼 끈질기게 그리고 충분히 결과를 끝까지 생각하느냐-의 차이에 있다는 점은 아무리 강조해도 지나치지 않다. (2) 물론 결과를 머릿속으로만 그려 보는 일도 있을 수 있다. 이 경우에도 결말이 예견되지만, 그것이 사람의 마음을 강하게 사로잡지는 못한다. 그 결말은 구경거리이고 호기심으로 장난할 대상이지, 성취할 대상은 되지 못한다. '지나치게 지적인 사람'이라는 말은 없지만, '어느 한쪽으로만 지적인 사람'은 분명히 있다. 말하자면 자기가 하고자 하는 행동의 결과를 고려할 때 '되는 대로', '적당히' 해 버리는 경우이다. 또 어디에선가 기질적으로 나약하여 머릿속에 그리는 목적이 마음을 잡지 못해 결국 전혀 행동하지 못할 수 있다. 대부분의 사람이 예기치 않은 특이한 방해 때문에 또는 예정된 행동 방침에서 직접 더 마음에 드는 행동을 위한 유혹을 받아 방향을 전환하는 것은 자연스러운 일이다.

지금까지 말한 바에 의하면, 자신의 행동에 대해 생각하고 행동을 신중하게 하는 사람은 일단 도야된 사람이라고 말할 수 있다. 불화, 혼란, 난관에 부딪혀도 견뎌 내는 능력으로 도야의 힘을 거기에 다시 덧붙인다면, 지적으로 선택한 행동을 추진하는 사이에 도야의 정수를 획득할 수 있다. 도야는 능력을 구사할 수 있는 것, 즉 작정한 행동을 수행하는 데 동원될 수 있는 자원을 자유자재로 통제하는 것을 의미한다. 군대의 일이나 마음을 쓰는 일에서나, 할 일이 무엇인가를 알고 그 일에 즉시 필요한 수단을 써서 행동을 개시할 수 있는 것, 즉 이것이 '도야'되었다는 말의 뜻이다. 도야는 이 점에서 적극적인 태도를 보인다. 기를 꺾는 것, 성향을 억제하는 것, 복종을 강요하는 것, 욕망을 억압하는 것, 아랫사람에게 싫은 일을 시키는 일 등 이런 부정의 성향들은 그가 무엇을 하고 있는지를 인식하고, 그 일을 수행하기 위해 끈질기게 노력하는 방향으로 발달하느냐 그렇지 않으냐에 따라 도야의 정신에 부합하기도 하고, 그 정신에 어굿나기도 한다.

흥미와 도야의 재구성

흥미와 도야라는 가치는 결국 반대되는 것이 아니라 서로 관련되어 있다는 사실을 확인하게 된다. 그래서 지금까지의 논의를 통해 이제 다음과 결론을 맺을 수 있을 것이다. (1) 훈련된 힘, 즉 도야가 가진 순전히 지적인 측면-즉, 자기가 하고 있는 일이 어떤 결과로 나타나는지를 아는 것-조차도 흥미가 없이는 불가능하다. 흥미가 없는 곳에서는 숙고라는 것도 형식적이고 피상적인 것을 면치 못한다. 부모와 교사들은 흔히 아이들이 '들으려고 하지도, 이해하려고 하지도 않는다'고 불평을 쏟아낸다. 그러나 아이들이 그렇게 행동하는 것은 어쩌면 당연하다. 아이들의 마음이 교과에 가 있지 않아서 교과가 아이들에게 와닿지 않기 때문이다. 즉 교과가 아이들의 관심에 정확히 들어가 있지 않다는 말이다. 바로 이것이 시정되어야 할 중대한 사태이다. 따라서 그 개선책을 마련할 때는 무관심과 혐오감을 조장하는 방법을 사용해서는 안 된다. 극단적인 경우, 아이들이 주의를 기울이지 않는다며 벌을 주는 것도 어쩌면 그 공부가 완전히 무관심의 대상은 아님을 깨닫게 하는 하나의 방책이 될 수 있다. 즉 그것도 '흥미'를 일으키고, 자신과 관련된다는 것을 느끼도록 하는 한 가지 방법이 될 수 있다는 말이다. 장기적으로 볼 때, 이 방법이 가치가 있는지 없는지에 대한 판단은 그것이 단순히 신체적 자극을 통해 어른이 바라는 방식으로 행동을 하느냐, 아니면 아이들에게 '생각하도록', 즉 자기 행동에 대해 숙고하도록, 또 행동을 목적에 전적으로 일치시키도록 하느냐에 달려 있다. (2) 흥미가 줄기찬 실행력을 추진하는 데 필수적인 조건이 된다는 점도 더욱 분명해졌다. 고용주가 직원 모집 광고를 낼 때, 그 일에 흥미가 없는 사람을 모집하려 하지는 않을 것이다. 변호사나 의사에게 어떤 일을 의뢰할 경우, 그 일이 그들에게 전혀 맞지 않아 순전히 의무감으로 종사한다면 일을 끝까지 양심적으로 살필 것이라고 생각할 사람도 결코 없다. 흥미라는 것은 가시적 목적을 실현하기 위해 행동하고 싶게 만든다는 점에서 그것이 얼마만큼 깊이 사람의 마음을 사로잡는가를 나타내는, 아니 오히려 그 마음을 파악하는 방식의 깊이 그 자체이다.

교육에서 흥미의 중요성

흥미는 목적을 가진 모든 경험에서 대상/사물이 우리의 마음을 움직이는 힘-그것이 실제로 지각된 것이든, 상상 속에서 나타난 것이든-이다. 구체적으로 말하면, 교육적 발달에서 흥미가 역동적 역할을 인식하는 것은 개개 어린이의 특수한 역량, 필요, 선호를 고려할 수 있게 한다는 점에서 가치를 갖는다. 흥미의 중요성을 인식하는 사람은 어린이가 모두 동일한 교사 밑에서 동일한 교과서로 공부한다고 해서 모든 어린이의 마음이 동일한 방식으로 작용한다고 생각하지 않는다. 교재에 접근하고 반응하는 태도와 방법은 학습 내용이 가지고 있는 특수한 심리적 호소력에 따라 다르지만, 이 호소력은 학생의 타고난 적성, 과거 경험, 삶의 계획 등의 차이에 따라서도 다르게 나타난다. 또한 흥미는 이러한 교육 방법상의 고려뿐만 아니라 교육철학에서도 중요한 고려 사항이 된다.

흥미의 개념을 올바르게 이해함으로써 우리는 과거에 철학사상에서 크게 성행했던, 현재에도 수업과 도야 행위에 심각한 방해가 되는 어떤 마음 및 교과 개념에 주의를 기울여야 한다. 이 개념들은 마음을 너무나도 자주 앎의 대상인 사물이나 사실의 세계 위에 설정하고, 그 자체로 독립해서 존재하는 상태, 혹은 대상과 분리되어 작동하는 그 무엇으로 간주한다. 이에 따라 지식이란 순수한 정신적 존재를 앎의 대상인 외적 사물에 기계적으로 적용되거나, 외부의 교과가 마음에 새긴 인상의 결과, 혹은 양자의 결합으로 간주된다. 그래서 교과는 그 자체로 완성된 것으로 여겨진다. 즉 마음을 자발적으로 적용하거나, 아니면 마음이 수동적으로 새겨진 인상을 통해, 또는 그 어느 것인가로 학습되고 인식되어야 할 내용으로 간주된다. 흥미에 대해 우리가 알고 있는 사실은 이러한 개념이 가공의 신화임을 보여 준다. 마음은 경험 속에서 장차 일어날 가능성이 있는 결과에 대한 예상을 기반으로 더욱이 일어나기를 바라는 종류의 결과를 통제할 생각으로 현재 자극에 대해 반응한다. 앎의 대상인 사물로서 교과는 예상되는 사태의 진전에 도움이 되는 방식이든 방해가 되는 방식이든, 그 사태의 진전과 관련이 있는 것으로 인식되는 모든 것으로 이루어진다. 물론 이러한 설명은 지나치게 형식적이어서 구체적인 의미를 파악하기 어려울 수 있다.

이 설명은 다음의 예시를 통해 그 의미가 더 분명하게 밝혀질 수 있다. 당신이 타자기로 글을 쓰는 직업에 종사하고 있다고 하자. 당신이 타자 숙련자라면, 이미 형성된 습관으로 인해 신체적 움직임이 생각을 자유롭게 하여 글쓰기 주제에 전념할 수 있다. 하지만 숙련자가 아니라면, 숙련자라고 하더라도 기계가 잘 작동하지 않는다면 지성을 발휘해야 한다. 자판기를 아무렇게나 두드려서 무엇이 찍혀 나오든 상관없다고 해서는 안 되며, 단어가 순서대로 찍혀 이해하기 쉽게 해야 한다. 글자판, 찍혀 나온 글, 손의 동작, 리본이나 기계의 작동 원리에 주의해야 한다. 당신의 주의력은 상황의 모든 세부 사항에 아무렇게나 되는대로 분산되지 않고 그일을 효과적으로 수행하는 데 관련된 것에 집중한다. 당신은 앞을 내다보며, 의도한 결과를 성취하는 필수요소인 현재 벌어지고 있는 사실을 주시한다. 주어진 자원이 무엇이고, 어떤 조건을 마음대로 통제할 수 있으며, 어떤 난점과 장애가 있는지를 찾아내야 한다. 이처럼 결과를 예견하고, 그 예견된 바에 비추어 현실 조건을 검토하는 일을 하는 것이 바로 '마음'이다. 그와 같은 결과의 예측, 방편과 장애물에 대한 검토 없이 일어나는 행동은 습관적인 행동이 아니라 맹목적 행동이다. 이 가운데 어느 경우이든 그것은 지성적 행동이 아니다. 의도하는 결과가 무엇인지에 대해 모호하고 불확실한 것, 그리고 그것을 실현할 조건을 살피는 일에 부주의함은 그만큼 바보 같은 행동이며, 그저 어정쩡한 지적 행동이라고 할 수 있다.

흥미와 지성의 밀접성

마음이 도구의 물리적 조작에 관계되는 것이 아니라, 글을 쓰고자 하는 내용에 관련된다고 하는 경우로 돌아가도 사정은 마찬가지다. 이 경우에도 무슨 활동인가가 진행 중이다. 즉 글의 주제가 어떻게 전개되는가에 마음을 쓴다. 녹음기를 틀 듯 녹음된 내용을 그대로 듣고 글을 쓰는 것이 아닌 이상, 여기에도 '지성'이 작용한다. 말하자면 현재의 자료와 고려 사항이 이끌어 낸 여러 가지 결론을 예측할 때 세심히 살핀다든지, 더불어 장차 내리고자 하는 결론과 관련된 주제를 파악하기 위해 지속해서 새롭게 관찰하고 돌이켜 보는 것이다. 이때 그 사람이 가지고 있는 전반적인 태도는 장차 일어나게 될 일과, 목적을 향한 움직임과 관련하여 지금까지 일어난 일에 관한 관심으로 나타난다. 장차 일어날 수 있는 결말의 예측에 따른 방향 설정을 고려하지 않고 현재만 생각하는 행동에는 '지성'이 없다. 장차 일어날 일에 대한 상상적 예측만 하고, 그것의 달성 여부와 연관된 현재의 조건에 전혀 주의를 기울이지 않는다면, 이것은 자기기만이나 게으른 몽상에 지나지 않는, 한마디로 헛된 지성일 것이다.

이 사례를 전형적이라고 볼 수 있다면, '마음'이라는 것은 그 자체로 완전한 실체를 가진 어떤 것을 가리키는 이름이 아니라, 지성에 따라 방향이 정해진 행동의 경로를 가리키는 이름으로 봐야 한다. 다시 말하면 그 행동에 목적이나 목표가 있고, 그 목적의 달성을 도와주는 수단이 선택될 때 마음이 작용하는 것이다. 지성은 개인이 가지고 있는 특별한 소유물이 아니라, 어떤 사람이 참여하는 활동이 위에서 말한 특징을 가지고 있을 때, 그 사람을 일컬어 '지성이 있다'고 말한다. 또한 어떤 사람이 지적이든 아니든 간에 참여하는 활동은 그 사람만의 독점적 속성이 아니며, 그 사람이 '관여하고 참여하는' 그 무엇이다. 그 밖의 다른 것들, 말하자면 이와 상관없이 일어나는 사물이나 사람의 변화가 그 활동에 협력하기도 하고 방해하기도 한다. 개인의 행동은 사태의 진전에 발단이 되지만, 그 행동의 귀결은 다른 기관들로부터 나온 에너지와 그 자신이 반응한 것 사이의 상호작용 여하에 달려 있다. 마음을 결과를 얻는 데 관여하는 여러 요소 중 하나가 아니라고 규정하면, 그 마음은 무의미한 것이 된다.

흥미와 수업의 연계

이렇게 생각하면, 수업의 문제는 학생에게 중요하고 흥미가 있는 목적이나 목표를 달성하기 위한 구체적인 활동에 참여할 수 있도록 알맞은 자료를 고안해 내는 일이며, 그 활동에 관련되는 것들을 체조 기구가 아니라 목적의 달성을 위한 조건으로 다루는 것이다. 앞서 말한 형식도야 이론의 폐해를 시정하는 방법은 그것을 특수도야 이론[87]으로 교체하는 게 아니라 마음과 그것의 훈련에 관한 우리의 생각을 혁신하는 것이다. 개인이 관여하는 활동은 그것이 놀이든 유용한 작업이든, 그 결과가 개인에게 중요한 것으로 인식되는 것들이며, 관찰하고 돌이켜 보는 내용을 선택하는 데 사유와 판단을 쓰지 않고는 제대로 수행될 수 없는 전형적인 활동 양식을 알아내는 것이 구제책이다. 요컨대, 마음을 훈련하는 문제에서 오랫동안 우리의 사유를 지배해 온 오류는 개인이 관심을 두는 앞으로의 결말에 사물의 작용이 중요한 관련이 있다는 점 그리고 관찰, 상상, 기억 등은 그 결과를 얻는 과정에 동원된다는 점을 제대로 고려하지 못했다는 것이 문제의 근원이다. 즉, 마음을 그 자체로 완전한 실체를 가진 것으로 파악하고, 마음이 현재의 자료에 직접 적용할 준비가 된 것처럼 간주하는 것은 잘못된 생각이다.

이 오류는 역사적 실제에서 두 가지 방식으로 나타났다. 한편으로, 그것은 전통적 교과와 교수법을 옹호하는 역할을 하면서 이에 대한 지적 비판을 가하거나 필요한 수정을 가하는 것을 차단해 왔다. 그들이 '도야적'이라고 말하는 것은 한마디로 그것에 대한 탐구와 비판을 모두 차단하는 보호막이었다. 전통적 교과나 방법이 삶에 아무 소용이 없다든지, 자아의 함양에 실제 기여하는 것이 별로 없음을 보여 주는 것만으로는 충분하지 않다. 그것이 '도야 효과를 가지고 있다'는 말 한마디가 모든 질문을 억누르고, 모든 의심을 가라앉히며, 문제를 합리적인 논의의 영역에서 제외시켜 버렸다. 전통적 교과가 도야 효과를 가진다는 주장은 원래 검증할 수 없는 것이다. 도야가 사실상 일어나지 않았을 때도, 학생이 배운 것을 잘 적용할 수 없거나 지적 자기 방향을 상실했을 때도, 교과나 교수 방법에 결함이 있는 게 아니라 학생 자신에게 결함이 있다고 주장할 것이다. 학생이 그렇게 된 것은 오직 도야가 부족했기 때문이며, 따라서 이것은 더욱 전통적인 교육 방법을 계속 지켜야 할 이유가 된다. 이렇게 되면 잘못된 교육의 책임이 교육하는 사람에게서 교육받는 사람으로 전가된다. 이렇게 된 것은 학습 내용이 처음부터 특정 시험을 통과하기 위한 게 아니었기 때문에, 학습 내용이 특정 필요를 충족시킨다든가, 특별한 목적을 달성하는 데 도움이 된다든가 하는 것을 애당초 보여 줄 필요가 없었다. 학습 내용은 일반적 도야를 하도록 설계되었기에 이를 통과하지 못하면, 그것은 학생이 도야하는 것을 꺼려 했기 때문이라고 볼 것이다.

도야와 의지의 관계

다른 한편으로 도야를 구성적인 성취 능력의 성장과 동일한 의미가 아니라 부정적인 개념으로 파악하려고 했다. 이미 살펴본 바와 같이 '의지'는 미래에 대한 태도이고 또한 가능한 결과를 야기하는 태도이며, 여러 가지 행동 방식에 따른 결과들을 명확하고 광범위하게 예측하려는 노력으로 예상되는 결과에 대한 능동적 욕구를 나타낸다. 의지와 노력을 순전히 긴장과 동일한 것으로 생각하는 것은 오직 주어져 있는 자료를 다루는 데에만 힘을 발휘하는 마음을 설정할 때 나타나는 결과다. 사람은 당면한 과제에 전념하거나 그렇지 않거나 둘 중 하나이다. 그 과제가 자신과 무관한 것일수록, 또 그 개인의 습관과 선호에 비추어 관계가 적을수록 그것에 마음을 쏟는 데 노력을 들일 필요가 더 커지고, 따라서 그만큼 의지가 더 도야될 것이다. 그 개인에게 관심 있는 일을 하기 위해 자료에 마음을 쏟는 것은 이 관점에서 보면 도야에 별 효과가 없다. 설사 그 결과로 바람직한 구성적 힘이 커지더라도, 그것은 도야라고 볼 수 없다. 오직 마음을 쓰는 것 자체를 위해 마음을 쓰는 것, 그리고 훈련의 목적을 위하여 마음을 쓰는 것만이 도야이다. 이는 제시된 교과가 아이들의 관심에서 멀어질 때, 나타날 가능성이 한층 증대된다. 왜냐하면 오직 의무감이나 도야의 가치 이외에 다른 동기가 없기 때문이다. 그 논리적 귀결은 미국의 어떤 풍자가가 표현한 대로 "아이가 좋아하지 않는 한, 무엇을 가르치든지 마찬가지다"라는 말이 문자 그대로 의미를 지니게 되는 셈이다.

목표를 달성하기 위한 활동에서 마음을 분리하는 것과 마찬가지로 학습해야 할 교과를 서로 분리하는 일이 이루어진다. 전통적인 교육체계에서 교과라는 것은 대체로 공부해야 할 많은 내용을 의미하는 것으로 생각되었다. 여러 교과는 각각 독립된 분야를 대표하며, 자체적으로 완전한 배열 원리가 있다. 역사는 그러한 사실들의 집합이다. 대수, 지리 등 이런 교과들이 모여 전체 교육과정을 구성한다. 그런데 여러 가지로 나뉜 학문의 분과들이 그 자체로 이미 만들어진 실체를 보존하고 있는 만큼, 그것과 마음의 관계는 마음이 습득할 내용을 교과가 제공해 준다는 것에 그칠 수 있다. 이 생각은 학교교육 프로그램에 그대로 반영되어 있다. 여기서는 날마다, 달마다, 또 해마다 모두 서로 아무런 관련 없이 구분된 '연구들'이 적어도 교육적 목적에서는 각각 그 자체로서 완결된 상태에서 진행된다.

앞으로 이 책의 한 장에서 수업에서 교과의 의미를 따로 고찰할 것이지만, 여기에서 말하고자 하는 것은 전통적 교육이론에서 말하는 것과는 구분되는 점, 즉 사물은 우리의 능동적 흥미 노선을 따라서 한몫을 담당하고 있으며, 지성적 교과는 바로 이런 의미에서 사물을 대표한다는 점이다. 타자기를 '공부'한다는 생각은 글을 쓴다는 결과를 낳기 위해 타자기를 사용하는 것의 일부로 이루어지며, 어떤 사실이나 진리를 공부하는 것도 이와 마찬가지다. 사실이나 진리가 공부-즉, 탐구와 성찰-의 대상이 되는 것은 우리가 관여하고 있는 사건 및 그 결과가 우리에게 영향을 미치는 사건의 진행을 종결짓는 데에 그 사실이나 진리가 고려해야 할 요인으로 등장하는 경우이다. 숫자가 공부의 대상이 되는 이유는 그것이 단지 수학이라고 일컬어지는 학문의 한 분과를 구성하기 때문이 아니라 우리의 행동이 이루어지는 세계의 성질과 관계를 나타내기 때문이며, 우리의 목적 달성을 결정하는 하나의 요인이기 때문이다. 이렇게 대략 말하면 위에서 말한 공식이 추상적으로 보일 수 있는데, 이것을 세밀한 용어로 고쳐 말하면, 학습이나 공부가 단순히 공부해야 할 과목으로 제시된다면, 인위적이고 비효율적인 것이 된다. 이와 마찬가지로 공부가 효과적인 것이 되려면, 학생이 다루는 수학적 지식이 자기에게 관심 있는 활동의 결실을 획득하는 데 중요한 역할을 한다는 것을 알아야 한다. 한편으로 사물이나 주제, 또 다른 한편으로 목적을 가진 활동의 성공적 수행 사이의 이러한 관련이야말로 교육에서의 흥미가 말하고자 하는 진정한 이론의 진수라고 할 수 있다.

흥미의 사회적 측면과 계급 분리

이상에서 고찰한 이론적 오류가 학교교육의 실제에 투영되어 있지만, 그 오류는 사회적 삶의 조건에서 생긴 결과물이라 할 수 있다. 교육하는 사람들의 이론적 신념에 한정된 변화는 사회적 조건을 개선하려는 노력을 한층 효과적으로 한다고 해도, 그 난관을 제거하지는 못할 것이다. 세계에 대한 인간의 기본적인 태도는 그들이 참여하는 활동의 범위와 특성으로 좌우된다. 흥미의 이상적 전형은 예술적 태도에서 찾을 수 있다. 예술은 순전히 내적인 것도 아니고 외적인 것도 아니며, 또한 순전히 정신에 관한 것도 아니고 단순히 물질에 대한 것도 아니다. 모든 행동 방식이 그렇듯, 예술적 활동은 세상을 변화시킬 수 있다. 어떤 행위—대비해서 말하자면, 기계적 행위라고 부를 수 있는 것—에 의해 일어난 변화는 외적인 것으로 물건을 여기서 저기로 옮겨 놓는 것에 불과할 수 있다. 이러한 변화에는 어떠한 이상적인 보람도, 지성과 감성의 풍부함도 따라오지 않는다. 또 어떤 행위는 생명을 유지하거나 삶의 외형적인 측면만을 장식하고 과시하는 데 기여할 뿐이다. 산업 및 정치 측면에서 현재 우리가 하는 대부분의 사회활동은 이런 두 부류에 속한다. 거기에 종사하는 사람들이나 그것에 직접 영향을 받는 사람들이나 할 것 없이, 자신이 하는 일에 충만하고 자유로운 흥미를 가질 수 있는 사람은 별로 없다. 일을 하는 사람이 그 일에 어떤 목적의식을 갖고 있지 않기 때문에, 또는 그 일이 겨냥하는 목적이 한정된 성격이기 때문에 거기에는 지성이 충분히 동원되지 않는다. 바로 이런 상황에서 대부분의 사람은 자신의 내면세계로 움츠러들고 만다. 그들은 마음속의 감정과 환상의 유희 속에서 피난처를 찾는다. 그들은 '심미적'이긴 하나 '예술적'이지는 않다.[88] 왜냐하면 그들의 감정이나 관념이 외적 조건을 변화시키는 행위의 방법이 아니라 오직 자신에게로 기울어져 있기 때문이다. 그들의 정신적 생활은 감상적이고, 내면의 풍경을 즐기는 감상적인 차원에 머물 뿐이다. 과학적 탐구조차도 앞으로 세계를 더욱 효율적으로 다루는 수단으로, 회복과 정화를 위한 일시적 후퇴가 아니라 삶의 궁핍한 상황에서 도피하는 은신처가 될 수 있다. 예술도 인간의 마음에 더 유의할 수 있도록 사물을 특별하게 변혁하는 방향으로 이해되지 못하고 기괴한 환상을 자극하고 정서적 탐닉에 빠지도록 하는 방향으로 이어지는 것이 허다하다. 실천적 인간과 이론적 인간 또는 교양적 인간이 갈라져서 상대방을 헐뜯는 경향이라든지, 순수예술과 응용예술로 분리되는 사태는 바로 그러한 현상을 잘 드러내는 증표이다. 그리하여 흥미나 마음이 협소해지거나 비뚤어진다. 효율성과 교양이라는 개념이 서로 유착되어 일면적 의미를 갖는 것에 대해서는 이전 장에서 논의한 내용을 참조할 수 있다.

노동계급과 유한계급의 구분을 기초로 사회가 조직되는 상태라면 이러한 사태는 반드시 존재할 수밖에 없다. 노동하는 사람들은 끊임없이 사물과 씨름하다 지성이 말라 버리기 쉽고, 여유로운 사람들의 지성은 일의 도야에서 해방되어 사치와 나약함의 늪에 빠질 수 있다. 그뿐만 아니라 대다수 인간은 여전히 경제적인 면에서 자유를 누리지 못하고 있다. 그들의 노력은 우연과 그때그때의 필요에 지배되고 있어서 자신의 힘을 환경의 필요나 자원과 상호작용하는 데 제대로 발현하지 못한다. 오늘의 경제 상황은 여전히 많은 사람을 노예의 지위로 몰아넣고 있다. 따라서 사태를 통제하는 사람들의 지성은 자유로운[89] 상태가 되지 못한다는 결말이 자연스럽게 나온다. 그들의 지성은 인간 삶의 목적을 위해 세상을 정복하는 데 자유롭게 활용되지 못하고 배타적이고 비인간적인 목적을 위해 타인을 조종하는 데 이용된다.

작업과 환경을 통한 흥미

이상과 같은 사태에 이르게 된 것은 역사적으로 교육 전통에서 일어나는 많은 부분을 잘 설명해 준다. 학교제도의 여러 단계에서 표방되는 교육목적 간의 충돌-대부분의 초등교육은 좁고 실용적인 성격을 띠는 반면, 대부분의 고등교육은 좁고 도야적이거나 교양적 성격을 띤다는 것-은 바로 위에서 논의된 사실로 설명된다. 또한 지적 문제에서의 교육이 고립되어 지식이 현학적이고 학문적이고 전문가의 전유물인 것으로 생각되는 경향, 그리고 자유교양교육이 생존을 위한 직업에 필요한 교육과는 정반대되는, 널리 알려진 확신도 위의 언급된 사실로 충분히 설명될 것이다. 더욱이 이 같은 사실은 오늘날 교육의 특별한 문제를 분명히 밝히는 데도 적절히 적용된다. 물론 학교가 이전의 사회적 조건이 설정한 이상을 즉각 벗어날 수는 없다. 그러나 학교는 거기서 형성된 지적·정서적 성향을 통해 그 조건을 좋은 방향으로 바꾸는 데 도움을 줄 수 있다. 바로 여기에서 흥미나 도야의 진정한 개념을 올바르게 규정하는 것이 매우 중요한 의미를 지닌다. 목적을 가진 활동, 즉 능동적 작업[90]-그것이 일이건 놀이이건-에서 사물과 사실을 다루면서 흥미가 확대되어 지성이 훈련된 사람이라면, 한편으로 초연한 학문적 지식으로 치닫는 경향, 다른 한편으로 경직되고 순전히 '실용적인' 실제로만 치닫는 경향의 양자택일에서 벗어날 수 있어야 한다. 타고난 능동적 경향성이 일에서 충분히 발휘하도록 하면서 그 일을 할 때 관찰하고, 정보를 획득하고, 구성적 상상력을 활용하는 교육체제를 조직하는 것이 사회적 조건을 개선하는 데 가장 필요하다. 한편으로는 지성을 사용하지 않고 반복적 연습을 통해 겉으로 드러나는 일에 효율성을 높이려고 애쓰는 것, 다른 한편으로는 마치 그 자체가 궁극의 목적인 것처럼 지식을 축적하는 것, 이 양극단 사이에서 갈팡질팡하는 것은 곧 교육이 현재의 사회적 조건을 최종적인 것으로 받아들이는 것이며, 또 그렇게 함으로써 그것을 영구히 지속시키는 책임을 스스로 떠맡는다는 것을 의미한다. 목적이 있는 활동을 지적으로 수행하는 것과 관련해 학습이 일어나도록 하는 교육의 재구성은 단기간에 이루어지지 않는다. 그것은 오직 한 번에 한 단계씩 점차 이루어질 수밖에 없다.

그렇다고 해서 명목상으로는 그럴듯한 교육철학을 내세우면서 실제에서는 그것과 다른 방식을 따라도 좋다는 말이 아니다. 다만 그것을 재조직하는 일에 과감하게 착수하여 집중적으로 추진해 가는 것이 우리의 당면 과제이다.

요약

홍미와 도야는 목적을 가진 활동의 상호 관련된 측면들이다. 홍미는 사람의 활동을 규정하고, 또 활동을 구현하는 방편과 함께 장애가 되는 대상과 관계하고 있음을 의미한다. 목적이 있는 활동에는 반드시 초기의 미완성된 국면과 나중의 완결된 국면이 구분되어 있으며, 그 사이에 중간 단계가 있다. 홍미를 갖는다는 것은 사물을 사태와 떨어진 것으로 파악하지 않고, 계속 발전하는 사태 속으로 진입하는 것을 파악하는 일이다. 처음에 주어진 미완성 상태와 앞으로 이루려는 완결 상태 사이의 시간적 차이는 혁신을 위한 노력, 지속적인 관심과 인내를 요구한다. 이러한 태도는 실천의 의지를 뜻하며, 지속적 관심의 도야나 발달은 여기에서 생기는 결실이다. 홍미와 도야에 대한 이러한 견해가 교육이론에서 차지하는 의의는 두 가지다. 한편으로 이 견해는 다음과 같은 생각에 빠지는 것을 막아 준다. 즉, 마음이나 정신 상태는 그 자체로서 완전한 것이며, 우연히 무언가 미리 만들어진 대상이나 주제에 적용하면, 지식이 생긴다는 그릇된 관점을 바로잡아 준다. 여러 가지 사물이 들어오는 행동 과정에서 마음이나 지적 또는 목적을 가진 참여가 같은 일임을 보여 준다. 따라서 마음을 발전시키고 도야한다는 것은 곧 그러한 활동을 일으키는 환경을 조성하는 일이 된다. 다른 한편으로 마음은 그 자체 측면에서는 교과와 따로 떨어져 독립적으로 존재한다는 생각을 바로잡아 준다. 이 장에 제시된 견해에 의하면 학습해야 할 교과 내용은 활동을 계속적으로, 의도적으로 추구하는 과정에서 방편이나 장애물로 개입하는 사물, 관념, 원리와 동일한 것이다. 목적과 조건이 명백히 파악되어 있는 활동의 전개 과정은 한쪽의 따로 떨어진 '마음'과 다른 한쪽의 사물과 사실의 따로 떨어진 '세계'라는 흔히 분리된 것을 하나의 단일체로 묶어 준다.

11장

배움의 혁신을 위한 경험과 사고

경험의 성격

경험은 독특하게 결합되어 있는 능동적 요소와 수동적 요소를 포함하고 있음을 주목해야 비로소 경험의 본질을 잘 이해할 수 있다. 능동적 측면에서 경험은 '해 보는 것'을 뜻한다. 이것은 경험[91]이라는 말과 연결된 '실험'이라는 말의 의미에서 잘 드러난다. 수동적 의미에서 볼 때 경험은 '겪는 것'을 뜻한다. 어떤 것을 경험할 때 우리는 그것에 따라 행동하고, 그것에 무엇인가 일을 하며, 그다음에 그 결과를 당하거나 겪는다. 사물에 무슨 일을 하며, 그것이 다시 우리에게 되돌아와 무슨 일인가를 한다. 이것이 앞서 말한 두 요소의 특별한 결합이다. 이런 경험의 두 국면이 어떻게 연결되느냐에 따라 경험의 성과나 가치가 평가된다. 단순한 활동은 경험이 될 수 없다. 이런 활동은 분산적이고, 원심적이고, 흩어지는 특징이 있다. '해 보는 것'으로서의 경험은 변화를 수반하지만, 그 변화는 거기서 흘러나오는 결과라는 되돌아 나오는 물결과 의식적으로 연결되지 않으면 무의미한 전환이 되고 만다. 활동하는 것이 그 결과의 영향을 받을 때까지 계속되면, 즉 행위에 의해 야기된 변화가 되돌아와서 우리 내부에 변화를 일으키면, 그때 비로소 단순한 흐름에 지나지 않았던 것에 의미가 실린다. 그때 비로소 우리는 무언가를 배운다. 아이가 손가락을 불에 집어넣는 것 자체는 경험이 아니다. 그 동작의 결과로 아이가 겪는 고통과 연결될 때 경험이 된다. 그래야 손가락을 불에 대는 것이 곧 '화상'을 의미하게 된다. 손가락을 데는 것이 어떤 다른 행위의 결과로서 지각되지 않으면, 나무토막이 타는 것과 조금도 다름없는 단순한 물리적 변화에 지나지 않는다.

맹목적이고 변덕스러운 충동은 우리를 아무 생각 없이 이리저리 바쁘게 끌고 다닌다. 일이 이렇게 벌어지면 모든 것은 물에 쓰인 글자처럼 물거품이 되어 사라진다. 이 경우 경험이라는 말이 지닌 어떤 중대한 의미를 이루어 내는 누적적 성장은 없는 것이다. 또 한편으로 우리 자신이

한 활동과 관련 없이 그냥 쾌락이나 고통을 가져다주는 경우가 많다. 우리 입장에서 보면 그런 일은 우연한 사건에 지나지 않는다. 그런 경험에는 전후가 없다. 즉, 회고도 없고 전망도 없으며, 따라서 아무런 의미도 없다. 이런 경험에서 우리는 다음에 일어날 일을 예견하기 위해 연결될 수 있는 어떤 것도 얻지 못하며, 앞으로 닥쳐올 사태에 적응할 능력이 획득되는 것도 아니다. 요컨대 통제할 수 있는 능력의 증대란 없다. 그렇게 겪는 일을 '경험'이라고 말하는 것은 오직 관례적으로 그렇게 부르는 것일 뿐이다. '경험으로부터 배운다'는 것은 우리가 사물에 대해 행하는 것과 그 결과로 사물로부터 받아서 즐기거나 고통을 받는 것 사이를 앞뒤로 연결한다는 뜻이다. 이러한 조건에서 '행함(능동적 경험)'이란 '해 보는 것(도전적 경험)', 즉 세상이 어떻게 되어 있는지를 알아내기 위한 실험을 하는 것이며, '겪는 것'이란 '배우는 것', 즉 사물 사이의 연계성을 알게 되는 것이다.

여기에서 교육에 두 가지 중요한 결론이 나온다. 첫째, 경험은 원래 능동적-수동적 사건으로 기본적으로 인지적인 것이 아니다. 둘째, 경험의 가치를 재는 척도는 경험이 이끄는 관계 또는 연속성에 대한 지각 여부에 있다. 경험에 '인지적인' 요소가 포함되는 것은 경험이 누적적일 때, 경험이 무언인가에 다다를 때, 다시 말해 '의미'를 가질 때이며, 또 그 정도에 비례한다. 학교에서 교육을 받는 동안 학생들은 이론적 관망자로서 지식을 획득하며, 지력의 에너지를 통하여 지식을 직접 받아들일 수 있는 마음을 가진 것으로 간주되는 경우가 허다하다. '학생'[92]이라는 말 자체가 '유익한 경험을 해 보는 존재'가 아니라, '지식을 직접 흡수하는 일에 종사하는 사람'을 의미할 정도가 되었다. 마음이라든가 의식이라는 이름으로 불리는 그 무엇인가가 활동하는 육체적 기관과 단절된다. 그리하여 마음이나 의식은 순전히 지적이고 인지적인 것이며, 몸은 그것과 무관하고 방해가 되는 물질적 요소가 되는 것이라고 믿는다. 그래서 활동과 그 결과를 겪는 것 사이의 긴밀한 결합이 깨지고, 거기서 생기는 의미의 파악 또한 불가능해졌다. 그 결합 대신에 우리는 서로 분리된 두 개의 파편으로 나뉘었다. 한편에는 단순한 신체적 동작만 있고, 다른 한편에는 정신 활동에 의한 의미로만 직접 파악되는 의미만 존재하게 된 것이다.

학교에서 마음-몸 이원론의 문제

이러한 마음과 몸의 이원론에서 빚어진 나쁜 결과를 아무리 거론해도 충분하다고는 할 수 없고, 하물며 이를 과장한다는 것은 더욱이 있을 수 없는 일이다. 그렇지만 그중에서 두드러지게 놀라운 것을 몇 가지 열거하면 다음과 같다.

(1) 신체 활동은 부분적으로 불필요한 침입자로 간주된다. 즉 이원론적 사유에 의하면, 신체 활동은 정신 활동과 아무 관계가 없기 때문에 정신을 흩트리는 것, 맞서 싸워야 할 패악이 된다. 학생은 몸을 가지고 있으며, 학교에 올 때 마음과 함께 몸을 가지고 온다. 또한 몸은 필연적으로 에너지의 원천이며, 무언가를 하지 않고서는 그냥 있을 수 없다. 그러나 그 몸의 활동은 사물을 다룸으로써 의미 있는 결과를 얻는 데 활용되지 않기 때문에 마땅치 않은 것으로 취급된다. 학생의 공부는 '마음'으로 해야 하는데, 몸의 활동은 학생을 공부로부터 멀어지게 하여 못된 짓을 하는 원천이 된다. 학교에서 훈육 문제의 주요한 원천은 종종 학생의 마음을 학습 자료로부터 멀리 떼어놓는 신체 활동을 억압하는 데 대부분의 시간을 보낸다는 것이다. 몸을 움직이지 않고 가만히 있는 것, 말없이 묵묵히 있도록 하는 것, 자세와 동작의 엄격한 단일성, 기계처럼 흉내 내는 지적 흥미를 보이는 태도, 이런 것들이 강조되고 조장된다. 교사가 하는 일은 학생들을 이런 요구 조건에 맞추는 것이며, 그것에 맞지 않는 일탈 학생들─이런 학생들이 반드시 생기기 마련이다─을 처벌하는 데 있다.

교사와 학생 모두에게 일어나는 정신적 긴장과 피로는 신체 활동이 의미의 지각과 유리되어 있는 비정상적인 사태에서 필연적으로 따라오는 결과[93]이다. 냉담한 무관심과 폭발적 반응이 번갈아 나타난다. 관심 밖으로 밀려난 몸은 체계적이고 유용한 활동으로 표현될 방도가 없기 때문에 이유와 방법도 모른 채, 갑자기 헛된 난리를 일으키거나 아니면 똑같이 무의미한 농락에 빠지기도 한다. 이 두 가지는 모두 아이들의 정상적인 놀이와는 매우 다르다. 그러한 비정상적 상태에서 신체 활동이 왕성한 아이들은 안절부절하고 제멋대로 행동한다. 이와 달리 얌전하고 소위 모범적인 아이들은 자신의 에너지를 본능과 능동적 경향성을 억압하는 소극적인 과업에 소모할 뿐, 건설적으로 계획하고 실행하는 적극적인 과업에 활용하지 못한다. 이리하여 그들은 신체적 힘을 뜻있고 고상하게 활용하는 책임을 다하도록 교육받지 못하면서 그러한 신체적 힘을 자유롭게 쓰지 말라는 의무를 지키는 교육을 받게 된다. 그리스 교육이 그토록 놀라운 업적을 거둔 주요한 원인은 그리스인들이 마음과 몸을 분리하려는 그릇된 기획에 빠지지 않았다는 데 있다고 해도 결코 틀린 말이 아니다.

(2) 교과라는 것이 '마음'을 적용해서 공부하는 것이라고 생각하는 사람들도 거기에 모종의 신체 활동이 사용된다는 것은 인정할 것이다. 책, 지도, 칠판에 적힌 것이나 교사가 하는 말을 받아들이는 데 감각기관이 동원된다. 특히 교사가 말하는 것을 받아들이기 위해 눈과 귀가 사용되어야 한다. 이와 같이 저장된 내용을 말이나 글로 재생해 내는 데에도 입술과 성대, 손이 사용되지 않으면 안 된다. 이런 식으로 생각할 때, 감각기관은 정보가 외부 세계에서 마음으로 흘러 들어가는 일종의 불가사의한 통로로 생각된다. 아닌 게 아니라 감각은 지식의 출입구 또는 관문이라고 일컬어진다. 책에다 눈을 고정하고 교사의 말에 귀를 기울이는 것은 지적 은총의 신비스러운 원천이라고 생각된다. 더욱이 읽기, 쓰기 그리고 셈하기 등 학교 공부에서 하는 중요한 작업은 근육 또는 운동의 훈련을 거치지 않으면 할 수 없는 것들이다. 따라서 눈과 손, 발성기관의 근육은 마음에 들어 있는 지식을 다시 외부적 행동으로 쏟아 놓는 파이프 역할

을 할 수 있도록 훈련되지 않으면 안 된다. 동일한 방식으로 근육을 반복적으로 사용하면, 자동적으로 그 운동을 되풀이하는 경향이 근육에 굳어진다.

일반적으로 말하면, 신체 활동은 정신작용에 간섭하고 방해가 되는 면이 없지 않지만, 아무래도 어느 정도 사용하지 않을 수 없다. 다시 말하면 감각과 근육이 교육적 경험의 유기적인 한 부분이 아니라 단순히 마음과 외부 세계를 연결해 주는 출입구로 사용되는 것이다. 아이가 학교에 가기 전부터 손, 눈, 귀를 사용하며 그것을 통해 무엇인가를 배운다면, 그것은 아이가 그런 기관을 써서 무언가 행위를 하며, 거기서 모종의 의미를 발견하기 때문이다. 연을 날리는 소년은 연을 주시해야 하고 손에 가해지는 연줄의 여러 압력에 주의해야 한다. 이때 이 아이의 감각이 지식의 통로가 된다는 것은 외부의 사실이 어떻게든 뇌에 '전달'된다는 뜻에서가 아니라, 그 감각이 무엇인가 목적을 가지고 일을 하는 데 '사용'된다는 뜻에서다. 눈에 보이고 손에 잡히는 사물의 여러 가지 성질은 그 일을 하는 데 연관이 있으며, 그 때문에 예민하게 지각된다. 즉 그 성질은 의미를 지니게 된다. 그러나 학생이 단어의 의미와 상관없이 이를 그대로 재생하는 방식으로 받아쓰기나 읽기를 한다면, 눈으로 이들 단어 모양만 주목한다면, 이는 단순히 고립된 채 이루어지는 감각기관과 근육의 훈련에 불과하다. 이처럼 목적에서 행위를 분리시키는 것이야말로 훈련을 기계적으로 만드는 것이다. 학생들이 읽기를 할 때, 교사가 늘 감정을 섞어서 읽으라고 권장하는 것이 통상적인데, 이것은 글의 의미가 살아나도록 하라는 뜻이다.[94]

그런데 처음부터 의미에 주의를 기울이지 않는 교사 밑에서 읽기를 감각운동의 기술—다시 말하면, 단어의 모양을 찾아서 그 소리가 나타내는 음성을 재현하는 능력—로 배운다면, 이는 이후 지적인 읽기를 어렵게 하는 기계적인 습관을 형성하는 것이다. 발성기관은 독립적으로 제 갈 길을 가도록 훈련되므로 의미가 그 목소리에 자기 마음대로 붙을 수 없다. 그림 그리기, 노래 부르기, 글쓰기도 이렇게 기계적인 방식으로 가르칠 수 있다. 거듭 말하지만, 신체 활동의 의미를 아주 좁게 해석하여 몸을 마음-즉 의미의 인식-과 무관한 것으로 생각한다면 기계적인 학습만 이루어진다. 수학의 경우 아주 높은 단계의 수학에서도 계산 기법을 과도하게 강조할 때, 과학도 실험이 실험 그 자체를 위해 행해질 때 마찬가지의 폐단이 생긴다.

(3) 지적인 측면에서 직접 사물을 다루면서 '마음'을 분리시키는 것은 '사물' 그 자체를 강조하면서 관계나 연계를 등한시하는 결과를 가져온다. 지각이나 심지어 관념을 판단과 분리시키는 것은 너무나 흔히 볼 수 있는 일이다. 판단은 지각이나 관념이 있고 그 뒤에 그것들을 서로 비교하기 위해 생기는 것이라고 여겨진다. 이것은 마음이 사물을 지각할 때, 관계와 무관하게 지각한다든지, 관념을 형성할 때 연계-그 앞에 있었던 것과 그 뒤에 올 것과의 관련-를 떠나서 형성한다고 주장하는 것이다. 그런 다음 각각 '지식'의 분리된 항목을 결합하여 유사성 또는 인과관계가 분명히 드러나도록 사고나 판단을 이끌어 내야 한다. 사실 지각과 관념은 어떤 것이든지 사물의 의미, 용도, 원인에 대한 감각이다. 우리가 어떤 의자에 관한 지식이나 관념을 가질 때, 그 의자가 가지고 있는 여러 가지 성질을 하나하나 따로 열거해서는 안 되고, 그 성질들을 다른 어떤 것-탁자의 목적과는 다른 의자의 목적, 우리가 늘 익숙해 있던 의자와의 차이, 또는 그 의자가 나타내는 역사적 시대 등-과 관련을 맺어야 한다. 마차는 그것을 이루고 있는 부품 하나하나를 합친다고 하여 지각되는 것이 아니다. 마차인 것은 그 부품들이 마차의 특징으로 연결되어 있기 때문이다. 그리고 이 연결은 단순히 부품들을 물리적으로 병렬해 놓은 것이 아니다. 여기에는 그것을 끄는 동물과의 관련, 그 위에 실려 운반되는 물건과의 관련 등이 포함된다. 판단은 지각과 동떨어진 것이 아니다. 그렇지 않으면 지각이란 단순한 감각적 자극에 불과하거나, 익숙한 물건을 지각하는 경우에서 보듯이 이전 판단의 결과를 재인식하는 것에 불과하다.

그런데 낱말은 관념에 대응하는 것이지만, 이것을 마치 관념 자체인 양 생각하기가 쉽다. 더욱이 정신 활동이 세계에 대한 능동적 관계로부터 분리되면, 즉 무엇인가를 한다는 것이나 그 행위의 영향을 받은 일과의 관련에서 분리되면, 바로 그만큼 낱말, 즉 상징이 관념을 교체한다. 낱말이 관념을 교체한다는 생각은 의미가 어느 정도 알려져 있기 때문에 포착하기가 매우 어렵다. 우리는 최소한의 보잘것없는 의미를 파악하는 데 만족하도록 훈련되어 있어, 우리가 의미를 형성하는 여러 관계를 파악하지 못하고 있다는 점을 알아차리지 못한다. 일종의 가짜 관념, 반쪽의 지각에 완전히 익숙해서 우리의 정신작용이 거의 반쯤은 죽었다는 것을 자각하지 못한다. 만약 우리가 판단력을 발휘하도록 하는, 다시 말해 우리가 다루는 사물의 연계성을 적극적으로 찾아내도록 하는 그런 생생한 경험 속에서 관찰과 관념을 형성한다면, 그 관찰과 관념이 얼마나 더 예리하고 확장적일 수 있는지를 파악할 수 있을 것이다.

사물의 이론에 관해서는 의견의 차이가 없다. 모든 권위자들은 관계의 파악이 진정한 지적 문제이며, 따라서 교육적인 문제라는 점에 같은 생각을 하고 있다. 그런데 그들이 잘못 생각한 것은 관계의 파악이 '경험'–앞에서 말한 바와 같이 '해 보는 것'과 '겪는 것'의 결합–이 없이도 가능하다고 생각했다는 것이다. 가령 '마음'은 주의를 집중하기만 하면 그 관계를 파악할 수 있다든가, 이 주의력은 구체적 사태와 무관하게 생길 수 있다든가 하는 생각이 그렇다. 어정쩡한 관찰, 말뿐인 관념이 홍수를 이루고, 잘 소화되지도 않은 지식이 판치는 세상은 이 때문이다. '1온스의 경험이 1톤의 이론보다 낫다'는 말은 이론이 오직 경험 속에서 생생한 의의를 지니며, 또 그 의의가 검증될 수 있음을 나타낸다. 경험은 아주 하찮은 것이라 하더라도, 얼마든지 이론–또는 지적 내용–을 생성하고 지탱할 수 있지만, 경험을 떠난 이론은 심지어 이론으로도 확실하게 포착할 수도 없다. 그러한 이론은 순전히 언어적 공식이나 구호에 그치는 것으로 사고라든가 진정한 이론 구성을 불필요하고 불가능하게 만든다. 교육을 통해 우리는 언어가 곧 아이디어임을 알고 문제를 처리하기 위해 언어를 사용하면서도 문제를 처리하는 과정에서 사실상 지각이 모호하게 되어 그 이상의 어려움을 보지 못해 탐구[95]의 수단으로 사용되지 못하고 있다.

경험에서 성찰의 위치

우리가 앞에서 실제로 살펴본 것처럼, 성찰이란 우리가 하고자 하는 것과 그 결과로 일어나는 것 사이의 관계를 파악하는 것이다. 경험이 의미 있는 경험이 되려면, 거기에는 비록 불완전한 것이나마 어느 정도 사고[96]의 요소 없이는 불가능하다. 그러나 우리의 경험 속에 성찰이 얼마나 크게 비중을 차지하고 있는가에 따라 경험을 두 가지 유형으로 대조해 볼 수 있다. 우리의 모든 경험에는 '잘될 때까지 이것저것 해 보는' 측면—심리학자들이 '시행착오법'이라고 부르는 것—이 있다. 즉, 우리는 그냥 무언가를 해 보고 그것이 잘 안 되면 또 다른 일을 해 본다. 무엇인가 잘되는 것을 발견할 때까지 계속 시도해 본 뒤에, 나중에 똑같은 절차를 밟을 때는 그 성공한 방법을 임시변통으로 채택한다. 우리의 경험 중에서 어떤 경험은 성공이든 실패이든 마구잡이로 해 보고 그 결과를 보는 방식으로 이루어져 있다. 그렇게 하는 방법 이외에 별다른 도리가 없기 때문이다. 이 경우에 우리는 어떤 행동 방식과 어떤 결과가 서로 연결되어 있다는 것을 봤지만, 그것들이 '어떻게' 연결되어 있는지는 알 수 없다. 우리는 그 연결의 세부 사항을 알지 못하며, 양자를 연결하는 고리를 찾을 수가 없는 것이다. 우리의 이해력은 매우 엉성하다. 이와는 달리 어떤 경우에는 우리의 관찰이 더 세밀해져서 더 멀리 밀고 나간다. 우리는 원인과 결과, 활동과 결말 사이에 정확하게 무엇이 놓여 있어 연결되는지를 알기 위해 분석한다. 우리의 통찰이 이렇게 확장될 때 예측은 한층 정확해지고 포괄적으로 된다. 이와 달리 단순히 시행착오 방법에 의존하는 행위는 전적으로 상황의 운수에 따라 달라진다. 상황이 달라지면 행위 수행은 우리가 바라는 것과는 다른 방식으로 작동한다. 그러나 만약 특정한 결과가 무엇으로 결정되는지를 자세히 알면, 그 결정의 요건이 갖추어져 있는지 아닌지를 살펴볼 수 있다. 이때 우리는 진정한 '방법'을 얻게 되며, 이 방법은 우리의 활동에 대한 실제적 통제를 확장시킨다. 만약 우리가 어떤 결과에 필요한 선행조건이 무엇인지를 안다면, 그 조건 중에 어떤 것이 빠져 있을 때 그것을 채워 넣을 수 있을 것이다. 또한 그 조건에서 바람직하지 못한 결과가 부수적으로 생긴다면, 그중에서 일부 불필요한 조건을 제거하여 노력을 절약할 수도 있다.

우리 활동과 그 결과로 일어난 일 사이의 세밀한 연계성이 발견되면, 잘되어 갈 때까지 이것저것 해 보는 '시행착오식 경험'에 내재된 생각이 명백히 드러난다. 그 명백해지는 생각이 양적으로 증가하면, 그 가치의 비율도 그만큼 달라지고, 그리하여 경험의 질이 변화한다. 이 변화는 대단히 중요한 것이며, 우리는 이런 유형의 경험을 '성찰적"-혹은 반성적'이라고 부를 수 있다. 이러한 생각의 국면이 숙의적 함양으로 이루어지면, 사고는 독특한 경험이 될 수 있다. 다시 말해 사고는 우리가 하는 일과 그에 따른 결과 사이에 특정 연계성을 발견하여 그 둘이 연속적이 되도록 하는 의도적 노력이라고 말할 수 있다. 이러한 노력으로 말미암아 활동과 결과의 괴리, 따라서 양자가 아무런 관련이 없이 아무렇게나 같이 붙어 있는 현상이 지양되고, 사태가 하나의 통일된 전체로서 진전되어 간다. 이렇게 될 때, 상황은 이해되고 설명된다. 일이 그렇게 되어 간다는 것은 '이치에 맞는' 것으로 우리에게 납득되는 것이다.

이렇게 생각해 보면, 사고는 바로 우리의 경험 속에 있는 지적 요소를 명백히 드러내는 것과 동일한 의미를 지닌다. 사고는 우리가 결과를 염두에 두고 행동할 수 있게 해 준다. 사고는 우리가 목적을 가지고 행동하는 데 반드시 갖추어야 할 조건이다. 어린아이가 기대와 예견을 할 수 있게 되었다는 것은 곧 현재 일어나고 있는 일을 장차 다가올 일의 징조로 사용하는 일을 할 수 있게 되었다는 뜻이다. 다시 말하면, 그 아이는 아무리 유치한 수준에서라도 모종의 판단을 하는 것이다. 어떤 것을 그것과는 다른 어떤 것의 증거로 삼고 양자 사이의 관계를 인식하기 때문이다. 그의 장래 발달이 아무리 정교하더라도, 여러 가지 복잡한 사고는 바로 이 단순한 추리 행위를 확장하고 세련시킨 것에 불과하다. 가장 뛰어난 지혜를 가진 사람이라도, 그 사람이 하는 일은 현재 일어나고 있는 일을 더욱 광범위하게, 좀 더 세밀하게 관찰하는 것, 그리고 관찰한 것 중에서 장차 일어날 일에 직접 관련되는 요인만을 주의 깊게 선택하는 것에 지나지 않는다. 사고에 입각한 행위에 반대되는 것은 기계적 행동과 방종적 행동이다. 기계적 행동은 지금까지의 습관적으로 행해져 왔던 것을 일어날 수 있는 일의 완전한 척도인 것처럼 간주하여 그전에 했던 특정한 일들 사이의 연계성을 고려하지 않는다. 방종적 행동은 순간적인 행동을 가치의 척도로 만들고 우리의 개인적인 행동과 환경 에너지 사이의 연계성을 무시한다. 방종적 행동은 사실상 '이 순간에 일어나는 일이 기분 좋은 것이면 그만'이라는 식이고, 기계적 행동은 '과거에 그러했던 그대로 되어 가라'고 하는 식이다. 양자의 행동은 모두 현재의 행동에서 흘러나오는 장차 결과에 대해 책임을 지지 않는다. 성찰은 바로 그 책임을 받아들이는 것을 말한다.

사고의 과정은 어떤 것이든지 현재 진행 중이고, 현재 상태로서는 아직 완결되거나 이루어지지 않은 것을 출발점으로 삼는다. 사고의 핵심 또는 중요성은 문자 그대로, 장차 무슨 일이 일어날 것인가와 장차 결과가 어떻게 될 것인가에 달려 있다. 이 글을 쓰고 있는 지금 온 세계는 서로 총칼을 겨누고 있는 군대의 시끄러운 소리로 가득 차 있다. 전쟁에 직접 가담하는 사람의 입장에서 볼 때, 중대한 일은 이러저러한 일의 결말과 장차 결과가 어떻게 될 것인지에 관한 것이다. 즉, 그 사람에게는 적어도 당분간 전쟁의 결말이 어떻게 될 것인지가 최대 관심사이다. 자기 자신의 운명이 장래의 귀추에 달려 있기 때문이다. 중립국의 관망자에게도 하나

하나의 추이, 이곳저곳의 전진 및 후퇴의 중요성은 그것이 자신에게 무슨 조짐인지에 달려 있다. 우리에게 들려오는 뉴스에 대해 생각해 본다는 것은 뉴스에 담겨 있는 내용이 결과로서 있을 수 있는, 또는 있을 법한 징후를 알아내려는 것이라고 할 수 있다. 이런저런 사항들을 이미 완결된 것, 끝난 것으로 마치 스크랩북 만들 듯 우리 머리에 채워 넣는 것은 '사고'라고 할 수 없다. 그것은 우리 자신을 일종의 등록 장치로 만든다. 사고란 어떤 사건이 아직 일어나지는 않았지만, 장차 일어날 일과 연관시켜 앞의 것이 뒤의 것에 어떤 의미 또는 관련이 있는지를 알아내려고 하는 것이다. 공간적으로 떨어진 사건이 아니라 시간적으로 떨어진 사건으로 봐도, 반성적 경험의 본질에서는 별다른 차이가 없다. 전쟁이 끝난 후 장래 역사가가 전쟁을 설명하는 경우를 생각해 보자. 여기서 사건은 이미 과거의 일이 되었다고 가정한다. 역사가가 깊이 생각하며 전쟁을 기술하려면, 전쟁의 시간별 순서를 그대로 살려내야 한다. 다시 말하면 역사가가 하나하나의 사건을 다룰 때, 그 의미는 사태의 미래-역사가의 입장에서 보면 미래도 아니겠지만-에 있는 것이다. 사건을 그 자체로서 완결된 것으로 받아들이는 것은 무반성적으로 받아들이는 것이다.

'성찰'한다는 것은 결말에 관심을 가진다는 뜻이다. 즉, 비록 연극을 보는 것 같은 심정에서나마, 우리 자신의 운명을 사건의 결과와 마음속 깊이 공감적 동일시를 하는 것이다. 전쟁에 참전한 장군이나 병사 또는 전쟁 당사국 시민에게는 전쟁 상황에 대해 깊이 생각할 필요성이 직접적이고 절실하게 와닿을 것이다. 중립적 위치의 사람들은 전쟁 상황에 대한 생각이 간접적이고 상상력에 의존하게 된다. 어느 한쪽을 열렬히 편드는 것이 인간의 본성이라는 사실을 미루어 생각해 볼 때, 우리가 여러 가지 가능한 사태 중에서 하나를 자신의 것으로 채택하고, 다른 것을 이질적인 것으로 배척하는 경향이 얼마나 강한지를 짐작할 수 있다. 공개적 행동을 통해 최종 결전에 영향을 주는 방향으로 최소한의 조력을 보탤 수 없다고 하더라도, 우리는 정서적으로 또는 머릿속으로나마 편을 들 수 있다. 우리는 여러 가지 결과 중 어느 한 가지가 일어나기를 열렬히 바란다. 결과에 완전히 무관심한 사람은 무엇이 일어나고 있는지에 주목하거나 생각하지도 않는다.

교육자를 위한 도전으로서 사고의 역설

사고의 행위가 현재 일어나고 있는 일의 결과에 대한 공유의식에 의존한다는 사실에서 사고의 역설이 생긴다.[98] 즉, 사고는 원래 '편드는 것'에서 비롯되었지만, 그 목적을 달성하기 위해서는 벌어진 사태에서 떨어져 나와 어느 쪽에도 '편들지 않는' 불편부당성에 이르지 않으면 안 된다. 전쟁터의 어느 장군이 현재의 전황을 관찰하고 해석할 때 자신의 희망과 욕망을 거기에 개입시킨다면, 틀림없이 예측에 착오를 범할 것이다. 어느 중립국의 관망자가 전쟁의 진행 과정에 대해 사려 깊은 이해를 하는 경우도, 희망이나 공포가 사고의 주요 동기가 되기도 하지만, 자기 기호에 따라 관찰과 추리의 내용을 변경하면, 그만큼 사고는 소용없어지게 된다.

한편으로 현재 일어나고 있는 일에 대해 개인적으로 참여함으로써 사고에서 반성의 계기가 마련되고 있다는 것, 또 다른 한편으로 반성의 가치가 마련되어 사태에 관한 자료로부터 거리를 둠으로써 반성의 가치가 실현되는 것 사이에는 아무런 모순이 없다. 이런 사태로부터 분리되는 것은 사실상 어렵다. 이는 사고의 진전 과정 자체가 사태 진전 과정의 한 부분을 이루고 있으며, 더욱이 그 결과에 영향을 미치도록 계획된 그런 정황 속에서 생각이 발생한다는 것을 잘 보여 주는 증거라고 할 수 있다. 사고는 서서히 이루어지며, 또 사회적 공감의 성장을 통해 시야의 폭이 넓어짐에 따라 비로소 우리의 직접적 관심 사항을 넘어서는 그 무엇을 포함하면서 발달한다. 이것은 교육의 입장에서 매우 중요한 의미를 지닌다.

생각이 현재 진행 중인 불완전한 사태와 관련하여 발생한다는 말은 곧 그것이 무엇인가 불확실하다거나 의심스럽다거나 또는 문제가 있을 때 일어난다는 뜻이다. 완결된 것, 완성된 것만이 전적인 확실성을 보장한다. 반성이 있는 곳에 긴장감이 감돈다. 생각의 목표는 결론에 도달하는 것을 돕고, 이미 주어진 것을 바탕으로 일어날 수 있는 결말을 예측한다. 생각의 다른 몇 가지 사실도 이 특징을 동반한다. 생각이 생기는 정황은 의심스러운 상황이기에 '사고'는 탐구의 과정, 조사의 과정, 연구의 과정이라고 할 수 있다. 보통 무엇을 습득하는 것은 언제나 탐구 행위에 대하여 부차적인 위치에 있으며, 그것의 수단이 된다. 사고는 아직 밝혀지지 않은 것을 찾아가는 모색이며 탐색이다. 우리는 때로 독창적인 연구를 마치 과학자나 적어도 공부 잘하는 학생들의 특별한 특권처럼 여길 때가 있다. 그러나 모든 사고는 연구라고 할 수 있으며, 비록 이 세상의 모든 사람이 다 확실히 알고 있지만 어떤 사람이 아직도 그것을 찾으려고 한다면, 그와 함께 하는 연구는 고유하고 독창적인 작업을 하는 것이라고 할 수 있다.

또한 모든 사고에는 모험이 따른다. 그것은 확실성을 미리 보장할 수 없다. 미지의 세계로 들어가는 것은 성격상 모험을 내포하며, 미리 그 결과를 확실히 알 수 없다. 이와 마찬가지로 사고를 통해 내린 결론은 실제 사태로 최종적으로 확증될 때까지는 많든 적든 '잠정적 가설'에 불과하다. 따라서 어떤 결론을 최종적이라고 확신하는 독단적인 주장은 사실상 보증이 부족하고 논점이 엉성하다. 예컨대 그리스인들은 다음과 같은 질문을 제기했다. "배운다는 것이 어떻게 가능한가?" 우리가 무엇을 추구하는지 이미 알고 있거나, 알지 못하기 때문이다. 어느 경우도 배움이 성립하지 않는다. 앞의 경우에는 우리가 이미 알고 있기 때문이고, 뒤의 경우에는 우리가 무엇을 추구하는지 모르거나 또는 우연히 발견했다고 해도 그것이 우리가 구하는 것인지를 알 수 없기 때문이다. 이 딜레마는 알게 '된다'는 것, 즉 배운다는 것이 차지할 여지를 남겨 두지 않는다. 거기서는 완전히 아는 것과 완전히 모르는 것만 있다고 생각한다. 그럼에도 불구하고 양자 사이에는 탐구라는 경계가 불분명한 중간지대, 즉 사고라는 영역이 존재한다. 가설적 결론, 잠정적 결과가 있을 가능성을 그리스 딜레마는 간과했다. 사태의 불확실성, 그것이 거기서 빠져나갈 길을 암시한다. 우리는 그 길을 이리저리 모색해 본다. 우리가 찾으려고 하는 것이 무엇인지를 알아냈다고 생각할 때, 우리는 뚫고 나가려고 하며, 우리가 여전히 아무것도 모른다고 생각할 때, 사태는 더욱 암담하고 오리무중이 된다.

잠정적이라는 것은 '시도해 본다'[99]는 뜻이며, 우선 이리저리 길을 더듬어 본다는 뜻이다. 그 자체만 가지고 볼 때, 앞의 그리스인들이 논변은 아주 그럴듯한 형식논리의 일부를 보여 준다. 그러나 또한, 만약 인간이 지식과 무지를 그와 같이 엄격하게 구분하는 한, 과학은 사실 느리고 우발적 진보에 그쳤을 것이다. 발명과 발견이 체계적으로 진보하기 시작한 것은 인간이 의혹을 탐구의 목적에 활용할 수 있음을 알았을 때 비로소 이루어졌다. 즉, 인간은 가설을 형성하여 그 안내에 따라 잠정적인 탐색 활동을 하면서 그 활동의 전개에 의해 이전의 가설을 확인, 폐기, 또는 수정했다. 그리스인들은 지식을 학습보다 우위에 두었지만, 현대 과학은 보존된 지식을 오직 학습의 수단, 발견의 수단으로 중요시한다.

다시 앞의 예로 돌아가서 전쟁 중의 사령관을 생각해 보자. 작전 명령을 내릴 때, 그는 절대적 확실성이나 절대적 무지에 근거하여 행동하는 것이 아니다. 그는 합리적으로 신뢰할 수 있는 일정량의 정보를 가지고 있다. 여기서부터 그는 장차 벌어질 움직임을 추론함으로써 주어진 사태에 드러난 단순한 사실에다가 의미를 부여한다. 그의 추론은 다소 모호하고 가설적이다. 그렇지만 그는 그것을 기초로 작전 명령을 내린다. 그는 행동 계획, 다시 말해서 사태를 다루는 방법을 개발한다. 여러 가지 가능한 행동 중에서 일정한 방식으로 행동한 데에 직접 뒤따르는 결과가 어떤 것인지가 성찰의 가치를 시험하고 명백히 한다. 그가 이미 알고 있는 것은 그가 학습하는 내용에 작용하며, 그것과 관련하여 가치를 지닌다.

그런데 이런 설명을 중립국 사태의 진전 상황을 최대한 사려 깊게 이해하려는 사람에게도 마찬가지로 적용할 수 있을까? 물론 내용(사고의 결론)에는 해당하지 않지만, 형식(사고의 방법이나 절차)에서는 적용할 수 있다. 현재 드러난 여러 가지 사실로 미루어 장차 어떻게 되리라고 하는 여러 가지 단편적인 자료에 의미를 부여하려는 추측이 실제 전장에서 효력을 발생할 방법을 만들어 내는 데 직접 도움이 되지는 않는다. 그 사람이 전쟁을 직접 하지 않는 만큼, 그러한 방법을 만들어 내는 것은 당면한 문제가 아니다. 그러나 그가 사건의 경과를 수동적으로 따르지 않고 능동적으로 사고하는 정도에 따라 그의 잠정적 추론은 당면한 사태에 적합한 시행 방법을 제기하게 될 것이다. 그는 장차 일어날 사건을 예견하게 될 것이며, 그것이 실제 일어나는가를 주시할 것이다. 그가 지적 관심을 보이는 정도, 다른 말로 하면 사려 깊은 정도에 따라 그만큼 능동적으로 주시하게 될 것이다. 전쟁 당사국에서 현재 벌어지고 있는 전투에 영향을 미칠 수는 없지만, 그는 자기 자신의 차후 행동에 영향을 미칠 수 있는 어느 정도 수정하는 조치를 할 것이다. 그렇지 않으면, 후에 "그것 보라니까. 내가 말했잖아"라고 말했다고 하더라도 그가 능동적으로 사태를 주시하지 않았다면, 이 말은 하등의 지적 성격을 가질 수 없다. 그때 이 말은 이전의 생각에 대한 검증이 아니라, 오직 정서적인 만족에다가 다분히 자기기만의 요소를 곁들인 우연의 일치를 나타내는 것에 지나지 않는다. 천문학자가 그에게 주어진 자료로부터 장차 일어날 일식을 예측이나 추론[100]하는 것도 그와 비슷하다. 수학적 확률이 아무리 크더라도, 그의 추론은 어디까지나 가설이며, 확률의 문제인 것이다. 일식이 일어나리라고 예측되는 날짜와 장소에 관한 가설은 향후 그의 행동 방법을 만들어 내는 자료가 된다. 관측 장비를 갖추고, 아마도 때로는 지구상의 어떤 먼 지점에 대한 탐험이 이루어질 것이다. 어쨌든 일부의 물리적 조건을 실제로 변경하는 일부 적극적 조치가 취해진다. 그리고 이런 조치와 그에 따른 사태의 변경이 없이는 사유 행위가 완결되지 않는다. 그것은 아직 중지된 상태이다. 지식, 즉 이미 획득된 지식은 사고를 통제하며, 사고가 그 결말을 맺게 하는 것이다.

지금까지 설명한 반성적 경험이 나타내고 있는 일반적인 특징들을 다음과 같이 정리할 수 있다. 첫째, 아직 성격이 충분히 파악되지 않은 불완전한 사태에 처해 우리가 느끼는 곤혹, 혼동, 의혹이다. 둘째, 가설적 예견, 즉 주어진 요소에 관한 잠정적 해석 및 그것이 가져올 결과에 대한 예측이다. 셋째, 당면한 문제를 규정하고 명료화하는 데 도움이 되는 모든 고려 사항에 대한 세밀한 조사(시험, 점검, 탐색, 분석)이다. 넷째, 더욱 넓은 범위의 사실에 맞도록 잠정적 가설을 더 정확하고 일관성 있게 정교화하는 일이다. 다섯째, 설정된 가설을 기초로 하여 현재의 사태에 적용할 행동의 계획을 수립하고, 가시적 목적을 일으키기 위하여 실제로 행동을 함으로써 가설을 검증하는 것이다. 성찰적 사고와 시행착오적 사고를 구분 짓는 것은 위의 세 번째와 네 번째 단계가 얼마나 치밀하고 정확한가에 달려 있다. 그것이야말로 사고 자체를 경험으로 만드는 요건이다. 그렇기는 해도, 우리는 시행착오의 사태에서 결코 완전히 벗어날 수는 없다. 아무리 정교하고 합리적으로 일관된 사고라고 하더라도, 거기에는 사실 세계에 대해 시도해 보고, 그렇게 함으로써 확인하는 과정이 필요하다. 또한 사고가 아무리 정교하더라도 결코 모든 연계성을 고려할 수 없기에 모든 결과를 완벽하고 정확하게 망라할 수도 없다. 하지만 성찰적·반성적 사고[101]에서는 상황의 조사가 세밀하고, 결과에 대한 예측이 체계적인 만큼, 성찰적 경험과 조잡한 형태의 시행착오적 행위를 구분하여 다룰 수 있어야 한다.

요약

경험에 사고의 위치를 결정할 때 우리는 우선 경험이 무언가를 '해 보는 것' 또는 '시도해 보는 것', 그리고 그 행동의 결과로서 '겪는 것'과의 연계성을 포함한다는 것에 주목했다. 능동적 측면으로서의 '해 보는 것'과 수동적 측면으로서의 '겪는 것' 사이의 괴리는 경험의 생생한 의미를 파괴한다. 사고는 행해진 일과 그 결과 사이의 관련을 정밀하게 또 의도적으로 확립시키는 노력이다. 사고에서는 양자가 관련된다는 사실만 중요한 것이 아니라, 그 관련을 자세하게 파악하는 일 또한 중요하다. 여기에서 사고는 그 연결 고리를 명확하게 드러내고자 한다. 사고를 불러일으키는 자극은 우리가 이미 행한 것이든 또는 장차 실행하려는 것이든, 그 어떤 행위의 뜻을 확실히 알고 싶어 할 때 나타난다. 이때 우리는 결과를 예상한다. 이것은 곧 현재 있는 그대로 사태가 객관적으로, 또는 우리의 목적에 비추어 불완전하고, 따라서 확실하지 않다는 뜻이다. 결과의 예측은 잠정적 해결책, 또는 우리가 얻고자 하는 해결책을 나타낸다. 이 가설을 더 완전한 것으로 만들기 위해서는 현재의 조건을 세밀히 조사하고, 그 가설의 논리적 함의를 이끌어 낼 필요가 있다. 이 과정을 보통 '추리'라고 일컫는다. 그다음에는 제시된 가설적 해결책-관념 또는 이론-에 따라 실제로 행동해 봄으로써 그것을 검증한다. 만약 행동이 일정한 결과-즉, 일정한 변화를 외부 세계에 불러일으키는 것-를 가져오면, 그 가설은 타당한 것으로 받아들여진다. 그렇지 않으면 가설이 수정되고, 또 다른 시도를 하게 된다. 사고는 모든 단계-문제의식, 상황의 관찰, 제안된 잠정적 결론의 형성 및 논리적 정교화, 적극적인 실험에 의한 검증-를 포함한다. 모든 사고는 결국 지식이 되지만, 궁극적으로 지식의 가치는 그것이 사고에서 활용되는 것에 의해 정해진다. 우리는 고정되고 완성된 세계가 아니라 현재 진행 중인 세계에 살고 있다. 그리고 우리의 주된 과업은 세계에서 미래를 향한 전망적인 일이며, 그리고 과거를 향한 회고적인 일(사고와 지식을 구분할 때 일체의 지식은 회고적 경향을 보임)의 가치는 우리가 미래에 대처하는 행동에 확실성, 안전성, 생산성을 가져다준다는 데 있다.

12장

새로운 교육을 위한 사고의 역할

사고의 교육적 기능

이론적으로는 학교에서 좋은 사고의 습관을 길러주는 일이 중요하다는 것을 의심하는 사람은 없다. 그러나 이론적이 아니라 실제에서 그 중요성을 인식하는 사람은 그리 많지 않다. 이 점은 별도로 하더라도 특수한 운동능력을 제외하면 '마음'에 관해 학교가 할 수 있고, 또 해야 하는 것은 오로지 사고하는 능력을 길러주는 것이라는 데 대해 이론적 인식이 철저하지 못한 경향을 보인다. 학교교육의 목적이 기술의 습득(읽기 철자법, 쓰기, 그리기, 외우기), 정보의 습득(역사와 지리 등), 사고의 훈련과 같이 조각조각 갈려 있는 것을 보면, 이 세 가지 일이 모두 비효율적인 방법임을 짐작할 수 있다. 행동을 효율적으로 증대하는 것과 관련을 맺지 않고, 우리 자신과 우리가 살아가는 세계에 대해 더 많은 것을 배우지 않는 사고는 사유[102]로서 뭔가 문제가 있는 것이다.pp. 221-222 참조 또한 별생각 없이 습득된 기술은 그 기술로 달성되어야 할 목적과도 그 어떤 관련을 맺고 있지 않다. 이때 우리는 틀에 박힌 습관의 노예가 되고, 다른 사람들의 권위적 통제에 휘둘린다. 우리를 지배하는 사람들은 그들이 목적을 달성하는 바를 달성하는 데만 관심을 둘 뿐, 그것을 달성하는 수단에 대해서는 특별히 신경 쓰지 않는다. 또한 사려 깊은 행동과 단절된 정보는 죽은 정보이며, 그것은 마음을 짓누르는 짐이 될 뿐이다. 그런 정보는 지식의 모사품과 다름없으며, 따라서 자만이라는 독소를 뿜어내기 때문에 지성의 혜택을 받아 성장하는 데 가장 심각한 장애가 되고 있다. 가르치거나 배우는 방법을 꾸준히 개선해 가는 직접적 통로는 오직 사고를 세련시키고 증진시키고 검증하는 조건에 중심을 두는 데 있다. 사고는 지성적 학습, 다시 말해 마음을 구사하고 마음을 살찌게 하는 학습 방법이다. 보통 '사고의 방법'이라는 말을 하고, 또 그렇게 말해서 안 될 것은 없지만, 방법에 관해서 명심해야 할 점은 사고 자체가 '방법'이라는 것이다. 즉 사고는 그 과정에서 지적 경험이어야 한다.

수업 방법의 핵심

사고라고 불리는 경험 전개의 첫 단계는 '경험'이다. 이 말은 너무나 뻔하고 자명한 말처럼 들릴 수 있지만, 불행히도 그것이 뻔하지 않다고 생각하는 사람들이 있으니 문제이다. 지금까지 사고는 종종 철학 이론에서나 교육 실제에서나 경험과 단절된 그 무엇으로 간주되고, 또 경험과 떨어져 별도로 개발될 수 있는 것으로 생각되어 왔다. 사실 경험의 내재적 제약이 종종 사고의 중요성을 말해 주는 충분한 근거가 된다고 주장하는 사람들이 많이 있다. '경험'은 마치 감각이나 욕망 또 단순히 물질적 세계에 국한된 것인 양 생각하고, 반면 '사고'는 고등정신능력이라고 할 수 있는 이른바 이성에서 나오는 것이며, 정신적인 것 또는 최소한 문자로 쓰인 것을 주로 다루는 것으로 생각한다. 그래서 예컨대 순수수학은 순전히 사고에 적합한 교과—여기서는 물체를 다루지 않기 때문에—이며, 응용수학은 실용적인 가치를 지닐 뿐 정신적 가치는 없다는 식으로 양자를 구분하는 경우를 볼 수 있다.

일반적으로 말하자면, 수업 방법에서 근본적인 오류는 학생들에게 이미 경험이 갖추어져 있다고 생각하는 데 있다. 여기서 우리가 주장하는 것은 사고를 일으키는 첫 단계로서 구체적인 경험의 상황이 필요하다는 것이다. 이때 경험은 앞에서 정의된 그대로이다. 즉, 경험은 무슨 일인가를 하려고 해 보는 것, 그리고 그 방향으로 그 일이 우리에게 무언가를 지각할 수 있도록 해 주는 것이다. 여기서 수업 방법의 오류는 산술, 지리 등 무엇이든지 사태에 대한 학생 자신의 직접적인 경험과 관련 없이, 기성의 교과서를 가지고 수업을 시작할 수 있다고 생각하는 데 있다. 심지어 유치원 교육이나 몬테소리 교육 방법조차도 어린이를 '시간 낭비' 없이 지적 우수성에 이르는 데 너무 열심인 나머지, 익숙한 경험 자료를 직접 이리저리 다루어 보는 일을 도외시하고 또는 최소한에 그치면서 곧바로 어른이 달성한 지적 우수성을 보여 준 교재로 가르치는 경향이 있다. 그러나 아무리 나이가 들어도 무엇인가 새로운 자료에 접촉하는 첫 번째 단계는 필연적으로 시행착오적 성격을 띨 수밖에 없다. 개인은 실제로 놀이에서나 일에서나 자신의 충동적 활동을 수행할 때, 자료를 가지고 실제로 무슨 일인가를 해 보아야 하며, 그런 다음에 자기 에너지와 사용한 자료의 에너지 사이의 상호작용을 주목해야 한다. 아이가 처음에 블록을 쌓기 시작할 때 하는 일이 이것이며, 과학자가 실험실에서 낯선 물체로 실험을 할 때 하는 일도 이와 같다.

따라서 학교의 모든 과목에 대한 첫 번째 접근 방식이 말을 가르치는 것이 아니라 사고를 불러일으키는 것이라면, 가능한 비학문적이어야 한다. 경험이라든가 '경험적 상황'이라는 말이 무슨 뜻인지를 알려면, 학교 바깥의 상태가 어떤 것인지, 다시 말하면 일상의 생활에서 사람들이 관심을 갖고 활동하는 일, 그것이 어떤 종류의 일인지를 머릿속으로 그려 보면 된다. 그리고 산수든 국어든, 지리, 물리, 외국어 할 것 없이 어느 과목에서나, 학교교육에서 사용되어 온 훌륭한 방법을 면밀히 조사한다면, 그것이 학교 밖의 일상생활에서 사유를 유발하는 상황으로 되돌아갈 때 효력을 얻고 있음이 드러날 것이다. 그런 방법은 학생들에게 무엇이나 '배울 것'을 주는 게 아니라 무엇인가 '할 일'을 주며, 이 '할 일'은 반드시 '사고'-연계의 의도적 파악-를 요구하는 그런 종류의 일이다. 그렇게만 하면 학습은 자연스럽게 따라올 것이다.

학생들에게 제시하는 상황[103]이 반드시 사고를 불러일으킬 정도의 성격이어야 한다는 것은 물론 벌어진 사태에서 해야 할 일이 기계적이거나 변덕스러운 것이 아니어야 함을 뜻한다. 다시 말하면 무엇인가 새로운 것-따라서 불확실한 것, 문제가 되는 것-이 있으면서도 이때까지의 습관과 충분한 연결을 맺고 있어서 효과적인 반응을 유발할 수 있어야 한다는 것을 의미한다. 효과적인 반응이라는 것은 확실히 결과를 만드는 반응을 뜻하며, 이것은 활동과 그 결과가 정신적으로 연결될 수 없는, 순전히 아무렇게나 닥치는 대로 하는 활동과 구별된다. 따라서 학습을 유발하기 위해 계획된 사태나 경험에 대해 우리가 물어야 할 가장 중요한 질문은 그것에 담긴 문제의 질이 어떠한가 하는 것이다.

언뜻 생각하기에 학교에서 보통의 교육 방법이 앞서 설정한 기준에 충분히 부합하는 것처럼 보일 수 있다. 문제를 내어주고, 질문을 하고, 과제를 주고, 어려운 문제로 고민하게 하는 것 등은 학교 공부의 대부분을 이룬다. 그러나 실제 문제와 시뮬레이션 문제, 또는 모의 문제를 구분하는 것이 대단히 중요하다. 다음과 같은 질문은 이들을 식별하는 데 도움이 될 것이다. 첫째, 문제 이외에 다른 무엇이 있는가? 그 문제는 어떤 상황이나 개인적인 경험에서 자연스럽게 우러나온 것인가? 아니면 학교 교과에 들어 있는 주제를 전달하는 목적에 들어맞는 현실과 동떨어진 고답적인 문제인가? 그 문제는 학교 바깥에서 관찰과 실험 같은 종류의 '해보는 것'을 요구하는가? 둘째, 이것들은 학생 자신의 문제인가, 아니면 교사 또는 교과서의 문제인가? 혹은 학생이 다루지 못해 필요한 점수를 딸 수 없거나 진급을 못 하거나, 아니면 교사의 승인을 받지 못해 학생이 일으킨 문제인가? 분명히 이 두 질문은 겹친다. 말하자면, 이 두 질문은 동일한 포인트를 두 가지 방식으로 표현한 것이다. 즉, 경험이란 내재적으로 학습자 자신의 것으로 관련된 연계성을 자극하고 직접 관찰하며, 추론 및 검증으로 이어지는 그런 성격을 가진 개별적 차원의 문제인가? 그렇지 않으면 경험은 외부에서 부과된 것으로 학생의 문제는 오직 외부의 요구 조건에 맞추려는 것인가?

이러한 질문은 오늘날 널리 행해지는 실천이 반성적 습관을 발달시키는 데 어느 정도로 부합하고 있는지에 대한 심각한 문제로 대두된다. 평균 수준의 교실을 두고 말할 때, 물리적 장비와 배치는 실제 경험의 사태에서 발생하는 것과는 거리가 멀다. 여러 가지 곤란을 야기하는 일상생활과 유사한 학교교육의 조건은 과연 어떠한가? 거의 모든 조건이란 듣고, 읽고, 가르친 것이나 읽힌 것을 그대로 재생해 내는 일에 진력하고 있다는 것을 여실히 보여 준다. 가정에서, 놀이터에서 삶의 일상적인 책임을 다하면서 사물 및 사람들과 능동적으로 교섭하고 있는 사태와 교실 사이에서 일어나는 이러한 조건의 비교는 아무리 강조해도 지나치지 않다. 교실에서 벌어지는 일은 학교 바깥에서 다른 사람들과 이야기를 하거나 책을 읽을 때 아이의 마음속에 떠오르는 질문과 비교조차 할 수 없을 정도로 차이가 난다. 아이들이 학교 밖에서 그렇게 질문을 많이 하는데도—아이들을 조금만 부추겨주면 어른이 귀찮아할 정도로 질문을 많이 한다—, 학교에서 공부하는 교과에 대해서는 어찌하여 그토록 호기심을 보이지 않는지의 불일치 문제에 대해 그 누구도 분명하게 설명한 적이 없다. 이렇듯 두드러진 대조를 보이는 것을 깊이 들여다보면, 일상의 학교 조건이 과연 어느 정도로 경험의 맥락—문제가 자연적으로 생기는 상황—을 제공하고 있는가 하는 질문의 답을 찾을 수 있다. 교사 개개인의 수업 기술을 아무리 향상시키더라도 이 사태를 전적으로 시정할 수는 없다. 더 많은 실용적인 교재, 더 많은 자료, 더 많은 장비, 실제로 해 볼 기회가 더 많이 주어져야 이 간격을 해소할 수 있다. 아이들이 실제로 해 보는 곳에서는, 또 그 일을 하는 동안 일어난 것들에 관해 토론하는 곳에서는 수업 방식에 별 두드러진 것이 없다 하더라도, 자발적이고 활발한 탐구가 일어나며, 다양하고 독창적인 해결책이 제시된다는 사실을 알게 될 것이다.

참다운 문제를 발생시키는 자료나 작업이 존재하지 않기 때문에 학생의 문제는 그의 것이 아니라는 것, 또는 더 정확하게 말하면 그 문제는 오직 '학생으로서의' 학생의 것이지 하나의 '인간으로서의' 학생의 것이 아니다. 따라서 학생들이 교실의 문제는 아주 쉽게 다루면서도, 교실을 넘어선 삶의 문제를 다룰 때는 그들이 습득한 전문성을 이어가기 어려운 것은 매우 심각한 낭비가 아닐 수 없다. 학생에게도 문제가 있지만, 그것은 어디까지나 교사가 부과한 특정 요구 사항에 맞추어야 하는 과제이다. 교사가 무엇을 원하는지를 알아내는 것, 암송이나 시험 또는 외형적 품행에서 어떻게 하면 교사를 만족시킬 수 있을까를 알아내는 것, 그것이 학생의 문제가 된다. 이렇게 되면, 이미 학생과 교과의 관계는 직접적이지 않다. 사고의 계기와 자료는 산수나 역사, 지리 그 자체에서 찾는 게 아니라 그 자료를 교사의 요구 조건에 교묘하게 적응시키는 데 있다. 학생은 공부를 하지만, 자신도 모르게 공부의 대상은 이름 그대로 '공부'가 아니라 학교 체제와 당국의 관례와 표준이 된다. 이런 식으로 불러일으킨 사고는 최선의 경우라고 해 봐야 인위적이고 일방적이다. 최악의 경우, 학생의 문제는 어떻게 하면 학교생활의 요구 조건을 맞추느냐가 아니라 만족시키는 '체하는가', 다시 말해 과도하게 마찰하지 않고 빠져나갈 정도로 어떻게 하면 요구 조건을 최소한으로라도 만족시킬 것인가에 있다. 이러한 방책으로 판단을 형성해 가는 것은 인격[104]에 하등 영향을 미치지 않는다. 만약 이때까지 한 말이 일반 학교에서 쓰이는 교육 방법을 너무 과장하여 특색 지어 묘사하고 있다면, 그 과장된 표현은 적어도 다음과 같은 점을 설명하는 데는 쓸모가 있다. 즉, 사려 깊은 탐구의 계기가 되는 문제를 정상적으로 제기할 수 있는 그런 사태를 마련하려면, 목적의 달성을 위해 자료를 활용할 수 있게 학생들의 능동성을 이끌어 내야 한다는 것이다.

문제 상황과 해결의 실마리

곤란한 문제[105]가 생겼을 때, 그 특정한 곤란을 처리하는 데 필요한 해결책을 찾기 위해 자유롭게 이용할 자료가 있어야 한다. 소위 '발달적 방법'[106]을 따르는 교사는 때로 아이들에게 머릿속에서 실을 뽑아내듯 무엇인가를 생각해 내라고 한다. 사고의 자료는 생각이 아니라 행위이고 사실이고 사건이며, 사물 사이의 관계이다. 다시 말해 효과적으로 사고하려면 당면한 곤란을 잘 처리할 수 있는 자원으로서의 경험이 있었거나 지금 가지고 있어야 한다. 당면한 곤란은 생각을 일으키는 데 결코 없어서는 안 되는 자극이지만, 모든 곤란이 생각을 불러내는 것은 아니다. 어떤 문제는 때때로 생각을 압도하고 침몰시키고 좌절시킨다. 현재의 혼란스러운 상황은 이미 다루어 본 사태와 충분히 비슷해야 하며, 그래야 학생이 그것을 다루는 의미를 어느 정도 통제할 수 있다. 수업 기술의 대부분은 생각을 일으키기 충분할 만큼 난처한 거대한 새로운 문제이지만, 동시에 너무 큰 문제가 되지 않도록, 다시 말해 새로운 요소가 들어 있어 당연히 혼란을 수반하지만 그런 가운데서도 해결할 실마리가 될 수 있는 친숙한 지점이 빛나도록 하는 데 있다.

어떤 의미에서는 반성을 위한 주제를 제시하는 데 어떤 심리적 기제를 쓰는가는 그리 중요한 문제가 아니다. 기억, 관찰, 읽기, 소통은 모두 자료를 제공하는 통로가 된다. 이 각각의 수단을 활용하는 상대적 비율을 어떻게 하는가는 당면한 특정 문제의 구체적 특징에 비추어 결정해야 할 문제이다. 가령, 학생들이 대상에 너무 익숙해서 사실을 독립적으로 기억할 수 있을 정도임에도 직접 실물을 눈앞에 갖다 대고 관찰하라고 주장한다면, 그것은 어리석은 일이다. 이렇게 하면, 감각 표상에 지나치게 의존하게 되어 불구가 될 가능성이 있다. 사고 행위를 하는 데 여러 물체의 감각적 특징이 도움이 된다고 하여 박물관을 짊어지고 다닐 수는 없는 노릇이다. 즉, 잘 훈련된 마음을 가졌다는 것은 마음속에 최대한의 자원을 쌓아 놓아서 과거의 경험을 자세히 조사하여 그것에서 무엇을 뽑아낼지를 확인하는 데 익숙하다는 말이다. 또 한편으로 아주 낯익은 물체라 하더라도, 그 성질이나 관계 중 어떤 것이 전에는 무시되다가 지금 당면하고 있는 문제의 해결에는 쓸모가 있을 수 있다. 이 경우 직접 관찰이 필요하다. 이와 마찬가지 원리로 한편으로는 관찰하고, 다른 한편으로는 읽기와 설명이 필요한 때도 있다. 직접 관찰은 당연히 더 생생한 실감을 준다. 물론 그것에는 한계가 있다. 여하튼 자신의 직접적인 개인적 경험의 협소함을 다른 사람의 경험을 활용하여 보완할 수 있는 능력을 습득하는 것은 교육의 필수 부분이다. 그런데 책을 읽어서든지, 남이 이야기를 들어서든지, 자료를 얻기 위해 남에게 지나치게 의존하는 것은 피해야 한다. 그중에서도 가장 좋지 않은 것은 제시된 자료를 문제에 맞게 적용하고 응용하는 것을 학생이 직접 해야 하는데도, 책이건 교사건 다른 사람이 미리 만들어 놓은 해결책을 그대로 알려 주는 것이다.

학교에는 통상 다른 사람들이 제공한 자료가 너무 많기도 하고, 동시에 너무 적기도 하다는 말에는 모순이 없다. 암송과 시험에서 재생해 낼 목적으로 정보를 습득하고 축적하는 일은 지나치게 중시된다. 정보를 뜻하는 '지식'은 앞으로 할 탐구, 다시 말하면 더 많은 것을 알아내고 배우는 데 없어서는 안 될 자원이며 유동자본이다. 그런데 흔히 지식 자체가 목적처럼 취급되어서 다음의 목표는 그것을 축적하는 일이나 또 필요할 때 그것을 드러내 보이는 일에만 진력하게 된다. 이러한 정태적 냉장 저장물을 지식의 표준과 이상으로 삼는 것은 교육적 발달에 아주 해롭다. 그것은 사고의 계기를 그냥 사용하지 않은 채 그대로 둘 뿐 아니라, 사고를 늪에 빠트리기도 한다. 온갖 쓰레기가 어지럽게 널려 있는 땅 위에다가 집을 지을 수는 없다. 아직 한 번도 지적인 용도로 사용한 적이 없는 온갖 종류의 자료가 학생의 '마음'에 가득 차 있으면, 사유를 막 하려고 할 때 방해를 받을 것은 당연한 이치다. 그런 류의 학생은 적절한 자료를 선택하는 훈련이 되어 있지 않으며, 어떤 기준을 따라 결정해야 할지도 잘 모른다. 모든 것이 동일하게 생기 없는 정태적 수준에 놓여 있다. 물론 정보가 학생들 자신의 목적에 유용하게 적용됨으로써 경험 속에서 실제로 기능을 발휘한다면, 학교에서 통상 책, 그림, 이야기를 통해 자유롭게 활용할 수 있는 것 이상으로 더 다양한 정보들이 필요할 수도 있다.

사고의 도약과 새로운 세계로의 진입

사실, 자료, 이미 습득한 지식이 사고에서 차지하는 위치는 제안, 추론, 추측된 의미, 가정, 잠정적 설명 등 한마디로 '관념'이라는 용어에 담겨 있다. 세밀한 관찰과 회상은 이미 주어진 것, 이미 드러난 것, 그렇기 때문에 확실한 것이 무엇인가를 보여 준다. 없는 것을 보여 줄 수는 없다. 그것들은 질문을 규정하고, 명료화하고, 그 소재를 알려 주기는 하지만, 해답을 주지는 못한다. 추정, 발명, 독창성, 고안이 이 목적을 위해 필요하다. 자료가 제안을 '불러일으키는' 것은 사실이며, 구체적 자료를 참조해야만 제안의 적절성 여부를 판단 내릴 수 있는 것도 사실이다. 그러나 제안은 경험 속에서 현재 주어져 있는 상황을 뛰어넘는다. 제안은 이미 행해진 일, 즉 사실이 아닌 장차 일어날 수 있는 결과를 예측·예견한다. 추론은 언제나 미지의 영역에 침입하는 것이며, 알려진 것으로부터의 도약이다. 이런 의미에서 사고-나타난 그대로 사물이 아니라, 그것에서 제안되는 것-는 창조이며, 새로운 세계로의 진입이다. 사고에는 다소간의 독창성이 반드시 포함되어 있다. 물론 제안된 내용은 적어도 어떤 맥락에서는 우리에게 낯익은 것이어야 한다. 신기함이라든가 독창적인 고안이라는 것은 우리에게 보이는 것과는 다른 빛의 각도에서 본다든가 종래와는 다른 용도에 사용되는 측면을 가리키는 말이다. 뉴턴이 중력 이론을 생각해 냈을 때, 그가 가진 사고의 창의적 측면은 그가 다룬 자료에 있었던 것이 아니다. 자료는 낯익은 것이었다. 해, 달, 행성, 무게, 거리, 질량, 숫자의 제곱은 모두 익히 알고 있던 것들이다. 이것은 독창적인 아이디어가 아니라, 확증된 사실이었다. 뉴턴의 독창성은 이런 낯익은 것들을 새로운 맥락에 도입하여 종래와는 다른 용도에 사용했다는 점이다. 모든 놀라운 과학적 발견, 위대한 발명, 훌륭한 예술작품에 대해서도 이와 마찬가지로 말할 수 있다. 창의적 독창성을 기발한 환상과 결부시키는 것은 어리석은 사람이나 하는 짓이다. 그렇지 않은 사람들은 독창성의 척도가 일상의 사물을 다른 사람의 생각이 미치지 못하는 특이한 용도에 사용하는 데 있다고 생각한다. 다시 말하면, 조작하는 것이 새로운 것이지, 그것에 사용된 자료가 새로운 것은 아니라는 말이다.

그래서 교육과 관련하여 나오는 결론은 모든 사고가 지금까지 파악하지 못한 여러 고려 사항을 새로운 관점에서 조망한 것으로 독창적인 성격을 띤다는 것이다. 블록 쌓는 방법을 발견하는 세 살짜리 아이나, 5센트와 5센트를 합하면 얼마가 된다는 것을 알아내는 여섯 살짜리 아이는 비록 다른 세상의 모든 사람이 그것을 알고 있더라도 진정한 발견자이다. 거기에는 경험의 진정한 증가라고 할 만한 것, 다시 말해 기계적으로 또 다른 항목이 추가된 것이 아니라 새로운 질적 변화로 강화된 것이다. 아이들에게 공감하는 관찰자의 눈에 어린아이들의 자발성이 그토록 매력 있어 보이는 이유는 이런 지적 독창성을 인정하기 때문이다. 아이들 스스로가 경험하는 기쁨은 지적 구성의 기쁨이다. 만약 창의성이라는 말을 오해 없이 쓸 수 있다면, 그것은 창의성의 기쁨이라고 할 수 있다. 그러나 교육과 관련하여 내가 여기서 끌어내고자 하는 가장 중요한 교육적 교훈은, 만약 '배움'을 다른 사람이 집어넣어 준 내용을 차곡차곡 쌓아 두는 식이 아니라 '발견'을 뜻하는 것으로 생각하도록 학교교육이 개선된다면 교사들의 수고와 긴장이 훨씬 줄어들 것이라든지, 아이들과 청년들에게도 개인적인 지적 생산의 기쁨을 느끼게 할 수 있다는 것이 아니다. 물론 이런 것들은 참되고 중요하지만, 내가 더 중요하다고 생각하는 것은 어떠한 사유나 아이디어도 한 사람에게서 다른 사람에게 아이디어로서 전달될 수 없다는 것이다. 그것을 말로 하면 그 말을 들은 사람에게는 또 하나의 주어진 사실이지 아이디어는 아니다. 언어에 의한 소통은 상대방이 스스로 질문을 깨닫게 하고 비슷한 아이디어를 생각하도록 자극할 수도 있지만, 또한 지적 관심을 질식시키고 사고를 하려는 노력의 싹을 짓밟을 수도 있다. 여하튼 이 경우에 그 사람이 직접 받아들이는 것은 아이디어일 수가 없다. 오직 문제 상황과 직접 부딪혀 씨름하고, 자신만의 해법을 모색하고 발견할 때만 사고를 하는 것이다. 부모나 교사가 사고를 자극하는 조건을 만들어 주고, 학습자와의 공통 또는 연대적 경험에 참여함으로써 학습자의 활동에 대하여 공감적 태도를 취했다면, 학습의 상대역으로 학습을 일으키기 위해 할 수 있는 일은 다 해 준 것이다. 나머지는 학

습하는 당사자의 일이다. 만약 학습자가 자신의 해결책을 찾지 못하면-
물론 완전히 격리된 상태에서가 아니라 교사나 다른 학습자와 의견을 교
환하면서-, 100% 정확하게 정답을 외울 수 있다고 해도 그는 배운 것이
아니다. 우리는 수천 명의 학생에게 이미 나와 있는 '아이디어'를 줄 수 있
고, 또 실제로 주고 있다. 일반적으로 우리는 학습자가 자신에게 의미 있
는 상황에서 자기의 활동을 통해 여러 가지 아이디어-즉 지각된 의미 또
는 연계성-를 생성하고 지지하고 결말짓도록 하는 데 그다지 노력하지
않는다. 이 말은 교사가 멀리 떨어져서 지켜봐야 한다는 의미가 아니다.
기성의 교과를 제공해 주고, 그것을 얼마나 정확히 재생하는가를 확인하
는 것에 관한 대안은 가만히 있는 게 아니라 학습자의 활동에 참여하면
서 그 활동을 공유하는 것이다. 그러한 공동의 활동에서 교사는 '배우는
사람'이며, 학생은 자신은 비록 의식하지 못하더라도 '가르치는 사람'이다.
전체적으로 양편 모두 가르침을 주고받는다는 의식이 없을수록 교육은
더 잘 이루어진다.

사고와 연관된 현대 교육의 문제

앞에서 살펴본 바와 같이, 아이디어는 소박한 추측이든 거창한 이론이
든 일어날 수 있는 가능한 해결책에 대한 기대이다. 그것은 한편으로 아
직 나타나지 않은 활동이고, 다른 한편으로는 아직 나타나지 않은 결과
사이의 연속성 또는 연계성에 대한 예측이다. 그러므로 그것들은 그것들
에 작용하는 작동으로 검증된다. 그들은 추가 관찰, 회상과 실험을 안내
하고 조직한다. 아이디어는 학습의 중간 단계이지 최종 단계가 아니다. 앞
에서 몇 차례 언급했듯이 교육개혁자들은 주로 전통적 교육의 수동적 특
징을 비판하는 데 전념했다. 그들은 바깥에서 부어 넣고, 스펀지처럼 빨
아들이도록 하는 교육에 반대했다. 그들은 저항력을 가진 단단한 바위를

송곳으로 뚫듯 자료를 집어넣는 교육을 공격했다. 그러나 아이디어를 획득하는 것이 우리 환경과의 접촉 범위를 더욱 넓히고 그것을 더 정확하게 하는 경험을 갖는 것과 전적으로 같은 일이 되는 조건을 만드는 일은 쉽지 않다. 활동, 심지어 자기활동은 오직 머릿속에 갇힌 정신적인 것, 그리고 오직 성대를 통해서만 바깥으로 표현되는 것으로 생각하는 경우가 너무나 흔한 것이다.

좀 더 성공적인 수업 방법에서는 어디서나 공부에서 학습한 아이디어를 적용하는 것이 중요하다는 것을 인정하고 있지만, 적용의 연습은 때로 이미 배운 내용을 '고착시키는' 방안으로, 또 그 내용을 다루는 기술이 더 숙달되도록 하는 방안으로 취급되고 있다. 물론 이런 것들도 중요하며 결코 가볍게 여길 것은 아니다. 그러나 공부에서 얻은 내용을 적용하는 연습은 일차적으로 그 자체가 지성적 성질을 띠어야 한다. 이미 살펴본 바와 같이 사고가 오직 생각에 그친다면 그것은 불완전하다. 기껏해야 잠정적인 제안이고 암시에 지나지 않는다. 그것은 경험의 사태를 처리하는 입장과 방법을 나타낼 뿐이다. 그러한 사태에 실제로 적용되기까지 그것은 아직 충분한 논점도 현실성도 가지고 있지 않다. 응용함으로써만 검증되고 검증만이 완전한 의미와 함께 현실감을 부여한다. 그것이 충분히 활용되지 않은 상태에서는 그들만의 독자적 세계로 격리되는 경향이 있다. 마음과 세계를 분리하여 양자를 대립된 것으로 보는 철학(10장 2절에서 고찰한 철학)의 기원이 바로 여기에 있지는 않은지 짐작해 본다. 즉, 관조적이고 이론을 다루는 계층의 사람들에 의해 많은 양의 아이디어가 정교화되고 축적되었지만, 특정한 사회적 조건 때문에 그들의 손으로 그 아이디어를 실천해 보고 검증해 볼 수는 없었다. 그렇게 되면 사람들은 자기 생각을 그 자체의 목적으로 삼아 거기에 함몰되어 버렸다.

어찌 되었건, 이것이 사실일지라도, 학교에서 가르치는 내용의 상당 부분에 독특한 인위성이 개입되어 있다는 것은 의심할 여지가 없다. 많은 학생이 의식적으로 주제가 비현실적이라고 생각한다고 단정적으로 말할 수는 없지만, 학생의 생생한 경험이 가지고 있는 그런 종류의 현실성이 교과에 없다는 것은 분명하다. 학생들은 교과가 오직 암송, 공부, 시험의 목적을 위한 현실성만을 지니고 있다는 생각에 익숙해 있다. 교과는 일상 생활의 경험에는 무기력할 수밖에 없다는 것이 어느 정도 당연한 말이기도 하다. 그런데 여기서 이중의 나쁜 결과가 생긴다. 첫째, 일상의 경험이 당연히 학교 공부로 말미암아 더 풍부한 의미를 지녀야 하는데도 그렇게 되지 않는다는 것이다. 둘째, 학습 자료에 관한 이해와 소화가 덜 된 상태를 그대로 받아들이고 그 상태에 젖어 있어서 그 태도가 사고의 활력과 효율성을 약화시킨다는 것이다.

지금까지 주로 사고를 방해하는 학교교육의 소극적 측면에서 필요한 조치를 길게 논하였다. 이제 적극적인 측면에서 사고의 효과적인 발전을 위해 필요한 조치를 제안하고자 한다. 학교에 실험실, 공작실, 정원 등이 있어 연극, 놀이, 게임을 자유롭게 할 수 있는 곳에서는 삶의 사태를 그대로 재현하여 진보적인 경험을 전달할 수 있는 정보와 아이디어를 습득하고 적용할 기회가 있어야 한다. 그렇게 되면 아이디어는 따로 떨어진 고립된 섬이 아니라, 일상적 삶의 과정을 활기차게 또 풍부하게 한다. 그리고 정보는 행동의 방향을 잡는 데에서 중요한 자리를 차지하여 생생한 기능을 발휘하게 될 것이다.

앞에서 '기회가 생겼다'고 한 것은 특별한 의도에서 말한 것이다. 즉, 기회가 있기는 하지만, 그것이 활용되지 않을 수도 있다. 손이나 몸을 사용하여 이것저것 만드는 활동을 순전히 신체적인 면에서의 기술을 획득할 수단으로 수동적이고 구성적인 활동을 사용할 수도 있고, 그렇지 않으면 거의 전적으로 공리적인 목적, 즉 돈벌이의 목적으로 사용할 수도 있다. 그러나 소위 교양교육을 주창하는 사람들이 그러한 활동이 질적으로 순전히 신체적인 또는 직업적인 성격을 띤다고 생각하는 성향은 그 자체가 경험의 진행 방향에서 마음을 분리시키는, 이론적으로는 사물에 대한 행동에서 마음을 분리시키는 철학의 산물이라고 할 수 있다. 정신적인 것이 그 자체로서 자기충족적인 별도의 영역으로 간주될 때는 그것에 상응하는 운명인 신체 활동이나 운동도 그것에 따라 지위가 결정된다. 그리하여 신체 활동은 기껏해야 마음의 외부 부속물에 불과한 것으로 간주된다. 신체 활동은 신체의 필요를 충족시키거나 체면치레 혹은 안락함에 필요할지언정, 마음에 필수적인 지위를 차지하는 것도 아니며, 사고를 완성시키는 데 필수적인 역할을 하는 것도 아니다. 이런 식으로 이해되는 신체 활동은 자유교양교육[107] – 즉, 지성의 중요성에 관심을 갖는 교육 – 을 할 자리가 없다. 만약 조금이라도 교육의 영역으로 신체 활동이 들어온다면, 오직 대중의 물질적 요구에 맞추어 교육의 수준을 낮추는 양보뿐이다. 이들에게는 엘리트주의 교육에 신체 활동이 침범하도록 허용한다는 것은 말도 안 되는 일이다. 이러한 결론은 마음을 고립된 것으로 보는 데서 불가피하게 따라오는 것이지만, 그와 마찬가지의 논리로 마음이 정말 어떤 것인가 – 말하자면, 경험의 발달에서 목적을 가진 방향성을 설정하는 요소 – 를 파악할 때 이 결론은 사라져 버린다. 모든 교육기관은 학생들이 중요한 사회적 상황을 대표하는 적극적인 활동에서 아이디어와 정보를 습득하고 검증할 기회를 갖추는 것이 바람직하지만, 의심할 바 없이 교육기관들이 그런 시설을 모두 갖추기까지는 오랜 시간이 걸릴 것이다. 현재의 형편이 그렇다고 해서 교사들이 그것을 구실삼아 팔짱을 낀 채 생활과 유리된 학교 지식을 전달할 수밖에 없다고 한다면 이는 변명일 뿐이다. 어떤 교과에서 어떤 부분을 가르치든지, 거기에는 교과의 내용과 일상생활의 더욱 넓고 직접적인 경험 사이의 관련을 확립할 가능성은 언제나 존재하기 때문이다.

교실 수업은 세 가지 종류로 나뉠 수 있다. 가장 바람직하지 않은 수업 방법은 하나하나의 수업을 따로따로 떨어진 독립된 전체로 취급하여 가르치는 것이다. 여기서는 학생들에게 같은 교과 내에서 이 공부와 다른 공부 사이의 접점, 나아가 이 교과 내용과 다른 교과 내용 사이의 접점을 찾는 책임을 지우지 않는다. 둘째, 이보다 좀 나은 교사는 학생들에게 이전에 배운 내용을 활용하여 현재의 학습 내용을 이해시키고, 동시에 현재 배운 내용을 이용하여 이미 배운 학습 내용을 더 확실히 파악하도록 추가 설명을 체계적으로 이끌어 간다. 학습 결과는 앞의 경우보다 낫다고 할 수 있지만, 아직도 학교 교과는 일상생활과는 유리되어 있다. 우연히 잘되는 경우도 있겠지만, 그렇지 않은 한 학교 밖 경험은 원래 있는 그대로면서, 또 반성되지 않은 상태로 남아 있게 된다. 학교 밖 경험은 교실 수업에서 다루는 더욱 정확하고 종합적인 직접적 교육 자료에 의해 정련되고 확장될 기회를 얻지 못하게 된다. 이 경우에 교실 수업은 일상생활의 현실과 뒤섞임으로써 동기부여와 생생한 현실감을 갖게 되는 방향으로 운영되지 않는다. 셋째, 가장 좋은 수업은 상호연계성을 실현하는 것이 바람직하다는 생각을 기초로 하는 수업이다. 여기서 교사는 학생들에게 교실에서 배우는 내용과 일상생활의 접점과 상호관련성을 찾는 습관을 갖추게 한다.

요약

수업의 과정이 통일된 모습을 띠는 것은 오직, 그것이 '좋은 사고 습관'을 길러줄 때이다. 우리가 흔히 '사고의 방법'이라고 말하는 것도 잘못된 말은 아니지만, 중요한 사실은 사고가 '교육적 경험'의 방법이 된다는 것이다. 그러므로 수업 방법의 요체는 '성찰'의 본질과 동일하다. 수업 방법의 요체는 첫째, 학생이 진정한 경험적 사태와 마주해야 한다. 즉 학생이 관심 또는 흥미를 갖는 계속적인 활동이 일어나야 한다. 둘째, 구체적 사태 안에서 발전할 수 있는 사고를 불러일으키는 자극으로 진짜 문제가 나타나야 한다. 셋째, 학생이 그 문제를 다루는 데 필요한 정보를 갖고서 관찰을 해야 한다. 넷째, 제안된 해결의 방안을 머릿속에 떠올려 학생은 그 방안을 체계적으로 계발할 책임을 져야 한다. 다섯째, 학생은 자신의 아이디어를 실제로 적용하여 그 아이디어의 의미를 검증하고, 그 타당성을 찾아내는 기회와 계기를 가져야 한다.

13장

교과의 지성적 참여를 위한 교수학습 방법

교과의 지적 참여

학교교육의 삼위일체는 교과, 교수학습, 그리고 행정과 관리이다. 앞의 몇 장에서 이미 앞의 두 가지를 다루었다. 앞에서 언급된 맥락과 별도로 이후 두 장에 걸쳐 각각의 성격을 더욱 분명히 밝히고자 한다. 바로 이전 장의 고려 사항과 가장 가까운 방법의 주제부터 논의를 시작한다. 본격적 논의에 앞서 교과와 교수학습 방법 사이의 상호연결에 관한 이론적 함의에 대한 관심사부터 설명하는 것이 좋을 듯하다. 그 한 가지 함의는 교과와 교수학습 방법이 서로 관련되어 있다는 점이다. 마음과 세계, 즉 사람과 사물로 이루어진 세계가 두 가지 별개의 독립된 영역을 이루고 있다는 생각—철학적으로 이원론으로 알려진 이론—은 또한 교육의 방법과 내용이 별개라는 결론에 이르게 한다. 그래서 '교과'는 자연세계와 인간세계에 관한 사실 및 원리를 체계적으로 분류해서 얻은 결과를 가리키는 것이다. '교수학습 방법'은 이미 확립된 교과를 학생들에게 가장 잘 제시하고 그들의 마음에 깊은 인상을 줄 수 있는 방식을 다루는 것, 또는 외부적인 수단에 의해 교과로 이끌어 와 이를 습득하도록 촉진하는 방식을 다루는 것이다. 교수학습 방법이 적용될 교과에 관한 지식이 없더라도, 독자적으로 존재하는 마음에 관한 심리학적 이론을 통해 교수학습 방법에 대한 완전한 이론을 완벽하게 도출하는 것은 적어도 이론상으로는 가능하다. 실제로 교수학습 방법을 전혀 모르는 교과 전문가들은 학습 방법 이론을 연구하는 학문으로서의 교육학이란 쓸모없는 것일 뿐, 교사가 교과를 깊이 있고 정확하게 이해할 필요가 있다는 것을 숨기려는 눈가리개에 지나지 않는다는 비판을 쏟아내기도 한다.

그런데 '사고하기'는 교과가 완결된 상태로 나아가는 운동이고, '마음'은 그 과정의 의도적·숙의적 국면을 가리키는 것이기에 교과와 교수학습 방법이 어떤 방식으로든지 분리되어 있다고 생각하는 것은 근본적으로 잘못이다. 학문/교과의 내용이 조직되어 있다는 사실은 곧 그것이 이미 지적 활동을 거쳐서 나온 산물이라는 뜻이며, 말하자면 '방법화'되어 있다는 뜻이다. 체계적인 지식의 한 부문으로서 동물학은 일상생활을 통해 동물에 관해 알게 된 조잡하고 산만한 사실들을 세밀한 조사와 함께 의도적인 체계화를 거쳐 조직한 것이며, 이것들 사이의 관련성을 드러냄으로써 관찰, 기억, 그리고 장래의 연구를 용이하게 할 수 있도록 세밀하게 배열해 놓은 것이다. 이는 배움의 출발점을 제공한 것이 아니라 배움의 완성을 표시한 것이다. 가르침과 배움이란 교과 자료를 가장 효율적으로 활용할 수 있도록 이를 배열한 것이다. 따라서 교수학습 방법은 결코 교과 자료의 바깥에 있을 수 없다.

교과를 직접 다루는 개인 입장에서 교수학습 방법을 어떻게 규정해야 하는가? 이 경우에도 교수학습 방법은 교과 외부에 있지 않다. 그것은 바로 '내용'에 관한 것이며, 내용을 효율적으로 다루는 것 이외에 아무것도 아니다. 여기서 말하는 '효율성'이란 시간과 에너지의 낭비를 최소한으로 줄이면서 자료를 활용하는 것—즉, 목적에 도움이 되도록 하는 것—을 뜻한다. 우리는 활동의 방식을 분리해 그것만을 논의할 수는 있지만, 그 활동 방식은 오로지 자료를 다루는 방식으로 '존재'[108]한다. 그러기에 교수학습 방법은 교과와 대립하는 것이 아니다.[109] 교수학습 방법은 교과를 우리가 바라는 결과를 향하여 효과적으로 이끌어 가는 것을 말한다. 교수학습 방법은 생각 없이 아무렇게나 되는 대로 하는 무분별한 행동, 상황에 잘 적응하지 못해 빚어진 부적응과는 상반되는 것이다.

교수학습 방법이란 '목적을 향해 의도적으로 이끌어 가는 교과의 운동이다'라는 진술은 형식적 표현이다. 구체적인 내용을 담은 실례를 들어 보자. 예술가[110]는 누구든지 자신의 작업을 수행할 때 방법이나 기법을 가지고 있어야 한다. 피아노를 연주한다는 것은 무턱대고 건반을 두드리는 것이 아니다. 그것은 건반을 질서정연하게 사용하는 방법이며, 이 규칙은 피아노를 다루는 활동 이전에 연주자의 손이나 머릿속에 미리 만들어진 것이 아니다. 그 규칙은 의도하는 결과를 성취하기 위해 피아노, 손, 뇌를 사용하는 행위의 배치 안에 있다. 그 규칙은 악기로서 피아노의 목적을 달성하는 쪽으로 방향을 잡은 피아노의 움직임 바로 그것이다. '교육적' 방법도 마찬가지이다. 양자에 유일한 차이가 있다면 오직 피아노는 미리 단일한 목적을 위해 제작된 기계임에 반하여, 공부의 내용은 무한한 용도가 있다는 것뿐이다. 그러나 이 점에서도 피아노와 비유할 수 있다. 그것은 피아노가 만들어 내는 음악의 종류가 무한하다는 것, 또 다양한 음악적 효과를 얻는 데 필요한 기술 또한 다양하다는 것을 생각하면 쉽게 알 수 있다. 여하튼 '교수학습 방법'이란 어떤 목적을 위해 어떤 자료를 효과적으로 사용하는 방법을 일컫는 것이라는 점은 분명하다.

이러한 고찰은 앞에서 말한 경험의 개념을 통해 일반화할 수 있다. 경험은 무엇인가를 '해 보는 것'과 무엇인가를 '겪는 것' 사이의 연계성을 파악하는 과정이다. 이 과정이 나아가야 할 방향을 통제하는 것 이외에 내용과 방법 사이에는 아무런 구분이 있을 수 없다. 다만 개인이 하는 일, 환경이 하는 일을 통틀어 하나의 활동이 있을 뿐이다. 피아노 연주에 완전히 숙달된 연주자는 음악 연주에서 그가 한 기여(방법)와 피아노가 한 기여(내용)를 구분할 이유가 전혀 없다. 스케이팅, 대화, 음악 듣기, 풍경 즐기기 등 어떤 종류라도 형식에 맞게 매끄럽게 잘해 낸다면, 사람이 사용하는 '방법'과 그 방법의 '내용' 사이의 의식적인 구분이란 존재하지 않는다. 놀이건, 일이건 전심전력으로 할 때는 어디에서나 같은 현상이 발생한다.

그냥 경험을 '하는' 것이 아닌 경험에 대해 '반성을 해 볼' 경우, 우리는 필연적으로 자신의 태도 및 우리 태도를 유지하도록 하는 대상을 구분해서 생각하게 된다. 먹는 경우를 예로 들면, 식사를 하는 사람은 음식을 먹고 있다. 그 사람은 자신이 먹는 행위를 할 때 먹는 행위와 음식을 구분하여 파악하지 않는다. 그러나 그가 그 행위에 대해 과학적으로 조사하려고 하면, 그는 당장 그에 따라 구분을 하게 될 것이다. 그는 한편으로는 자기가 먹는 음식의 영양소를 조사하고, 다른 한편으로는 음식을 섭취하고 소화하는 기관의 작용을 조사할 것이다. 경험에 관한 반성은 우리가 경험하는 것(경험 내용)과 경험하는 행위 자체(경험 방식) 사이의 구분을 낳는다. 이 구분에 이름을 붙일 때, 내용과 방법이라는 용어가 쓰인다. 즉, 보고 듣고 사랑하고 미워하고 상상하는 '대상'이 있고, 보고 듣고 사랑하고 미워하고 상상하는 '행위'가 있는 것이다.

이 구별은 대단히 자연스럽고 또 어떤 목적을 위해 중요하기 때문에 우리는 그것을 생각, 즉 논리상의 구분이 아니라 존재, 즉 사실상의 분리로 생각하기 쉽다. 그런 다음 우리는 자아와 환경 또는 자아와 세계를 구분한다. 사실 이 분리는 교수학습 방법과 교과를 나누는 이원론의 원천이다. 말하자면 우리는 안다, 느낀다, 의도한다는 것이 자아나 마음에 속하는 것으로, 따로 떨어진 독립된 실체로서 교과와 관련을 맺는다고 생각한다. 자기 자신이나 마음에 고립되어 존재하는 것들이 사물의 능동적 에너지 유형과는 상관없이 그 자체의 작용 법칙을 가지고 있다고 생각한다. 이 법칙이 곧 방법을 가졌다고 생각하는 것이다. 그러나 사람이 무엇인가를 먹는 것이 아니라 그냥 먹는 행위만 있다고 생각하는 것도 그렇고, 턱뼈, 목 근육, 위의 구조와 소화작용 운동이 이 활동들이 관여하는 자료(내용)를 위한 것이 아니라고 생각하는 것도 이에 못지않게 터무니없는 말이다. 유기체의 기관은 세계-음식물이 존재하는 그 세계-의 연속적인 부분을 이루는 것과 마찬가지로, 보고 듣고 사랑하고 상상하는 능력은 세계(즉, 교육 내용)와 내재적인 관련을 맺고 있다. 그러한 능력들은 그 자체로서 독립된 상태로 있다가 어느 순간에 사물과 관련을 맺는 게 아니라 환경이 경험 속에 들어와서 거기에서 기능하는 것이라고 보는 편이 더 진실에 가까운 설명 방식이라고 할 수 있다. 요컨대 경험은 마음과 세계, 주체와 대상, 방법과 내용이 따로 결합되어 구성된 것이 아니라, 대단히 다양한-문자 그대로 셀 수 없이 많은- 에너지들이 벌이는 단일하고 연속적인 상호작용으로 이루어진 것이다.

움직이는 통일체로서 경험이 나아가는 방향 또는 진로를 통제하기 위해 우리는 마음속으로 방법과 내용을 구분한다. 걷거나 먹거나 공부하거나 하는 일을 할 때 실제로 산책하고 식사하고 학습하는 행위를 떠나서 산책하는 방법, 먹는 방법, 학습하는 방법이 있을 수 없지만, 그러한 행위 속에는 그 행위를 더 효율적으로 조정하는 데 필요한 요소들이 있다. 이들 요소에 특별한 주의를 기울이면, 다른 요소들은 당분간 뚜렷한 인식의 범위에서 사라지고, 그 요소를 더욱 선명하게 인식하게 된다. 경험이 어떻게 진행되는지를 이해한다면, 그 경험을 성공적으로 이끌기 위해 어떤 요소가 보강되거나 수정해야 하는지 알 수 있다. 비근한 예로 설명하자면 같은 장소에 여러 가지 식물이 자라고 있을 때, 어떤 풀은 잘 자라고 어떤 풀은 조금밖에 자라지 않거나 전혀 자라지 않는데, 만약 우리가 풀의 성장을 주의 깊게 관찰한다면 이들 묘목의 순조로운 성장을 좌우하는 어떤 특별한 조건을 발견할 수가 있다. 이 발견이란 특별한 조건을 다소 정교한 방식으로 기록한 것일 뿐이다. 이 조건을 차례로 순서에 따라 적어 놓으면, 그것이 곧 성장의 경로, 방식 또는 특징이 된다. 이와 같이 식물의 성장이나 경험의 풍부한 발달 사이에는 차이가 없다. 두 경우 모두 최고의 움직임을 만드는 요소만을 포착하기란 쉽지 않다. 하지만 성공과 실패의 사례를 조사하고 세밀하게 광범위한 비교를 한다면, 그 원인을 파악하는 데 도움이 된다. 이러한 원인에 질서를 부여하면, 우리는 절차적 방법과 기법을 알게 된다.

교과와 교수학습 방법의 동일성

교육의 방법을 교과의 내용과 유리시키는 데서 따라오는 교육의 폐해를 고려하면, 사안의 중대성을 좀 더 분명히 알게 될 것이다. (1) 교과의 내용과 교수학습 방법이 유리되는 데서 오는 첫 번째 폐해는 경험의 구체적인 상황이 무시된다는 점이다. 이 점에 관해서는 이미 앞에서 언급했다. 교과의 내용이 되는 사례와 동떨어진 교육의 방법을 찾아낸다는 것은 있을 수 없다. 방법은 현재 일어나고 있는 일이 다음번에는 더 잘 일어나도록 하려는 목적에서 그 일을 관찰하는 데서 생겨난다. 그러나 수업이나 훈육의 장면에서는 아동·청소년이 직접적인 정상적 경험을 할 충분한 기회가 충분하지 않으며, 교육자들이 이로부터 최적의 발달을 촉진할 만한 방법을 이끌어 내지 못한다. 이런 상황에서의 경험은 성장에 필요한 과정에 아무런 도움을 주지 못한다. 이른바 '교수학습 방법'은 교사 자신의 지적 관찰에서 생겨난 것이 아니라 교사에게 권위적으로 부여된 것일 뿐이다. 이러한 상황에서 교수법은 어떤 아동에게나 기계적이고 획일적으로 적용된다. 학생들이 일이나 놀이에 올바른 방향으로 전념할 수 있는 환경 속에서 스스로 융통성 있는 경험을 하게 된다면, 여기서 도출되는 교육의 방법은 개인마다 다를 것이다. 왜냐하면 틀림없이 개인마다 일을 처리하는 방식에 독특한 부분이 있을 것이기 때문이다.

둘째, 교과와 교수학습 방법을 분리하는 발상은 앞에서 언급했던 흥미와 도야에 관한 그릇된 개념의 원천이 되고 있다. 만약 교과와 이를 효과적으로 다루는 방법이 분리되는 것이라면, 이 둘을 연결할 방법은 다음 세 가지다. 하나는 흥분시키거나 재미있게 만들거나, 구미를 돋우는 일이다. 다른 하나는 집중하지 않는 학생에게 고통을 주는 것이다. 즉 생소한 주제에 관심을 불러일으키는 데 '위해'라는 위협을 사용할 수 있다. 또는 아무 이유 없이 무조건 노력하라고 호소하는 것이다. 학생들은 즉각적인 긴장을 통해 의지를 발휘할 수 있다. 실제로 마지막 방법은 불리한 결과에 대한 두려움이 유발될 경우 효과를 발휘할 수 있다.

셋째, 교과와 교수학습 방법을 분리하는 행위는 학습하는 행위 그 자체를 직접적·의식적 목적으로 만드는 폐해를 가져온다. 이와 달리 정상적 조건에서의 학습은 교과 내용을 습득한 것에 따른 결과물이며 보상이라고 할 수 있다. 아이들은 말하거나 걸을 때 의식적으로 배우려 들지 않는다. 아이는 오직 다른 사람들과 소통을 하여 좀 더 풍부한 상호작용을 하려는 충동을 표현할 뿐이다. 아이는 직접적인 활동의 결과로 배운다. 예를 들어, 아이에게 읽기를 가르치는 좋은 방법은 같은 길을 따라가는 것이다. 아이는 무언가를 배워야 한다는 사실에 특별한 주의를 고정하여, 자기 의식적이고 제한된 학습 태도를 보이지 않는다. 아이는 활동에 참여하고 그 과정에서 배운다. 수를 가르치는 경우나 그 밖의 어떤 것을 가르치는 경우에서도 그러하다. 이와 반대로 충동과 습관을 의미 있는 결과로 나아가게 하는 방식으로 교과를 가르치지 않는다면, 교과는 무조건 배워야 할 것이 된다. 교과에 대한 학생의 태도는 그냥 그것을 배워야 하는 태도일 뿐이다. 이러한 조건에서는 상황에 예민하게 반응하고 자신의 마음을 집중하는 반응을 발휘할 수 있다. 정면 공격은 전쟁에서도 손해이지만 학습에서도 마찬가지다. 그런데 이렇게 말한다고 하여 학생들을 공부에 전념하도록 남몰래 유인해야 한다는 뜻으로 받아들여서는 안 된다. 학생들이 단지 배워야 하는 것으로서 교과를 당연히 배우게 하지 않고, 진정한 이유나 목적에 따라 공부에 전념하도록 해야 한다는 뜻이다. 이러한 배움은 학생들이 자신의 경험을 풍부히 하는 데 교과가 어떠한 역할을 하게 되는지를 알게 될 때 이루어진다.

넷째, 마음과 물질이 분리되어 있다고 보는 경우, 교수학습 방법은 기계적으로 규정된 판에 박힌 일상성으로 전락하기 쉽다. 얼마나 많은 교실에서 학생들이 교수학습 방법이라는 명목하에 산술이나 문법을 암송하면서 미리 정해진 언어 공식을 강제로 학습하고 있는지 아무도 모를 일이다. 공부의 주제와 직접 부딪히게 하여 그럴듯해 보이는 여러 가지 방법을 시험해 보고, 그 결과에 따라 좋은 방법과 나쁜 방법을 가려내도록 하지 않고, 오직 한 가지 고정된 방법을 따라야 한다고 생각하는 것은 문제다. 또한 학생들이 특정한 '분석'의 형식으로 진술하고 설명하면, 언젠가는 그들의 정신적 습관이 그 형식에 동화될 것이라는 순진한 가정을 하기도 한다. 교육학 이론이 오직 교사들이 가르치는 동안에 따라야 할 처방이나 모범을 제시하는 것이라는 신조만큼 교육학의 명성을 더럽힌 처사도 없을 것이다. 자료를 잘 다루어 결론에 이르는 방법에서 가장 중요한 특징은 유연성과 주도성을 가지고 문제를 다루는 것이다. 기계적 경직성은 목적이 이끄는 활동에서 '마음'을 분리시키는 것에서 비롯된 필연적 결과이다.

일반적 교수 방법과 개별적 교수 방법

교육하는 방법은 목적을 향해 지적으로 방향 잡는 활동이라는 점에서 '예술'과 동일하다. 그런데 순수예술의 실행은 즉흥적 영감으로 이루어지지 않는다. 이를 올바로 파악하려면 과거에 위대한 작품을 낸 사람들의 작업 과정과 결과를 연구하는 것이 아주 중요하다. 초보자에게 깊은 인상을 주고 종종 그들을 사로잡을 정도로 확실한 전통과 예술학파가 존재했다. 어느 분야를 막론하고, 예술가들의 방법은 재료와 도구에 대한 깊은 지식에 근거하고 있다. 화가는 캔버스, 물감, 붓 그리고 모든 도구를 조작하는 기술을 잘 알아야 한다. 이 지식을 얻으려면 객관적 재료에 대한 지속적이고 집중적인 관심이 필요하다. 예술가는 성공과 실패를 파악하기 위해 자신의 습작 진행 상황을 검토하여 무엇이 잘되었고, 무엇이 잘못되었는지를 알아봐야 한다. 기성의 규칙을 따르든지, 아니면 타고난 재능이나 순간적 영감, 또는 방향성 없이 '열심히 작업하는' 길을 추구하든지, 이 두 가지 길 이외에는 대안이 없다는 생각은 다른 모든 예술 행위의 절차와 정면으로 모순된다.

과거에 관한 지식, 현재의 기법과 자료에 관한 지식, 최선의 결과를 얻으려면 어떻게 해야 하는지에 대한 지식 등은 말하자면, '일반적 방법'의 소재가 된다. 결과를 얻는 데 아주 안정적인 방법이 과거의 경험과 지적 분석의 검증을 거쳐 누적적으로 확립되어 있는데, 개인은 위험을 감수하며 이를 무시한다. 습관 형성을 논의할 때 이미 지적한 바와 같이pp. 85-86 참조,

이러한 방법은 기계적이고 경직되어 있어, 사람이 그의 목적에 맞게 자유자재로 구사하는 힘이 되기보다 오히려 그것들이 사람의 주인 노릇을 할 위험이 언제나 있다. 또 한편으로 순간적인 선풍을 일으키는 작품이 아니라 역사에 길이 남을 위대한 작품을 쓴 혁신가들이 자기 자신이나 비평가가 인정하는 것 이상으로 고전적인 방법을 더 많이 활용하는 것을 보게 된다. 그는 전통적인 방법을 변형시켜 새로운 용도에 맞추는 작업을 한다.

이와 마찬가지로 교육에도 일반적인 방법이 있다. 설사 이 말의 적용이 학생보다 교사에게 더 잘 들어맞는다고 하더라도, 이것은 학생에게도 마찬가지로 적용될 수 있다. 학생이 배워야 할 것의 일부-이것은 매우 중요한 일부이다-는 이와 비슷한 상황에서 지식을 획득한 다른 사람들의 경험에 비추어 가장 효율적인 것으로 입증된 '방법의 달인'이 되는 것이다.*
이러한 일반적인 방법은 결코 개인의 창의성과 독창성-즉, 일을 하는 개인적 방식-과 대립하는 것이 아니다. 오히려 그 반대로 개인적 방법은 일반적 방법을 보강한다. 왜냐하면 가장 일반적인 방법도 사전에 처방된 규칙과는 근본적인 차이가 있기 때문이다. 처방된 '규칙'은 행동에 대한 직접적인 지침이지만, 이에 반해 '일반적 방법'은 목적과 수단에 관한 계몽을 통해 간접적으로 작용한다. 다시 말하면, 일반적 방법은 외부에서 부과된 명령에 대한 순응을 통해 작용하는 게 아니라 지성을 통해 작용한다. 이미 확립된 오랜 기법을 사용하는 능력이 곧 훌륭한 예술작품을 보장하지는 않는다. 예술작품에는 살아 있는 아이디어 또한 있어야 하기 때문이다.

만약 다른 사람이 사용한 방법에 대한 지식이 우리에게 무엇을 할 것인지를 직접 알려 주지 않는다면, 그것이 어떻게 작용하는지 어떻게 아는가? 방법을 '지적'이라고 부르는 것은 무엇을 뜻하는가? 의사의 경우를

---

* 이 점은 이후(17장 1절)에 각기 심리적 방법과 논리적 방법을 논의할 때 좀 더 자세히 설명하겠다.

예로 들어 보자. 진단과 치료 등 의사의 일만큼 기존의 확립된 행동 유형에 관한 지식을 절대적으로 요구하는 경우도 거의 없다. 결국 따지고 보면 환자의 병은 서로 비슷할 뿐이지 완전히 동일한 경우는 없다. 아무리 권위가 확립된 기존의 치료법이라 하더라도, 지적으로 사용하려면 특정 환자의 여러 가지 특수성을 고려하여 그것에 맞도록 조정해야 한다. 따라서 기존의 확립된 절차는 의사가 지금 부딪히고 있는 환자에 관하여 어떤 검사를 해야 하며, 무슨 처치를 해야 할지를 지시하는 데 의의가 있다. 이전에 인정을 받은 방법은 현재 검토를 위한 기반이 된다. 현재 당면하고 있는 환자에 대해 검토해야 할 사항들이 수없이 많겠지만, 이전의 방법은 그중에서 특별히 어떤 것을 더 세밀히 검사해야 하는지를 알려 줌으로써 의사의 노력을 감하게 한다. 의사 자신의 개인적인 태도나 환자를 다루는 자기 자신의 방법-개별적인 방법-은 절차의 일반적인 방법 또는 원리에 단순히 종속되지 않고, 그것에 의해 촉진되고 지시된다고 할 수 있다. 이런 의사의 사례는 교사가 과거에 유용했던 것으로 알려진 심리학적 방법, 경험적 도구에 대한 지식을 갖는 것이 어떤 가치가 있는지를 알려 줄 수 있다. 그런 방법과 방안들이 교사의 상식과 어긋나거나 교사가 활동하는 상황에 장애가 된다면, 그것은 없느니만 못할 것이다. 하지만 만약 교사가 그런 것들을 기계적으로 받아들인 것이 아니라, 그가 일하고 있는 특이한 상황의 필요, 자원, 난점 등을 파악하는 지적인 수단으로 배웠다면, 그것은 구성적 가치를 가지게 된다. 결국 모든 것은 자신의 대응 방법에 달려 있기 때문에 다른 사람의 경험에서 나온 누적된 지식을 얼마나 잘 활용하느냐가 중요한 관건이 된다.

앞에서 시사한 바와 같이, 이상에서 한 말은 모두 학생의 학습 방법, 즉 교과를 학습하는 방법에도 그대로 적용할 수 있다. 초등학교 학생이건 대학생이건, 학생이 교과를 학습하고 논술함에서 따라야 할 방법의 전형을 가르쳐 주면, 그것으로 공부가 잘되리라고 생각하는 것은 통탄할 만한 결과를 가져오는 자기기만에 빠질 위험이 있다.pp. 254-255 참조 어떤 경우에서나 대응은 자신의 것이어야 한다. 다른 사람들-특히 이미 전문가인 사람들-이 사용했던 표준화 방법, 또는 일반적인 방법을 아는 것은 그것이 자신의 반응을 더 지적인 것으로 하게 하거나, 아니면 개인이 자신의 판단을 행사할 필요가 없도록 하는가에 따라 가치를 지니기도, 해로운 것이 되기도 한다. 앞에서_{pp. 254-255 참조} 사고의 독창성에 관해 말한 내용은 평균적인 인간 능력의 한계를 넘어선 교육을 요구한 것처럼 너무나 무리한 주장으로 여겨졌을지도 모르겠다. 그러나 독창성 발휘가 어렵다고 생각하는 것은 우리가 어떤 미신적 마귀의 영향을 받고 있기 때문이다. 다시 말하면, 우리는 일반적인 마음이라는 게 있고, 또 모든 사람에게 동일한 지적인 방법이 있다고 믿어 왔다. 그리하여 개개인 안에 부과된 마음의 양이 저마다의 차이를 만든다고 생각한다. 이런 생각을 하기에 보통 사람은 어디까지나 보통 사람이며, 독창성은 특출한 사람만이 가질 수 있다는 생각을 하게 된다. 평균 학생과 천재 학생의 차이를 재는 척도는 결국 평균 학생에게 독창성이 부족한 정도이다. 일반적으로 마음에 대한 이러한 생각은 허구에 지나지 않는다. 한 사람의 능력이 양적으로 다른 사람의 능력보다 많은지 적은지를 비교하는 것은 교사의 임무가 아니다. 교사가 하는 일과는 아무런 관련이 없다. 교사가 해야 할 일은 각각의 학생이 자신의 능력을 의미 있는 활동에서 자기의 능력을 발휘할 기회를 갖도록 하는 것이다.

마음, 개별적 방법, 독창성-이들은 서로 호환 가능한 용어이다-은 목적성과 지향적 행동의 질을 나타내는 말이다. 만약 이 확신에 따라 움직인다면, 우리는 현재 발달 수준보다 더 많은 독창성을 종래의 척도로 따지더라도 얻어낼 수 있을 것이다. 이른바 일반적 방법을 모든 사람에게 획일적으로 부과하는 것-극도로 예외적인 사람을 제외하고-은 모든 사람을 평범한 인간으로 길러내는 것이다. 그리고 독창성을 평균적 대중에서 벗어난 정도를 측정하는 것은 기인을 만들어 낼 뿐이다. 그 결과 우리는 다수의 독특한 자질을 질식시키고, 다윈^{'''}처럼 극히 예외적인 경우를 제외한다면, 드물게 나타나는 천재에게 불건전한 속성을 불어넣게 된다.

개별적 교수학습 방법의 특성

앎의 방법이 지니는 일반적인 특징은 사고에 관한 장(11장, 12장)에서 이미 설명했다. 그것은 성찰적 상황 특징이기도 하다. 즉, 문제의 발생, 자료의 수집과 분석, 제안이나 아이디어의 예측과 정교화, 실험적 적용과 검증, 그리고 귀결되는 결론이나 판단 등이다. 문제에 접근하는 개인적 방법이 가지고 있는 독특한 요소는 궁극적으로 그의 타고난 경향성과 후천적으로 획득된 습관 및 흥미에서 찾을 수 있다. 타고난 본능적 능력이 다르고-마땅히 다를 것이다-, 과거의 경험과 선호가 다르기 때문에 한 사람의 방법은 다른 사람의 방법과 다를 것이다. 이러한 문제를 이미 탐구해 본 사람이라면, 누구나 다양한 학생들의 반응을 이해하고 그 반응을 좀 더 효율적으로 이끌기 위해 교사가 어떤 일을 해야 하는지를 알 수 있을 것이다. 어린이 연구, 심리학, 사회적 환경에 대한 지식은 교사의 그와 같은 경험을 통해 얻어지는 개인적 식견을 보완해 준다. 그러나 교수학습 방법은 여전히 개인의 관심사, 접근법, 다루는 방법일 따름이기에 어떤 지식의 목록도 학습 방법의 다양한 형식과 색조를 모두 망라할 수는 없다.

그렇더라도 교과를 지적으로 다루는 방법의 효율성을 높이는 데 핵심적으로 중요한 몇 가지 태도[112]를 열거해 볼 수 있다. 그중 가장 중요한 것으로 솔직함, 열린 마음, 한결같은 마음, 책임감을 들 수 있다.

(1) 솔직함

솔직함의 의미를 이해하려면, 그 반대의 의미를 생각하는 게 더 쉽다. 자의식, 쑥스러움, 거북함은 솔직한 태도를 위협하는 적들이다. 이런 것들은 우리가 교과에 즉각적으로 또는 직접 관심을 가질 수 없는 경우를 가리킨다. 말하자면, 무엇인가가 교과와 우리 사이에 끼어들어 우리의 관심을 지엽적인 문제로 이탈시키는 것이다. 자의식이 지나치게 강한 사람은 자신의 문제에 대해서만 생각하고, 다른 사람이 자신의 성취를 어떻게 보느냐에 대해서만 생각한다. 이렇게 자신의 에너지가 다른 곳으로 빗나가면, 역량이 상실되고 생각이 혼란스러워진다. 어떤 사람이 '태도를 취하는 것'은 결코 자신의 태도를 의식하는 것을 말하는 게 아니다. 오히려 자발적이고 소박하며 단순한 것이다. 그것은 내가 하고자 하는 일과 나 자신 사이에 자연스럽게 우러나는 관계가 형성되어 있음을 의미한다. 물론 자신의 태도를 의식하는 경우라고 하여 모두가 비정상적인 것은 아니다. 예컨대 골프 선수, 피아노 연주자, 대중 연설가 등이 자기의 자세나 동작에 특별한 주의를 기울이듯이 때로는 잘못된 접근 방법을 수정하고, 사용하는 수단의 효율성을 개선하는 가장 손쉬운 방법이 되기도 한다. 그러나 이러한 필요는 이따금 일시적으로 생기는 일이다. 자신에 대한 태도가 제 기능을 발휘하는 것은 테니스 하는 사람이 타법의 '올바른 감'을 연습할 때처럼, 목적을 실현하기 위한 여러 수단 중 하나로서 무엇을 해야 할지 자신을 생각하는 것이다. 이에 비해 비정상적인 경우란 테니스 선수가 자신의 경기가 관객에게 줄 어떤 인상을 생각하면서 어떤 태도를 보이거나 자기 동작이 관객에게 어떤 인상을 줄지를 염려하는 것처럼, 자신을 수행 주체의 한 부분으로 생각하지 않고 그것과는 따로 떨어진 별개의 대상으로 파악하는 경우를 말한다.

'솔직함'은 '자신감'이라고 불러도 좋다. 그렇지만 자신감을 자의식 또는 건방진 태도의 일종인 자만심과 혼동해서는 안 된다. 자신감은 자신의 태도에 대해 생각하거나 느끼는 것을 이르는 것이 아니며, 남을 통해서 보는 '반사적 태도'도 아니다. 자신감은 자기가 해야 할 일에 대한 솔직함을 나타낸다. 그것은 자기 능력의 효능에 대한 의식적인 신뢰가 아니라 일어날 상황의 가능성에 대한 무의식적인 신뢰를 뜻한다. 그리고 상황에 따른 필요에 부응하는 것을 뜻한다. 앞에서 우리는 이미 학생들에게 특별히 공부한다든지 학습을 한다는 인식을 주어서는 안 된다고 지적했다.pp. 253-254 참조 여러 가지 상황적 조건을 통해 학생들이 그런 인식을 하게 된다면, 그만큼 공부나 학습은 일어나지 않는다고 볼 수 있다. 이런 경우 산만하고 복잡한 태도를 보이게 된다. 교사가 어떤 방법을 쓰든지, 그것이 학생의 주의를 현재 하는 공부와는 다른 방향으로 돌리거나, 교사 자신도 학생과 마찬가지로 자신의 하는 일의 방향과는 다른 엉뚱한 곳으로 자신의 태도를 전환하는 것이라면, 그것은 관심과 행동의 솔직한 태도에 어긋난다. 이러한 상태가 계속되면, 학생은 우물쭈물하거나 목적 없이 멍하니 쳐다보거나, 또는 교과 내용에 나와 있는 것 이외에서 어떤 행동의 실마리를 찾는 등 돌이킬 수 없는 나쁜 버릇에 빠질 수 있다. 아이들도, 이른바 교육으로 세련되지 못한 어른도, 이 삶 속에 일어나는 상황에 확실하고 자신 있는 태도를 보이지 못하고 외부적인 암시나 지시에 의존하거나 오리무중의 혼란에 빠질 수 있다.

(2) 열린 마음

우리가 앞서 본 바와 같이 편파성은 관심을 갖는 데 부수적으로 따라오는 부산물이다. 이는 곧 관심이 있다는 말이 어떤 운동에 참여하면서 공유하고, 참여하고, 편드는 것을 의미하기 때문이다. 그렇기 때문에 어느 한쪽이 아닌 모든 쪽에서 제안과 관련 정보를 기꺼이 받아들이는 마음의 태도가 필요하다. 목적을 논의한 8장에서 우리는 '가시적 귀결', 즉 목적이 변화하는 상황의 발전 요인임을 보여 주었다. '목적'은 행동의 방향을 잡아주는 수단으로 작용한다. 그러므로 목적이 상황에 종속된 것이지 상황이 목적에 종속되는 것이 아니다. 그것은 모든 것을 포기하고 희생하면서 도달해야 하는 최종적인 것이 될 수 없다. 예측된 결과로서 사태의 진전을 이끄는 수단이다. 과녁은 사격의 미래 표적이 아니라 현재 사격의 방향을 지시하는 중심 요소이다. 열린 마음이란 현재의 불확실한 사태에 빛을 던져 주는 모든 고려 사항을 밝히고, 이런저런 방식으로 행동한 결과를 결정하는 데 도움이 되는 모든 것들을 손쉽게 받아들이려는 마음의 접근성을 가리킨다. 이미 바꿀 수 없는 것으로 확정된 목적은 굳이 열린 마음이 아니더라도 달성할 수 있다.

그런데 지적 성장에는 인식 지평의 끊임없는 확장과 그에 따른 새로운 목적, 새로운 대응의 형성이 필요하다. 이는 지금까지 알려지지 않은 새로운 관점을 환영하려는 성향, 그리고 기존 목적을 수정하려는 고려 사항을 받아들이려는 적극적인 열망이 없이는 불가능하다. 성장할 수 있는 능력을 유지하는 것은 그러한 지성적 환대에 따른 보상이다. 마음의 완고함과 편견의 가장 나쁜 폐단은 그것이 아이들의 성장과 발달을 방해하고, 마음에 새로운 자극이 들어오는 것을 미리 차단해 버린다는 점이다. 열린 마음은 어린이 같은 태도를 계속 유지하는 것을 의미한다. 폐쇄적 마음은 미숙한 지적 겉늙은이가 되는 것이다.

절차를 획일화하고 외적 결과가 빨리 나타나기를 바라는 것은 학교에서의 개방된 태도를 가로막는 주요한 적들이다. 질문을 해결하는 다양한 방법을 허용하지 않는 교사는 학생들에게 지적 눈가리개를 씌운다. 즉, 교사의 마음이 승인하는 한 가지 경로를 통해 학생의 시야를 제한하는 것이다. 그렇지만 교사가 방법의 엄격성에 집착하는 주된 이유는 아마도 그런 방법이 정확하게 측정 가능한 올바른 결과를 약속이나 한 것처럼 신속하게 얻도록 할 것이라고 보이기 때문이다. '정답'을 제출하려는 열망은 경직된 기계적 방법을 써야 한다는 집념의 주요 원인이 된다. 강요와 과도한 압박에는 이와 동일한 원인이 있으며, 민첩하고 다양한 지적 흥미에 마찬가지의 영향을 미친다.

따라서 열린 마음은 공허한 마음과 다르다. "이 집에는 아무도 없으니 그냥 들어오세요"라는 팻말을 문에 걸어 놓는 것이 곧 환대를 뜻한다고 할 수 없다. 그런데 열린 마음에는 어느 정도의 수동성, 다시 말하면 경험이 안으로 들어와서 축적되고 스며들고 무르익도록 문을 열어 두려는 의지가 들어 있으며, 이것은 성장과 발전에 필수 불가결한 요소라고 할 수 있다. 결과, 즉 외적 해결이나 정답을 급히 얻을 수 있을지 모르지만, 과정이란 억지로 강요해서는 안 된다. 과정이 제대로 성숙하는 데에는 시간이 걸린다. 정확한 정답을 찾는 것이 아닌 지적 과정의 질이 교육적 성장의 척도라는 것을 모든 교사가 자각한다면, 그야말로 교육 혁명에 비견할 만한 교육적 발전이 이루어질 것이다.

(3) 한결같은 마음

이 말의 의미만 생각해 보면, '솔직함'에 대해 말한 내용 대부분이 적용될 수 있다. 그러나 여기서 이 단어가 전달하려는 바는 관심의 완전성, 목적의 통일성, 즉 겉으로 표명된 목적 이외에 그 속에 숨어서 영향력을 행사하는 궁극적 목적이 없다는 것이다. 그것은 지적 통합성과 동일한 의미를 지닌다. 몰입, 열중, 교과 그 자체에 대한 전적인 관심, 이런 것들이 한결같은 마음을 가능하게 한다. 관심과 흥미의 분산, 그리고 공부를 회피하려는 생각은 한결같은 마음을 파괴한다.

근본적으로 지적 통합성, 정직성, 성실성은 의식이 이끄는 목적의 문제가 아니라, 반응의 능동성 문제이다. 그런 것들을 습득하려면 의식적인 의도로 촉진되어야 하지만, 이때 자기기만에 빠지기 쉽다. 욕망은 절실한 것이다. 만약 타자의 요구와 바람으로 인해 욕망의 직접적인 표현이 어렵게 되면, 그 욕망은 손쉽게 땅속 깊은 지하의 수로에 갇히고 만다. 다른 사람의 의지에 전적으로 복종하는 것, 다른 사람이 요구하는 행동 방침을 진심으로 받아들이는 '온전한 마음'[113]은 불가능하다. 이런 상태에서는 의도적 반란이나 다른 사람을 속이려는 고의적 시도가 발생할 수 있다. 그러나 이보다 더 흔히 나타나는 결과는 자기 자신의 관심이 혼란되고 분열되며, 자신의 진정한 의도가 무엇인지조차 모르게 되어 엉뚱한 것을 진정한 의도인 양 착각하게 되는 것이다. 말하자면 동시에 두 명의 주인을 섬기는 것과 같다고 할 수 있다. 사회적 본능과 사회적 훈련, 다른 사람의 환심과 승인을 받으려는 강한 욕망, 일반적인 의무감과 권위에 대한 복종, 처벌에 대한 공포는 모두 '수업에 주의를 기울여라', 또는 그 밖에 요구하는 사항이 무엇이든지 수동적으로 따르도록 하는 어정쩡한 노력으로 이어질 수 있다. 붙임성이 좋은 사람들은 그들이 자기에게 기대하는 행동을 하려고 한다. 학생은 의식적으로 자기가 이렇게 행동한다고 생각한다. 그렇다고 해서 학생 자신의 욕망이 영영 사라진 것은 아니다. 다만, 그것을 명백하게 드러내는 것이 억제되어 있을 뿐이다. 욕망을 거스르는 것에 대하여 억지로 주의를 기울이도록 하는 것은 성가신 일이기도 하다. 즉, 사람의 의식적인 바람에도 불구하고 깊숙한 욕망이 사유의 주된 경로 및 더 깊은 곳의 정서적 반응을 결정한다. 마음은 명목상의 주제에서 일탈하여 본능적으로 요구하는 것에 전념한다. 그 결과로 욕망 상태의 이중성을 보여 주는 주의력에 계통적 분열이 생긴다.

누구든지 학창 시절과 현재 자신의 욕망이나 목적에 맞지 않은 행동을 겉으로만 하고 있을 때의 경험이 어떠했던가를 돌이켜 보면, 주의력이 분열된 태도—이중적 마음—가 얼마나 널리 퍼져 있는가를 알 수 있다. 우리는 그와 같은 태도에 너무 익숙해서 그것이 상당히 필요하다는 것을 당연한 일로 여길 정도이다. 아마 그럴 수도 있다. 만약에 그것이 지적으로 나쁜 효과를 주는지를 직시하는 일이 한층 중요하다. 의식적으로는 한쪽 일에 주의를 기울이면서—또는 주의를 기울이려고 하면서— 무의식적으로는 더 마음이 끌리는 쪽으로 상상력이 뻗어 나간다. 이렇게 되면 우리가 당장 사용할 수 있는 사유 에너지가 손실되는 것이 명백하다. 이 과정에서 자기를 기만하는 습관이 생기고, 이에 따라 현실 감각에 혼란이 생기면, 지적 활동의 효율성에 더욱 은밀하면서도 지속적인 손상이 생긴다. 한쪽에는 은밀한 사적 관심을 가지면서, 다른 한쪽으로는 공적으로 인정된 관심을 갖는 것처럼, 현실을 이중적 기준으로 파악하는 것은 많은 사람의 정신 작용의 통합성과 완전성을 파괴하는 요인이 된다. 이에 못지않게 심각한 것으로 한편으로 의식적인 사유, 다른 한편으로 충동적이고 맹목적인 감정이나 욕망 사이에 분열이 생긴다는 사실을 들 수 있다. 이러한 상태에서는 교과 내용을 반성적으로 다루지 못하고 주의력은 분산된다. 허용되지 않은 주제에 관심을 갖다 보니, 그것과 교변작용은 은밀하게 이루어진다. 이런 상황에서는 숙고적 탐구를 통해 반응을 목적의식적으로 조정함으로써 형성되는 도야가 이루어지지 않는다. 상상력은 욕망과 관련된 것에 집중하기 마련이기 때문에 근본적인 문제에 관심을 갖고 온전한 방법으로 상상력을 발휘하기 어렵게 되는 것이 더 큰 문제점이다. 다시 말해, 상상력은 객관적으로 승인되지 않은 방식으로 작용을 불러온다. 이 경우 상상력은 결말을 고려하여 시정될 기회가 전혀 없을 정도이기에 그것의 사기는 불가피하게 꺾일 수밖에 없다.

이처럼 한편으로는 공언되고 공적이며 사회적으로 책임이 있는 일로, 다른 한편으로는 사적으로 억압된 잘 조정되지 않은 사고에 빠지도록 마음이 분열되는 것을 학교가 조장하는 사례는 어렵지 않게 찾아볼 수 있다. 흔히 '엄격한 훈육'이라고 불리는 것, 즉 외부의 강압적 압력이 바로 그런 경향성을 보이며, 공부의 내용 그 자체와는 관계없는 외적 보상으로 동기를 유발하는 것도 이와 비슷한 효과를 발휘하도록 한다. 더 나아가 학교교육을 단지 준비 과정으로 만드는 모든 것pp. 95-96 참조이 이런 방향으로 작용을 한다. 목적은 학생의 현재 관심과 능력의 범위를 넘어서기 때문에 다른 사람이 부여하는 과제로 학생들의 주의를 돌리도록 특별한 조치를 해야만 한다. 물론 이런 식으로 하여 몇 가지 반응을 유발해낼 수 있을지 모르지만, 표현되지 않은 욕망이나 감정은 다른 출구를 찾아야 한다. 사고의 개입과 관계없이 동작 기능을 산출하도록 고안된 반복 훈련-이것은 자동차 기술을 숙달시키는 훈련 이외에 아무런 목적의식이 없다-에 대한 지나친 강조 역시 그에 못지않게 심각하다. 마음이 공허해지는 것을 피하고자 하는 것은 자연스러운 일이다. 사유[114]나 정동[115]이 당면한 활동에서 돌파구를 발견하지 못할 때, 그 사유나 정동에 어떤 일이 발생할 것인지 교사들은 상상할 수 있는가? 만약에 그것들이 잠깐 쉴 뿐이라면, 또는 단지 식어서 굳어져 버린 것이라면, 그것은 그다지 중대한 문제는 아니다. 그런 사유나 정동은 완전히 소멸하지 않는다. 그것은 완전히 중지된 것도 아니며, 완전히 억압된 것도 아니다. 그것이 중지되고 억압된 것처럼 보인다면, 오직 현재의 과제와 관련해서 그렇다는 것뿐이다. 사유와 정동은 혼돈스럽고 무분별한 경로를 따라 흘러갈 뿐이다. 정신작용 중에서 타고난 자발적이고 생생한 부분이 사용되거나 검증되지도 않은 채 유실되어 버리며, 이것이 습관으로 굳어져서 이러한 특성을 공적으로 인정된 목적으로 사용될 가능성은 점점 더 희박해진다.

(4) 책임감

지적 태도의 한 요소로서 책임감이란 어떤 계획된 단계의 가능한 결과를 미리 고찰하고, 이들 결과를 숙고한 이후 받아들이는 성향을 의미한다. 여기서 받아들인다는 것은 순전히 말로만 수락한다는 뜻이 아니라 실제로 고려하고 행동함으로써 인정한다는 뜻이다. 앞에서 본 것처럼, 아이디어는 본질적으로 혼란된 상황을 해결하기 위한 관점과 방법, 또는 다른 말로 하면, 반응에 영향을 주는 데 적합한 예측을 뜻한다. 어떤 진술을 받아들이거나 진리를 믿는다고 말할 때, 우리는 진술이나 진리의 함의를 충분히 고려하지 않은 상태에서도 그것을 받아들인다든지 믿는다고 말하는 경우가 많다. 다시 말하면, 진술을 인정하거나 진리를 받아들임으로써, 또는 어떤 것을 받아들이지 않으면 안 되는지에 대해 그다지 깊고 세밀하게 조사해 보지 않은 상태에서도 그것을 받아들인다고 스스로 생각한다는 말이다. 이런 경우 관찰과 인식, 신념과 동의 같은 것들은 외부에서 제시된 내용에 대한 안일한 묵인 이상의 의미가 있지 않을 것이다.

적은 양의 사실이나 진리를 수업에서 다루는 것-즉, 학생들이 받아들여야 하는 내용이 많지 않은 것-이 더 좋다고 할 수 있는가? 만약 몇 가지 안 되는 사태를 지적으로 철저하게 다루어서 학생들에게 참으로 의미 있는 확신이 생기도록-다시 말해 사실과 결과의 예견에 따라 지시되는 행동에 전적으로 공감하도록- 할 수 있다면, 그렇게 보아도 좋을 것이다.

학교 교과가 지나치게 복잡해지는 것, 그리고 교과 내용이 지나치게 많아지는 것이 지속해서 미치는 악영향은 그것이 학생들에게 걱정 및 정신적 긴장을 일으킨다든지, 피상적인 지식에만 그치도록 한다는 게 아니라—이런 것들도 물론 심각하지만—, 참으로 알고 믿는다는 것이 어떤 것인지를 학생에게 분명하게 알려 주지 못한다는 데 있다. 지적 책임감이란 안다는 것, 믿는다는 것의 기준을 엄격히 한다는 뜻이다. 이 기준은 배운 내용의 의미를 철저히 따라 그것을 행동으로 옮겨 봄으로써 확립할 수 있다.

그리하여 지금 우리가 고찰하고 있는 지적 태도는, 다른 말로 지적 철저함이라고 불러도 좋다. 철저함이란 말은 거의 순전히 물리적인 경우에도 사용할 수가 있다. 가령 한 교과의 세부적인 문제에 대해 기계적으로 철저한 연습을 하는 경우가 그것이다. 이에 비해 지적 철저함은 '사물을 끝까지 꿰뚫어 보는 것'이다. 그것은 연계되지 않은 수많은 단편적인 세부 사항들을 이것저것 제시하는 것이 아니라, 그러한 세부 사항들을 단일한 목적으로 통일하는 것을 의미한다. 지적 철저함은 목적의 완결된 의미가 확고히 전개될 때 나타나는 것이며, 결코 외적으로 부과되고 통제된 단계를 착실히 따라간다고 해서 실현되는 것이 아니다."[16]

요약

교수학습 방법은 교과의 경험이 가장 효과적인 성과를 낼 수 있도록 전개되려면 어떻게 해야 하는가를 체계적으로 언명해 놓은 것이다. 따라서 교수학습 방법은 경험—즉, 학습자의 개인적 태도나 방법과 교과 내용 사이의 의식적인 구분이 불가능한 경험—의 과정을 관찰함으로써 도출해 낼 수 있다. 방법이 독립적으로 존재할 수 있다는 생각은 마음이나 자아가 사물세계와 분리되어 있다고 보는 견해와 관련되어 있다. 이러한 생각은 수업과 학습을 형식적, 기계적, 강압적인 것으로 만든다. 방법은 개인에 따라 독특하지만, 그럼에도 불구하고 경험이 완결되어 가는 정상적인 과정에서 반드시 거쳐야 할 단계를 일반적인 수준에서 확인하는 것은 가능하다. 이전의 경험에서 축적된 지혜, 그리고 여러 경우에 취급되는 내용 사이의 일반적인 유사성이 그런 일반적인 방법을 제시해 준다. 개인의 태도와 관련지어 볼 때, 좋은 방법의 특징은 솔직함, 융통성 있는 지적 관심 또는 학습을 위한 개방된 의지, 목적의 통합성, 활동 및 사고의 결과에 대한 책임성 등이다.

행함을 통한 배움을 교과와 결합하기

교육과정과 교과

교과의 일반적 성격에 대해서는 앞에서 이미 논의했으므로 달리 덧붙일 것이 없다.p. 204 참조 즉, 교과는 목적을 가진 상황의 전개 과정에서 관찰되고 회상되고, 글이나 말을 통해 전달되는 사실들과 아이디어들로 구성된다. 이것을 학교 수업의 내용, 교육과정에 포함된 교과 내용과 관련하여 좀 더 구체화해 보려고 한다. 위의 정의를 읽기, 쓰기, 수학, 역사, 자연, 그리기, 노래, 물리, 화학, 외국어 등에 적용할 때, 그것은 어떤 의의를 지니게 되는가?

앞에서 논의한 두 가지 지점을 다시 살펴보겠다. 첫째는 교육에서 교육자가 하는 역할은 학습자의 반응을 자극하고, 그 행동 방향을 지시하도록 환경을 마련해 주는 데 있다. 결국 교육자가 할 수 있는 일은 학생의 반응이 바람직한 지적·정서적 성향의 형성과 확실히 연결될 수 있도록 자극을 조정하는 것뿐이다. 말할 필요도 없이 교과 또는 교육과정의 내용은 환경을 제공하는 일과 밀접하게 관련되어 있다. 두 번째 지점은 그와 같이 형성된 습관에 의미를 부여할 사회적 환경이 필요하다는 것이다. 우리가 앞에서 쓴 용어로 '비형식교육'이라는 측면에서는 교과가 직접 사회적 교류의 맥락을 통하여 전달된다고 할 수 있다. 이 경우의 교과는 개인이 관계를 맺고 있는 사람들의 말과 행동이다. 이 사실은 형식적 또는 의도적 교육의 교과를 이해하는 실마리를 제공한다.

'행함으로서의 배움'을 과거의 집단적 경험과 결합

원시사회 집단의 행사와 의식에 수반되는 이야기, 전통, 노래 및 전례 등에는 그 성원들을 연결시키는 고리가 있다. 그것은 이전의 경험에서 걸러져 나온 의미의 축적으로 집단의 성원들이 집단생활의 성격을 파악하는 준거로 삼을 정도로 소중히 여기는 것들이다. 먹고, 사냥하고, 전쟁하고 평화를 유지하고, 양탄자, 도자기, 바구니 등을 만드는 일상의 작업을 하는 기술과는 명백히 구분되는 정신적 내용은 의식적으로 젊은이들에게 깊은 인상을 준다. 이 과정에는 종종 성인식에서 보는 바와 같이, 강렬한 정서적 열정이 수반된다. 집단의 신화, 전설, 종교적 주문의 경우에는 직접 유용한 풍속을 전달하기보다 그것을 영속화하기 위해 의식적으로 더 많은 노력을 기울인다. 그 이유는 풍속은 일상의 연합적 생활에서 터득할 수 있지만, 이를 지속해 유지하는 것은 일상생활을 통해서는 가능하지 않기 때문이다.

사회집단이 점점 더 복잡해지고, 수많은 기술의 획득이 과거의 경험으로부터 축적된 표준적 아이디어에 의존하는 정도가 커짐에 따라-실제로 그렇든지 아니면 집단의 성원들이 그렇다고 생각하든지-, 사회적 생활의 내용은 교육의 목적에 맞게 더 명확하게 체계화될 필요가 있다. 앞서 지적한 바와 같이, 아마도 집단생활에 관해 의식적으로 깊이 생각하면서 가장 중요하다고 생각되는 의미를 추출하고, 그것을 정연하게 배치하여 체계를 세우는 동기는 주로 집단생활을 영속화하기 위해 젊은이들을 의식적으로 가르칠 필요성에서 찾을 수 있다. 일단 선발, 공식화, 조직화의 작업을 시작하게 되면 이 일에는 정해진 끝이 없다. 글쓰기와 인쇄술의 발명은 이 일에 엄청난 추진력을 제공했다. 여기에 덧붙여 학교에서 배우는 학습의 교과와 사회집단에서 통용되는 습관이나 이상을 연결해주는 고리가 느슨해져 불분명해졌다. 양자 사이의 끈이 너무 느슨해서 때로는 마치 없는 것처럼 보이기도 한다. 즉 교과 내용은 단순히 지식 그 자체로 독립적으로 존재하는 것처럼, 그리고 공부는 교과의 사회적 가치와는 아무 상관이 없이 그 자체의 중요성을 위해 교과를 배우는 일인 것처럼 생각하게 된다. 이 경향을 바로잡는 일이 실제적 이유에서 매우 중요하기 때문에pp. 29-30 참조, 이 장에서 이론적 검토를 하는 중요한 목적은 다른 어떤 것보다도 너무나 쉽게 간과되는 이 둘의 연결을 분명히 하고,

학교 교과의 대부분이 사회적 내용과 기능이 있음을 자세하게 설명하는 것이다.

교육자의 교과와 학습자의 교과

이 점을 교사의 입장과 학생의 입장에서 각각 고찰하고자 한다. 교사 입장에서 보면, 교과지식의 의미는 교사가 가지고 있는 지식이 현재 학생의 현재 지식을 훨씬 뛰어넘어 명확한 기준을 제공하고, 이 지식으로 말미암아 교사는 현재 미숙한 학생의 조잡한 활동이 따라야 할 명확한 기준과 그 활동 속에 들어 있는 발전 가능성을 드러내는 것이다. 학교에서 가르치는 교과 내용은 현재 사회적 삶의 의미 중에서 전달할 가치가 있는 의미를 구체적이고 상세하게 표현한 것들이다. 교과 내용은 다음 세대에 계속 전해야 할 문화[117]의 본질적 요소들을 교사가 분명히 알 수 있도록 조직된 형태도 제시해 준다. 만약 사회적 삶의 의미가 이와 같이 표준화되지 않았다면, 교사는 노력을 불필요하게 낭비할 수 있기 때문에 이를 방지할 필요가 있다. 교사는 이전 세대의 활동 결과로 이룩해 놓은 관념을 알고 있으므로 아이들의 표면상 충동적이고 목적 없는 반응이 지닌 의미를 깊이 있게 간파할 수 있어야 하고, 이에 대한 적절한 자극을 가해 다른 의미 있는 무언가에 도달하도록 하는 위치에 있다. 교육자가 음악에 대해 더 많이 알수록, 그는 어린이의 미숙한 음악적 충동의 가능성을 더 많이 인식할 수 있다. 조직된 교과는 아이들의 경험과 비슷한 세계를 담고 있으며, 아이들이 나타내는 능력과 유사한 경험이 성숙한 결과들을 나타낸다. 물론, 교과는 완벽하지도 않고, 오류가 없는 지혜만을 담고 있는 것도 아니다. 그러나 적어도 교과는 우리가 경험을 새롭게 발전시키도록 활용할 수 있는 최선의 것이며, 우리가 기존의 지식과 예술작품이 이룩해 놓은 성과를 조금이라도 능가하려고 한다면 교과를 자유롭게 사용할 수 있어야 한다.

요컨대 교육하는 사람 입장에서 볼 때, 여러 교과는 실제로 도움이 되는 활동을 위한 자원이며, 가용자본이 된다고 말할 수 있다. 그렇지만 교과가 아이들의 경험에서 멀리 떨어져 있다는 것은 어쩔 수 없는 엄연한 사실이다. 학습자가 배우는 교과는 성인의 공식화되고 정련되어 체계화된 교과, 즉 책이나 예술작품에 나타나 있는 상태로서 교과와 동일하지 않으며, 동일한 것이어서도 안 된다. 성인의 교과는 아동이 배울 교재의 가능성일 뿐이지 현재 상태를 나타내는 것이 아니다. 성인의 교과는 전문가와 교육자의 활동 속으로 직접 진입할 수 있는 것이지, 초보자나 학습자의 활동 속으로 들어갈 수 있는 것은 아니다. 교사와 학생 입장에서 볼 때, 각각의 교과에 차이가 있다는 점을 염두에 두지 않았다는 것은 지금까지 교과서나 그 밖의 기존 지식을 표현한 다른 자료들을 올바르게 사용하지 못한 가장 중요한 원인이 되었다.

인간의 본성이 어떻게 이루어져 있으며 어떻게 작용하는가를 구체적으로 알아야 한다는 것은 교과에 대한 교사의 태도와 학생의 태도가 너무 다르다는 점을 생각해 볼 때, 더욱 절실히 느끼게 된다. 교사는 학생에게는 오직 가능태에 머물러 있는 것을 현실태로 보여 준다. 달리 말하면, 교사는 학생이 현재 배우고 있는 내용을 이미 알고 있다. 그리하여 교사와 학생이 당면하고 있는 문제는 근본적으로 다르다. 교과를 가르치는 일에 종사하고 있는 동안, 교사는 교과를 그야말로 손바닥 위에 올려놓고 자유자재로 구사하면서 주로 학생의 태도와 반응에 주의를 기울여야 한다. '교사의 의무'는 학생의 태도와 반응을 교과와의 상호작용 속에서 이해하는 것이고, 이에 비해 '학생의 마음'은 당연히 자신의 마음 자체가 아니라, 현재 공부하고 있는 내용을 향해 있어야 한다. 이 점을 달리 표현하면, 교사는 교과 그 자체가 아니라 교과가 현재 학생의 필요나 능력과 어떻게 상호작용하는지에 신경을 써야 한다고 말할 수 있다.

교사가 단순히 교과에 관해 많이 아는 것, 즉, 학식이 있는 것만으로는 충분하지 않은 이유가 여기에 있다. 만약 교과와 학생 경험 사이의 작용과 반작용에 대해 늘 관심을 기울이는 습관적 태도가 형성되어 있지 않다면, 교과에 대한 해박한 지식을 가지고 있는 것 자체가 오히려 효과적인 교수활동에 방해가 된다. 그 이유는 다음과 같다. 첫째, 교사의 지식은 학생이 현재 알고 있는 것의 범위를 훨씬 넘어선다. 그리하여 교사의 지식은 미숙한 학생의 이해와 흥미로서는 도저히 미칠 수 없는 원리들을 다루고 있다. 마치 천문학자의 화성에 대한 지식이 아이의 자기 방에 대한 지식과 다르듯이, 교사가 가지고 있는 상태 그대로 지식은 학생의 살아 있는 경험 세계와 차이가 있다. 둘째, 기성학자의 지식은 자료의 조직 방법에서 초심자의 그것과 다르다. 아이들의 경험이 순전히 따로따로 떨어진 조각들로 이루어진 것은 아니다. 다만 아이들의 경험은 직접적인 실제적 흥밋거리를 중심으로 조직되어 있다. 예컨대 아이에게는 가정이 지리학적 지식을 조직화하는 중심센터이다. 집을 중심으로 하여 자기 자신이 직접 주변 지역을 다녀본 것, 먼 곳으로 여행해 본 것, 친구들에게서 들은 얘기, 이런 것들이 여러 가지 정보들을 하나로 묶는 끈이 된다. 그러나 지리학자의 지리학, 다시 말하면 그러한 작은 경험에 들어 있는 학문적 의미를 이미 알고 있는 사람들이 공부하는 지리학은 그 사실들이 서로서로 맺고 있는 관계를 기초로 하여 조직되어 있다. 그들의 지리학은 그 사실들이 집과 몸의 이동, 친구의 이야기 등과 어떤 관계를 맺고 있는지는 다루지 않는다. 이미 배운 사람에게 교과는 넓은 범위를 포괄하고 엄밀하게 규정되어 있으며, 이론적으로 상호 관련되어 있다. 하지만 아직 배우고 있는 사람에게 교과는 유동적이고 부분적이며, 자기 자신이 하는 일을 통해 그것과 관련을 맺게 된다.[118] 가르친다는 것은 학생의 경험을 전문가가 이미 알고 있는 것과 동일한 방향으로 계속 나아가도록 해 주는 일이다. 그리하여 교사는 자기가 가르치고 있는 교과를 알아야 할 뿐만 아니라, 학생의 특별한 필요와 능력도 알아야만 한다.

학습자에게 교과 발달의 의미

학습자의 경험 속에서 교과가 성장하는 과정을 전형적인 세 단계로 구분해도 별 무리는 없을 것이다. 첫 번째 단계에서 지식은 지적 능력—즉, 무엇인가 할 줄 아는 능력—이 적용될 대상 또는 내용으로 존재한다. 이런 종류의 교과, 즉 알려진 자료는 사물에 대한 친숙성 또는 사물에 대해 숙지하는 것을 의미한다. 두 번째 단계에서 교과 자료는 소통된 지식 또는 정보를 통해 점차 의미가 풍부해지고 깊어진다. 세 번째 단계에서 교과 자료는 의미가 더욱 확대되고 수정되어 합리적이고 논리적으로 조직된 자료, 그 교과에 대해 상대적으로 더 전문적인 사람들의 자료가 되는 것이다.

사람들에게 가장 먼저 생기고, 또 가장 깊이 뿌리내리는 지식은 '할 줄 아는 방법'에 대한 지식이다. 걷고 말하고 읽고 쓰고, 스케이트를 타고, 자전거를 타고, 기계를 조작하고, 계산하고, 차를 운전하고, 물건을 팔고, 사람을 관리하는 등 수많은 일을 할 줄 아는 방법에 대한 지식이다. 본능적으로 목적에 적합한 행위를 하는 것을 일종의 신비한 지식으로 여기는 대중적 경향이 정당화될 수는 없지만, 이는 행동 수단에 대한 지적 통제를 지식과 동일시하려는 경향이 강하다는 것을 보여 준다. 그런데도 교육에서는 학문적으로 체계화된 사실이나 진리가 아니면 무엇이든지 무시하는 학문 위주 지식관의 영향 때문에 원초적이고 일차적인 교과는 반드시 능동적인 활동으로, 다시 말해 몸을 움직여서 사물을 만지고 다루어 보는 것으로 존재한다는 사실이 올바르게 인식되지 않는 듯하다. 이런 경우 학교의 교과는 학습자의 필요와 목적에서 유리되어 오직 암기되고, 또 교사의 요구에 따라 재생되어야 할 내용이 되고 만다.

행함으로서의 배움

　이와 대조적으로 자연적 발달 과정을 중시하는 교육은 항상 '행함으로써 배우는'[119] 상황에서 출발한다. 예술이나 작업이 교육과정의 초기 모습을 형성하게 되는 것은 목적을 달성하기 위해 무엇을 해야 하는지 알아가는 과정을 통해서이다. 지식을 내포하는 일상용어들은 지금까지 학문적 철학에서 밀려난 '행동하는 능력(할 줄 아는 것)'과의 연계성을 유지해 왔다. 예컨대, 영어에서 '시야'를 뜻하는 'Ken'은 '할 수 있다는 뜻의 'can' 과 의미상 관련되어 있다. '주의'는 어떤 것에 애정을 기울이고 자신을 배려한다는 의미로 '사물을 돌보는 것'을 뜻한다. '유의하다'는 아이가 엄마의 말에 주의를 기울이는 것처럼 '가르침을 이행하는 것'과 유모가 아이에게 마음을 쓰는 것처럼 '무엇인가를 돌보는 것'을 의미한다. '사려 깊다', '생각이 깊은' 것은 다른 사람들의 주장에 주의를 기울이는 태도를 의미한다. '염려'는 바람직하지 않은 결과에 대한 지적 파악과 함께 그것에 대한 두려움을 의미한다. 좋은 감각, 판단력을 갖는다는 것은 어떤 상황이 요구하는 행동을 아는 것이다. 즉, 분별이란 단순히 구별을 위한 구별, 즉 '골치 아프게 따지는' 쓸데없는 구별을 하는 것이 아니라, 행위와 관련하여 사태를 통찰하는 것이다. '지혜'는 올바른 삶의 방향을 찾는다는 의미와 연관되어 있다. 농부나 선원, 상인과 의사, 또는 실험실 연구자의 삶에서는 그렇지 않은데도, 유독 교육에서는 지식이 일하는 것으로부터 동떨어져 주로 정보를 축적하는 것만을 의미한다. 지적인 방식으로 사물을 다루다 보면 그것에 익숙하게 되거나 숙지하게 된다. 우리가 가장 잘 아는 것은 우리가 자주 사용하는 것들이다. 이를테면 의자, 탁자, 펜, 종이, 옷, 음식, 칼, 포크 등 일상적인 수준에서 익숙한 것들뿐 아니라, 사람의 직업에 따라 더 특별한 대상으로 익숙한 것들도 있다. 우리가 어떤 사물에 대해 친밀한 정서를 뜻하는 '익숙하다'는 말의 의미를 아는 것은 우리가 그것을 어떤 목적을 가지고 사용했기 때문이다. 우리는 매우 자주 사물에 대해 행동을 해 왔기 때문에 그것이 어떻게 행동하고 반응할지 예상할 수 있다. 그것이 바로 친숙한 숙지의 의미이다. 우리는 친숙한 사물에 대해서는 늘 준비가 되어 있다. 그래서 방심하다가 실수를 하는 일도 없고, 예상치 않은 속임수에 넘어갈 일도 없다. 이러한 태도는 친근함, 우호적 태도, 편안하고 유쾌한 감정을 느끼게 한다. 이에 비해 우리에게 익숙지 않은 사물은 이상하고, 낯설고, 차갑고, 소원하고, '추상적'인 느낌을 준다.

이러한 지식의 기본 단계를 너무 정교하게 설명하면 오히려 이해를 방해할 가능성이 있기에 두 번째 단계의 지식으로 넘어갈 필요가 있다. 의도적인 전문적 연구의 성과를 제외한 거의 모든 지식이 실제 그런 종류에 속한다. 목적을 가지고 하는 일에는 사물을 상대로 한 것뿐만 아니라, 사람을 상대로 한 것도 있다. 다른 사람들과의 관계를 성공적으로 유지하기 위해서 소통의 충동 및 교섭의 습관을 그것에 맞게 잘 조정해 나가지 않으면 안 되며, 그 결과로 풍부한 양의 사회적 지식이 축적된다. 이 상호 소통의 일부로 우리는 다른 사람들한테서 많은 것을 배운다. 사람들은 자기 자신의 경험을 말하고 또 다른 사람들에게서 들은 경험에 대해서 말한다. 사람들이 이러한 소통에 관심과 흥미를 갖는 한, 다른 사람의 관심사는 자기 경험의 일부분이 된다. 다른 사람들과의 능동적 관계를 맺는 것이 당장 자신에게 중요한 관심사에서 매우 친밀하고 필수적인 부분이기 때문에 '여기서 나의 경험은 끝나고, 거기서부터 당신의 경험이 시작된다'는 식으로 선명한 경계선을 긋기란 불가능하다. 우리는 모두 공동의 일에 참여하는 동료들이기 때문에 다른 사람들이 각자의 역할을 한 결과 우리에게 전달한 경험은 내가 맡은 행동의 결과로 얻은 경험에 융합된다. 귀는 눈, 손과 마찬가지로 경험의 기관이다. 그리고 눈은 시야가 미치지 않는 곳에서 일어난 일에 대한 보고서를 읽도록 해 준다. 시간적으로나 공간적으로 멀리 떨어져 있는 일도 우리가 직접 냄새를 맡고 손으로 만져 볼 수 있는 일과 조금도 다름없이 우리가 하는 행동의 결말에 영향을 미친다. 그런 것들은 실제로 우리와 관련이 있어서 당면한 일을 처리하는 데 도움이 된다면, 그에 대한 설명이 어떤 것이든 우리 자신의 경험 범위 안으로 들어오게 되어 있다.

이런 종류의 교과 내용을 보통 '정보'라고 부른다. 각자가 자신이 일하는 데에서 의사소통이 어떤 역할을 하는지 생각해 보면, 학교에서 정보가 지닌 가치를 평가할 기준이 무엇인지를 알 수 있다. 즉, 현재 학생이 관심이 있는 질문으로부터 자연스럽게 생긴 것인지, 학생의 직접적인 숙지에 잘 부합하여 지식의 효과를 증대시키고 그 의미를 심화시키고 있는지, 이 두 가지 요구 조건을 충족시키는 정보는 교육적 가치를 갖는다고 할 수 있다. 여기서 학생이 얼마나 많이 듣고 읽는지 하는 것은 그다지 중요하지 않다. 학생이 정보를 필요로 하고 그것을 자신이 당면한 사태에 적용할 수 있다면, 정보의 양은 많을수록 좋은 것이다.

그러나 이러한 요건을 이론상으로 규정하는 것은 쉬울지 모르지만, 구체적 실천에서 그것을 충족하기란 쉽지 않다. 현대에 와서는 더욱 상호 소통의 지역적 범위가 확대되고, 저 멀리 떨어진 하늘과 지나간 역사적 사건에 관하여 직접적 정보를 얻는 기계장치가 발명되었다. 예컨대 인쇄술과 같이 정보를 기록하고 홍보하는 기구가 실제로 값이 싸졌기 때문에 소통 자료가 엄청나게 팽창했다. 학생들에게 경험을 직접 적용하는 것보다 이런 정보를 집어넣는 게 훨씬 쉽다. 이러한 정보가 개인이 알고 있는 세계 위에 또 다른 이상한 세계를 형성하는 일은 매우 자주 일어난다. 학생들이 해결해야 할 유일한 문제는 오직 학교의 목적을 위해, 암송과 진급을 위해, 그리고 이런 기묘한 세계의 구성 요소들을 배우는 것뿐이다. 아마도 오늘날 대부분의 사람에게 '지식'이라는 말의 가장 두드러진 의미는 다른 사람들에 의해 확인된 사실과 진실의 집합체인 지도책, 백과사전, 역사책, 전기, 여행안내서, 과학 논문 등에 나와 있는 자료일 것이다.

이런 엄청난 양의 자료들은 지식 자체의 본질에 대한 인간의 개념에 무의식적으로 영향을 미치고 있다. 지식은 원래 문제 상황에 대한 능동적 관심의 발로인데, 그 지식을 담고 있는 진술이나 명제를 지식 자체인 양 생각한다. 지식의 기록은 탐구의 결과이며 앞으로 할 탐구를 위한 자원이라는 사실과 무관하게 지식을 기록해 놓은 것을 바로 지식으로 간주하는 셈이다. 말하자면, 인간의 마음이 온통 이전 승리에서 얻은 전리품의 포로가 되어 있는 꼴이다. 전리품이 미지의 세계와 싸우는 데 필요한 무기나 전투 행위에 쓰이는 것이 아니라, 전리품 자체가 지식이 되거나 사실 및 진리의 의미를 규정하는 데 쓰이는 것이다.

정보를 설명하는 명제를 지식과 동일시하는 이러한 경향이 논리학자와 철학자들에게 단단히 고착되어 버린 상황에서 이와 동일한 이상이 학교교육을 거의 지배했다는 것은 놀랄 일이 아니다. '교수요목'은 주로 정보를 여러 학문 분야에 따라 배열하고, 각각의 학과를 다시 세부적인 교과 단위로 나누어 각각의 부분을 순서에 맞게 조직해 놓은 것이다. 가령 지식의 축적이 얼마 되지 않았던 17세기에는 교과 전체를 백과사전식으로 완전히 통달하는 것을 이상으로 삼았다. 이제 그 덩어리가 너무 커서 어느 한 사람이 소유하는 것은 두말할 필요도 없이 불가능해졌다. 그런데도 교육의 이상은 크게 달라지지 않았다. 각각의 학습 분야에서, 또는 적어도 일부 선택된 학습 분야에서 정보를 조금씩 획득하도록 하는 것은 초등학교에서 대학에 이르기까지 교육과정을 형성하는 기본 원칙이다. 즉, 초등학교 연령에는 비교적 쉬운 부분을 배정하고, 나중 단계에는 좀 더 어려운 것을 배정한다.

교육자들은 학문을 학습한 결과가 학생의 인격 속으로 들어가지 않고, 행동에 영향을 미치지 못한다고 불만을 토로한다. 즉, 암기하거나 주입하는 기억기계와도 같은 공부, 무조건 쑤셔 넣는 벼락치기 공부, 사실에 대한 맹목적 집착, 지나치게 늘어진 세세한 구분과 잘 이해되지 않은 규칙 및 원리에 대한 헌신 등에 대하여 반발이 일어나고 있다는 사실은 모두 이상과 같은 교육 현실에 따르는 논리적 귀결이다. 대부분 간접적으로 듣는 남의 지식은 다른 사람의 지식이며, 이것은 대부분 단순히 말로만 그치는 경향이 있다. 정보가 말이라는 외피로 표현되는 것을 결점으로 볼 수는 없다. 소통은 반드시 말을 통해 이루어질 수밖에 없다. 그러나 전달되는 내용이 학생의 기존 경험 속으로 조직될 수 없다면, 그것은 '단순한' 말, 다시 말하면 의미가 결여된 순수한 감각 자극에 불과한 것이 된다. 그렇게 되면 그것은 오직 기계적 반응을 불러일으키는 작용에 그치게 되고, 그 결과로 생기는 것은 목청을 사용하여 진술된 문장을 되풀이하거나 손을 사용하여 글씨를 쓰거나 계산하는 능력뿐이다.

정보를 가지고 있다는 것은 '통달해 있다'는 뜻이다. 말하자면, 그것은 문제를 효과적으로 처리할 수 있고, 해결책을 탐색할 수 있고, 또 그 결과로 발견된 해결책 자체에 의미를 부가하는 데 필요한 내용을 자유자재로 구사할 수 있다는 뜻이다. 정보를 전달하는 지식은 불투명한 상황에서 나름 확실하다고 의지할 수 있는 자료이다. 정보는 마음이 의문에서 발견으로 나아가는 데 일종의 다리 역할을 하고, 지적 매개자의 역할도 수행한다. 또한 정보는 새로운 경험의 의미를 드높여주는 힘으로, 인류가 지금까지 경험한 것의 성과를 이용 가능한 형태로 농축하고 기록한다. 예컨대 브루투스가 카이사르를 암살하였다든지, 1년의 길이는 365와 4분의 1이라든지, 원주율이 3.1415…임을 배운다는 것은 다른 사람에게 진정한 지식이었던 것을 받아들이지만, 그것은 또한 자기 자신에게도 앎에 대한 자극이 된다. 그가 그것을 통해 지식을 획득하게 되는지 그렇지 않은지는 오로지 소통된 내용에 대해 어떻게 반응하는지에 달려 있다.

과학 또는 합리화된 지식

과학은 가장 특징적인 형식을 갖춘 지식의 대명사이다. 과학은 정도의 차이는 있지만 학습의 완성된 결과, 즉 그 완결을 나타낸다. 특정한 경우에 지식, 즉 '알려진 것'은 정확한 것, 확실한 것, 해결된 것, 처리된 것을 가리키며, 이것은 생각의 내용이라기보다는 생각의 수단이 된다. 좋은 의미에서의 지식은 의견, 추측, 사변, 단순한 전통과 구별된다. 지식은 사물이 이러이러하다는 식으로 단정적으로 확인하며, 이런지 저런지 모르겠다는 것은 있을 수 없다. 그러나 우리 경험을 통해 알 수 있는 바와 같이, 지식 내용의 지적 확실성과 우리 자신의 확실성 사이에는 차이가 있기 때문이다. 말하자면 우리는 무엇인가를 믿게 되어 있고, 믿는 마음은 자연스러운 것이다. 도야 되지 않은 마음은 긴장과 지적 망설임을 기피하고, 충분한 근거 없이 쉽게 단정하려는 경향이 있다. 도야되지 않은 마음은 방해받지 않고 결말이 난 것을 좋아하며, 충분한 근거가 없이도 그렇게 믿어 버리는 경향이 있다. 자기에게 잘 알려진 것, 일반적으로 정평이 나 있는 것, 또 자기의 욕망에 맞는 것이 손쉽게 진리의 척도가 된다. 무지가 그릇된 의견과 당시의 지배적인 오류에 길을 내어주면 무지 그 자체보다 더 큰 학문의 적이 될 수 있다. 그리하여 소크라테스 같은 사람은 무지를 깨닫는 것이 지혜에 대한 사랑의 시작이라고 말하였고, 데카르트 같은 사람은 과학이 의심에서 태어난다고 말했다.

교과나 자료 그리고 관념은 실험적으로 그 가치를 검증받아야 한다는 점, 즉 그 자체는 시험적이고 잠정적인 가설에 불과하다는 점은 앞에서 이미 고찰했다. 성숙되지 않은 가설의 수용과 주장에 대한 선호, 판단유보에 대한 혐오는 자연스럽게 지식의 진위를 검증하는 과정을 단축시키는 경향의 징후이다. 우리는 피상적이고 즉각적인 근시안적인 적용에 만족한다. 그 결과가 약간만 만족스러우면, 우리의 가설이 확인되었다고 생각하고 자족한다. 그 결과가 우리의 예상과 어긋나도 자료나 사유가 부적절하고 부정확했다고 생각하는 것이 아니라, 운수가 나빴다든지 상황이 불리했다든지 하는 것에 책임을 돌리는 경향이 있다. 이런 경우 잘못된 결과를 참고로 하여 계획을 수정하고 탐구를 더 철저히 하려고 하지 않고, 잘못된 결과를 계획이 잘못되었거나 상황의 불완전함이 아니라 불운 탓으로 돌리고 있다. 더 나아가 우리는 더 이상 유효하지 않은 개념을 확고히 고수했다는 자랑으로 삼기도 한다.

과학은 인간이 가지고 있는 자연적 경향과 거기서 발생하는 폐단에 대한 보호 장치라고 말할 수 있다. 과학은 절차와 결과가 검증되는 조건에서 반성을 수행하기 위해 인류가 서서히 발전시켜온 특별한 장치와 방법으로 이루어져 있다. 과학은 자연발생적인 게 아니라 인위적인 것, 즉 획득된 기술이다. 학습되는 것이지 타고난 것이 아니라는 이야기이다. 과학이 교육에서 독특한 위치, 굉장한 가치를 가지고 있는 것은 바로 이 때문이다. 그렇기 때문에 또한 교육에서 과학을 올바르게 사용하는 데에는 여러 가지 어려움이 따른다. 과학 정신을 터득하지 않았다면, 사유를 효과적으로 발전시키기 위해 인류가 지금까지 고안해 낸 가장 좋은 도구를 가지고 있다고 말할 수 없다. 그런 경우 가장 좋은 도구를 사용하지 않으면 탐구와 학습을 수행할 수 없을 뿐만 아니라 지식의 완전한 의미를 이해할 수도 없다. 왜냐하면 의견이나 동의와 권위 있는 확신을 구별하는 특징들이 무엇인지 알지 못하기 때문이다. 다른 한편으로, 과학은 고도로 전문화된 기술 조건 속에서의 앎을 완성하는 것이기 때문에, 이로부터 도출된 결과는 그 자체로만 본다면, 일상적인 경험에서 멀리 떨어진 것, 흔히 '추상성'이라고 하는 '초연성'을 지닌 것이 된다. 이러한 격리 현상이 학교교육에 등장할 때, 과학적 정보는 다른 무엇보다 기존 교과의 형태로 제시될 위험이 훨씬 많이 드러날 수 있다.

과학은 탐구와 검증의 방법이라고 정의되어 왔다. 언뜻 보기에 이 정의는 과학을 조직화하거나 체계화된 지식으로 보는, 오늘날 널리 퍼져 있는 생각과 반대하는 것처럼 보일지 모른다. 그러나 이것은 오직 겉으로 보기에만 그러할 뿐, 보통 사람들의 생각을 좀 더 자세하게 살펴보면, 그렇지 않다는 것을 알게 될 것이다. 과학이 조직화된 지식이라는 것은 그냥 조직이 아니라, 검증된 발견이라는 적절한 방법론으로 생겨난 조직이 과학적 성격을 이룬다는 뜻이다. 농부의 지식은 그의 유능함 정도에 따라 체계화되어 있다. 그의 지식은 수단과 목적의 관계를 기초로 하여 조직되어 있으며, 이것을 다른 말로 하면 '실제적으로' 조직되어 있다고 말할 수 있다. 그것이 지식으로서 조직화-즉, 적절하게 검증되고 확증되었다는 좋은 의미에서의 조직화-되는 것은 농작물과 가축 등을 거두어들이는 것과 관련된 조직화에 이어 자연스럽게 이루어지는 것이다. 그러나 과학 교과는 발견이라는 과업을 성공적으로 수행하기 위한, 전문화된 과업으로서의 앎을 위한 특수한 관점에서 조직화되어 있다.

과학에 수반되는 확실성이 어떤지를 살펴보면, 과학이 전문적인 지식이라는 말의 의미를 알 수 있다. 그것은 합리적 확실성, 다시 말하면 논리적 근거로 보장되는 확실성이다. 그러므로 과학적 조직의 이상은 모든 개념과 진술이 다른 것에서 생겨나 다른 것으로 연결되는 그런 종류의 것이다. 개념과 명제는 서로를 함축하고 지지한다. '다음으로 연결되고, 앞의 것을 확증하는 것'이라는 이중의 관계가 바로 논리적이라든가 합리적이라는 말의 의미이다. 마신다, 씻는다, 농작물에 물을 댄다는 등의 물에 대한 일상적인 개념은 일상적인 용도에서는 화학자의 물 개념보다 더 적절하다. 그러나 화학자의 H_2O에 대한 설명이 과학적 탐구에서 차지하는 위치나 용도는 일상적 개념보다 훨씬 우월하다. 그것은 물의 성질을 다른 사물에 대한 지식과 연결시킴으로써 그것을 이해하는 사람에게 지식이 어떻게 도출되었으며, 사물의 구조에 관한 다른 지식들과 어떻게 관련되는지를 보여 준다. 엄밀히 말해서 물이 H_2O라는 것과 물이 투명한 액체로서 맛도 냄새도 없고 갈증을 없애 준다는 것을 비교해 볼 때, 전자가 후자보다 물의 객관적 관계를 더 잘 나타내 준다고 말할 수 없다. 물이 무색, 무미, 무취의 액체라는 말은 물이 수소분자 두 개와 산소 분자 하나로 구성된다는 말과 마찬가지로 객관적 관계를 나타내고 있다고 보아야 한다. 그러나 사실을 밝히기 위한 과학적 연구를 한다는 '특별한 목적'을 가지고 있을 때는 H_2O라는 개념이 더 중요하다. 따라서 조직화를 과학의 특징으로 강조하면 할수록, 과학의 정의에서 무엇보다 방법론이 중요하다는 점을 인식하지 않을 수 없다. 왜냐하면 과학을 과학으로 정립시키기 위해 어떤 종류의 조직을 구성해야 하는지를 규정하는 것이 방법론이기 때문이다.

교과의 사회적 성격

다음의 몇 장에서는 여러 학교 활동과 교과에 대해 논의하면서 이 장에서 지금까지 논의한 지식 발전이 다음 단계에서 어떻게 나타나는지 살펴보려고 한다. 우리가 이제까지 살펴본 것은 주로 교과의 지적인 측면과 관련된 것이기 때문에 교과의 사회적인 성격을 덧붙일 필요가 있다. 생생한 지식에도 실제 문제와 연관되어 있거나, 목적을 달성하기 위한 동기에서 활용되는 자료나 아이디어에도 그 깊이나 폭에 차이가 있다. 그 목적의 사회적 범위나 실제 문제의 사회적 중요성에 차이가 있기 때문이다. 교육에서 가려 뽑아야 할 자료는 광범위하기 때문에, 교육–특히 가장 전문화된 지식을 추구하기 이전의 모든 단계에서의 교육–에서는 사회적 가치라는 기준을 적용하는 것이 중요하다.

모든 정보와 체계화된 과학적 지식(교과)은 사회적 삶의 조건에서 만들어진 것이며, 사회적 수단으로 전달되어 왔다. 그러나 현재 사회 구성원의 성향을 형성하고, 필요한 능력을 부여하는 데 모든 것이 동등한 가치를 지니는 것은 아니다. 교육과정을 계획할 때는 학교 공부가 현재 공동체적 삶의 필요에 적합하게 하는 방안을 고려해야 한다. 우리가 공동으로 살고 있는 삶을 개선하여 미래가 과거보다 나아지도록 하려는 의도하에 선택된 내용으로 구성되어야 한다. 더욱이 교육과정은 본질적 요소를 먼저 배치하고 세부 사항을 두 번째로 고려하여 계획해야 한다. 사회적으로 가장 기본적인 것, 즉 가장 광범위한 집단이 공유하는 경험과 관련된 것이 본질적 요소가 된다. 전문적 집단과 기술 추구의 필요를 반영하는 내용은 이차적인 문제이다. 교육은 먼저 인간을 길러야 하고, 다음으로 전문가를 길러야 한다는 말에는 일면의 진리가 있다. 그러나 이 말을 하는 사람이 말하는 '인간'은 대체로 전문화된 계층, 즉 과거의 고전적 전통을 보존하는 식자층을 가리킨다. 이런 식으로 생각하는 사람들은 교육 내용이 인간으로서 인간이 가진 공통 관심사에 연결될 때 비로소 인간화된다고 하는 사실을 망각하는 경향이 있다.

특히 민주적 사회는 교과목을 마련하는 데 있어 넓은 의미에서 인간적 기준을 사용할 때 비로소 그 면모를 계속 유지할 수 있다. 교과목을 선정할 때 일반 대중에게는 협소한 실용적 목적을, 고등교육을 받은 소수 사람에게는 전문적 교양계층의 전통을 주로 고려하는 사회에서는 민주주의가 번성할 수 없다. 소위 3R(읽기, 쓰기, 셈하기)을 기계적으로 다루면서 그것을 초등교육의 '본질적인' 내용이라고 생각하는 것은 민주적 이상의 실현에 '기본적인' 것이 무엇인지 모르는 소치이다. 여기에는 무의식적으로 그러한 이상은 실현 불가능하다는 생각이 깔려 있다. 이 생각은 과거에 그랬던 것처럼 미래에도, 생계 수단을 얻거나 '생활을 꾸려나가는 것'은 남자나 여자나 할 것 없이 대부분의 사람에게 의미가 있지도 않고, 자유롭게 선택하지도 못하고, 그러한 일을 하는 사람들을 고귀하게 하지도 못하는 것이며, 그 일의 목적이 무엇인지도 모르면서 하는 것이고, 금전적인 보상만 바라며 다른 사람의 지시에 따라 수행하는 것으로 본다. 이런 부류의 삶과 이 목적에 필요한 수많은 준비에는 읽기, 쓰기, 철자법, 계산 등 기계적 효율성과 함께 어느 정도의 신체적 단련을 갖추는 것을 '본질'로 생각한다. 이러한 생각 때문에 소위 '자유교양적'으로 불리던 교육 또한 '비자유/비교양적'인 것으로 오염되고 말았다. 인간 공통의 가장 심오한 문제에 대한 관심에서 오는 계몽과 도야를 활용하는 것이 아니라, 말하자면 기생적인 교양을 가르치는 것이 되어 버렸다. 따라서 교육의 사회적 책임을 반영하는 교육과정은 공동으로 어울려 사는 인간의 문제와 관련되고, 사회적 통찰과 관심을 불러일으키는 데 적합한 관찰과 정보가 안내되는 상황을 제공해야 한다.

요약

　교육에서 교과 내용은 주로 현재의 사회적 삶에 내용을 부여하는 의미들로 구성된다. 사회적 삶의 연속성은 이러한 의미 중 많은 것들이 '과거의 집단적 경험'으로 현재의 활동에 기여한다는 것을 의미한다. 사회적 삶이 복잡해짐에 따라, 이러한 의미가 종류나 중요성에서 증가하고 있다. 그리하여 그것이 새로운 세대에게 잘 전달되도록 특별히 선정하여 공식화하고 조직화할 필요가 있다. 하지만 이 과정에서 교과는 미숙한 아동의 현재 경험에 잠재되어 있는 의미를 실현하도록 도와주는 그 원래의 기능에서 벗어나 그 자체로서 가치로운 것으로 등장하는 경향이 있다. 특히 교육자는 그의 과업이 사회 구성원으로 성장하고 있는 학생의 활동 속에 교과 내용을 조직하는 것이 아니라, 이미 고정된 문장으로 진술된 교과 내용에 학생의 능력을 적응시키고 이를 재생산해야 한다는 유혹에 빠지기 쉽다. 교육의 올바른 원리는 학생들에게 사회에서 생겨난 또 사회에 유용한 활동에 능동적으로 참여하도록 하여 그것과 관련된 자료와 법칙에 대해 과학적인 통찰을 지니도록 하며, 학생이 가진 것보다 더 넓은 경험을 가진 다른 사람들이 전달해 주는 아이디어와 사실을 배워서 직접적이고 일상적인 경험 속에 그것을 동화시키도록 돕는 것이다.

15장

놀이와 노작 그리고 배움

교육에서 활동적 작업의 위치

교육개혁자들의 노력, 더욱 높아진 아동심리학에 대한 관심, 교실 수업에서 직접 겪은 경험의 결과로 지난 20~30여 년간 우리 세대의 학습 경로는 큰 변화를 겪었다. 위의 세 가지 설명은 모두 학습자의 경험과 역량에서 출발하는 게 바람직하다는 것을 가르쳐 주었으며, 이 가르침에 따라 아동·청소년이 학교 바깥에서 하는 것과 비슷한 놀이와 노작의 활동 양식을 교실수업에 도입하게 되었다. 현대 심리학은 일반적으로 이미 만들어져 있는 능력이 있다는 옛 이론(능력심리학)을 본능적이고 충동적인 경향성이 복잡하게 얽혀 있다는 새 이론으로 대체했다. 아이들은 자연스러운 충동을 놀이로 가져오도록 하는 신체 활동의 기회를 통해, 학교에 다니는 것을 좋아하게 되고, 관리의 부담도 줄어들고, 학습도 더 수월해진다는 것을 경험은 보여 주었다. 아마 모르기는 해도, 순전히 위에서 말한 것과 같은 이유로 놀이나 게임, 여러 가지 구성적인 작업은 때때로 '정규' 학교 공부에서 오는 지루함과 긴장을 다소간 해소해 줄 것이다. 하지만 이것들을 순전히 기분을 좋게 하는 오락으로만 활용할 이유는 없을 것이다. 정신생활에 관한 연구에서 볼 수 있듯, 탐구하고 도구와 재료를 조작하고 무엇을 만들고, 즐거운 감정을 표현해 보는 등 타고난 경향성은 근본적인 가치를 갖는다. 이러한 본능적 경향성으로 유발되는 활동이 정규 학교 프로그램의 일부가 될 때, 학생은 전인적으로 여기에 전념하게 된다. 또한 학교 안에서의 삶과 학교 밖에서의 삶 사이의 인위적인 간극이 좁혀지고, 독특하게 교육적 효과가 있는 온갖 자료와 과정에 관심을 기울이는 동기가 마련되고, 정보와 지식에 사회적 의미를 부여하는 협력적 연합이 가능해진다.

요컨대 교육과정에서 놀이와 활동적 작업[120]에 명확한 위치를 부여하는 것은 일시적인 편의나 잠시의 기분전환을 위한 조치가 아니라, 지적·사회적 근거에 의해 당연히 취해져야 할 조치이다. 이와 비슷한 조치를 하지 않고는 효과적인 학습의 정상적인 상태를 확보하는 일이 불가능하다. 다시 말하면, 지식의 습득은 단순히 학교 공부로서가 아니라 독자적인 목적을 가진 활동의 부산물이어야 한다. 좀 더 구체적으로 말하면, 놀이[121]와 노작[122]은 앞장에서 보았듯이, 무엇인가를 할 줄 알게 되는 것, 그리고 작업하는 동안에 사물에 익숙하게 되고 작업하는 과정을 터득하게 되는 앎의 초기 단계에 나타나는 특성 하나하나에 상응한다.

의식철학이 발흥하기 이전에 그리스인들 사이에서 '테크네techne'[123]라는 말이 기술과 지식을 동시에 가리켰다는 것은 여기에 좋은 시사점을 준다. 플라톤은 지식이 무엇인지 설명할 때, 구두 수선공, 목수, 악기 연주자 등의 지식을 분석하면서, 그들의 기술-단순한 기계적인 일이 아닌 한-이 목적의식, 자료나 원료에 대한 통달, 기구의 자유로운 구사, 확실한 절차적 순서 등으로 이루어져 있음을 지적했다. 말하자면, 이 모든 것을 알고 있을 때, 지적인 기술이나 기예가 있을 수 있다는 것이다.

많은 교육자가 보기에, 아이들이 정상적으로 학교 밖에서 놀이와 노작을 하고 있다는 사실은 의심할 여지 없이, 그들이 학교 안에서는 근본적으로 그것과 전혀 다른 일을 해야 할 이유였다. 학교에서 보내는 시간은 너무나 귀중하기에 아이들이 오지 않더라도, 어차피 하게 될 일을 다시 되풀이 하는 데 쓰기에는 그 귀중한 시간을 허비할 수 없다고 생각한 것이다. 사회적 상황에 따라서는 이 이유가 타당할 수 있다. 예를 들어, 미국 개척 시대에는 학교 밖에서 하는 작업이 가치 있는 지적·도덕적 훈련이라는 생각이 확고했다. 이에 비해 책과 같은 학습자료들은 희귀하여 쉽게 가질 수 없었고, 좁고 조잡한 환경에서 벗어나는 유일한 통로였다. 조건과 상황이 이러하기에 어디서나 학교 활동은 책에 집중하도록 하는 것이 타당하다는 주장이 많이 나올 수 있었다. 그러나 오늘날 대부분의 지역사회는 상황이 매우 달라졌다. 특히 도시에서 젊은이들이 종사할 수 있는 일의 종류는 대부분 반교육적이다. 아동 노동을 금지하는 것이 사회적 의무가 된 것이 이 점을 잘 말해 준다. 반면에 인쇄물은 저렴해지고 널리 유통되고 있으며, 지적 교양의 기회 또한 대단히 확장되어서 옛날식의 책 중심 공부는 그것이 한때 가졌던 힘을 잃어버렸다.

학교 밖 상황에서 대부분 놀이와 노작의 교육적 효과가 부산물에 지나지 않다는 것을 잊어서는 안 된다. 거기서 교육은 일차적인 것이 아니라 부수적이다. 그와 마찬가지로 거기서 얻어지는 교육적 성장도 많든 적든 어디까지나 우연적이다. 대부분의 일자리들은 현재의 산업사회가 안고 있는 결함을 그대로 안고 있으며, 그것도 아이들의 올바른 발달에서 거의 치명적인 결함을 안고 있다. 또한 놀이는 주위의 성인 생활에 있는 훌륭한 점과 함께 조잡한 점도 재생산하고 용인하는 경향이 있다. 따라서 바람직한 정신적·도덕적 성장을 촉진하는 방향으로 놀이와 노작이 수행될 수 있는 환경을 조성하는 일이 학교의 임무다. 놀이나 게임, 손으로 하는 작업과 수공 작업을 도입하는 것만으로는 충분하지 않다. 그것을 어떻게 사용하느냐가 중요하다.

학생이 학교에서 할 수 있는 작업

이미 학교에 들어와 있는 활동의 목록을 열거만 하여도, 여기에 풍부한 교육의 장이 우리 앞에 펼쳐져 있음을 알 수 있다. 종이, 마분지, 나무, 가죽, 천, 실, 진흙, 모래, 금속 등을 재료로 하는 작업이 있으며, 이 작업은 도구를 써서 할 수도 있고, 도구 없이 할 수도 있다. 여기에 사용되는 접기, 자르기, 뚫기, 자로 재기, 틀에 붓기, 틀을 만들기, 본뜨기, 열 가하기와 식히기, 그리고 망치, 톱, 줄 등 도구를 다루는 독특한 작업도 있다. 학생들이 할 수 있는 수없이 다양한 놀이와 게임은 물론이고, 사회적 목적을 가진 활동—장차 사용할 기술을 습득하기 위한 단순 연습이 아니라—으로서 야외 소풍, 정원 가꾸기, 요리, 바느질, 인쇄, 제본, 뜨개질, 그림그리기, 노래하기, 연극, 이야기하기, 읽기 및 쓰기 등도 어느 정도의 작업

양식을 보여 준다.

　교육자에게 문제가 되는 것은 학생들이 이러한 활동을 하면서 수작업의 숙련, 기술적 효율성을 습득하여 직접인 만족을 느끼고 나중에 사용할 수 있도록 준비시키는 동시에, 이러한 활동이 모두 '교육'—즉 지적인 여러 성과와 사회화된 성향의 형성—의 일부로 귀결되어야 한다는 것이다. 이 원리는 구체적으로 무엇을 뜻하는가?

　첫째, 이 원리에 의하면 다음과 같은 몇 가지 관행을 배제해야 한다. 명확한 처방과 지시를 따르는 활동, 또는 기성의 모델을 수정 없이 재생산하는 활동은 근육을 민첩하게 하는 데는 도움이 될지 모르지만, 여러 가지 목적을 지각하고 그것을 더욱 정교하게 가다듬는 과정이 없고, 결국 같은 말이 되지만 수단을 선택하고 적용하는 데에 판단의 사용을 허용하지 않는 것이다. 소위 수공 훈련이라고 불렀던 것들뿐만 아니라, 유치원에서 전통적으로 해 오던 대부분의 활동도 이러한 오류를 범했다. 또한 실수할 기회를 주는 것도 부수적으로 필요하다. 실수가 바람직하기 때문이 아니라, 한 치의 실수도 없이 자료와 기구를 선택하는 데 지나치게 열중하는 것은 오히려 자발성을 제한하여 판단을 최소화하고, 복잡한 삶의 상황과 동떨어진 방법을 강제함으로써 이미 획득한 능력을 거의 쓸모없는 것으로 만들어 버리기 때문이다. 아이들은 자신의 실행 능력을 과대평가하여 그들의 능력을 넘어서는 일을 무모하게 선택하려는 경향이 있다. 하지만 아이들은 자신의 능력에 한계가 있다는 것도 배워야 한다. 자기 능력의 한계는 결과를 경험함으로써 배우게 된다. 너무 복잡한 일을 하려고 덤빌 경우, 자못 혼란스럽고 엉망이 되어 단순히 조잡한 결과—이것은 그다지 중요하지 않다—를 낼뿐만 아니라, 조잡한 표준—이것은 정말 중요한 문제이다—을 학습하게 될 위험도 크다. 이렇게 적절한 시기에 자신의 수행 능력이 부적절하다는 것을 깨닫고, 그에 자극을 받아서 자신의 능력을 완성하기 위해 노력하지 않는다면, 그것은 교사의 잘못이다. 동시에 학생의 행동을 너무 미세하고 치밀하게 통제하며 외적으로 완벽해지려 하기보다는 창조적이고 구성적인 태도를 살리는 것이 더 중요하다. 정확성과 세부적인 마무리는 복잡한 일 가운데 학생의 능력 범위 내에 있는 복잡한 일을 수행하면서 부분적으로 배워 가도록 할 수 있다.

교사의 지시뿐만 아니라 학습 자료에도 아이들의 타고난 경험에 대한 무의식적인 불만, 외부에서 지나치게 통제를 가하는 태도가 반영되어 있다. 실험실에서도 공작실에서도, 프뢰벨 유치원, 몬테소리 어린이집에서도 가공하지 않은 원재료에 대한 불안이 보인다. 그래서 이미 완벽한 마음의 작용을 거친 자료를 요구하게 된다. 이는 학술적 연구뿐만 아니라, 활동적인 작업의 교재에서도 나타난다. 이런 종류의 가공된 교재가 학생의 작업을 통제하여 시행착오를 방지하는 것은 확실하다. 그러나 학생이 그러한 교재를 사용한다고 하여, 그 교재를 최초로 형성하는 데 필요했던 지력을 흡수하리라고 생각하는 것은 오산이다. 원재료로 시작하여 목적을 세우고, 그것을 처리함으로써 비로소 학생은 완성된 교재 속에 구현된 지력을 얻을 수 있다. 실제로 이미 형성된 재료를 지나치게 강조하면, 수학적 성질을 과장하는 결과를 가져온다. 왜냐하면 인간의 지력은 물체를 크기, 모양, 거기서 생기는 비율과 관계라는 면에서 자신에게 이익이 되는 것을 찾아내기 때문이다. 이러한 성질은 미리 주어져 있지 않고, 목적에 주의를 기울이며 행동해 보고, 그 행동의 결과를 인식해야만 알 수 있다. 목적이 더 인간적일수록, 다시 말해 일상의 경험에서 사람의 마음을 끄는 목적에 가까워질수록 지식은 더 실제적이다. 활동의 목적이 이러한 수학적 성질을 확인하는 것으로 국한되면, 거기서 얻어지는 지식은 기술적인 지식에 불과하다.

이 원칙을 달리 말하자면, 활동적인 작업은 무엇보다도 '전체'와 관련되어야 한다. 하지만 교육의 목적으로 볼 때 전체라는 것은 물리적인 사태를 가리키지 않는다. 지적인 측면에서 말하면, 전체의 존재는 관심과 흥미에 따라 결정된다. 전체는 질적인 것이며, 어떤 사태가 사람의 마음을 완전히 사로잡는다는 뜻이다. 현재의 목적과는 무관하게 효율적인 기술을 형성하는 일에 너무 집착하다 보면, 필연적으로 목적과 유리된 작업을 생각하게 한다. 가령 실험실에서는 물리학의 기본 단위에 대한 지식을 습득하게 하려고 정확하게 측정하는 일을 시키고 있는데, 이것은 그 단위가 무슨 문제 때문에 중요한가 하는 것과 무관하게, 측정 기술 그 자체를 강조하고 있다. 또는 실험 기구를 능숙하게 조작한 것을 가르치는 일도 마찬가지다. 실험 기술은 발견과 검증의 목적에 비추어서만 의미가 있는데, 이 목적과는 관계없이 기술이 습득되는 것이다.

유치원에서 하는 작업 활동은 정육면체, 구체 등에 관한 정보를 제공하고, 재료를 조작하는 어떤 습관을 형성하도록 고안되어 있는데-어떤 일이든 항상 '완전히 똑같이' 하게 되어 있기 때문에-, 이는 생생한 목적 대신 상징적 자료로 대체하려는 것으로 보인다. 수공 훈련은 여러 가지 도구를 다루는 능력, 구성물의 연결 부위 같은 여러 요소에 관한 기술적 능력을 차례대로 숙달하게끔 순서에 따라 계획된 과제가 되어 버렸다. 학생들은 실제로 무엇을 만드는 일을 시작하기도 전에 도구 사용법부터 알아야 한다. 다시 말해 학생들은 무엇을 만드는 과정에서는 도구 사용법을 배울 수 없다고 생각하는 것이다. 페스탈로치가 낱말을 암기하는 대신 감각을 적극적으로 사용하도록 해야 한다고 주장한 것은 옳지만, 이 주장은 그 후 실제로는 실물수업[124]의 형태로 실천되어서 학생들에게 특정의 한 물체의 모든 성질을 알게 하려는 방안으로 나타났다. 이것 역시 같은 오류이다. 즉, 어느 경우에나 물건을 지적으로 사용하기 위해서는 그러한 사물의 속성을 먼저 알아야 한다고 전제한 것이다. 사실 사물을 지적으로-즉, 목적을 가지고- 사용하는 과정에서 감각은 정상적으로 사용된다. 왜냐하면 사물을 잘 사용하려면, 그 성질을 지각하는 것이 꼭 필요하기 때문이다. 예를 들어, 연을 만드는 아이가 나무의 결이나 그 밖의 속성, 크기와 각도, 부분의 비율 문제와 관련하여 보여 주는 태도는 한 조각의 나무에 대해 실물수업을 받는 학생의 태도와 다르다는 것을 주목해야 한다. 실물수업의 경우에 나무와 그 속성이 가질 수 있는 기능은 오직 배워야 할 주제가 되는 공부거리가 될 뿐이다.

상황 자체를 유기적으로 발달시키는 것만이 마음의 목적을 향한 '전체'를 구성한다는 사실을 인식하지 못함으로써 학교 수업에서 무엇이 단순한 것이며 무엇이 복잡한 것인지에 대하여 현재와 같이 널리 퍼진 잘못된 생각이 나오게 되었다. 어떤 주제에 몰두하고 있는 학생에게는 그 주제를 단순하게 하는 것이 목적이다. 다시 말해 그 일을 이행하는 과정이 아무리 복잡하더라도, 그가 원하는 자료나 도구, 또는 기술적 과정을 활용하고자 용도 그 자체는 단순하다. 단일한 목적을 가지고 그것에 필요한 세부 사항에 정신을 집중하면, 일을 수행해 가는 과정에 고려해야 할 여러 가지 요소들이 훨씬 간단해진다. 전체에서 각각의 요소들이 어떤 역할을 하는가에 따라 그 각각의 요소는 단일한 의미를 지니게 된다. 일의 과정 전체를 거치고 난 뒤에야 그 일을 구성하고 있는 성질이나 관계는 각각 그 자체의 확실한 의미를 갖는 '기초'가 된다. 앞에서 말한 그릇된 생각은 숙련자, 즉 이미 그러한 기초가 있는 사람의 관점에서 나온 것이다. 그리고 그러한 기초를 목적이 있는 행동에서 분리하여 초심자들에게 '단순한' 것만 보여 주는 것이다.

이제 그릇된 입장을 지적하는 일은 그만두고, 적극적 입장에서 말할 때가 되었다. 활동적 작업은 '공부하는 것'이 아니라 '작업하는 것'을 뜻한다는 점에 관해서는 이미 말한 바 있다. 이외에 활동적 작업이 가지고 있는 교육적 의의는 그것이 사회적 상황의 특징을 잘 나타내 준다는 데 있다. 사람들의 근본적인 공통 관심사는 음식, 주거, 의복, 가구 설비와 생산, 교환, 소비와 관련된 장비를 중심으로 하고 있다. 이런 것들은 생활의 필수품과 그것을 둘러싸고 있는 장식품을 대표하는 만큼 인간의 내면 깊숙한 본능을 일깨워 주며, 그와 동시에 사회적 의미를 지닌 사실 및 원리들을 가득 담고 있다.

이러한 인간의 기본적인 관심사를 학교 자원 속에 옮겨다 놓은 여러 가지 활동들, 즉 정원 가꾸기, 옷감 짜기, 목재 건축, 금속 세공, 요리 등이 순전히 실용적 가치밖에 없다는 식으로 비난하는 것은 활동의 논지를 완전히 잘못 파악하는 것이다. 만약 대다수의 인간이 산업에 종사하는 동안에 그것을 오직 생계유지를 위하여 참을 수밖에 없는 필요악으로만 생각해 왔다면, 그 잘못은 작업에 있는 것이 아니라, 작업이 수행되는 조건에 있었다고 보아야 한다. 현대 생활에서 경제적 요소의 중요성은 끊임없이 증대하고 있으므로 교육을 통해 그것의 과학적 내용과 사회적 가치를 드러낼 필요가 더욱 커지고 있다. 왜냐하면 학교에서 하는 작업은 금전적 이득을 위해서가 아니라, 작업 자체의 내용을 위해 수행되기 때문이다. 그것은 외적인 결속과 임금의 획득이라는 압력에서 벗어나 있기에 학교에서 하는 일은 내재적으로 가치 있는 경험의 여러 양식을 제공한다. 즉, 학교에서 하는 작업 활동은 질적인 면에서 진정으로 자유롭게 하는 과정이라고 할 수 있다.

이를테면 정원 가꾸기는 장차 정원사가 될 사람을 위한 준비를 위해 가르쳐야 하는 것도 아니고, 즐겁게 시간을 보내는 수단으로 가르쳐야 하는 것도 아니다. 그것은 농업과 원예가 인류의 역사에서 어떤 위치를 차지해 왔으며, 현재의 사회조직에서 어떤 위치를 차지하고 있는지에 대한 지식을 획득하는 통로가 되는 것이다. 교육적으로 설계된 환경 속에서 정원 가꾸기는 식물의 성장 실태, 토양의 화학적 성질, 햇빛과 공기와 수분의 역할, 식물의 성장에 해로운 동물과 이로운 동물의 생활 등을 연구하기 위한 수단이 된다. 식물학의 초보적 학습에 나오는 내용치고 씨앗의 성장을 돌보는 일과 관련하여 살아 있는 생생한 방법으로 배울 수 없는 것은 없다. 이렇게 할 때 그 교과는 식물학이라는 독특한 연구에 속하는 교재가 아니라 생명체에 속하게 되며, 더욱이 토양, 동물생활, 인간관계 등과도 자연스러운 상관관계를 발견하게 될 것이다. 학생들이 더 성숙해지면, 정원 가꾸기에 대한 원래의 직접적인 관심과는 무관하게, 과학적 발견을 위해 추구할 수 있는 관심 문제를 인식하게 된다. 식물의 발아 및 영양, 과일의 번식 등과 관련된 문제로 인해 숙의적 지적 탐구로 전환될 것이다.

이와 같은 실례는 물론 목공, 요리 등 학교에서 할 수 있는 모든 과목에 걸친 여러 가지 작업 활동에도 적용할 수 있다. 여기에서 주목할 점은 인류 역사에서 과학은 유용한 사회적 작업을 하는 과정에서 점차 생겨났다는 것이다. 물리학은 도구와 기계를 사용하는 과정에서 서서히 발전하였다. 물리학의 한 중요한 분야인 역학을 '기계학'이라고 불렀던 것은 원래 기계에 관한 학문과 연관이 있었다는 증거이다. 지렛대, 바퀴, 경사면 등은 인류 최초의 위대한 지적 발견이며, 이것들이 실제적 목적을 달성하는 수단을 추구하는 과정에서 생겨났다고 해서 지적으로 열등하다고 볼 이유가 없다. 지난 세대에 전기에 관한 과학이 크게 진보한 것은 전기 장치를 통해 통신, 교통, 도시와 주택의 조명, 그리고 상품의 경제적 생산의 수단으로 전력을 적용한 결과이며, 그 원인 또는 결과가 밀접하게 연관되어 있다. 그뿐만 아니라, 이것이 사적 이익의 개념과 밀접한 관련을 맺고 있더라도, 이는 사적인 용도로 오용되었기 때문이며, 근본적으로는 사회적 목적과 관련되어 있다. 그래서 더욱, 학교교육은 공적인 과학적·사회적 관심을 다음 세대의 마음속에 올바로 관련짓도록 할 책임이 있다. 이와 마찬가지로 화학도 염색, 표백, 금속가공 과정에서 성장했으며, 최근에는 산업에서 무수히 많은 새로운 용도로 활용되고 있다.

수학은 이제 고도로 추상적인 학문이 되었다. 그러나 기하학은 문자 그대로 '땅의 측정'을 의미한다. 사물을 파악하기 위해 숫자를 세거나 측정하는 데 수가 가지고 있는 실제적 용도는 원래 이러한 목적을 위해 숫자가 발명되었을 때 비해 오늘날 훨씬 중요해졌다. 이러한 고찰-모든 학문의 역사에서 마찬가지지만-은 인류 역사가 개체에서 반복된다고 주장하려는 것도 아니며, 또한 초기의 엉성한 경험적 방법에 의존하던 단계에 오래 머물러 있어야 한다고 주장하려는 것도 아니다. 다만 그것은 활동적 작업을 과학 연구의 기회로 사용할 가능성이 있다는 것-이 가능성은 과거 어느 시대보다 오늘날에 더 크다-을 말하려는 것이다. 우리가 인류의 집단생활을 과거에서 보든 미래에서 보든, 이 기회는 사회적 측면에서도 그만큼 크다고 할 수 있다. 초등학생들에게 시민교과나 경제학을 가르치는 가장 직접적인 길은 생산직이 사회적 삶에서 어떤 위치와 직분을 지녔는지를 고찰하는 것이다. 또 상급생들에게도 사회과학을 그야말로 과학으로-즉, 체계화된 지식으로- 다루기보다는 학생이 속해 있는 사회집단의 일상생활에서 나타나는 그대로 직접적인 교과로 다룬다면, 훨씬 덜 추상적이고 덜 형식적인 교과가 될 것이다.

작업과 과학적 방법의 관련은 적어도 작업과 과학의 내용과의 관련만큼이나 밀접하다. 과학적 진보가 느렸던 시대에는 학식 있는 사람들이 일상생활의 자료와 과정, 특히 손으로 하는 일과 관련된 것들에 대하여 경멸하는 태도를 보였다. 따라서 학자들은 논리적 추론으로 일반적인 원리로부터-거의 자신들의 머리에서- 나온 지식을 만들어 내려고 했다. 가령 돌에 산을 떨어뜨려 어떤 일이 일어날지 알아보는 것과 같이 물체를 가지고 행위를 한 결과로 지식이 나올 수 있다고 생각하는 것은 송곳에 밀랍 칠을 한 실을 꿰어 가죽 조각에 찔러 넣은 일에서 지식이 나온다고 하는 것만큼 터무니없는 것이다. 그러나 과학 실험의 방법이 생겨남으로써 밝혀진 바에 의하면, 적절하게 통제된 조건에서는 고립된 논리적 추론보다 과학 실험의 방법이 지식을 얻는 데 더 올바른 방법이라는 것이 분명하다. 17세기 이후에 발전된 과학 실험은 인간이 자연을 통제하여 인간에게 유용하게 사용되도록 하는 문제에 집중하게 되었을 때, 공인된 앎의 방법이 되었다. 물체에 기구를 사용하여 유용한 변화를 일으키는 활동적 작업은 학생들에게 실험 방법을 안내하는 가장 생생한 교육이다.

학교에서 하는 노작과 놀이

활동적 작업은 놀이와 노작을 동시에 일컫는 말로 사용되었다. 놀이와 노작은 흔히 생각하듯 서로 완전히 상반되는 것으로 알고 있지만, 내재적 의미에서 보면 양자는 그다지 명확하게 구분되지 않는다.[125] 바람직하지 않은 사회적 조건 때문에 그렇다. 놀이와 노작 이 둘은 모두 의식적으로 마음속에 바람직한 결과를 그리며, 그 결과를 실현하기 위해 수업의 자료와 방법을 선택하고 적응하는 것으로 이루어져 있다. 양자의 차이는 주로 소요되는 시간의 차이이며, 이는 수단과 목적 사이의 관련이 얼마나 직접적인지에 좌우한다. 놀이에서는 흥미가 더 직접적이다. 말하자면 놀이에서 활동은 흔히 장래의 결과를 목적으로 하는 것이 아니라, 활동 그 자체가 된다. 이 말이 틀리지는 않지만, 만약 놀이 활동을 순간적이고 미래의 전망을 기대하거나 무언가를 추구하는 요소가 전혀 없다는 의미로 받아들인다면, 이 해석은 잘못된 것이다. 예를 들어 사냥은 어른 사이에서 아주 흔한 놀이 중 하나이지만, 거기에는 미래를 예측한다든지 목표물에 따라 현재의 활동에 '방향을 잡는다'는 의미가 분명 들어 있다. 만약 활동 자체가 목적이라고 하는 말을 순간의 행동이 그 자체로 '완결된다'는 것으로 이해한다면, 이때의 활동은 순전히 '신체적인' 활동에 지나지 않을 것이다. 다시 말하지만, 거기에는 아무런 의미가 없다.pp. 124-125 참조 그 사람은 아주 맹목적으로, 어쩌면 순전히 남의 흉내를 내면서 그냥 동작을 되는대로 하거나, 아니면 완전히 마음과 신경을 소진시키는 흥분 상태에 있다고 보아야 한다. 이러한 결과는 유치원의 게임 같은 데서 찾아볼 수 있다. 여기에는 놀이에 들어 있는 의미가 고도로 상징적이어서 어른이라야 파악할 수 있는 경우가 분명히 있다. 아이들은 자신의 관념에서 그 의미를 이해하지 못하면, 마치 최면에 걸려 멍한 상태에 있는 것처럼 움직이거나 직접적인 흥분에 따라 반응된다.

이런 설명의 핵심은 '놀이'는 성공적인 행위에 초점을 두고 방향을 지시하는 관념이라는 의미에서 목적을 지니고 있다는 것이다. 놀이를 하는 사람은 그냥 무언가를 하는 것, 즉 순전히 신체적 동작만 행하는 것이 아니라, 그 무엇인가를 이루려고 하며 어떤 결과를 가져오려고 애쓴다. 거기에

는 그들을 반응하게 하는 예상되는 전망이 있다. 그러나 '예상되는 결과'
는 사물에 어떤 특정한 변화를 일으키는 것보다는 이후에 나타날 행동
자체를 가리킨다. 놀이가 자유롭고 유연한 특징을 보이는 것은 이 때문이
다. 어떤 명확한 외적 결과가 요구될 때 어느 정도 끈기 있게 그 목적을
추구해야 하며, 이 경향은 계획된 결과가 복잡할수록, 또 오랜 일련의 중
간 조정 과정이 필요해질수록 더욱 증대된다. 그러나 하고자 하는 행위가
현재의 활동과 별개일 경우 장기적 예견을 하는 것은 불필요해지며, 도
중에 계획을 자주 또 쉽게 변경해도 된다. 예컨대 아이가 장난감 배를 만
들 때, 한 가지 목적에 매달려야 하며 그 하나의 관념에 따라 상당히 많
은 행동의 방향이 정해진다. 그러나 만약 그저 장난감 '뱃놀이'를 할 뿐이
라면 배를 만들 만한 재료를 거의 마음대로 바꿀 수 있고, 생각이 떠오르
는 대로 새로운 요소를 가미할 수도 있다. 그것이 활동을 추진하는 목적
에 유용하다면, 의자, 나무토막, 나뭇잎, 톱밥 등을 통해 무슨 물건으로라
도 만들 수 있다는 것을 상상할 수 있다.

그런데 아주 어린 시절의 경우 놀이 활동만 하는 시기와 노작 활동만
하는 시기 간의 뚜렷한 구별은 없으며, 어느 활동을 더 강조하느냐의 차
이만 있다.[126] 아주 어린 아이들도 어떤 확실한 결과를 추구하고 실현하고
자 노력하기 때문이다. 그리고 다른 사람들이 하는 작업에 참여하고자
하는 아이들의 강렬한 관심은 적어도 그들의 목적을 달성하도록 해 줄 것
이다. 아이들은 '거들어 주고' 싶어 한다. 외부의 변화를 가져오는 어른의
작업(일), 이를테면 밥상을 차리고 설거지를 하고 동물을 돌보는 일을 같
이 하고 싶어 한다. 아이들은 놀이할 때, 자기들 사이의 장난감과 기구를
조립하는 것을 좋아한다. 점점 성숙해짐에 따라 손으로 만지고 눈으로 볼
수 있는 결과가 나오지 않는 활동일 경우 흥미가 사라진다. 그렇게 되면
놀이는 '장난'으로 바뀌고 그 장난에 탐닉하는 습관이 생기면 퇴폐적인
것에 빠지게 된다. 사람이 자신의 능력을 감지하고 그 크기를 파악하려면
관찰할 수 있는 결과물이 필요해진다. '흉내 내기'가 실제 세계와 다르다

는 것을 알게 되면, 오직 상상 속에서만 사물을 만드는 것은 시시한 일이 되어 더 이상 강렬한 행동을 유발하는 자극이 되지 않을 수 있다. 진짜로 놀이를 하는 아이들의 표정을 지켜본 사람이라면, 그들이 놀이에 얼마나 진지하게 열중해 있는지 알 것이다. 적절한 자극이 없으면 이러한 태도는 유지될 수가 없다.

어느 정도 먼 미래를 예측할 수 있고, 그것이 주는 결과가 명확하면서도, 그것을 성취하는 데 지속적인 노력이 필요할 경우, '놀이'는 '노작'으로 바뀐다. 노작도 놀이와 마찬가지로 목적을 가진 활동의 성격을 띠게 된다. 다만 노작이 놀이와 다른 점은 외적 결과에 종속되는 활동이 아니라, 결과 즉 목적이라는 관념에 의해 유도되는 더 긴 활동 과정이 필요하다는 사실에 있다. 노작에서는 더 지속적인 관심이 필요하고 수단을 선택하고 형성하는 데 더 많은 지력이 요구된다. 이런 식의 설명을 계속하려고 하면, 앞에서 거론했던 목표, 흥미, 사고라는 소제목으로 논의한 내용 전부를 되풀이해야 한다. 여기서는 다만 노작에서는 활동이 그 이상의 물질적 결실을 얻는 데 종속된다는 이 생각이 왜 그렇게 널리 퍼지게 되었는지 묻는 것은 적절해 보인다.

이러한 종속 사태를 낳은 극단적 형태로 단조롭고 힘든 고역을 생각해 보면, 이 문제에 대한 실마리를 찾을 수 있다. 외부에서 압력, 즉 강제적 조건 속에서 수행되는 활동은 그 행위와 결부된 어떤 의미를 통해 수행되는 것이 아니다. 이 경우 행동의 진로는 내재적 만족을 주는 것이 아니라, 어떤 처벌을 피하거나 그 일을 마친 뒤에 얻게 될 보상을 위한 수단에 불과하다. 일 자체도 혐오스럽지만 이를 견디는 이유는 이보다 더 큰 혐오스러운 것을 피하기 위해, 또는 다른 사람이 내건 이득을 마지못해 얻기 위해서다. 자유롭지 않은 경제적 조건에서는 이러한 사태가 발생할 수밖에 없다. 이때 작업은 정서나 상상력을 거의 불러일으키지 못하고 많든 적든 기계적으로 긴장을 지속시키고 말 것이다. 이런 상태에서도 계속 일하게 하는 것은 오직 일을 끝내야 한다는 생각 때문이다. 목적은 행동에 내재되어 있어야 한다. 다시 말해, 목적은 '그 행동 자체'의 종착점, 즉 그 행동 진로의 일부가 되어야 한다. 그렇게 될 때 그 목적은 결과에 도달하기까지의 중간 과정에서 일어나는 행동과는 아무 관계 없이, 결과만을 생각할 때 발생하는 것과는 종류가 매우 다른 노력을 자아내는 자극이 된다. 이미 언급한 것처럼, 학교에서 하는 작업 활동은 경제적 압력을 받지 않으며, 따라서 그것은 어른의 산업적 상황을 그대로 재생할 기회를 마련해 주면서 일 그 자체의 목적을 위해 수행될 수 있는 조건을 갖출 수가 있다. 때에 따라 금전상의 보상이 어떤 일의 주요한 동기는 아니지만, 작업의 결과로 부수적으로 주어진다면, 노작의 의미를 한층 드높일 수 있을 것이다.

거의 고역에 가까울 정도로 노동을 수행하거나 외부로부터 강요된 과업을 완수해야 할 필요가 느껴지는 경우 놀이에 대한 요구가 지속해 나타나지만, 이 요구는 왜곡될 가능성이 있다. 일상적인 작업의 과정이 정서나 상상력에 적절한 자극을 주지 못하기 때문이다. 그래서 여가 시간에는 무슨 수를 써서라도 그것을 자극하고 싶은 강렬한 욕구가 생긴다. 즉 도박, 음주 등에 빠지거나, 약간 덜 극단적인 경우에는 하찮은 오락에 의존하면서 뭔가 즉각적인 쾌감을 느낄 수 있는 것으로 시간을 보내려 한다. 레크리에이션은 이 단어에서 알 수 있듯 에너지를 회복하는 것이다. 인간 본성의 요구치고 이보다 더 갈급한 것도 없고, 또 불가피한 것도 없다. 이 필요를 억누를 수 있다고 하는 생각은 절대적으로 그른 것이며, 이 필요를 외면했던 청교도적 전통[127]은 그 결과로 굉장한 폐해를 무더기로 배태했다. 교육이 건전한 레크리에이션의 기회를 제공하지 않고, 또 그것을 추구하고 발견하는 능력을 잘 훈련하지 않는다면, 억압된 본능은 때로는 공공연하게, 때로는 혼자만의 상상에 빠져 온갖 금기의 배출구를 찾으려고 할 것이다. 교육에서 재창조를 위한 여가가 될 수 있게 적절히 준비하는 것보다 더 중요한 책임은 없을 것이다. 그것은 당장의 건강을 위해서일 뿐만 아니라, 가능하다면 마음의 습관에 미치는 영속적인 효과를 위해서도 필요하다. 기예는 이 점에서도 역시 이 요구에 대한 주요한 해결책이 될 것이다.

요약

앞 장에서 앎의 기초적인 내용은 직접 부딪히는 종류의 일을 '할 줄 아는 것'을 배우는 과정 속에 들어 있음을 알 수 있었다. 이 원리를 교육에 적용하면, 젊은이들의 능력에 알맞으면서도 사회적 활동의 일반적 양식을 잘 나타내 주는 단순한 작업 활동을 일관성 있게 활용해야 한다. 그 자체의 목적을 위하여 수행되는 활동은 자료, 도구, 에너지 법칙 등에 관련된 기술과 정보를 습득하는 기회가 된다. 그 것이 사회적 활동을 전형적으로 보여 준다는 점에서 거기서 획득되는 기술과 지식에 의미를 부여하여 학교 밖의 상황에 전이될 수 있도록 하는 데 도움이 된다.

놀이와 노작 사이의 심리학적 구분을 경제적 구분과 혼동하지 않는 것이 중요하다. 심리학적 관점에서 볼 때, 놀이의 명확한 특징은 오락성이나 무목적성에 있는 것이 아니다. 놀이의 특징은 이미 정해진 목적에 따라 활동을 이어 가는 것이 아니라, 활동을 동일선상에 이어 가면서 목적을 고려한다는 것이다. 활동이 더 복잡해짐에 따라 거기에는 최종적으로 달성될 특정한 결과에 더 많은 관심을 기울임으로써 더 많은 의미가 부여된다. 이리하여 활동은 점차 노작으로 넘어간다. 놀이와 노작은 동등하게 자유롭고 또 내재적 동기에 의존하는데, 이 점은 불평등한 경제적 조건으로 인해 한편에서는 놀이가 부유층의 하찮은 기분 전환이 되고, 또 한편으로는 노작이 빈민층의 귀찮은 노동이 된다는 점과 별 관계가 없다. 심리학적으로 볼 때, 노작은 그것의 결과를 자신의 일부로 여기는 활동이다. 다만 그것이 강제적인 성격을 띤 노동이 되는 것은 그 결과가 활동의 바깥에 있고, 활동은 오직 그것을 목적으로 하는 수단에 지나지 않기 때

문이다. 작업의 구석구석에 놀이의 태도가 스며있을 때 노작은 기예가 된
다. 통상적인 명칭에서는 그렇게 부를 수 없다고 하더라도, 그 성질에서는
분명히 그렇게 부를 수 있을 것이다.

16장

지리와 역사의 경계를 배우는 의의

원초적 활동의 의미

순전히 물리적 변화로서 활동과 그 활동이 가질 수 있는 풍부한 의미 사이에는 매우 두드러진 차이가 있다. 제삼자가 보기에 망원경을 통해 하늘을 살펴보는 천문학자는 대롱을 들여다보는 어린아이와 조금도 다르지 않다. 어느 경우에도 유리와 금속으로 만들어진 장치가 있고, 눈이 있고, 저 멀리 반짝이는 작은 점이 있다. 그러나 어떤 결정적인 순간에 천문학자의 활동은 한 우주의 탄생과 관련을 맺고 있으며, 별이 가득한 하늘에 대해 알려진 모든 것을 그 활동의 의미 있는 내용으로 삼을 수도 있다. 물리적으로 말하자면, 인간이 미개한 상태에서 진보해 오는 동안 지구상에 이루어 놓은 것은 그저 지구의 표면을 긁어 놓은 단순한 자국에 지나지 않는다. 심지어 그것은 태양계에도 훨씬 못 미치는 거리에서 보더라도 거의 보이지 않을 정도이다. 그러나 그 의미에서는 인간이 이룩한 것이야말로 문명과 미개의 차이가 얼마나 큰지 보여 준다. 물리적인 면에서 보아도, 인간의 활동은 다소 변화해 왔지만, 이런 변화는 그 활동에 부여된 의미의 발전에 비하면 보잘것없다. 어떤 행동이 가질 수 있는 의미에는 한계가 없다. 이런 행동의 의미는 여러 가지 관련 속에 위치하지만, 그 의미는 모두 지각된 맥락에 따라 달라진다. 이런 연계를 파악하는 데 상상력이 미칠 수 있는 범위는 끝이 없다.

의미를 부여하고 찾아내는 인간 활동의 이점은 교육을 통해 도구를 제작하고 동물을 훈련시키는 것과는 뭔가 다른 것으로 만든다는 것이다. 도구 제작이나 동물 훈련의 경우는 효율성을 증대시키기는 해도 의미를 창출하지는 않는다. 바로 앞 장에서 고찰한 놀이와 노작에서 작업이 지닌 교육적 중요성은 궁극적으로 그것이 의미 확장을 위한 가장 직접적인 수단이 된다는 데 있다. 적절한 조건에서 작동하도록 설정하면, 그런 활동은 무한히 넓은 범위의 지적 가치를 수집하고 보존하는 자석이 된다. 그런 활동은 정보를 받아들이고 소화하는 살아 있는 구심점이 된다. 정보가 단순히 정보를 위한 정보로서 분리된 토막으로 주어질 때, 그 정보는 살아 있는 경험과 섞이지 않고 그 위에 쌓여서 별개의 층을 이루는 경향이 있다. 그렇지 않고 그 자체를 위해 추구되는 활동의 한 요소-즉, 활동의 수단으로 또는 목적의 내용을 넓히는 것-를 이룰 때, 그 정보는 정보로서 '유익한' 가치를 지닌다. 직접 획득한 통찰이 남에게서 들은 내용과 융합되는 것이다. 이렇게 될 때, 개인의 경험은 그가 속해 있는 집단이 경험한 최종 결과-여기에는 오랜 시간에 걸친 고통과 시련의 결과도 포함된다-를 받아들여서 그것을 용해된 상태로 보존할 수가 있다. 더욱이 그러한 매개체에는 더 이상 흡수가 불가능한 포화점이 정해져 있지 않다. 더 많이 받아들일수록 받아들일 수 있는 용량이 그만큼 더 커지는 것이다. 새로운 수용력은 새로운 호기심에서 생기고, 또 새로운 호기심은 획득한 정보에서 생긴다.

여러 가지 활동에 담기는 의미는 자연과 인간에 대한 것이다. 이것은 명백하게 자명한 이치이지만, 교육에 어떻게 적용되는가를 살피면 그 의미가 커진다. 교육에 적용해 볼 때, 그 말은 협소한 개별적 행위나 단순한 전문적 숙달에 그치고 마는 활동에 지리와 역사는 배경과 전망, 그리고 지적 관점을 부여하는 교과가 된다는 뜻이다. 시간적·공간적 연계 속에서 우리 자신의 행동에 위치를 부여하는 능력이 증가할수록, 우리의 행위는 그만큼 중요한 내용을 담게 된다. 우리가 사는 무대를 공간 속에서 확인할 때, 우리 자신이 시간 속에서 끊임없이 표현하는 노력의 상속자이자 계승자임을 자각할 때, 우리는 결코 형편없는 도시의 시민만은 아니라는 것을 깨닫게 된다. 그리하여 우리의 일상생활의 경험은 단순히 순간적인 것에 그치지 않고 영구적인 실체를 가지게 되는 것이다.

물론 지리와 역사가 단지 학교에 다니기 때문에 배워야 하는 이미 완성된 교과로서 가르쳐진다면, 여기서 학생이 일상의 경험과는 동떨어진 이질적인 사태에 대한 수많은 진술을 배우는 일은 쉽게 일어난다. 각각의 세계가 기간으로 나뉜 활동을 채우게 되면, 학생의 활동들은 분할되어 두 개의 따로 떨어진 세계를 구축하게 된다. 그러면 거기서는 아무런 변환도 일어나지 않는다. 즉, 일상적 경험이 여러 가지 관련을 획득하면서 그 의미가 확장되는 일도 없고, 배운 내용이 직접적인 활동 속에 들어와서 생명을 얻고 현실화되는 일도 없다. 심지어 일상적 경험은 그 이전에 있었던 대로, 협소하지만 생생한 그런 상태로 남아 있는 것이 아니라, 오히려 유동성이나 시사점에 대한 민감성을 상당히 잃어버리게 된다. 이제 그것은 충분히 소화되지도 않은 정보의 무게에 짓눌려 한쪽 구석으로 내몰린다. 일상의 경험은 원래의 특징인 융통성 있는 반응이나 새로운 의미를 기꺼이 받아들이는 열의와 작별을 고한다. 삶의 직접적인 관심과 거리가 먼 정보를 무조건 축적하는 일로 말미암아, 마음이 목석같이 되고 탄력성이 사라지는 것이다.

연계를 확장하는 법을 가르치고 배우기

보통의 경우, 교과를 조직하고 가르치는 모든 활동은 그 자체를 위하여 정확하게 자신의 즉각적인 자아의 범위를 넘어 바깥으로 뻗어 나간다. 대체로 우리는 다른 사람이 밖에서 정보를 갖다주면서 그 활동의 의미를 확장시켜 주기를 수동적으로 기다리지 않고 능동적으로 그 의미를 추구한다. 호기심이라는 것은 우연히 마음에 달라붙어 떨어지지 않는 고립된 감정이 아니다. 경험은 움직이고 변화하고 있으며, 이러한 사물의 변화가 다른 사물과 수많은 관련을 맺게 될 때, 필연적으로 나타나는 결과가 호기심이다. 호기심이라고 부르는 것은 이러한 상황적 조건을 인지하도록 하는 경향에 지나지 않는다. 이와 같이 교육자의 역할은 경험이 바깥으로 뻗어 나가는 일이 풍부한 성과를 거두고, 언제나 활발하게 일어날 수 있도록 환경을 제공해 주는 것이다. 어떤 종류의 환경에서는 활동에 대한 통제가 가해져서 거기서 생기는 활동의 의미가 오직 직접적이고, 구체적이고, 고립된 성과에 머무르게 된다. 가령 요리하거나 망치질하거나 걸어가는 등의 일을 한다고 하자. 거기서 나오는 결과는 문자 그대로-또는 물리적으로- 요리, 망치질, 걷기의 결과 그 이상으로 마음에 별로 영향을 주지 않을 수도 있다. 그런데도 행위의 결과는 여전히 광범위하게 남아 있다. 걷는다는 것은 그것에 저항하는 지면의 이동과 반작용이 뒤따르며, 이쪽저쪽을 옮겨 느끼는 진동은 물질이 있는 곳에서는 어디서나 느낄 수 있다. 걷는 데는 또한 다리의 구조와 신경조직, 역학의 원리가 관련되어 있다. 요리한다는 것은 열과 수분을 이용하여 음식 재료의 화학적 성질 및 관계를 바꾸는 것이다. 그것은 음식의 섭취와 신체의 성장과도 관련이 있다. 가장 박식한 과학자들이 물리학, 화학, 생리학 분야에서 알고 있는 최대한의 지식도 이러한 결과와 관련된 것을 모두 드러내기에는 충분하지 않다. 다시 한번 말하지만, 교육이 하는 일은 이러한 활동이 될 수 있는 대로 많이 인지할 수 있도록 하는 방식과 조건에서 수행되도록 하는 것이다. '지리를 배운다'는 것은 일상적 행위의 공간적 연계-이것은 자연의 연계이다-를 지각하는 능력을 습득하는 것이다. '역사를 배우는 것'은 본질적으로 인간의 연계를 인식하는 능력을 습득하는 것이다. 체계화된 학문으로서 지리학이라고 불리는 것은 우리가 살고 있는 자연환경, 그리고 우리가 일상생활에서 하는 특정한 행동을 설명 가능하게 해 주는 자연환경에 관해 다른 사람들의 경험에서 발견된 사실과 원리의 집합체이다. 이와 마찬가지로 체계화된 학문으로서의 역사학은 우리의 삶과 연결된 사회집단, 우리 자신의 풍습과 제도의 의미를 밝혀 주는 사회집단의 활동과 고난에 대해 지금까지 알려진 사실의 집합체라고 할 수 있다.

역사와 지리의 상보적 성격

역사와 지리-이유는 나중에 말하겠지만, 지리에는 박물학이 포함됨-

는 학교가 가르치는 정보 교과로서 대표적인 것이다. 두 교과가 내용과 방법으로 어떤 것을 쓰고 있는지를 조사해 보면, 정보가 삶의 경험 속에 스며드는 것과 단순히 쌓여서 고립된 퇴적물이 되는 것의 차이를 알 수 있을 것이다. 그 차이는 바로 이 두 교과에 정당성을 부여하는 인간과 자연의 상호의존성을 충실하게 반영하는지 아닌지에 있다. 하지만 지금까지 학교에서 어떤 교과를 가르치거나 배우는 것이 관례라는 이유만으로 이를 교육 내용으로 수용하는 것만큼 위험한 것은 없다. 이는 다른 교과보다 지리와 역사의 경우 더 심각하다고 할 수 있다. 또한 교과가 경험에 의미 있게 변화시키는 기능을 하려면 교과에 철학적 근거를 부여해야 한다는 생각을 헛된 공상으로 여기거나 혹은 이미 이루어지고 있는 일을 과장된 어법으로 말하는 것이라고 간주하기도 한다. '역사'와 '지리'라는 용어는 학교에서 전통적으로 인정해 왔던 내용을 보여 주는 것에 불과하다. 워낙 내용이 방대하고 다양해서 그것이 실제로 무엇을 나타내는지, 학생들의 경험 속에 사명을 완수하기 위해 가르치려면 어떻게 해야 하는지 알아볼 엄두를 내지 못한다. 그렇지만 교육에는 통합적이고 사회적인 방향성이 있다는 생각이 터무니없는 과시가 아니라면, 더욱이 역사와 지리처럼 교육과정에서 비중이 큰 교과라면, 진정으로 사회화되고 지성화된 경험을 발달시키는 일반적인 기능을 수행해야 한다. 이 기능을 발견하여 지리와 역사의 교육 내용과 교육 방법을 실험하고 검토하는 기준으로 삼아야 한다.

이상으로 역사와 지리 교과의 기능을 알아보았다. 그것은 곧 개인의 삶이 이루어지는 맥락, 배경, 전망을 제공해 줌으로써 개인의 직접적인 삶의 접점을 풍부하게 하고 해방시키는 것이다. 지리는 물리적 측면을 강조하고, 역사는 사회적 측면을 강조하지만 결국 이들 모두 공통의 문제, 즉 인간의 연합적 삶을 강조한다. 왜냐하면 실험, 방법과 수단, 그리고 성취와 실패로 이루어진 연합적 삶은 하늘에서 떨어지는 것도 아니며, 진공 속에서 발생하는 일도 아니기 때문이다. 그것은 이 땅에서 이루어지고 있는 일이다. 이 자연이라는 배경과 사회적 활동의 관계는 연극의 공연 무대와 극적 재현이 맺는 관계와는 다르다. 자연의 배경은 바로 역사를 형성하는 사회적 사건의 구성 자체로 들어오기 때문이다. 자연은 바로 사회적 사건의 매개체가 되고 있다. 원래의 자극도, 또 장애나 자원도 거기서 발생했다. 문명이라는 것은 자연이 가지고 있는 다양한 에너지를 점진적으로 지배해 나가는 것을 말한다. '인간'의 측면을 강조하는 역사 연구와 '자연'의 측면을 강조하는 지리 연구의 상호의존 관계가 무시되면, 역사라는 것은 '중요'하다고 밑줄을 그은 연대나 사건의 목록으로 전락해 버리거나, 그렇지 않다면 문학적 환상이 되어 버린다. 왜냐하면 순전히 문학적인 역사에서는 자연적 환경이 그야말로 연극의 무대 배경에 불과하기 때문이다.

물론, 지리는 자연의 사실과 사회적 사건 및 그 결과가 짝이 되어서 관련을 맺는 데서 교육적 영향력을 갖는다. 지리에 대한 고전적 정의, 즉 지리학이 인간의 집인 지구에 대한 설명이라는 정의는 교육적 실재를 표현하고 있다. 하지만 이렇게 정의를 내리는 것처럼, 특정 지리 교과를 인간의 생생한 문제와 관련하여 제시하기란 쉽지 않다. 인간이 거주하고, 일하고, 성공하고 실패한다는 사실은 학교 수업 내용에 지리학적 자료를 포함해야 하는 이유를 말해 준다. 그런데 지리학적 자료와 인간의 현상을 함께 묶어서 다루는 데는 풍부한 정보와 세련된 상상력이 필요하다. 이 두 가지를 묶는 매듭이 끊어지면, 지리는 오늘날 흔히 보는 것처럼, 아무 관련도 없는 단편들을 뒤죽박죽 모아 놓은 게 된다. 그렇게 되면 정말 지적인 잡동사니로 가득 차 있는 것이나 다름없다. 이 경우에 지리는 이 산의 높이, 저 강의 흐름, 이 마을에서 생산되는 목재의 양, 저 도시의 선적 규모, 군의 경계, 주의 수도 등 자질구레한 지식을 모아 놓은 문자 그대로 잡동사니 교과로 부상할 것이다.

지구를 인간의 집으로 본다면, 지구는 인간화되고 통합되어 있다고 할수 있다. 그렇지 않고 지구를 잡다한 사실의 무더기로 보면, 지구는 뿔뿔이 흩어져 있는 지구이며, 상상력을 불러일으키지 못하는 지구나 다름없다. 지리는 원래 상상력에 호소하는 교과이다. 심지어 낭만적 상상력까지 동원되는 교과이다. 그것은 모험, 여행, 탐험 같은 것이 뒤따르는 경이로움과 장관을 공유한다. 다양한 사람들과 환경, 그리고 우리가 익숙히 보아온 풍경과의 대비는 무한한 자극을 촉발한다. 마음은 익숙한 것에서 느끼는 단조로움에서 해방된다. 그리고 자연환경을 경험 속에 재구성하여 발전시키는 데는 각자가 살고 있는 지역이나 시골의 지리를 출발점으로 삼는 것이 자연스럽다. 하지만 그것은 미지의 세계로 나가기 위한 지적인 출발점일 뿐 그 자체가 목적은 아니다. 각자의 주위를 넘어 더 넓은 세계로 나가는 발단으로 삼지 않는다면, 각자가 살고 있는 지역의 지리를 공부하는 것은 단순히 익숙한 물체의 성질을 요약하도록 하는 '실물수업'과 마찬가지로 죽은 공부가 된다. 그것이 죽은 공부인 이유는 지리수업이나 실물수업이나 마찬가지다. 상상력은 자라지 않고, 이미 잘 알고 있는 사실을 요약하고 나열하고 세련시키는 것에 지나지 않게 되어 버린다.

경계의 한계와 가능성

그런데 마을 지주의 땅을 둘러싸고 있는 낯익은 울타리가 한 나라의 국경을 이해하는 신호로 사용할 될 때는 그 낯익은 울타리조차도 새로운 의미를 띠게 된다. 햇빛, 공기, 흐르는 물, 지면의 고저, 각종 산업, 공무원과 그들의 임무, 이 모든 것은 지역의 환경 속에서 볼 수 있는 것들이다. 만약 이것들의 의미가 경계에서 시작하여 경계로 끝나는 것으로 취급된다면, 그런 일은 관념에 배워야 하는 기이한 사실이 될 뿐이다. 낯선 미지의 사람과 사물이 경험의 범위 안에 들어오면서 경험의 한계를 확장하는 도구로 활용될 때, 그것은 활용 범위에 따라 새로운 모습으로 변화한다. 햇빛, 바람, 시냇물, 상업, 정치적 관계는 먼 곳에서 찾아와서 우리의 사유를 먼 곳으로 이끌고 간다. 그 길을 따라가는 것은 더 많은 정보를 채워 넣는 것이 아니라, 그전에는 당연한 일이었던 것에 의미를 다시 만듦으로써 마음을 확장하는 것이다.

이와 같은 원리는 전문화되고 서로 분리되려고 하는 지리학의 여러 분야 또는 측면을 조정하기도 한다. 수리 또는 천문지리, 자연지리, 지형학, 정치지리, 상업지리 등 지리학의 분야가 각각 전문적인 면을 주장한다. 이 주장들을 어떻게 조정할 것인가? 각각의 분야를 조금씩 채워 넣는 외적 타협을 통해 조정할 것인가? 교육 활동의 중심이 지리 교과의 교양 내지 인간적 측면에 있다는 점을 항상 염두에 두는 것 외에 다른 방법은 없을 것이다. 이 점을 명심한다면, 인간의 활동 및 관계의 중요성을 인식하는 데 도움이 되는 한, 어떤 자료라도 지리 교과에 적합한 자료가 된다. 한랭 지역과 열대 지역의 문명 차이, 특별히 온대 지역에 사는 사람들이 산업적, 정치적 측면에서 많은 발명을 해 왔다는 점은 지구가 태양계를 이루는 하나의 구성 요소라는 사실에 비추어 보지 않고는 이해할 수가 없다. 경제활동은 한편으로 사회적 교류나 정치조직에 깊은 영향을 끼치면서, 다른 한편으로는 물리적 조건의 영향을 받는다. 이러한 세부 주제를 전문적으로 연구하는 것은 전문가들의 일이지만, 사회적 관계 속에서 경험해 나가는 사람들에게는 그 주제들 사이의 상호관련성이 더 중요하다.

자연 연구를 지리학에 포함시키는 것은 무리가 있어 보이지만, 그것은 언어상의 문제에 지나지 않는다. 그러나 교육 이념상으로는 이 두 개의 명칭이 가리키는 대상은 하나의 실재일 뿐이지만, 유감스럽게도 두 가지 명칭이 독립적으로 사용되고 있다. 명칭이 다르기 때문에 의미가 동일하다는 점을 간과하게 되는 경향이 있다. 자연과 지구는 같은 의미를 지닌 용어라고 보아야 하며, 따라서 지구 공부와 자연 공부도 동일한 것이어야 한다. 학교에서 하는 자연 연구가 너무나 많은 양의 분리된 논점들을 다루기 때문에 그 부스러기들을 주워 모아 놓은 진부한 교과가 되어 있어 어려움이 있다는 것을 모르는 사람은 없다. 이를테면 꽃의 여러 부분을 하나의 기관인 꽃과 별개로 공부하고, 꽃을 식물과는 관계없이 공부하고, 또 식물은 그것이 살고 있는 흙, 공기, 햇빛과 분리하여 공부한다. 그 결과 주제가 너무나 제각각 고립되어 상상력을 불러일으키지 못하고, 우리의 관심을 끌지 못해 필연적으로 '죽은' 주제가 될 수밖에 없다. 그 주제가 너무 재미가 없어, 심지어 물활론을 부활시켜 자연적 사실과 사건에 신화의 옷을 입혀 관심을 끌 수 있도록 하자는 의견이 진지하게 제안되고 있다. 많은 경우에 다소 유치한 의인화가 사용된다. 그 방법은 우스꽝스럽게 보이지만, 자연 공부에 인간적인 분위기가 정말 필요하다는 것을 여실히 나타내고 있다. 여러 가지 사실들이 맥락에서 떨어져 나가 이미 산산조각이 났다. 그것은 더 이상 땅에 속하지 않게 되어 그 어디에도 있을 곳이 없어지고 말았다. 이를 보충하기 위해 인공적이고 감상적인 연상이 이용되었다. 이에 대한 진정한 해결책은 자연 공부를 그야말로 자연에 '대한' 공부로 만드는 것이다. 자연 공부가 제대로 되기 위해서는 자연을 사태에서 완전히 떼어내 자연의 무의미한 조작들을 배워서는 안 된다. 자연이 땅과 관계를 맺듯이 하나의 전체로서 취급한다면, 그 현상은 인간 생활과 공감하고 연합하는 자연적인 관계 속에 들어오며, 따로 인위적인 대용물에 의존할 필요가 없다.[128]

역사와 현재의 사회적 삶

역사를 현재 사회적 삶의 양식 및 관심에서 분리하면, 역사의 생명력을 죽이는 단절이 일어난다. 과거는 순전히 과거로서 더 이상 우리의 일이 아니다. 과거가 완전히 사라지고 끝나 버린 것이라면, 그것에 대한 합리적인 태도는 오직 한 가지밖에 없다. "죽은 자들이 죽은 자들을 장사하게 하라."[129] 하지만 과거에 대한 지식은 현재를 이해하는 열쇠이다. 역사는 과거를 다루지만 그 과거는 현재의 역사이다. 미국의 발견, 탐험, 식민화, 서부의 개척, 이민 등에 관한 지적인 연구는 오늘날의 미국인들이 지금 살고 있는 나라에 관한 연구이다. 형성 과정을 연구하면 직접 파악하기는 너무 복잡하고 어려운 것들을 이해할 수 있다. 발생학적 방법은 아마도 19세기 후반의 주요한 과학적 업적이었다고 할 수 있다. 그 원리는 어떤 복잡한 현상에 대한 통찰력을 지니기 위해서 그 결과가 만들어지기까지의 과정을 추적하는 것, 즉 성장의 연속적 단계를 따라가는 것이다. 현재의 사회적 상태는 과거로부터 분리될 수 없다는 지극히 자명한 이치로만 이 방법을 역사에 적용한다면, 이는 한쪽 면만 보는 것이다. 이는 마찬가지로 과거의 사건은 지금 살고 있는 현재와 분리될 수 없고, 그렇게 되면 의미를 지닐 수 없다는 말이다. 역사의 진정한 출발점은 항상 자체의 문제를 안고 있는 현재의 어떤 정황이다.

이 일반적 원리를 적용하여 몇 가지 관련된 점을 간략하게 고찰해 보자. 전기적 방법은 일반적으로 역사 연구를 하는 자연스러운 접근 방식으로 권장되고 있다. 위인, 영웅, 지도자의 생애는 추상적이고 이해할 수 없는 역사적 에피소드에 구체적이고 생생한 의미를 부여한다. 그들의 생애는 복잡하고 얽힌 일련의 사건들을 생생한 그림으로 압축해 준다. 그런 사건은 방대한 시공간에 퍼져 있어 고도로 훈련된 사람이 아니고는 그것을 추적하고 파헤칠 수 없다. 이 원리가 심리학적 타당성이 있다는 것은 의심의 여지가 없다. 하지만 이 방법을 잘못 사용하면, 그들이 속해 있었던 사회적 상황과 관련 없이 몇몇 개인의 행적을 과장해서 부각시키게 된다. 만약 전기문이 한 사람이 반응했던 조건과 유리된 상태로 그의 활동을 설명한다면, 거기서 역사를 배울 수 없다. 왜냐하면 많은 개인이 연대 활동을 하면서 문제가 얽히는 사회적 삶이 빠져 있기 때문이다. 그것은 단맛을 내서 삼키기 쉽게 하는 단편적인 정보일 뿐이다. 근래에 역사를 배우는 첫 단계로서 원시생활에 많은 관심이 쏠리고 있다. 이때도 그 가치를 찾는 데는 옳은 방법과 그릇된 방법이 있다. 현재의 상태가 이미 완성되어 있으며, 복잡하고 견고하며 빠르게 보인다는 것이 현대 사회의 본질을 통찰하는 데 거의 넘어설 수 없는 장애물이 되고 있다. 이런 경우 원시 상태로 돌아가면 현재 상황의 근본적인 요소를 굉장히 단순화된 형태로 볼 수 있다. 짜임새를 알 수 없을 정도로 매우 복잡한 직물을 눈에 바짝 갖다 대면 그 무늬를 알 수 없기에 더 크고 굵은 결의 특징이 드러날 때까지 한 올 한 올 풀어 보는 것과 같다. 현재의 사회적 상태를 단순화하기 위해서 의도적인 실험을 할 수는 없으나, 원시생활을 돌이켜 봄으로써 실험에서 추구하는 것과 비슷한 결과를 얻을 수 있을 것이다. 그러면 사회적 관계와 조직화된 행동 방식이 가장 단순한 형태로 축소될 수 있다. 하지만 이러한 사회적 목적이 간과되면, 원시생활에 대한 공부는 단순히 감각적이고 흥미로운 원시생활의 특징을 되살려내는 결과밖에 되지 않는다.

원시생활의 역사는 산업의 역사를 연상시킨다. 현재를 더 쉽게 인지할 수 있는 요소로 분해하기 위해 더 원시적인 조건으로 가는 주된 이유 중 하나는 인간이 의식주와 안전을 확보하는 근본적인 문제를 어떻게 해결해 왔는지를 이해하고, 인류 역사의 초기에 이러한 문제들이 어떻게 해결되었는지를 살펴봄으로써 인류가 걸어야 했던 긴 여정과 문화를 발전시켜 온 과정에서 만들어 낸 연속적인 발명에 관해 어떤 생각을 형성할 수 있기 때문이다. 역사를 경제적인 관점에서 해석하는 논쟁에 개입하지 않더라도, 인류의 산업사가 역사의 다른 어떤 분야도 도저히 할 수 없는 방법으로 사회적 삶의 두 가지 중요한 국면을 통찰하게 해 준다는 것을 이해할 수 있다. 첫째, 그것은 사회적 삶의 안전과 번영을 위해 이론적 과학이 자연을 통제하는 데 적용된 연속적인 발명에 대한 지식을 우리에게 제시한다. 따라서 그것은 사회가 끊임없이 진보해 온 원인을 밝혀 준다. 둘째, 산업의 역사는 또한 모든 사람이 공통으로 관심을 갖는 것들, 즉 생계를 유지하는 것과 관련된 직업과 가치를 보여 준다. 경제의 역사는 다른 어떤 역사학 분야도 다루지 않는 보통 사람들의 활동, 생애, 재산 문제를 다룬다. 모든 개인이 하지 않을 수 없는 유일한 일은 삶을 영위하는 것이다. 그리고 사회는 각 개인이 전체의 복리를 위해 공평하게 기여하도록 하고 이에 대한 정당한 보상이 이루어지도록 해야 한다.

경제사는 정치사보다 더 인간적이고 민주적이며, 따라서 인간을 자유롭게 하는 데 더 관심을 둔다. 그것은 왕권이나 권력의 흥망성쇠를 다루는 것이 아니라, 그 아래에 있는 보통 사람들의 실제적 자유의 성장-자연을 지배함으로써 얻은-을 다룬다. 산업사는 정치사보다 인간의 투쟁, 성공과 실패가 자연과 밀접하게 연결되어 있음을 깨닫는 데 더 직접적인 통로임을 보여 준다. 정치사가 젊은이들이 이해할 수 있는 수준에서만 다뤄지면, 전쟁사로 빠지기 쉽다. 산업사는 본질적으로 사람들이 주로 타인의 신체 에너지를 착취하던 시대로부터 자연의 자원을 최대한으로 활용하여 인간이 자연에 대한 공동의 지배를 확대하는 일이 가능해질 만큼-실제로는 아니더라도, 적어도 이상적으로-, 인간이 자연 에너지를 활용할 수 있게 된 과정을 설명하는 학문이기 때문이다. 노동의 역사, 즉 사람들이 토양, 숲, 광산을 이용하고, 곡식과 동물을 길들이고 경작하며 상품을 제조하고 분배하는 상황을 다루지 않는다면, 역사는 순전히 문학에 지나지 않는다. 다시 말하면 그것은 땅 위에 사는 인간이 아니라 가공 속에서 살아가는 신화적 인간을 그리는, 체계화된 소설에 불과하다.

아마도 일반교육에서 가장 소홀히 다루는 역사 분야는 지성사일 것이다. 인간의 운명을 바꾸어 놓은 위대한 영웅은 정치가나 장군, 외교관이 아니라 인간의 손에 경험을 확장하고 정련하는 수단을 쥐어 준 과학적 발견과 발명가, 그리고 인간의 투쟁과 승리 및 패배를 그림, 조각, 문자 등 여러 가지 언어로 그려 냄으로써 그 의미를 누구나 알 수 있도록 한 예술가와 시인들임을 우리는 이제야 겨우 깨닫기 시작했다. 인간이 자연의 힘을 사회적 용도로 점차 응용해 온 과정의 역사인 산업사의 강점 중 하나는 지식의 방법 및 결과의 진보를 고려할 기회를 제공한다는 것이다. 오늘날 사람들은 지성이라든가 이성이라는 것을 일반적인 용어로 칭송하는 데 익숙해 있는데, 그러한 것의 근본적인 중요성을 역설하는 것이다. 그런데 학생들은 종종 종래의 역사 공부에서 더 나아가 인간의 지성은 정태적이고 한정되어서 더 나은 방법이 발명되어도 더 이상 진보하지 않는다고 생각하거나 개인적 영리함을 과시하는 것 외에는 별 쓸모없는 역사적 요소라고 여긴다. 확실히 생활에서 마음이 수행해야 하는 역할의 진정한 의미를 가르치는 데에는 인류가 미개에서 문명으로 진보하기 위해 지적 발견과 발명에 얼마나 의존해 왔는지, 그리고 역사책 속에 일반적으로 가장 크게 묘사된 것이 얼마나 지엽적인 문제였으며, 이것이 지성을 통해 극복할 수 있는 방해물이었는지를 역사를 통해 공부하는 것보다 더 나은 방법은 없을 것이다.

이런 식으로 역사를 공부한다면, 역사를 가르치는 것은 가장 자연스럽게 윤리적 가치를 띠게 된다. 현재의 연합적 삶의 형태에 대한 지적인 통찰력을 지니는 것은 무색무취의 순진성을 넘어 도덕성을 담은 인격을 갖추는 데 꼭 필요하다. 역사적 지식은 그러한 통찰력을 얻는 데 도움이 된다. 역사적 지식은 현재의 사회조직이라는 직물을 이루고 있는 씨줄과 날줄을 분석하고, 그 무늬를 짜내는 힘을 알게 해 주는 틀이다. 사회화된 지성[130]을 함양하기 위해 역사를 사용하는 것은 역사의 도덕적 의의를 구성한다. 역사는 다양한 일화의 저장고로서 온갖 미덕과 악덕에 대해 특별한 도덕적 교훈을 줄 수도 있다. 그런데 이런 식의 수업은 역사를 윤리적 목적으로 사용하는 것이라기보다는, 좀 근거 있는 자료를 활용하여 도덕적 감명을 일으키려는 노력에 지나지 않는다. 최선의 경우에도 일시적인 정서적 감동을 자아내는 데 그칠 뿐이고, 최악의 경우에는 도덕적 훈화에 대한 냉담한 무관심을 낳을 뿐이다. 따라서 사람들이 참여하고 있는 현재의 사회적 상황을 더 지적으로 공감하며 이해할 수 있도록 역사가 도와주고 있다는 사실, 여기에 항구적이고 구성적인 도덕적 지혜의 원천이 있다.

요약

처음에 의식적으로 기록된 것을 뛰어넘어 훨씬 더 많은 의미를 갖는 것이 경험의 본질이다. 이러한 연결 또는 의미를 의식에 가져오면 경험의 의미가 향상된다. 모든 경험은 처음에는 아무리 사소하더라도 인식되는 연결 범위를 확장함으로써 무한한 의미의 풍부함을 가정할 수 있다. 다른 사람들과의 정상적인 소통은 이러한 발달에 영향을 미치는 가장 쉬운 방법이다. 왜냐하면 소통은 집단의 경험뿐만 아니라 나아가 인류 전체의 경험에서 나온 정련된 최종 결과를 개인의 직접적인 경험에 연결해 주기 때문이다. 따라서 정상적인 소통이란 서로 공동의 관심, 즉 공동의 흥미가 있어서 쌍방이 기꺼이 의사를 주고받을 태세가 되어 있음을 말한다. 정상적 소통은 단순히 다른 사람에게 인상을 주기 위해, 단지 그가 얼마나 많이 기억하고 있고 문자 그대로 재생산할 수 있는지 확인하기 위해 그를 시험하기 위해 무언가를 말하거나 진술하는 것과는 다르다.

지리와 역사는 개인의 직접적인 경험의 의의를 확대할 수 있는 두 가지 커다란 교육적 자원이다. 앞 장에서 설명한 활동적 작업은 자연과 인간 모두와 관련하여 공간적으로, 시간적으로 확장해 나간다. 지리와 역사를 외적인 이유를 위해서만 가르치는 일이 없다면, 또는 지리와 역사를 단순한 기술의 일종으로 가르치지 않는다면, 지리와 역사는 더욱 큰 의미의 세계로 나가는 직접적이고 흥미로운 통로를 제공한다는 점에서 교육적 가치가 있다. 역사는 인간적 함의를, 지리는 자연적 관련을 드러낸다는 차이가 있지만, 이 두 교과는 살아 있는 동일한 전체의 상이한 두 국면을 나타낸다. 인간의 연합된 삶은 자연 속에서 일어나고 있고, 이 자연은 우연한 환경이 아니라 발달의 자료 및 매개체이기 때문이다.

17장

과학적으로 아는 것은 민주사회의 본질

과학의 본질

이미 언급한 바와 같이, 과학이란 문제를 심사숙고하여 해결하기 위해 적용되는 관찰, 반성 및 실험 방법의 결과를 의미한다. 그것은 그릇된 것을 제거하기 위해 현재의 일반적인 신념을 바꾸고, 무엇보다 그 신념에 정확성을 가하려는 집요한 지적 노력을 포함한다. 그것은 모든 지식과 마찬가지로 환경에 특정한 변화를 가져오는 활동의 산물이다. 하지만 과학의 경우 결과로 생기는 지식은 활동의 우연한 부수물이 아니라 그 활동을 이끌어 나가는 지도적 요인의 성격을 지니고 있다. 과학은 논리적으로나 교육적으로 지식의 완성이며 최종 단계이다.

요컨대 과학은 모든 지식에 내포된 논리적 함의를 드러내는 것을 뜻한다. 과학의 논리적 질서는 알려진 것에 부과되는 형식이 아니라 완성된 지식의 고유한 형태이다. 왜냐하면 지식의 내용을 진술한다는 것은 그것을 이해하는 사람에게 그 진술이 나오게 된 전제와 그 진술이 가리키는 결론을 보여 주는 특성이 있기 때문이다.pp. 283-284 참조 마치 유능한 동물학자가 몇 개의 뼛조각을 가지고 동물을 재구성하듯이, 수학과 물리학 전문가는 각각 해당 교과의 진술 형식을 보고, 진술에 들어 있는 진리 체계의 아이디어를 구상해 낼 수 있다.

그렇지만 전문가가 아닌 사람에게는 완성된 형식이 오히려 걸림돌이 된다. 추출된 자료가 목적 자체로서 지식 발전과 관련된 설명이기 때문에 이 자료와 일상생활의 자료 사이의 연관성이 가려져 있다. 보통 사람들에게 뼛조각은 그저 신기한 물건에 지나지 않는다. 그가 동물학의 원리를 완전히 터득하기 전까지는 뼛조각으로 그 무엇을 만들어 내려는 노력은 계획적이지 않고 맹목적이다. 학습자의 관점에서 보면, 과학적 형식은 공부하는 출발점이 아니라 성취해야 할 이상이다. 그럼에도 수업을 단순화된 과학의 기초적 원리에서 시작하는 경우를 흔히 보게 된다. 여기서 생기는 필연적 결과는 과학이 의미 있는 경험과 유리된다는 점이다. 학생은 기호의 의미를 파악할 만한 단서도 없이 곧바로 그 기호를 배우게 된다. 그렇게 되면 전문적 정보 체계를 얻을 수는 있지만, 그 정보가 자기 자신에게 친숙한 물체나 작용과 어떤 연관을 맺고 있는지 추적할 능력은 생기지 않는다. 대부분의 경우 특수한 어휘를 배울 뿐이다.

교과를 완성된 형태로 보여 주는 것이 학습의 왕도라는 생각이 오늘날 우리를 강하게 사로잡고 있다. 미숙한 학생이 교과를 배울 때, 유능한 학자들이 그동안 연구해 놓은 부분에서 시작하면 시간과 에너지를 절약할 수 있고 쓸데없는 시행착오를 방지할 수 있다고 생각하는 것만큼 자연스러운 게 또 어디에 있을까? 그 결과는 이미 교육사에 분명하게 기록되어 있다. 학생들은 과학을 공부할 때, 전문가의 사유 순서에 따라 교과를 주제별로 조직한 교과서를 가지고 배운다. 기술의 여러 가지 개념에 대한 정의가 처음부터 소개된다. 아주 초기 단계부터 여러 법칙을 도입하고 있지만, 법칙에 도달하는 방법에 대해서는 고작해야 한두 마디의 언급이 있을 뿐이다. 학생들은 일상적 경험 속의 익숙한 자료를 다루는 과학적 방법을 배우는 것이 아니라 그냥 교과로서 '과학'을 배울 뿐이다. 수준 높은 연구자의 방법이 대학교육을 지배하고, 대학의 연구 방법은 중고등학교에 그대로 전이된다. 이런 식으로 계속 내려가면서 다만 교과를 좀 더 쉽게 배울 수 있도록 내용을 생략한다.

논리적인 것과 심리적인 것의 결합

학습자의 경험에서 시작하여 거기서 적절한 과학적 처리법을 발달시켜 가는 연대기적 방법은 숙련가나 전문가의 논리적 방법과 구별하여 흔히 '심리적 방법'이라고 한다. 심리적 방법을 쓰면 분명 시간은 걸리지만, 거기서 얻어지는 탁월한 이해와 생생한 흥미는 시간의 손실을 보충하고도 남는다. 학생이 적어도 자기가 배운 것을 이해했기 때문이다. 그뿐만 아니라 과학자들이 완성된 지식에 도달한 방법을 '일상적으로 잘 알려진 자료'에서 뽑아낸 문제와 관련지어 가르치면, 학생은 자신의 활동 범위 안에 있는 자료를 혼자서 다룰 수 있는 독립적 능력을 지니게 될 것이다. 그렇게 되면 상징적인 의미만 있는 내용을 배우는 것에 따르는 정신적 혼란, 지적 혐오를 피할 수 있을 것이다. 대부분의 학생은 결코 과학 전문가가 되려는 것이 아니기 때문에, 과학자들이 성취한 결과를 멀리서 간접적으로 모방하는 것보다 과학적 방법이란 무엇인지에 대해 조금이라도 통찰력을 얻는 것이 훨씬 더 중요할 수 있다. 학생들이 '배운 범위'로 따져 보면 얼마 되지 않겠지만, 적어도 그가 배운 범위 안에서는 확실히 이해하고 넘어갈 것이다. 그리고 과학 전문가가 되려는 소수의 학생은 전문적인 기호 용어로만 진술된 엄청난 양의 정보를 머리에 쏟아붓듯 배우는 것보다는 앞서 말한 방식으로 배우는 것이 과학자가 되기에 훨씬 좋은 준비를 한다고 해도 무방할 것이다. 사실 성공적인 과학자가 되려는 사람들은 자신의 힘으로 전통적인 학문적 과학 수업이 파 놓은 함정을 용케도 빠져나온 사람들이라고 할 수 있다.

한두 세대 전에 큰 난관을 무릅쓰면서 과학이 교육에 자리 잡을 수 있게 하려고 분투했던 사람들이 기대했던 것과 그동안 일반적으로 달성된 성과를 대조한다는 것은 매우 괴로운 일이다. 어떤 지식이 가장 가치 있는지 조사한 적이 있는 스펜서Herbert Spencer[131]는 모든 관점에서 볼 때 과학적 지식이 가장 가치 있다는 결론을 내렸다. 그러나 그의 주장에는 과학적 지식이 이미 완성된 형식으로 전달할 수 있다는 가정이 암암리에 들어 있다. 우리의 일상적 활동의 내용을 과학이라는 형태로 변환하는 방법을 간과함으로써 스펜서의 주장은 과학을 과학이게 하는 유일한 방법을 무시했다. 수업도 대부분 이와 비슷한 계획 아래 전개되었다. 그러나 자료를 전문적으로 정확한 과학적 형식에 맞게 진술한다고 해서 거기에 무슨 굉장한 마력이 있다고 할 수는 없다. 이런 상태로 배운다면, 그것은 여전히 무기력한 정보의 무더기로 남을 뿐이다. 그뿐만 아니라, 과학적 형식에 맞게 진술하는 방식은 문학적 형식에 맞게 진술하는 것에 비하면 일상생활의 경험과 의미 있는 관련을 맺을 가능성이 훨씬 더 적다. 그렇다고 과학교육이 필요하다는 생각을 정당화할 수 없다는 말은 아니다. 다만 자료를 그렇게 가르친다면 학생에게는 '과학이 아닌' 것이다.

사물과 접촉하거나 실험실에서 실습하는 것은 연역적 계획에 따라 배열된 교과서를 가르치는 것보다는 더 개선된 방법이지만, 그 자체로는 과학을 가르치는 방법으로 충분하지 않다. 그것이 과학적 방법에 없어서는 안 되는 요소이지만 그 자체가 과학적 방법이 되는 것은 아니다. 물질적 자료를 과학적 장치를 활용하여 조작하더라도, 그 자료 자체와 그것을 다루는 방법 역시 학교 밖에 있는 자료와 그것을 다루는 과정과 동떨어져 있을 수 있다. 여기서 다루는 문제는 단순한 과학상의 문제일 뿐이다. 즉, 이런 문제는 해당 주제의 과학에 이미 입문한 사람에게나 대두되는 문제라는 것이다. 이 경우에는 실험실에서 하는 실험이 교과에서 다루는 문제와 어떤 관련을 맺고 있는지는 아무런 상관없이 전문적인 조작 기술을 습득하는 데만 주의를 기울일 수 있다. 이교도 종교뿐만 아니라, 때로는 실험실의 교육에도 의례가 수반된다.

이미 앞에서 잠깐 언급했듯, 과학적 진술이나 논리적 형식은 기호나 상징의 사용을 당연히 필요로 한다. 이 진술은 물론 과학의 진술뿐 아니라 모든 언어 사용에 적용된다. 그러나 일상의 언어에서는 마음이 상징에서 곧장 그것이 나타내는 사물로 향한다. 친숙한 자료와의 의미 관련성이 대단히 밀접하기 때문에 마음을 기호 위에 멈추게 하여 그 의미를 알아내려고 할 필요가 없다. 기호는 사물과 행위를 나타내기 위한 것일 뿐이다. 하지만 과학 용어에는 그 이상의 용도가 있다. 우리가 살펴본 것처럼, 과학 용어는 경험에서 실제로 사용되는 사물을 직접 나타내지 않고 인식 체계에 배치된 사물을 나타내도록 설계되어 있다. 궁극적으로 보면, 과학 용어도 우리가 상식적으로 잘 알고 있는 사물을 나타낸다.

당장 드러난 것만으로 보면, 과학 용어는 일상의 맥락 속에 존재하는 사물을 나타내는 것이 아니라 과학적 탐구[132]의 목적에 맞게 번역된 것이다. 원자, 분자, 화학 공식, 물리학 연구에서 사용되는 수학적 명제들은 주로 지적 가치를 지니며, 오직 간접적으로만 경험적 가치를 지닐 뿐이다. 그것들은 과학 연구를 수행하기 위한 도구를 나타낸다. 그것의 의미는 다른 도구의 경우와 마찬가지로 그것을 사용함으로써 비로소 알 수 있다. 그 개념을 이해하기 위해서는 그것이 지칭하는 대상을 보는 것만으로는 불가능하며, 그 개념이 인식의 방법으로 활용될 때 어떻게 작용하는지를 확인해야 한다.

심지어 기하학에 나오는 원이나 정사각형도 우리가 일상에서 익숙하게 알고 있는 원이나 네모와는 차이를 보인다. 수학을 깊이 연구할수록, 일상에서 경험되는 사물로부터의 거리는 더욱더 멀어진다. 공간적 관계에 대한 지식의 추구에서 중요한 성질만 강조되고 나머지 성질은 무시된다. 나아가서 더욱 깊은 연구에 들어가게 되면, 공간적 지식에 중요한 특성들조차도 다른 것들에 관한 지식—아마 수의 일반적 관계들에 대한 지식—을 촉진하는 성질에 밀려나게 될 것이다. 수학의 개념적 규정에는 공간적 형식, 크기, 또는 방향을 암시하는 것조차 들어 있지 않게 된다. 이것은 그러한 수학 지식이 허구적 관념의 가공물이라는 뜻이 아니라, 직접적인 물리적 성질이 별도의 특수한 목적—즉, 지적 조직이라는 목적—을 위한 도구로 변환되었음을 나타낸다. 모든 기계는 재료의 원래 상태를 어떤 목적을 위해 변형시키는 일을 한다. 재료가 원래 어떤 형식으로 있었는지가 아니라 그것을 어떤 목적에 맞게 변형하는 게 중요하다. 기계의 부품에 사용되는 모든 재료를 하나하나 열거할 줄 아는 사람이 기계에 대한 지식을 가졌다고 할 수 없다. 부품들이 어디에 사용되며, 왜 거기에 사용되는지를 아는 사람이라야 기계에 대한 지식을 가졌다고 할 수 있다. 이와 마찬가지로 수학적 개념을 아는 사람은 수학적 개념이 어떤 기능을 하며, 그 개념이 문제를 다루는 데 구체적으로 어떤 유용성이 있는지에 대한 지식을 갖고 있다고 할 수 있다. 정의, 규칙, 공식 등을 '아는 것'[133]은 기계

부품의 이름은 잘 알면서도 그것이 무엇을 하는지는 잘 모르는 사람과 같다. 어느 경우나 마찬가지지만, '의미' 즉 지적인 내용이란 한 요소가 그것을 포함하는 전체 체계 속에서 무슨 일을 하는가에 있다.

과학과 지적 발달 그리고 사회적 진보

사회적으로 의미 있는 작업에서 얻은 직접적인 지식을 완성된 논리의 형태로 발전시킨 것이 과학이라고 한다면, 그것이 경험 속에서 어떤 위치를 차지하느냐라는 질문이 생긴다. 그것에 대한 일반적 대답은 과학이 예전부터 전해 내려온 관례적 목적을 단순히 추종하려는 마음을 해방시키며 새로운 목적을 체계적으로 추구하게 해 주는 것이라고 할 수 있다. 말하자면 과학은 진보를 추동하는 행위자다. 진보는 때때로 이미 추구되고 있는 목적에 더 가까워지는 것을 의미하기도 한다. 하지만 이는 행동 수단의 개선이나 기술의 발전만을 필요로 한다는 점에서 부차적인 유형의 진보이다. 더 중요한 진보의 유형은 지금까지의 목적을 더욱 충실히 하고, 새로운 목적을 형성한다. 욕망의 총량은 고정되어 있지 않으며, 진보 또한 만족의 양을 증대시키는 것만을 의미하지는 않는다. 문화가 발달하고, 자연에 대한 새로운 지배력이 생김에 따라 지성은 행동의 새로운 가능성을 보게 되며, 여기에 따라 새로운 욕망, 새로운 종류의 만족을 찾으려고 할 것이다. 새로운 가능성을 예측하게 되면 그것을 실행에 옮길 새로운 수단을 구하게 되고, 여기에서 진보가 일어난다. 지금까지 사용된 적이 없는 새로운 것을 발견하면, 거기서 새로운 목적을 위한 제안이 도출된다.

과학이 행동 수단을 완벽하게 통제하는 주요한 수단이 된 것은 자연의 신비를 지적으로 지배하면서 그에 따라 수많은 발명이 쏟아져 나왔다는 사실로 증명된다. 산업혁명으로 알려진 생산과 유통의 놀라운 변혁은 실험과학의 결실이다. 철도, 증기선, 전동기, 전화, 전신, 자동차, 비행기, 비행선 등 이런 것들은 과학을 생활에 응용한 명백한 증거다. 그러나 이러한 것들도 자연과학을 이용하여 우리의 일상생활을 편리하게 해 준 수많은 작은 발명들을 수반하지 않았다면, 그다지 중요한 의미가 없었을 것이다. 그렇기에 이렇게 이룩한 진보란 상당 부분 기술적인 진보에 지나지 않다는 사실을 인정하지 않을 수 없다. 즉, 그것은 인간 목적의 질을 변혁한 것이 아니라, 이미 존재하고 있었던 욕망의 만족을 더 효율적으로 달성할 수단을 가져다주었을 뿐이다. 예컨대 현대 문명은 모든 면에서 고대 그리스 문화를 능가할 만한 것이 없다. 과학은 여전히 역사가 너무 짧아 인간의 상상력과 감정적 성향에 충분히 스며들 수 없다. 사람들은 자신의 목적을 실현하기 위해 더욱 빨리 더 확실하게 움직이고 있지만, 그들의 목적은 대부분 과학적 계몽 이전의 상태에 머물러 있다. 이러한 사실에서 교육은 과학을 단순히 우리의 손과 발의 연장에 머무르게 하지 않고 지금까지 우리가 젖어 있던 상상력과 감정의 습관적 태도를 변혁하는 데 과학을 사용해야 할 책임이 있다.

과학의 발전은 이미 삶의 목적과 가치에 대한 인간의 생각을 상당한 정도로 변형시켜 놓았으며, 따라서 앞에서 말한 교육의 책임이 어떤 것이고, 또 그 책임에 부응하려면 어떻게 해야 하는지에 대한 우리의 생각을 어느 정도 보여 줄 수 있게 되었다. 인간 활동에 나타나는 효과 면에서 과학은 이전에 사람을 서로 갈라놓았던 물리적 장벽을 허물었고, 교류의 범위를 엄청나게 넓혀 놓았다. 그리하여 인간의 관심과 이익이 지극히 거대한 규모로 서로 의존하게 된 것이다. 그리하여 인류의 이익을 위해 자연을 통제할 수 있다는 확고한 신념을 획득하게 되었고, 인간은 과거가 아니라 미래를 바라볼 수 있게 되었다. 인간이 진보의 이상을 품게 된 것과 과학의 발전이 동시에 출현한 것은 그야말로 우연의 일치가 아니다. 이렇게 과학이 발달하기 전에는 사람들은 황금시대를 먼 고대에 두었다. 이제 인간은 지성을 적절하게 사용하면, 한때 불가피하다고 생각되었던 패악을 완전히 제거할 수 있다는 확고한 신념을 품고 미래를 마주할 수 있게 되었다. 과거에 맹위를 떨치던 질병을 정복하는 것은 더 이상 꿈이 아니다. 빈곤을 종식시키려는 희망 또한 유토피아적 꿈이 아니다. 과학은 인간에게 '발전'이라는 개념에 익숙해지게 했고, 실질적으로 우리의 공통된 인간성의 지위를 점진적으로 개선하는 데 지속적으로 영향을 미쳤다.

따라서 과학을 교육적으로 사용하는 문제는 인간사의 방향을 스스로 결정할 수 있다는 신념과 그 신념을 뒷받침하는 지성을 창조하는 데 있다. 교육을 통해 과학의 방법이 깊이 뿌리내리도록 하는 것은 곧 주먹구구식에서 해방되는 것이며, 그것에서 생겨난 판에 박힌 기계적 답습에서 해방되는 것이다. 일상적으로 사용되는 경험적이라는 단어는 '실험과 연결된다'는 의미가 아니라, 조잡하고 비합리적이라는 뜻을 갖는다. 아직 실험과학이 나타나기 이전의 조건 때문에 과거의 권위 있는 철학 이론에서 경험은 이성이나 합리성[134]에 반대되는 것으로 취급되었다. 경험적 지식이란 과거의 수많은 사례로 축적된 지식을 의미하며, 그중에는 어떤 원리에 대한 지적 통찰력도 없다는 말이었다. 의술이 경험적이라고 말하는 것은 그것이 과학적이 아니라, 질병을 여러 번 관찰하고 그저 닥치는 대로 사용된 치료법의 누적된 관찰을 통해 터득한 실행의 양식이라는 말이다. 그러한 실행 방식은 필연적으로 요행의 성격을 띤다. 성공은 우연에 달려 있다고 할 수 있다. 이럴 때 그것은 속임수나 돌팔이로 전락하기 쉽다. 결국 '경험적으로' 운영되는 산업은 지성의 구성적 적용을 차단한다. 그것은 과거에 정해진 틀을 모방하고 노예처럼 맹종할 뿐이다.

하지만 오늘의 실험과학은 과거의 경험을 마음의 주인이 아니라 마음의 하인으로 부릴 수 있는 가능성을 믿게 한다. 이성은 경험 밖이 아니라 경험 안에서 작용하며, 경험에 지적 또는 합리적 성질을 부여한다. 과학은 합리성을 획득해 가는 경험이다. 따라서 과학의 효과는 경험의 성격과 그것의 내재적 가능성에 관한 인간의 생각을 바꾸는 것이다. 이와 마찬가지로 과학은 이성에 관한 생각과 이성의 작용을 변화시킨다. 과학은 경험 저편에, 멀리 떨어진, 초연한, 우리가 경험하는 삶의 사실과 아무 관련 없는 숭고한 영역을 다루는 것이 아니라, 오히려 경험 안에 본래의 자리를 가지고 있다. 즉, 과학은 경험 안에서 과거의 경험을 정화하고 그것을 발견 및 발전을 위한 도구로 삼도록 하는 계기로 작용한다.

추상화와 일반화의 올바른 이해

'추상적'이라는 말은 일상의 대화에서는 다소 부정적 의미를 드러낸다. 말하자면 이것은 난해하고 이해하기 어려운 것을 나타낼 뿐만 아니라, 삶에서 멀리 떨어져 있다는 것을 나타내기도 한다. 그러나 추상화는 활동을 성찰적 방향으로 이끄는 데 반드시 필요한 특성이다. 상황은 똑같은 형태로 반복되지 않는다. 습관은 새로운 일을 이전 일과 완전히 같은 것처럼 취급한다. 따라서 이전과는 다른 새로운 요소가 생기더라도 현재의 목표 달성에 방해가 되지 않는다면 습관대로 해도 충분하다. 하지만 새로운 요소가 특별히 주의를 요하는 경우에 추상화가 일어나지 않으면, 아무렇게나 되는 대로 반응이 일어날 수밖에 없다. 왜냐하면 추상화[135]는 이전 경험의 내용에서 새로운 것을 처리하는 데 도움이 되는 것을 숙고하여 뽑아내기 때문이다. 추상화는 과거의 경험 속에 내장된 의미를 새로운 경험에 사용하기 위해 일어나는 의식적인 전이를 의미한다. 그것은 바로 지성의 동맥, 즉 어떤 경험이 다른 경험을 안내하는 데 도움이 되도록 의도적으로 노력하는 간선도로와 같다. 과학은 이처럼 지금까지 경험한 내용을 새로 만드는 일을 대규모로 수행한다. 과학은 완전히 개인적이고 즉각적인 모든 것에서 경험을 해방시키는 것을 목표로 한다. 즉, 한 경험이 다른 경험의 내용과 공통으로 지닌 것, 공통이기 때문에 '나중에' 이용하기 위해 저장해 둘 수 있는 것이라면 무엇이든 분리해 두려고 노력한다. 따라서 그것은 사회의 진보에 필수 불가결한 요소이다. 실제로 일어나는 많은 경험에는—그 경험을 한 개인에게는 대단히 중요한 의미를 가질 수 있으나- 복제할 수 없는 특이한 것들이 많이 있다. 과학의 관점에서 보면 이러한 내용은 우연한 것이며, 이에 비해 여러 경우에 공통으로 나타나는 특징이 본질적인 것이다. 어떤 상황에 독특한 내용은 모두 개인의 특수성이나 주변 사정의 우연적 일치에 따른 것이므로 다른 사람에게는 활용될 수 없다. 따라서 여러 경우에 공유된 것을 추상하여 적절한 상징으로 고정시켜 두지 않는 한, 실제로 경험의 모든 가치는 경험이 끝나는 동시에 소멸하게 된다. 하지만 추상화 과정과 추상화된 결과를 적절한 용어로 기록하는 일은 개인 경험의 궁극적 가치만을 뽑아서 인류 전체가 영구히 사용할 수 있게 해 준다. 이렇게 보존된 것을 장차 언제, 어떻게 사용할 수 있는지 자세히 예측할 수 있는 사람은 아무도 없다. 추상 작업을 해 나가는 과학자는 비유컨대, 장차 누가 언제 사용할지 모르는 도구를 만드는 사람과 같다. 그러므로 지적 도구는 다른 기계적 도구에 비해 적용 범위가 훨씬 유연하다.

일반화는 추상화와 짝을 이루는 작용이다. 일반화는 추상화를 새로운 구체적인 경험에 적용하는 기능이다. 다시 말하면, 일반화는 새로운 사태를 명료화하고, 그것에 방향을 부여하는 추상화의 연장이라고 할 수 있다. 추상화가 그 자체로 끝나는 '공허한 형식주의'가 되지 않고, 의미 있는 성과를 거두기 위해서는 실제 사태에 어떻게 적용할 수 있는가를 고찰할 필요가 있다. 일반화는 본질적으로 사회적 고안물이다.[136] 인간이 그들의 흥미를 순전히 좁은 집단의 관심사에만 연관 지어 파악하면, 일반화도 그만큼 좁은 범위에 국한된다. 넓은 관점에서 자유롭게 내다보는 것을 허용하지 않은 것이다. 사람들의 사고는 좁은 공간과 짧은 시간에 국한되어 있었으며, 자신이 따르던 관습을 모든 가치의 척도라고 생각하며 그것에 얽매여 있었다. 이와 달리 과학적 추상화와 일반화는 시간적으로나 공간적으로 어떤 위치에 있든, 그것과는 상관없이 누구나 취할 수 있는 그런 관점을 견지하는 것을 뜻한다. 이렇게 과학이 현실과 동떨어져 있다든가 추상적이라는 느낌을 주는 이유는 구체적인 경험의 조건이나 우발적 사건에서 해방되었기 때문이지만, 그렇기 때문에 다른 한편으로 과학은 실제에 유익하게 새롭게 적용할 수 있는 범위가 넓고 자유롭다.

용어와 명제는 추상화된 것을 기록하고 수정하고 전달하는 일을 한다. 어떤 특정한 경험에서 분리된 의미라고 하여 허공에 매달려 있을 수는 없다. 그것은 어디엔가 발붙일 거주지를 확보해야 한다. 물리적 위치와 몸에 추상적인 의미를 부여하는 게 이름이다. 언어적 공식화는 사후에 따라오는 뒷생각이나 부산물이 아니며, 생각의 과정을 끝마치는 데 본질적인 역할을 한다. 사람들은 표현할 수 없는 많은 것을 알고 있지만, 그러한 지식은 실제적이고 직접적이며 개인적인 것으로 남는다. 개인은 그것을 자기 자신을 위해 사용할 수 있다. 즉, 그것에 따라 효율적으로 행동할 수 있다. 예술가와 경영자가 가지고 있는 지식은 흔히 이런 상태에 있다. 그런데 그것은 개인적이고 전이 불가능하며, 흔히 하는 말로 직감적인 지식이다. 경험의 의미를 언어로 규정하려고 하면, 우리는 다른 사람들의 경험을 의식적으로 고려하지 않으면 안 된다. 그는 자기 자신의 경험뿐만 아니라 다른 사람의 경험도 포함하는 관점을 찾으려고 노력해야 한다. 그렇지 않으면 그의 소통은 다른 사람에게 이해되지 못한다. 이것은 아무도 알아듣지 못하는 말로 이야기하는 것과 같다. 문학은 다른 사람에게도 경험이 생생한 의미를 지니도록 진술하는 데 빛나는 성공을 거두고 있고, 과학의 언어 역시 문학과는 다른 방식으로 경험된 사물의 의미를 특별한 상징으로 표현하려는 목적으로 고안된 것이다. 심미적 체계화는 사람이 이미 겪은 경험의 의미를 드러내고 강화한다. 이에 비해 과학적 체계화는 인간에게 새로운 경험을 변혁적 의미로 구성하는 도구를 제공한다.[137]

이상의 논의를 요약하면, 과학은 새로운 경험을 예측하고 통제하는 지성의 역할을 하며, 습관의 한계로부터 해방되기 위해 체계적이고 의도적이며 방대한 규모로 추구되는 활동이라고 할 수 있다. 그것은 우발적인 것과는 구별되는 의식적인 진보의 유일한 수단이다. 그리고 그것의 일반성, 즉 개별적 조건으로부터 멀리 떨어져 있다는 사실로 말미암아 과학이 어느 정도의 전문성과 고답성을 띠게 된다고 하더라도, 이러한 성질은 순전히 사변적 이론화의 특성들과는 매우 다르다. 사변적 이론화는 실제에서 영구적으로 떨어져 있는 상태에 있지만, 과학적 이론은 나중의 구체적인 행동에서 더 넓고 더 자유롭게 적용될 수 있도록 일시적으로 떨어져 있는 것이다. 이론 중에는 실제와 대립하는 일종의 '하찮은' 이론도 있지만, 진정한 과학 이론은 새로운 가능성을 향해 실제를 확장하고 그 실제에 방향을 열어 주는 행위자로서 실제의 범위 속에 포함된다.

교육에서 자연주의와 인문주의 그리고 민주주의

교육에는 교육과정에서 과학을 문학과 역사에 대립시키는 전통이 있었다. 두 관심사를 대표하는 사람들 사이의 싸움은 역사적으로 쉽게 설명될 수 있다. 문학과 언어, 문예학은 실험과학이 등장하기 이전의 모든 고등교육기관에 확고한 기반을 구축하고 있다. 실험과학은 자연스럽게 자신의 길을 개척해야만 했다. 성벽을 쌓아 놓고 확고히 강화되고 보호되는 이익을 지키려는 사람은 누리고 있는 독점권을 쉽게 포기하지 않는다. 그러나 언어와 문학의 산물은 전적으로 인문학적 성격이 있고, 과학은 순전히 물리적 의미가 있다는 가정은 어느 쪽에서 보더라도 두 학문의 교육적 사용을 손상시킬 수 있는 잘못된 개념이다. 인간의 삶은 진공 상태에서 발생하지 않으며, 자연 또한 인간이 극을 연출하는 단순한 무대 장치가 아니다.pp. 310-311 참조 인간의 삶은 자연적 과정에 결부되어 있고, 인간의 생애, 성공과 실패는 자연이 어떤 방식으로 거기에 스며들어 오느냐에 달려 있다.[138] 인간이 스스로 일을 의도적으로 통제해 가는 능력은 자연의 에너지를 활용해 나가는 능력에 있으며, 이 능력은 다시 자연적 과정에 관한 통찰에서 나온다. 전문가에게 자연과학이 어떤 의미가 있든 교육목적으로 보면, 자연과학은 인간 행동의 조건에 대한 지식이다. 사회적 교류가 진행되는 매개체와 그 진보적 발전에 대한 수단과 장애를 인식한다는 것은 질적으로 철저하게 인본주의적인 지식을 구사할 수 있음을 뜻한다. 과학사에 무지한 사람은 인간이 기계적인 반복과 변덕에서, 자연에 대한 미신적 복종에서, 자연을 주술적으로 사용하려는 노력에서 지적인 평정으로 나아간 투쟁의 과정을 알지 못한다. 이에 따라 과학을 일련의 형식적이고 전문적인 연습으로 가르칠 가능성이 있다는 것은 말할 필요도 없다. 세계에 대한 정보를 그 자체의 목적으로 삼을 때에는 언제나 이런 일이 일어난다. 그런데 그 교육이 교양을 습득하지 못한다고 하여 자연과학의 지식이 인문적 관심과 상반된다고 생각해서는 안 된다. 오직 그러한 입장을 취하는 교육적 태도가 잘못일 뿐이다.[139]

과학 지식을 인간의 작업장에서 활용하는 것을 혐오하는 것 자체는 귀족문화의 잔재이다. '응용' 지식이 '순수' 지식보다 다소 가치가 떨어진다는 생각은 모든 유용한 일을 노예나 농노가 하던 사회, 또는 산업이 지성이 아닌, 관습적으로 결정된 틀로 통제되던 사회에서는 자연스러운 생각이었다. 이런 상태에서는 앎의 가장 높은 단계인 과학이 삶의 용도에 적용되는 것과는 무관한 순수한 이론과 동일한 것으로 간주되고, 유용한 기술과 관련된 지식은 그것에 종사하는 계층과 같은 오명을 쓰고 있었다.[19장 참조] 그리하여 생겨난 과학의 개념은 과학 자체가 예술의 도구를 채택하고, 지식의 생산에 사용되고, 나아가 민주주의가 부상한 후에도 지속되었다. 그렇지만 이론을 이론으로만 생각하는 경우, 인간에게는 인간에 관한 것이 단순한 물리적 세계에 관한 이론보다 훨씬 더 의의를 지니게 된다. 대다수 인간이 지닌 실제적 필요와 동떨어진 문학적 교양으로 규정되는 지식 기준을 채택하는 한, 과학의 교육적 의의를 주장하는 사람들은 전략적으로 늘 불리한 위치에 있었다. 하지만 실험 방법[140]에 적합하고, 민주적 산업사회의 움직임에 부합되는 과학관이 대다수 사람에게 채택되기만 한다면, 과학의 교육적 의의를 주장하는 사람들은 자연과학이 소위 휴머니즘을 표방하면서 실제로는 유한계급의 특별한 이해관계를 바탕으로 교육체계를 설계하는 것보다 더 인문주의적이라는 것을 어렵지 않게 보여 줄 수 있을 것이다.

앞서 언급했듯이, 인문학적 연구가 자연에 관한 연구와 대립하는 위치에 있을 때는 인문주의 교과 역시 방해를 받는다. 그런 교과는 전적으로 문학적·언어적 교과로 전락해 버리며, 그것이 이른바 '고전'이라는 형태의, 이미 사용되지 않는 언어를 배우는 교과로 축소되는 것이 보통이다. 그도 그럴 것이 현대어는 분명히 어딘가에 쓰이고 있으며, 바로 그 때문에 가치 없는 것으로 금지된다. 역사적으로 '인문교과'를 오직 그리스어 및 라틴어 지식과 동일시해 온 교육의 실행만큼 더 심한 역설적 현상은 없을 것이다. 물론 그리스와 로마의 학예와 제도는 오늘날 우리 문명에 매우 중요한 공헌을 한 것이 사실이며, 그것에 접하게 될 충분한 기회는 언제나 있어야 한다. 하지만 그것을 인문교과, 즉 인간적 교과의 대표적인 경우라고 생각하는 것은 교육에서 대중이 배울 교과의 가능성을 고의로 무시하는 것이며, '유식계급'의 협소한 속물근성－교육의 기회를 독점한 데서 생긴 우연적 결과를 휘장으로 삼는 학식 있는 계급의 태도－을 길러주는 것과 다름없다. 지식이 인문주의적 성격을 띠는 것은 과거 인간의 결과물을 다루기 때문이 아니라 인간의 지성과 공감을 자유롭게 계발하기 때문이다. 어떤 교과든 이러한 결과를 가져오는 것은 '인문주의적'이며, 그렇지 못한 교과는 '교육적'이라는 이름조차 붙일 수 없다.

요약

과학은 경험에서 인지적 요인의 결실을 나타낸다. 그것은 다만 개인적이거나 관례적 경험에 좋은 인상을 지닌 진술에 만족하지 않고, 신념의 원천, 근거, 또는 귀결을 밝히는 진술을 지향한다. 이 목표를 달성하려면 진술이 논리적 특성을 띨 수밖에 없다. 교육적으로 방법의 논리적 특성은 고도의 지적 정교화에 도달한 교과에 나타나므로 학습자의 방법-즉, 경험의 지적 수준이 조잡한 것에서 더 세련된 것으로 나아가는 발달의 순서를 따르는 방법-과는 다르다는 점에 유의해야 한다. 이 사실을 무시할 경우, 과학은 메마른 정보로 다루어질 뿐 아니라, 일반적 정보보다 흥미가 덜하고, 우리의 삶과 멀리 떨어져 있으며 비일상적인 전문 용어로 표현된다. 과학이 교육과정에서 수행해야 하는 기능은 바로 과학이 인류 전체를 위해 수행해 온 기능과 동일하다. 즉 경험을 국지적이고 일시적으로 일어나는 경험에서 해방시키는 것, 그리고 개인적 습관과 선호 등의 우연적 요인으로 가려지지 않는 지적 전망을 열어 주는 것이다. 추상화, 일반화, 명확한 언어 규정과 같은 논리적 특성은 모두 과학의 기능과 관련되어 있다. 이런 논리적 특성은 아이디어가 발생한 특정 맥락에서 그 아이디어를 해방시켜 더 넓은 범위에 적용될 수 있게 해 주며, 그로 말미암아 개인 경험의 결과가 모든 사람의 손에 들어오도록 한다. 따라서 궁극적으로 그리고 철학적으로 말하자면 과학은 전반적인 사회 진보의 이행자라고 할 수 있다.

18장

교육적 가치로서 상상력, 성장
그리고 성취의 문화

교육적 가치 문제를 논의할 때 검토해야 할 사항은 앞에서 교육목적9장과 흥미10장를 논하면서 이미 다루었다. 교육이론에서 흔히 논의되는 특정한 가치는 일반적으로 우리가 교육목적으로 강조한 것들과 일치한다. 그것은 유용성, 교양, 지식, 사회적 효율성을 위한 준비, 지적 도야나 능력과 같은 것들이다. 이러한 목적이 어떤 점에서 가치를 지니는지는 흥미의 본질을 분석할 때 이미 다루었다. 예컨대 흥미나 관심의 대상으로 예술을 얘기하는 것과 가치로 언급하는 것 사이에는 별 차이가 없다. 사실 가치에 대한 논의는 보통 교육과정에 들어 있는 특정한 교과들이 어떤 목적을 가지는지의 문제를 중심으로 고찰이 집중되었다. '교육적 가치'를 논하는 것은 해당 교과의 학습이 삶에 기여하는 바가 크다는 점을 지적함으로써 교과를 정당화하려는 시도의 일환이었다. 따라서 교육적 가치에 대한 명시적 논의는 한편으로는 교육목적이나 흥미에 대한 이전의 논의를, 다른 한편으로는 교육과정에 대한 지금까지의 논의를 서로 연계시켜 재검토할 기회가 될 것이다.

실감과 감상의 본질

우리 경험의 상당 부분은 간접적이다. 경험은 사물과 우리 자신 사이에 끼어들어서 사물을 대표하는 또는 표상하는 기호에 의존하고 있다. 전쟁에 직접 참여해서 전쟁의 위험과 곤란을 함께 겪는 것과 전쟁에 관한 이야기를 듣거나 읽는 것은 전혀 다른 일이다. 모든 언어나 상징은 간접적인 경험의 도구이다. 전문적인 언어로 말하면, 이런 수단으로 획득되는 경험은 '매개된' 경험이다. 이것은 매개가 없는 직접 경험과 대조되는데, 직접 경험이라는 것은 표상하는 매개의 개입을 통해서가 아니라 우리가 생생하게 직접 참여하는 경험을 말한다. 앞서 말한 대로, 우리가 직접 하는 생생한 경험은 그 범위가 대단히 제한적이다. 만약 눈에 보이지 않는 먼 곳에서 일어난 일을 표상하는 작용의 개입이 없었다면, 우리의 경험은 거의 짐승과 같은 수준에 머물러 있었을 것이다. 미개에서 문명으로 이행되는 모든 단계는 순전히 직접적인 경험의 범위를 확대하고, 또 그것을 기호나 상징을 통해 나타낼 수밖에 없는 것들과 경험을 관계 지음으로써 그 경험에 더 넓고 더 깊은 의미를 더해 주는 매개체의 발명에 의존한다. 교양 없는 사람과 글을 모르는 사람을 동일시하는 경향은 틀림없이 위와 같은 사실에서 그 원인을 찾을 수 있다. 그만큼 우리는 효과적인 상징 또는 간접적 경험을 할 때 문자의 힘에 크게 의존한다.

이와 동시에, 앞에서 여러 번 살펴보았듯이 상징이 사물을 제대로 대표하지 못할 위험은 언제나 존재한다. 다시 말해 눈앞에 없는 멀리 떨어진 것을 불러일으켜 실제 현재의 경험 속으로 들어오도록 하는 것이 아니라, 상징하는 언어의 매개체 자체가 목적이 될 위험이 있다. 특히 학교의 형식교육은 이러한 위험에 빠지기 쉽다. 그 결과 읽고 쓰기 능력이 부가되면, 흔히 학구적이라고 일컬어지는 순전히 '책으로 하는 공부'가 지나치게 보편적인 현상으로 나타나게 된다. 일상의 대화에서 '생생한 느낌'이라는 문구는 상징적 경험이 갖는 멀고 창백하고 차갑게 떨어져 있는 성질과 대조적으로, 직접 경험하는 긴박하고 따뜻하고 친밀한 성질을 나타내는 말로 사용된다. '마음으로 느끼는 실감'이나 감상 또는 '진정한' 감상이라는 용어는 사물이 주는 생생한 느낌을 약간 세련된 용어로 표현한 것이다. 이런 관념은 정확히 규정하기는 어렵고, 그 대신에 '절실히 느껴진다'든가 '진정으로 이해한다' 등과 같은 비슷한 표현을 통해 미루어 짐작할 수밖에 없다. 어떤 사물에 대한 직접적인 경험이 의미하는 바를 인지하는 유일한 방법은 실제로 경험하는 것뿐이기 때문이다. 그렇기는 해도 그림에 대한 전문적 설명을 읽는 것과 직접 보는 것의 차이, 또는 그냥 보는 것과 느껴지는 것의 차이, 빛에 대한 수학 방정식을 배우는 것과 짙은 안개 낀 풍경에서 특이하게 번쩍이는 빛을 보고 넋을 잃는 것 사이의 차이에 지나지 않는다.

이처럼 우리는 전문적 방법이나 그 밖의 순전히 상징적인 형식이 직접적인 감상의 영역을 침해하는 경향에서 오는 위험에 마주칠 수 있다. 다시 말해, 학생들이 학교에서 체계적으로 배우는 기호를 통해 간접 경험이라는 상부구조를 구축할 때, 그 기초로서 직접적 상황에 대해 충분히 실감한다고 생각할 위험을 말한다. 여기서 '충분하다'는 말은 단순히 양과 크기의 문제가 아니라 질적인 의미로 파악되어야 한다. 직접 경험을 충분히 갖고 있다는 것은 상징적인 교과 내용과 쉽게 또는 의미 있게 관련될 수 있는 성격임을 말하는 것이다. 기호라는 매개체를 통해 사실과 관념을 안전하게 전달하는 교육에 착수하려면, 그에 앞서서 학교교육은 학생이 직접 참여하도록 함으로써 학교에서 전달하고자 하는 내용과 다루려고 하는 문제의 중요성을 절실하게 느끼게 하는 진짜 상황을 제공해야 한다. 학생 입장에서 보면, 여기서 얻어지는 경험은 그 자체로 가치가 있다. 그리고 교사 입장에서 보면, 경험은 기호로 이루어진 수업 내용을 이해하는 데 필요한 학습 자료를 제공하는 수단이며, 상징적으로 전달되는 교재에 대하여 개방된 태도와 관심을 유발하는 매개체이기도 하다.[141]

앞서 교과의 이론을 개괄적으로 설명할 때, 이렇게 학생에게 실감이나 감상의 배경이 있어야 한다는 요구를 한 것은 놀이와 활동적 작업(노작)을 통해 전형적인 실제 사태를 만들어 줌으로써 해결할 수 있다는 것이다. 이 점에 대해서는 앞에서 말한 것 이외에 달리 덧붙일 것이 없다. 앞의 논의는 직접 경험을 이용할 수 있도록 배경을 갖추어야 한다는 요구가 가장 두드러지는 초등학교의 교과를 명시적으로 다루었지만, 이 원리는 어떤 단계의 교육에서나 교과를 배우는 초보 수준에서는 그대로 적용된다. 이를테면 고등학교 또는 대학에서 새로운 분야를 배우면서 실험실 작업을 할 때, 여기서 필요한 가장 기본적인 기능은 학생들이 다소간의 사실과 당면 문제에 직접 익숙해지도록 하는 것, 또는 흔히 하는 말로 '감을 잡도록' 하는 것이다. 전문적 기술을 습득하거나 일반화를 만들어 내고 검증하는 방법을 터득하는 것은 초보 단계에서는 감상보다 부차적이다. 초등학교의 활동에서 염두에 두어야 할 근본적 취지는 학생들을 즐겁게 하는 것도 아니고, 가능한 한 고통을 주지 않고 정보를 전달하는 것도 아니며, 기술을 습득하도록 하기 위한 것-물론, 이런 것들이 부수적인 결과로 따라올 수는 있지만-도 아니다. 그것은 경험의 범위를 넓히고 풍부하게 하며, 지적 진보에 대한 관심을 더욱 활발하게 하고 효과적으로 키워 주는 데 있다.

진정한 기준의 필요

감상이라는 범주는 다음의 세 가지 추가적 원리를 명백하게 밝히는 것이 적절한 실마리가 될 수 있다. (1) 효과적이거나 실재하는-명목상의 것이 아닌- 가치판단 기준의 본질, (2) 감상적 실감에서 상상력의 위치, (3) 교육과정에서 예술의 위치이다.

(1) 모든 성인은 이전의 경험과 교육을 통해 다양한 경험의 가치에 대한 일정한 척도를 익혀 왔다. 정직, 상냥함, 인내, 충성심과 같은 자질을 도덕적 선으로 생각하고, 문학, 회화, 음악 등의 특정 고전들을 심미적 가치로 생각하도록 배운다. 그뿐만 아니라 이러한 것들을 가치 있게 하는 규칙들-도덕의 황금률, 심미적 가치에서의 조화, 균형, 비례 그리고 지적 성취에서의 정의, 명료성, 체제 등-을 배우게 된다. 이러한 원리는 새로운 경험의 가치를 판단하는 기준으로 매우 중요하기에 부모와 교사는 항상 젊은이들에게 직접 가르쳐 주려고 한다. 그러나 이런 방식으로 가르친 기준이 순전히 상징적인 것에 그친다는 것, 다시 말해 대체로 관습적이고 언어적인 수준에 머무른다는 위험을 그들은 깨닫지 못하고 있다. 실제로 '공언된 기준'과 달리 실제로 작동하는 기준은 개인이 구체적인 상황에서 깊이 중요하다고 특별히 인식한 것이 무엇인가에 따라 달라진다. 가령 어떤 사람은 음악에서 일반적으로 어떤 특성이 존중된다는 것을 배웠을 수

있다. 그는 고전음악에 대해 상당한 정확성을 지닌 채 깊은 대화를 할 수 있고, 그러한 특성이 자신의 음악에 대한 가치표준이 되었다고 진심으로 믿을 수도 있다. 하지만 만약 그 사람이 과거 경험에서 그가 가장 익숙했던 것, 그리고 그가 가장 즐겼던 것이 래그타임[142]이었다면, 그에게 실제로 작동하는 가치판단의 척도는 래그타임 수준이라고 보아야 한다. 자신의 개인적인 체득을 통해 실제로 그의 마음을 사로잡은 것은 그가 옳은 말이라고 배워 온 것보다 훨씬 깊이 그의 태도를 결정한다. 이런 식으로 고정된 습관적 성향이 이후의 음악적 경험에서 그가 실제로 사용하는 진정한 가치평가의 '규준'을 형성한다.

음악적 취향에 적용해도, 이 진술을 부정하는 사람은 거의 없다. 도덕적 가치와 지적 가치의 판단에서도 마찬가지로 적용될 수 있다. 다른 사람에 대한 친절이 지닌 가치의 충분한 의미를 반복적으로 경험하고, 그 경험을 자신의 성향 속에 반영시키는 젊은이는 다른 사람을 너그럽게 대하는 가치척도를 가지고 있다. 이렇게 생생하게 살아 있는 감상 없이, 비-이기심의 의무와 미덕만이 다른 사람에 의해 가치 기준으로 부과되었을 경우, 이것은 순전히 상징에 불과한 것으로 실재로 적절하게 변환될 수 없다는 문제가 남는다. 이 경우 그의 '앎'은 간접적인 성격을 띠게 되고, 다른 사람들이 비-이기심을 훌륭한 것으로 평가하고, 그가 그렇게 되면 그만큼 사람들이 칭송한다는 것을 단지 알 뿐이다. 그리하여 공언된 기준과 실제의 기준 사이에 균열이 생긴다. 개인은 자신의 내적 성향과 이론적 의견 간의 이러한 투쟁이 그에게 어떤 모양으로 나타나는지 알고 있다. 말하자면 그는 자기 자신에게 정말로 소중한 일을 하는 것과 타자의 인정을 받을 것으로 알게 된 것과 행하는 것 사이의 갈등으로 고민하면서도, 그 균열이 어떻게 해서 생겼는지를 알지 못한다. 여기서 생기는 결과는 일종의 무의식적인 위선이며 성향의 불안정성이다. 이와 마찬가지로 어떤 학생이 지적으로 혼란한 사태에 직면하여 모호한 문제들을 해결하고 어떤 명확한 성과를 거두었다면, 그는 명료성과 확실성의 가치를 높이

평가할 것이다. 그렇게 되면 그는 믿을 만한 기준을 갖게 되는 것이다. 그를 외적으로 훈련시켜 교과 내용을 분석하고 분류하는 일정한 작업을 웬만큼 이수시킬 수 있고, 표준적이고 논리적 기능으로 절차의 가치에 대한 정보를 습득하게 할 수도 있다. 그러나 이것이 어떤 시점에서든지, 또는 어떤 방식으로든지 자기 자신의 감상으로 절실하게 느껴지지 않는다면, 이른바 논리적 규범의 의의는 그에게 마치 중국의 강 이름만큼이나 단편적인 외적 정보에 불과할 것이다. 절차를 외울 수 있을지 모르지만, 입으로 외우는 것은 기계적인 시연[143]에 지나지 않기 때문이다. 그러므로 '감상'을 문학, 그림, 음악과 같은 것에 한정하는 것은 크게 잘못된 생각이다. 그 범위는 교육 자체의 작업만큼이나 포괄적이다. 습관의 형성이 순전히 기계적이지 않으려면, '취향'의 경지-즉, 습관적인 선호와 존중의 유형, 탁월한 것에 대한 효과적인 감각을 추구하는 것-까지 이르러야 한다. 학교교육이 외적인 훈육, 성적과 보상, 진급과 낙제 등을 너무나 자주 장려하는 것은 사실, 관념, 원리의 의미 그리고 문제를 생생하게 느끼도록 하는 삶의 상황에 전연 주의를 기울이고 있지 않음을 보여 주는 이면에 지나지 않는다고 주장할 충분한 근거가 된다.

참여하는 상상력

(2) 감상적 실감은 상징적 또는 표상적 경험과 구분될 뿐, 지성이나 이해의 작업과 구분되지 않는다. 상상력[144]을 수반하는 본인 자신의 반응만이 순전한 '사실'의 실감도 간신히 얻을 수 있다. 상상력은 모든 분야에서 감상의 매개체이다. 상상력을 끌어들여야만 어떤 활동이든 단순히 기계적인 것에 머물지 않고 그 이상의 것이 되게 할 수 있다. 유감스럽게도 상황을 그 범위 전체에 걸쳐 따뜻하고 친밀하게 이해하는 원래의 의미를 떠나 '상상계'를 가공의 '환상적인 것'과 동일하게 생각하는 것이 너무 일반

적으로 퍼져 있다. 여기서부터 동화, 신화, 환상적 상징, 시, 그리고 소위 '순수예술'이라고 불리는 것들을 상상력과 감상력을 발달시키는 것으로 지나치게 중시하는 경향이 있다. 또한 다시 이런 영역 이외의 다른 내용을 가르치는 데에는 상상적 통찰력을 완전히 무시함으로써 수업의 상당 부분이 상상력과는 무관한 전문적 기술을 습득하고, 정보의 무더기를 긁어모으는 것으로 전락하는 결과를 가져온다.

여하튼 오늘날 교육의 이론, 다소간은 교육의 실제에서도 상당히 발전하여 놀이가 상상적 모험을 인정하는 데까지 진보했다. 하지만 아직도 일반적 경향은 놀이에 대해 아동기를 거쳐 지나가는 성장의 한 단계에 불과한 것으로 간주하고 있다. 그래서 오늘날의 일반적인 생각에서 간과되고 있는 중요한 사실은 놀이와 흔히 진지한 작업(노작) 사이의 차이가 상상력이 끼어들고 그렇지 않고의 차이가 아니라, 다만 그 상상력이 적용하고 있는 내용이 다르다는 데 있다고 보아야 한다는 점이다. 이런 점이 간과됨으로써 유치한 놀이의 환상적이고 비현실적 면을 불필요하게 과장하고, 또 다른 한편으로 놀이가 아닌 진지한 작업을 단순히 가시적인 구체적 결과만을 얻기 위해 기계적 효율성을 추구하는 것에 불과하다는 식으로 그 의미를 여지없이 깎아내리는 것이다. 여기서 '성취'란 잘 설계된 기계가 인간보다 더 잘할 수 있는 그런 일을 하는 것이 되고, 의미가 풍부한 삶의 성취라는 교육의 주된 효과는 옆으로 떨어져 나간다. 그사이 억제된 상상력은 행해진 작업의 성취와는 단절된 채 엉뚱한 환상이 되어 제멋대로 돌아다닌다.

교육이 기계적인 방법으로 전락하는 것을 피하는 유일한 방법은 상상의 놀이가 직접적인 신체적 반응의 범위를 벗어나 모든 종류의 사물을 실감할 수 있도록 매개체로 충분히 인식하는 것이다. 현대 교육의 여러 경향에 따라 대체로 그런 방향으로 나아가고 있듯이, 이 책에서는 활동을 특별히 강조했다. 그런데 상상력이 근육의 움직임만큼 인간 활동의 정상적이고 필수적인 부분이라는 사실을 인정하지 않는다면, 그릇된 결과를 가져오기 쉽다. 놀이뿐 아니라 수공 활동과 실험실 작업의 교육적 가치는 지금 일어나고 있는 작업의 '의미' 감지에 그것이 얼마나 기여하느냐에 따라 달라진다. 이름이 다르긴 하지만, 그 효과에서 이런 활동은 연극과 같다. 가시적인 결과를 얻기 위해 사용되는 기능이 습관을 형성할 때 실용적인 가치가 중요하기는 하지만, 그 역시 감상적 측면과 분리되면 안 된다. 상상의 유희가 수반되지 않으면 직접적인 활동에서 표상적 지식으로 가는 길은 존재하지 않을 것이다. 상징이 직접적인 의미로 변형되고, 좁은 범위의 활동과 통합되어 그 활동의 의미가 확장되고 풍부해지도록 하는 것은 상상력이기 때문이다. 표상하는 창조적 상상력이 단순히 문학적·신화적인 것에 지나지 않게 되면, 상징은 발화기관의 신체적 반응을 이끄는 수단에 그치고 말 것이다.

미적 완결

(3) 지금까지의 설명은 교육과정에서 문학과 예술이 차지하는 위치에 대해서 확실하게 말하지 않았다. 이 논점을 생략한 것은 다른 의도가 있었다. 원래 유용한(응용) 예술과 우아한(순수) 예술 사이에는 명확한 구분이 없다. 15장에서 언급한 활동은 나중에 순수예술과 응용예술로 구별하는 요소를 자체적으로 포함한다. 정동과 상상력을 불러일으키면서 순수예술에 탁월성을 부여하는 성질도 지니고 있다. 또한 완전성의 경지로 끊임없이 나아감에 따라 방법과 기술, 그리고 자료에 도구를 적용하는 작업으로 예술적 생산에 필수 불가결한 기술적 요소를 포함하고 있다. 최종 산물, 즉 예술작품의 관점에서 보면, 거기에는 당연히 결함이 있지만, 이점에서도 그것에 진정한 감상이 수반되어 있을 때는 맹아적 매력을 주기도 한다. 경험으로서의 활동은 기술적 성격과 예술적 성격을 모두 지니고 있다. 활동이 결과물에 의해 검증되고, 최종 결과물이 사회적으로 '쓸모

있는' 가치를 강조하는 방향으로 가면, 그 활동은 유용한 예술이나 산업적 예술이 된다. 그러나 사람들의 '취향'에 호소하는 직접적인 성질을 훨씬 강하게 감상하는 방향으로 발전하면 순수예술로 성장한다.

그 의미 중 하나인 감상은 경시와 반대된다. 감상은 절실히 강렬하게 소중히 여기는 것을 말하며, 이와 반대로 경시는 소중히 여기지 않는 것, 평가절하하는 것을 뜻한다. 평범한 경험을 마음이 끌리는 것, 갖고 싶은 것(즉, 완전히 동화하고 싶은 것), 즐거움을 주는 것으로 만들도록 성질을 고양하는 것이 교육의 영역에서 문학과 음악, 그림 등이 수행해야 하는 가장 중요한 기능이다. 이런 예술 활동이 가장 일반적인 의미에서 감상의 유일한 통로는 아니지만, 강렬하고 고양된 감상의 주요한 통로임에는 틀림이 없다. 그래서 그런 활동은 내재적으로 또 직접 즐거울 뿐만 아니라 그 이상의 목적을 수행하기도 한다. 모든 감상은 취향을 결정하고, 이후 경험의 가치를 판단하는 기준을 형성해 주는 역할을 더욱 광범하고 깊이 있게 수행한다. 예술 활동은 그 척도에 미치지 못하는 상태에 대해 불만을 나타내고, 자기의 수준에 맞는 주위 환경에 대한 요구를 창출한다. 예술 활동은 평범하고 하찮아 보이는 경험 속에 들어 있는 넓고 깊은 의미를 드러내 준다. 말하자면 예술은 사물을 보는 안목을 불러일으켜 준다. 또한 충만한 상태의 예술은 분산되어 있고 불완전한 선의 요소들을 집중시키고 완결한다. 그리고 감상은 우리에게 직접 즐거움을 주는 가치 요소들을 정선하고, 그것을 선명하게 드러내어 우리가 경험에서 직접 즐거움을 느낄 수 있게 한다. 그것은 교육의 사치품이 아니라, 교육을 가치 있게 하는, 바로 그것을 강렬한 형태로 표현하는 것이다.

여러 교과의 가치

교육적 가치에 대한 이론은 이후 가치판단의 척도를 결정하는 감상의 본질에 대해서뿐만 아니라 이러한 가치판단이 구체적으로 어떤 방향으로 이루어져야 하는지를 논의해야만 한다. '가치롭게 여긴다'는 말은 일차적으로 '소중히 여긴다', '존중하다'는 뜻이 있지만, 부차적으로는 '값을 매긴다', '가치를 어림잡다'는 뜻이 있다. 다시 말해 가치와 관련된 동사는 첫째로 무엇인가를 아낀다거나 소중히 여기는 행위, 둘째로 그것이 다른 것과 비교해서 어떤 가치를 얼마나 많이 지녔는지 판단을 내리는 행위를 가리킨다. 후자의 의미에서 평가하는 것은 가치판단 혹은 가치평가라는 말을 쓴다. 전자와 후자의 구분은 내재적 가치와 도구적 가치 사이의 일반적 구분과 일치한다. 내재적 가치는 판단의 대상이 아니다. 내재적 가치로 비교하거나, 크거나 작거나, 더 좋고 나쁘다고 말할 수 없다. 만약 어떤 것이 '가치를 매길 수 없는' 것이면, 그것과 다른 것을 비교하여 가치의 등급을 매길 수 없는, 즉 더 좋다든지 나쁘다든지 말할 수는 없다. 그러나 때로 한 가지를 버리고 다른 것을 취해야 하는, 이른바 '선택'을 해야 하는 경우도 생긴다. 이때는 더 가치 있고 덜 가치 있다든가, 더 좋고 나쁘다는 식의 기호의 위계가 생긴다. 우리가 어떤 것을 판단하고 판정하려고 할 때는 제삼자의 것, 즉 그 이상의 목적과의 관계를 바탕으로 평가할 수밖에 없다. 제삼자의 기준과 관련하여 판단하는 것은 방편이며, 그것이 갖는 가치는 도구적 가치라고 할 수 있다.[145]

가령, 한 사람이 어떤 때는 친구와 대화를 즐기고, 어떤 때는 교향곡을 듣는 것을 철저히 즐긴다는 것을 상상해 보자. 이와 마찬가지로 어떤 때는 식사를 하고, 또 어떤 때는 책을 읽고, 또 다른 때는 돈을 버는 등의 일을 한다. 이런 것들은 감상적 실감으로 각각 내재적인 가치가 있다. 그것은 삶 속에서 특정 위치를 차지하며, 그 자체의 목적을 달성하며 다른 것으로 대체될 수 없다. 여기에는 가치의 비교가 있을 수 없으며, 따라서 가치판단의 문제도 생기지 않는다. 각각은 있는 그대로, 그 자체로서 특정한 가치이고, 그것에 덧붙여 달리 말할 것이 없다. 그것이 차지하고 있는 위치로 보아, 그 어떤 것도 그 이외의 다른 것을 위한 수단일 수 없다. 하지만 그것들이 서로 경쟁하거나 갈등을 일으켜서 선택해야 하는 상황이 발생할 수 있다. 바로 그때, 비교가 시작된다. 우리는 선택해야 하므로 경쟁자들 각각이 무엇을 주장하는지를 알 필요가 있다. 거기에는 어떤 주장이 있는가? 또는 어떤 다른 가능성과 이해득실에 비해 어떤 이점이 있는가? 이러한 물음을 제기하는 것은 이미 가지고 있는 특정 가치가 더 이상 그 자체의 목적(즉, 내재적 가치)이 아니라는 것을 의미한다. 만약 그렇다면, 그 주장은 비교 불가능한 지상명령과 같은 것이어야 한다. 따라서 이제 문제는 뭔가 다른 것—당시 상황에서는 '가치를 매길 수 없는 것'—을 실현하기 위한 수단으로서 지위에 관한 것이 된다. 만약 어떤 사람이 방금 밥을 먹었거나 평소에 잘 먹지만 음악을 들을 기회가 드물다면, 그는 아마 밥보다 음악을 더 선호할 것이고, 이런 특정한 상황에서는 음악이 더 크게 기여하는 것이다. 만약 굶주렸다거나, 그때 마침 음악을 실컷 들은 뒤라면, 당연히 음식이 더 큰 가치가 있다고 판단할 것이다. 추상적으로 또는 일반적으로 선택을 해야 하는 구체적 사태의 필요를 고려하지 않고서 가치의 정도나 순서 같은 것을 논할 수 없다.

이상의 고찰에서 교육적 가치와 관련하여 몇 가지 결론이 도출될 수 있다. 우리는 여러 교과 사이에 가치의 위계를 정할 수는 없다. 가치가 가장 낮은 것부터 시작하여 가장 높은 것으로 일정한 질서에 따라 배열하려고 하는 것은 부질없는 일이다. 어떤 교과든 경험 속에서 고유하거나 대체할 수 없는 기능이 있는 한, 다시 말해 그 나름대로 삶을 풍요롭게 해 주는 것이라면, 가치는 내재적이고 비교할 수 없는 것이라고 할 수 있다. 교육은 단순히 삶을 위한 도구가 아니라 풍요롭고 내재적으로 의미 있는 삶을 영위하는 행위와 같은 것이기에 궁극적 가치로 설정할 수 있는 유일한 것이란 삶의 과정 자체일 뿐이다. 더욱이 삶의 과정은 교과와 활동이 단지 종속적인 도구가 되어 봉사하는 목적이 아니라 그것을 요소로 포함한 전체라고 할 수 있다. 그리고 앞서 감상에 관한 논의에서 설명했던 내용을 여기에 적용할 경우, 하나하나의 교과는 모두 그것이 가지고 있는 여러 측면 중 하나로서 그러한 궁극적 의의를 지녀야 한다는 뜻이 된다. 감상은 언제 어디서든지 그 자체로서 좋은 것-즐거움을 주는 경험-으로 느껴져야 하는 가치여야 한다. 그것은 시뿐만 아니라 산수에도 마찬가지로 적용될 수 있다. 만약 그렇지 않으면, 그것이 수단이나 도구로 사용되어야 할 시간과 장소에서 그만큼의 곤란을 겪게 될 것이다. 그 자체의 가치를 위해 직접 실감하거나 감상해 본 경험이 없으면, 그것이 다른 목적을 수행하는 데 자원이 되는 능력 또한 그만큼 상실될 것이다.

앞의 논의를 통해 도출되는 결론은 교과를 그것의 가치와 비교할 때-즉, 교과를 그 자체를 넘어선 뭔가의 수단으로 간주할 때-, 그것의 적절한 가치를 결정하는 것은 장차 그것이 사용될 구체적인 상황에 포함되어 있다는 것이다. 학생에게 산수의 도구적 가치를 이해시키는 방법이란 그것이 어느 정도 멀리 있는 불확실한 미래에 무슨 이익이 될 것인지에 관해 강의하는 것이 아니라, 그들이 자신이 흥미를 보이며 하는 일의 성패가 수를 사용할 줄 아는 능력에 달려 있음을 스스로 깨닫게 하는 것이다. 또한 여러 교과에 각각 상이한 종류의 가치를 배분하는 일에 최근 많은 시간을 보내고 있으나, 그런 노력이 그릇된 발상에서 나왔다는 결론도 앞의 논의로부터 도출될 수 있다. 예를 들어, 과학은 그것이 어떤 사태의 수단으로 등장하는가에 따라 어떤 종류의 가치도 지닐 수 있다. 어떤 사람에게 과학은 군사적 가치가 있어서 과학이 공격과 방어의 수단을 강화하는 도구가 될 수 있다. 또 과학은 기술적 가치가 있어서 공학을 위한 도구가 되기도 한다. 그리고 과학은 사업을 경영하는 데 도움이 됨으로써 상업적 가치를 지닐 수도 있다. 나아가 다른 사정에서 인간의 고통을 덜어 주는 도움이 됨으로써 박애적 가치를 지닐 수 있다. 또는 과학은 '교육받은' 사람으로서의 사회적 지위를 확보하는 관례적 가치를 지닐 수도 있다.

사실상 과학은 이러한 모든 목적에 기여하며, 그러한 것들 가운데 '진정한' 목적 하나를 골라내려고 노력하는 것은 임의적인 작업이 될 것이다. 교육적인 면에서 우리가 알 수 있는 것은 과학을 학생들의 삶에서 그 자체의 목적을 가진 것으로-삶의 경험에 대한 과학 자체의 내재적 기여 때문에 가치 있는 것으로- 가르쳐야 한다는 것이다. 그것은 일차적으로 '감상적 가치'가 있어야 한다. 예를 들어 시처럼 과학과 정반대에 있는 것처럼 보이는 것에도 마찬가지의 말을 할 수 있다. 오늘날의 사정으로 말하면, 시의 주요한 가치는 여가를 즐기는 데 있다. 그러나 어떤 관점에서 말하면, 이것은 시에 필연적으로 그런 가치가 있는 것이 아니라 오히려 시의 타락한 상태라고 볼 수도 있다. 역사적으로 시는 종교나 도덕과 결부되어 있었고, 사물의 심오하고 신비적인 심연의 경지를 통찰하는 목적을 수행해 왔다. 또한 시는 애국심을 고취하는 데 엄청난 가치가 있었다. 그리스인들에게 호머의 시는 성서이자 도덕 교과서이며 역사이고 국민정신의 원천이었다. 여하튼, 시를 여가나 일에서 삶의 자원으로 삼는 데 성공하지 못하는 교육은 뭔가 문제가 있는 것이다. 그렇지 않다면, 시가 허구적이기 때문에 그렇다고 말할 수밖에 없다.

교과의 가치 또는 교과의 주제가 학생들의 학습 동기와 어떤 관련이 있는지를 생각하는 데도 위에서 언급한 고찰이 적용될 수 있다. 학습과정 계획과 수업에 책임 있는 사람은 그 과정에 들어가는 교과나 주제가 학생들의 삶을 풍요롭게 할 수 있는 데 직접 기여할 뿐만 아니라, 그들이 직접 흥미를 느끼는 다른 관심사에도 실제로 사용될 수 있는 자료를 제공한다고 생각할 수 있는 근거를 가져야 한다. 교육과정은 물려받은 전통적인 내용과 학생들에게 소중한 것을 위해 어떤 영향력 있는 사람들이나 집단의 에너지를 주로 표상하는 과목들로 가득 차 있으므로, 교과가 그 목적을 달성하는지 확인하기 위해서는 끊임없이 점검하고 비판하고 수정해야 한다. 게다가 교육과정은 언제나 성인의 가치를, 또는 오늘날 아동과 청년들의 가치보다는 한 세대 전 학생의 가치를 반영할 가능성이 있기 때문에 더욱 비판적 전망과 검토가 필요하다. 이렇게 말한다고 하여 교과가 학생에게 동기를 일으키는 가치-내재적 가치이든 도구적 가치이든-

를 지녔다는 것이 곧 학생이 그 가치를 안다거나, 교과의 목적이 어째서 좋은지 말할 수 있다는 뜻은 아니다.

우선, 어떤 과목이든지 즉각적으로 마음이 끌린다면 그것을 공부하는 것이 어째서 좋은지를 물어볼 필요가 없다. 어째서 좋은가 하는 질문은 단지 도구적 가치에 대해서만 할 수 있다. 가치 중에는 어떤 것 때문에 좋은 것이 아니라 그냥 좋은 것이 있다. 이를 인정하지 않으면 불합리에 빠진다. 왜냐하면 어떤 시점에선가는 내재적으로 좋은 것, 그 자체로서 좋은 것이 있다고 보지 않으면, 도구적 가치, 즉 다른 어떤 것 때문에 좋은지를 계속 질문해야 하기 때문이다. 배가 고픈 건강한 아이에게 음식은 그 상황에서 '좋은 것'이다. 우리는 그 아이에게 음식을 먹는 동기를 부여하기 위해 음식이 어떤 목적에 도움이 되는가를 의식하게 할 필요가 없다. 그의 식욕과 관련해서 보면, 식욕을 자아내는 음식이 바로 '동기'이다. 공부의 여러 주제에 지적으로 열중하고 있는 학생들에게도 이와 마찬가지로 적용될 수 있다. 학생도 교사도 지금 배우고 있는 학습 내용이 장차 어떤 목적을 정확하게 예측하기란 불가능한 일이다. 그뿐만 아니라 학생의 열의가 계속되는 한, 그로 인해 나타날 특정한 가치를 하나하나 밝히려고 시도하는 것은 현명한 일이 아니다. 학생이 열심히 반응하고 있다는 사실에서 가치의 증거를 찾을 수 있다. 즉 학생의 반응, 그것이 바로 그 용도이다. 학습 내용에 그가 반응하고 있다는 사실은 교과가 그의 삶속에서 작동하고 있다는 것을 보여 준다. 이를테면 라틴어를 가르치는 것을 정당화하는 충분한 이유로 라틴어가 그 자체로서 추상적으로 가치가 있다든지, 그냥 하나의 학과로서 가치를 지닌다고 주장하는 것은 타당하지 않다. 마찬가지로 교사나 학생이 라틴어를 장차 어떻게 사용할지 명확하고 구체적으로 적시할 수 없으면, 그것은 교과로서의 정당성을 보증하는 가치가 없다고 주장하는 것도 불합리한 일이다. 학생들이 진정으로 라틴어를 배우는 데 열심이라면, 그것만으로 라틴어가 가치 있다는 증거가 된다. 여기서 우리가 가장 많이 물어볼 수 있는 질문은 라틴어 외에도 내

재적 가치를 지녔고, 또 더 큰 도구적 가치도 지닌 것이 없는가 하는 점
이다.

이상의 논의는 우리를 도구적 가치-즉, 그 이상의 다른 목적 때문에
공부하는 교과-의 문제로 이끈다. 가령 어떤 아이가 아파서 식욕을 잃어
음식을 주어도 먹으려 하지 않거나, 편식이 심하여 고기나 야채보다 과자
를 더 좋아한다면, 그 결과가 어떠하리라는 것을 의식적으로 말해 주어
야 한다. 이 경우에는 어떤 대상의 긍정적 또는 부정적 가치에 대한 근거
로서 각각이 야기할 결과를 의식할 필요가 있다. 또는 사태가 충분히 정
상적이라도, 개인은 어떤 내재적 가치의 획득이 눈앞의 벌어진 상황에 대
한 적극적인 관심에 어느 정도 의존하는지를 파악하지 못하기에 전혀 마
음이 움직이지 않을 수 있다. 이 경우에도 그 두 가지 사이의 관련을 의
식하도록 해 주는 것이 현명한 처사이다. 일반적으로 말해 교과의 주제가
직접적 가치를 가지고 있어 어떤 정당화도 필요하지 않거나, 그렇지 않으
면 내재적 가치를 가진 무언가를 달성하기 위한 수단임을 지각하게 하는
방법을 취하는 것이 바람직하다. 이리하여 도구적 가치는 어떤 목적을 달
성하기 위한 수단이라는 내재적 가치를 가지게 되는 셈이다.

오늘날 교육학이 교과의 '가치' 문제에 보내고 있는 관심이 너무 지나
치다고 해야 할지, 아니면 너무 협소해야 할지 의문이 든다. 그 관심은 때
때로 학생들의 삶에 직접적이든 간접적이든 이미 어떤 목적에도 도움이
되지 않는 내용에 대해 열심히 변명을 늘어놓는 힘든 노력을 하는 것처
럼 보인다. 또 때로는 쓸모없는 잡동사니 같은 교과에 대한 반발이 지나
쳐서 교과과정을 만드는 사람이나 학생 자신이 그야말로 장래의 유용성
을 명확하게 적시할 수 없다면, 어떤 교과나 주제도 가르쳐서는 안 된다
고 생각하는 경우도 있다. 이렇게 생각하는 사람들은 삶이란 그 자체가
스스로 존재 이유가 된다는 사실, 그리고 학생과 교사가 지적해야 할 정
확한 유용성이라는 것도 삶 그 자체에서 경험하는 내용을 증대시킨다는
점으로만 비로소 정당화된다는 사실을 망각하고 있는 것처럼 보인다.

가치의 분리와 조직화

삶의 가치 있는 다양한 측면들을 일반적인 방식으로 분류하는 것은 물론 가능하다. 교육목적을 충분히 넓은 범위에서 살펴봐야 교육활동에 폭과 유연성을 부여하기에pp. 168-169 참조, 이러한 분류는 나름의 편리한 점이 있다. 그러나 이러한 가치를 궁극의 목적으로 여기고, 구체적인 경험상 만족이 그것에 종속된다고 생각하는 것은 큰 잘못이다. 이것들은 구체적인 가치를 다소간 적절하게 일반화해 놓은 것에 지나지 않는다. 건강, 부, 효율성, 사교성, 유용성, 교양, 행복 자체도 수많은 '특별한 것들'을 요약해 놓은 추상적인 용어일 뿐이다. 그러한 것들을 교육의 구체적인 내용이나 과정의 가치를 판단하는 표준이라고 생각하는 것은 추상의 기초가 되는 구체적인 사실들을 '추상화'에 종속시키는 것과 다름없다. 이러한 용어들은 엄밀하게 말하면, 결코 진정한 가치판단의 표준이 될 수 없다. 그 표준은 우리가 이전에 보았듯이, 취향과 기호의 습관을 형성해 주는 구체적 실감 속에 들어 있다. 하지만 그런 추상적 가치 용어들은 삶의 세부 사항들이 쌓여 올라간 관점이며, 거기서 삶의 현장을 내려다보면서 각각의 세부적 구성 요소들이 어떻게 배분되어 있는지, 또 그것이 균형을 잘 이루고 있는지 등 중요한 의미를 지닌다. 어떤 분류도 잠정적인 타당성밖에 가질 수 없다. 다음에 말하는 것은 약간 도움이 될 것이다. 학교 활동이 도움이 될 수 있는 경험의 종류는 다음과 같이 분류할 수 있다. 자원을 사용하고 장애를 처리하는 일을 유능하게 수행하는 '효율성', 타인과의 직접적인 교제에 관심을 갖는 '사교성', 적어도 일부 고전적 형식의 예술적 탁월성을 감상할 수 있는 능력/'미적 취향', 어떤 유형의 과학적 업적에 대한 관심/'훈련된 지적 방법', 다른 사람의 권리와 주장에 대한 민감성을 갖는 '의식 각성' 등이다. 이러한 고려 사항들이 가치 기준이라고는 할 수 없지만, 현재 학교교육의 내용과 방법을 조사하고, 비판하고, 그것을 더 잘 조직하는 데는 유용한 기준이 될 수 있다.

이상에서 말한 일반적 관점은 삶의 다양한 추구를 서로 고립시킴으로써 교육적 가치들을 분리하려는 경향이 있다는 점 때문에 그 필요가 더 커진다. 오늘날 널리 퍼져 있는 생각에 의하면, 여러 가지 교과들은 서로 다른 종류의 가치를 나타내고 있고, 따라서 교육과정은 여러 교과를 모아서 별도의 가치들이 충분히 소중하게 다루어지도록 구성되어야 한다. 다음의 인용문은 가치라는 말이 사용되지는 않았지만, 거기에는 교육과정이 각각 분리된 다수의 목적을 달성하도록 구성되어야 하고, 다양한 교과의 가치는 각자의 목적과 결부시킴으로써 평가받아야 한다는 생각이 담겨 있다.

기억력은 대부분의 교과로 훈련되지만, 언어와 역사에서 가장 잘 훈련된다. 취향은 언어학습의 고급과정으로 잘 훈련되지만, 영문학(즉, 국문학)이 더 적합하다. 상상력은 높은 수준의 언어교육에서 길러지지만, 주로 그리스와 라틴어의 시가 가장 중요하다. 관찰력은 라틴어와 그리스어의 초기 단계에서도 약간 훈련될 수 있지만, 실험실의 과학 공부를 통해 길러진다. 표현력을 기르는 데는 그리스어와 라틴어 작문이 으뜸이고, 그다음은 영어 작문이다. 추상적 추론 능력을 기르는 데 수학은 거의 독보적 지위를 차지한다. 구체적인 추론 능력에는 과학이 먼저이고 기하학이 그다음이다. 사회적 추론 능력을 기르는 데는 그리스와 로마의 역사가와 웅변가의 글을 읽는 것이 먼저이고, 그다음은 일반 역사이다. 따라서 적어도 완전한 교육이 되려고 하면, 최소한 라틴어와 현대어 한 가지, 약간의 역사학과 영문학, 과학 하나는 가르쳐야 한다.

위에 인용된 글에는 현재 우리가 논의하고 있는 논점과는 관련이 없고, 또 분명히 파악하기 위해서는 에누리해서 들어야 할 것들이 많이 있다. 이 글에서 사용된 용어는 의외로 필자가 얽매여 있는 특별한 전통을 나타내고 있다. 그는 훈련되어야 하는 '기능들'에 대한 생각을 의심 없이 받아들이고 있고, 고대어에 관한 관심이 지배적으로 강했다. 인간이 살고 있는 땅과 인간이 함께 움직이고 있는 몸에 대해서는 비교적 관심이 없다. 그러나 이런 점을 참작하더라도-심지어 이런 점들을 완전히 제쳐둔다고 하더라도-, 우리는 분리된 여러 교과에 따로따로 특별한 가치를 배분하는 기본적 개념과 유사한 생각을 오늘날 교육철학에서도 많이 찾아볼 수 있다. 사회적 효율성, 교양처럼 특정 목적을 가치의 표준으로 설정할 때도, 종종 관련 없는 여러 요인으로 구성된 언어적 표제 이상으로 별다른 의미를 갖지 않는다. 그리고 오늘날 전반적인 경향은 앞의 인용문에 나타난 것에 비하면, 정해진 교과에 더 다양한 가치들을 부여하는 방향으로 나아가고 있지만, 여전히 각각의 교과에 부여된 여러 가치를 작성한다든지, 교과가 지닌 각 가치의 양을 명시하고자 하는 것은 교과 사이의 해체를 강조하는 것이라고 볼 수 있다.

사실상, 교과의 가치 체계를 이런 식으로 분류하는 것은 대체로 말해 이미 익숙해 있는 교육과정을 무의식적으로 정당화하는 것에 불과하다. 대부분은 기존 교과를 정당한 것으로 받아들이고, 그다음에 그것을 가르쳐야 할 충분한 이유로서 그럴듯한 가치를 배치하는 것이다. 예를 들면, 수학은 학생들에게 정확한 진술과 치밀한 추리의 습관을 길러줌으로써 도야적 가치가 있고, 또한 그것은 장사와 기술에 필요한 계산 능력을 습득하게 한다는 점에서 실용적 가치를 지니고 있다. 수학은 사물의 가장 일반적인 관련을 다루는 상상력을 확대해 줌으로써 교양적 가치가 있고, 심지어 무한이나 그 밖의 관련된 개념을 통해 종교적 가치를 지니고 있다는 식으로 말한다. 그런데 수학이 이러한 결과를 이룩한 것은 가치라는 이름의 신비적인 초능력을 가졌기 때문이 아님은 분명하다. 수학이 그런 결과를 달성할 때, 그런 가치를 가지는 것이지 그 반대가 될 수는 없다. 수학의 가치에 대한 위의 주장은 교사들이 수학의 여러 주장을 가르침으로써 실현할 수 있는 결말에 대한 훨씬 넓은 비전을 갖는 데 도움이 될지 모른다. 그러나 불행하게도 오늘날의 일반적인 경향은 수학적 진술이 원래 갖추고 있던 힘-실제로 작동하건 않건 간에-을 나타낸다고 생각하고, 그것이 수학 교과에 모종의 엄격한 정당화를 제공해 준다고 생각하는 것이다. 그러다가 만약 실제로 작동하지 않으면, 그 책임을 교육 내용의 탓으로 돌리는 것이 아니라, 학생의 무관심과 게으른 태도로 돌려 버린다.

교과에 대한 이러한 태도는 경험이나 삶에 대하여 서로 떨어진 관심사들이 공존하면서 서로 제한하는 일종의 모자이크라고 생각하는 견해와 뗄 수 없는 관계에 있다. 정치학을 공부하는 사람들은 정치권력에 관한 견제와 균형 이론을 잘 알고 있다. 입법, 사법, 행정, 관리와 같은 독립적인 별도의 기능이 있으며, 이들 각각이 다른 모든 기능을 견제하고 이상적인 균형을 이루면, 모든 것이 잘되어 나간다는 것이다. 경험도 이러한 견제와 균형 이론으로 설명된다고 보는 철학이 있다. 삶은 다양한 관심사를 드러낸다. 이 관심들은 그냥 내버려 두면, 서로를 침범하는 경향이 있다. 그러므로 이상은 경험의 전 영역이 포함될 때까지 각자 관심에 따라 특별한 구역을 정하고, 그곳에서 각각 자신의 경계 안에 머물러 있도록 주의를 기울인다. 정치, 사업, 오락, 예술, 과학, 학문하는 직업, 정중한 교제, 여가 등이 그런 관심사를 나타낸다. 이들 각각은 다시 많은 분야로 갈라진다. 즉 실업은 육체노동, 관리직, 부기, 철도, 은행, 농업, 무역과 상업 등으로 갈라지고 다른 것들도 마찬가지다. 그러므로 이상적 교육은 이렇게 자잘하게 분리된 관심을 만족시키는 수단을 제공하는 교육이다. 그리고 우리가 학교를 주목하면, 이런 관점에서 성인 생활의 성격을 용인하고, 그 요구를 충족시키는 임무를 스스로 떠맡고 있다는 인상을 받기 쉽다. 각각의 흥미는 교과 내용의 일부가 그것에 상응하지 않으면 안 되는 고착된 제도로 인식되고 있다. 따라서 교육과정은 정치적·국가적 관점에서 볼 수 있는 일부의 공민과 역사는 물론이고 실용 교과, 과학, 예술(주로 문학), 오락활동, 도덕교육 등을 어느 정도 포함하지 않으면 안 된다.

현재 학교교육에 대한 논란의 상당 부분은 이들 관심 사항의 각각에 대해 어느 정도의 몫을 인정해야 하는지에 관한 논쟁, 그리고 각각에 배당된 몫을 교육과정에서 실제로 차지하겠다고 하여 벌이는 투쟁에서 생기는 것임을 알 수 있다. 만약 이러한 요구가 기존의 학교체제에서 실현될 가망이 없어 보이면, 그것을 위해 새로운 별개의 교육제도를 만들어야 한다고 주장할 수 있다. 이렇게 보면 수많은 교육 속에서 교육의 목적이 상실되고 있음을 알 수 있다.

여기서 따라오는 명백한 결과는 교육과정의 폭주, 학생들이 받는 지나친 부담과 마음의 혼란, 교육의 개념 자체를 부정하는 협소한 전문화이다. 이러한 부정적 결과를 시정하려고 취해진 개선책이라는 것도 대부분 이와 비슷한 사태를 더 초래했다. 어떻게 하더라도 완전한 삶의 경험을 준다는 요건이 실현될 수 없다는 것을 인식했을 때, 기존 교과를 고립적으로 또 협소하게 가르치고 있는 데서 그 결함을 찾으려고 하지 않고 이런 인식을 기초로 하여 교육체제를 완전히 재조직하려고 한다. 오히려 이 결함은 다른 종류의 교과를 도입하거나, 필요하다면 다른 종류의 학교를 도입해서 보완해야 할 것이다. 그리고 이런 조치에서 생기는 교과의 폭주와 거기에 따르는 피상성과 산만함에 반대하는 사람들은 일반적으로 마찬가지의 양적 기준에 입각해 해결책을 찾으려고 하는 것이 보통이다. 즉, 개선책은 일시적 유행이나 겉치레로 간주되는 교과들을 상당히 잘라내고, 초등교육은 옛날의 3R(읽기, 쓰기, 셈하기)의 교육과정으로, 고등교육 단계에서도 고전과 수학과 같이 마찬가지로 훌륭하다고 판단되는 옛날의 교육과정으로 돌아가는 것이다.

물론 이러한 사정까지 이르게 된 데는 역사적인 설명이 필요하다. 과거에는 그 시대 특유의 투쟁과 관심사가 있었다. 이 위대한 시대는 각각 지질학적 지층과 같은 일종의 문화적 퇴적물을 남겼다. 이런 퇴적물은 교과라든가, 교육과정이라든가, 학교제도의 형태로 교육제도 속에 도입되었다. 지난 세기에 일어난 정치적, 과학적, 경제적 관심이 급격하게 변화함에 따라 새로운 가치를 위한 대응책이 필요했다. 옛날의 교과들이 저항하기는 했지만, 적어도 미국에서는 옛날 교과들이 그 독점적인 지위를 내려놓을 수밖에 없었다. 그러나 그 교과는 내용과 목적에서는 재구성되지 않고, 그 양만 축소되었다. 새로운 교과는 새로운 관심을 반영했으나 모든 교육의 방법과 목적을 변혁시키는 데 활용되지 않고, 다만 삽입되거나 부가되었다. 그 결과는 이질적인 것들의 집합체이며, 그것을 하나로 통합하는 접합제는 학교 프로그램 또는 시간표라는 장치로 서로 연결되어 있다. 여기서 앞서 말한 교과의 가치 체계와 기준이 생겨난다.

교육에서 이러한 상황은 사회적 삶에서 널리 볼 수 있는 분열과 분리를 나타낸다. 풍부하고 균형 잡힌 경험의 특징을 보이는 흥미의 다양성은 갈기갈기 찢어져 온갖 독립된 목적과 방법을 좇는 별개의 제도에 예탁[146]된다. 기업, 과학, 예술, 정치, 사회적 교섭, 도덕, 오락 등이 과목이나 제재, 교육 내용, 활동 등으로 쪼개져 배열된다. 이들 각각은 별개의 독립된 영역으로 그 자체의 독자적 목적과 처리 방식을 가지고 있다. 각각이 다른 것에 대하여 갖는 기여는 오직 외적이고 우연적인 일이다. 이것들이 모두 모여서 삶 전체를 이루는 방식은 병렬하기와 추가하기다. 우리가 사업에 기대할 수 있는 것은 돈벌이하는 것, 그 돈으로 더 많은 돈을 벌고, 자신과 가족을 부양하고, 교양을 위해 책과 그림, 음악회 입장권을 사고, 세금을 내고 자선 기부를 하고, 기타 사회적·윤리적 가치가 있는 것에 재정기부를 하는 것 이외에 또 무슨 활동이 있는가? 사업을 추구하는 활동 자체가 광범위하고 세련된 상상력을 배양할 기회가 되어야 하고, 사업 그 자체가 직접-거기서 번 돈을 통해서가 아니라- 사회에 활기를 불어넣음으로써 사회에 봉사해야 하며, 사회조직을 대표하는 하나의 기업으로 운영되어야 한다고 기대하는 것이 얼마나 불합리한 일인가! 예술이나 과학, 정치나 종교의 추구에 관해서도 내용을 약간 바꾸면 똑같은 말을 할 수 있다. 이러한 활동은 각각 설비와 거기에 필요한 시간 요구에서뿐만 아니라 목적, 활기를 불어넣는 정신에서도 전문화되어 있다. 교과과정과 교과의 교육적 가치에 대한 이론은 무의식적으로 이러한 관심의 분열을 반영하고 있다.

그러므로 교육적 가치 이론에서 쟁점은 경험의 통일성과 완전성에 있다. 어떻게 해야 정신의 일치를 잃지 않고 충만하고 다양해질 수 있는가? 어떻게 해야 하나의 자기 통일성을 유지하면서도 협소하지 않고 단조롭지 않을 수 있는가? 궁극적으로 말하면, 가치의 문제 및 기준은 삶의 여러 가지 관심을 조직하는 도덕적 문제라고 할 수 있다. 교육적 관점에서 보면, 이 문제는 경험의 넓이와 풍부함을 이루기 위해 운영될 학교와 교육 내용 및 방법을 어떻게 조직하느냐이다. 실행의 효율성을 희생하지 않으면서, 폭넓은 조망력을 확보하려면 어떻게 해야 하는가? 서로 고립시키는 대가를 치르지 않으면서 어떻게 다양한 관심을 확보할 수 있는가? 어떻게 해야 개인이 자신의 지성을 희생하지 않고, 그 지성으로 집행력을 발휘할 수 있는가? 예술, 과학, 정치가 서로를 희생시켜 가면서 목적을 추구하지 않고, 풍부하고 너그러운 마음으로 서로를 강화시켜 줄 방안은 무엇인가? 어떻게 하면 삶의 여러 관심과 그것을 시행하는 교과가 사람들을 서로 분열시키지 않고, 인간의 공통된 경험을 풍부하게 할 수 있는가? 여기서는 교육의 재구성에 관련된 문제들을 이 정도로 제기하고, 그것을 마지막 몇 개의 장에서 다시 다룰 것이다.

요약

기본적으로 가치 논의에 포함된 요소는 목적과 흥미에 대한 이전 논의에서 다루었다. 그러나 교육적 가치문제는 일반적으로 교과과정에 들어 있는 여러 교과의 성립 근거와 관련되어 논의되기 때문에, 여기서는 교육의 목적 및 흥미에 대한 고찰을 교육과정의 몇몇 특정 교과들과 관련하여 다시 살펴보았다. '가치'라는 용어에는 두 가지 상이한 의미가 있다. 한편으로 그것은 어떤 사물에 대하여 그 자체로 또는 내재적으로 소중히 여기고, 가치롭게 여기는 태도를 뜻한다. 이것은 충만한 또는 완전한 경험을 가리켜서 부르는 이름이다. 이런 뜻에서 가치롭게 여긴다는 것은 '감상한다'는 뜻이다. 그러나 가치롭게 여긴다는 것은 가치를 매긴다는 지적인 행위—즉, 비교하고 판단하는 작용—를 의미하기도 한다. 이것은 직접적이고 충만한 경험이 결여될 때 발생하며, 생생한 경험과 충만한 실감에 도달하기 위해 상황의 여러 가능성 중에서 어느 것을 선택해야 하는지가 문제가 될 때 일어난다.

그런데 우리는 교육과정의 교과를 내재적 가치와 관련된 '감상적인 것'과 교과 이외의 다른 가치나 목적을 추구하는 수단이 되는 '도구적인 것'으로 분리해서는 안 된다. 어떤 교과에서든지 적절한 가치판단의 기준은 교과가 경험의 즉각적인 의의에 대하여 어떠한 기여를 하는지를 실감(즉, 매개되지 않는 감상)함으로써 형성된다. 문학과 예술이 특별한 가치를 지니는 것은 그것이 감상을 최고의 형태로, 즉 정선과 농축을 통해 고조된 의미의 실감을 대표하기 때문이다. 그러나 어떤 교과든지 그 발달의 어떤 단계에서는 그것을 배우는 개인에게 일종의 심미적 성질을 띤다.

여러 가지 경험에 나타나는 직접적이고 내재적인 가치에 기여하는지 그렇지 않은지는 교과의 도구적, 또는 파생적 가치의 정도를 결정하는 유일한 기준이다. 각각의 교육과정을 분리된 가치들이 모인 일종의 합성물로 생각하는 경향은 사회집단과 계급의 고립이 자초한 결과다. 따라서 다양한 관심이 서로를 강화하며 작용하도록 이러한 고립 상태와 맞서 싸우는 일이 민주적 사회집단에서 교육이 해야 할 임무라고 할 수 있다.

19장

교육을 통해 노동과 여가를 다시 생각하기

노동과 여가가 대립된 기원

이제까지 고찰해 온 여러 목적과 가치의 고립은 결국 이들 간의 대립으로 이어졌다는 사실을 알 수 있었다. 아마도 교육의 역사에서 드러난 가장 뿌리 깊은 대립은 '유용한 노동을 준비하는 교육'과 '여가생활을 위한 교육' 사이의 대립일 것이다. '유용한 노동'과 '여가'라는 용어만 듣더라도 앞에서 말한 내용, 즉 가치의 분리 및 갈등은 그 자체에 국한한 것이 아니라 사회적 삶 내의 분열이 반영되는 것임을 알 수 있다. 일을 해서 생계를 유지하는 것과 여가의 기회를 고상한 방식으로 즐기는 이 두 가지 기능이 공동체의 서로 다른 구성원들 사이에 균등하게 분배된다면, 여기에 관련된 교육기관과 교육목적 사이에 갈등이 일어나리라고 생각하는 이는 없을 것이다. 이런 형편이라면, 문제는 자연히 어떻게 하면 교육이 두 가지 목적에 가장 효과적으로 기여할 것인가라는 것임은 자명한 일이다. 일부 교과는 주로 한쪽의 결과를 가져오고, 다른 교과는 다른 쪽 결과를 가져오는 것으로 밝혀진다면, 사정이 허용하는 한 이 두 가지가 서로 많이 중복되도록 주의를 기울여야 하는 것도 명백하다. 다시 말하면 '여가'를 더 직접적인 목적으로 둔 교육은 될 수 있는 대로 일의 효율성 및 즐거움을 간접적으로 증진하는 방향으로 이루어지도록 하고, '노동'을 목적으로 둔 교육은 가치 있는 여가를 촉진하는 데 도움이 되는 정서와 지성의 습관을 형성하도록 해야 한다.

이러한 일반적인 고찰은 교육철학의 역사적 발전 과정으로 충분히 입증되었다. 인문교육을 직업교육 및 산업교육에서 분리한 것은 고대 그리스 시대로 거슬러 올라갈 수 있다. 그리스 교육체제는 생계를 위해 노동을 해야 하는 사람들과 그럴 필요가 없는 사람들에 대한 계급 구분을 공공연하게 표방하는 제도였다. 후자의 계층에 알맞은 자유로운 교육은 전자의 계층에 주어지는 노예 훈련보다 내재적 차원에서 높은 수준의 교육이라고 간주되었다. 이러한 생각은 한 계층은 자유로운 지위이고, 다른 계층은 노예 지위에 있다는 사실을 반영한 것이다. 노예계급은 자신의 생계유지를 위해서 일을 했고, 또한 상류 계층을 위해서도 노동을 해야 했다. 그들 덕분에 상류 계층은 거의 온종일 시간을 빼앗기면서 특별히 지성을 활용할 필요도 없고 그 지성에 대가도 주어지지 않는 그런 일에 직접 종사하지 않고도 생활할 수 있었다.

사회적 산물인 노동과 여가

어느 정도의 노동을 하면 충분한가? 인간은 살아가야 하고, 그러려면 삶의 자원을 제공하기 위해 일이 필요하다. 흔히 생계를 유지하는 것과 관련된 관심은 오직 물질적이며, 그런 물질적 관심은 본질적으로 노동에서 해방된 시간을 즐기는 것과 관련된 관심보다 낮은 수준의 것이라고 주장하기도 한다. 또한 물질적 관심에만 머무르지 않고 보다 고귀한 이상적 관심으로 나아가도록 이끄는 무언가가 있다는 점을 인정하더라도-사회적으로 갈라놓은 계급의 문제를 논외로 하고- 인간을 '유용한 일'을 위해 훈련시키는 교육을 소홀히 할 수는 없다. 오히려 유용한 일을 위한 교육에 세심한 주의를 기울여 사람들을 훈련시켜 일을 잘할 수 있도록 하면서도 일이 본래의 제자리를 지킬 수 있게 할 필요가 있다. 즉, 교육은 그늘지고 방치된 변방에서 유용한 일이 번성하도록 하여 나쁜 결과가 초래되지 않도록 조치를 해야 한다. 일과 여가라는 관심의 분열이 하위 계층과 상위 계층이라는 사회적 분열과 일치한다면, 유용한 일을 위한 준비는 가치 없는 것으로 경멸의 대상이 된다. 이렇게 보면, '일'을 물질적 관심과 동일시하고, 또 '여가'를 이상적 관심과 동일시하여 양자를 확연하게 구분하는 것 그 자체가 '사회적 산물'이라는 결론이 불가피하게 따라온다.[147]

수단과 목적의 재개념화

이천여 년 전의 사회적 상황을 반영한 교육의 공식은 매우 영향력이 있었는데, 노동계급과 여가계급으로 분열되는 것의 의미에 대해 매우 명쾌하고 논리적인 인식을 주기 때문에 특별히 주목할 가치가 있다. 그리스인들의 사유에 따르면, 인간은 생물계에서 가장 높은 자리를 차지한다. 인간은 어느 정도로는 식물이나 동물이 가지고 있는 구조와 기능(영양, 생식, 운동력, 실용에 대한 것)을 공유하고 있다. 유독 인간만이 가지고 있는 특별한 기능은 바로 우주의 장관을 바라볼 수 있는 이성의 기능이다. 따라서 참으로 인간적인 목적은 이 인간만이 가진 특권을 가능한 한 충분히 구현하는 것이다. 관찰, 명상, 사유, 관조의 삶을 목적 그 자체로 추구하는 것이 인간의 올바른 삶이다. 또한 이성은 인간 본성을 이루고 있는 하위의 요소들―여러 가지 욕망과 능동적·운동적 충동―을 적절하게 통제하는 기능을 한다. 이러한 하위 요소들은 그 자체가 탐욕스럽고, 한도를 모르고, 지나침을 좋아하고, 오직 자신만의 충만을 목표로 하기에 이성의 지배를 받을 때 비로소 절제―중용의 법칙―를 지키고 바람직한 목적에 기여하게 된다.

이것이 바로 심리학 이론에서 본 인간의 상황이며, 그것을 가장 적절하게 설명한 사람이 아리스토텔레스였다. 하지만 위와 같은 사태가 구체적으로 나타나는 것은 인간의 계급과 사회조직에서다. 아리스토텔레스에 의하면, 이성이 삶의 법칙으로 작용할 수 있는 것은 비교적 소수의 사람에게만 가능하다. 대다수 사람에게는 식물적·동물적 기능이 우세하다. 그들의 지성 에너지는 대단히 미약하고 불안정하여 끊임없이 신체적 욕망과 열정으로 제압된다. 오로지 이성만이 최종적 목적을 구성하기 때문에 이런 사람들의 성향은 사실 진정한 목적이라고 할 수 없다. 물론 인간은 식물이나 동물, 물리적 도구와는 달리 자기에게 맡겨진 임무를 수행하는 데 어느 정도의 분별력을 발휘할 수 있는 충분한 지성이 있지만, 그것은 자신을 넘어선 목적을 달성하기 위한 도구와 장치일 뿐이다. 따라서 단순히 사회적 관습에 의한 것이 아니라, 본성으로도 노예—즉, 다른 사람의 목적을 위한 수단—인 사람들이 있다.* 많은 수공업자가 어떤 중요한 점에서 노예보다 더 비참한 상태에 있다. 그들은 노예와 마찬가지로 자기 밖의 외부 목적을 위해 봉사하는 데 완전히 내맡겨진 상태에 있는데, 상급 계급인 자유민의 가정에서 그들과 긴밀하게 접촉할 기회가 있는 노예에 비해 탁월성의 수준에서 보더라도 더 낮은 상태에 머물러 있다. 여자들도 자유롭고 합리적인 삶을 위한 수단을 생산하고 재생산하는 생명력을 가진 도구 중 하나의 요소로서 노예와 장인으로 분류된다.

그냥 사는 것과 가치 있게 사는 것

개인적으로나 집단적으로 '그냥 사는 것'과 '가치 있게 사는 것' 사이에는 굉장한 간극이 있다. 가치 있게 살기 위해서는 먼저 살아야 하며, 그것도 집단적 사회와 함께 살아야 한다. 그냥 사는 삶, 즉 생존을 위해 사용되는 시간과 에너지는 원래 내재되어 있는 이성적 의미를 지닌 활동에 도움이 되는 시간과 에너지를 훼손한다. 또한 생존하는 삶은 이성적 활동에 적합하지 않다. 목적이 없는 수단적 삶은 머슴 노릇을 하는 것이며, 봉사하는 삶은 노예적 성격을 띤다. 여기에서의 참된 삶은 물질적 필요를 아무런 노력과 주의를 기울이지 않고 누릴 수 있을 때, 또 그 정도만큼만 가능하다. 그래서 생활의 수단은 노예, 장인, 여성들을 써서 확보하고, 그 대신 지성을 충분히 갖춘 사람들은 내재적으로 가치 있는 일에 대해 한가롭게 관심을 가지고 살 수 있도록 해야 한다는 것이다.

---

* 아리스토텔레스는 현실 속에서 노예처럼 사는 계급과 태어나면서부터 노예인 계급이 반드시 일치한다고는 주장하지 않는다.

'하는' 능력을 길러주는 교육과
'아는' 능력을 길러주는 교육

　이렇게 노예 활동과 자유로운 활동 또는 기예로 구분되는 이 두 가지 종류의 일에 각각 상응하는 두 가지 유형의 교육이 있다. 즉, 비천한 기계적 교육과 지적으로 자유로운 교육이 이에 해당한다. 사람들 중 일부는 적절한 실습을 통해 무엇인가를 '하는' 능력, 다시 말하면 물질적 재화를 생산하거나 남을 위해 봉사하는 데 필요한 기계적 도구를 사용하는 능력을 획득하기 위해 훈련을 받는다. 이 훈련은 습관화와 기계적 기술에 관한 것으로 사유를 일깨우고 기르는 것이 아니라 반복적 작업과 부지런한 적용을 통해서 이루어진다. 반면 자유교양교육은 지성의 고유한 임무, 즉 '아는 것'을 훈련하는 데 목적을 둔다. 이 지식은 물건을 만들거나 생산하는 것과 같은 실제적인 일과 관련이 없을수록 지성을 행사하는 데 더 적합할 것이다. 그래서 아리스토텔레스는 비천한 교육과 자유교양교육을 일관되게 구분하여 현재 '순수한' 기예로 불리는 음악, 그림, 조각 등은 실제적 활동이라고 하여 비천한 기술과 같은 부류에 넣고 있다.[148] 여기에는 물리적 작용, 성실한 실습, 그리고 외적 결과를 포함하고 있다. 예컨대, 아리스토텔레스는 음악교육을 논하면서 젊은이들이 실제로 악기 연주를 어느 정도까지 해야 하는지를 질문하고 있다. 여기에 대한 그의 대답은 악기의 연습과 숙달이란 감상하는 데 도움이 될 정도로 해야 하고, 또 그 수준에 그쳐야 한다는 것이다. 즉, 노예나 전문적 악사가 연주할 때 음악을 이해하고 즐기기만 하면 된다. 악기 연주가 전문적 능력에 도달하는 것을 목적으로 하면, 음악은 자유교양교육 수준에서 직업교육 수준으로 하락할 것이다. 이에 대해 아리스토텔레스는 음악이 그런 것이라면, 차라리 요리를 배우는 편이 더 나을 수도 있다고 역설한다. 순수예술 작품에 대한 자유교양교육 차원의 관심조차도 인성의 발달보다 기계적 실행 기술의 숙달을 중요시하는, 고용되어 일하는 실무자 집단의 존재에 의존하게 된다. 활동의 수준이 높을수록 더욱 순전히 정신적이며 물체나 신체와는 관련이 더 적어진다. 그리고 순전히 정신적인 활동일수록 더 독립적이고 자기충족적이 된다.

이 마지막 말에서 아리스토텔레스는 이성적 삶을 영위하는 사람들 중에서도 다시 우월과 열등을 똑같이 구분하고 있음을 알 수 있다. 왜냐하면 삶이 단순히 이성을 부수적으로 수반하는가, 아니면 이성을 삶 자체의 매개체로 삼는가에 따라 목적이나 자유로운 행동에 어떤 구별이 있기 때문이다. 즉 자신이 속한 공동체의 공적 생활에 헌신하고, 공적 일의 처리에 참여하며, 개인적 명예와 영예를 얻는 자유로운 시민은 이성을 '동반하는' 삶을 산다. 과학적 탐구와 철학적 사색에 전념하는 사상가는 단순히 이성에 '의하여' 사는 것이 아니라, 말하자면 이성 '속에서' 산다. 즉, 공적 관계 속에서 이루어지는 시민의 활동조차도 외적인 또는 단순한 도구적 행위에 불과한 실제에 있어 상당한 오점을 남기는 것이다. 이와 같이 시민 활동, 시민의 탁월성이 실제에 의해 오점을 남긴다는 것은 그것이 다른 사람의 도움을 필요로 한다는 것, 즉 사람은 완전히 혼자서는 공적 생활을 할 수 없다는 사실로 설명된다. 그런데 아리스토텔레스 철학에서는 모든 필요와 욕구는 주로 물질적 요인으로 이루어져 있다. 필요와 욕망은 결여와 결핍을 의미한다. 사람들은 완성을 위해 자신을 넘어서는 무언가에 의존한다. 그렇지만 순전히 지적인 삶은 홀로 그 자체로서 살 수 있다. 다른 사람에게서 받는 도움은 본질적인 것과 관련된 것이 아니라 우연적이다. 앎에서, 즉 이론의 삶에서 이성은 자신의 완전한 발현을 드러낸다. 그 어떤 적용과는 무관하게 앎 그 자체를 위한 앎 그것만이 자주적이고 독립적이며, 그 자체로서 자기충족적이다. 따라서 심지어 시민의 의무를 수행하는 것과도 아무런 관계없이 목적 그 자체로서 '아는 능력'을 길러주는 교육만이 참으로 해방적이고 자유로운 교육이다.

아리스토텔레스의 개념이 단순히 아리스토텔레스 개인의 견해를 나타내는 것이라면, 제법 재미있는 역사적 호기심에 지나지 않을 것이다. 그것은 동정심의 결여를 나타내거나, 또는 비범한 지적 재능이 얼마나 지독한 현학주의와 공존할 수 있는지를 보여 주는 예시로 치부될 수도 있다. 그러나 아리스토텔레스는 추호의 혼돈도 없이, 또 지적 혼란에 언제나 따라오는 얼버무리는 태도도 없이, 다만 그의 눈앞에서 전개되고 있는 삶을 그대로 진술했을 뿐이다. 그가 살았던 시대 이후, 사회적 상황이 크게 달라졌다는 것은 말할 필요도 없는 사실이다. 이러한 변화에도 불구하고, 법적인 농노제가 폐지되고 민주주의가 확산되고, 과학과 전반적인 교육 여건−학교뿐만 아니라 책, 신문, 여행, 일반적 교류 등−이 확장됨에도 불구하고 사회를 유식계급과 무식계급, 유한계급과 노동계급으로 구분하는 현상은 여전히 남아 있다. 그리하여 그의 관점은 오늘날의 교육에서 교양과 유용성의 분리 현상을 비판할 때 가장 계몽적인 관점을 보여 준다. 교육학 논의에서 개념적이고 추상적인 형태로 교양과 유용성으로 구별하는 배후에는 한편으로 자기주도적 사고와 미적 감상을 최소한으로 요구하는 일에 종사하는 사람과, 다른 한편으로 지적인 일, 다른 사람들의 활동을 통제하는 일에 직접 관심을 가진 사람들 사이에 존재하는 사회적 구분이 크게 자리하고 있다.

"어떤 작업이나 기예나 학문이든지, 만약 그것이 자유로운 사람의 육체와 영혼 그리고 지성의 탁월성을 행사하는 데 적합하지 않은 것이라면, 그것은 '기계적'이라고 불러야 한다"는 아리스토텔레스의 말에는 확실히 시대를 초월한 타당성이 있다. 오늘날 우리는 누구나 적어도 입으로는 비교적 소수의 사람만 자유로운 것이 아니라 모든 사람이 자유롭다고 생각한다. 진심으로 그렇게 생각한다면, 아리스토텔레스의 말이 지닌 설득력은 거의 무한대로 증대될 수 있다. 대다수 남자와 모든 여자가 몸과 마음의 본성 자체로 인해 자유롭지 못한 것으로 여겨졌던 시대에는 그들에게 기계적 능력에 적합한 훈련만 시키고, 가치 있는 삶을 공유할 능력을 발휘하도록 하는 데에는 관심이 없었다고 해서 이를 지적 혼란, 도덕적 위선이라고 여길 수는 없다. 그는 "돈을 벌 목적으로 종사하는 모든 작업은 육체의 상태를 타락시키는 일과 마찬가지로 지성에서 여유와 존엄성을 빼앗는다는 점에서 기계적인 일이다"라는 말도 했는데, 그 점에서도 아리스토텔레스의 말은 영원히 옳은 가치로 보인다. 돈을 버는 일이 실제로 지성이 발휘될 수 있는 조건을 빼앗고, 또 그로 말미암아 그 존엄성을 박탈했다면, 그의 말은 영원토록 옳다. 만약 그의 주장이 틀렸다면, 그 이유는 그가 사회적 관습의 한 단면을 자연적 필연성과 동일시했기 때문이다.

만약 마음과 물질, 마음과 몸, 지성과 사회봉사의 관계에 관해 아리스토텔레스의 생각보다 뛰어난 다른 견해가 있다면, 말하자면 삶과 교육을 영위할 때 그의 생각을 낡은 것으로 만들어 버릴 수 있다면, 이 새로운 견해는 아리스토텔레스의 오류를 시정한 더 나은 생각이라고 말할 수 있다. 단순한 일을 수행하는 기술, 외적 성과의 단순한 축적을 이해, 공감적 감상, 관념의 자유로운 구사보다도 열등하고 그것에 종속되는 것으로 본 아리스토텔레스의 생각은 시대를 초월하여 타당성을 갖는다. 만약 그의 생각에 잘못이 있다면, 그것은 양자가 필연적으로 분리되어 있다고 본 것이다. 다시 말하면 상품을 생산하고 남에게 봉사하는 일을 효율적으로 하는 능력과 자기주도적 사고 간에, 그리고 의미 있는 지식과 실제적 성취 간에 필연적인 분열이 발생한다고 가정한 것이 오류다. 우리가 단순히 그의 이론적 오해를 바로잡고, 그릇된 개념을 만들어 내고 승인한 사회적 상황을 그대로 용인한다면, 상황은 조금도 개선되지 않을 것이다. 노예 상태에서 자유로운 시민성으로 변화하는 가장 소중한 성과가 오직 인간 생산 도구의 기계적 효율성을 증진하는 것에 있다면, 이 변화로 얻는 이득보다는 오히려 손해가 더 클 것이다. 지력이라고 하는 것은 행동을 통해 자연을 통제하는 수단이라는 생각을 하게 되었으면서도, 자연을 이용하는 일에 직접 종사하는 사람들은 여전히 비지적이고 부자유한 상태에 머물고, 지성의 통제력은 현장과 먼 과학자나 산업계 수장의 독점물이 된 현실에 만족한다면, 확실히 얻는 것보다 잃는 것이 더 많다고 할 수 있다.

우리는 삶이 여러 기능으로 나뉘어 있고 사회가 여러 계층으로 갈라져 있는 현실을 당당하게 비판하고, 다수의 사람에게는 생산기술 사용을 훈련시키고 소수에게만 문화적 장식으로 지식을 가르치는 교육 관행을 영속시킬 수 있는 위치에 있다. 요컨대 삶과 교육에 대한 그리스 철학을 극복할 수 있는 능력은 자유, 이성, 가치 등을 나타내는 이론적 상징들을 이리저리 바꾸어 본다고 해서 생기지 않는다. 또한 노동의 존엄성, 초연하고 자기충족적인 자립적 자세에 비해 남에게 봉사하는 삶이 우월하다는 점에 대한 감정의 변화만으로 그러한 능력이 생기는 것도 아니다. 물론 이러한 이론적·정서적 변화도 중요하지만, 그보다 중요한 것은 모든 사람이 유익한 봉사에 참여하고, 가치 있는 여가를 즐길 수 있는 그런 사회를 발전시키는 일을 실제로 추진하는 진정한 민주사회를 발전시키는 것이다.

노동을 위한 교육과 여가를 위한 교육

교육의 재조직이 요구되는 것은 단순히 교양-자유로운 마음-의 개념이나 사회봉사의 개념이 변화했기 때문이 아니다. 이미 사회적 삶에 반영된 변화를 더욱 완전하고 확실하게 실현하기 위해서는 교육의 변혁이 필요하다. '대중'이 정치적이고 경제적으로 점점 해방되었다는 사실은 교육에 이미 그 영향을 미치고 있다. 그것은 공립·무상 보통학교 체제의 발전이라는 형태로 나타나고 있다. 그것은 학습이 사회를 지배할 천성을 타고난 소수의 전유물이라는 생각을 타파했다. 그러나 이 혁명은 아직 미완성이다. 참다운 문화교육 또는 자유교양교육은 적어도 산업 문제와는 직접 아무런 공통적인 것이 없다. 오히려 대중에게 적합한 교육은 높은 감상력, 자유로운 사유의 함양과는 정반대의 의미로 유용하고 실제적인 교육이어야 한다는 생각이 널리 퍼져 있다.

따라서 오늘날 우리가 가지고 있는 실제 교육의 시스템은 일관되지 않은 여러 요소가 뒤섞인 혼합물로 이루어져 있다. 특정 교육 내용과 방법은 약간 특이한 의미를 지닌 '너그러움'이라는 이름으로 용인되어 그대로 유지되고 있다. 여기서 '자유로운'이라는 말의 주된 내용은 실제 목적에는 유용하지 않다는 것이다. 이 측면은 보통 '고등교육'이라고 불리는 대학과 그 준비 과정에 주로 두드러지게 나타난다. 그러나 이런 방식의 교육은 초등교육에도 침투해 들어와서 그 과정과 목적을 크게 좌우한다. 다른 한편으로는 생계를 위한 직업에 종사해야 하는 대중에 대해, 또 현대 생활에서 비중이 커진 경제활동의 역할에 대해 일종의 타협이 이루어졌다. 그 타협의 구체적 양상은 전문직, 공학, 수공, 상업 등 여러 직업을 위한 특별학교와 특별 과정, 직업 및 예비취업 과정 그리고 3R과 같은 일련의 초보적 교과를 가르치는 정신에도 나타난다. 결국, '교양적' 교과와 '실용적' 교과가 비유기체적 합성물 속에 함께 공존하면서, 전자는 주된 목적에서 사회적 기여와 무관하고 후자는 상상력과 사고력의 자유로운 발휘와 무관한 교육체제가 형성된 것이다.

이처럼 우리가 물려받은 교육 사태에는 한편으로 '유용성'에 대한 양보와, 또 다른 한편으로 한때 순전히 '여가'를 위한 준비라고 생각되었던 요소들의 잔재가 심지어 동일한 교과 속에 기묘한 방식으로 뒤섞여서 타협을 이루고 있다. 그리하여 유용성 또는 실용성 요소는 교과를 배우는 동기로 강조되고, '자유교양적' 요소는 가르치는 방법에서 강조되었다. 이 두 가지를 혼합한 결과는 각각의 원리가 순수한 형태로 지켜졌을 때보다 만족스럽지 못할 수도 있다. 가령 처음 4, 5년 동안의 교과는 거의 대부분 읽기, 철자법, 쓰기, 산수로 구성되는데, 그것을 왜 배우느냐고 물으면 흔히 주어지는 대답은 정확하게 읽고 쓰고 계산하는 능력이 출세에 필요 불가결하다는 것이다. 이 경우 교과는 학생들이 학교에 계속 남아서 공부를 할 것인지 아닌지에 따라 학업을 계속하거나 돈벌이를 하러 직장에 들어가는 도구에 불과한 것으로 취급된다. 이러한 태도는 자동화될 정도로 기술을 습득하기 위해 반복 훈련과 실습을 강조하는 것으로 나타난다.

이에 비해 그리스 학교교육을 살펴보면, 거기서는 아주 어린 나이에서부터 기술의 습득은 미학적·도덕적 의미를 풍부하게 담고 있는 문학의 내용을 배우는 것에 최대한 기울어져 있다. 나중에 사용할 도구를 갖추는 데 강조를 두는 것이 아니라 현재의 교육 내용에 강조를 두었다. 그럼에도 이들 교과가 실제 적용에서 분리되어 순전히 상징적 장치로 전락해버린 것은 실용성에서 분리된 교양 훈련이라는 그리스적 관념이 아직 남아 있음을 뜻한다. 만약 실용성 개념을 철저하게 도입했다면, 교과가 직접 필요해지고, 우회가 아닌 즉각적으로 도움이 되는 상황과 결부해 가르치게 되었을 것이다. 그런데 오늘날 교육과정에 들어 있는 과목 중에서 위의 두 가지 상반된 이상을 절충한 좋은 결과를 보이는 교과를 찾아보기가 어렵게 되었다. 자연과학은 실제적 유용성을 근거로 가르쳐야 한다고 권장되기는 하지만, 실제의 적용과는 거리가 먼 특별한 완성품처럼 가르치고 있다. 반면 음악과 문학은 이론적으로는 문화적 가치에 근거하여 가르쳐야 한다면서도, 주로 전문적 방식의 기능 숙달을 강조하여 가르친다.

만약 우리가 엉거주춤한 타협과 그에 따른 혼란을 줄이고, 교양과 실용성의 의미를 더욱 신중하게 분석하면 유용하면서도 교양적인 교과과정을 좀 더 쉽게 구성할 수 있을 것이다. 이 양자가 필연적으로 적대 관계에 있으며, 그래서 어떤 교과는 '유용하기' 때문에 '비교양적'이고, 또 어떤 것은 '무용하기' 때문에 '문화적'이라고 믿게 된 것은 순진무구한 미신에 불과하다. 실용적 성과를 추구하기 위해 상상력의 발달, 세련된 취향, 지적 통찰의 심화—확실히 교양적 가치—를 희생시키는 교육은 그만큼 학습된 내용의 용도를 제한한다는 것을 일반적으로 알게 될 것이다. 완전히 소용없게 만든다는 것이 아니라, 그 응용 범위가 다른 사람의 감독하에 수행되는 '판에 박힌 활동'으로 제한된다는 뜻이다. 협소한 유형의 기술은 그 자체의 범위를 넘어 유용하게 만들 수 없다. 깊이 있는 지식과 완벽한 판단으로 습득된 기술은 새로운 상황에서도 쉽사리 활용할 수 있을 뿐 아니라 그 기술을 활용하는 바로 그 사람이 자유자재로 통제하는 기술이 된다. 그리스인들이 특정한 활동을 '노예적'이라고 생각한 것은 단순히 그 활동이 사회적으로나 경제적으로 유용한 활동이었기 때문이 아니었다. 또한 그들이 살았던 시대에는 생계유지와 직접 관련된 활동은 훈련된 지력의 표현도 아니었고, 그 활동의 의미를 스스로 감상하기 위해 이루어진 것도 아니었다. 지금까지 농사일과 직공일이 주먹구구식 법칙의 일이라면, 농사일을 하는 사람과 기계 일을 하는 사람의 마음과는 관계없는 외적 결과 때문에 하는 일이라면, 그것은 '비문화적인' 일에 불과했다. 사실 지금까지 그랬다. 오늘날에는 지적·사회적 상황이 달라졌다. 단순한 관습, 반복적 일상성에서 유래하는 산업의 여러 요소는 오늘날의 경제와 관련된 대부분의 직종에서는 과학적 탐구에서 파생된 요소들에 종속되었다. 오늘날 가장 중요한 일은 응용수학, 물리학 및 화학과 관련되어 있으며 이들 힘에 의존하고 있다. 경제적 생산 및 소비의 영향을 받는 인간 세상사의 범위가 한없이 확대되면서 거의 무한히 넓은 범위의 지리적·정치적 고려 사항이 끼어들었다. 플라톤의 실제적 목적을 위해 기하학과 수학을 배우는 것에 대한 비난은 그것이 적용될 수 있는 범위가 극히 제한되어 있었고, 지적인 내용이 거의 없었을 뿐 아니라, 대부분의 일이 돈벌이의 성격을 지녔기 때문에 지극히 당연한 것들이었다. 하지만 기하학과 대수학의 사회적 용도가 증가하고 확대되면서 그것들의 자유교양적(또는 '지적') 가치와 실제적 가치가 거의 동일한 비중을 갖게 되었다.[149]

이처럼 두 가치의 동일성을 충분히 인식하고 교육 실제에서 그것을 활용하는 것을 방해하는 주요한 요인은 무엇인가? 의심할 여지 없이 그것은 오늘날에도 대부분의 일이 이루어지고 있는 조건이다. 기계의 발명은 인간이 일하는 동안에도 여가를 즐길 수 있도록 여가의 양을 확대시켰다. 기술이 습관의 형식이 될 정도로 숙달되면, 마음이 해방되어 더욱 고차원적 사고를 할 수 있다는 것은 누구나 알고 있는 사실이다. 산업에서 기계적 자동화 작업을 도입하면 이와 마찬가지의 일이 일어난다. 이러한 작업은 마음을 해방시켜 다른 주제를 생각할 수 있게 한다.

현대의 상황

만약 우리가 손으로 일하는 사람들의 교육을 불과 몇 년 동안 학교에 다니는 것에 국한하면서 학교교육의 대부분을 아주 초보적인 상징의 사용을 습득하는 데 할애하고 과학·문학·역사의 훈련을 도외시한다면, 이런 고차원적 사유를 할 수 있는 기회를 활용하도록 노동자의 마음을 준비시키는 데 실패하고 말 것이다. 이보다 더 중요한 사실은, 그렇게 되면 노동자의 대다수가 추구하는 일의 사회적 목적에 관한 통찰이나 그 일에 대한 직접적이고 개인적인 흥미를 가질 수 없게 된다는 점이다. 그러면 현실적으로 달성된 결과는 결국 노동자들의 행동 목적이 아니라 그들을 고용한 사람의 목적이다. 그들이 하는 일은 자유롭고 지적인 사람으로서가 아니라 돈을 벌기 위한 것일 뿐이다. 바로 이 사실이 행동을 자유롭지 못하게 하며, 오직 그러한 일을 하는 기술만을 가르치도록 계획된 교육이 비교양적이고 부도덕한 것이 된 이유이다. 자유롭게 참여하는 활동이 아니기 때문에 그 활동이 자유롭지 않은 것이다.

그럼에도 교육에는 이미 노작의 좀 더 거시적인 특성에 착안하여 자유교양을 위한 양육과 사회적 봉사를 위한 훈련—생산적 작업에서 능률적으로 행복하게 참여하는 능력—을 조화시킬 가능성이 열려 있다. 이러한 교육의 의지는 자연히 기존의 경제 상황에서 생기는 해악을 없앨 수 있다. 사람이 자신의 활동을 통제하는 목적에 능동적 관심을 가지면 비록 겉으로 드러나는 행동은 동일하다 하더라도, 이들의 활동은 그만큼 자유롭고 자발성을 띠며, 외적으로 강요받은 굴종적 성격을 떨쳐 버리게 된다. 소위 정치라고 부르는 측면에서 보면, 민주적 사회조직은 직접적인 참여로 통제할 수 있지만, 경제적인 면에서 통제는 여전히 외적이고 전제적인 성격을 띤다. 이로 인해 전통적으로 교양교육과 실용교육 사이의 구별에 반영되어 있는 내면적이고 정신적인 행동과 외면적이고 물질적인 행동의 구분이 생긴다. 사회 구성원의 성향, 즉 정신적(교양) 성향과 물질적(실용) 성향을 일치시키는 교육은 사회 자체를 단합시키는 데 크게 기여할 것이다.

요약

앞 장에서 논의한 교육적 가치의 분리 중에서 교양성과 유용성 사이의 분리는 아마도 가장 근본적인 것이라고 보아야 한다. 그 구분은 흔히 내재적이고 절대적이라고 생각되지만, 사실에 있어서 그것은 역사적이고 사회적이다. 이러한 구분의 의식적 도입은 그리스에서 시작되었는데, 참으로 인간다운 삶은 다른 사람의 노동에 힘입어 살아온 소수 사람의 삶이라는 사실에 기초를 둔 것이다. 이 사실은 지성과 욕망, 이론과 실제의 관계에 관한 심리학적 이론에 영향을 미쳤다. 또한 이 사실은 인간을, 자신의 목적을 가지고 '이성적인 삶'을 살 수 있는 사람과 오직 '욕망'과 일만을 가지고 다른 사람이 제시하는 목적에 따라 일해야 하는 사람이라는 두 부류로 영구적으로 구분하는 정치이론에서 구현되었다. 이 두 가지의 심리적·정치적 구별은 교육 용어로 번역되었는데, 앎을 그 자체의 목적으로 추구하는 자족적 삶을 위한 '자유교양교육'과 지적·미적 내용이 결여된 기계적 일을 위한 '유용한 훈련' 사이의 구분이 생겨났다. 오늘날의 상황은 이론 면에서 근본적으로 다양하며 사실에서도 달라진 것이 많지만, 과거 역사적 상황의 요소들이 여전히 그 세력을 가지고 있어서 그러한 교육적 구분이 그대로 남아 있을 뿐만 아니라, 그것을 엉거주춤하게 타협하려는 절충적 시도가 오히려 교육적 효력을 감소시키고 있다. 민주주의 사회에서 교육의 문제는 이원론적 대립을 없애고, 생각을 모두를 위한 자유로운 실천의 지침으로 만들고, 여가를 봉사의 책임에서 면제된 상태가 아니라 그 책임을 받아들이는 데서 오는 보상으로 생각하도록 만드는 교육과정을 구성하는 것이다.

20장

지적 교과와 실제적 교과의 대립

경험과 참된 지식의 대립

생계와 여가가 대립하는 것과 마찬가지로 이론과 실제, 지력과 실행, 지식과 활동도 대립한다. 후자의 대립도 물론 생계와 여가의 대립을 일으킨 사회적 조건에서 발생한다. 그러나 이런 대립에 관련된 교육의 명확한 문제는 '아는 것'과 '하는 것' 사이의 관계, 이 둘을 분리해야 한다는 주장을 명시적으로 논의할 필요가 있다.[150]

지식이 실제적 활동보다 더 높은 원천에서 나왔고, 더 높고 더 많은 정신적 가치를 가지고 있다는 생각은 역사가 오래다. 이 생각을 의식적으로 명백히 진술한 것은 역사적으로 볼 때, 경험과 이성에 관한 플라톤과 아리스토텔레스의 사상까지 거슬러 올라간다. 이 두 사상가는 여러 측면에서 달랐지만, 경험을 순전히 실제적 관심과 동일시한 점에서는 의견이 일치했다. 그들은 경험의 목적이 물질적 이익에 있다고 보았고, 경험하는 기관은 우리의 몸이라고 보았다. 반면에 지식은 실제적 관계로부터 자유로우며, 지식 그 자체를 위하여 존재하며, 그 원천과 기관은 비물질적 마음속에 있다고 했다. 즉 지식은 정신적 또는 이상적 관심사와 관련이 있다. 다시 말해 경험은 항상 결핍, 필요, 욕망과 관련되어 있으며, 따라서 그 자체만으로는 결코 충족될 수 없다는 것이다. 그 반면에 이성적 앎은 그 자체 안에서 완전하고 포괄적인 것이었다. 따라서 실제적 삶은 끊임없는 유동 상태에 있으며, 지적 지식은 영원한 진리와 관련되어 있다는 것이다.

고대 그리스의 오류

실제적 활동과 지식 사이의 첨예한 대립은 아테네 철학이 지식과 행동의 표준을 관습과 전통에 두는 것에 대한 비판에서 시작되었다는 사실과 관련이 있다. 아테네 사람들은 관습과 전통을 대신할 무엇인가를 찾는 과정에서 신념과 활동의 유일한 타당성의 지침으로 '이성'을 생각해 낸 것이다. 관습과 전통이 '경험'[151]과 동일한 것이었으므로 여기서 바로 이성이 경험보다 우월하다는 사실이 도출되었다. 그뿐만 아니라 경험은 이성에 종속된다는 자신의 원래 지위에 만족하지 않고, 늘 이성의 권위를 부정하며 그것에 대적하려고 하는 것으로 생각했다. 관습과 전통적 믿음은 인간을 속박하는 것이었으므로 이성이 그 정당한 우위를 찾기 위한 투쟁에서 승리하기 위해서는 오직 경험이 본질상 불안정하고 부적합한 것이라고 증명하는 방법밖에 없었다. 철학자가 왕이 되어야 한다는 플라톤의 진술은 관습, 욕망, 충동, 감정이 아니라, 이성적 지성이 인간사를 다스려야 한다는 뜻으로 이해해야 타당할 것이다. 전자가 다양성, 불화, 한 신분에서 다른 신분으로 비합리적 변동을 하는 것이라면, 후자는 통일성, 질서, 법칙을 나타낸다.

그리스인들이 경험을 사물의 불만족스러운 상태와 관습의 단순한 지배로 대표되는 사태와 동일시한 근거를 찾는 것은 그리 어렵지 않았다. 무역과 여행, 식민화, 이주, 전쟁 등이 점점 빈번해짐에 따라 그들의 지적 시야도 넓어졌다. 지역사회마다 서로 관습과 신념이 서로 현저하게 다르다는 사실이 알려졌다. 시민의 소요가 아테네의 풍습처럼 되고, 도시국가의 운명은 당파 싸움에 완전히 내맡겨진 꼴이 되었다. 세계의 지평이 넓어지는 것과 함께 여가의 증가는 자연에 대한 많은 새로운 사실을 눈앞에 가져다주었고, 호기심과 사변[152]을 자극하였다. 이러한 사태는 자연과 사회의 영역에 과연 항구적이고 보편적인 것이 존재하는지에 대한 의문을 불러일으켰다. 이성은 보편적 원리와 본질을 파악하는 능력이고, 감각은 변화—영원하고 통일적인 것에 대립하는 불안정하고 다양한 것—를 지각하는 기관이다. 감각 작용의 결과는 기억과 상상 속에 보존되어 습관을 통해 얻는 기술이 적용되는 것으로, 이것이 경험을 구성한다.

그리하여 경험의 최고 형태는 여러 가지 수공예—평화 시와 전쟁 시에 유용한 기예—로 표현된다. 구두 수선공, 플루트 연주자, 군인은 각각의 기술을 습득하기 위해 경험적 훈련을 거친다. 이것은 곧 신체 기관, 특히 감각기관이 사물과 반복적으로 접촉하고, 이러한 접촉의 결과가 보존되고 통합되어서 마침내 예견력이나 실행력이 완전히 확보되었다는 것이다. 이것이 '경험적'이라는 말의 본질적인 의미라고 할 수 있다. 그것은 원리에 대한 통찰에 기초를 둔 것이 아니라, 수많은 개별 사항의 결과로 얻게 된 지식과 능력을 나타낸다. 그것은 오늘날 '시행착오의 방법'이라는 말에 들어 있는데, 여기서 '시행'이라는 것이 다분히 우연적 성격을 띤다는 점에 특별한 강조가 주어진다. '경험적'이란 일을 통제하거나 처리할 수 있는 능력은 가질 수 있겠지만, 결과적으로 그것은 주먹구구식으로 판에 박힌 반복 작업과 같다. 새로운 환경이 과거의 상황과 비슷한 경우에는 일하는 데 별로 불편이 없지만, 다를 경우에는 그만큼 실패할 가능성이 있다.[153]

오늘날에도 의사를 가리켜 '경험론자'라고 말하는 것은 과학적 훈련이 부족하고, 단순히 과거의 진료에서 우연히 얻은 우발적 지식에 기초하여 치료하고 있음을 암시하는 것이다. '경험'에 과학과 이성이 결여되어 있다는 바로 그 점 때문에 경험을 빈약하나마 가장 좋은 상태로 유지하기 어려운 것이다. 경험에만 의존하는 의사는 쉽게 '돌팔이'로 전락하기 쉽다. 그는 자신의 지식이 어디에서 시작되고 끝나는지 알지 못하고, 그래서 늘 접하던 것과는 다른 상황에 부딪히면 아는 체하고―다시 말하면, 아무 근거 없는 주장을 하면서 요행으로 다른 사람에게 자신을 과시하기를 바라고―, '허풍'을 떤다. 그뿐만 아니라 그는 한 가지 일을 알게 된 것을 가지고 다른 것도 안다고 착각한다. 그것은 아테네의 역사에서 말해 주듯이, 일반 기술자들이 자기 직업의 특수한 기술을 배웠기에 가사일, 교육, 정치까지 할 수 있다고 생각했던 것과 마찬가지다. 그러므로 경험은 이성이 실재를 파악하는 것과 달리 거짓 지식, 가짜, 겉치레, 외양 등의 주변을 언제까지나 맴돌고 있다.

이러한 상황에서 철학자들은 모종의 일반적 결론을 끌어냈다. 즉, 감각은 욕망과 관련되는 것으로 사물의 실재를 파악하는 것이 아니라, 사물이 우리의 쾌락이나 고통, 욕망의 충족이나 육체적 안락과 어떻게 관련되는지를 파악한다. 감각은 육체적 삶에 중요할 뿐이며, 그 삶은 더 높은 수준의 삶을 위한 안정된 토대에 지나지 않는다. 따라서 경험은 명백히 물질적 성격을 띠며, 육체와 관련된 물리적 사물과 관련이 있다. 이와는 대조적으로 이성 또는 과학은 비물질적인 것, 이상적인 것, 정신적인 것이라고 파악한다. 관능적, 육욕적, 물질적, 세속적 관심과 같은 말이 암시하듯, 경험에는 도덕적으로 위험한 것이 들어 있고, 이와는 달리 순수한 이성과 정신은 무엇인가 도덕적으로 찬양할 만한 것을 나타내는 것으로 생각된다. 그뿐만 아니라 경험은 변화하는 것, 종잡을 수 없이 바뀌는 것, 그리고 잡다한 것, 다양한 것과 끊을 수 없는 관계를 맺고 있다. 경험의 자료는 본질적으로 가변적이고 신뢰할 수 없는 것이다.[154] 그것은 불안정하고, 그래서 어디에 매인 곳이 없다. 경험을 신뢰하는 사람은 자신이 무엇에 몸을 맡기고 있는지 알지 못한다. 그것은 나라에 따라 달라지는 것은 물론이고, 사람에 따라, 또 나날이 달라지는 것이다. 또한 경험이 '다수', 즉 여러 가지 특수한 것과의 관련되어 있다는 사실에서도 마찬가지 결과가 나오며, 여기에서도 갈등이 생긴다.

오직 단일한 것 또는 통일적인 것만이 일관성과 조화를 보장한다. 경험 영역에서는 혼전 상황이 벌어지고, 개인의 내면에서 또 다른 사람들과의 사이에서는 의견 및 행동의 갈등이 생긴다. 경험 영역에서는 신념의 표준이 나올 수 없다. 지방마다 풍속이 다른 것에서 알 수 있듯이, 경험의 성격에 있어 온갖 종류의 상반된 신념을 발생시키기 때문이다. 그 논리적 귀결은 한 개인이 자신의 경험에 따라 어떤 특정한 시간과 장소에서 참되고 선하다고 믿게 되는 것은 무엇이나 그 개인에게 참되고 선하다는 것이다. 결국 실제는 필연적으로 경험에 속한다. '하는 것'은 필요에서 시작되며, 변화를 목적으로 한다. 생산하거나 제작하는 것은 무언가를 변화시키는 것이며, 소비하는 것 또한 변화시키는 것이다. 이처럼 행동은 변화와 다양성이 나타내는 온갖 골치 아픈 일들을 '하는 것'에 관련되는 것에 비해 '아는 것'은 그 목적만큼 항구적이다. 아는 것, 즉 사물을 지적으로 또는 이론적으로 파악하는 것은 변천, 우연, 다양성의 영역에서 벗어나 있다. 진리에는 결핍이 없고, 감각세계의 동요에 영향을 받지 않으며, 영원하고 보편적인 것을 다룬다. 그리고 경험의 세계는 이성의 법칙에 복종함으로써만 통제 가능하고, 안정성과 질서를 가지게 된다.

물론, 이러한 모든 구분이 완전한 전문적 명확성을 유지했다고는 할 수 없다. 그러나 그 구분은 모두 인간의 이후 생각과 교육관에 심각한 영향을 끼친 게 사실이다. 수학과 논리학에 비해 물리학이나 감각 및 감각적 관찰을 경멸하고, 지식은 구체적인 것이 아니라 이상적 상징에 관한 것일수록 고상하고 가치가 있다고 느낀다. 연역을 통하여 보편이라는 그물 속에 들어오는 것 이외의 모든 특수한 것과 몸을 경시하고, 지적 도구로서 기술과 기예를 과소평가한다. 이러한 생각들은 경험과 이성의 상대적 가치를 매기는 철학 사상에서 그 근거를 찾고 지지를 얻었다. 중세 철학은 이 전통을 계승하고 강화시켰다. 실재 또는 진실을 안다는 것은 최고의 실재인 신과 관계를 맺고, 그 관계에서 오는 영원한 축복을 누리는 것을 뜻했다. 최고의 실재에 대한 관조[155]는 인간의 궁극적인 목적이고, 행동은 그것에 따르는 것이다. 경험은 현세적이고 세속적인 이승의 일에 관계되는 것이다. 정말 그것은 실제로는 필요하지만, 지식의 초자연적 대상에 비하면 크게 중요하지 않다. 이러한 사상에 로마 교육의 문학 지향적 성격과 그리스의 철학적 전통에서 도출된 영향력을 덧붙이고, 귀족 계급과 하층 계급을 명확하게 구분하는 학문에 대한 선호가 결합되었다. 이러한 역사의 흐름을 통해 우리는 교육철학에서뿐만 아니라, 모든 고등교육 기관에서도 '실제적 교과'보다 '지적 교과'가 지속해 선호되어 얼마나 강력한 힘을 행사했는지 쉽게 이해할 수 있다.[156]

경험과 지식에 관한 현대 이론

나중에 다시 논하겠지만, 지식을 획득하는 방법으로 실험 방법의 발전은 앞에서 말한 사유의 급진적 변혁을 가능하게 했고 또 필요하게 되었다. 그러나 그것에 앞서 17~18세기에 발전한 경험이론과 지식이론에 먼저 주목해야 한다. 일반적으로 이 이론은 고전적 학설에서 보는 경험과 이성의 관계를 거의 완전히 뒤집어 놓았다. 플라톤에게 '경험'이란 습관화, 즉 과거의 수많은 우연적 시행을 거듭한 뒤에 거기로부터 정선된 최종 결과를 보존한 것을 말하고, '이성'은 개혁과 진보, 그리고 통제력의 확대와 같은 원리를 뜻했다. 이성의 대의를 충실히 따르는 것은 관습의 한계를 깨고, 사물을 있는 그대로 파악하는 것을 의미했다. 현대 개혁가들로 상황이 완전히 반대로 바뀌었다. 이성, 보편적 원리, 선험적 관념 등은 의미와 타당성을 얻기 위해 감각적 관찰을 통해 채워져야 하는 빈 형식이거나, 그렇지 않으면 거창한 이름으로 가장하여 그 비호 아래 행세하는 단지 경직된 편견, 권위로 강요된 독단에 지나지 않았다. 따라서 가장 크게 필요로 하는 태도는 프랜시스 베이컨[157]이 말한 것처럼, '자연을 앞질러'[158] 자연에 인간의 억측을 단순히 강요하는 관념의 포로가 된 상태를 벗어나, 자연이 참으로 어떻게 되어 있는지를 알기 위해 경험의 힘에 의존하는 것이다. 경험의 힘에 호소한다는 것은 권위와의 결별을 뜻한다. 그것은 새로운 인상에 대해 개방적 태도를 보이는 것이다. 즉, 과거로부터 물려받은 관념을 정리하고 체계화하고 그것을 서로 떠받치고 있는 관계를 통해 '증명'하는 데 몰두하지 않고, 새로운 것의 발견과 발명에 열중하는 것을 의미한다. 이는 실체를 덮고 있는 편견으로 가려진 베일을 벗겨내고, 있는 그대로 실체를 진정으로 마음속으로 받아들이는 것을 뜻한다.

이 변화는 두 가지 의미가 있다. 첫째로, 경험은 플라톤 시대부터 가지고 있었던 실천적 의미를 상실했다. 이제 경험은 행하고 행해지는 방식이 아니라 지적이고 인지적인 것을 가리키는 이름이 되었다. 경험이라는 것은 이성의 작용에 기초가 되고 점검해야 하는 자료를 파악하는 것을 뜻하게 되었다. 현대 철학적 경험주의자에게나 그것에 반대하는 철학자에게나 할 것 없이, 경험은 앎의 방식을 가리키는 말이었다. 양 진영에게서 질문은 사실, 오직 그 방식이 얼마나 타당한가에 있었다. 그 결과 고대철학에서 발견되는 것보다 훨씬 더 심한 '주지주의'-'주지주의'라는 말이 고립된 지식에 대한 단호하고 거의 절대적인 관심을 표시하는 데 사용된다고 해도-가 생겨났다. 실제는 지식에 종속되었다기보다는 지식의 자투리나 여파 정도로 취급되었다. 그 교육적 결과는 학교에서 능동적 활동을 제외시키는 것이 정당함을 확인시켰을 뿐이다. 여기에 예외가 있다면, 오직 능동적 활동이 순수하게 공리적 목적-반복 훈련을 통한 습관의 형성-으로 도입될 경우에 한해 받아들여질 뿐이다. 둘째, 진리의 기초를 구체적인 사물 또는 자연에서 구하는 수단으로 경험이 강조되었기 때문에 그 결과로 마음을 순전히 수용적인 것으로 보게 되었다. 마음이 더 수동적일수록, 대상은 마음에 더욱 참된 인상을 남길 것이다. 마음이 이른바 자발적으로 나서서 무엇인가를 한다는 것은 곧 앎을 획득하는 과정에서 마음이 참된 지식을 훼손하는 것이며, 이것은 곧 마음이 그 자체의 목적을 방해하는 것이다. 마음의 이상은 최대의 수용성에 있었던 것이다.

사물이 마음에서 만들어 내는 인상은 일반적으로 감각이라는 용어로 불리기 때문에 경험론은 감각주의-즉, 지식을 감각적 인상의 수용과 연합으로 보는 이론-로 분류된다. 가장 영향력 있는 경험론자인 존 로크는 식별, 비교, 추상화, 일반화와 같은 정신적 능력을 인정함으로써 감각주의를 완화시킨다.pp. 104-105 참조 위와 같은 마음의 능력이 감각의 재료를 명확하고 조직적인 형식으로 만들어 내고, 도덕이나 수학의 기본 개념과 같은 새로운 관념을 자체적으로 발전시킬 수 있기 때문이다. 그러나 그의 몇몇 후계자들, 특히 18세기 후반 프랑스에서는 로크의 사상을 끝까지 밀고 나갔다. 즉, 그들은 분별력과 판단력도 다른 감각들의 연대적 현존을 통해 마음속에서 만들어지는 특별한 종류의 감각이라고 보았다. 로크는 마음이 태어날 때 관념의 내용이라고는 아무것도 새겨져 있지 않은 '백지' 또는 '밀랍판'이라고 생각했지만, 받아들인 자료를 처리할 수 있는 활동 능력이 마음에 부여된 것은 인정하였다. 그러나 그의 프랑스 후계자들, 즉 계몽주의자들은 이 활동마저도 수용된 감각적 인상에서 나오는 것으로 보고, 마음에서 그 능력을 완전히 없애 버렸다.

근대적 경험과 실물수업

앞서 잠깐 언급했듯이, 이러한 생각은 사회개혁의 방법으로서 교육에 새로운 관심을 갖게 되면서 더 조장되었다.p. 140 참조 원래의 마음이 백지 상태일수록, 그것에 올바른 영향을 미침으로써 어떤 것으로든 우리가 원하는 대로, 만들 수 있는 것이다. 그리하여 아마도 가장 극단적이고 철저한 감각주의자인 엘베시우스Claude Adrien Helvétius[159]는 교육이 모든 것을 할 수 있다는 '교육 만능론'을 주장했다. 학교 수업의 영역에 한정하여 생각하면, 경험론은 단순한 서적 위주의 학습에 반대하는 것에서 자신의 직접적인 사명을 발견했다. 지식이 실물로 우리에게 주어지는 인상을 통해 형성된다면, 마음에 인상을 주는 사물을 사용하지 않고 지식을 얻기란 불가능하게 된다. 단어와 그 밖의 모든 언어적 상징은 그것과 관련된 실물이 사전에 제시되지 않고서는 그 글자 자체의 모양이나 색깔의 감각-크게 교육적으로 도움이 되지 않는 지식인 것은 확실하다-밖에는 아무것도 전달하지 못한다. 감각주의는 전통과 권위에 전적으로 의존하는 학설이나 의견에 맞서 싸울 수 있는 매우 편리한 무기였다. 일체의 의견과 주장에 대해 감각주의는 그 정당성을 검증하는 시금석이 되었다. 그런 관념과 신념을 받아들이는 실재하는 사물은 어디에 있는가? 만약 그러한 사물을 제시할 수 없다면, 관념은 잘못된 연합이나 조합에서 나온 결과라고 설명한다. 그뿐만 아니라 경험론은 직접적인 요소를 강조했다.

인상은 바로 '나에게' '나의' 마음에 새겨져야 한다는 것이다. 지식이 당사자가 직접 경험한 원천에서 멀어지면 멀어질수록, 오류의 원천은 더 많아지며, 결과적으로 거기서 생기는 관념은 더 모호해진다.

그러나 짐작되는 바와 같이, 이 철학은 적극적인 면에서는 취약했다. 물론 실물이나 당사자의 직접적인 앎의 가치가 중요하다는 것은 이 이론의 진리성 여부에 달린 것이 아니다. 비록 그 작용 방식에 대한 감각주의 이론이 완전히 잘못되었다고 하더라도 학교에 도입되면, 나름의 효과를 발휘했을 것이다. 여기까지는 문제가 될 것이 없다. 그러나 감각주의에 대한 강조는 또한 실물을 사용하는 방식에도 영향을 미쳤고, 실물을 그것이 원래 가지고 있는 의미를 충분히 살리는 방식으로 사용할 수 없게 하는 방향으로 작용했다. '실물수업'은 단순한 감각적 활동을 따로 떼어내 그 자체를 목적으로 삼는 경향이 있다. 실물이 고립될수록 그 감각적 성질은 고립되고, 지식의 단위로서 감각적 인상은 더욱 독특한 것이 된다. 이 이론은 이러한 기계적 고립화를 진행시키는 방향으로 작용하게 되었다. 이로써 교육을 일종의 감각기관—이것은 다른 신체 기관의 운동과 다름없이 좋은 것이지만, 그 이상은 아니다—으로 만들었을 뿐만 아니라 사유를 소홀히 하는 결과를 가져왔다. 이 이론에 의하면, 감각적 관찰에서 사고는 필요하지 않다. 사실상 이 이론을 철저하게 따르자면, 그러한 사유는 나중에 가서야 할 수 있는 것이라고 보아야 한다. 왜냐하면 사고는 조금의 판단도 끼어들 여지가 없이, 그저 받아들여진 낱낱의 감각 단위들을 결합하거나 분리하는 작용에 불과하기 때문이다.

감각적 경험론의 결함

사실상 순전히 감각적인 기초 위에 운영되는 교육 계획은 적어도 유아기 초기 몇 년을 제외하면 한 번도 체계적으로 시도된 적이 없었다고 할

수 있다. 그것이 가지고 있는 명백한 결함 때문에 감각적 교육이라는 것
은 단순히 '합리적인' 지식–다시 말해, 상징을 통해 전달되는 정의, 규칙,
분류 및 적용 방식에 대한 지식–에 내용을 채워 넣기 위해 이용되거나
따분한 상징에 좀 더 '흥미'를 불어넣는 수단으로 사용되었을 뿐이다. 교
육적 지식철학으로서 감각주의적 경험론에는 적어도 다음과 같은 세 가
지 심각한 결함이 있다.

첫째, 감각적 경험론의 역사적 가치는 기본적으로 비판적 성격에 있다.
다시 말하면, 이 이론은 세계와 정치제도에 관한 당시의 신념을 깨뜨리려
는 의도에서 나왔다. 그것은 독단적이고 견고한 교조주의를 무너뜨리기
위한 비판적 파괴의 무기였다. 그러나 교육이 하는 일은 비판적이지 않고
구성적이다. 교육은 낡은 신념을 제거하고 수정하려고 하는 것이 아니라,
처음부터 가능한 한 올바른 새로운 경험을 지적 습관 속에 심으려고 하
는 필요성을 가정한다. 감각주의는 이런 구성적인 일에 전혀 적합하지 않
다. 마음, 이해는 직접적인 물리적 자극에 대한 반응을 말하는 것이 아니
라, 의미에 반응하는 것을 말한다.pp. 58-60 참조 그리고 의미는 맥락과 관련
해서만 존재하며, 지식을 감각적 인상의 조합과 동일시하는 구상은 이 맥
락을 무시한다. 이 이론이 교육에 응용된다면, 단순한 신체적 흥분을 과
장하거나, 아니면 고립된 사물이나 성질을 의미 없이 쌓아 올리는 결과를
가져올 것이다.

둘째, 직접적 인상은 당사자 자신의 것이라는 장점이 있는 반면, 그 범
위가 제한적이라는 약점이 있다. 익숙한 환경의 자연적인 사물과 직접 접
촉함으로써 감각이 미치지 않는 지구의 다양한 부분에 관한 관념에 현실
성을 부여하고, 지적 호기심을 일으키는 수단으로 삼는 것은 중요한 일이
다. 그러나 이러한 직접적 인상을 지리적 지식의 궁극적 목적으로 삼기에
는 이는 형편없이 제한되어 있다. 이와 마찬가지로 콩, 구두못, 계수기 등
은 수치 관계를 실감 있게 파악하는 데 도움이 될지 모르나, 그것을 사
유–즉, 의미의 파악–의 도구 이상으로 사용할 때는 수학적 이해의 성장

에 오히려 장애가 된다. 그것들은 성장을 낮은 수준, 즉 특수한 물리적 상징의 수준에 얽매어 둔다. 인류가 처음에 수를 헤아리는 기호로 손가락을 쓰다가 불편을 느껴서 계산법, 수학적 추리의 방법과 같은 특별한 기호를 만들어 낸 것과 마찬가지로, 사람은 구체적인 상징에서 추상적 상징-개념적 사고를 통해서만 의미를 파악할 수 있는 상징-으로 나아가지 않으면 안 된다. 그러므로 처음부터 감각의 물질적 대상에 지나치게 몰두하면 이 성장을 방해하게 된다.

셋째, 감각주의적 경험론은 정신 발달에 관한 철저하게 그릇된 심리학에 기초하고 있다. 경험이란 사실 사물과 상호작용을 하는 본능적이고 충동적인 '활동'을 말한다. 심지어 아주 어린 아이의 '경험'조차도 마치 사물의 인상을 받아 수동적으로 수용한 성질이 아니다. 사물을 다루고, 던지고, 때리고, 찢는 등의 '활동'은 사물에 미치는 영향이며, 또 장차 활동의 방향에 미치는 사물의 결과적 영향이라고 할 수 있다.pp. 212-213 참조 근본적으로는-곧 더 자세히 살펴보겠지만-, 경험을 실제적인 문제로 본 고대의 개념은 그것을 감각에 따른 앎의 유형으로 본 현대의 경험 개념보다 더 진리에 가깝다. 경험이 우리 마음속 깊이 뿌리박고 있는 능동적·활동적 요소와 관계를 있다는 사실을 무시하는 것은 전통적 경험론의 치명적인 결함이다. 만약 실물교육이 '실물'로 무엇인가를 해 봄으로써 그것이 어디에 사용될 수 있는지를 알고 그 성질을 배우겠다는 인간의 자연적 경향을 배제하는 방식으로 이루어진다면, 이것이야말로 무미건조하고 기계적인 교육 방법일 것이다.

따라서 설령 현대의 경험론에 나타난 경험의 개념이 지금까지 인정된 것 이상으로 이론적 동의를 받았다 하더라도, 학습과정에 관한 철학적 설명으로 만족스럽지 않았음은 분명하다. 그것이 교육에 끼친 영향력은 옛 교육과정에 새로운 요소를 추가하고, 그에 따라 약간씩 기존의 교육 내용과 방법을 수정하는 정도에 그쳤다. 또한 그것은 실물을 직접, 또는 그림이나 도해를 통해 관찰하는 것에 더 큰 관심을 갖게 했다. 반면 언어적 상징화에 부여된 중요성을 약화시켰다. 그러나 이 이론 자체의 범위가 워낙 빈약해서 감각적 지각 이외의 것에 관한 정보나 직접 사유에 관여하는 정보로 교육 내용을 보충해야 했다. 결국 이 이론은 정보를 제공하는 수준이거나 추상적이고 '합리론적' 교과 내용을 전혀 수정하지 못했다.

실험으로서의 경험

지금까지 간접적으로 언급했지만, 감각적 경험론이 주장하는 경험의 개념은 현대 심리학이 정당화한 경험 관념과 맞지 않고, 현대의 과학적 방법이 제시하는 지식 관념과도 맞지 않는다. 경험의 관념에 살펴보면, 감각적 경험론은 사물을 사용하고 그 결과를 발견함으로써 사물의 성질을 알아본다는 경험의 가장 중요한 요소, 즉 능동적 반응의 기본적 위치를 간과하고 있다. 가령 유아가 지식을 습득하는 방식을 5분간 선입관 없이 관찰해 보면, 그 아이가 소리, 색깔, 촉감 등 고립된 성질을 수동적인 인상으로 받아들인다는 설명이 틀렸다는 것을 당장 알 수 있다. 아이의 행동을 보면, 아이는 만진다든가 손을 뻗는다든가 하는 활동에 따른 자극에 반응하며, 감각적 자극에 대한 운동적 반응에서 어떤 결과가 나오는가를 관찰한다. 이때 아이는 여러 개의 고립된 성질이 아니라, 한 사물에 작용했을 때 나타나는 전체적 반응, 그 활동이 야기하는 사물과 자신의 변화를 배우는 것이다. 즉, 그가 배우는 것은 다양한 '연계성'이라고 말할 수 있다. 예를 들어 붉은색, 고음과 같은 성질조차도, 그러한 성질이 불러일으키는 활동과 그 활동에 따라 발생하는 결과에 기초하여 식별되고 확인되어야 한다. 무엇이 단단하며, 무엇이 부드러운지를 알려고 할 때, 각각의 물건이 무엇을 할 수 있고, 무엇을 할 수 없는지를 능동적 실험을 통해 알아봐야 한다. 마찬가지로 아이가 사람에 대해 알아볼 때도, 상대방이 자신에게 어떤 반응을 요구하며, 자기의 활동에 반응하여 그가 어떤 행동을 보이는지를 찾아내야 한다. 그리고 우리의 행동 가운데 어떤 것은 조장하고 어떤 것은 억제하면서 우리의 행동을 수정하기 위해, 사물이 '우리에게' 하는 일—수동적인 마음에 여러 성질을 인상 짓기 위해서가 아니라—과 새로운 변화를 일으키기 위해서 우리가 그 '사물에게' 할 수 있는 일, 이 양자의 결합이 경험을 구성하는 것이다.

17세기부터 세계에 관한 우리 지식에 혁명을 가져온 과학의 방법이 우리에게 주는 교훈도 바로 이런 것이었다. 이러한 방법은 의도적으로 통제된 조건 아래 수행된 실험에 지나지 않기 때문이다. 예를 들어, 그리스인에게는 구두 수선공이 가죽에 구멍을 뚫거나 밀랍과 바늘과 실을 사용하는 따위의 활동이 세계에 관한 적절한 지식을 줄 수 있다는 것은 터무니없는 것으로 보였다. 그들에게는 참된 지식을 얻으려면, 경험을 넘어선 이성에서 오는 개념에 의거해야 한다는 것은 거의 자명한 것처럼 보였다. 그런데 실험 방법의 도입은 통제된 조건 아래 수행되는 그러한 작업이 자연에 대한 유익한 관념을 획득하고 검증하는 방법임을 분명히 보여 주었다. 다시 말하면, 이제 자연에 관한 과학적 지식의 토대가 될 원리를 파악하기 위해서는 영리를 위해서가 아니라 지식을 얻을 목적으로, 예컨대 금속판에 산을 들이붓는 것과 같은 조작을 할 필요가 있다.

물론 감각적 지각은 없어서는 안 되지만, 옛날 과학에서 그것에 의존하는 정도보다 훨씬 줄어들었다. 감각적 지각은 감각이라는 가면 속에 모종의 보편적인 '형상'이나 '모양'을 감추고 있고, 이성적 사유가 그 가면을 벗길 수 있다는 생각은 이제 설득력을 잃게 되었다. 이와 반대로 우선 중요한 것은 감각적 지각의 자료를 변화시키고 확장하는 것, 망원경과 현미경의 렌즈 등 그 밖의 온갖 종류의 실험 장치를 감각 대상에 갖다 대는 것이다. 새로운 관념(가설, 이론)을 불러일으키는 데는 고대의 과학이 다루었던 것보다 한층 더 일반적 관념, 예컨대 수학의 관념이 필요했다. 하지만 이제 그러한 일반적 관념은 더 이상 그 자체 지식을 제공하는 것으로 간주되지 않는다. 그것들은 어디까지나 실험적 연구를 마련하고, 수행하고, 해석하며, 그리고 그 결과를 체계화하는 보조 수단이었다.

그것의 논리적 귀결은 경험과 지식에 대한 새로운 철학, 즉 경험을 합리적 또는 이성적 지식 및 설명에 대립하는 것으로 보지 않는 철학의 탄생이다. 경험은 과거에 단순히 이런저런 방식으로 행해진 결과를 요약한 것이 아니다. 이제 경험은 우리에게 일어나는 일, 우리가 사물에 대해 하는 일이 될 수 있는 대로 풍부한 암시(의미의 암시)를 지니도록, 또 그 암시의 타당성을 시험해 보는 수단이 되도록 하기 위해 우리가 하는 일을 의도적으로 통제하는 것을 뜻한다. 그러한 시험 또는 실험은 충동이나 관습으로 눈이 가려지는 것이 아니라, 목적에 따라 안내되고 측정과 방법에 의해 수행될 때, 합리적이고 또는 이성에 맞는 것이 된다. 우리가 사물로부터 겪는 고통, 우리가 겪는 일이 더 이상 우연한 상황의 문제가 아니게 될 때, 다시 말해 그것이 이전에 우리 자신이 한 의도적 노력의 결과로 바뀔 때, 그것은 합리적으로 의미가 있고, 계몽적이고 교훈적인 것이 된다. 경험주의와 합리주의의 대립은 한때 인간이 처한 상황에 의하여 의미를 부여받고 상대적 정당성을 가졌지만, 이제는 상황이 달라졌다.

이론적 교과와 실제적 교과의 대립

이 변화가 순전히 실제적 교과와 순전히 이론적인 교과의 대립과 어떻게 관련되는지는 자명하다. 이 대립은 교과 자체에 기인하는 내재적인 것이 아니라 상황에 달려 있으며, 그것도 조정할 수 있는 상황에 달려 있다. 실제적 활동은 지적으로 협소하고 사소할 수 있다. 그것들은 판에 박힌 듯 고정되어 있다든지, 권위의 지시에 맹목적으로 따른다든지, 순전히 외적 결과를 목적으로 하는 것일 때에는 틀림없이 협소하고 사소한 것이 될 것이다. 그러나 학교교육의 시기인 아동기와 청년기는 다른 정신으로 실제적 활동을 할 수 있는 기간이다. 우리가 앞의 사고에 관한 장11장, 12장과 교과의 발전 과정-유치한 일과 놀이로부터 논리적으로 조직된 교과로 발전하는 과정-에 관한 장13장, 14장에서 말한 내용을 여기서 되풀이하는 것은 적절하지 않다. 다만 이 장과 바로 앞장의 논의는 그전의 논의 결과에 새로운 의미를 더해 줄 것이다.

첫째, 경험은 기본적으로 인간과 자연적·사회적 환경 사이의 '능동적' 관계로 이루어져 있다. 어떤 경우에는 환경에 활동의 주도권이 있어서 인간의 노력이 다소 제지되거나 굴절되기도 한다. 또 어떤 경우에는 주위의 사물이나 사람들의 행동이 개인의 능동적 경향성을 발휘하게 하여 결국에 가서 개인이 겪는 것은 그 자신이 이룩하고자 했던 결과일 수도 있다. 사람에게 일어나는 것과 그것에 대한 반응으로서 그 사람이 하는 일 사이, 사람이 환경에 대하여 하는 일과 그에 대한 반응으로서 환경이 하는 일 사이에 관련성이 확립되면, 그만큼 그의 행동과 그의 주위의 사물은 의미를 지니게 된다. 그 사람은 학습을 통해 자기 자신을 이해하고, 그 밖의 다른 사람 및 사물의 세계를 이해하게 된다. 목적이 있는 교육 또는 학교교육은 이러한 상호작용이 일어날 수 있는 환경을 제공함으로써 그것을 통하여 의미를 획득하도록 하고, 그것이 다시 심도 있는 학습의 도구가 될 수 있도록 해야 한다.11장

앞에서 누누이 지적한 바와 같이, 학교 밖의 활동은 이해나 효과적인 지적 성향의 기능을 증진하는 일을 의도적인 목적으로 삼지 않는 그런 조건하에서 일어난다. 이 점에서 보면, 그 활동은 생생하고 꾸밈없는 것이지만, 거기서 나오는 결과는 온갖 종류의 사정에 의해 제한된다. 우리에게 필요한 능력 중에서 어떤 것은 완전히 개발되지도 않고 지도되지도 않은 채 방치되며, 어떤 것은 산발적이고 변덕스러운 자극을 받으며, 또 어떤 것은 목적의식을 가지고 융통성 있는 자발성과 창의성을 발휘할 기회 없이 틀에 박힌 고정된 기술의 습관으로 굳어진다. 젊은이를 생생한 활동이 일어나는 환경으로부터 다른 사람의 학습 결과를 쑤셔 넣듯이 공부하는 환경으로 몰아넣는 것이 학교의 임무는 아니다. 학교가 할 일은 젊

은이들을 비교적 우연적인 활동-활동이 통찰과 사유와 관련하여 가지는 관계가 우연적인-이 일어나는 환경에서 학습 안내와의 관계를 고려하여 특별히 선정된 활동으로 이끌어 가는 것이다. 이미 교육에서 성과를 거둔 개선된 방법이라는 것을 조금만 살펴보면, '지적' 교과는 능동적인 활동과 대립하는 것이 아니라, 실제적 활동의 지성화를 나타낸다는 사실을 알 수 있다. 남은 문제는 이 원리를 좀 더 확고하게 파악하는 것이다.

둘째, 현재 사회생활에서 일어나고 있는 변화로 말미암아, 학교의 놀이와 노작을 '지성화'할 수 있는 그런 종류의 활동을 선택하는 일이 훨씬 용이해졌다. 고대 그리스인들이나 중세 사람들의 사회적 환경을 보면, 그들이 성공적으로 수행할 수 있었던 실제 활동은 주로 틀에 박힌 외적 결과를 얻기 위한 것이었으며, 심지어 노예적인 성격의 것이다. 이 점을 고려하면, 당시의 교육자들이 그런 활동을 지성 개발에 적합하지 않은 것으로 판단하고 등을 돌렸다는 것은 놀랄 일이 아니다. 그러나 지금은 운수과 교류는 물론이고 심지어 가사, 농업, 제조업 등이 응용과학으로 넘쳐나 사정이 완전히 달라졌다. 물론 이러한 실제 활동에 종사하는 사람들의 대다수가 자신들의 활동에 기초가 되는 지적 내용을 모르고 있었다. 그러나 이 사실은 오히려 학교교육이 이러한 활동을 끌어들여 다음 세대가 오늘날 일반적으로 부족한 이해를 얻을 수 있도록 하고, 그럼으로써 사람들이 자신의 일을 맹목적이 아니라 지적으로 영위할 수 있도록 하는 이유가 되었다.

셋째, '하는 것'과 '아는 것' 사이의 전통적인 분리, '지적' 교과의 전통적 위세에 대하여 가장 직접적인 타격을 가한 것은 실험과학의 발전이었다. 이 발전이 무엇인가 증명해 보인 것이 있다면, '하는 것'의 결과물 이외에 진정한 지식이나 풍부한 이해 같은 것이 없다는 점이다. 지식의 발달과 설명력, 그리고 올바른 분류에 필수 불가결한 사실의 분석과 재배열은 순전히 지적으로, 즉 머릿속에서만 이루어질 수 있는 것이 아니다. 인간은 사물에 대해 무언가를 알아내기 위해서는 그 사물에 대해 무언가를 해야 한다. 즉, 조건을 변경시켜야 한다. 이것이 실험연구법이 우리에게 주는 교훈이며, 모든 교육이 배워야 할 교훈이다. 실험실에서 하는 연구는 노동이 단순히 외적 결과를 내는 것이 아니라, 지적 결실을 내도록 하는 조건이 무엇인지 알려 주고 있다. 현시점에서는 실험실 작업이 또 하나의 전문적 기술 습득에 그치는 경우가 너무나 흔한데, 이것은 실험실 작업이 아직은 너무나 고립된 자원에 불과한 상태이기 때문이고, 또 학생들이 충분한 시간을 통해 성과를 최대한 얻을 때까지 실험이 이루어지지 않기 때문이고, 실험실 작업을 한다고 하더라도 지성과 활동을 분리하는 전통적인 방법에 입각한 다른 교과들에 사면초가로 둘러싸여 있기 때문이다. 이렇게 '아는 것(이론)'과 '하는 것(실제)' 사이의 간격이 크게 벌어져 있다는 점을 유념하지 않을 수 없다.

요약

그리스인들이 철학에 관심을 기울이게 된 까닭은 그들의 전통적인 관습과 신념만으로는 삶을 다스려 나가기가 점점 어려웠기 때문이다. 그리하여 그들은 관습을 비판하고 삶과 신념을 이끌어 줄 다른 권위의 원천을 찾고자 했다. 그들은 삶과 신념에 대한 합리적 표준을 가지고 싶었고, 그런 합리적 표준이 될 수 없는 것으로 판명된 관습을 경험과 동일시했기 때문에 이성과 경험이 정면으로 대립한다고 보았다. 이성을 높이 떠받들수록 경험은 더욱 경멸의 대상이 되었다. 경험은 변화무쌍한 삶의 특정 상황에서 사람이 '하는' 일과 '겪는' 일을 뜻하기 때문에 '하는 것(실제/실천)'도 덩달아 철학적 경멸의 대상이 되었다. 이 영향과 그 밖의 여러 가지 요인이 합쳐져서 고등교육에서 감각적 관찰과 신체 활동을 가장 최소한 활용하는 모든 방법과 내용 항목들이 엄청나게 확대되는 결과를 가져왔다. 현대는 이러한 관점에 대한 반발과 함께 경험에 호소했고, 소위 순전히 이성적인 개념에 대한 공격은 구체적인 경험의 결과로 그 타당성이 확인되어야 하며, 그렇지 않다면 단지 편견의 표현이거나 계급 이익을 제도화한 것에 불과한 것을 '합리적'이라는 미명 아래 보호하려는 것이라고 하여 공격하였다. 그러나 여러 가지 사정으로 인해 '경험'은 그 내재적인 능동적·정동적 측면이 무시된 채, 순전히 인지적인 것으로 간주되어 하나하나 고립된 '감각'을 수동적으로 받아들이는 것과 동일시되었다. 그로 인해 새로운 이론에 입각한 교육개혁은 그 이전의 책 위주의 방법을 일부 없애는 정도에 그쳤고, 교육을 일관되게 재조직하는 데까지는 가닿지 못했다.

이러한 가운데 심리학, 산업적 방법, 과학적 실험 방법의 발전은 경험의 개념을 또 다른 방식으로 정립할 필요성과 가능성을 제시해 주었다. 경험에 관한 이 새로운 이론은 옛날 그리스인들의 경험관─즉 인지적인 것이 아니라 실제적인 것이라는 견해와 일을 '해 보고' 그리고 그 일의 결과를 '겪는 것'이라는 견해─을 다시 살려냈다. 그러나 옛날의 이론 그대로가 아니라, '하는 것'에 사유라는 내용이 담길 수 있도록, 거기서 확실하게 검증된 지식이 생길 수 있도록, '하는 것'을 지도한다는 쪽으로 옛 이론을 변형시킨다. 그러면 '경험'은 그리스식의 '경험적인' 것이 아니라 '실험적'이 될 수 있다. 이제 이성은 현실과 동떨어진 이상적 능력이 아니라, 활동이 풍부한 의미를 가질 수 있게 하는 모든 자원을 가리킨다. 교육적인 관점에서 보면, 이러한 변화는 이전의 여러 장에서 주장한 교과교육과 수업 방법에 대한 계획에 완전히 부합한다.

21장

자연교과와 인문교과 그리고 민주주의를 위한 교육

자연교과와 인문교과의 갈등

교육과정 편성에서 자연과학과 인문학 사이에 이미 갈등이 빚어지고 있다.[160] 지금까지 이 문제에 대한 해결책은 자연을 주제로 하는 교과와 인간을 주제로 하는 교과로 분야를 나누는 다소 기계적인 타협에 머물렀다. 그래서 이 사태는 교육적 가치의 외적 조정이라는 또 다른 사례를 우리에게 보여 주고, 자연과 인간사의 관련이라는 철학적 문제에 주의를 기울이게 해 준다. 일반적으로 말하면, 교육에서 나타나는 구분은 이원론적 철학에 그 뿌리를 두고 있다.[161] 즉, 마음과 세계는 서로 특정한 접점을 갖는 두 개의 독립된 존재 영역으로 여겨진다. 이러한 관점에서 볼 때, 존재의 각 영역이 그것과 관련된 교과군을 가지고 있다는 것은 자연스러운 일이다. 더 나아가서 과학적 연구가 성장하는 것을 인간 정신 영역에 대한 유물론 철학이 침범하는 것으로 의심하는 것도 자연스러운 일이다. 현재 나와 있는 것보다 더 통합된 교육 방안을 제시하려는 교육이론이라면 당연히 인간과 자연의 관계 문제를 다루어야 할 것이다.[162]

인문교과의 역사적 배경

여기서 한 가지 주목할 만한 사실은 고대 그리스 철학이 자연과 자연의 관계 문제를 오늘날과 같은 형태로는 취급하지 않았다는 점이다.[163] 실제로 소크라테스는 자연에 관한 과학은 우리가 가질 수 없는 지식도 아니며, 또 별로 중요하지 않다고 생각했던 것 같다. 우리가 알아야 할 가장 중요한 것은 인간의 본성과 목적이며, 깊은 의의를 지닌 모든 것, 즉 모든 도덕적·사회적 성취는 이 지식에 달려 있다는 사실이다. 그러나 플라톤은 인간과 사회에 관한 올바른 지식이 자연의 본질적 특성에 관한 지식에 의존하고 있다고 보았다. 그의 대표작인 『국가론』은 도덕과 사회조직에 관한 논술이면서, 자연에 관한 형이상학과 과학을 다루고 있다. 플라톤은 도덕에서의 올바른 성취는 합리적 지식에 의존한다는 소크라테스의 주장을 받아들인 만큼, 지식의 성격을 논하지 않을 수 없었다. 그는 한편으로 지식의 궁극적인 목적은 인간의 좋은 것이나 목적을 발견하는 것이라는 생각을 받아들였지만, 또 한편으로 우리가 아는 것은 자기 자신의 무지밖에 없다는 소크라테스의 주장에 불만을 품었기 때문에, 인간의 선에 대한 논의를 자연 그 자체의 본질적 선이나 목적과 관련지었다. 인간의 목적을 결정한다면서 자연에 법칙과 통일성을 부여하는 으뜸가는 목적에 대한 지식 없이 그것을 규정한다는 것은 불가능하다. 그러므로 플라톤이 문예학—고대 그리스에서는 이것이 음악의 범주에 속했다—을 논리학이나 형이상학뿐만 아니라 수학과 물리학보다 부차적인 것으로 여기는 것은 그의 철학과 상당히 어울린다고 말할 수 있다.[164] 다른 한편으로 자연에 관한 지식은 그 자체가 목적이 아니었다. 그것은 인간의 마음이 존재의 궁극적 목적, 즉 집단과 개인의 행동을 지배하는 법칙을 깨닫도록 이끄는 데 필요한 한 단계였다. 현대 용어로 말하면, 자연교과는 인문적이고 관념적 목적을 달성하는 데 도움이 되어야 한다.

강조하자면, 아리스토텔레스는 플라톤보다 더 자연주의적 교과의 방향으로 나아갔다. 그는 시민으로서 공공적 관계를 순전히 인지적 삶에 종속되는 것으로 보았다.pp. 367-368 참조 인간의 최고 목적은 인간적인 것이 아니라 신성한 것, 즉 신성한 생명을 구성하는 순수한 앎에 참여하는 것이다. 그러한 앎은 보편적이고 필연적인 것을 다루며, 따라서 더 적절한 주제는 가변적인 인간의 일이 아닌 자연에서 가장 잘 나타난다. 그리스 철학자들이 세부적으로 무엇을 주장했는지가 아니라 그들이 그리스인의 삶에서 무엇을 대표하는지에 중점을 둔다면, 그리스인들은 자연의 사실에 관한 자유로운 탐구나 자연에 관한 심미적 감상에 매우 관심이 많았고, 사회가 자연에 뿌리박고 자연의 법칙에 지배되고 있다고 깊이 자각했기에 인간과 자연을 대립시키는 일은 생각지도 못했다고 말할 수 있다.

그러나 고대 생활의 후기에 이르면, 두 가지 요인이 결합하여 문학적·인문적 교과를 중요한 것으로 칭송했다. 그 하나는 문화가 점점 복고적이고 모방적 성격을 띤다는 것이며, 다른 하나는 로마인의 삶에서 정치와 수사학을 중시하는 경향을 보인 것이다.

그리스인들이 이룩한 문명은 그리스 안에서 자생적으로 나왔지만, 알렉산드리아와 로마의 문명은 외부에서 물려받은 것이었다. 따라서 후자의 문명은 자연과 사회를 직접 관찰하는 것이 아니라 과거의 기록을 돌아보고 거기서 자료와 영감을 끌어내고자 했다. 이것이 교육 이론과 실천에 어떤 결과를 가져왔는지는 해치의 말을 인용하는 것이 가장 좋을 듯하다.

그리스는 한편으로는 정치적 세력을 잃어버렸으나 다른 한편으로는 그 찬란한 문헌 속에 누구도 빼앗아갈 수 없는 유산을 남겼다. … 그리스인들이 문자 교육에 눈을 돌린 것은 당연했다. 문자 교육이 변론에 반영되는 것도 당연했다. 그리스 세계의 대다수 남성은 지나간 세대의 문헌을 접하는 것과 세련되게 말하는 습관을 몸에 익히는 일을 대단히 중요하게 여겼다. 이것을 후세 사람들이 일반적으로 '교육'[165]이라고 부르게 되었다. … 우리가 교육에 대해 가지고 있는 생각은 직접 이런 전통에서 나온 것이다. 이것이 최근까지 문명 세계 전체에 균일하게 퍼져 있다. 우리가 자연을 탐구하는 것보다 문헌을 연구하는 것도 그리스인들이 그렇게 했기 때문이며, 로마와 그 지배 영토에서 자녀를 교육할 때, 그리스 교사를 고용하고 그리스인들의 발자취를 따랐기 때문이다.*

흔히 말하듯이, 로마인들이 실용적인 쪽으로 기울어져 있었다는 사실도 이와 똑같은 방향으로 작용했다. 로마인들은 기록으로 남아 있는 그리

---

* Edwin Hatch, 1914, *The Influence of Greek Ideas and Usages upon the Christian*, Williams & Norgate, pp. 43-44.

스인들의 사상을 통해 문화 발전의 지름길을 선택했고, 또한 그들의 행정적 재능 발휘에 알맞은 내용과 방법을 획득했다. 로마인들의 실용적인 천재성은 자연을 정복하고 통제하는 방향이 아니라 인간을 정복하고 통제하는 방향으로 노력을 기울였다고 볼 수 있다.

앞의 글에서 해치는 그리스인과 로마인들이 해 온 대로 우리도 자연탐구보다 문헌 연구를 중시하게 되었다는 말로 역사의 상당 부분을 가볍게 다루었다. 그렇다면 그리스인들과 우리 사이에 놓여 있는 긴 세월을 연결하는 것은 무엇인가? 이 질문에 대한 명확한 답은 이민족 침략 이후 유럽에서 로마의 상황이 더욱 대규모로 철저하게 반복되었다는 것이다. 당시의 유럽은 그리스-로마 문명의 문하생이 될 수밖에 없었고, 그리스-로마의 문화를 발전시키기보다는 그것의 차용에 급급했다. 일반적인 사상이나 예술적 표현뿐만 아니라 법의 모델에서도 유럽은 낯선 사람들의 기록에 의존했다. 그 시대 유럽인들이 전통에 의존한 정도는 당시 지배적이었던 신학에의 관심으로 인해 더욱 심화되었다. 교회가 의존했던 전거가 외국어로 쓰인 문헌이었기 때문이다. 다양한 영역이 복합적으로 작용하여 학습은 곧 언어훈련을 뜻하게 되었고, 지식인의 언어는 모국어가 아니라 고대 문헌 언어(그리스·라틴어)여야 한다고 생각하게 되었다.

그뿐만 아니라 이 사실의 완전한 의미를 명확히 밝히기 위해, 이러한 문헌의 내용을 다루는 데는 아무래도 문답법/변증법에 의존할 수밖에 없음을 인정해야 한다. 르네상스 이후 스콜라주의[166]라는 말은 흔히 비난의 용어, 즉 '현학주의'로 자주 사용되어 왔다. 스콜라주의라는 말 자체는 단순히 '학교의 방법', '학교에 있는 사람들'의 방법을 뜻한다. 그것은 본질적으로 권위 있는 진리체계를 전달하는 데 적합한 교수·학습 방법을 매우 효과적으로 체계화한 것에 지나지 않는다. 당대의 자연과 사회가 아닌 고대 문헌이 교육의 내용이기 때문에 교수·학습 방법은 탐구·발견·발명이 아니라, 수용된 자료를 정의하고 설명하고 해석하는 데 적합한 방법일 수밖에 없었다. 근본적으로 '스콜라주의'는 사실 교육의 내용을 학생 스스로 발견하도록 하는 게 아니라 이미 완성된 것으로 받아들이고, 그것을 가르치는 데 적합한 방법을 전심전력으로 일관되게 체계화하고 적용하는 것이다. 학교가 여전히 교과서 위주로 가르치고, 발견과 탐구가 아닌 권위와 습득을 교육의 원리로 삼는다면, 이는 스콜라철학의 전성기에 볼 수 있었던 논리적 정확성과 체계가 빠져 있다는 것 외에는 스콜라주의와 별반 다를 것이 없다. 방법과 진술의 정확성이 모자란다는 점 이외에 차이가 있다면, 지리, 역사, 식물학, 천문학이 습득해야 할 권위 있는 문헌의 일부가 되어 있다는 점뿐이다.

결과적으로 인문적 관심이 자연에 관한 관심의 기초로 사용되고, 자연에 관한 지식이 사람으로서 가지는 독특한 목적을 받쳐 주는 데 사용되었던 그리스 전통은 사라져 버렸다. 삶의 바탕을 자연이 아니라 권위에 두고 지지를 얻고자 했기 때문이다. 그뿐만 아니라 자연은 상당한 정도로 의심의 대상이 되었고, 자연에 대해 깊이 관조한다는 것은 위험한 일로 취급되었다. 왜냐하면 자연에 대한 관조는 삶의 규칙을 이미 완성된 형태로 담고 있는 기록에 대한 의존에서 인간을 떼어놓으려는 경향을 지니고 있기 때문이다. 그리고 자연을 아는 길은 관찰뿐인데, 이것은 감각－순전히 비물질적인 마음과는 반대로 단지 물질적인－을 통할 수밖에 없다. 또한 자연에 관한 지식에서 생기는 유용성은 순전히 물질적이고 세속적이었다. 인문학적 전통은 인간의 영원한 정신적 행복에 관련되는 것이지만, 자연 지식이 주는 유용성은 순간의 신체적 복지에 관계되는 것이다.

자연에 대한 현대 과학의 관심

르네상스 또는 문예부흥 등 다양하게 불리는 15세기 운동의 특징은 인간의 현재 생활에 대한 새로운 관심과 그에 따른 자연과의 관계에 대한 새로운 관심이다. 그것은 당대를 지배했던 초자연주의적 관심에 저항했다는 의미에서 자연주의적이었다. 이러한 마음의 변화를 불러일으키는 데 고대 그리스 시대의 이교도 문학이 미치는 영향이 그동안 지나치게 과대평가되었던 것도 사실이다. 이 변화는 당시 상황의 산물이라고 보아야 한다.

새로운 관점으로 가득 찬 '교육받은 사람들'이 그들의 관점을 지지하고 강화해 줄 원천으로서 그리스 문학에 열렬히 눈길을 돌렸다는 점은 의심의 여지가 없다. 그리고 상당한 정도로 그리스 사상에의 관심은 문학 그자체를 위한 것이 아니라, 그것이 표현하는 정신에 있었다. 그리스식 표현에 활기를 불어넣은 정신적 자유, 자연의 질서와 미에 대한 감각은 그와 비슷하게 자유로운 방식으로 사유하고 관찰하도록 사람들을 자극했다. 16세기 과학의 역사를 보면, 물리적 분야에 대한 과학의 태동은 그 출발점이 주로 그리스 문학에 대한 새로운 관심이었음을 알 수 있다. 빈델반트[167]가 말했듯이, 자연에 대한 새로운 과학은 인문주의의 자식이었다. 그당시에 널리 퍼져 있는 생각은 우주가 인간의 확대판인 것과 마찬가지로 인간은 우주의 축소판이라는 것이었다. 이 사실은 나중에 자연과 인간이 어떻게 분리되었고, 언어와 문학 그리고 자연과학 사이에 엄격하게 구별된 이유가 무엇인지를 새롭게 제기한다. 그 이유를 네 가지로 정리할 수 있다.[168]

첫째, 옛 전통이 제도 속에 확고히 뿌리를 박고 있었다. 정치, 법, 외교는 필연적으로 권위 있는 인문학 분야에서 갈라져 나간 가지와 같았다. 생물학은 물론 물리학이나 화학의 과학적 방법이 훨씬 발달할 때까지 사회과학은 발달하지 않았기 때문이다. 역사학도 대체로 마찬가지다. 또한 언어를 효과적으로 가르치는 방법은 잘 발달해 있었고, 학문적 관행도 그 방향이었다. 문학, 특히 그리스 문학에 대한 새로운 관심이 처음에는 스콜라철학을 중심으로 조직된 대학 속에 거점을 확보하지 못했던 것처럼, 그것이 대학에 발을 들여놓을 때는 실험과학의 영향을 최소화하기 위해 이전의 구학문과 손을 잡을 수밖에 없었다. 대학에서 가르칠 사람 중에 과학 훈련을 받은 사람은 거의 찾아볼 수 없었다. 과학적인 능력이 있는 사람들은 개인 실험실에서 일하거나 연구를 하지만 교육단체로 조직화되지 않은 협회를 통해 활동했다. 결국 물질적인 것, 감각적인 것, 수공예 작업을 경멸하는 귀족주의적 전통은 여전히 강력한 힘을 행사하고 있었다.

둘째, 신교도의 저항은 신학적 토론과 논쟁에의 관심을 엄청나게 증대시켰다. 논쟁의 양 진영은 모두 문헌 자료에 의존했다. 각 진영은 사람들에게 신뢰할 수 있는 기록을 연구하고 해설하는 능력을 훈련시켜야 했다. 반대 진영에 대항하여 자신들이 선택한 신앙을 옹호하고 전도하고 상대 진영의 공격을 방어할 수 있는 훈련에 대한 요구가 너무 컸기에, 17세기 중반에는 김나지움과 대학의 언어훈련이 당시 부활한 신학적 관심에서 중요한 부분이 되었으며, 종교교육과 교회 논쟁의 주요한 도구로 활용되었다. 따라서 오늘날 교육에서 발견되는 언어교육적 후손은 르네상스에서 직접 내려온 게 아니라 신학적 목적에 따라 변용된 형태를 통해 내려온 것이다.

셋째, 자연과학 자체가 인간과 자연의 대립을 강조하는 방식으로 이루어졌다. 베이컨은 자연주의와 인문주의의 관심을 하나로 통합한 거의 완벽한 실례를 보여 준다. 관찰과 실험 방법을 채택한 과학은 자연을 '앞지르려는' 노력―즉, 미리 이러저러할 것이라고 마련된 생각에 비추어 자연을 규정하려는 노력―을 포기하고, 자연을 겸손하게 해석하는 사람이 되어야 한다고 보았다. 인간은 지적으로 자연에 복종함으로써 '실제적 목적에 맞게' 자연을 통제하는 방법을 배울 수 있다. '아는 것이 힘이다'라는 격언은 인간이 과학을 통해 자연을 통제하고, 자연의 에너지를 인간의 목적 달성을 위해 활용한다는 의미이다. 베이컨은 옛날의 학문과 논리는 순전히 논쟁만을 일삼았고, 미지의 세계의 발견이 아니라 논쟁에 이기는 것에 관심을 두었다고 하여 그것을 공격했다. 그의 '새로운 논리Novum Organum'에 제시된 새로운 사유 방식을 통해 광범위한 발견의 시대가 출현했고, 베이컨은 이 발견의 결실이 인간에게 유익한 발명으로 나타나리라고 내다보았다. 인간은 서로를 지배하려는 부질없고 끝없는 노력을 그만두고, 인류의 이익에 기여하는 방향으로 자연을 지배하는 협동적 과업에 종사해야 한다는 것이다.

대체로 말해, 베이컨은 이후의 진보가 어떤 방향으로 이루어질 것인지를 예언했지만, 그의 말대로 진보를 '앞지른' 것에 불과했다. 그는 새로운 과학이 그 후 상당히 오랫동안 인간을 착취해 온 과거의 목적에 봉사하게 되리라는 것은 예상하지 못했다. 그는 새로운 과학이 당장 인간에게 새로운 목적을 신속하게 제공하리라고 생각했다. 그러나 새로운 과학은 한 계급에게 그들의 오래된 목적을 달성하는 수단, 즉 다른 계급의 희생을 대가로 그들의 배를 불리는 수단을 안겨 주었다. 그가 예견한 대로 과학적 방법의 혁명은 산업혁명을 몰고 왔다. 게다가 이 혁명이 새로운 정신을 창출하기까지 더 많은 세기를 요구했다. 봉건제도는 새로운 과학이 적용되면서 몰락했다. 새로운 과학은 권력을 지주 귀족의 손에서 제조업계로 넘겨주었다. 그런데 봉건주의를 대신한 것은 사회적 휴머니즘이 아니라 자본주의였다. 마치 새로운 과학은 아무런 도덕적 교훈이 없고, 그저 생산과 이용에서의 이익 증대라는 경제에 대한 기술적 교훈밖에 내포하지 않는 것처럼, 생산과 상업이 이용되었다. 당연히 자연과학을 이런 방면에 응용하는 것-이것이 가장 두드러지게 드러난 현상이었기에-을 목도한 인문주의자들은 과학이 유물론적 경향을 지녔다는 증거라고 공언하면서 한층 비판의 목소리를 높였다. 과학은 돈을 벌고 저축하고 소비하는 것 이외에 사람이 지닌 독특한 '인간적 관심'에 관해서는 아무것도 남겨 놓은 것이 없었기에 언어와 문학이 인간의 도덕적이고 이념적인 관심을 대표한다고 자처했다.

넷째, 더욱이 과학에 기초를 두고 있다고 공언한 철학, 그리고 과학의 진정한 의의를 대표할 자격이 있다고 자처한 철학은 한편으로 인간을 특징짓는 마음과 또 다른 한편으로 자연을 이루고 있는 물질을 날카롭게 구분하는 이원론적 성격을 가진 것이거나, 아니면 인간의 삶의 특징적인 면을 환상에 불과한 것으로 보는 기계론적 입장을 표방했다. 전자는 특정 학문이 특별히 정신적 가치를 담당하고 있다는 주장을 인정하고 그런 학문의 우월성을 간접적으로 지지하는 셈이 되었다. 인간은 인간에 관한 일이 적어도 자신에게 가장 중요하다고 생각하는 경향이 있기 때문이다. 후자는 자연과학의 가치에 대하여 의심과 불신을 자아내고, 때로는 자연과학을 인간의 고상한 관심에 대한 적으로 간주하는 계기가 되었다.

그리스와 중세의 지식은 세계를 질적 다양성을 가진 것으로 인정했고, 자연의 과정은 목적에 따라 진행된다는, 이른바 전문적 용어로 목적론적 자연관을 보여 주었다. 이에 비해 새로운 과학은 실재하는-또는 객관적인- 존재의 모든 성질은 진짜로 있는 것이 아니라는 주장을 골자로 하였다. 소리, 색상, 목적, 좋은 것과 나쁜 것 등은 순전히 주관적인 것, 즉 마음에 찍힌 인상으로 간주되었다. 그래서 객관적인 존재는 오직 양적 측면을 가진 것으로-즉, 얼마나 많은 질량과 속도를 갖고 있는지- 여겨졌는데, 하나의 존재와 다른 존재의 차이는 공간의 어떤 지점의 질량이 다른 지점의 질량보다 더 크다든가, 어떤 지점의 속도가 다른 지점의 속도보다 더 크다는 것뿐이었다. 이와 같이 자연에 질적인 구분이 없어지자 자연이 나타내는 다양성은 이제 그 중요성이 없어졌다. 다양성이 아니라 통일성이 강조되었다. 현상적으로 나타나는 모든 외형적 다양성을 전 우주에 동시에 적용될 수 있는 수학 공식을 발견하여 도출해 내려는 것이 과학의 이상이었다. 만약 이것도 철학이라고 할 수 있다면, 이것이 바로 기계론적 철학이다.

이러한 철학은 과학의 진정한 목적을 나타내지 못한다. 그 철학은 기술을 사물 자체로 착각하며, 장치나 용어를 실재로 착각하고, 방법을 내용으로 착각한 것이다. 과학에서 하는 진술이 사건의 방향을 예언하고 통제하는 데 필요한 조건을 제시하는 것은 사실이며, 과학적인 진술이 사건의 질적 측면을 경시하는 것도 사실이다. 과학이 기계적이고 양적인 성격을 띠는 것은 이 때문이다. 그러나 과학이 질적 측면을 고려하지 않는다고 해서 질적인 것이 실재와 분리되는 것도 아니고, 질적인 것이 순전히 정신적인 영역에 속하는 것도 아니며, 질적인 것 역시 목적 달성에 유용한 수단을 제공할 수 있다. 따라서 과학의 진보는 사실상 자연에 대한 인간의 힘을 증가시켰고, 인간의 소중한 목적을 전보다 더 확고한 기반 위에 올려놓게 했을 뿐만 아니라, 인간의 활동을 거의 의도한 대로 다양화했다. 하지만 철학은 과학의 업적을 체계화한다면서 세계를 무미건조하고 단조롭게 배열된 물질에 불과한 공간으로 만들어 버렸다. 그리하여 현대 과학의 즉각적인 효과는 물질과 마음의 이원론을 더욱 날카롭게 부각시켰다는 것과 함께, 또 그렇게 함으로써 자연교과와 인문교과라는 두 개의 분리된 학문을 만들었다. 더 좋은 것과 더 나쁜 것의 차이는 경험의 '질'과 깊이 관련이 있는 만큼, 만약 과학철학이 질적인 측면을 배제한다면 이는 인류에게 가장 중요한 관심사를 도외시하는 철학이라고 볼 수밖에 없다.

민주주의를 위한 교육

사실을 말하면, 경험은 '인간 관심사'와 순전히 기계적인 '물리적 세계'로 구분될 수 없다. 인간의 집은 자연이며, 목적이나 목표의 달성 여부는 자연적 조건에 달려 있다. 그 조건에서 분리되면, 인간의 목적은 공허한 꿈이나 안일한 환상에 지나지 않는다. 인간 경험의 관점에서 그리고 교육적 노력이라는 관점에서 볼 때, 자연과 인간을 구분하는 타당한 방법이 있다면, 그것은 우리의 실제적 목적을 형성하고 실행하는 데 고려해야 할 조건과 그 목적 자체로 양자를 구분하는 것이다. 인간은 자연의 바깥에 있는 국외자로서 자연적 과정에 들어오는 것이 아니라,[169] 자연과 함께 자연이 연속적으로 존재한다는 것을 보여 주는 생물학적 발달의 원리가 이 철학적 입장의 타당성을 지지한다. 또한 이 입장은 지식이 자연의 사물을 사회적 용도에 맞게 활용하는 방향으로 자연적 에너지를 통제하려고 하는 데서 발생한다는 과학의 실험 방법으로 더 강화된다. 역사학, 경제학, 정치학, 사회학 등 사회과학에서 한 걸음 한 걸음 전진한 발자취는 모든 자료를 모으고 가설을 설정하고 행동을 통해 그것을 검증하는 자연과학의 특징적인 방법을 사용하고, 사회복지의 증진을 위해 물리학과 화학에서 확인된 기술 지식을 활용하는 정도로만 사회적 질문을 지적으로 해결하는 것 외에 다른 방도가 없음을 보여 준다. 정신이상, 무절제, 빈곤, 공공위생, 도시계획, 천연자원의 보존, 그리고 공공선을 증진시키되 개인의 독창성을 약화시키지 않는 방향으로 정부 기관의 건설적 활용 등 곤란한 문제를 해결하고자 하는 구성주의적─기계적이고 일방적이 아닌─ 해결 방법은 모두 우리의 중요한 사회적 관심사가 자연과학의 방법과 결과에 직접 의존한다는 것을 보여 준다.

그러므로 인문교과, 자연교과 모두에서 교육은 양자가 이런 긴밀한 상호의존 관계에 있다는 사실을 출발점으로 삼아야 한다. 그것은 자연에 관한 학문인 과학의 목표를 여러 가지 인간적 관심의 기록인 문학과 별개의 것으로 지속하는 데 둘 것이 아니라, 역사, 문학, 경제, 정치 같은 다양한 인간적 학문이 자연과학과 상호 교류하는 것을 목표로 해야 한다. 교육 방법적으로 말하면 이러한 목표는 한편으로는 '과학교과'를 단순히 정보의 무더기와 전문적·물리적 조작의 형식으로 따로 가르치고, 다른 한편으로는 '인문교과'를 독립된 교과로 가르치는 것보다 더 간단한 방식일 수 있다. 왜냐하면 분리하여 가르치는 방법은 학생들의 경험을 인위적으로 분리하는 것을 강제하는 제도나 다름없기 때문이다. 학교 바깥에서 학생들이 직면하는 사태는 자연의 사실이나 원리가 다양한 양식의 인간 행동과 관련되어 있다.pp. 60-61 참조 그들이 지금까지 함께 한 모든 사회 활동에는 물질적인 자료와 과정이 관련되어 있으며, 그런 활동에 임하는 동안 학생들은 틀림없이 이러한 자료와 과정을 이해해야만 했을 것이다. 학교에 들어가면서 이런 친밀한 연합이 깨진다면, 그것은 정신 발달의 연속성을 깨뜨리는 것이며, 학생들은 교과 공부에서 형언하기 어려운 비현실감을 겪게 되고, 결국 흥미를 느낄 수 있는 정상적 동기를 박탈당하는 결말을 보게 될 것이다.

물론 교육이 과학의 전문적 능력을 발달시킬 수 있는 성향을 지닌 모든 사람에게 그 성향을 발전시킬 수 있어야 하고, 또 특별한 작업을 추구하는 일에 평생 헌신할 기회를 주어야 한다는 것은 의심의 여지가 없다. 그러나 현재 상황을 보면, 학생들은 대부분 너무 자주 일상적 경험과 동떨어진 내용으로 된 전문가들의 연구 결과를 공부하는 것으로 시작하거나, 주먹구구식 교재로 어떤 성과도 제대로 얻지 못하는 잡다한 자연 연구를 시작하거나, 이 두 길 중에 어느 하나를 선택해야 한다. 사실 대학생 혹은 어떤 특정한 분야의 전문가가 되려는 사람에게 과학을 분야별로 분류하여 소개하는 적합한 습관을 중고등학교까지 적용해 뻗어 내려온 것이나 다름없다. 중고등학교 학생들은 대학생들이 배우는 것과 똑같은 내용을 그들의 능력 수준에 맞게 약간 줄여서 좀 더 초보적인 교육을 받고 있을 뿐이다. 이런 식으로 교육이 이루어지는 이유는 이원론적 철학을 의식적으로 신봉해서라기보다 전통을 추종하기 때문이다. 그렇지만 그 결과를 놓고 보면, 마치 자연을 다루는 과학은 인간과 아무런 관계가 없으며 그 반대의 경우도 마찬가지라는 생각을 주입하려는 목적을 지닌 경우와 같다. 과학 수업이 결코 과학 전문가가 되지 않을 사람들에게 별 효과를 보지 못하는 것은 대부분 전문적으로 조직된 교재로 가르치는 데서 불가피하게 따라오는 과학과 인간의 분리 때문이다. 모든 학생이 장차 전문적인 과학자가 될 사람이라고 가정하더라도, 현재의 방법이 가장 효과적인지는 의심스럽다. 하물며 대다수 학생이 과학을 공부하는 이유는 오직 과학이 정신적 습관에 미치는 효과-말하자면, 정신적으로 더욱 기민하고 개방적으로 되고, 잠정적 가설을 받아들이고, 주장 또는 제안된 아이디어를 검증하는 데 더 적극적인 태도를 보이는 것- 때문에 과학을 공부한다고 생각하면, 현재의 방법은 확실히 부적절하다. 대체로 학생은 과학적이라고 하기에는 너무 피상적이고, 일상생활에 적용하기에는 너무 전문적인 수박 겉핥기식 지식을 공부하고 있다.

오늘날, 일상의 경험을 활용하여 과학적 내용 및 방법을 깊이 파고들게 함과 동시에 과학이 일상적 인간의 관심사와 관련을 맺도록 하는 것은 과거 어느 때보다 더욱 쉬워졌다. 또한 문명된 사회에 살고 있는 모든 사람의 일상적 경험은 산업의 공정 및 결과와 밀접한 관련을 맺고 있으며, 과학이 작동하는 수많은 사례를 보여 준다. 고정 증기기관과 견인 증기기관, 휘발유 엔진, 자동차, 전신과 전화, 전기모터 등은 대부분 개인의 삶 속에 직접 들어와 있다. 나이 어린 학생들은 이러한 것들을 실질적으로 잘 알고 있다. 그들 부모의 직업이 과학의 응용에 의존하고 있고, 또한 집 안에서 하는 일, 건강 유지, 거리에서 보게 되는 광경이 과학적 성취를 구현하고 있어 관련된 과학의 원리에 대한 흥미를 자극한다. 과학교육의 명백한 교육학적 출발점은 과학이라고 불리는 것을 가르치는 데 그치는 것이 아니라, 학생들 스스로가 잘 아는 실제적인 작업 속에 있는 어떤 기본적인 원리를 이해함으로써 몇 가지 기본적 원리를 인식할 때까지 친숙한 일과 장비를 활용하여 관찰과 실험을 지도하는 것이다.

과학을 추상적인 이론이 아닌 생생하고 구체적인 모습을 통해 가르치는 것은 과학의 '순수성'을 훼손하는 것이라는 의견이 이따금 나오는데, 이는 잘못된 이해에 근거한 것이다. 사실 어떤 교과든지 가능한 가장 넓은 범위에 걸친 그 의미를 파악하면, 그것은 그만큼 '교양'이 깊어진다. 의미에 대한 파악은 연결과 맥락에 대한 파악에 달려 있다. 과학적 사실이나 법칙을 물리적·기술적 맥락뿐만 아니라 인간적 맥락에서 본다면, 그것은 과학의 의미를 확대하는 것이며, 과학의 문화적 가치를 더욱 증대시키는 것이다. 과학을 '경제적인'-여기서 경제라는 것은 금전적 가치를 의미한다- 면에 직접 적용하는 것은 부수적이고 부차적이지만, 그래도 그것이 엄연한 과학의 맥락임에는 틀림이 없다. 중요한 것은 과학적 사실이 사회적 연계 속에서, 즉 삶의 기능과 관련하여 파악되어야 한다는 점이다.

다른 한편으로, '인문주의'는 근본적으로 인간의 관심사에 대한 지적 감각이 스며 있음을 의미한다.[170] 사회적 관심은 그 가장 깊은 의미에서 도덕적 관심과 동일한 것으로, 이것은 당연히 인간으로서의 최고의 관심이다. 인간에 '관해' 아는 것, 다시 말해 인간의 과거에 관한 정보를 듣는 것, 인간이 남긴 문헌 기록에 관해 아는 것 등은 물리적 과학 지식을 축적하는 것에 못지않게 '기술 소유'라 할 수 있다. 인간은 돈벌이하거나, 실험실 작업을 능숙하게 하는 법을 습득하느라고 바쁘게 돌아다닐 수도 있지만, 그와 마찬가지로 언어 문제에 대한 잡다한 사실을 모은다든지 문학작품의 연대기를 만드는 등 다양한 방식으로 분주하게 지낼 수 있다. 만약 그러한 활동이 삶에 대한 상상력을 가진 통찰력을 넓히는 방향으로 진행되지 않는다면, 그것은 아이들의 부산한 활동과 같은 수준에 지나지 않을 것이다. 활동의 형식은 갖추었지만, 거기에는 활동이 기본적으로 갖추어야 할 정신이 없다. 이런 활동은 단순히 구두쇠의 저축으로 타락하기 쉽고, 그래서 그 활동을 하는 사람은 자신이 삶에서 찾는 의미 때문이 아니라 단순히 많이 가지고 있다는 데서 자부심을 느낀다. 어떤 교과든지 삶의 가치에 관한 관심을 증가시키는 교과, 사회복지에 대한 민감성과 그 복지를 증진하는 능력을 길러주는 교과라면, 그것은 인문적인 교과라고 할 수 있다.[171]

그리스인의 인문주의 정신은 자생적이고 강렬하기는 했지만, 그 시야가 협소했다. 그리스 문화권 밖에 있는 사람은 야만인으로 간주했고, 유사시에 적이 될 수 있다는 것 이외에는 모두 무시했다. 그리스 사상가들의 사회에 대한 관찰과 사색은 예리하기는 했으나 그리스 문명에 대하여 좁은 범위에 갇혀 자기 폐쇄성을 띠었으며, 그들의 글 속에서는 자기충족적 문명이어서는 안 된다는 비판적인 언급을 한마디도 찾아볼 수 없다. 그리스 문명의 장래가 그들이 멸시하던 바깥의 사람들에게 좌우될지도 모른다는 것을 꿈에도 생각하지 못한 것이다. 그리스 공동체 안에서는 높은 수준의 문화가 노예제도와 경제적 농노의 하층 구조—아리스토텔레스의 말처럼, 국가의 존립에 필요하기는 하지만 진정한 의미에서 그 한 부분이 될 수 없는 계급-에 기초를 두었다는 그 사실로 인해 사회적 정신이 강렬하게 꽃필 수 없었다. 과학의 발달로 일어난 산업혁명은 식민지 개척과 무역을 통해 여러 나라 사람들을 긴밀하게 접촉시켰고, 그리하여 설사 어떤 나라가 다른 나라를 여전히 무시할 수는 있을지언정 어떤 나라도 그 운명이 전적으로 그 나라 안에서만 결정된다는 환상에 젖을 수는 없게 되었다. 산업혁명은 또한 농노제를 철폐했고, 많든 적든 조직된 공장노동자 계급을 만들어 냈다. 이 계층은 정치적 권리를 인정받고, 산업을 관리하는 데 일익을 담당하겠다고 나섰다. 그러는 사이 계급의 장벽이 붕괴함에 따라 부유층은 경제적으로 가난한 계층과 더욱 밀접한 관계를 맺게 되었고, 노동자계급의 경영 참여 주장은 상당수의 부유층 사이에서도 호의적으로 받아들여졌다.

이러한 상황을 요약해 보면, 옛날의 인문주의는 경제적·산업적 조건이라는 중요한 고려 사항이 결여되었다고 말할 수 있다. 결국 그것은 한쪽으로 치우친 인문주의였다. 그러한 상황에서 문화나 교양은 필연적으로 사회를 직접 통제하는 위치에 있는 계급의 지적, 도덕적 견해를 대변할 수밖에 없었다. 문화에 관한 그러한 전통은 우리가 보았듯이pp. 366-368 귀족적인 것이다. 그것은 계급 간의 근본적 공통 관심사보다는 한 계급을 다른 계급과 구별하는 것을 강조한다. 그 문화의 표준은 과거에 있었다. 그 목적은 문화의 범위 확장보다는 이미 과거에 축적된 것을 보존하는 데 있었다.

산업과 생계를 유지하는 것과 관련된 모든 것을 폭넓게 고려하여 문화를 규정하는 개념은 흔히 과거로부터 전해 내려온 문화를 공격한다는 비난을 받고 있다. 하지만 더욱 폭넓은 교육적 관점에서 보면, 산업 활동은 대중이 지적 자원을 더 쉽게 접할 수 있게 하고, 더 훌륭한 자원을 가지고 있는 사람들의 문화를 한층 견실하게 만드는 힘이라고 생각할 수 있다. 요컨대 한편으로 과학과 산업발달 사이의 긴밀한 관련을 생각하고, 다른 한편으로는 문학적·미학적 교양과 귀족적 사회조직 사이의 긴밀한 연계성을 고려한다면, 기술적·과학 교과와 정제된 문학적 교과 사이의 대립 상황에는 심오한 의미가 있다고 할 수 있다. 따라서 사회가 정말 민주적으로 되려면, 우리는 이와 같은 교육에서의 분리를 극복해야 한다.[172]

요약

인간과 자연을 대립적으로 보는 모든 이원론적 철학은 자연교과와 인문교과의 분리로 나타났고, 인문교과를 단순히 과거의 문학적 기록으로 축소하려는 경향이 생겼다. 이 이원론은 그리스 사상만의 특징이 아니다. 우리가 다룬 다른 이원론도 그런 특징을 보인다. 이원론은 한편으로는 로마와 이민족 점령 시대의 유럽 문화가 자생적인 것이 아니라 직간접적으로 그리스에서 빌려온 것이기 때문에, 다른 한편으로는 당시의 정치적·종교적 상황이 문헌 자료를 통해 전해지면서 과거의 지식이라는 권위에 강하게 의존했기 때문에 탄생했다.

근대 또는 현대 과학의 부상은 처음에는 자연과 인간의 밀접한 관계의 회복을 예고했다. 자연에 대한 지식을 인간의 진보와 복지를 보장하는 수단으로 보았기 때문이다. 하지만 과학의 즉각적인 적용은 일반 사람들의 이익보다는 특정 계급의 이익을 위해 이루어졌다. 또한 받아들여진 과학적 교리의 철학적 공식화는 과학을 단순히 물질적인 것으로만 정의하여 정신적이고 비물질적인 것으로 인간과 구분하려고 하거나, 마음을 주관적인 환상으로 축소시키는 경향이 있었다. 따라서 교육에서는 과학을 물리적 세계에 관한 기술적 정보로 이루어진 별도의 내용을 가진 교과체제로 취급하고 이에 대해 과거의 문헌 연구만을 특별히 인문적 교과로 보존하려고 노력했다. 앞의 몇 장에서 논의한 지식의 발달, 그것에 기초한 교과 조직에 관한 내용은 이러한 교과의 분리를 극복하고 인간에 관한 문제 중에서 자연과학의 교과 내용이 차지하는 위치를 확인하는 데 그 의도가 있었다.

22장

개인과 세계의 상호적 관계

개체성과 번영하는 사회의 관계

지금까지 우리는 노동과 여가, 아는 것과 하는 것, 그리고 인간과 자연을 구분하는 데 작용한 사상적 영향을 고찰했다. 이러한 영향은 교육의 내용을 각각 분리된 교과로 분할하는 결과를 가져왔다. 그 영향은 또한 몸과 마음, 이론적 지식과 실천, 물리적 기제와 이념적 목적을 서로 대립시키는 다양한 철학으로 정립되어 왔다. 철학적 측면에서 보면, 이러한 다양한 이원론[173]은 개인의 마음과 세상 사이, 개인들의 마음 상호 간의 날카로운 대립으로 집약된다. 이러한 철학적 입장과 교육 실제 사이의 연관성은 바로 앞의 세 장에서 핵심 요점을 고찰했는데, 그만큼 명확하지는 않지만 이에 상응하는 교육 방법상 고려해야 할 사항이 있다. 교과 내용(세계에 해당하는 것)과 학습 방법(마음에 해당하는 것) 사이에 존재하는 대립과 같은 것, 흥미를 학습 내용과 내재적 관련이 없이 순전히 사적인 것으로 취급하는 경향이 그것이다. 이런 부차적인 교육의 의미는 차치하고, 이 장에서는 마음과 세계의 이원론적 철학이 지식과 사회적 관심 사이, 개체성이나 자유와 사회적 통제 및 권위 사이의 관계를 그릇되게 파악하는 점을 논구한다.

개인주의, 오래된 것과 새로운 것

마음을 개별적 자아와 동일시하고, 개별적 자아를 개인의 심리적 의식과 동일시하는 것은 비교적 현대의 일이다. 그리스와 중세 시대에는 일반적으로 개인을 보편적이고 신적인 지성이 작용하는 통로로 보았다. 개인은 진정한 의미에서 '앎의 주체'가 아니었다. 앎의 주체는 그를 통해 작용하는 '이성(초월적 이성)'이었다. 앎의 과정에 개인이 개입하는 것은 개인에게도 위태로운 일이며, 진리에도 손상이 가는 것으로 생각되었다. 개인이 아닌 이성이 '인식하는' 정도에 따라, 독단과 오류 및 의견이 참된 지식으로 대체되는 것으로 생각했다. 그리스인의 삶에서 관찰은 예리하고 재빨랐지만, 사고는 거의 무책임한 사변이라고 할 수 있을 정도로 자유로웠다. 따라서 이론이라는 것이 가져온 결과는 바로 실험 방법이 없는 상태에서 나타나는 결과와 동일할 수밖에 없었다. 실험 방법이 없기에 개인은 앎의 활동에 관여할 수도 없고, 다른 사람의 탐구 결과에 따라 검증받을 수도 없다. 다른 사람의 검증을 받을 수 없다면, 인간의 마음은 지적으로 책임질 수 없는 것이었다. 즉, 탐구의 결과를 받아들이는 기준은 미적 일관성 또는 마음에 드는 품질, 말을 한 작가의 높은 명성에 있었다. 그 이전의 미개 시대는 진리에 대해서 이보다 더 저자세를 보였다. 중요한 지식은 신의 계시로 내려지는 것이며, 개인의 마음이 할 수 있는 것이라고는 권위로부터 지식을 받아들인 뒤에 그것을 이리저리 검토해 보는 것뿐이었다. 이러한 태도에 관해 보다 의식적인 철학적 분석을 할 수 있겠지만, 그것과는 별개로 한 가지 분명한 사실은 신념이 관습으로 전달된다면 어디에서도 마음을 개인적 자아와 동일시하는 일은 꿈에도 생각할 수 없었다.

중세에는 '종교적 개인주의'가 있었다. 삶의 가장 깊은 관심사는 개인 영혼의 구원이었다. 중세 후기에 와서 이런 잠재된 개인주의는 유명론[174]-지식의 구조는 개인이 자신의 인식 행위를 통해 그의 내부에 쌓아 올린 것, 즉 '정신 상태'를 의미한다-의 형태로 정립되었다. 16세기 이후 경제적·정치적 개인주의가 부상하고 개신교가 널리 전파되면서 개인이 스스로 지식에 획득할 권리와 의무가 있다는 시대가 무르익기 시작했다. 여기에 따라 지식은 전적으로 개별 경험을 통해 획득된다는 견해가 생겨났다. 그 결과로 지식의 원천이자 소유자인 마음은 순전히 개인적인 것이라는 생각이 나오게 되었다. 따라서 교육적 측면에서 몽테뉴, 베이컨, 로크와 같은 교육개혁가들은 이제 학습이 이 사람 저 사람의 말을 들어서 이루어진다는 생각을 격렬하게 부정하며, 비록 어떤 신념이 우연히 참이라고 할지라도, 그것이 본인의 경험에서 우러나고 그 경험을 통해 검증되지 않으면 지식이 될 수 없다고 주장했다. 삶의 모든 영역에서 권위에 대한 반발, 행동과 탐구의 자유를 위한 치열한 투쟁은 본인의 관찰과 아이디어를 크게 강조한 나머지, 앎의 대상인 세계로부터 정신을 분리하고 고립시키는 결과를 초래했다.

마음의 고립화는 인식론(지식이론)이라는 철학 분야의 발전과 밀접한 관련이 있다. 마음을 자아와 동일시하고, 자아를 어떤 다른 것에 의존하지 않고 독립적으로 자기충족적으로 존재하는 실체로서 설정한다는 것은 지식을 얻는 것이 어떻게 가능한지에 대한 의문이 생길 정도로 앎의 주체인 '마음'과 그 대상인 '세상' 사이에 근본적인 간격을 만들어 냈다. 앎의 주체(아는 자)와 앎의 대상(알아야 할 것)이 완전히 서로 분리되어 있다고 생각하면, 양자가 서로 유효한 지식이 도출될 수 있도록 어떻게 서로 연결되는지 설명하는 이론체계를 잡아야 한다. 이러한 문제, 그리고 그것에 부수된 것으로 세계가 마음에 어떻게 작용하며, 역으로 마음은 세계에 어떻게 작용하는지 하는 문제는 철학적 사유의 거의 유일한 관심사가 되었다.

우리는 세계를 있는 그대로는 알 수 없고, 오직 마음에 찍힌 인상만 알 수 있다는 이론, 또는 개인의 마음 너머에는 세계가 없다는 이론, 지식이라는 것은 마음 내부 상태 사이의 특정한 연합에 불과하다는 이론 등은 모두 이러한 관심의 산물이었다. 여기서 우리의 직접적인 관심은 그런 이론들이 옳은지 그른지가 아니라, 그런 절박한 해결책들이 널리 용인되었다는 사실이 바로 마음이 실재하는 현실의 세계보다 얼마나 상위에 놓여 있었는지를 증명한다는 점에 있다. 마음의 동의어로서 '의식'이라는 용어를 점점 더 빈번하게 사용하게 되고, 그것과 함께 의식 상태 및 의식 과정은 개인의 내면세계로서 자연이나 사회와 아무런 관계없이 존재하며, 그 내면세계는 다른 어떠한 것보다 더 참된, 더 직접적인 앎의 대상이라는 생각도 그와 같은 사실을 보여 주는 증거가 된다. 말하자면, 실용적 개인주의-즉, 사고와 행동에서 더 큰 자유를 찾으려는 투쟁-는 철학적 주관주의로 변형되어 나타났다.

재구성의 주체로서 개인의 마음

이러한 철학적 운동이 실제적 운동의 의의를 잘못 파악했다는 것은 의심의 여지가 없다. 사고와 행동에서 개인의 자유를 올바르게 표현한 것이 아니라 곡해한 것이다.[175] 인간은 실제로 자연으로부터, 또 인간 서로의 연결로부터 자유로워지려고 노력하는 어리석은 행동은 하지 않았다. 인간은 자연 '속에서', 또 사회 '속에서' 더 큰 자유를 얻으려고 노력했다. 인간은 사물과 동료 인간의 세계에 변화를 일으킬 힘을 증대시키고자 했으며, 활동의 범위 및 그 활동에 내포된 관찰과 관념의 자유를 증대시키고자 했다. 인간은 세계에서 고립이 아니라 세계와 더 친밀한 연계성을 원했다. 인간은 세계에 대한 신념을 전통을 통해 간접적으로 형성하는 것이 아니라 스스로 형성하기를 원했다. 인간은 서로에게 더 효과적으로 영향을 주고, 서로의 목표를 위해 각자의 행동을 결합할 수 있도록 동료들과 더욱 밀접하게 결합하기를 원했다.

세계에 대한 인간의 신념이란 어떤 것이었던가? 지금까지 인간의 신념에 관한 한, 지식으로 통용되던 것들은 단지 과거의 축적된 의견에 지나지 않았으며, 그 상당 부분은 불합리한 것이었고, 그중에서 올바른 부분이 있다 할지라도 이를 권위를 통해 수용했다면 제대로 이해하지 못했을 것 아닌가? 따라서 이제 인간은 스스로 관찰하고, 자기 자신의 이론을 형성하고, 몸소 그것을 검증하지 않으면 안 된다. 이 방법이야말로 독단을 진리인 양 주입하는 것, 즉 마음을 진리에 승복하는 형식적인 행위로 격하시키려는 절차에 대한 유일한 대안이 될 것이다. 귀납적 실험에 의한 인식 방법이 연역적 인식 방법을 대체했다는 의미가 여기에 있다. 어떤 의미에서 사람들은 직접적이고 실제적인 일을 처리할 때는 언제나 귀납적 방법을 사용해 왔다. 건축, 농업, 제조업 등은 자연 사물이 하는 활동에 대한 관찰에 기초해야 했고, 그런 일에 관한 관념 또한 어느 정도는 결과로 검증될 수밖에 없었다. 하지만 인간은 그런 일에서조차도 관습에 지나치게 의존했고, 그것을 이해하면서 따른 것이 아니라 맹목적으로 따랐다. 이 또한 어떤 의미에서는 관찰-실험 방법이라고 부를 수는 있지만, 그것은 순전히 일상생활의 '실제적인' 일에 국한되어 있었으며, 여기에는 실제와 이론적 지식(또는 진리) 사이의 뚜렷한 구분이 전제되어 있었다.[20장 참조] 자유도시의 부상, 여행, 탐험, 상업의 발달, 상품 생산과 기업 경영의 새로운 방법의 발달은 인간이 자신이 가진 것으로 문제를 해결하도록 하는 데 결정적인 계기를 마련했다. 갈릴레오, 데카르트, 그 후계자들과 같은 혁신적 과학자들은 자연에 관한 사실을 밝혀내는 데 그와 비슷한 방법을 사용했다. 과거에서 물려받은 신념을 체계화하여 '증명'하려는 관심 대신, 새로운 지식을 '발견'하려는 관심이 그 자리를 대체했다.

이러한 일련의 움직임을 철학적으로 올바르게 해석하자면, 지식 습득에, 또 아무리 대단한 권위에 의해 보장된 신념이라고 하더라도 그것을 몸소 검증하는 데는 개인의 권리와 책임이 무엇보다 중요하다는 것을 당연히 인정해야 한다. 그렇다고 해서 개인을 세계로부터 고립시키고, 그 결과 개인을 이론상으로 서로 고립시킬 필요는 없다. 이런 단절, 즉 계속성의 균열은 인간이 하고자 하는 일의 성공 가능성을 미리 차단하는 것에 지나지 않는다. 사실 모든 개인은 사회적 환경 속에서 자랐고, 또 앞으로도 그 속에서 자랄 수밖에 없다. 그의 반응이 지적인 것이 되고, 의미 있게 되는 것은 오직 그가 모든 사람에게 받아들여지는 의미와 가치를 매개로 그 분위기에서 살고 행동하기 때문이다.[p. 61 참조] 사회적 교섭을 통해 그리고 신념을 구현하는 활동에 참여함으로써 개인은 점차 자기 자신의 마음을 획득하게 된다.[176] 마음은 자아가 순전히 따로 혼자서 가지고 있다고 생각하는 것은 진리에 정면으로 반대된다. 자아는 자기 주위의 삶에 사물에 관한 지식이 구현되는 정도에 따라 마음을 '성취'하는 것이지, 자기 스스로 지식을 새롭게 구축하는 고립된 마음이 아니다.

그렇기는 해도, 지식과 사고 사이에는 전자가 객관적이고 '개인과 무관한' 반면에, 후자는 주관적이고 '개인과 유관하다'는 점에서 분명하게 구분된다. 어떤 의미에서는, 지식이란 우리가 당연한 것으로 받아들이는 것을 가리킨다. 지식이란 해결된 것, 처리된 것, 확증된 것, 그리고 통제되고 있는 것이다. 충분히 아는 것(지식)에 대해서는 더 생각할 필요가 없다. 흔히 쓰는 말로 표현하자면 지식은 '확실한' 것, '보장된' 것이다. 확실하다는 것은 단순히 확실하다는 '느낌'을 갖는다는 뜻이 아니다. 그것은 어떤 종류의 감정이 아니라 실천적 태도를 나타내는 것이다. 다시 말하면 머뭇거리거나 투덜대지 않고 행동하는 태세를 나타낸다. 물론 우리는 틀릴 수 있다. 지식, 즉 사실이나 진실이라고 생각한 것이 어느 때는 그렇지 않을 수도 있다. 하지만 의심의 여지가 없다고 생각한 것, 우리가 서로서로 또 자연과 상호작용하는 가운데 당연하다고 받아들이는 것은 모두 어느 특정한 시점에서 지식이라고 '불리는' 것들이다. 이와는 반대로 우리가 앞에서 본 것처럼 '사고'는 의심이나 불확실성에서 시작한다. 사고는 통달했거나 소유된 것을 가리키는 지식과 달리 탐구하고, 탐색하고, 추구하는 태도를 나타낸다. 사고의 비판적 과정을 통해 참된 지식이 수정되고 확장되며 그리고 사태에 관한 확신이 재구성되는 것이다.

분명히 지난 몇 세기는 신념이 수정되고 재구성되는 전형적인 시대였다. 신념을 수정하고 재구성한다고 하여 인간의 현실에 관한 모든 전승된 신념을 송두리째 던져 버리고, 자신만이 가지고 있는 사적인 감각과 관념에 입각해 완전히 새로 시작한 것은 아니다. 그들이 그렇게 하고 싶었다 하더라도 그렇게 할 수가 없다. 만약 참으로 그렇게 할 수 있었다면, 누구나 우둔해지는 결과밖에 초래되지 않을 것이다. 이 기간에 인간이 한 일은 그전에 지식으로 통용되던 것을 출발점으로 삼아 비판적으로 연구하고, 예외에 주목한 것이다. 그들은 새로운 기계장치를 써서 그전에 자신이 믿고 있었던 것과 어긋나는 자료들을 밝혀내고, 상상력을 동원하여 선조들이 신뢰하던 것과는 다른 새로운 세계를 만들어 냈다. 그 일은 조금씩 소규모로 이루어졌다. 그들은 한 번에 한 문제만 파고들었다. 그러나 그들이 한 모든 수정 작업의 결과는 그 이전의 세계 파악에 비하면 그야말로 혁명으로 나타났다. 이때 일어난 것은 지적 습관의 재구성이었고, 이전과 모든 관련을 끊는 것보다 훨씬 효율적이었다.

이상의 고찰은 지성의 재구성에서 개인 또는 자아의 역할이 무엇인지에 대한 하나의 정의를 암시한다. 그 역할은 지금까지 받아들여진 신념의 방향을 전환하고 재구성하는 것이다. 이른바 '새롭다'는 관념-즉, 현재 받아들여지고 있는 신념과는 다른 방식으로 사물을 파악하는 것-은 어떤 것이든지 개인에 그 기원을 둔다고 볼 수밖에 없다. 물론 새로운 관념은 언제나 싹트기 마련이지만, 관습에 지배되는 사회는 새로운 관념의 발전을 장려하지 않는다. 오히려 그러한 관념이 현재의 신념에서 일탈했다는 단순한 이유만으로 그것을 억압한다. 이러한 사회에서 남들과 다른 방식으로 사물을 보는 사람이 되면 요주의 인물로 취급된다. 그런 사람이 계속 자기의 생각을 굽히지 않으면, 치명적인 결과를 낳는 것이 보통이다. 신념에 대한 사회적 규제가 그다지 엄격하지 않은 경우에도, 사회적 조건이 새로운 관념을 적절하게 정교화하는 데 필요한 설비를 제공하지 않을 수 있고, 그러한 뜻을 마음속에 품고 있는 사람들에게 어떠한 물질적 지원이나 보상을 제공하지 않을 수도 있다. 그리하여 이런 사람들은 낭만적인 사상누각을 짓거나 목적 없는 사변에 머물게 된다.

개인주의와 사회 진보의 원동력

현대 과학혁명이 바탕을 두고 있는 자유로운 관찰과 상상력은 쉽게 얻어진 것이 아니다. 그것은 투쟁의 결과로 쟁취된 것이며, 지적 독립을 얻는 과정에 많은 사람이 고통을 겪어야 했다. 하지만 전체적으로 보면, 현대 유럽 사회는 관습의 명령에서 일탈하려는 개인의 반발을 처음에는 허용하다가, 그다음에는 적어도 몇몇 분야에서는 의도적으로 조장했다. 발견, 연구, 새로운 방향의 탐구와 발명이 드디어 사회적 풍조가 되었으며, 또는 적어도 용납 가능한 것으로 받아들여지게 되었다. 그러나 우리가 앞서 지적한 바와 같이, 철학적 지식이론은 개인 내부의 마음을 신념을 재구성하는 거점으로 파악하는 것을 만족스럽게 여기지 않았고, 개인의 마음을 각각 그 자체로서 완전한, 자연과 다른 인간의 마음에서 분리된 독립적 실체로 보았다. 그리하여 정당한 의미에서의 '지성적 개인주의'-이것은 이전의 신념을 수정하는 태도로서 진보에 필수 불가결한 요소가 된다-가 '도덕적·사회적 개인주의'로 명백히 체계화되기에 이르렀다. 마음의 활동이 관습적 신념을 출발점으로 그것에 변화를 일으키고, 결국 일반적인 확신을 얻기 위해 노력할 때는 개인적인 것과 사회적인 것 사이에 대립이 일어나지 않는다. 습관의 동화가 사회를 유지하는 힘인 것과 마찬가지로, 개인이 관찰력, 상상력, 판단력, 창의력에서 남과는 다른 지적 변이를 보이는 것이 바로 사회 진보의 원동력이 된다. 그러나 지식이 개인의 내부에서 발생하고 발전한다고 간주할 때, 한 사람의 정신생활을 동료들의 정신생활과 묶는 유대는 무시되고 부정된다.

개별화된 정신작용이 사회적 성격을 띤다는 것을 부정할 때, 개인과 그 동료 인간들을 결합시킬 연결고리를 어디서 찾을 것인지의 문제가 발생한다. 서로 다른 삶의 중심을 의식적으로 분리시키는 데서 '도덕적 개인주의'가 주창된다. 도덕적 개인주의는 각 개인의 의식이 전적으로 사적인 자기 자신을 드러내는 대륙이며, 다른 사람들의 관념, 소망, 목적은 내재적으로 독립되어 있다는 생각에 뿌리를 두고 있다. 그러나 사람들의 활동은 공동의 공적인 세계 속에서 이루어진다. 의식을 가진 마음이 따로따로 고립되고 독립되어 있다는 문제는 이것이다. 즉 다양한 감정, 관념, 욕망 등이 사람들 사이에 아무런 공통성을 나타내지 않는다면, 거기서 나오는 행동들이 어떻게 사회적 또는 공적 이익에 도움이 되는 방향으로 통제될 수 있는가? 만약 이기적인 의식이란 것이 있다면, 도대체 어떻게 다른 사람을 존중하는 행동이 일어날 수 있는가?

개별적 의식에 대한 도덕철학의 대응

이러한 전제에서 출발한 도덕철학은 이 문제를 다루는 네 가지 전형적인 방식을 계발해 냈다.

(1) 첫 번째 방식은 기존의 권위주의적 입장의 유산을 대표하는 것으로 사건의 진전에 따라 절대적으로 불가피한 범위 내에서 양보 또는 타협이 가미되기도 한다. 개인적인 이탈과 일탈은 여전히 의심의 대상이 되고 있다. 원칙적으로 이것은 외적 권위의 통제와는 무관하게 개인의 내부에 존재하는 혼란, 저항, 부패의 증거를 나타낸다. 원칙의 문제와는 별개로, 실제로는 특정 기술 영역-즉, 수학, 물리학, 천문학과 여기에 기초를 두고 있는 기술 발명-에서 '지성적 개인주의'가 용납된다. 그러나 이와 유사한 방법이 도덕, 사회, 법률, 정치 문제에 적용될 수 있다고 보지는 않는다. 이 문제들에서 통설은 여전히 최고의 권위를 지니고 있다. 계시나 직관으로 알게 된 어떤 영원한 진리, 또는 조상들의 지혜는 개인의 관찰이나 사변으로는 도저히 뛰어넘을 수 없는 한계를 설정한다. 사회를 괴롭히는 악은 이런 울타리를 넘어서려는 개인들의 그릇된 노력 때문에 생기는 것이라 보인다. 자연과학과 규범과학 사이에는 생명과학이라는 중간 영역이 존재하는데, 겨우 이 영역에서만 기정사실로 확립된 압력으로 어쩔 수 없이 탐구의 자유가 허용될 뿐이다. 과거의 역사를 보면 탐구 과정을 통해 생겨난 책임감을 신뢰함으로써 인간 복지의 가능성이 더 넓어지고 더 확실해진다는 것을 알 수 있지만, '권위' 이론은 별도로 신성한 진리 영역을 설정해 두고 그것에서 이탈하는 신념이 생겨나는 것을 차단하려고 한다.

이것이 교육에 적용할 때, 영원한 진리 그 자체는 아니라고 하더라도 서적이나 교사의 권위가 중시되며, 개체적 변이는 바람직하지 못한 것으로 억제된다.

(2) 두 번째 방식은 때때로 합리주의 또는 '추상적 지성주의'라고 불리는 것이다. 전통과 역사, 그리고 모든 구체적인 내용에 대해 그것과 구분되는 형식적인 논리적 능력이 설정된다. 이런 이성의 능력에는 행위에 직접 영향을 미치는 힘이 부여되어 있다. 그것은 순전히 일반적이고 비개인적인 형식으로 되어 있기 때문에, 비록 사람들은 서로 다르다 하더라도 각자의 논리적 소견에 맞게 행동한다면, 그 활동은 외부적으로 일관성을 보인다는 것이다. 이 철학의 유용함은 의심의 여지가 없다. 그것은 오직 전통과 계급적 이익만을 대변하는 학설을 해체적으로 비판하는 강력한 요소가 되었다. 이로 인해 사람들은 토론의 자유에 익숙해졌고, 신념은 합당성이라는 준거에 따라야 함을 깨우치게 되었다. 그것은 편견, 미신 그리고 완력을 무너뜨리고, 사람들에게 논쟁과 토론과 설득에 의존하는 습관이 생기게 했다. 그것은 생각을 명료하고 질서정연하게 설명하는 데 도움을 주었다. 하지만 그 영향력이 과거의 그릇된 생각을 파괴하는 데는 크게 영향을 미쳤을지언정 사람들 사이에 새로운 유대와 결합을 구축하는 데는 크게 작용하지 못했다. 이성을 논의의 내용과는 유리된 그 자체로서 완전한 것으로 파악함으로써 그것은 형식적이고 공허한 성격을 면하지 못했다. 또한 역사적 제도에 대한 적대적 태도, 그리고 삶에 작동하는 요인으로 습관, 본능, 정동의 영향을 과소평가한 점 등으로 말미암아 그 철학은 구체적인 목적과 방법을 제안하는 데 무기력할 수밖에 없었다. 그것이 현존하는 내용을 정리하고 비판하는 데 아무리 중요하더라도, 단순한 논리만으로는 그 자체로부터 새로운 주제를 창출해 내지는 못한다. 이 철학이 교육에 적용될 때, 학생들의 관념이 서로 진정한 조화를 이루도록 노력하는 것이 아니라, 일반적인 기성의 규칙이나 원칙에 의하여 피상적 합의를 신뢰하는 것으로 나타난다.

(3) 셋째, 합리주의 철학이 프랑스에서 발전하는 동안, 영국의 사상은 개인의 고립된 의식의 흐름에서 나오는 행동 사이의 외적 통일을 보장하는 방법으로서 개인의 자기 이익에 호소하는 방안을 생각해 냈다. 법적 규정, 특히 형법상의 절차와 행정적 규정은 개인의 사적 마음을 고려하여 진행되는 행위가 다른 사람의 감정을 침해하는 일이 없도록 하는 방향으로 이루어졌다. 교육이 해야 할 일은 다른 사람에 대한 불간섭과 그들의 복지에 대한 어느 정도의 적극적인 관심이 개인의 행복을 안전하게 추구하는 데 필요하다는 의식을 마음속에 심어주는 것이라고 생각되었다. 그런데 여기서는 한 사람의 행위와 다른 사람의 행위 조화가 주로 거래의 원리에 의해 이루어졌다. 상거래에서는 각자가 자신의 필요를 충족시키는 것을 목표로 하지만, 자신의 이득을 취하기 위해서는 반드시 다른 사람에게 물자나 용역을 제공해야 한다. 이처럼 개인적으로 유쾌한 의식 상태의 증가를 목표로 하는 것이 다른 사람들의 의식에 기여한다. 다시 말하지만, 이 견해가 의식적 삶의 가치에 대한 더 높은 수준의 지각을 표현하고 증진했다는 점, 또 여러 제도적 장치는 궁극적으로 의식적 경험의 강도와 범위를 강화하고 확대하는 데 기여한 정도에 따라 그 가치가 판단되어야 한다는 인식을 명백히 했다는 점은 의심의 여지가 없다. 그것은 또한 유한계급의 지배에 토대한 사회에서 천시를 받던 노동, 산업, 기계업을 구출하는 데 큰 역할을 했다. 두 가지 면에서 이 철학은 더욱 광범위하고 민주적인 사회적 관심사를 증진시켰다. 이 철학은 근본적인 전제가 협소하다는 점에서 결함이 있다. 그 근본 전제라는 것은 곧, 개인은 누구나 자신의 쾌락과 고통만을 고려하여 행동한다는 것, 그리고 소위 선의라든가 동정적인 행위라는 것은 자신의 안락함을 확보하고 보장하는 간접적인 방법에 지나지 않는다는 것이다. 다시 말해, 이 철학은 공동의 관심을 올바른 방향으로 이끌고 조정해 나가는 요소로서가 아니라, 개인의 정신적 삶을 자폐적인 것으로 만들어 버리는 이론에 필연적으로 내재되어 있는 결과를 명백히 보여 준 셈이다. 그것은 사람들 사이의 결합을 외적인 손

익계산 문제로 만들어 버렸다. 그것은 칼라일Carlyle이 경멸조로 말한 것처럼, 경찰관 한 명이 딸린 무정부 상태를 주장하는 이론이며, 사람들 사이에 '현금거래 관계'만을 인정한다는 평을 받아 마땅하다. 이 이론이 교육에 적용했을 때, 쾌락을 주는 상과 고통을 주는 벌을 사용하게 될 것은 명약관화하다.

(4) 네 번째 방식의 전형적인 독일 철학은 또 다른 경로를 따랐다. 이 철학은 원래 데카르트와 그를 따랐던 프랑스 후계자들의 합리주의 철학과 본질적으로 동일한 것에서 출발했다. 그러나 전체적으로 볼 때, 프랑스 사상이 개인 내부의 신적인 마음에 나타난 종교적 관념과 대립적 지위에서 이성이라는 관념을 발전시켰음에 반해, 독일 사상-헤겔에서와 같이-은 이 둘을 종합했다. 독일 사상에 의하면, 이성은 절대자이고, 자연은 육화된 이성이며, 역사는 이성이 인간 안에서 점진적으로 발현하는 과정으로 간주된다. 개인은 자연 및 사회제도에 구현된 합리성의 내용을 그 마음속에 흡수함으로써 비로소 이성적 존재가 된다. 절대적 이성은 합리주의에서 말하는 이성처럼 순전히 형식적이고 공허한 것이 아니다. 여기에서의 이성은 절대적이므로 그 자체 속에 모든 내용을 담고 있다. 따라서 참으로 중요한 문제는 필요한 정도로 사회질서와 조화가 이루어질 수 있도록 개인의 자유를 통제하는 것이 아니라, 객관적 이성으로 국가조직에서 나타난 보편적 법칙에 맞도록 개인의 신념을 발달시킴으로써 개인의 자유를 성취하는 데 있다. 이 철학은 보통 절대적 관념론 또는 객관적 관념론이라고 불리지만, 적어도 교육목적을 위해서는 제도적 이상주의라고 부르는 것이 더 적절할 것이다.pp. 100-101 참조 이 철학은 역사적 제도를 내재적 절대정신의 구현이라고 이상화했다. 19세기 초에 프랑스와 영국에서 고립된 개인주의로 빠진 철학을 구해 내는 데 이 사상이 강력한 영향을 행사했다는 것은 의심할 여지가 없다. 그것은 또한 국가조직이 공적 관심사로 구성하고 운영하도록 하는 역할을 했다. 그것은 우연이라든지, 순전히 개별적인 논리적 확신이라든지 사적인 이해관계의 작용

에 의존하는 일이 없도록 했다. 이 철학은 일을 처리하는 데 지성이 작용하도록 했고, 조합국가[177]의 이익을 위해 국가적으로 조직된 교육이 필요하다는 것을 강조했다. 그것은 자연 및 역사 현상의 모든 기술적 세부 사항에 이르기까지 탐구의 자유를 보장하고 진작시켰다. 그러나 모든 궁극적인 도덕적 문제에서는 예외 없이 권위의 원리를 회복시키는 경향이 있었다. 그것은 앞에서 말한 어떤 유형의 철학보다 더 조직의 효율성을 중요시하지만, 이 조직의 자유로운 실험적 수정에 관해서는 아무런 조항이 없었다. 사회의 기본적 규약을 수정하는 과정에 개인의 욕망과 의도가 참여할 수 있다고 믿는 '정치적 민주주의'와는 아무런 관련이 없는 것이었다.

교육적 함의와 적용

이러한 다양한 유형의 철학에서 발견되는 다양한 결함이 교육에 어떻게 나타나는지를 일일이 고찰할 필요는 없을 것이다. 다만 일반적으로 말하면, 개별화 학습 방법과 사회적 행위 사이의 대립,[178] 그리고 자유와 사회통제 사이에 대립[179]이 있는 것으로 생각될 경우, 그 대립을 가장 극명하게 보여 주는 제도가 학교이다. 이 대립이 학교에서 나타나는 방식을 보면, 사회적 분위기가 조성되어 있지 않고, 학습 동기가 결핍된 것, 그 결과로 수업의 방법과 학교 운영의 방법에 괴리가 생기는 것, 학생 개개인의 특성 차이에 대한 배려가 거의 없는 것으로 나타난다. 학습이 상호교섭을 포함하는 능동적인 작업의 단계일 때, 사회적 통제는 바로 학습의 과정에 들어오게 된다. 하지만 사회적 요소가 결여되었을 경우, 학습이란 제시된 학습 자료를 순전히 개인적인 의식 속으로 건네주는 과정에 지나지 않게 된다. 또한 지적·정서적 성향에 더욱 사회화된 방향으로 이끌어야 하는 본질적인 이유가 사라져 버린다.

학교 안의 '자유'를 지지하는 사람이나 반대하는 사람이나 모두, 자유를 사회적 방향이 없는 것, 또 때로는 단순히 신체적 움직임의 제약을 받지 않는 것으로 규정하는 경향이 있다. 그러나 자유를 요구하는 근본 취지는 개인이 '공동체의 이익'을 위해 그 나름의 특별한 공헌을 할 수 있도록 하거나 단순히 권위적 지시에 따르는 것이 아니다. 그보다는 자신의 정신적 태도에서 우러나오는 방식으로 그 활동에 참여할 수 있도록 사회적 지침이 조건을 마련해 주어야 한다는 데 있다. 종종 훈육과 통치라고 불리는 것은 행동의 외적인 측면하고만 관련이 있기 때문에 그 반동으로 자유 역시 행위의 외적 의미만을 가진 것으로 생각되었다. 하지만 훈육이나 자유라는 것이 행위에 드러나는 마음의 성질을 의미한다고 생각하면, 양자 사이의 대립은 사라질 것이다. '자유'는 본질적으로 학습에서 사고—이것은 반드시 개인이 하는 것이다—가 차지하는 역할을 의미한다. 자유는 지적 주도성, 관찰의 독립성, 명민한 창조력, 결과를 예견하는 힘, 그리고 이것들에 대한 적응의 독창성을 뜻한다.

개체성의 이중적 의미

이런 특징들은 어디까지나 행동의 정신적 국면을 가리키는 것이기 때문에 '개체성'의 발휘, 즉 자유는 신체적 동작을 자유롭게 할 수 있는 기회와 분리될 수 없다. 몸을 가만히 놓아두라고 강요하는 것은 문제를 인식하고 그 문제를 규정하는 데 필요한 관찰을 하거나, 가설적으로 제시된 아이디어를 검증하는 실험을 하는 데 적합하지 않을 수 있다. 이때까지 교육에서 '자주적 활동'이 중요하다는 말을 많이 거론했지만, 그것을 순전히 내적인 것—감각기관과 운동기관을 자유롭게 활용하는 것을 배제하는 것—으로 한정하는 경우가 너무나 많았다. 상징을 통해 학습할 단계에 있는 사람들, 또는 세밀히 계획된 활동을 하기 위한 준비 단계로서 문제나 관념에 들어 있는 함의를 정교화하는 일을 하는 사람들에게는 겉으로 드러나는 행동이 거의 필요하지 않을 수도 있다. 그런데 자주적 활동의 범위 전체를 염두에 둔다면, 거기에는 반드시 조사와 실험을 실제로 해 보거나 아이디어를 실제 사물에 비추어 시행해 보거나, 재료와 설비를 어떻게 다루어야 하는지 알아낼 기회가 주어져야 한다. 게다가 이런 일을 할 때는 신체 활동에 심한 제약이 있어서는 안 된다. 개별적 활동은 때때로 학생이 혼자 또는 혼자 공부하도록 내버려 두는 의미로 받아들여졌다. 다른 사람이 하는 일에 일일이 주의를 기울일 필요가 없이 거기서 잠깐 벗어나는 것은 참으로 마음의 평온과 집중력을 확보하는 데 필요하다. 어린이도 어른처럼 적당한 시간 동안 혼자 있을 필요가 있다. 하지만 그처럼 혼자 공부하는 시간과 장소, 분량은 원칙의 문제가 아니라 세칙의 문제이다. 다른 사람과 함께 공부하는 것과 혼자 공부하는 것은 본질적으로 대립 관계가 아니다. 오히려 그 반대로, 개인의 어떤 '능력'은 다른 사람과 함께 더불어 작업하는 자극이 있어야 발휘되는 경우가 있다. 아이가 자유롭고 그의 개성을 발달시키기 위해서는 집단활동에 참여하지 않고 혼자 공부해야 한다는 생각은 개체성을 공간적 거리로만 측정하며 그것을 순전히 물리적인 것으로만 파악하는 사고방식에서 나온다.[180]

교육에서 존중받아야 할 요소로서 '개체성'에는 이중적 의미가 있다. (1) 첫째로, 어떤 사람을 정신적으로 한 개인이라고 볼 수 있는 것은 오직 그 사람이 자신의 목적과 문제의식이 있고, 자신의 독자적 사고를 할 수 있을 때이다. '스스로 생각하라'는 문구는 군더더기 표현이다. 혼자서 생각하는 것이 아니라면, 그것은 이미 사고가 아니다. 학생 스스로 관찰하고, 반성하고, 가설을 구상하고 검증해야만, 그는 이미 알고 있는 내용을 넓혀 보충하고 수정할 수 있다. 사고는 음식물의 소화와 마찬가지로 개인 영역의 일이다. (2) 두 번째로, 관점이나 관심의 대상, 접근 방식 등은 사람에 따라 차이가 있다. 이른바 이러한 차이를 일체성이라는 명목으로 억압하거나 공부와 암송의 방법을 하나의 틀 속에 가두려 하면, 지적 혼란과 가식이 필연적으로 따라온다. 독창성은 점차 파괴되고, 자신의 정신활동에 대한 신뢰가 무너지고, 타인의 의견에 무조건 복종하는 태도가 길러지거나, 그렇지 않으면 황당무계한 생각을 멋대로 하게 된다. 여기서 생기는 폐단은 관습적인 신념이 사회 전체를 지배하던 때보다 학교의 학습 방법과 학교 밖의 학습 방법 사이의 대조가 뚜렷한 오늘날에 더 크게 나타난다. 연구주제에 자신의 특이한 반응을 활용할 수 있도록 사람들의 독창성이 허용되고 장려되었을 때, 과학적 발견이 체계적으로 진보를 이루어지기 시작했음은 아무도 부정할 수 없을 것이다. 여기에 대해서 학교에 다니는 학생들은 그러한 독창성을 조금도 발휘할 수 없으므로 그들보다 더 많은 지식을 갖춘 사람들이 이미 밝혀낸 사실을 그대로 흡수하고 재현하기만 하면 된다고 이의를 제기한다면, 두 가지 측면에서 반론을 제기할 수 있다.

첫째, 우리가 여기서 관심을 두고 있는 태도의 독창성은 각 개인이 개체성에 따른 자발적인 반응이지, 결과에 의해 측정되는 반응이 아니다. 아이들이 자연과학과 인간과학에 이미 구현된 것과 똑같은 사실과 원리를 독창적으로 발견하기를 기대하지 않는다. 그러나 학습자의 관점에서 진정한 발견이 일어날 수 있는 상황 아래 학습이 진행되어야 한다는 것은 그다지 터무니없는 기대가 아닐 것이다. 미숙한 학생이 높은 수준의 학생들이 하는 것과 똑같은 발견은 할 수 없겠지만, 진정한 학습이 있는 곳에서는 언제나 학생들 나름의 발견을 할 수 있는 것이다. 둘째, 나이 어린 학생이라 할지라도 일반적인 교과 내용을 배우는 학습 과정에서 남들이 생각지도 못한 방향으로 반응을 보이는 경우가 있다. 그들이 주제에 접근하는 방식이나 사물에서 자극을 얻는 특수한 방식에는 가장 경험이 많은 교사들조차도 전혀 예상하지 못하는 신선한 무언가가 있다. 그런데 이러한 것들이 언제나 부적절한 것으로 일축되어 버리는 경우가 허다하다. 즉, 학생들은 의도적으로 학습 자료를 어른이 보는 방식 그대로 연습한다. 그 결과는 개체성이 원래 지닌 독창성, 즉 타인과 구별하는 특징이 활용되지도 못하고 올바른 방향으로 지도되지도 못한다는 것이다. 이 경우에 가르치는 일은 교사에게 그 어떤 교육적 의미도 가지지 못한다. 기껏해야 교사는 현재 아는 교수법을 활용하는 방법을 배우는 것일 뿐, 새로운 관점을 얻게 되는 것도 아니고, 어떠한 지성적 동료의식을 경험하는 것도 아니다. 그리하여 가르치는 일과 배우는 일 모두 관습적이고 기계적인 일로 전락해 거기에 관여하는 양쪽 사람들에게 다 같이 정신적 긴장만 안겨줄 뿐이다.

학생이 좀 더 성숙해지고 새로운 주제에 관련되는 배경적 지식을 더욱 갖춰 감에 따라 아무렇게나 임의적으로 해 보는 식의 물리적 실험은 차츰 그 범위가 줄어든다. 활동은 좀 더 명확히 규정되고 특정한 경로로 세분화된다. 이제 학생의 에너지는 오직 신경조직, 눈과 발성기관의 연결 장치에 국한되어 있으며, 그렇기 때문에 다른 사람들의 눈에는 그가 신체적으로 완전히 정지된 상태에 있는 것으로 보일지 모른다. 그러나 이러한 태도는 훈련받은 사람의 강렬한 정신적 집중의 증거이기 때문에, 여전히 지적 탐색 단계에 있는 학생들에게 그것을 본보기로 설정해 줄 수는 없다. 심지어 어른도 그와 같은 집중 상태가 정신 에너지의 흐름 전체를 지배하는 것은 아니다. 그러한 상태는 일반적이고 유기적 활동을 하는 전기 단계와 파악된 것을 실제로 이용하는 후기 단계 사이의 중간 단계이다. 해당 분야에 관한 지식이 증가함에 따라 중간 단계가 길어질 수는 있으나, 반드시 전기와 후기 사이에 중간 단계를 건너뛸 수는 없다.

그렇지만 교육을 할 때 지식을 습득하는 과정에는 몸과 마음의 결합이 함께 작용한다는 사실을 염두에 둔다면, 외적인 자유(신체 활동의 자유 등)의 필요성을 굳이 주장할 필요는 없을 것이다. 가르치고 배우는 데 필요한 자유는 곧 우리가 이미 알고 믿는 내용을 확대하고 정련시키는 사유와 동일시하는 것만으로 충분하다. 효과적인 사유를 하는 데 적합한 상황이 갖추어야 할 조건의 문제에 주의를 기울인다면, 자유의 문제는 저절로 해결된 셈이다. 실제로 질문을 가지고 있는 사람은 호기심을 불러일으키고 이에 대처하는 데 도움이 될 정보에 대한 열망을 충족시키며, 이러한 관심을 효과적으로 발휘할 수 있는 장비를 마음대로 구사할 수 있는 사람은 지적으로 자유로운 사람이다. 그의 진취적이고 상상력이 풍부한 비전이 무엇이든, 그의 충동과 습관을 통제하고, 그 자신의 목적이 그의 행동을 이끌어야 한다. 그렇지 않으면 그의 외견상 주의력, 순종, 암기하고 재현하는 능력은 모두 지적 노예근성에 지나지 않을 것이다. 그러한 지적 노예 상태는 대중을 사회의 틀 속에 맞추어 넣어 많은 사람이 각자 자신의 목표나 생각을 지니지 못한 채, 권위의 자리에 앉은 소수의 명령을 따르는 사회로 만드는 데에나 필요한 조건이다. 그것은 민주주의를 지향하는 사회에는 적합하지 않다.

요약

진정한 개인주의는 관습과 전통의 권위가 신념의 표준으로 강하게 군림하는 그런 상태에서 벗어날 때 가능하다. 그리스 사상의 절정기와 같은 몇몇 예외적인 경우가 있었지만, 역사적으로 볼 때 개인주의는 비교적 현대적인 표현이다. 개인의 다양성이 역사적으로 언제나 존재했던 것은 사실이지만, 보수적 관습이 지배하는 사회는 그것을 억압하거나 최소한 그것을 활용하지 않거나 장려하지는 않았다. 그러나 여러 가지 이유로 이 새로운 개인주의는 철학적으로 이전에 수용된 신념을 수정하고 변혁하기 위한 능동적 주체의 발전을 의미하는 것이 아니라, 각 개인의 마음이 다른 모든 것과 분리되어 그 자체로서 완전하다는 주장으로 해석되었다. 철학의 이론적 면에서 볼 때, 이것은 인식론적 문제, 즉 개인과 세계와의 인식론적 관계가 어떻게 가능한가 하는 문제를 낳았다. 철학의 실제 측면에서 보면, 그것은 개인적인 의식이 어떻게 사회 일반의 이익에 합치되는 방향으로 작용할 수 있는가 하는 문제—사회적 방향의 문제—를 불러일으켰다. 이러한 문제를 다루기 위해 고안된 철학이 교육에 직접 영향을 미치지는 않았지만, 그 밑바탕에 깔린 가정은 흔히 학문/교과와 정치/통치, 개인의 자유와 타인에 의한 통제를 서로 분리하는 방향으로 사람들의 생각을 이끌었다. 자유와 관련하여 염두에 두어야 할 중요한 점은 자유는 외적 동작에 제약을 가하지 않는 것이라기보다는 정신적 태도를 가리킨다는 것, 그렇지만 또 한편으로 이 정신적 태도는 탐색, 실험, 적용 등이 이루어지는 신체적 동작에 상당한 정도의 융통성 없이는 발달할 수 없다. 관습에 기초를 둔 사회는 관례에서 벗어나지 않는 한도 안에서만 개인의 특이성을 이용하려고 한다. 여기에서의 통일성은 계급별로 그 내부의 중요한 이상이다. 이를 넘어서고자 하는 진보적 사회는 개인의 다양성을 성장의 수단으로 여기기 때문에 그것을 소중하게 여긴다. 따라서 민주적 사회는 그 이상에 따라 지적 자유와 다양한 재능, 그리고 관심의 발현을 고려하여 교육적 방안을 강구해야 한다.

23장

자율성과 작업 그리고 교육의 직업적 측면

직업의 의미

현재 철학 이론들 사이의 갈등은 궁극적으로 교육에서 직업적 요소가 차지하는 올바른 위치와 기능에 대한 논의에 초점을 맞추고 있다. 근본적인 철학적 개념의 중요한 차이가 이 문제와 관련하여 나타난다는 이 대담한 발언을 들으면 쉽게 믿어지지 않는다. 현실과 동떨어진 철학적 관념을 체계화한 추상적이고 일반적 용어와 실용적이고 구체적인 세부 사항을 논한 직업교육[181] 사이에는 너무 큰 간극이 있을 듯하다. 나아가 교육에서 노동과 여가, 이론과 실제, 몸과 마음, 정신의 상태와 세계의 사태 간 대립에 깔린 지적 가정에 관한 정신사적 검토를 해 보면, 이 모든 대립은 결국 직업교육과 교양교육의 대립에서 절정에 이른다는 것을 알게 될 것이다.[182] 전통적으로 자유교양은 여가, 순전히 관조적 지식, 그리고 신체 기관을 적극적으로 사용하지 않는 정신 활동의 개념과 관련되어 있다. 교양 또는 문화는 최근에 이르러서 사회적 방향 및 봉사와 유리된 순전히 사적인 취미, 특정한 의식의 상태나 태도를 함양하는 것과 관련된 것으로 생각하는 경향이 있다. 여기서 교양은 전자(사회적 방향)로부터의 탈출구였고, 후자(사회적 봉사)의 필요성에 대한 위안이 되었다.

이러한 철학적 이원론은 직업교육이라는 주제 전체와 너무 깊이 얽혀 있기 때문에 직업을 단순한 돈벌이만으로 여기지 않더라도, 이를 협소한 실용적 의미로 사용하는 인상을 불식하기 위해 직업교육의 의미를 어느 정도 분명하게 정의할 필요가 있다. '직업'이란 우리가 성취한 결과로 우리 자신에게 명백한 의미를 주고, 또 주위의 다른 사람에게도 유익한 것이 된다. 직업이라는 것은 바로 삶의 활동을 그러한 방향으로 이끌어 가는 것을 가리킨다. 직업생활에 반대되는 것은 여가도 아니고 교양도 아니며, 오직 개인의 편에서 보면 목적이 없고 방종하며 누적된 성과가 없는 경험이며, 사회의 편에서 보면 쓸데없는 허세이거나 다른 사람에 대한 기생적 의존이나 다름없어 보이는 것이다. 어떤 일에 '종사한다는 것'은 그 일을 비교적 오랫동안 계속한다는 뜻을 나타내는 구체적인 용어이다. 여기에는 전문적 분야나 기업에 종사하는 것은 말할 것도 없고, 기계적 노동이나 돈벌이가 되는 일을 하는 것뿐만 아니라 모든 기예, 특수한 과학적 능력, 효능적인 시민성을 발달시키는 일에 이르기까지 모든 활동에 적용되는 용어이다.[183]

우리는 직업의 개념을 당장 눈에 보이는 재화를 생산하는 일자리로 제한할 뿐만 아니라, 직업이 각 사람에게 하나씩만 배타적으로 분배된다는 개념도 피해야 한다. 그러한 제한된 전문주의는 있을 수 없다. 개인들이 장차 오직 한 가지 방향의 활동만 할 것이라는 생각하고 교육하는 것만큼 불합리한 것은 없다. 각 개인은 필연적으로 다양한 소명, 즉 해야 할 일이 있으며, 그 하나하나에 다 같이 지적인 효율성을 발휘해야 한다. 그리고 어떤 일이든지 다른 관심들과 유리되어 있으면 그것은 의미를 잃어버리고 판에 박힌 일에 그냥 바쁘기만 한 상태가 될 뿐이다.[184]

(1) 그 누구도 그냥 예술가이기만 하고 그 밖에는 아무것도 아닌 사람은 없다. 누군가가 이런 상태에 비슷하게나마 접근한다면, 그 사람은 인간으로 덜 발달한 사람이며, 일종의 괴물과 같은 존재일 것이다. 그는 예술가일 뿐만 아니라, 적어도 인생의 어느 시간 동안은 가족의 일원이며, 친구와 동료 사이에서 살며, 스스로를 부양하거나 다른 사람의 지원을 받아야 한다. 이런 점에서 보면 사업에도 종사하는 셈이 된다. 어쩌면 그는 어떤 조직화된 정치단체나 그 밖의 다른 기관의 일원일 수도 있다. 우리가 그 사람의 직업을 말할 때는 자연스럽게 그가 다른 사람과 공통으로 하고 있는 일보다는 그를 다른 사람들과 구별해 주는 소명을 가리켜 말하게 된다. 특히 교육의 직업적 측면을 논의할 때는 사람의 직업을 가리킬 때 쓰는 용어에 구애되어서 그가 하는 여러 가지 다른 소명들을 무시하거나 아예 그런 것이 없다고 생각해서는 안 된다.

(2) 예컨대 어떤 사람의 직업이 예술가라고 말하는 것은 그 사람이 하는 여러 가지 다양한 직업 활동 중 두드러진 전문적 측면을 가리키는 것

에 불과하다. 이와 마찬가지로 그가 예술가라는 직업에서 얼마나 효율성-인간적 의미에서 효율성-을 발휘하는지는 그것과 다른 소명들과의 관련성으로 결정된다. 그 사람의 예술이 단순한 기술적인 업적 이상이 되려고 하면, 그는 경험을 해야 한다. 여기서 경험을 해야 한다는 것은 곧 삶을 '살아야' 한다는 것과 같은 뜻이다. 그는 자신의 예술적 활동의 소재나 내용을 그 예술 안에서 찾을 수는 없다. 그의 예술은 그가 맺고 있는 다른 관계 속에서 그가 받는 고통과 기쁨의 표현이어야 하며, 이것은 다시 그의 여러 가지 관심이 얼마나 기민하고, 얼마나 동정심을 드러내고 있느냐에 달려 있다. 예술가의 경우뿐만 아니라 그 밖의 특별한 소명의 경우에도 마찬가지다. 물론 뚜렷한 직업은 어떤 것이든지 그 특별한 분야가 너무 강하게 두드러지고, 그것에만 사람들의 마음을 사로잡는 경향이 있다. 이것이 '습관의 원리'라는 것이다. 그러므로 교육이 해야 할 일은 이런 경향을 조장하는 것이 아니라 그것을 방지하는 것이며, 그렇게 함으로써 과학적 탐구자는 단순한 과학자가 아니고, 교사는 단순한 가르치는 사람이 아니며, 성직자는 단순히 성직자의 복장을 하는 사람이 아니게 하는 것이다.

교육에서 직업적 목적의 위치

직업은 매우 다양하며 그 내용이 서로 관련되어 있다는 것, 어떤 특정한 소명이 두드러지게 드러나는 이면에는 넓은 배경이 깔려 있는 것을 염두에 두고, 개인의 독특한 활동을 할 수 있도록 하려면 교육이 어떤 일을 해야 하는지를 고찰해 보자.

(1) 직업은 개인의 독특한 능력을 그의 사회적 봉사에 조화시킬 수 있는 유일한 고리이다. 자신에게 적합한 일을 찾아내고, 그 일을 할 기회를 얻는 것은 행복의 열쇠이다. 자신이 인생에서 진정으로 무슨 일을 해

야 하는지를 찾지 못하거나, 주위의 상황에 떠밀리거나 강요당하거나 하여 자신의 적성에 맞지 않은 직업에 종사해 왔음을 뒤늦게 깨닫는 것보다 더 비극적인 일은 없다. 올바른 직업이란 개인의 적성이 적절히 발휘되어 최소한의 마찰과 최대의 만족을 느끼며 일하는 것을 가리킨다. 공동체의 다른 구성원과 관련하여 이런 행동의 적절성은 당연히 사람이 제공할 수 있는 최상의 서비스를 받고 있다는 것을 뜻한다. 대체로 알고 있는 바와 같이, 예컨대 노예의 노동은 순전히 경제적인 관점에서 보더라도, 결국 낭비가 많다. 즉, 노예의 노동에는 노예의 에너지를 끌어내는 충분한 자극이 없으며, 그로 인해 낭비가 뒤따른다. 더욱이 노예는 사전에 규정된 직분만 하게 되어 있으므로 노예가 가지고 있는 재능의 많은 부분이 공동체에 활용되지 못한 채 사장되며, 막대한 손실이 생긴다. 노예의 경우에는 이 점이 두드러지게 나타나는데, 이러한 현상은 개인이 그의 일에서 자기 자신을 찾지 못할 때는 어디서나 어느 정도로는 반드시 일어나게 되어 있다. 자기가 종사하는 직업이 멸시되고, 교양은 본질적으로 모든 사람에게 동일하다는 관습적 관념이 유지되는 상황에서는 일 속에서 자기 자신을 완전히 찾는다는 것은 불가능하다. 플라톤은 교육의 할 일이 각자가 가장 잘할 수 있는 일이 무엇인가를 알아내어 그 분야의 탁월성에 도달하도록 훈련시키는 일이라고 주장했다.^{p. 134 참조} 개인의 이러한 발달은 사회의 필요를 충족시키는 일과 가장 원만한 조화를 이룰 수 있다는 것이다. 플라톤의 이 주장은 교육철학의 근본 원리를 제시하고 있다. 그의 오류는 그 원리의 내용에 있는 것이 아니라, 사회적으로 필요한 직업의 범위를 너무 좁게 생각했다는 데 있다. 이와 같이 그의 시야가 제한되어 있었기 때문에 플라톤은 여러 개인이 가지고 있는 능력의 무한한 다양성을 바라보는 눈이 흐려져 있었다.

(2) 직업은 목적이 있는 연속적인 활동이다. 결과적으로 직업을 '통한' 교육은 다른 어떤 방법보다도 학습의 동기에 도움이 되는 요소들을 그 내부에 더 많이 포함하고 있다. 그런 교육은 본능과 습관을 활동하게 만

들고, 수동적으로 받아들이기만 하는 학습을 용납하지 않는다. 교육에는 가시적 목적이 있고, 그 결과는 성취되어야 한다. 그러므로 생각을 자극하여 활동이 틀에 박힌 것이 되거나 변덕에 좌우되는 일이 없도록 목적의 이념을 꾸준히 유지할 것을 요구한다. 활동의 진행은 점진적으로 한 단계에서 다른 단계로 앞으로 나아가야 하므로 각 단계에서 장애를 극복하고 실행의 수단을 발견하거나 재조정하는 데 관찰력과 독창성이 필요하다. 요컨대 직업은 단순히 외적인 성과에 목적을 두는 것이 아니라 활동을 실현하는 데 목적을 두는 조건에서 이루어진다면, 교육의 목적, 흥미, 사유를 논의하는 과정에서 제시한 여러 가지 조건을 충족시킬 수 있다.8장, 10장, 12장 참조 직업은 또한 필연적으로 정보와 아이디어, 즉 지식과 지적 성장을 조직하는 원리이기도 하다. 즉, 그것은 엄청나게 다양한 세부 사항을 관통하는 축이 되어서 서로 다른 경험, 사실, 정보들이 서로 질서 정연하게 배열한다. 변호사, 의사, 화학의 특정 분야에 대한 실험 연구를 하는 사람, 학부모, 자기 지역에 관심이 있는 시민들은 각자 자신의 관심사와 관련이 있는 일이라면 무엇이든 주목하고 관련짓도록 끊임없이 작용하는 자극을 받는다. 그는 자신의 일을 수행하겠다는 동기에서 무의식적으로 모든 관련 정보를 획득하려고 노력하며 그것을 기억해 둔다. 작업 행위는 그것을 끌어당기는 자석으로, 또 그것을 붙잡는 접착제 역할을 한다. 그러한 지식의 조직화는 욕구와 직결되어 있으므로 생생하게 살아 있다. 즉, 그것은 행동으로 표출되고 재조정되기 때문에 결코 정체되는 일이 없다. 스트레스 속에서 수행된 일을 하면서 단단하게 짜인 지식은 확실성이나 효과성 측면에서 순전히 추상적인 목적을 위해 사실들을 분류하고 정선하고 배열해 놓은 의식적으로 만들어진 교과와는 도저히 비할 바가 못 된다. 작업 행위를 통해 획득된 지식과 비교하면, 추상적 지식은 형식적이고 피상적이며 게다가 냉정한 지식이다.

(3) 직업을 '위한' 훈련으로 적절한 것은 오직 직업을 '통한' 훈련뿐이다. 이 책의 앞에서6장 참조 교육의 과정은 그 자체가 목적이며, 장래의 할

일을 위한 충분한 준비는 오직 현재 직면한 삶을 가장 충실히 사는 것이라는 원리를 말했는데, 이 원리는 교육의 직업적 측면에서도 전적으로 적용된다. 모든 시대의 모든 인간에게 가장 중요한 직업은 살아가는 것-즉 지적 성장과 도덕적 성장-이다. 아동기와 청소년기에는 경제적 압박에서 비교적 자유롭기 때문에 이 사실이 가장 적나라하게 드러난다. 학생들이 장차 종사하게 될 직업을 미리 정하고 엄격하게 그것에 들어맞는 준비를 시키기 위해 교육하는 것은 현재의 발달 가능성을 해치는 것이며, 따라서 미래의 올바른 직업생활을 위한 준비도 잘 시켜 주지 못한다. 지금까지 자주 주장한 원칙을 되풀이하면, 미래를 위한 훈련은 고정된 방향으로 틀에 박힌 기계와 같은 기술을 길러줄 수도 있다. 하지만 그런 훈련은 실증, 혐오감, 태만 등을 자아낼 수 있으므로 그런 기술이라도 확실히 길러준다는 보장도 없다. 또한 그것은 직업에서 지적인 보람을 찾을 수 있도록 해 주는 기민한 관찰력과 일관되고 독창적인 계획성 같은 뛰어난 자질을 희생시키게 될 것이다. 특히 독재 방식으로 관리되는 사회에서는 교육이 흔히 자유와 책임의 발달을 의식적으로 저지하는 수단으로 이용되고 있다. 소수의 사람이 계획과 명령을 하며, 다른 사람들은 그 지시를 따르면서 미리 규정된 좁은 방향으로만 노력을 하도록 의도적으로 통제된다. 이러한 체제는 특정한 계급의 위신이나 이득에는 도움이 될지 모르지만, 피지배계급의 발달을 저해한다는 것은 분명하다. 그것은 또한 지배계급의 경우에도 경험을 통해 학습할 기회를 묶어 두고 제한함으로써 쌍방에서 사회 전체의 삶을 해치는 것은 자명한 일이다. pp. 366-368 참조

이것에 대한 유일한 대안은 초기 단계에서의 직업에 대한 준비 교육이 모두 직접적인 것이 아니라 간접적이어야 한다는 것이다. 다시 말하면, 그것은 그 당시 학생의 필요와 흥미에 맞는 작업 활동에 참여함으로써 수행되는 것이다. 이 방법을 통해서만 교육자 쪽도 피교육자 쪽도 자신의 진정한 적성을 찾아내어 그 이후의 삶에서 전문화된 일을 올바르게 선택할 수 있다. 또한 능력과 적성의 발견은 성장이 지속되는 한, '끊임없이 계속

되는' 과정이 되어야 한다. 나중에 어른이 된 뒤의 삶을 위해 선택되어야 하는 직업을 발견하는 일이 어떤 특정한 시기에 단 한 번에 최종적으로 결정되어야 한다고 생각하는 것은 임의적이고 관례적인 견해이다. 가령 어떤 사람이 공학과 관련된 일에 지적으로 또 사회적으로 흥미가 있음을 발견하고, 그것을 자신의 소명으로 삼기로 결정했다고 하자. 이것은 기껏해야 이후 자신의 성장이 이루어질 분야를 대체로 드러내는 정도일 뿐이다. 그것은 향후의 활동 방향에 이끌어 가는 데 사용될 일종의 밑그림일 뿐이다. 이것을 가리켜서 적합한 직업을 발견했다고 하는 것은 비유컨대, 콜럼버스가 미국 해안에 닿았을 때, 아메리카를 발견했다는 것과 같다. 소명을 선택하고 결정하기 위해서는 장차 무한정으로 훨씬 더 상세하고 광범위한 탐색을 해야만 한다. 교육자들이 직업 지도를 최종적이고, 번복할 수 없으며, 완전한 선택에 도달하는 것으로 생각한다면 교육도 그렇고, 나중에 선택할 직업도 모두 고정되어 버려 그 뒤에 이루어질 계속적인 성장에 방해가 될 뿐이다. 그러면 지금까지 선택된 소명은 그 사람을 영구적으로 종속된 지위에 머무르게 하여 더욱 유연하게 활동하고 재조정할 수 있는 직업을 가진 다른 사람들의 지성 밑에서 단순히 수행만 하는 허드렛일이나 하게 될 것이다. 그리고 일상적인 어법에서는 재조정에 대한 유연한 태도를 새롭고 더 나은 소명의 선택이라고 부르는 것이 어색할 수 있지만, 사실대로 말하면, 바로 그런 것이다. 어른도 자신의 직업에 갇혀 화석화되지 않도록 늘 주의해야 한다면, 젊은이의 직업을 준비시키는 교육자들이 그들에게 목적과 방법을 끊임없이 재조정하도록 각별한 주의를 해야 하는 것은 너무나 당연한 일이다.

직업교육의 가능성과 위험 요인

과거의 교육은 단지 직업교육이라는 이름을 붙이지 않았을 뿐이지 사실상으로는 훨씬 더 직업교육의 성격을 띠고 있었다. (1) 대중교육은 명백히 실용적 교육이었다. 그것은 교육이라기보다는 도제식 훈련이라 불렸고, 달리 말하면 '경험을 통한 학습'이라고 부를 수 있었을 것이다. 3R, 즉 읽고 쓰고 셈하는 능력이 모든 종류의 노동에 공통적인 요소로 들어감에 따라 학교에서는 읽기, 쓰기, 셈하기를 가르치는 것에 전념하게 되었다. 이 교육이 학교 밖 단계에서는 다른 사람들의 지도하에 어떤 특별한 방면의 일에 참여하는 형태로 나타났다. 학교 안과 밖이라는 두 가지 교육은 서로를 보완하였다. 좁고 형식적인 성격의 학교 공부는 분명히 도제 수업이라는 이름으로 불리는 것과 다름없이 그렇게 명명된 소명에 대한 견습 과정의 일부였다. (2) 지배계급의 교육도 본질적으로는 직업교육에 관한 것이었다. 다만, 지배하거나 향락을 누리는 그들의 일을 직업 또는 전문직이라고 부르지 않았을 뿐이다. 그것은 육체노동, 생활수단이나 돈으로 환산한 보수를 받고 하는 노동, 또는 특정한 사람에게 봉사하는 경우에만 직업이나 일자리라는 이름이 붙어 있었기 때문이다. 예컨대, 상당히 오랜 기간 외과 의사와 내과 의사의 직업은 거의 시종이나 이발사의 직업과 동등한 수준이었다. 이것은 부분적으로는 의사의 일이 신체와 관련이 많았고, 어느 정도로는 어떤 특정한 사람에게 직접 봉사하고 보수를 받는 일과 관련이 있었기 때문이다.

낱말의 이면에 숨어 있는 의미를 유추해 보면, 정치적으로든 경제적으로든, 전쟁에서든 평화에서든 사회적 관심사를 이끄는 일도 어떤 것 못지 않게 하나의 직업이었다. 또 교육이 완전히 인습의 굴레에 갇혀 있지 않은 곳에서 과거의 고등교육기관들은 전체적으로 봐서 이런 일을 위한 준비에 목적을 두고 있었다. 더욱이 자기과시, 몸치장, 위세를 얻는 데 도움이 되는 사교생활과 오락, 돈을 쓰는 일은 분명한 직업처럼 되어 있었다. 의식적으로 한 것은 아니겠지만, 고등교육기관은 이런 종류의 직무를 준비하는 교육에 직접 기여했다. 오늘날에도 어떤 계층―예전보다는 수적으로 훨씬 적지만―에게는 소위 고등교육이라는 것이 대체로 이러한 종류의 활동에 효과적으로 참여하도록 준비시키는 일로 되어 있다.

이를 다른 관점에서 보면, 특히 가장 높은 수준에서의 고등교육은 대학교수와 전문연구원을 키우기 위한 훈련이나 다름없다. 누가 보더라도 빈둥빈둥 노는 일, 가르치는 일, 문필업, 지도자의 자리를 위해 준비시켜 주는 일을 주로 하는 교육은 비직업적 교육이며, 심지어 특이하게 교양교육으로 간주해 왔다는 것은 생각할수록 기묘한 미신처럼 보인다. 책이든, 신문 사설이든, 잡지 기사든 간접적으로 저술자가 되기 위한 문학적 훈련은 특히 이런 미신의 대상이 되기 쉽다. 수많은 교사와 저자들은 자유교양교육이라고 불리는 자신의 교육이 자신의 특정한 직업을 위해 훈련되어 왔다는 것을 인식하지 않고, 전문적인 실용 교육의 침해에 반대하는 교양적이고 인문적인 교육을 옹호하는 글을 쓰거나 논변하는 경향이 있다. 그들은 습관적으로 자신이 하는 일을 교양적인 것으로 본 나머지 그밖의 다른 일자리도 교양적일 가능성이 있다는 것을 도외시하는 듯하다. 이러한 구분의 밑바닥에는 직업이라는 것이 궁극적인 고용주, 즉 공동체가 있다는 것을 깨닫지 못하고, 오직 한 사람이 그를 고용한 특정한 고용인을 위해 일하는 경우만을 가리킨다고 보는 전통이 깔려 있다.

오늘날 직업교육을 의식적으로 강조하는 데에는 명백한 원인이 있다. 이전의 교육이 암암리에 품고 있었던 직업교육의 성격을 분명하게 의도적으로 드러내려고 하는 데는 몇 가지 원인이 있다. 첫째, 민주주의 사회에서는 육체노동, 상업적 활동, 사회에 대한 실질적인 봉사를 하는 일들이 점점 존경의 대상이 되고 있다. 이론적으로 보아 이제 남자나 여자나 할 것 없이 사회로부터 받은 지적, 경제적 측면에서 지원에 대해 무언가를 사회에 되돌려주어야 하는 것으로 받아들여졌다. 노동은 신성한 것으로 격상되고, 봉사는 높이 찬양되는 도덕적 이상이 되었다. 지금도 아무일 하지 않고 빈둥빈둥 노는 자기과시의 삶을 사는 사람들에 대한 존경과 선망이 남아 있기는 하지만, 높은 도덕적 정서를 가진 사람들은 그런 삶을 오히려 비난한다. 그래서 시간과 개인의 능력을 활용하는 사회적 책임을 가진 사람이 그 어느 때보다도 훨씬 널리 인정되고 있다.

둘째, 지난 1세기 반 동안 산업과 관련된 직종은 매우 중요해졌다. 제조업과 상업은 더 이상 가내공업의 형태로 지방이나 국내에 머물지 않고, 산발적인 상태를 벗어나 전 세계적 규모로 발전했다. 그것은 갈수록 더 많은 사람으로부터 최고의 에너지를 모아서 활용하고 있다. 제조업자, 은행가, 기업주는 그전의 세습된 지주 귀족을 대신하여 사회의 업무를 직접 지도하는 위치가 되었다. 사회의 재조정 문제는 거의 산업적인 문제이며, 자본과 노동의 관계라고 할 정도가 되었다. 이와 같이 사람들의 주의를 끄는 산업 과정의 사회적 중요성이 크게 증가함에 따라 필연적으로 학교 교육과 산업생활의 관계와 관련된 문제가 전면에 제기되었다. 그러한 광범위한 사회적 재조정이 일어나면, 전혀 다른 사회적 조건에서 물려받은 교육제도는 필연적으로 도전을 받게 되며, 따라서 교육에 새로운 문제가 제기되는 것이다.

셋째, 이미 앞서 여러 차례 언급된 바와 같이, 산업은 본질적으로 이미 관습을 통해 전해 내려오는 경험적이고 조잡한 방법에서 벗어나게 되었다. 산업의 기술은 이제 공학적 기술이 되었다. 즉, 수학, 물리학, 화학, 세균학 등의 발견에서 나온 기계기술에 기초를 두고 있다. 경제혁명은 문제를 해결하기 위한 문제를 설정하고, 기계설비에 대한 지적 존중을 더 많이 만들어 냄으로써 과학에 활기를 불어넣었다. 그리고 산업계는 과학계로부터 그 대가를 복리로 쳐서 받았다. 그 결과, 산업과 관련된 직종은 이전보다 훨씬 많은 지적 내용과 문화적 가능성을 지니게 되었다. 따라서 노동자들에게 그들이 하는 일의 과학적, 사회적 기초와 관계를 알게 해줄 교육이 절실히 요구되었다. 왜냐하면 그러한 교육을 받지 못한 사람들은 반드시 그들이 조작하는 기계의 부속품 역할을 하는 신세로 전락하기 때문이다. 구체제하에서 하나의 동일한 직종에서 일하는 노동자들은 누구나 거의 같은 지식과 견해를 가지고 있었다. 기술자의 작업은 직접 지배할 수 있는 도구를 사용했기 때문에 적어도 좁은 범위 안에서만 자신의 지식과 기량을 개발할 수 있었다. 그러나 오늘날 공장의 작업자들은 그의 도구를 자신의 목적에 맞추는 것이 아니라, 그의 기계에 자신을 맞추어야 한다. 산업의 지적 가능성은 증대되었지만, 산업의 상태를 보면 대다수 대중에게 오늘날의 산업은 지역의 시장에 내다 팔 물건을 손으로 만들던 옛날보다 그다지 큰 교육적 효과를 주지 못하고 있다. 그래서 일에 내재해 있는 지적 가능성을 실현해야 하는 부담은 다시 학교로 돌아간다.

넷째, 과학에서 지식을 추구하는 방식이 실험에 더 의존하고, 문학적 전통에 덜 의존하게 되었으며, 또한 과학적 지식은 변증법적 추리의 방법이나 상징과도 덜 연관되었다. 결과적으로 산업과 관련된 직종은 그 전보다 더 과학적 내용을 포함하게 되었을 뿐 아니라, 지식이 만들어지는 방법에 익숙하게 될 기회도 그만큼 더 많이 제공하고 있다. 물론 보통의 공장에서 일하는 노동자는 너무나 직접적인 경제적 압박을 받으면서 일하기 때문에 실험실에서 일하는 사람만큼 지식을 만들어 낼 기회를 가질수는 없다. 그러나 학교에서는 기계와 산업 과정의 연관성이 학생들이 주로 통찰을 얻는 데 의식적인 관심을 두는 조건하에서 이루어질 수 있다. 만약 이러한 조건이 갖추어져 있다면, 작업장과 실험실의 분리는 대체로 관습적인 것에 지나지 않는다. 즉, 실험실은 제시된 문제가 암시하는 지적 관심을 자유롭게 추구할 수 있는 이점이 있으며, 작업장은 과학적 원리의 사회적 관련을 강조하면서 다수의 학생에게 생생한 흥미를 자극할 수 있다는 이점이 있다.

마지막으로, 일반적으로 학습심리학, 특히 아동기 심리학에서 밝혀진 새로운 사실은 삶에서 산업이 점점 중요시되는 것과 같은 맥락의 주장을 하고 있다. 현대 심리학은 탐구하고, 실험하고, '해 보는' 등 원초적으로 학습의 소산이 아닌 생득적 본능이 근본적으로 중요한 역할을 한다는 것을 강조하고 있다. 즉 학습이라는 것은 '마음'이라고 하는 이미 만들어진 그 무엇이 하는 일이 아니라, '마음' 그 자체의 원래 능력을 의미 있는 활동으로 조직되어 들어간 상태를 가리키는 것이다. 앞서 살펴본 바와 같이 pp. 299-300 참조, 나이 어린 학생에게 놀이가 생득적 활동력을 교육적으로 발달시키는 기회가 되듯이, 나이 많은 학생에게는 작업이 그런 기회가 된다. 게다가 놀이에서 작업으로 나아가는 이행은 점진적으로 이루어져야 하며, 태도를 급격하게 바꾸지 않고 작업 속에 놀이의 요소가 포함되도록 하면서 계속적인 재조직을 통해 점점 더 일을 잘할 수 있도록 해야 한다. 위에서 언급한 다섯 가지 사항은 이 책의 이전 부분에서 제시한 주요 논점을 다시 한번 거론한 것이라고 해도 좋을 것이다. 실제적으로나 철학적으로 오늘날 교육 사태를 해결하는 열쇠는 사회적 소명을 전형적으로 예시하는 여러 가지 형태의 직종을 활용하고, 또 그것에 포함된 지적·도덕적 내용을 부각시키는 방향으로 학교교육의 내용과 방법을 점진적으로 재구성하는 데 있다. 이러한 재구성을 통해 교과서를 포함한 순전히 문학적 방법과 문답식 방법은 연속적이고 누적적인 활동의 지적 발달을 위해 필요한 보조적 수단의 지위로 물러나 있어야 한다.

지금까지의 논의에서 강조한 바와 같이, 이러한 교육적 재조직은 단순히 운영되는 그대로 산업과 직종 분야에서 일할 사람들에게 전문적인 준비 교육을 제공함으로써 이룩되는 것이 아니며, 하물며 기존의 산업 조건을 그대로 학교에 재생산함으로써 이루어지는 것은 더더욱 아니다. 문제는 학교를 제조업과 상업의 종속물로 만드는 것이 아니라, 학교생활을 보다 활동적이고 즉각적인 의미로 가득 채우고, 학교 밖의 경험과 더 많이 연결되도록 산업의 여러 요소를 활용하는 것이다. 이 문제는 물론 쉽게 해결할 수 있는 일이 아니다. 교육이 선택받은 소수를 위해 옛날의 전통을 고수하고, 결함이 있는 산업제도 가운데 변혁되지도, 합리화되지도, 사회화되지도 않은 측면을 그대로 받아들이는 방식으로 그것을 새로운 경제적 조건에 스스로 맞추게 될 위험은 항상 존재하고 있다. 보다 구체적으로 말하면, 직업교육이 이론과 실제에서 취업교육―즉, 장래의 전문적인 직업 분야에 관련된 기술적 효율성을 획득하는 수단―으로 해석될 위험이 있다. 만약 그렇게 된다면, 교육은 사회의 기존 산업체제를 변혁하는 수단으로 작용하지 않고 그것을 그대로 영속시키는 도구가 될 가능성이 있다. 물론 우리가 원하는 변혁을 형식적으로 정의하기 어렵지 않다. 그 변혁된 사회란 다른 사람의 삶을 더욱 가치 있는 삶으로 만들기 위하여 누구나 무슨 일인가를 하고 있는 사회를 의미하며, 따라서 사람들을 서로 묶는 유대가 훨씬 더 확실하게 드러나는 사회—즉, 사람들 사이를 갈라놓은 벽이 허물어진 사회—이다. 각 개인이 그의 일에 대해서 가지고 있는 관심은 강제되지 않고, 지성적이며, 그 관심의 선택은 자신의 적성에 맞는 것을 토대로 하는 상태이다. 물론 우리는 그러한 사회적 상태와는 멀리 떨어져 있으며, 문자 그대로 의미에서는 또는 양적인 의미에서는 아마 거기에 결코 도달하지 못할 수도 있다. 하지만 원칙적으로 말한다면, 이미 성취된 사회적 변화의 성질은 이 방향을 가리키고 있음은 분명하다. 그것을 이룩하는 데 필요한 자원은 오늘날 과거 어느 때보다 더 풍부한 듯하다. 그렇기에 이를 실현하겠다는 지성적 의지만 있다면, 결코 극복할 수 없는 장애물이란 없을 것이다.

그것을 실현할 수 있는가 없는가는 다른 어떤 것보다 그 변화를 일으키는 데 알맞은 교육 방법을 채택하는지에 달려 있다. 왜냐하면 그 변화는 본질적으로 정신적 성향의 질적 변화, 즉 교육적 변화[185]이기 때문이다. 이렇게 말하는 것은 산업적·정치적 조건의 변화와는 별개로, 직접적인 가르침이나 권유를 통하여 인격과 마음에 변화를 일으킬 수 있다는 뜻이 아니다. 이렇게 생각하는 것은 인격과 마음이 사회의 다양한 활동에 참여하는 동안에 반응하는 태도를 가리킨다는 우리의 기본적 이념과 모순된다. 다만 여기서 말하고자 하는 것은 우리가 실현하고자 하는 사회의 전형적인 모습을 학교 안에 만들어 재현시킬 수 있다는 것, 그리고 그 사회의 모습에 맞게 마음을 형성함으로써 성인 사회의 완고한 특징들을 점차로 수정해 나갈 수 있다는 점이다. 감정적으로 들릴지 모르지만, 현 체제의 가장 큰 해악은 빈곤이나 거기서 필연적으로 생기는 고통 같은 게 아니라, 그토록 많은 사람이 스스로 매력도 없는 직업에 오직 금전적 보상 때문에 종사한다는 사실에 있다. 왜냐하면 그런 직종은 사실 끊임없이 사람에게 혐오감, 악의를 품게 하고, 일을 게을리하거나 도피하고 싶은 욕망을 불러일으키기 때문이다. 그들의 정신도, 마음도 일에 있지 않다. 그 반면에 세속적인 부귀를 누리면서 많은 사람의 활동을 통제하는 위치에 있는 사람들은 사회의 전반적인 평등한 교섭에서 분리되어 있다. 그들은 방종과 과시하는 삶에 마음이 쏠려 있으며, 다른 사람들에게 영향을 미칠 수 있는 세력과 엄청난 재산 및 향락을 과시함으로써 다른 사람들로부터 분리된 거리를 메우려고 한다.

좁은 의미로 구상된 직업교육의 계획은 이러한 구분을 더욱 경직된 형태로 영속시킬 가능성이 충분히 있다. 이러한 직업교육 계획은 사회적 예정설을 토대로 어떤 사람은 현재와 같은 경제적 여건하에서 영원히 임금노동자로 살아야 할 운명이라는 것을 전제로 그들에게 취업교육—즉, 단순한 기술적 효율성을 위한 훈련—만 제공하려고 할 것이다. 물론, 기술적 효율성도 종종 형편없이 모자라는 실정이어서 더 나은 상품을 더 적은 비용으로 생산하기 위해서뿐만 아니라, 일 속에서 더 큰 행복을 찾기 위해서도 기술적 효율성을 가지는 것은 여러모로 좋은 것이다. 누구든 자신이 전혀 할 수 없는 일에 관심을 두지 않기 때문이다. 그러나 당면한 일에 국한된 효율성을 가지는 것과 그 일의 사회적 관련에 대한 통찰로 확장되는 능력을 갖는 것 사이에는 큰 차이가 있다. 그리고 같은 효율성이라는 동일한 용어를 쓰더라도, 다른 사람이 세운 계획을 '수행하는' 효율성과 자신의 계획을 스스로 '수립하는' 효율성 사이에도 큰 차이가 있다.[186] 현재 고용한 계급과 고용된 계급은 모두 지적·정서적 제약을 받고 있는 형편이다. 고용을 당한 사람은 자신들이 하는 일에 돌아오는 금전적 대가 외에는 아무런 관심도 없는 경우가 많고, 고용하는 사람은 오직 이윤과 권력에 시야가 한정되어 있기 때문이다. 물론 후자의 관심은 일반적으로 지적 주도권을 행사하거나 더 넓은 범위의 상황을 관망하는 일과 관련되어 있다. 그도 그럴 것이 고용하는 사람의 일은 많은 수의 다양한 요인들을 지도하고 결합하는 일임에 비해, 임금을 받아야 하는 사람은 직접적인 근육운동만 하게 되어 있다. 이러함에도 불구하고, 일을 사회적 관계 속에서 파악하지 않는다면, 그 경우 지성은 기술적이고 비인간적이고 비교양적인 통로로만 흘러갈 수밖에 없는 한계를 갖고 있다. 그리고 사람의 활기를 불어넣는 동기가 사적 이득이나 개인적 권력을 원하는 욕망이라면 이와 같은 한계가 나타나는 것은 불가피하다. 사실상 즉각적인 사회적 공감이나 인도적 성향은 흔히 경제적 혜택을 받지 못한 사람들 쪽에서 뛰어나며, 다른 사람들의 일을 일방적으로 지배하는 데서 발생하는 마음이 굳어지는 것을 경험해 본 일이 없는 사람들에게서 더 용이한 현상을 보인다.

현존하는 산업 체제를 출발점으로 하는 직업교육의 방안은 그 체제가 나타내고 있는 분열과 약점을 당연한 일로 여겨 그것을 영속시킬 가능성이 있고, 따라서 사회적 예정설이라는 봉건적 신조를 실현하는 수단이 되기 쉽다. 자기가 하고 싶은 대로 할 수 있는 위치에 있는 사람들은 교양적-문화적 효과를 나타내는 직업을 가지려 할 것이고, 이러한 종류의 직업은 남을 지도하는 자리인 만큼 그들이 직접적인 관심을 보내는 젊은이들에게도 적합한 직업이라고 생각한다. 체제를 둘로 나누어서 그다지 혜택받지 못한 사람들에게 주로 특별한 취직 준비 교육을 하려고 생각하는 것은 결국 학교를 노동과 여가, 교양과 봉사, 마음과 몸, 지도하는 계층과 지도받는 계층 등과 같은 옛날의 구분을 명목상의 민주적 사회로 이전시키는 기관으로 취급하는 것이다. 이러한 직업교육은 거기서 반드시 다루는 자료와 과정에서 과학적이고 역사적인 면에서의 인간적 연계성을 감소시킨다. 그러한 것들을 좁은 취업교육에 포함시키는 것은 시간을 낭비하는 것이고, 그들에의 관심은 '실용적인' 일이 되지 않는다. 그런 일은 자유롭게 누릴 수 있는 여가-남보다 경제적 자원이 넉넉하여 누리는 여가-를 확보한 사람들에게 남겨진 문제이다. 이런 것들은 심지어 다른 사람들의 지시를 받아 일하는 사람들의 '신분을 넘어선' 불만이나 야심을 불러일으킨다는 면에서 지배계급의 이익에 위협이 될지도 모른다. 그러나 직업의 지적·사회적 의미를 충분히 인정하는 교육은 현재 상황의 역사적 배경에 대한 교육, 생산의 자료와 그 작용을 다루는 지성과 창의성을 길러주는 과학교육, 그리고 장래의 노동자에게 오늘날의 문제와 제안된 개선 방안을 접할 수 있게 하는 경제학, 시민학, 정치학 과목 등을 포함할 것이다. 무엇보다도, 그러한 교육은 변화하는 조건에 대한 적응 능력을 훈련하여 미래의 노동자들이 그들에게 닥치는 운명에 맹목적으로 복종하는 일이 없도록 할 것이다. 이러한 이상은 현존하는 교육적 전통의 타성과 싸워야 할 뿐만 아니라, 산업 기제를 지배하는 자리를 지켜 온 사람들, 또 만약 그런 교육제도가 일반화되면 자신의 목적을 위해 다른 사람들을 부려 먹는 능력이 위협을 받으리라고 생각하는 사람들과도 싸워야만 할 것이다. 그러나 바로 이 사실이야말로 교육을 재구성하는 것을 통해 사회를 재조직할 수 있다는 것을 보여 주기 때문에, 교육의 재구성 자체가 바로 더욱 평등하고 계몽된 사회질서의 전조가 된다. 따라서 그 사실은 더 나은 사회질서를 믿는 사람들에게 새로운 직업교육을 진흥시키는 일을 담당하도록 촉구하고 있다. 이 새로운 직업교육은 젊은이들을 현체제의 요구와 표준에 복종하는 것이 아니라, 지식의 과학적·사회적 요인을 활용하여 용기 있는 지성을 개발하고, 그 지성이 실제적이고 실행력을 갖도록 하는 것이다.

요약

'직업'이라는 것은 다른 사람에게 봉사하는, 그리고 결과를 얻을 목적으로 개인의 힘을 사용하는 일체의 연속적인 활동을 가리킨다. 직업과 교육의 관계에 대한 문제는 사유와 신체 활동, 개인의 의식적 발달과 결합적 삶, 이론적 교양과 명백한 결과를 내는 실제적 행동, 생활의 수단을 얻는 것과 고상한 여가를 즐기는 것 사이의 관련에 관하여 지금까지 논의한 다양한 문제들을 하나의 초점으로 모은다. 일반적으로 말하여, 교육에서 직업생활과 관련된 부분이 있다는 것-초등학교에서 실용적 목적으로 3R을 가르치는 것 이외에-을 인정하려고 하지 않는 사람들은 과거의 귀족주의적 이상을 그대로 간직하고 있는 사람들이다. 더욱이 지금 '직업훈련'이라고 부르는 것을 옹호하는 운동이 벌어지고 있는데, 만약 이런 직업교육이 실행된다면 종래의 귀족주의적 관념은 기존의 산업 체제에 맞추어져서 더욱 공고하게 될 것이다. 이 운동은 한편으로는 경제적으로 여유가 있는 소수의 사람을 위한 전통적인 자유교양교육을 그대로 계속할 것이며, 다른 한편으로는 다른 사람의 지배 아래 특별한 분야의 기술적인 일을 할 수 있도록 좁은 취업교육을 대다수 대중에게 제공하게 될 것이다. 이러한 계획은 말할 필요도 없이 단순히 옛날의 사회적 구분, 그리고 그와 관련된 지적·도덕적 이원론을 영속시켜 나가려는 것밖에 되지 않는다. 그런데 이것은 이원론의 존재 이유가 훨씬 줄어든 상황에서 그것을 유지하겠다는 것과 다름없다. 오늘날의 산업 생활은 과학에 매우 크게 의존하고, 또 모든 형태의 사회적 교섭에 깊이 영향을 미치기 때문에 마음과 인격의 발달에 도움이 되는 방향으로 충분히 활용할 수 있다. 게다가 그것을 교육에서 올바로 사용한다면 지성과 흥미에 좋은 효과를 나타낼 수 있고, 이것은 다시 입법 및 행정기관의 지원을 받아서 현재의 상공업이 가지고 있는 사회적으로 유해한 특징들을 수정 또는 완화할 수 있을 것이다. 교육과 직업의 올바른 결합은 점점 증대하는 사회적 공감이라는 자본을 다분히 맹목적인 박애주의적 감상의 수준에 내버려 두는 것이 아니라, 그것을 구성주의적 방향으로 돌리도록 하는 계기가 된다.

올바른 직업교육은 산업 계통의 직종에 종사하는 사람들에게 사회통제에 일익을 담당할 의욕과 능력, 산업계의 운명을 이끌어 갈 주인으로서 능력을 갖추게 해 준다. 이런 능력을 갖추면, 그들은 오늘날과 같이 생산과 분배의 기계 체제에서 매우 두드러진 특징을 이루는 기술적·기계적 측면에 의미를 채워 넣을 수 있을 것이다. 지금까지 말한 것은 경제적으로 빈곤한 사람들을 염두에 둔 것이다. 사회에서 특권적인 지위에 있는 사람들의 경우에 올바른 직업교육은 노동에 대한 공감력을 높이고, 유용한 활동 속에 교양적 요소를 발견할 수 있는 마음의 성향을 유발시켜 사회적 책임감을 강화해야 한다. 다시 말하면, 현재 직업교육의 문제가 결정적으로 중요성을 지니게 된 것은 그것이 두 가지 근본적인 문제를 하나의 구체적인 주제로 집약시켜 주기 때문이다. 첫째 문제는 지성이라는 것이 자연을 인간에게 유용한 방향으로 사용하는 활동과 떨어져야 가장 잘 행사되는가, 아니면 그 활동 안에서 이루어져야 가장 잘 행사되는가 하는 것이다. 둘째 문제는 개인의 교양이 이기적인 상황에서 가장 잘 획득되는가, 아니면 사회적인 조건에서 가장 잘 획득되는가 하는 것이다. 이에 대한 대답은 15장에서 22장에 이르는 내용을 요약한 것이므로 이 장에서는 세부 사항을 언급하지 않았다.

24장

민주주의 위기 시대의 교육철학

철학과 민주주의

이 책에서 우리가 교육철학을 논하고 있지만, 아직 철학의 정의를 내리지는 않았고, 교육철학의 본질에 관해 특별히 고찰하지도 않았다. 이제 지금까지의 논의에 들어 있는 논리적 순서를 요약해 설명하는 것을 포함하여 교육철학의 성격을 다루면서 이전 논의에 내포된 철학적 문제들을 밝히고자 한다.[187] 그러고 나서 좀 더 철학적인 용어를 사용하여 교육의 실제에 작용하는 상이한 교육적 이상과 관련하여 그것에 내포된 지식이론과 도덕이론을 간략하게 논의하려고 한다. 앞서 보았듯이 지금까지 이 책은 논리적으로 크게 세 부분으로 나뉘어 있다.

우선 처음 몇 개의 장은 사회적 필요와 기능으로 교육을 다루었다. 그 목적은 사회집단이 그 계속적인 생존을 유지해 가는 과정으로 교육의 전반적인 특징을 설명하는 것이었다. 교육은 전달의 과정을 통해 경험의 의미가 갱신되어 가는 과정으로 규정되었다. 이 전달 과정 중 일부는 어른과 젊은이의 일상적 교제나 교류에 부수되어 일어나며, 또 다른 일부는 사회적 계속성을 보장하기 위해 계획된 제도를 통해 이루어진다. 이 과정은 미숙한 개인과 그가 살고 있는 집단, 양자를 모두 통제하며 그 성장을 이끌어 간다. 이러한 고찰은 해당 사회집단의 질을 특별히 고려하지 않았다는 점에서, 다시 말하면 교육이 영속시키려고 하는 사회가 '어떤 종류'의 사회인가를 고려하지 않았다는 점에서 '형식적인' 측면의 고찰이라고 할 수 있다. 따라서 단지 확립된 관습을 보존하는 것을 목적으로 하는 사회집단이 아니라, 더욱 다양한 관심들을 의도적으로 공유하는 것을 목적으로 하는 '진보적인' 사회집단에 대한 총론적 논의를 시도했다.[188] 그런 사회는 '민주적' 성격을 지닌 사회이다. 왜냐하면 그런 사회는 주로 우월한 계급의 통제하에 작용하는 관습의 힘으로 이끌어지는 사회가 아니라, 구성원들 모두에게 더 많은 자유를 허용하고, 각 개인이 의식적으로 사회화된 관심을 가져야 하는 '의식적인 필요'를 느끼는 사회이기 때문이다. 그러므로 민주적 공동체의 발전에 적합한 종류의 교육이 어떤 것인지를 보여 주고자 하는 것이 앞으로 교육을 더 심화되고 상세하게 분석할 명시적 기준이 되었다.

둘째, 민주주의라는 기준에 입각해 '교육'의 의미를 분석한 결과, 교육은 경험의 계속적인 재구성 또는 재조직이라는 이상을 제시했다. 이 경험의 끊임없는 재구성은 그 본질에서 일반적으로 인정된 경험의 공적 의미나 사회적 내용을 증가시키는 방향으로, 또 개인이 이 재조직을 지도하는 수호자로서 행동할 능력을 증대시키는 방향으로 이루어지지 않으면 안 된다.6장, 7장 참조 그다음에 이 구분을 사용하여 교육의 내용과 방법의 성격을 각각 개괄적으로 설명했다. 또 이 두 가지가 하나로 통일되어야 한다는 것도 분명히 밝혔다. 왜냐하면 이 기초에 근거한 학습의 방법이라는 것은 바로 의식적으로 지도되는 경험의 내용을 재구성하는 운동이기 때문이다. 이러한 관점에서 학습의 방법과 교과 내용의 주요 원칙을 제시했다.8장~14장

셋째로, 지금까지의 논의는 현재의 사회적 삶이 민주적 기준에 입각에 있고, 그것을 적용하고 있다는 것을 의심 없이 받아들였다. 이따금 현재 사회적 삶의 현실을 비판한 경우가 좀 있었지만, 그것은 오직 대조를 통해 원리를 좀 더 뚜렷하게 예시하고자 하는 의도에서 그랬다. 이후 몇 개의 장18~23장에서는 민주적 기준을 실제로 실현하는 데 현재의 사회가 어떤 한계에 봉착해 있는지를 고찰했다. 그 한계는 경험이 각기 독립적인 가치와 자료와 방법을 가지고 서로를 견제하는 다양하게 분리된 영역 혹은 관심사로 이루어져 있다는 개념에서 비롯된 것을 밝히고자 했다. 그리고 각각의 영역이 다른 것들로 적절하게 제한될 때, 교육에서 일종의 '힘의 균형'189이 이루어진다는 생각에서 비롯되었음을 분석했다. 이후 이렇게 관심이 분리된 이면에 깔린 여러 가지 가정을 분석했다. 실제적인 측면에서 보면, 그러한 생각은 상당히 엄격하게 구분된 계급과 집단으로 사회가 분열되어 있다는 사실에 있는 것으로 밝혀졌다. 이것은 곧 풍부하

고 유연한 사회적 상호작용과 교섭이 차단되어 있다는 뜻이다. 이런 연속성의 사회적 단절은 다양한 이원론 또는 대립-노동과 여가, 실제적 활동과 지적 활동, 인간과 자연, 개체성과 결합성, 교양과 직업 등-이라는 개념적 표현으로 나타났다. 이 논의에서 이러한 여러 가지 논점이 고전철학 체계에서 구성되어 온 이론적 표현들과 짝을 이루고 있고, 그것이 철학의 주요한 문제들-즉, 마음(혹은 정신)과 물질, 마음과 몸, 마음과 세계, 개인과 집단(타인과의 관계) 등-과 관련되어 있다는 것을 알았다. 이러한 다양한 분리의 밑바닥에 깔려 있는 근본적인 가정은 마음이 물리적 조건, 신체 기관, 물질적 장비, 자연물 등으로 이루어지는 활동에서 유리되어 있다는 것이다. 따라서 여기서는 환경을 통제하는 활동 '속에서' 마음의 기원, 위치, 기능을 인정하는 철학이 제시되었다.

이로써 우리는 논의의 전체 과정을 한 바퀴 돌아보고 이 책의 처음에 제시된 생각으로 되돌아왔다. 그 생각이라는 것은 곧 인간의 충동과 본능은 자연의 에너지와 생물학적 연속성을 나타내고 있다는 점, 마음의 성장이 공통의 목적을 가진 연대적 활동에 대한 참여에 의존하고 있다는 점, 물리적 환경은 사회적 생활환경 속에서 인간에 의하여 사용됨으로써 영향력을 행사한다는 점, 점차 발전해 가는 사회를 위해서는 개인들이 가지고 있는 다양한 욕망과 사유를 활용할 필요가 있다는 점, 방법과 내용은 본질적으로 통일되어 있다는 점, 목적과 수단은 내재적 연속성을 갖고 있다는 것, 마음이라는 것은 곧 행동의 의미를 지각하고 검증하는 사유 과정을 가리킨다는 점 등이다. 이러한 생각은 지성이란 행동을 통하여 경험의 자료를 교육의 목적에 따라 재구성하는 것을 뜻한다고 보는 철학과 부합하지만, 지금까지 거론한 여러 이원론적 철학과는 들어맞지 않는다.[190]

철학의 본질

우리가 이제 해야 할 일은 지금까지 고찰한 것에 들어 있는 철학의 개념을 추출하여 명시하는 것이다. 우리는 이미 철학에 정의를 내리지는 않았지만, 이미 철학이 어떤 문제를 다루는지를 설명했다. 그리고 우리가 지적한 바와 같이 철학이 다루는 이러한 문제는 사회적 삶의 갈등과 어려움에서 비롯된다고 지적했다. 그 문제들이라는 것은 예컨대 물질과 마음, 몸과 영혼, 물리적 자연과 인간성, 개인적인 것과 사회적인 것, 이론(아는 것), 실제(하는 것) 사이의 관계이다. 이러한 문제들을 체계적으로 다루는 철학 이론은 당대 사회적 실천의 주된 양상과 곤란들을 기록해 놓은 것이다. 철학 이론은 인간이 그 당시 하고 있던 경험의 성질로 인하여 자연과 자신에 관하여, 또 양자를 포함하고 지배하는 것으로 실재에 관해 어떤 생각을 하게 되었는가를 분명히 의식하게 해 준다.

우리가 예상할 수 있듯, 철학은 일반적으로 주제와 방법에서 어떤 전체성, 일반성, 궁극성을 나타내는 방식으로 정의되어 왔다. 내용과 관련하여 철학은 '포괄적 이해'[191]-즉, 세계와 삶에 대한 다양한 세부 사항들을 하나의 포괄적인 전체로 모으는 시도-에 목표를 둔다. 그것은 이 세계와 삶을 단일한 통일체로 파악하는 것일 수도 있고, 이원론적 철학처럼 수많은 세부 사항을 소수의 궁극적 원리로 파악하는 것일 수 있다. 철학자와 그의 결론을 받아들이는 사람들의 입장에서, 철학이라는 것은 경험에 관하여 가능한 한 통합되고 일관되며 완전한 전망을 하기 위한 노력이다. 이러한 측면은 '철학'[192], 즉 지혜에 대한 사랑이라는 단어로 표현된다. 철학이 진지하게 받아들여질 때마다, 그것은 삶을 영위하는 데 영향을 주는 지혜에 도달하는 일을 뜻하는 것으로 생각되었다. 이를테면 고대의 여러 철학 유파들은 거의 조직적 생활방식을 영위하고 있었으며, 그들의 신조를 받아들인 사람들은 독특한 행동 방식을 따를 것을 맹세했다. 중세에 와서 철학은 로마교회의 신학과 밀접한 관련을 맺었고, 종교적 이해관계와 빈번하게 연루되어 있었다. 국가가 위기에 처했을 때 철학이 정치적 투쟁과 연결되었다는 것이 그 증거라고 할 수 있다.

이와 같이 철학이 삶에 대한 전망과 직접적이고 친밀하게 관련되어 있다는 점으로 보아 철학은 분명히 과학과 구분된다. 물론 과학의 특수한 사실이나 일반적 법칙이 행위에 영향을 미치는 것은 분명하다. 과학은 무엇을 해야 할지, 무엇을 하지 말아야 할지를 알려 주며, 그 일을 하는 수단을 제공해 준다. 과학이 단순히 세계에 관하여 알아낸 특수한 사실을 보고하는 일이 아니라, 세계에 대한 '일반적 태도'-구체적 행동지침과는 다른-를 보여 준다면, 과학은 철학과 융합한다. 그 근저에 흐르는 성향이 단순히 이러저러한 구체적 사물에 대한 태도나 알려진 사물의 집합체에 대한 태도가 아니라, 행위를 규제하는 일반적 고려 사항에 대한 태도를 뜻하기 때문이다.

따라서 철학은 단순히 내용적인 측면에서만 정의되어서는 안 된다. 그러므로 일반성, 전체성, 궁극성이라는 개념의 정의에 도달하려면, 그것이 암시하는 세계에 대해 나타내는 태도나 성향이 어떤 것인지를 생각해 봐야 한다. 순전히 글자 그대로의 의미로 받아들인다면, 위의 용어들은 지식의 내용에는 적용되지 않는다. 지식의 내용이 완전하다든가 최종적이라고 하는 것은 있을 수 없기 때문이다. 늘 진행되고 변화하는 과정에 있는 경험의 본질 그 자체는 그것을 허용하지 않는다. 그리 엄밀하지 않은 의미에서 보자면, 그것은 철학보다는 오히려 '과학'에 더 가깝다. 우리가 세계의 사실을 알아내려면, 철학의 도움을 받는 것이 아니라, 명백하게 수학, 물리학, 화학, 생물학, 인류학, 역사의 도움을 받아야 하기 때문이다. 세계에 관한 법칙이 타당한 것이 되려면 어떤 기준을 갖추어야 하는지, 또 그러한 기준을 갖춘 법칙에는 무엇이 있는지 하는 '일반화' 논의는 과학의 영역에 속하는 질문이다. 하지만 과학에서 밝혀진 사실들이 우리에게 세상에 관해 어떤 '종류'의 항구적 행동 성향을 지니기를 요구하느냐고 묻는다면, 그것은 철학적 질문을 하는 것이라고 할 수 있다.

이러한 관점에서 '전체성'이란 모든 세부 사항들을 양적으로 합산한다는, 도저히 해결할 가망이 없는 과제를 의미하지 않는다. 그것은 오히려 우리에게 일어나는 수많은 사건에 대한 반응의 '일관성'을 의미한다. 여기서 말하는 일관성이란 문자 그대로 동일성을 뜻하는 것이 아니다. 정확하게 동일한 일은 두 번 다시 일어나지 않으므로 동일한 반응을 아무런 부작용 없이 정확하게 되풀이 할 수는 없다. 따라서 전체성이란 계속성을 말한다. 즉, 이전의 행동 습관을 따르되 그 습관이 언제나 생생한 의미를 지니고 성장을 이루어 갈 수 있도록 새로운 환경에 재적응해 나가는 것을 말한다. 전체성이라는 것은 이미 완전하게 결정된 행동계획을 뜻하는 것이 아니라, 수많은 다양한 행동들 사이에 균형을 유지하면서 각 행동이 서로서로 의미를 보충해 가는 것을 뜻한다. 새로운 지식에 대하여 개방된 마음을 가지고 그것을 민감하게 받아들이는 사람, 그 새로운 지각들을 관련짓는 일에 정신을 집중하고 책임을 느끼는 사람은 누구든지 철학적 성향을 가지고 있는 사람이다. 보통 사람들이 철학에 대해 갖고 있는 생각 중의 하나는 곤란한 일이나 상실에 부딪힐 때 냉철하고 인내심을 보이는 것이며, 심지어 철학이라는 것은 불평하지 않고 묵묵히 고통을 견디는 힘이라고 생각하는 사람도 있다. 철학에 대해 이렇게 생각하는 것은 철학 일반의 속성이라기보다는 사실 특별하게 금욕주의 철학[193]의 영향을 보여주는 것이라고 할 수 있다. 그러나 철학에 대한 이러한 생각은 철학의 한 가지 특징인 전체성을 반영한다고 볼 수 있는데, 이때 전체성이라는 것은 심지어 불행한 경험에서도 무엇인가를 학습하거나 의미를 추출하고, 그렇게 학습한 것을 기초로 하여 다음의 학습을 계속해 나가는 힘을 가리키는 것으로 해석된다. 이 점에서 그 생각에는 나름대로 일리가 있다. 철학의 일반성과 궁극성에 대해서도 비슷한 해석이 적용될 수 있다. 순전히 문자 그대로 해석하면, 철학이 모두 일반성이나 궁극성을 추구한다는 것은 이치에 맞지 않는 헛소리다. 정확히 표현하자면, 궁극성이나 최종성이 의미하는 바는 경험이 끝났다거나 완결되었다는 뜻이 아니라, 훨씬 깊은 수준의 의미까지 간파하려는 성향-즉, 표면(현상)의 밑을 파고 들어가서 모든 사건이나 사물의 연결을 찾아내고 그것을 유지하려는 성향-을 뜻한다고 할 수 있다. 이와 마찬가지로 철학적 태도가 '일반성'을 나타낸다는 것은 철학은 어떤 것이든지 따로따로 분리하여 생각하려고 하지 않는다는 의미에서 '일반적'이다. 그것은 행위를 맥락 속에서 파악하려고 하며, 거기서 행위의 의미를 규정하려고 한다는 뜻이다. 여기서 잠깐, 사유와 지식을 구분할 때, 철학은 지식보다는 '사유'와 관련된다는 점을 말하는 것이 도움이 될 것이다. 지식-근거에 입각해서 확인된 지식-은 과학이다. '지식'은 합리적으로 해결되고, 정리되고, 처리된 사물을 나타낸다. 반면에 '사고'는 외연 관계에서 전망적 시각을 나타낸다. 사유는 '미해결'이기 때문에 필요하며, 혼란이나 문제의 해결에 목적이 있다. 철학은 우리에게 알려진 것이 우리에게 무엇을 요구하는가, 즉 그것이 요구하는 반응적 태도가 무엇인지를 사고하는 것이다. 철학은 이미 성취된 사실의 기록이 아니라 무엇이 가능한지를 생각하는 것이다. 이 점에서 철학은 모든 사고가 그렇듯이 가설적이다. 그것은 무엇인가 해야 할 일, 무엇인가 시도해야 할 일에 대한 과제를 제시한다. 철학의 가치는 해결책-해결은 오직 행동으로만 이룰 수 있다-의 제시가 아니라 문제를 정확히 밝혀내고 그것을 해결하는 방법을 제시하는 데 있다. 철학은 말하자면, 그 자체를 의식하게 된 사고[194]-즉, 경험에서 그 자체의 위치, 기능, 가치를 일반적으로 규정한 사유-를 가리킨다고 묘사할 수 있다.

좀 더 구체적으로 말하면, 철학이 '전체적인' 태도를 보여야 하는 이유는 삶의 여러 가지 관심사 사이의 갈등이 행동으로 통합될 필요성이 있기 때문이다. 그런데 관심이 너무 피상적이어서 마찰 없이 쉽게 교류되거나 이해관계가 조직화되지 않아 서로 충돌할 경우, 철학의 필요성이 거의 인지되지 않을 수 있다. 그러나 예컨대 과학적 관심이 종교적 관심과 충돌하거나, 경제적 관심이 과학적 또는 심미적 관심과 충돌할 경우, 질서를 유지하고자 하는 '보수적' 관심이 자유를 추구하는 '진보적' 관심과 대립할 경우, 또 제도주의가 개인의 이익을 우선하는 생각과 충돌할 경우, 좀 더 포괄적인 관점을 찾아 양자 사이의 차이를 조화시키고 경험의 일관성이나 계속성을 회복할 필요를 느끼게 된다. 이러한 충돌은 종종 개인 혼자의 힘으로 해결할 수도 있다. 여러 목표 사이의 투쟁 범위가 한정되어 있어서 개인이 자기 생각으로 양자를 적당히 조화시키는 경우가 그런 것이다. 그런데 이러한 서민 철학은 대체로 정당하고 적절하지만, 철학의 체계에까지 이르지 못하고 있다. 철학의 체계는 행위의 이상에 관한 여러 가지 어긋나는 주장들이 사회 전체에 영향을 미칠 때, 그리하여 재조정이 필요하다고 느껴질 때 생긴다.

이상과 같은 특성에 비추어 볼 때, 철학에 대해 흔히 제기되는 반론들, 예컨대 철학에는 개인의 사색이 별로 중요한 역할을 하지 못한다든지, 철학에는 여러 가지 대립하는 이론들이 나와 그들 사이에 논쟁이 끊이지 않는다든지, 철학에는 똑같은 문제들을 말만 바꾸어서 늘 되풀이하여 같은 문제에 매달려 있는 것처럼 보인다든지, 이런 일이 다반사로 벌어진다. 말할 것도 없이, 철학의 역사에 등장하는 여러 철학 이론들이 대체로 이런 특징들을 나타내고 있다. 그러나 그것은 철학에 대한 불만이라기보다는 인간의 본성, 그리고 인간의 본성이 만들어 내는 세계에 대한 불만이기도 하다. 만약 삶이라는 것이 참으로 불확실한 것이라면, 철학이 그러한 불확실성을 반영하는 것은 당연하다. 만약 문제의 원인에 대한 진단이 다르고 그것을 해결하는 방법이 다른 경우, 다시 말하면 이해관계의 충돌이 다소나마 여러 집단의 사람들 사이에 나타나고 있다면, 서로 경합하는 다양한 철학적 주장들이 생기는 것은 불가피할 것이다. 이 갈등이 이미 지나간 일에 관련한 것일 때에는 오직 충분한 증거만 있으면, 쌍방은 쉽게 합의하여 확실한 결론에 도달할 수 있을 것이다. 일이 이미 기정사실로 확실하게 보이기에 그럴 것이다. 그러나 복잡한 사태에서 무엇을 하는 것이 좋은가 하는 문제에서는 그 결론이 아직 나와 있지 않은 상태이므로 더 많은 논의가 필요하다. 안일하게 사는 지배계급이 생존을 위해 고군분투하는 사람들과 동일한 삶의 철학을 가지리라고 상상하기 어렵다. 가진 자와 갖지 않은 자가 세상에 대한 기본적인 성향이 같다면, 이것은 그 성향이라는 것이 불성실하거나 진지함이 결여되어 있음을 보여 주는 것이다. 생산 활동에 전념하며 상공업을 활발하게 영위하는 사회가 자연의 에너지를 기계에 활용하는 일에는 거의 관심이 없이 높은 미적 문화를 추구하는 사회처럼 삶의 필요와 가능성을 똑같은 방식으로 볼 가능성은 대단히 희박하다. 상당히 연속적인 역사를 가진 사회집단이 위기에 지성적으로 대처하는 방법은 급격한 단절로 충격을 받아 온 사회집단의 그것과는 대단히 다를 것이다. 똑같은 자료가 제시되더라도 평가하는 방식이 다른 것이다. 삶의 양식이 다르고 거기서 생기는 경험이 다를 때에는 가치 체계가 다른 것은 물론이고, 제시되는 자료 또한 동일할 수가 없다. 철학이 다루는 문제가 비슷비슷하다는 점에 관해 말하자면, 이것은 흔히 사실상 그렇다기보다는 겉으로 보기에 그런 것뿐이다. 왜냐하면 옛날의 철학적 논의가 현재의 문제에 적용할 때는 문제 자체가 달라지기 때문이다. 그러나 어떤 근본적인 면에서는 동일한 곤경이 사회적 맥락의 변화라든가 과학의 성장 등의 변화가 있기는 해도, 시대에 관계없이 되풀이되어 나타나고 있다.

철학적 문제와 사회적 실천

철학적 문제는 사회적 실천에서 곤란한 문제들이 널리 퍼져 있고 그 어려움이 전반적으로 느껴지기 때문에 발생하는데, 사람들이 이 사실을 잘 이해하지 못하는 것은 철학자들이 전문적인 집단을 이루고 있고, 그들이 쓰는 용어 또한 사회의 곤란을 직설적으로 얘기하는 일상의 용어와는 다른 전문적 용어라는 점 때문에 잘 간파되지 않는다. 그러나 하나의 철학 체계가 영향력을 갖게 되면, 어떤 사회적 조정을 위한 방안을 둘러싸고 여러 가지 관심이 벌이는 갈등에 철학이 관련된다는 사실이 누구에게나 뚜렷이 지각될 수 있다. 이 지점에서 철학과 교육 사이의 밀접한 관련이 나타난다. 교육은 실제로 철학적 논의가 지닌 전문적 의미와는 다른 인간적 의의를 통찰하는 데 유리한 기반이 되기 때문이다. 철학을 '오직 그 자체로', 즉 순수철학을 연구하는 사람들은 철학을 단순히 빡빡하고 엄격한 지적 연습—철학자들이 어떤 말을 했다는 것만 공부하는 것—을 하는 것으로 생각할 위험이 있다. 그러나 철학적 문제에 상응하는 정신적 성향이 어떤 것인지, 철학적 입장에 따라 행동할 때 교육의 실제가 어떻게 달라지는지 하는 관점에서 접근한다면, 철학이 관련을 맺고 있는 구체적인 삶의 상황을 파악하는 것이 그리 어렵지는 않을 것이다. 만약 어떤 철학 이론이 교육적 노력에 아무런 차이를 가져오지 않는다면, 그것은 틀림없이 허구일 것이다. 교육적 관점은 철학적 문제가 어디서 발생하고 번성하며, 어디에 정통한지, 그리고 그것을 받아들이거나 거부하는 것이 실제에 어떤 차이를 가져오는지를 알 수 있게 한다.

교육이라는 것이 자연과 인간에 대한 지적·정서적 면에서의 근본적 성향을 형성하는 과정이라는 관점을 받아들인다면, 철학은 '교육의 일반적 이론'으로 정의할 수 있을 것이다. 철학이 순전히 상징적, 또는 언어적인 것에 그친다든지, 몇 사람을 위한 감정의 유희나 심지어 임의적인 독단이 되지 않는 이상, 과거의 경험을 검토하고 미래의 가치 실현을 위한 계획을 제안하는 철학의 과업은 반드시 그 결과가 구체적인 행위로 나타나야 한다. 대중의 선동과 선전, 입법적·행정적 조치는 철학이 제시하는 방향으로 성향의 변화를 가져올 수 있으나, 그것이 그런 효과를 나타내는 것은 오직 교육을 통해, 다시 말해 지적·도덕적 태도에 영향을 줌으로써만 가능하다. 게다가 이러한 방법은 아무리 좋은 경우라도 습관이 거의 굳어버린 사람들을 대상으로 한다는 점에서 제약이 있지만, 여기에 비하여 유연한 젊은이를 대상으로 하는 교육은 훨씬 공정하고 자유로울 것이다. 또 다른 편에서 보면, 학교가 하는 일은 현대 생활에서 학교교육이 차지하는 위치를 폭넓고 공감적인 관점에서 바라보게 해 주는 철학의 도움을 받아 그 목적과 방법을 활기차게 하지 않으면, 주먹구구식으로 판에 박힌 일을 되풀이하게 될 가능성이 있다. 실증과학[195]은 반드시 '실용적인' 면에서 공동체가 달성하고자 하는 목적을 암암리에 가정하고 있다. 이러한 목적과 분리되면, 과학의 발견이 질병의 치료에 사용되는지 아니면 퍼뜨리는 데 사용되는지, 생명을 유지하는 수단을 늘리는 데 사용되는지 아니면 생명을 절멸시키는 전쟁 물자 제조에 사용되는지 등의 문제와 아무 상관도 없는 것이 된다. 만약 사회가 이러한 일 가운데 선택적으로 특정한 일에 관심을 기울인다면, 과학이 사회가 관심을 두는 그것을 달성하는 방법을 보여 준다. 그리하여 철학은 이중의 임무를 안고 있다. 하나는 현재 과학의 발달 정도에 비추어 현재의 사회적 목적을 비판하는 것, 즉 현재 과학이 구사할 수 있는 새로운 자원에 비추어 시대에 뒤떨어져 버린 가치를 지적하고, 어떤 가치는 아직 그것을 실현할 수단이 없기에 감상적인 것에 불과하다는 것을 보여 주는 것이다. 또 하나는 장차 사회가 나아가야 할 방향과 관련하여 과학의 전문적인 연구 결과를 해석하는 것이다. 이러한 일에서 철학이 무엇을 해야 하며, 무엇을 하지 말아야 하는지를 묻게 되는데, 이런 철학에 상당하는 교육론이 없으면 아무런 성공도 거둘 수 없을 것이다. 철학 이론은 오직 어떤 것이 가치 있는지를 지적으로 탐색하는 일을 한다. 따라서 철학은 마치 알라딘의 등처럼 그것이 가치 있다고 생각하는 일이 당장 눈앞에 실현되도록 할 수는 없다. 기계공학에서 과학은 사물이 가지고 있는 에너지를 우리의 목적에 맞게 활용하는 데 방법을 제공한다. 철학은 교육적 기예를 통해 진지하고 사려 깊은 삶의 개념에 따라 인간의 에너지를 활용하는 방법을 창출할 수 있다. 교육은 철학적 탁월성이 구현되고 검증되는 실험실이다.

교육과의 연관성

유럽 철학이 아테네인들 사이에서 교육적 질문에 답해야 한다는 직접적인 압력 아래서 생겨났다는 사실은 중요한 의미가 있다. 소아시아와 이탈리아반도의 그리스인들이 발전시키는 초기 철학사는 주제 범위에 관한 한, 오늘날 이해되는 철학보다는 주로 과학사의 한 부분을 이룬다고 보아야 한다. 그것은 자연을 주제로 삼았고, 사물이 어떻게 만들어지고 변화하는지에 대해 사변으로 이루어져 있었다. 나중에 소피스트들[196]로 불리게 된 떠돌이 교사들은 자연철학자들의 결과와 방법을 인간의 행위에 적용하기 시작했다.

유럽 최초의 전문적인 교육자 집단인 소피스트들이 젊은이들에게 미덕, 정치기술, 국가와 가정의 관리를 가르쳤을 때, 철학은 개별적인 것과 보편적인 것-즉, 어떤 포괄적인 계급 또는 사회집단의 관계-, 인간과 자연, 전통과 반성, 지식과 행동의 관계에 관심을 보이기 시작했다. 그들은 다음과 같이 물었다. 미덕, 또는 탁월성은 학습될 수 있는가? 배운다는 것은 무엇인가? 그것은 지식과 관련이 있다. 그럼 지식이란 무엇인가? 그것을 어떻게 해서 성취하는가? 감각을 통해서인가, 아니면 어떤 행동양식을 통해서 실제로 해 보고 익혀서인가? 그것도 아니면 예비적인 이론적 훈련을 받은 이성을 통해서인가? 그리스인의 표현 방식에 따르면, 배움은 앎에 '도달하는 것'이므로 그것은 무지에서 지혜로, 결핍에서 충족으로, 결함에서 완성으로, 비존재에서 존재로 넘어가는 추이를 포함하고 있다. 그러한 그 추이는 어떻게 해서 가능한가? 변화, 생성, 발전은 정말로 가능한가? 그렇다면 어떻게 해서 가능한가? 그리고 그러한 질문에 대답이 주어진다면, 지식을 가르치는 것은 미덕과 어떠한 관계를 맺을 것인가? 덕이란 명백하게 행위에 깃드는 것이므로 이 마지막 질문은 이성과 행위, 이론과 실천의 관계에 대한 문제를 제기할 계기를 마련해 주었다. 아는 것은 이성의 활동이고, 그것은 인간의 가장 고귀한 속성이 아닌가? 따라서 순수하게 지적 활동 자체는 모든 탁월성 가운데 최고의 것이며, 거기에 비해 이웃에 대한 사랑의 덕이나 시민 생활의 미덕은 부차적인 것이 아닌가? 그렇지 않다면, 현학적인 지적 인식은 공허하고 헛된 외양이 문제가 아니라, 인격을 타락시키고 사람들을 공동체 생활에서 하나로 묶어 주는 사회적 유대를 파괴하는 것은 아닌가? 공동체의 오랜 관습에 순종하는 습관화를 통해 얻은 도덕적 삶이 유일하게 진실한 삶이 아닌가? 그러므로 새로운 교육이란 공동체에 확립된 전통과는 다른 기준을 설정했다는 점에서 선량한 시민성을 해치는 것이 아닌가?

2~3세대가 지나면서 그러한 문제는 그것이 처음에 지녔던 교육과의 실천적 관계를 떠나서 그것 자체가 독립하여, 즉 독자적인 탐구 영역인 철학의 문제로 논의되었다. 그러나 유럽 철학사상의 흐름이 교육적 절차 이론에서 출발했다는 사실은 여전히 철학과 교육의 밀접한 관련성을 잘 보여 주고 있다. '교육철학'은 기존 관념을 기원과 목적이 아예 다른 실제의 체계에 외적으로 적용하는 것을 뜻하는 것이 아니다. 다시 말해, 교육철학은 당대의 사회적 삶이 안고 있는 여러 가지 문제점과 관련하여 올바른 지적·도덕적 습관을 형성하는 문제를 명료하게 보여 준 이론적 공식에 불과하다. 그러므로 우리가 할 수 있는 데까지 깊이 파고 들어가서 철학의 정의를 내린다면, 철학이란 가장 일반적인 수준의 교육이론이라고 정의할 수 있다.

따라서 철학의 재구성, 교육의 재구성, 사회적 이상 및 방법의 재구성은 모두 동시에 진행되는 과정이다. 오늘날 특별히 교육의 재구성이 필요하다면, 이 필요가 전통적 철학체계의 기초적 사상들을 시급히 재구성하도록 요구한다면, 그것은 과학의 진보, 산업혁명 그리고 민주주의 발전에 따라 사회적 삶이 철저히 변화했기 때문이다. 이러한 실제적 변화가 일어나면, 반드시 그것에 대처하는 교육개혁이 필요해져서 사람들은 이러한 사회 변화 속에 어떠한 사상과 이상이 내재해 있는지, 오래된 여타 문화권에서 계승된 사상과 이상에 대해 어떤 수정이 필요한지 자문하도록 한다. 이 책 전체를 통해 지금까지 살펴본 마지막 몇 장에서 명백하게 제시한 바와 같이, 우리가 다룬 것은 바로 이 질문이다. 즉 마음과 몸, 이론과 실제, 인간과 자연, 개인적인 것과 사회적인 것 등의 문제에 어떤 시사를 주는가 하는 것이 우리의 관심사였다. 마지막 두 장에서 우리는 지금까지 논의한 내용을 지식철학에 대해, 이어서 도덕철학에 대해 논의를 정리할 것이다.

요약

지금까지의 논의 속에 함축된 철학적 논점을 부각하기 위해 나는 그 내용을 전체적으로 재검토한 뒤에 철학을 교육의 일반이론으로 정의하였다. 철학은 사유의 한 형식으로 모든 사고가 그렇듯이 경험의 부분에서 출발하여 그 불확실한 성격을 밝혀내고, 그것을 해결하기 위한 가설을 형성하며, 그것을 행동으로 검증한다. 철학적 사고의 특이성은 거기서 취급하는 불확실성이 전반적인 사회적 상황과 목적에 기초를 둔 것으로 조직된 관심 및 제도적 주장의 갈등에서 빚어진다는 데 있다. 서로 대립하는 경향들(견해와 주장들)을 조화롭게 조절하는 유일한 방법은 지적·정서적 성향을 수정하는 것이며, 따라서 철학은 삶의 다양한 관심을 체계적으로 부각시킴과 동시에 다양한 관심이 균형을 이룰 수 있도록 관점과 방법을 제시하는 일을 해야 한다. 교육은 무엇이 바람직한가에 대한 단순한 가설을 제시하는 것으로 그치는 것이 아니라, 실제로 필요한 변혁을 일으키는 과정이기 때문에 교육은 의도적으로 수행되는 실천이며, 철학은 교육의 이론이라는 진술이 타당하다는 결론에 도달한다.

25장

사회의 진보를 위한 앎과 지식의 이론

연속성 대 이원론

지금까지 이 책에서는 이미 상당히 많은 앎의 이론들에 대해서 비판해 왔다. 이 이론들은 서로 많이 다름에도 불구하고, 이 책에서 적극적으로 주장하였던 지식의 이론과 대조되는 한 가지 근본적인 측면에서 모두 동일하다.[197] 이 책에서 제시한 이론은 '연속성'을 강조하고 있고, 이에 반해 비판을 받은 다른 이론들은 명백하게, 또는 암암리에 모종의 기본적인 구분, 분리 또는 대립, 즉 전문적인 용어로 '이원론'을 내세우고 있다. 이러한 구분의 원인에는 사회집단 사이, 또 동일한 집단 내 안에서도 부자와 빈자, 남자와 여자, 귀족과 천민, 지배자와 피지배자 사이에 계급을 구분하는 단단하고 확실한 장벽이 있음을 알 수 있었다. 이 장벽이 집단이나 계급 사이의 자유로운 교섭의 흐름을 가로막고 있다. 그리고 이렇게 교섭이 잘 이루어지지 않는다는 것은 곧 각 집단이 상이한 유형의 생활 경험이 있고, 또 문제와 목적, 가치표준도 서로 고립되어 있음을 보여 주는 것이다. 만약 철학이 경험을 있는 그대로 정확하게 설명하는 것이라면, 그러한 모든 사회적 조건에서 나오는 철학은 어떤 것이든지 당연히 이원론적 성격을 띨 수밖에 없다. 많은 철학 이론들이 형식적으로 볼 때 이원론적 성격을 탈피한 것처럼 보이더라도, 그것은 오직 경험에서 발견되는 것보다도 높은 무엇, 다시 말하면 선험적[198] 영역으로 도피한 것일 따름이다. 그리하여 그런 철학은 명목상으로는 이원론을 부정한다고 하지만, 사실상으로는 그것을 복원할 뿐이다. 왜냐하면 그 이론은 결국 이 세계를 단순한 외양으로 보고, 우리가 도달할 수 없는 실재의 본질과 그 외양을 구분하기 때문이다.[199]

오늘날까지 이러한 구분은 끈질기게 전해 내려왔고, 거기에 몇 가지가 추가되어 교육체계에 그 흔적을 남겨 놓았다. 그리하여 오늘날 교육체제는 전체적으로 보면, 서로 다른 다양한 목적과 절차의 저장고와 같은 꼴이 되었다. 이미 앞서 말했듯이, 그 결과는 서로 분리되는 여러 요인과 가치들이 서로 견제하며 균형을 이루는 것이다.[18장 참조] 지금 여기서 하고자 하는 논의는 앎(지식)의 이론에 관련된 여러 가지 대립적 개념들을 철학적 용어로 정리한 것에 불과하다. 첫째로, 경험적 지식과 더 높은 이성적 지식 사이에 대립이 존재한다. 전자는 일상적인 일과 관련된 것으로 특별히 전문적인 지적 활동이 아닌 보통 사람들의 목적에 도움이 되고, 그들의 욕구를 즉각적인 환경에 조화롭게 관련짓는 일을 한다. 이러한 종류의 지식은 교양적 의미가 결여된, 순전히 공리적인 것으로 경멸까지는 아니라 하더라도 경시되고 있다. 합리적인 지식은 실재를 궁극적인 지적 방식으로, 즉 이성으로 직접 파악하는 것이라고 생각된다. 이 지식은 그것을 추구하는 것 자체가 목적으로 이론적 통찰력을 얻는 것으로 끝나야 하며, 행동에 적용된다든가 하는 식으로 비하되어서는 안 된다.

사회적인 면에서 보면, 이 두 가지 지식의 구분은 각각 노동계급이 사용하는 지성과 생계에 무관심한 유식계급이 사용하는 지성에 상응한다. 그리고 철학적 면에서 보면, 위의 두 가지 지식의 차이는 특수한 것과 보편적인 것으로 돌려놓는다. 경험이라는 것은 다소 고립된 특수한 것들의 집합으로 그 각각의 특수사례를 따로따로 접함으로써 알게 된다. 이성은 보편적인 것들, 일반적 원리 그리고 법칙을 다루며, 이것들은 뒤죽박죽인 구체적 세부 사항들의 영향을 받지 않는 높은 곳에 자리 잡고 있다. 이 구분이 교육에 적용될 때, 학생들은 한편으로 수많은 구체적인 정보들을 따로따로 배워야 하며, 다른 한편으로는 몇 가지 법칙이나 일반적 관계를 배우지 않으면 안 된다. 보통의 수업 방법을 생각해 보면, 지리는 전자에 해당하고, 수학은 셈하기와 같은 초보 단계를 제외하고는 후자에 속한다. 실제로, 이 두 가지는 완전히 독립된 별개의 세계를 나타낸다.

또 하나의 대립적 개념은 '학습'이라는 단어의 두 가지 의미에 나타나 있다. 한편으로 학습 또는 학문(학습의 결과)이라는 것은 책이나 학자들에 의해 전해 내려온 것, 즉 알려진 지식의 총화이다. 이것은 외적인 것을 가리키며, 마치 물건을 창고에 보관하듯이 지적 활동의 결과를 축적해 놓는 것이다. 진리는 어딘가에 이미 완성된 것으로 존재하고 있다. 따라서 공부란 축적된 것을 개인이 이끌어 내는 과정이다. 다른 한편으로 학습이란 개인이 공부할 때 하는 '활동'을 가리킨다. 그것은 능동적이며, 개인이 주체가 되는 개인의 일이다. 이 점에서 여기서 이원론은 외적인 것, 또는 흔히 하는 말로 객관적인 '지식'－명사형으로서의 지식－과 순전히 내적인, 주관적인, 심리적인 '앎'－동사형으로서의 지식－ 사이에 있다.* 한쪽에는 이미 완성된 진리의 체계가 있고, 다른 한쪽에는 인식 능력을 갖춘 이미 완성된 마음－마음이 그 능력을 행사하려고만 하면 지식을 획득할 수 있지만, 기이하게도 그 능력을 행사하기를 꺼려 하는 경우가 많다－이 있다. 교육과 관련하여 이따금 거론되는 교육 내용과 방법의 분리는 이러한 이원론이 교육적으로 반영된 것이다. 사회적 측면에서 보면, 이 구분은 권위에 의존하는 삶의 부분과 개인이 자유롭게 영위하는 삶의 부분에 해당한다.

또 다른 이원론은 앎에서 수동성과 능동성의 이원론이다. 순전히 경험적이고 물리적인 사물은 흔히 인상을 받음으로써 알게 된다고 생각된다. 물질적인 것들은 어떤 방식으로든지 마음에 각인되거나 감각기관을 통해 의식에 전달된다. 이와는 달리, 합리적 지식이나 정신적 사물에 대한 지식은 마음 내부에서 발동되는 활동에서 나오며, 이 활동은 감각이나 외적 물체와 접촉에 의해 훼손되지 않고, 거기서 멀리 떨어져 있을수록 더 잘 수행된다. 한편으로는 감각적 훈련, 실물수업, 실험실 작업, 또 다른 한편으로 책에 담겨 있는 순수한 아이디어가 모종의 기적과도 같은 정신적 에너지의 발휘로 내면화되는 과정－적어도 그런 식으로 내면화된다고 생각

---

* 이론적/명제적 지식과 실제적/방법적 지식이라는 이원론을 피하고자 하는 듀이는 앎(knowing)을 세계와의 상호작용, 그리고 경험의 지성적 재구성 활동으로 파악한다. 앎의 변혁적 과정이라고 할 수 있는 '사물'은 의미를 지닌 사건으로서 단순한 관찰자가 아니라 행위 주체자의 탐구 과정의 성취라고 할 수 있다. 이렇게 앎의 자연주의 이론은 앎의 인식 주체나 마음을 자연 '위'에 두는 것이 아니라 자연 '안'에 둔다(Johnson & Schulkin, 2023: 98-114).

되는- 사이의 구분은 위의 수동성과 능동성의 구분이 교육에서 공정하게 적용한 표현이라고 볼 수 있다. 사회적으로 보면, 이 구분은 사물에 대한 직접적 관계에 의해 통제되는 사람과 자신의 교양이나 인격을 자유롭게 함양하는 사람의 구분에 상응한다.

근래에 와서 문제시되는 또 하나의 대립으로 지성과 정동 사이의 존재하는 대립을 들 수 있다. 정동[200]은 순전히 사적이고 개인적인 것으로 생각되며, 사실과 진리를 파악하는 순수한 지성의 작업과는 아무 관련이 없는 것으로 여겨진다. 예외가 있다면, 아마도 지적 호기심이라는 단일한 정동이 지성과 관계가 있다고 보는 정도이다. 지성은 순수한 빛이고, 여기에 비하면 정동은 마음을 어지럽히는 열병과 같은 것이다. 지성은 밖으로 진리를 향하고, 정동은 안으로 개인적인 득실을 따진다. 앞에서 지적한 바와 같이, 교육에서 흥미를 체계적으로 과소평가해 왔다는 것, 그것에 덧붙여서 대부분의 학생에게서 교육 내용과는 무관한 외적 상벌에 의존해 왔다는 것은 이것으로 설명될 수 있다. 지금까지 교육에서 사용한 방법을 보면, 그것은 학생들에게 이미 달려 있는 마음을 사용해서-마치 옷에 호주머니가 많이 달려 있는 것과 같이- 이미 알려진 진리를 마음속에 담도록 상벌로 유인하는 방법이었다. 따라서 전문 교육자들이 한편으로는 아주 근엄하게 시험과 점수, 진급과 낙제, 우등상 등에 의존할 필요가 있다고 말하고, 전가의 보도인 상벌의 중요성을 역설하는 웃지 못할 광경이 벌어진다. 이러한 사태가 교사의 발랄한 유머 감각을 짓밟고 있다는 사실은 응당 주목의 대상이 되어야 하는데도 아직 주목을 받지 못하고 있다.

이원론의 극복

이 모든 분열은 결국 아는 것(인식)과 하는 것(행위), 이론과 실제, 행동의 목적과 정신인 마음과 행동의 기관이자 수단인 몸 사이의 분리로 집약된다. 이 이원론이 사회의 계급 구분, 즉 물질적인 생계수단을 얻기 위해 근육을 움직여 노동하는 계급과 경제적 압박에서 해방되어 예술적 표현이나 사회적 지도의 예술에 전념하는 계급으로 사회가 구분되어 있다는 사실에 그 기원을 두고 있다는 것은 앞에서 말한 바와 같다. 여기서 다시 반복할 필요는 없으며, 또한 이 분리에서 생겨나는 교육적 폐단에 대해서도 다시 언급할 필요가 없다. 여기서는 다만 오늘날, 이러한 이원론적 사유가 타당하지 않다고 보는 데에는 어떤 근거가 있는지, 그것이 어째서 연속성의 원리로 대체되지 않으면 안 되는지를 요약해서 제시하고자 한다.[201]

(1) 생리학의 발달, 이와 관련된 심리학의 발달은 정신활동과 신경계 사이의 밀접한 관련을 보여 준다. 영혼과 육체라는 오래된 이원론이 뇌와 나머지 신체라는 이원론으로 대체되면서 연결이라는 개념을 제대로 인식하지 못하게 되었다. 그러나 사실 신경계라는 것도 모든 신체 활동이 함께 작동하도록 하기 위해 특수화된 기제에 불과하다. 신경계는 인식기관이 운동 반응을 하는 모든 기관에서 분리되어 있듯이 다른 신체 기관과 분리된 것이 아니라, 여러 신체 기관들이 상호작용하여 반응하도록 하는 기관이다. 뇌는 본질적으로 환경에서 받아들인 자극과 이에 대한 반응에 대하여 각각 상호조정을 할 수 있도록 한다. 여기서 조정한다는 것이 상호적일 수밖에 없다는 점에 주목해야 한다. 즉, 뇌는 단순히 감각적 자극에 대한 반응으로서 유기체의 활동이 환경의 모든 대상에 어떤 조치를 가하도록 해 줄 뿐만 아니라, 이 반응은 다음에 어떤 자극이 올지를 결정한다. 예를 들어, 목수가 나무판자를 다룰 때, 또는 판화가가 동판을 다룰 때, 말하자면 어떤 종류의 일이든지 일련의 연속적인 활동을 할 때, 어떤 일이 일어나는지를 생각해 보면 이 점을 쉽게 이해할 수 있다. 각각의 운동 반응은 감각기관을 통해 전달된 상황에 맞게 조정되는데, 해당 운동 반응이 다시 그다음의 감각 자극을 형성하는 것이다. 이 예시를 일반

화하여 말하면, 뇌는 활동이 연속성을 가질 수 있도록 끊임없이 활동을 재구성하는 생리적 기관이라고 할 수 있다. 즉, 이미 한 일에 비추어서 향후 행동을 어떻게 수정해 나가야 할지를 알려 준다. 목수의 작업은 하나하나가 연속성을 이루고 있어서 그것은 정확하게 동일한 일을 그대로 반복하는 것도 아니며, 그렇다고 아무런 축적도 없이 닥치는 대로 하는 활동도 아니다. 목수의 일이 연속적, 계속적, 집중적인 이유는 이전의 행동이 다음에 할 행동 방향을 준비해 줄 뿐 아니라, 나중의 행동은 이미 달성된 결과를 고려하고 계산에 넣기―이것이 책임의 기초가 된다― 때문이다. 한편으로 앎을 연속적이고 일관된, 또는 집중적으로 만드는 것은 각각의 선행 위기가 이후 행위를 위한 길을 준비하면서, 이미 달성된 결과를 고려하거나 전망하는 모든 책임의 기초가 되기 때문이다. 신경계가 어떻게 앎과 연결되는지, 신경계가 어떻게 새로운 조건에 끊임없이 대처하기 위해 지속해 활동을 재조정하는지를 분명히 깨달은 사람이라면, 앎이란 활동과 분리되어 그 자체로 완결된 상태로 존재하는 것이 아니라 활동을 재구성하는 과정과 관련이 있다는 것을 의심하지 않을 것이다.

(2) 생물학의 발달은 진화론의 대두와 함께 위의 주장을 한층 더 확실하게 해 준다. 진화론의 철학적 의미는 단순한 유기체와 복잡한 유기체, 그리고 인간에 이르기까지의 연속성을 강조하는 데 있다. 유기적 형태의 발달은 환경과 유기체의 조정이 명백하고, 마음이라고 할 만한 것이 거의 없다시피 한 구조에서 시작한다. 활동이 더 복잡해지고, 시간상으로나 공간상으로 훨씬 많은 요소를 동시에 고려하게 되면, 더 먼 장래를 예측하고 계획하는 데 지성이 점점 중요한 역할을 하게 된다. 앎(지식)의 이론과의 관련을 보면, 이것은 지식이라는 것이 세계를 구경꾼이나 관찰자의 눈으로 보는 활동이라는 생각을 부정한다. 그런데 이 생각은 지식이 다른 것과의 관련이 없이 그 자체로서 완전하다는 생각과 밀접하게 관련되어 있으며, 따라서 위의 생물학적 사실은 이 생각 또한 부정한다. 유기체가 진화한다는 이론은 곧 생물은 세계의 한 부분으로 그것과 함께 변

천을 겪고 그것과 운명을 같이한다는 것, 그리고 생물이 세계에 대한 조심스러운 의존 관계에서 삶을 영위하기 위해서는 그 주위에 있는 사물과 자신을 지적으로 동일시하며, 현재 벌어지고 있는 일이 장차 어떤 결과를 가져올 것인지를 예상하고, 그것에 따라 활동을 조정해 나가지 않으면 안 된다는 것을 말해 준다. 만약 살아가며 경험하는 존재가 그를 둘러싸고 있는 세계의 활동에 긴밀하게 참여한다면, 지식은 곧 이 참여의 방식이며, 그 가치는 그것이 가지는 효과에 있다고 보아야 한다. 지식은 결코 냉담한 관찰자의 안일한 관조가 될 수 없다.

(3) 지식을 얻고, 또 그 지식이 단순한 의견이 아닌 확실한 지식임을 보장하는 방법으로 '실험 방법'[202]의 발전－발견과 증명의 방법－은 지식이론의 변혁을 가져온 또 하나의 중요한 힘이다. 실험 방법에는 두 가지 측면이 있다. 그 한 가지 측면은 우리의 활동이 실제 사물에 어떤 물리적 변화를 일으키고, 그 변화가 우리의 생각과 일치하여 그것이 옳았다는 것을 확인해 주는 경우가 아니면, 올바른 의미의 지식이라고 볼 수가 없다는 것이다. 그러한 구체적인 변화가 없다면, 우리의 신념은 단순한 가설, 이론, 제안, 추측에 지나지 않는다. 그것들은 시험적으로 받아들여지고 시험되어야 하는 실험의 지침으로 이용해야 한다. 실험 방법이 갖는 또 하나의 측면은 사고가 도움이 된다는 것, 그 도움은 현재의 상황을 철저하게 조사한 것을 근거로 앞으로 일어날 결과를 예측하는 데 유용하다는 것을 보여 준다. 요컨대 실험이라는 것은 맹목적 반응과는 다르다고 할 수 있다. 우리의 모든 행동이 실험일 수는 없으므로, 그러한 잉여 활동－관찰과 예상의 범위 밖에서 일어나는 다소간 맹목적인 활동－은 실제로 우리의 모든 행동에서 피할 수 없는 요소라고 할 수 있다. 그러나 우리가 하는 행동의 결과를 주시하고, 장차 일어날 비슷한 상황에서 예측과 계획을 세우기 위해 이용되는 것이 아니라면, 그 활동은 한낱 실험으로 끝나지는 않을 것이다. 실험 방법의 의미를 충분히 이해한다면, 우리가 우리 앞에 놓인 물적 자원과 장애를 처리할 때 이전에 사용했던 지식을 더

많이 활용하게 될 것이다. 우리가 마술이라고 부를 수 있는 것은 여러 방면에서 원시인의 '실험 방법'이라고도 볼 수 있지만, 주술에서 그들이 시행한 것은 아이디어에서 비롯된 것이 아니라 운수의 행위라고 할 수 있다. 그렇지만 '과학적인' 실험 방법은 아이디어의 시행이라고 할 수 있으며, 따라서 우리가 바라는 실제적 또는 즉각적 결과가 나오지 않더라도, 그것은 여전히 지적인 일이며 성과 있는 일임이 틀림없다. 우리의 노력이 진지한 사유를 담고 있을 때, 우리는 실패에서도 배우는 바가 있는 것이다.

실험 방법이 과학적 자원으로 등장한 것은 최근의 일이다. 실험 방법이 실제적 방안으로 등장한 것은 삶 그 자체의 역사만큼이나 오래된 것이지만, 그것이 지식을 얻는 체계화된 방법으로서 인정된 것은 역사적으로 새로운 일에 해당한다. 그러므로 사람들이 실험 방법의 폭넓은 의미를 완전히 인식하지 못하고 있다는 것은 별로 놀랍지 않다. 대부분의 경우에 사람들은 기술적인 문제나 물리적인 문제에 그 의미가 국한되어 있다고 생각할 것이다. 그것이 사회적·도덕적 문제와 관련된 아이디어를 형성하고 검증하는 데에도 마찬가지로 적용될 수 있다는 데에는 아마도 분명 오랜 세월이 걸릴 것이다. 사람들은 아직도 독단, 즉 권위가 확고하게 인정되는 신념 등에 의존하면서 사고를 하는 수고, 그리고 사고에 의하여 활동을 스스로 이끌어 갈 책임에서 벗어나려고 할 것이다. 그들이 스스로 생각하는 것이라고는 여러 가지 대립하는 독단 중에서 어느 것을 받아들일지 하는 것뿐이다. 그러므로 학교는 탐구하는 사람을 길러내기보다 신봉하는 사람을 길러내는 데 더 적합하다는 존 스튜어트 밀의 말도 충분히 일리가 있는 주장이다.[203] 그러나 실험 방법의 영향이 조금씩 진전해 감에 따라 과거의 학교를 지배해 왔던 신념을 형성하는 방법이었던 문학적, 문답적, 권위주의적인 방법은 사라지고, 그것 대신에 시간적으로 장기적이고 공간적으로 더 넓은 범위에 걸쳐 사물과 인간에 능동적인 관심을 불러일으킬 수 있는 방법이 나타날 것임이 틀림없다. 머잖아 지식의 이론은 지식을 만들어 내는 데 가장 효과를 발휘하는 실천에서 나와야 하며, 이

런 지식이론은 그보다 덜 효과적인 방법의 개선에 유용한 결과를 가져올 것이다.[204]

지식을 획득하는 여러 방법

앎의 방법에 대해 개념을 특징적으로 달리하는 여러 가지 철학체계가 있다. 그들 중 일부는 스콜라주의, 감각론, 합리론, 관념론, 실재론, 경험론, 선험주의, 실용주의 등으로 명명되고 있다. 이들 중 다수는 일부 교육 문제에 대한 논의와 관련하여 비판을 받았다. 여기에서 우리는 이 이론들이 지식을 획득하는 가장 효과적인 것으로 입증된 방법에서 어떻게 일탈했는지를 고찰하고자 한다. 그렇게 이탈해 있다는 것을 고찰하면 경험에서 지식이 차지하는 올바른 위치가 좀 더 분명히 드러날 것이다. 한마디로 말해, 지식의 기능은 하나의 경험을 다른 경험에서 자유롭게 활용할 수 있도록 하는 데 있다. 여기에서 '자유롭게'라는 말은 지식의 원리와 습관의 원리 사이의 차이를 드러낸다. 습관이라는 것은 개인이 경험을 통해 수정을 겪는 것을 의미하며, 이 경우 수정이라는 것은 장차 동일한 방향으로 더 쉽게, 더 효과적으로 하게 되는 성향의 형성을 말한다. 따라서 하나의 경험을 후속 경험에서 사용할 수 있게 만드는 기능도 있다. 사실상 제한된 범위에서는 습관은 이 기능을 잘 수행한다고 말할 수 있다. 그러나 습관에 지식이 결여되어 있을 때는 상황의 변화나 새로운 것을 받아들일 수 없다. 변화를 예견하는 것은 그 범위의 일부가 아니다. 왜냐하면 습관은 새로운 상황과 이전 상황이 비슷하다는 것을 본질적으로 가정하기 때문이다. 그 결과 습관은 종종 혼란에 빠뜨리는 수가 있으며, 사람과 일 사이에 끼어 일의 성공적인 수행을 방해하기도 한다. 그것은 마치 순전히 습관적인 기술을 가진 기계공이 기계가 작동 중에 전혀 예상치 못한 일이 발생할 때 어쩔 줄 몰라 하는 것과 같다. 그러나 기계를 이해하는 사람은 자신이 무슨 일을 하는지 알고 있다. 그는 어떤 특정한 습관이 충분히 해낼 수 있는 일이 어떤 일인지를 알고 있으며, 새로운 상황에 맞게 습관을 수정할 줄 안다.

달리 말하면, '지식'이란 한 대상이 어떤 주어진 상황에 적용할 수 있는지의 관점에서 그 대상이 가지고 있는 여러 가지 관련성을 파악하는 것을 가리킨다. 하나의 극단적인 예를 들자면, 원시인은 혜성이 하늘에 불을 그리며 지나가는 것을 볼 때, 마치 자신들의 생명을 위협하는 사물이나 사건을 대하듯 반응한다. 그들은 비명을 지르고 징을 치며 무기를 휘두르는 등 야생 동물이나 적을 놀라게 하듯이, 혜성을 대해서도 겁주기위해 같은 방법을 써서 쫓아버리려고 한다. 우리 입장에서 볼 때 그 방법은 명백히 터무니없는 짓이고, 그래서 우리는 원시인이 한계가 명확한 습관을 단순히 의지하고 있다는 것을 알아차리지 못하고 있다. 우리가 이와 비슷한 방식으로 행동하지 않는 이유는 우리는 혜성을 하나의 고립된, 따로 떨어진 사건으로 보지 않고, 다른 사건들과 관련하여 파악하고 있다. 말하자면, 우리는 그것을 천문학의 시스템 속에서 파악하고 있다. 우리는 단순히 당장의 사건 하나에 반응하는 것이 아니라, 그 사건이 가지고 있는 '연계성'을 파악한다. 따라서 그것에 대한 우리의 태도는 훨씬더 자유로워진다. 우리가 생각하는 대로, 여러 가지로 연계된 사물 중에서 어느 것을 선택하여 그것에 적절한 습관을 따라 작동시킬 수 있다. 이렇게 하여 우리는 새로운 사건에 직접 대응하지 않고 간접적으로-발명, 독창성, 자원의 활용-대응한다. 이상적으로 완벽한 지식은 새로운 경험이 제시하는 문제점을 해결하는 데 과거의 경험이 유리한 방향으로 활용될 수 있도록 상호 연결된 네트워크 형태이다. 요컨대 지식이 포함되지 않은 습관은 고정된 단일한 해결 방식을 제공하는 데 비해, 지식은 훨씬 더넓은 범위에 걸친 습관 중에서 적절한 것을 선택하는 것을 뜻한다.

이처럼 이전의 경험이 나중의 경험에 일반적으로 그리고 자유롭게 도움을 줄 수 있다는 가능성에는 두 가지 상이한 측면이 있다.pp. 118-120 참조 그 하나는 더욱 실질적인 측면으로 통제력이 증대된다는 점이다. 직접 관리할 수 없는 것도 간접적으로는 다룰 수 있다. 또 좋지 않은 결과가 우리에게 영향을 미치지 못하게 그 사이에 칸막이를 하거나, 어떤 방법으로도 극복할 수 없을 때는 회피하는 방법도 있다. 진정한 지식은 어느 경우에도 효율적인 습관이 가지는 것과 동일한 실제적 가치가 있다. 또 하나의 측면은 지식이 의미—즉, 경험에 들어 있는 의미나 경험된 의미—를 증대시켜 준다는 점이다. 어떤 사태에 대하여 아무렇게나 기분 내키는 대로 반응한다든지 틀에 박힌 고정된 반응을 할 것에는 별다른 인식적 의미가 없다. 우리는 거기서는 정신적으로 아무것도 얻지 못한다. 그러나 새로운 경험을 결정하는 데 지식이 작용할 때는 언제나 정신적 보상이 따른다. 비록 우리가 바라는 실제적 결과를 얻지 못할 때도, 우리는 단순한 기계적 반응이 아닌 의미를 경험하는 데서 만족을 얻는다.

지식의 '내용'은 '이미' 일어난 일, 이미 끝난 일, 완전히 해결되어 확실하다고 생각되는 것이지만, 지식의 '지시 대상'은 '미래', 다시 말하면 장차 일어날 전망에 있다. 지식은 현재 일어나고 있는 일, 앞으로 해야 할 일을 이해하고, 그것에 의미를 부여하는 수단이다. 예컨대 의사의 지식은 본인이 직접 체험하거나 다른 사람이 확인하고 기록한 내용을 배워서 알아낸 것이다. 그러나 그에게 그것이 지식이 되는 까닭은 그가 직면한 미지의 것들을 해석하고, 부분적으로 명확한 사실을 그것과 관련된 현상에서 보충하고, 미래에 일어날 일을 예견하고, 그것에 맞추어 계획을 세우는 데 도움이 되기 때문이다. 맹목적이고 이해하기 어려운 사태에 대한 의미를 부여하는 데 전혀 사용되지 않는 지식은 의식에서 완전히 떨어져 나가거나, 그렇지 않으면 미적 감상의 대상에 지나지 않을 것이다. 물론, 지식이 나타내고 있는 균형이나 질서를 훑어보는 것에는 상당한 정서적 만족감이 따르는 것이며, 이 만족은 그 나름의 정당성을 갖고 있다. 그러나 이런 관조적 태도는 지적인 것이 아니라 미적인 것이다. 그것은 잘된 그림이나 멋진 풍경을 바라볼 때 느끼는 기쁨과 같다. 그림이나 풍경이 조화롭게 잘

짜여만 있다면, 거기에 무슨 내용을 다루고 있는가는 아무 상관이 없다. 실제로 그림의 경우에는 화가가 순전히 지어내서 그린 것, 화가의 머릿속에 있는 상상을 그린 것이라도 상관없는 일이다. 지식이 세계에 적용 가능성을 가지고 있다는 것은 '이미 지나간 것'에 적용될 수 있다는 뜻이 아니다. 그렇게 하는 것은 사건의 성격상 불가능하다. '적용'이라는 것은 현재 진행 중인 것, 아직도 완전히 해결되지 않은 것, 우리의 삶이 얽혀 있는 움직이는 장면에 적용된다는 뜻이다. 우리가 이 속성을 너무 쉽게 간과한다는 사실, 그리고 이미 지나가 버려서 우리의 손이 닿지 않는 것에 대해서 말해 놓은 것을 지식이라고 부른다는 사실은 우리가 과거와 미래의 연속성을 당연한 것으로 생각하기 때문이다. 세계의 지나간 부분(과거)에 대한 지식이 앞으로 나타날 부분(미래)에 대하여 예측하거나 그것에 의미를 부여하는 데 아무런 도움이 되지 않는 그러한 세계는 상상하기 어렵다. 지식이 미래를 예측하는 준거가 된다는 당연한 사실을 우리가 종종 잊는 것은 그것이 지식의 성격으로 이미 내포되어 있기 때문이다.

그럼에도 불구하고 인식론과 관련된 여러 철학의 학파들은 이렇게 당연한 사실을 실제로 부정하고 있다. 그들은 지식을 장차 해야 할 일에 소용된다는 것과는 관계없이 그 자체로서 완전한 것이라고 설명한다. 그 학파의 이론이 그릇되었다고 보는 이유는 바로 지식이 장차 유용하게 쓰인다는 이 사실을 도외시한다는 데 있으며, 그와 마찬가지로 그들이 내세우는 교육 방법이 올바른 지식관을 가진 사람들로부터 비난을 받는 것도 바로 그 점 때문이다. 학교에서 보통 지식의 습득이라고 말하는 것들을 살펴보면, 학생들의 일상적인 경험과 의미 있게 연결되는 경우가 거의 없이 책에 쌓인 교과 내용을 단순히 받아들이는 경우가 대부분이라는 점을 알게 될 것이다. 학생들이 배우는 지식을 처음 알아낸 사람들에게는 그것이 진리였으며 그의 경험 세계에서 그 지식이 올바른 기능을 수행했다 하더라도, 그것이 곧 학생들에게도 올바른 의미의 지식이 된다는 것을 보장하지는 않는다. 그것은 학생 개인의 삶에 실현되지 않은 화성 또는 어떤 상상 속의 나라에 대한 지식이나 다름이 없다.

스콜라철학의 방법이 생겨났을 때, 그것은 그 당시의 사회적 조건에 부합하였다. 그 방법은 권위로부터 전해 받은 내용을 체계화하고 그것에 합리적인 근거를 부여했다. 그 내용은 대단히 소중한 것이기 때문에 그것을 정의하고, 체계화하는 일을 활성화시켰다. 현재 스콜라철학의 방법은 어떤 종류의 교과와도 특별한 관련이 없는 지식 습득의 방법을 나타내고 있다. 그 방법은 구별하고 정의를 내리고 구분하고 분류하는 일을 경험과 관련된 목적과는 아무런 상관없이 단순히 그런 일 자체를 위해서 하는 것이다. 사유는 그 자체의 형식을 가지고 있는 순전한 정신 활동으로서 마치 도장을 아무 데나 찍는 것처럼, 어떤 내용에도 적용될 수 있다고 보는 견해, 흔히 '형식논리학'이라는 용어가 나타내는 견해는 스콜라철학의 방법의 일반화된 형태이다. 교육의 형식도야 이론은 스콜라철학의 방법에서 자연적으로 파생된 교육이론이다.

감각주의와 합리주의의 대결, 그리고 실용주의적 앎

지식 획득의 방법에 관한 이론으로 흔히 감각주의와 합리주의라고 불리는 두 개의 대립하는 이론은 특수한 것과 일반적인 것-또는 단순한 사실과 단순한 관계- 중에서 어느 한쪽만을 배타적으로 강조하는 입장에 각각 해당한다. 진정한 지식에는 특수화와 일반화의 기능이 함께 작용한다. 가령, 어떤 상황이 혼란에 빠져 그것을 해결해야 한다고 하자. 이 상황은 세부적인 요소들로 분해되어야 하고, 될 수 있는 대로 선명하게 규정되어야 한다. 이와 같이 세부적으로 규정하는 데는 우리의 감각기관이 동원된다. 문제를 제기하는 데 사용되는 이러한 사실이나 성질은 단편적인 것이며, 이 점에서 그것은 특수한 것이라고 부를 수 있다. 우리가 해야 할 일은 이것들 사이의 관련을 찾아내고, 그것들을 다시 결합하는 일이기 때문에 이 시점에서 보면, 그것은 '부분적인' 것이다. 우리는 여기에 의미를 부여해야 한다. 그것이 현재의 상태로는 아직 의미가 부족하다. 이와 같이 장차 알려져야 할 것, 그 의미가 아직 드러나 있지 않아 장차 밝혀야 하는 것은 어떤 것이든지 '특수한' 것이 된다. 그러나 이미 알려진 것은 그것을 적용하여 새로운 특수한 것들을 지적으로 통달하기 위해 다시 처리된다면, 그것은 기능적으로 '일반적인' 것이 된다. '일반성'이라는 것은 다른 것이 아니라, 아직 관련이 맺어지지 않은 구성 요소들을 서로 관련짓는 기능을 가리킨다. 사실이 새로운 경험의 요소에 의미를 부여하는 데 사용될 때, 그 사실은 일반적인 사실로 된다. 이성[205]이라는 것은 단지 이전의 경험 내용이 새로운 경험 내용에 대해서 가지는 의의를 인식하는 데 관련을 맺도록 하는 능력을 가리킨다. 분별력 있는 사람은 즉각적으로 그의 감각에 들어오는 사건을 고립된 것으로 보는 것이 아니라, 그것을 인류의 공동 경험과 관련지어 보는 데 언제나 개방된 마음을 갖고 있는 사람이다.

감각기관의 능동적인 반응에 의해 식별되는 특수 사례가 없으면, 지식의 자료도 없고 지식의 성장도 없다. 이러한 특수 사례를 과거의 더욱 넓은 경험에서 정련되어 나온 의미 맥락 속에 놓지 않으면—즉, 이성이나 사유가 수반되지 않으면—, 특수 사례는 단순한 자극이나 신경질에 지나지 않는다. 감각주의와 합리주의의 오류는 모두 다른 관점을 보여 주지만, 감각적 자극과 사유는 옛날의 경험을 새로운 경험에 적용하는 경험의 재조직, 그리고 그로 인한 삶의 계속성이나 일관성의 유지에 관련된다는 점을 간과하는 경향이 있다.

이 책에서 주장한 지식 획득의 방법을 설명하는 이론은 '실용주의'[206]라고 부를 수 있을 것이다. 이 이론의 핵심적인 주장은 지식을 추구하는 행위는 환경을 의도적으로 수정하는 활동과 앎의 계속성을 유지하고 있다는 것이다. 이 주장에 의하면, 엄밀한 의미에서 지식을 소유하고 있다고 말하기 위해서는 그것이 우리의 지적 자원이 되어야 한다는 것, 다시 말하면, 지식이란 우리의 행동을 지적인 것이 되게 하는 모든 습관을 가리킨다는 것이다. 우리가 환경을 우리의 필요에 맞게 적응시키고, 우리의 목적과 욕망을 우리가 살고 있는 상황에 맞게 적응시킬 수 있도록, 우리의 성향의 한 부분으로 조직되어 있는 것만이 진정 지식이라고 말할 수 있다. 지식이라는 것은 지금 우리의 의식 속에 들어 있는 그 무엇이 아니라, 지금 일어나고 있는 일을 이해하는 데 우리가 의식적으로 사용할 수 있는 성향으로 이루어져 있다. 하나의 행위로서 지식은 우리가 살고 있는 세계와 우리 자신과의 관련을 파악하며, 그렇게 함으로써 우리가 처하고 있는 혼란된 상황을 바로잡으려는 목적으로 우리가 가지고 있는 성향의 일부를 의식에 떠올리는 것이라고 할 수 있다.[207]

요약

자유롭고 온전한 교류를 방해하는 사회적 구분은 각각 분리된 계급의 성원들이 가지고 있는 지성과 지식을 어느 한쪽에 치우치도록 하는 반작용을 일으킨다. 어떤 사람들은 그들이 봉사하는 더 큰 목적과 분리된, 당장의 실용적인 일에 경험이 국한되어 있는데, 이런 사람들은 실용적 경험주의자라고 부른다. 실제로 의미를 생성해내는 활동에는 참여하지 않으면서 의미 세계를 관조하고 거기서 즐거움을 향유하는 사람들은 실용적 합리주의자라고 할 수 있다. 사물과 직접 접촉하면서 자신의 활동을 그러한 사물에 즉시 적응시켜 가는 사람들은 실재론자라고 할 수 있다. 그러한 사물의 의미와 분리되어 그 사물과 초연하게 떨어져 그것을 종교적 또는 소위 영적 세계에 위치시키려는 사람들은 관념주의자라고 할 수 있다. 진보에 관심을 보이고, 기존의 믿음을 변화시키려고 노력하는 사람들은 앎의 개인적 요소를 강조하지만, 변화를 원하지 않고 그동안 물려받은 진리를 보존하는 것을 주된 과업으로 삼는 사람들은 보편적이고 고정된 것을 강조한다. 이런 식의 구분은 더 많이 열거할 수 있다. 지식이론에서 대립하는 주장을 하는 철학 체계는 이러한 단절되고 일방적인 경험의 특성 중에서 어느 한쪽으로 치우친 단편적 부분에 관계되는 특징만을 이론으로 정립해 왔다. 이렇게 이론들이 외곬에 빠진 이유는 사회적 교섭을 가로막는 장애로 인해 한쪽의 경험이 그것과는 다른 처지에 있는 사람들의 경험에 의해 풍부해지고 보완될 기회를 가질 수 없게 만들었기 때문이다.

이와 마찬가지로 생각하여 민주주의는 원칙적으로 자유로운 상호교섭, 사회적 계속성을 특징으로 하기 때문에 여기서 배태하는 지식의 이론이란 당연히 지식을 하나의 경험이 다른 경험에 방향성과 의미를 주는 방법을 통해 추구되고 획득된다고 봐야 한다. 생리학, 생물학, 실험과학 논리의 최근 발전은 그러한 지식의 이론을 형성·발전시키는 데 필요한 구체적인 지적 자원과 정보를 제공해 주고 있다. 이 이론을 교육에 적용하여 생각해 보면, 학교에서의 지식 습득은 연합적 삶에서 일어나고 있는 활동, 또는 직업 활동과 관련을 맺어야 한다는 결론이 나온다.

26장

의식적으로 성장하고 쇄신하는
삶을 위한 도덕이론

마음과 활동을 분리하는 이원론

도덕성[208]은 행위와 관련되어 있기에 도덕[209]의 이론에도 마음과 활동을 분리하는 이원론적 사고가 나타날 수밖에 없다. 이러한 이원론이 도덕교육에서 이루어지는 실천을 정당화하고 이상화해 왔기 때문에 이에 대한 간략한 비판적 논의가 필요하다. 교육이론에서 늘 주장하는 바와 같이, 인격[210]의 함양은 학교의 수업과 훈육의 포괄적인 목적이다. 그러므로 우리는 이러한 포괄적인 교육목적의 실현이 저해되는 일이 없도록 늘 경계해야 하고, 그 목적이 잘 실현되도록 하려면 어떤 조건이 갖추어져야 하는지에 주의를 기울여야 한다.[211]

도덕적 사고의 내적 동기와 외적 결과

우리에게 부딪치는 첫 번째 난관은 사람들이 도덕에 관하여 생각할 때, 활동의 과정을 두 개의 대립되는 요인들-흔히 안과 밖, 또는 정신적인 것과 육체적인 것이라고 부르는-로 분리하여 생각하는 경향이 있다는 점이다. 이 구분은 지금까지 우리가 고찰한 마음과 세계, 영혼과 육체, 목적과 수단이라는 이원론을 집약적으로 표현하고 있다. 이 이원론은 도덕에서 행동의 동기와 그 행동의 결과, 즉 인격과 행위를 엄격히 구분하는 것으로 나타난다. 동기와 인격은 오직 의식 속에서 일어나는 순전히 '내적인 것'으로 간주되며, 이에 반해 행위와 결과는 마음의 바깥에 있는 것으로, 행위는 동기를 실천에 옮기는 신체적 움직임과 관계하고 있고, 결과는 그 움직임에 따라 관련되어 있는 것으로 간주된다. 도덕의 이론을 제시하는 여러 학파는 내적인 마음의 상태와 외적인 행위 및 결과를 서로 분리해 놓고, 도덕성을 그 중의 어느 한쪽과 동일한 것으로 규정하고 있다.

목적을 가지고 하는 행위는 의도적인 행위이다. 거기에는 의식적으로 '예견되는 목적'[212]이나 옳고 그름의 이유를 마음속에서 저울질하는 일이 포함되어 있다. 또한 목적을 간절히 열망하는 의식 상태가 포함되어 있다. 의도적으로 목표를 선택하고, 또 그것에 대하여 흔들리지 않는 열망의 성향을 품게 되는 데는 시간이 걸린다. 이 기간에는 완전히 외현적인 행동은 보류된다. 아직 마음을 정하지 못한 사람은 무엇을 해야 할지 모른다. 따라서 이 사람은 될 수 있는 대로 오랫동안 확실한 행동을 미룬다. 도랑을 건널까 말까 생각하고 있는 사람과 비슷한 처지에 있다고 비유적으로 말할 수 있다. 만약 이 사람이 뛰어 건널 수 있다든가 없다든가 어느 쪽으로든지 확실히 결정했다면, 어느 한쪽으로 분명한 행동을 하게 될 것이다. 그러나 여전히 생각하는 동안에는 의심하는 상태에 있으며 망설이는 상태에 있다. 어느 한쪽의 행동이 보류되는 동안, 활동은 확정적인 행동의 방향을 준비하기 위한 유기체 내의 에너지 재배분에 국한된다. 그는 눈으로 도랑의 폭을 잰다. 자신에게 도랑을 마음대로 뛰어넘을 힘이 있는지 몸을 팽팽하게 긴장시켜 본다. 도랑을 건너갈 다른 방법이 없는지 이리저리 둘러보기도 하고, 과연 도랑을 건너야 하는지, 도랑을 건너는 것이 그토록 중요한지 생각해 보기도 한다. 이는 모두 의식 속에서 이루어지는 태도, 능력, 소망 등을 집중하는 것이다.

그러나 분명히 이와 같이 개인에 관련되는 요소들이 의식 속에 소용돌이치듯 떠오르는 것은 시간적으로 발전하는 활동 전체의 일부다. 먼저 순전히 심리적 과정이 일어나고, 그 뒤에 갑자기 그것과는 근본적으로 다른 신체적 과정이 따르는 것이 아니다. 처음에는 더욱 불확실한 생각이 엇갈리고, 분열된, 망설이는 상태에서부터 더욱 외현적인, 확실한, 완전한 상태에 이르기까지 하나의 연속된 행동이 일어난다. 처음의 활동은 주로 유기체 내의 긴장과 조정의 과정으로 이루어지며, 그러다가 그 긴장된 상태가 하나의 통합된 태도로 구성되면, 유기체는 하나의 전체로서 행동하게 되고, 거기서 모종의 분명한 행동이 나타나게 된다. 물론 우리는 연속적 활동 과정에서 분명히 의식적 국면을 지적 혹은 심리적인 활동으로 식별할 수 있다. 그러나 이러한 지적 혹은 심리적 활동은 아직 외부적인 에너지를 발동하여 환경을 변화시키는 완전한 단계에 도달하기 이전의 잠정적 형성기에 불과하다.

우리의 의식적인 사유와 관찰, 소망과 혐오 등이 중요한 이유는 그것이 초창기의 불확실한 활동을 나타낸다는 점에 있다. 이런 내적 활동은 나중에 가서 구체적으로 드러나는 활동으로 표현됨으로써 그 사명을 완수한다. 그리고 이런 불확실한 초창기에 발아하는 유기적 재조정이 중요한 이유는 그것이 판에 박힌 습관과 맹목적인 충동의 지배에서 벗어날 수 있는 유일한 탈출구이기 때문이다. 이것은 활동의 전개 과정에서 지금까지 지각할 수 없었던 새로운 의미를 얻는 활동이다. 따라서 일반적인 경우에 비추어 말하면, 우리는 본능이나 이미 형성된 습관으로는 해결할 수 없는 새로운 상황에 부딪힐 때, 우리 자신의 의식에 의존할 수밖에 없다. 이런 경우 결정적인, 돌이킬 수 없는 행동을 하기 전에 자신에 의존하며 우리의 태도를 재조정한다. 무조건 맹목적인 힘으로 밀어붙이려 하지 않는다면, 우리가 처해 있는 사태의 구체적인 특징에 맞게 우리 유기체가 가진 자원을 수정하지 않을 수 없다. 행동을 하기 전에 먼저 사려 깊게 숙고하고 소망하는 것은 불확실한 상황에 대한 조직적인 재적응 과정이라고 할 수 있다.

그렇지만 연속적 활동에서 마음이 수행하는 역할은 언제나 동일한 방향을 유지하는 것이 아니다. 다른 것에 대한 욕망, 방해물로 인해 생겨난 혐오 등으로 인해 새로운 상상력이 생겨난다. 사물의 다른 상태를 그려 보는 것은 탈출구를 찾기 위한 기발한 관찰과 회상을 잘해 나가는 데 도움이 되지 않는 경우가 많다. 잘 단련된 성향을 가지고 있는 사람의 경우라면 모르지만, 이 경우에는 멋대로 상상력의 날개를 편다. 상상의 대상은 실제로 실행에 옮길 수 있는지 없는지와 관련하여 현재 상황으로 검토되는 것이 아니라, 상상력이 가져다주는 즉각적인 정서적 만족 때문에 전혀 엉뚱한 방향으로 발전할 수 있다.[213] 자연적인 것이든 사회적인 것이든 부적합한 주위 환경 때문에 우리의 에너지를 충분히 발휘할 수 없을 때, 가장 쉬운 방법은 공중에 성을 쌓고 이를 통해 실제 문제 해결에 필요한 고통스러운 사고 과정을 회피하는 것이다. 그리하여 우리는 밖으로는 아무런 행동도 하지 않으면서 마음속으로 상상의 세계[214]를 만들어 낸다. 순전히 내적인 마음과 순전히 외적인 행위나 결과를 엄격하게 분리하는 도덕이론은 바로 이러한 사고와 행동의 분리를 바탕으로 하고 있다. 안과 밖의 분리는 단순히 특정한 개인의 경험과 관련된 사건에만 해당하지 않는다. 사회적 조건을 보더라도 이러한 생각과 열망이 환경을 재조직하는 데 사용될 수단을 제공하지 않고, 오직 자신들만의 세계를 명료하게 하는 성찰에 빠져드는 계급이 있다. 이러한 조건에 있는 사람들은 이질적이고 적대적인 환경에 대해 경멸을 조장하고 나쁜 오명을 씌움으로써, 말하자면 그런 환경에 일종의 복수를 하는 것이다. 그들은 자신의 마음 상태, 자신의 상상과 소망 속에서 도피와 위안을 찾으면서 그들이 경멸하는 바깥 세계보다도 자신의 마음속에 있는 상상과 소망이야말로 진정한 실재이며, 이상적이라고 생각하면서 그것을 찬양한다.

선의의 반작용

역사상 이런 시대가 여러 번 되풀이해서 나타났다. 기독교 시대의 초기 몇 세기 동안, 금욕주의 철학, 수도원이나 대중들의 기독교, 그리고 당시의 다른 종교적 운동 등 영향력 있는 도덕체계는 그러한 사회적 조건의 영향으로 형성된 것이다. 당대의 지배적인 이상을 표출하는 행동이 억압될수록, 그 이상을 내적으로 간직하고 함양하는 일이 그 자체로서 자기충족적인 것, 도덕성의 본질을 간직하는 것이라고 생각했다. 활동이 벌어지는 바깥 세계는 도덕적으로 아무런 의미가 없는 것으로 생각되었다.

중요한 것은 오직 올바른 동기를 가지는 일이었으며, 비록 그 동기가 세상을 움직이는 데 아무 힘이 없다 하더라도, 그것 때문에 중요성이 감소되는 것은 아니었다. 그 후 18세기 말과 19세기 초의 독일에서도 이와 비슷한 상황이 벌어졌다. 그것은 칸트 철학에서 강조하는 선의지[215]가 유일한 도덕적 선이었으며, 여기서 의지라는 것은 행동이라든가 그것이 세계에 미치는 변화나 결과와는 관계없이 그 자체로서 완전한 것을 나타내는 것으로 생각되었다. 나중에 이 생각은 현존하는 제도를 이성의 구현체로 이상화하기에 이르렀다.

'선의를 가지는 것'—다시 말하면 그것이 어떤 결과를 가져오든지 선량한 성향을 지니는 것—이 중요하다는, 순전히 내적인 도덕성을 강조하는 입장은 당연히 그 반작용을 불러일으켰다. 이 같은 반작용은 일반적으로 쾌락주의 또는 공리주의로 일컬어진다.[216] 요컨대 도덕에서 중요한 것은 그 사람의 의식 속에 무슨 생각이 들어 있는지가 아니라, 그가 무슨 일을 '하는가'—즉, 그의 행동에서 나오는 결과, 그가 실제로 일으키는 변화—에 있다. 내적 도덕성은 감상적인 것, 자의적인 것, 독단적인 것, 주관적인 것으로 공격의 대상이 되었다. 사람들은 그것을 직관이나 양심의 이상이라든가 하는 식으로 그럴듯하게 부르지만, 사실상 그것은 자기 이익에 부합하는 어떤 교리나 그렇지 않으면 상상에 떠오르는 일시적인 변덕을 거창하게 부르고 변호하는 수작이라는 것이다. 결과와 행위가 가치 있는 것이며, 이것만이 도덕성의 유일한 척도가 된다.

일상생활의 도덕성, 그리고 학교 교실에서 가르치는 도덕성은 십중팔구 위의 두 가지 도덕성을 어정쩡하게 타협한 것이다. 한편으로는 특정한 감정의 상태를 대단히 중시한다. 사람은 선의를 가져야 한다. 만약 의도가 선하고, 정서적 의식이 올바른 것이라면, 비록 그것이 완전히 행동의 결과로 나타내지 않더라도 별 잘못이 없다고 본다. 그러나 다른 한편으로, 다른 사람의 편의나 요구를 충족시키기 위해, 사회질서 일반을 위해서 무슨 일인가를 해야 하므로 개인이 관심이 있든 없든, 지성을 사용하든 그렇지 않든, 특정한 행동을 해야 한다는 것을 대단히 크게 강조한다. 규칙을 지켜야 하고, 게으름 부리지 말고 공부해야 하며, 순종해야 하고, 유용한 습관을 길러야 하고, 자제력을 익혀야 한다. 이 모든 계율은 당장 눈에 보이는 행동을 해야 한다는 것을 강조한다. 여기에는 그 행동을 어떤 생각에서 어떤 욕망을 가지고 하는가 하는 진의와 상관없다. 또 그로 인해 그다지 눈에 띄지 않는 행위에 어떤 영향을 미치는지 등이 별문제가 되지 않는다. 현실적으로 일어난 직접적인 행위만을 강조하는 방법으로 이해되고 있기 때문이다.

지금까지의 논의는 위의 두 가지 이론의 결함을 어떤 방법으로 보완해야 하는가를 충분히 나타내 주었다고 생각한다. 어른이든 아이든 그들의 관심을 끌고 또 그들의 깊은 성찰이 필요한 상황에서 점진적으로 누적된 행동을 할 수 없게 할 경우, 위에서 말한 두 가지 결함 또는 적어도 그중 한 가지는 반드시 나타난다.[217] 오직 개인의 관심과 사유가 개입된 상황에서만 개인이 가지고 있는 욕망과 사고의 성향이 바깥으로 명백하게 드러나는 행동에 유기적인 요인으로 작용할 수 있다. 학생 자신의 흥미를 구현하는 계속적 활동이 있고, 여기에서 모종의 확실한 결과를 얻어야 할 때, 틀에 박힌 습관이나 명령에 대한 맹목적인 복종, 또는 기분에 좌우되는 즉흥적인 반응만으로는 일이 이루어질 수 없을 때, 의식적인 목적 및 욕망 그리고 신중한 성찰이 반드시 일어나야 한다. 이런 것들이 불가피하다는 것은 그것이 고립된 내적 의식의 세계를 형성한다는 뜻이 아니라, 특정한 결과를 염두에 두고 수행하는 활동의 정신 및 성질로서 불가피하다는 뜻이다.

의무와 흥미의 대립 및 호환성

도덕적 논의에서 관심의 대상이 되는 대립으로 '의무(원칙)'에 따라 행동하는 것과 '흥미'에 따라 행동하는 것 사이의 대립만큼 자주 거론되는 것은 아마 찾아보기 어려울 것이다. '의무(원칙)'에 따라 행동하는 것은 이해관계를 떠나서 모든 개인적인 고려 사항을 초월한 일반적 법칙에 따라 행동한다는 뜻이다. '흥미'에 따라 행동한다는 것은 이기적으로 자기 자신의 개인적 이득을 위하여 행동한다는 뜻이다. 그것은 흔들리지 않는 도덕적 법칙에 대한 헌신을 그때그때 바뀌는 개인적 편의로 대체하는 것을 말한다. 이와 같이 원칙과 흥미를 대립시키는 것은 흥미에 관한 그릇된 개념에 기초한 것이라고 이미 비판한 바 있는데[10장 참조],[218] 여기서는 이 문제의 도덕적 측면을 좀 고찰해 보려고 한다.

이 문제의 고찰에서 하나의 실마리는 의무와 흥미의 대립에서 '흥미' 쪽의 입장을 지지하는 사람들은 습관적으로 '자기 이익'이라는 용어를 사용하고 있는 사실에서 찾을 수 있다. 그들은 사물이나 아이디어에 이해관계가 없으면 동기가 없다는 전제에서 출발하여, 어떤 사람이 원칙이나 의무감에서 행동한다고 말하는 경우에도, 실제로는 그 행동 속에 이익이 되는, '그 안에 무언가'가 있기 때문에 그런 행동을 한다는 결론을 내린다. 그런데 이들의 전제는 타당하지만, 결론은 맞지 않는다. 이 입장에 대하여 반론을 펴는 쪽에서 인간은 자기를 버리는 관대한 행동뿐만 아니라, 심지어 자기를 희생하는 행동도 할 수 있기 때문에 능히 이해를 떠난 행동을 할 수 있다고 주장한다. 이 경우에도 전제는 타당하지만, 결론은 맞지 않는다. 이 양쪽 입장의 오류는 흥미와 자아의 관계를 그릇되게 파악하고 있다는 데 있다.

두 입장은 모두 '자아'라는 것은 고정된, 따라서 고립된 일정한 양의 덩어리를 나타낸다고 가정한다. 그 결과로 자아의 이해를 위하여 행동하는 것과 이해를 떠나서 행동하는 것 사이에 융통성이 없는 딜레마가 생기는 것이다. 만약 자아라는 것이 행동에 앞서서 존재하는 고정된 그 무엇이라면, 이해에 입각하여 행동한다는 것은 그 고정된 자아가 그 무엇인가를— 그것이 명성이든, 다른 사람한테 받는 인정이든, 다른 사람을 부리는 권력이든, 금전적인 이득이든 쾌락이든, 그 어느 것이든- 더 많이 소유하려고 한다는 뜻으로 해석할 수 있다. 인간의 본성이라는 것에 대하여 냉소적인 경멸을 나타내는 이 견해는 그 반작용으로 인간은 완전히 이해관계와 상관없이 고상한 행동을 한다는 견해를 불러일으킨다. 그렇지만 어느 쪽의 편견도 없이 공정한 판단을 해 본다면, 한 가지 틀림없는 사실은 사람은 그가 하는 일에 당연히 '흥미'를 가져야 하며, 그렇지 않으면 그 일을 해야 할 까닭이 없다는 것이다. 전염병이 퍼졌을 때, 생명의 위협을 무릅쓰고 계속 환자들을 돌보는 의사는 그의 직업을 효율적으로 수행하는 데 틀림없이 '흥미'를 가지고 있다고 보아야 하며, 자신의 육체적 삶의 안전보다 여기에 더 관심이 있다고 봐야 한다. 그러나 여기에서 이 흥미는 단순히 그가 늘 하는 일에서 얻는 다른 어떤 것-예컨대 돈이라든지 명성이나 선행-에 대한 관심을 은폐하는 가면에 지나지 않는다든지, 오직 장래의 이기적 목적을 위한 수단에 불과하다고 말하는 것은 사실을 왜곡하는 것이다. 자아라는 것은 이미 만들어져 있는 것이 아니며, 행동의 선택에 의해 끊임없이 형성되고 있다는 것을 인정하는 순간에 모든 문제는 해결된다.

어떤 사람이 생명의 위험에도 무릅쓰면서 그의 일을 계속하는 데 관심이 있다는 것은 그의 자아가 그 일을 하는 가운데 나타난다는 뜻이다. 만약 그 사람이 마침내 일을 포기하고 그의 개인적인 안전과 안락을 선택했다면, 이것도 역시 그가 '그런 종류'의 자아를 선택했다는 뜻이다. 앞에서 말한 보통의 견해에 나타난 오류는 흥미와 자아를 분리하여 자아는 목적이고, 그것에 대하여 사물이나 행위나 그 밖의 것에 관한 관심은 그 수단이 된다고 생각하는 데 있다. 사실상 자아와 흥미는 동일한 사실을 다른 이름으로 부르는 것에 지나지 않는다. 한 사물에 대하여 능동적으로 표현하는 흥미의 종류와 양이 곧 그 사람의 자아의 질을 나타내며, 그것을 가늠하는 척도가 된다. 흥미라는 것은 자아와 사물의 활동적, 즉 유동적 동일성을 뜻한다는 사실을 염두에 두면, 자아를 위하는가 아니면 자아를 버리는가 하는 딜레마는 저절로 해결된다.[219]

예를 들어, '무사심無私心, 이기심이 없는 상태'은 자기가 하는 있는 일에 '흥미가 없는 상태'-기계와 같은 무관심의 상태-를 가리키는 것도 아니고, '무자아無自我, 자기가 없는 상태'[220]-생기와 인격이 없는 상태-를 가리키는 것도 아니다. 도덕의 본질에 관한 위의 논쟁에서는 '무사심'이라는 말을 특별한 의미로 사용하고 있지만, 이 경우를 제외한 모든 경우에 '무사심'이라는 말은 사람들에게 습관적으로 관심을 불러일으키는 목적과 대상의 '종류'를 가리키는 말로 쓰이고 있다. '무사심'이라는 말이 어떤 종류의 관심을 지칭하는 데 사용되는가를 마음속으로 점검해 보면, 거기에는 두 가지 밀접하게 관련된 특징이 있다는 것을 알게 될 것이다. 첫째, 관대한 자아는 자신과 이질적이거나 관계가 없어 제외되는 고려 사항과 경계선을 긋지 않고, 너그러운 마음을 가지고 자신의 활동 범위 속에 들어 있는 모든 관계들을 자신의 자아와 의식적으로 결부시킨다. 둘째, 자아가 새롭게 드러나는 결과들을 인식할 수 있게 되면, 과거 자신의 관념을 재조정하고 확장하여 그 새로운 결과들을 흡수한다. 의사가 처음에 개업했을 당시에는 전염병이 생기리라는 것을 생각하지 못했을지도 모른다. 자신이 그런 조건에서 일하는 모습과 의식적으로 결부하지 못할 수도 있다. 하지만 만약 그 의사가 정상적으로 성장하거나 활동하는 자아를 가지고 있다면, 그의 직종이 그러한 위험을 수반한다는 것을 자각했을 때, 그는 그 일을 자신의 활동의 필수적인 한 부분으로 기꺼이 받아들일 것이다. 관계를 거부하는 것이 아니라 포섭하는 보다 넓고 큰 자아란, 지금까지 예측하지 못했던 유대를 자기 자신의 것으로 받아들이면서 점점 확장하는 자아일 것이다.[221]

자아의 이동과 확장

이렇게 재조정을 해야 할 위기가 발생하면-이 위기는 사소한 것일 수도 있고 심각한 것일 수도 있는데-, 잠정적으로 '원칙'과 '흥미' 사이에 과도기적 충돌이 생길 수 있다. 습관이라는 것은 본래 지금까지 해 오던 방식으로 활동하는 데서 편안함을 느낀다. 습관의 다시 조정하는 것은 사람이 자신을 의도적으로 자제시켜야 하는 귀찮은 수고를 하는 것이 본질이다. 다시 말하면, 사람은 익숙한 일에서 자아를 확인하며-혹은 흥미를 가지며-, 그리고 습관을 내키지 않게 수정해야 하는 예기치 않은 일이 생기면 성가신 생각이나 혐오감이 생겨 마음을 돌리는 경향이 있다. 지난날 그런 귀찮은 상황을 당하지 않고도 자신의 의무를 잘 수행해 왔는데, 왜 이때까지 해 오던 대로 해서는 안 되는가? 이러한 유혹에 빠지는 것은 곧 자아에 관한 생각을 좁게 한정시키고 고립시키는 것이며, 그것을 완전한 것으로 간주하는 것이다. 습관으로 굳어진 것은 어떤 것이든, 이전에 아무리 효율적인 기능을 발휘했더라도, 언제든 이런 유혹을 언제든 다시 불러올 수 있다. 이런 비상한 상황에 직면하여 원리에 따라 행동하는 것은 모종의 추상적 원리나 의무 일반에 입각하여 행동하는 뜻으로 해석하기 쉬우나, 사실은 그렇지 않다. 그것은 행동이 벌어지고 있는 '상황'의 세부적인 조건에 얽매여 행동하는 것이 아니라, '행동이 나아가야 할 원리'에 따라 행동하는 것이다. 의사가 하는 행위의 원리는 그의 행위에 활기를 불어넣은 목적과 정신, 즉 환자를 돌본다는 일념에 있다. 원리라는 것은 활동을 정당화하는 것이 아니라, 활동의 연속성을 다른 말로 부르는 것에 지나지 않기 때문이다. 만약 활동이 바람직하지 않다면, 원리에 따라 행동하는 것은 결과를 더욱 나쁘게 할 뿐이다. 스스로 원리에 따라 행동한다고 자처하면서 그것을 자랑으로 삼는 사람이 있다면, 그 사람은 십중팔구 경험에 의해 더 나은 방도를 배우려고 하지 않고, 자기가 옳다고 생각하는 그대로 밀고 나가는 경향이 있다. 그는 자신의 행동이 모종의 추상적 원리에 의해 정당화되어야 한다는 점을 깨닫지 못하는 것이다.

그런데 학교가 처한 상황이 학생들에게 바람직한 작업을 부과하는 그런 상황이라고 가정하면, 학생들에게 그 작업을 계속하도록 하는 추진력은 그 작업 전체에 대한 흥미-즉 작업의 계속적인 발전에 대한 관심-에 있다고 보아야 한다. 물론 잠시 엉뚱한 일을 한다든지 귀찮을 정도의 방해를 받아 일을 잠시 중단하는 경우도 있겠지만, 학생의 흥미가 이탈하지는 않을 것이다. 한 활동에 계속 종사하면서 점점 그 의의를 심각하게 느끼는 경우가 아니면, 원리에 따라 행동한다는 것은 순전히 언어적인 구호이거나 일종의 고집스러운 자만심의 한 형태, 또는 그럴듯한 명분을 내건 외적인 고려에 호소하는 것에 지나지 않는다. 물론, 활동의 어느 단계에 가서는 순간적으로 흥미를 잃고, 주의력이 떨어지며, 격려가 필요할 때가 있다. 그러나 이 어려운 고비를 넘기는 것은 추상적인 의무감이 아니라 작업에 대한 흥미이다. 의무라는 것은 '직분', 즉 모종의 기능을 수행하는 데 필요한 특정한 행동을 말하며, 보통 하는 말로 '맡은 바 일을 수행하는 것'이다. 자신이 하는 일에 진심으로 흥미가 있는 사람은 잠시의 좌절을 극복할 수 있고, 방해를 받아 굴복하지 않고 계속 일을 헤쳐 나가서 어려움을 기쁨으로 극복할 가능성이 있다. 그 사람은 난관과 곤란에 처하여 그것을 극복하는 데 흥미를 느끼는 것이다.

지성과 인격

도덕을 논하는 데 흔히 따라오는 한 가지 주목할 만한 역설이 있다. 한편으로, 도덕적인 것은 이성적인 것과 동일시된다고 생각된다. 이성은 도덕적 직관의 궁극적인 원천이 되는 능력이라고 주장되며, 때로는 칸트의 이론에서 보는 바와 같이, 유일하게 올바른 도덕적 동기를 제공한다고 생각된다. 또 다른 한편으로, 구체적인 일상적 지성의 가치는 지속해 과소평가되고, 심지어 공공연하게 경멸되기도 한다. 도덕은 흔히 일상적 지식과는 아무 상관이 없다. 도덕적 지식은 일상의 지식과는 거리가 멀며, 양심이라는 것은 의식과는 근본적으로 다르다. 만약 이 구분이 타당하다면, 그것은 특히 교육에 대단히 중요한 의미를 지닌다.

학교의 도덕교육이 인격 발달에 궁극적인 목적을 두면서도 학교 시간의 주된 부분을 차지하는 지식의 습득이나 이해의 발달이 인격과는 아무런 관련이 없다고 생각한다면, 학교의 도덕교육은 거의 가망 없는 일이 되어 간다. 이런 상황에서 도덕교육은 필연적으로 일종의 교리문답식 수업이나 도덕에 관한 교훈으로 축소될 수밖에 없다. '도덕에 관한' 수업은 물론, 미덕과 의무에 관한 다른 사람들의 생각을 가르치는 것을 뜻한다. 이런 수업이 조금이라도 효과를 내는 것은 학생이 어쩌다가 다른 사람들의 감정에 대한 공감이나 엄숙한 경의를 통해 이미 마음이 움직였기 때문이다. 그러한 존경심이 없으면, 그 수업은 마치 아시아의 산맥에 대한 정보처럼 인격에 영향을 줄 수 없을 것이다. 단지 존경이 비굴한 것일 때는 다른 사람에 대한 의존심을 높이고, 행위의 책임을 권위 있는 사람에게 떠넘기는 버릇을 길러줄 것이다. 사실상 도덕을 '직접' 가르치는 것은 몇몇 소수의 사람이 다수의 사람을 권위적으로 지배하는 사회에서만 효과를 나타낼 것이다. 그 효과는 가르치는 것 자체의 효과가 아니라, 도덕을 가르치는 일을 한 부분으로 하는 체제 전체가 그런 방향으로 사람들을 몰아갔기 때문에 생긴 것이다. 민주적인 사회에서 이런 방식의 도덕수업으로 이와 비슷한 효과를 얻으려고 시도하는 것은 감상적 마술의 힘을 빌리는 것과 다름없다.

이와 반대쪽 극단에는 앎과 미덕을 동일한 것으로 보는 소크라테스와 플라톤의 주장이 있다. 이들 주장에 따르면, 알면서 행하지 않는 사람은 아무도 없으며, 악을 행하는 사람은 오직 선에 관한 지식이 없기 때문이라는 것이다. 이 주장에 대하여 흔히 하는 비판은 선을 알면서도 악을 행하는 사람들이 얼마든지 있으며, 선을 행하는 데 필요한 것은 지식이 아니라 습관화, 실천, 그리고 동기라는 것이다. 사실 아리스토텔레스는 한때 플라톤의 주장을 공격하면서, 그 근거로 도덕적 미덕은 의술과 마찬가지로 기예라는 것을 들었다. 경험에 의해 실제 병을 고칠 수 있는 사람이 이론적 지식은 있으나 병이나 치료에 대해 실제적 경험이 없는 사람보다 더 낫다는 것이다.

그런데 이 문제의 핵심은 지식이란 무엇인가에 있다. 아리스토텔레스의 반론은 사람이란 장기간에 걸친 실천적 습관과 엄격한 훈육을 거치지 않으면, 이론적 통찰에 도달할 수 없다는 점을 플라톤의 핵심 논지는 비켜 가고 있다는 것이다. 아리스토텔레스의 주장은 선에 관한 도덕적 지식이란 책이나 다른 사람의 말을 통하여 얻을 수 있는 것이 아니라, 오랜 교육을 통해 얻을 수 있다는 것이다. 그것은 성숙한 삶의 경험이 주는 궁극적 은총이다. 플라톤의 입장이 실제로 어떤 것인가와는 관계없이, 지식이라는 용어가 한편으로는 긴밀하고 생생한 '개인적 깨달음'-경험을 통하여 획득되고 검증된 확신-을 지칭하기도 하고, 다른 한편으로는 사람들의 일반적인 믿음을 상징을 통해 인식하는 것-멀리 떨어진 죽은 정보-을 지칭하기도 한다는 것을 쉽게 알 수 있다. 이 후자의 지식(주로 교과)이 행동으로 나타날 것임을 담보할 수 없고, 또 인격에 깊은 영향을 미칠 수 없다는 것은 말할 필요도 없다.

만약 지식이라는 것이 예컨대 설탕은 달고 약은 쓰다는 것을 실제로 먹어 보고 검증해 본 뒤에 얻은 확신과 같은 것이라면, 사태는 매우 다르다. 난로 위에 앉지 않고 의자에 앉고, 비가 올 때는 우산을 쓰고, 아플 때는 의사에게 가는 등 간단히 말해, 우리의 일상생활을 이루고 있는 수많은 행동을 할 때마다, 우리는 특정한 종류의 지식이 반드시 직접 행동으로 나타난다는 증거를 보여 주면서 살고 있다. 선에 관한 지식이 이런 종류의 지식이라면, 그것도 이와 마찬가지로 표출되리라는 것은 응당 할 수 있는 생각이다. 사실상 '좋은 것'이라는 것이 위에서 말한 것과 같은 사태에서 경험되는 만족을 포함하고 있지 않으면, 그것은 공허한 용어에 불과하다. 다른 사람들이 무엇인가를 알고 있으리라는 것을 아는 것, 즉 다른 사람의 지식에 관한 지식은 다른 사람의 승인이나 칭찬을 받기 위해 행동하도록 이끌어질 수 있을 것이다. 그러나 그러한 지식이 개인의 자발성을 일으킨다든지, 다른 사람들이 가지고 있는 신념에 대한 진정한 지지와 헌신으로 연결되리라고 볼 이유는 없다.

따라서 지식이라는 용어의 올바른 의미가 무엇인가에 관해 논란을 벌인다는 것은 불필요한 듯하다. 교육적 목적으로 지식이라는 용어가 여러 가지 의미를 나타내고 있다는 것, 여러 가지 곤란한 경험을 하면서 몸소 얻은 지식이 행동에 중요한 영향을 미친다는 것을 깨닫게 된다면, 그로써 족할 것이다. 만약 학생이 단순히 교실에서 책을 통해 사물에 대해 배웠다면, 교사가 지명할 때 그가 배운 내용을 암송할 수 있게 되었다면, 이 경우의 지식도 어떤 점에서는 '어떤 행위'에 대해 영향을 미쳤다고 볼 수 있다. 말하자면, 다른 사람이 시키는 대로 문장을 그대로 외우는 행동을 할 수 있게 되었다는 말이다. 그러한 '지식'이 학교 밖 생활에 상당한 영향을 미치지 않는다는 점은 놀랍지 않다. 하지만 이를 근거로 하여 지식과 행동을 분리하는 것은 옳지 않다. 이러한 방식은 다만 이런 종류의 지식이 별 가치가 없다는 것을 보여 줄 뿐이다. 마찬가지로 고립된 '전문적 기술'에 관련된 지식에 대해서도 같은 말을 할 수 있다. 그런 지식은 오직 그것이 다루는 자신의 좁은 범위 내에서만 행동에 영향을 줄 뿐이다. 실제로 학교의 도덕교육 문제는 바로 지식을 획득하는 문제이며, 다만 이 지식은 충동이나 습관의 체계와 관련된 지식을 일컫는다. 이미 알려진 사실(지식)이 어디에 쓰이는가 하는 것은 그것이 어떤 관련 속에서 취급되는지에 달려 있다. 금고털이 도둑이 다이너마이트에 관해 알고 있는 지식은 그것이 표현되는 언어적 형식에서는 화학자의 지식과 동일한 것이지만, 그것은 사실상 각각 상이한 목적이나 습관과 연관되어 짜인 것이기 때문에 그 의미가 서로 다르고, 그렇기에 동일한 지식이라고 할 수 없다.

앞에서 교과에 관해 논의할 때, 당면한 목적을 가진 직접적인 활동에서 시작하여 지리와 역사로 그 의미가 확대되고, 다시 거기서 과학적으로 조직된 지식으로 발전한다고 논의한 바 있는데, 이것은 지식과 활동 사이의 생생한 관련을 유지하는 데 그 기본 취지가 있었다. 목적이 있는 활동, 또 다른 사람과의 협력이 필요한 활동에 종사하는 동안에 학습되는 내용은 의식적으로 그렇게 간주하든 아니든, '도덕적 지식'이라고 할 수 있다. 왜냐하면 그것은 사회적 관심을 조성하며, 그 관심이 실제적인 면에 효과를 나타내는 데 필요한 지성을 부여해 주기 때문이다. 교육과정에 포함되어 있는 내용은 사회적 삶의 표준적 요인을 대표하기에 사회적 가치에 입문시키는 기관라고 할 수 있다. 만약 그것이 단순히 학교 교과에 그친다면, 그것을 습득하는 것은 오직 전문적인 가치를 가질 뿐이다. 그렇지 않고 그것이 가지는 있는 사회적 의의가 실현되는 조건하에서 습득된다면, 교과는 도덕적 관심을 일깨우고 도덕적 통찰력을 발달시켜 줄 것이다.[222] 그뿐만 아니라 앞의 학습 방법이라는 주제에서 논의된 마음의 성질은 모두 내재적으로 도덕적인 의미가 있다. 개방적 태도, 한결같은 마음, 성실성, 폭넓은 견해, 철저함, 수용된 모든 관념의 결과를 발전시킬 책임 등 이 모든 것들이 도덕적 특성들이다. 그런데 권위적인 규범에 외적으로 순응하는 도덕적 특징과 동일시하는 습관은 우리에게 이러한 지적 태도의 윤리적 가치를 무시하는 것으로 이끌 수 있다. 그런 습관은 곧 도덕을 생기 없는 기계와 같이 틀에 박힌 행동으로 취급될 수 있다. 따라서 이러한 태도는 어떤 도덕적 결과를 가져왔지만, 실제로 그것은 도덕적으로 바람직하지 못한 결과라고 할 수 있다. 특히, 개인의 성향을 무엇보다도 중요시하는 민주사회에서 그것은 도덕적으로 치명적인 결과를 초래할 수 있다.[223]

사회적 성질과 분리된 도덕적 성질의 문제

우리가 지금까지 비판해 온 모든 분리, 그리고 이를 해결하고자 앞의 여러 장에서 설명한 교육의 개념이 피하고자 했던 모든 분리는 도덕을 지나치게 협소하게 파악하는 데서 생기는 것들이다.[224] 이 협소한 도덕관은 한편으로는 사회적으로 필요한 일을 효과적으로 하는 능력과는 상관없이 다분히 감상적인 선의를 내세우고, 다른 한편으로는 관습과 전통을 지나치게 강조함으로써 도덕을 명확하게 규정한 행동 목록으로 한정하는 데서 생긴 것이다. 사실, 도덕은 다른 사람과의 관계에 대한 행위 전체를 포괄하는 넓은 개념이다. 비록 행동을 할 당시에 그 행동의 사회적 관련성을 생각하지 않고 하는 행동이라 하더라도, 우리 모두의 행동은 잠재적인 도덕적 행동이라고 보아야 한다. 왜냐하면 우리의 행동은 하나하나가 모두 습관의 원리에 의하여 성향에 수정을 가하기 때문이다. 모든 행동은 일정한 방향의 경향성과 욕망을 불러일으킨다. 그리고 이렇게 강화된 습관이 언제 다른 사람과의 연대 활동에 직접 눈에 띄는 영향을 미칠지는 알 수 없다. 우리가 가지고 있는 인격의 특성 중의 어떤 것은 특별히 '도덕적'이라고 강조해서 부를 만큼, 우리의 사회적 관계와 아주 명백히 관련되어 있다. 진실성, 정직, 정절, 온화 등이 그런 것이다. 그러나 우리가 이런 것을 도덕적이라고 강조하여 부른 까닭은 오직 그것이 다른 태도에 비해 핵심적인 부분―즉 다른 태도를 수반하는 것―을 이루고 있기 때문이다. 이러한 핵심적 도덕에는 다른 태도들이 부수적으로 붙어 있다. 위의 덕목들을 도덕이라고 부르는 것은 그것들이 고립되어 있고, 배타적으로 그것만의 도덕을 이루고 있어서가 아니라, 그것들이 수많은 다른 태도들, 즉 우리가 명백히 도덕으로 인식하지 않고, 심지어는 이름조차 붙일 수 없는 수많은 태도와 밀접하게 관련되어 있기 때문이다. 이렇게 보면 그것들을 따로 떼어내서 '미덕'이라고 부르는 것은 마치 인체의 골격만을 가지고 그것을 사람의 몸이라고 부르는 것과 같다. 뼈대가 중요한 것은 틀림없는 사실지만, 그것이 중요한 이유는 뼈대가 몸의 다른 기관을 지탱하고 있어서 몸 전체가 효과적인 활동을 할 수 있도록 해 준다는 데 있다. 우리가 특별히 '미덕'이라고 부르는 인격의 자질도 마찬가지다. 도덕은 인격의 한 부분만을 따로 떼어내서 지칭하는 것이 아니라, 인격 전체를 지칭하며, 인격 전체라는 것은 모든 구체적인 성질과 언동으로 이루어져 있는 그 사람 전체를 말한다. 미덕을 소유하고 있다는 것은 우리가 보통 '미덕' 이라고 이름 붙이는 소수의 특징만을 따로 함양한다는 뜻이 아니라, 삶의 모든 직분을 수행하면서 다른 사람들과 연대 활동을 하는 동안에 그 사람이 원만하고 적절하게 되어간다는 뜻이다.[225]

결국, 행위의 도덕적 성질과 사회적 성질은 서로 동일하다. 따라서 이 것은 우리가 앞의 여러 장에서 교육의 사회적 기능에 관하여 말한 내용, 즉 학교의 행정, 교육과정, 수업 방법의 가치는 그것이 어느 정도로 사회 적 정신을 띠고 있는가에 따라 판단된다고 한 말의 의미를 다시 드러내 어 강조하는 것에 지나지 않는다. 그리고 학교 공부를 위협하는 가장 큰 위험은 사회적 정신이 사회의 구석구석에 스며들도록 하는 조건이 결여되 어 있다는 것이며, 이것은 또한 효과적인 도덕교육의 큰 적이다. 그 사회 적 정신은 다음과 같은 일정한 조건이 갖추어져 있을 때, 비로소 활발하 게 발휘될 수 있다.[226]

도덕성 발달을 위한 학교의 조건

첫째, 학교 자체가 모든 중요한 측면에서 공동체 생활과 동일한 모습을 띠어야 한다.[227] 사회적 인식 및 관심은 진정한 사회적 환경-즉, 공동의 경 험을 축적하기 위해 자유로운 상호 교류가 이루어지는 사회적 환경-에서 만 발달할 수 있다. 사물에 대한 정보는 말을 배울 정도로 충분히 사회적 교류를 경험한 사람이라면, 누구든지 떨어져 있더라도 전해 들을 수 있 다. 그러나 언어적 기호의 '의미'를 아는 것은 전혀 별개의 문제이다. 여기 에는 다른 사람들과 어울려서 함께 일하고 노는 사회적 맥락이 필요하다. 이 책에서 교육은 계속적인 구성적 활동을 통해 이루어져야 한다고 강력 히 주장하였는데, 이 주장의 의미는 그러한 활동이 사회적 분위기를 조성 해 준다는 데 있다. 삶의 장면과는 유리된 단순히 교과를 공부하는 장소로서 학교 대신에, 공부와 성장이 현재 공유되고 있는 경험의 장의 한 부분이 되는 사회집단의 축소판으로서의 학교[228]가 되어야 한다. 놀이터, 공작실, 작업실, 실험실은 젊은이의 자연적인 능동적 경향을 지도할 뿐만 아니라 상호 교류, 소통, 협동을 필요로 한다. 이 모든 것을 통해 사회적 정신의 핵심인 '연계성'의 인식을 확장한다.[229]

둘째, 학교 안에서 하는 학습은 학교 밖에서 하는 학습과 연속성을 가져야 한다.[230] 이 양자 사이에는 자유로운 상호 교류가 있어야 한다. 이것은 한쪽의 사회적 관심과 다른 쪽의 사회적 관심 사이에 수많은 '접촉점'이 있을 때만 가능하다. 학교에 우애의 정신과 활동의 공유는 있으나, 거기서 일어나는 사회적 활동은 마치 수도원과 같이 그 울타리 밖의 세계에서 벌어지는 삶과 전연 공통점이나 관련이 없는 경우는 충분히 상상할 수 있다. 이 경우에는 사회적 관심과 이해력은 생길지 모르지만, 그것이 바깥 세계에서는 통용되지 않아 쓸모가 없다. 바깥 세계로 이월하지 않은 것이다. '타운'과 '가운'이라는 속담적인 표현으로 알려진 사회와 학문의 분리, 사회와 격리된 학문적 은둔자의 양성은 바로 이런 방향으로 작동한다. 과거의 문화에 집착하여 회고적인 사회정신을 기르는 것도 이와 마찬가지다. 그것은 개인이 현재 자신이 살고 있는 시대가 아닌 다른 시대의 삶에 안주하도록 한다. 소위 교양교육이라고 자처하는 교육은 특히 이 위험을 안고 있다. 과거를 황금시대로 그리며, 거기서 정신의 도피와 위안을 구하면서, 이에 비해 오늘날의 문제에 관심을 가지는 것은 답답하고 신경 쓸 가치가 없는 것으로 치부된다. 그러나 일반적으로 말하여, 학습에 필요성을 부여하고 보람을 안겨주는 사회적 환경이 없는 것이 학교가 고립되는 가장 중요한 이유이다. 그리고 이 고립으로 말미암아 학교에서 배우는 지식은 삶에 적용할 수 없게 되고, 따라서 인격에 아무런 영향을 미칠 수 없게 되는 것이다.

도덕에 관한 협소한 '도덕주의적' 관점은 교육에서 바람직한 모든 목적과 가치 그 자체가 도덕적이라고 인식하는 데 방해가 된다. 도야, 자연스러운 발달, 교양, 사회적 효율성, 이 모든 것들이 도덕적 특성이다. 다시 말하면, 그것은 교육이 증진하고자 하는 사회의 성원으로 손색이 없는 사람이 나타내는 특성들이다. 서양 사람들이 속담처럼 하는 말 중에, '사람은 그냥 훌륭하기만 해서는 안 되고, 무엇인가에 훌륭해야 한다'는 말이 있다. 사람이 무엇인가에 훌륭해야 한다고 할 때의 그 무엇이라는 것은 곧 사회의 한 성원으로 다른 사람들과 함께 사는 동안에 그가 받는 만큼 다른 사람에게도 기여하는 능력이 있어야 한다는 뜻일 것이다. 하나의 인간으로서, 욕망과 감정 그리고 생각을 지닌 존재로서 그가 주고받는 것은 외적인 소유물이 아니라, 의식적 삶의 폭과 깊이─보다 강렬하고 도야되고 확장된 의미를 깨닫는 것─이다. 물질적 면에서 주고받는 것은 기껏해야 의식적 삶의 발전을 위한 기회이자 수단이다. 만약 그렇지 않으면, 그것은 주고받는 것도 아니고, 물과 모래를 막대기로 휘젓는 것처럼, 물건이 여기서 저기로 자리를 바꾸는 것에 지나지 않는다. 도야, 교양, 사회적 효율성, 개인적 단련, 품성의 향상은 그러한 균형을 이룬 경험에 고귀하게 참여하는 능력이 점차 성장해 나가는 과정의 여러 측면을 가리킨다. 교육은 단순히 그러한 삶을 사는 수단이 아니다. 교육은 바로 그 삶 자체다. 그러한 교육의 능력을 계속 간직하는 것이 도덕의 본질이다. 의식적인 삶이라는 것은 언제나 새롭게 시작하는 것이기 때문이다.

요약

학교 도덕교육의 가장 중요한 문제는 지식과 행위의 관계에 관한 문제이다. 정규의 교과교육에서 학습되는 내용이 인격에 영향을 미치지 않는다면, 교육의 통합적·총괄적 목적이 도덕에 있다고 말하는 것은 부질없게 된다. 지식의 내용과 방법 그리고 도덕적 성장 사이에 하등의 밀접한 유기적 관련이 없다면, 도덕교육을 위하여 특별한 수업과 훈육방법이 동원되지 않으면 안 된다. 그리하여 지식은 지식대로, 행동의 원천이나 삶에 대한 태도에 통합되지 못하고, 도덕은 도덕대로 도덕적 지시로 구성된 별도의 덕목들의 세계를 나타내게 된다.

학습과 활동의 분리, 따라서 학습과 도덕을 분리하는 두 가지 이론은 첫째, '내적' 성향과 동기(의식적·개인적 요인)와 순전히 신체적인 '외적' 행위를 대립시키는 이론, 둘째 '흥미'에 입각한 행동과 원칙(의무)에 입각한 행동을 대립시키는 이론이다. 이 두 가지 분리를 극복하는 길은 학습이 사회적 목적을 가진 계속적인 활동 또는 작업의 부산물이 되도록, 또 학습이 사회적 사태에서 나온 자료를 활용하도록 교육적 방안을 마련하는 것이다. 이러한 조건에서는 학교 그 자체가 사회적 생활의 한 형태, 사회의 축소판, 학교 울타리를 너머 다른 공동 경험의 양식과 밀접한 상호작용을 한다. 사회적 생활에 효과적으로 참여하는 힘을 기르는 교육은 모두가 도덕교육이다. 그런 교육에서 형성되는 인격은 사회적으로 필요한 특별한 위해를 하고, 그와 동시에 성장에 필요 불가결한 계속적인 재조정에 관심이 있는 그러한 '인격'이다. 삶의 모든 장면에서 배우려는 관심, 이것이야말로 가장 중요한 도덕적 관심이다.

옮긴이 주

1. 삶과 생명의 보존과 갱생을 위한 교육의 필요성에 대한 듀이의 설명은 오늘날에도 여전히 유효하다. 'life'는 '삶'과 '생명' 모두를 뜻한다. 『민주주의와 교육』의 첫머리부터 '생명체'라는 말이 나오는 이유를 아는 것은 듀이 철학의 전반을 이해하기 위해 매우 중요하다. 초기 듀이 철학의 토대가 된 두 축은 생물학적 진화론과 헤겔 변증법이다. '생물학적 진화론'은 인간, 자연 그리고 교육을 생물학적 관점에서 설명하고자 했다. 철학에 눈을 뜨면서 듀이가 맨 처음 관심을 갖게 된 개념은 '상호작용하는 유기체'인데, 이것이 생물학과 관계있고, '상호작용'이라는 개념이 헤겔 변증법과 연결된다. 유기체는 반드시 환경과의 통합을 유지해야 한다. 그 통합은 역동적이고 교변작용이 이루어지며 평형을 유지하는 일이다. 유기체와 환경이 통합하는 과정, 즉 '조정'은 유기체가 환경에 맞추어 스스로를 바꾸는 '적응'이 하나이고, 또 하나는 유기체가 자신의 환경을 바꾸는 '조절'이다. 그리고 듀이의 교육철학 전반에서 변증법적 의미가 풍부히 내포되어 있다. 그러나 듀이가 헤겔의 관념론적 변증법(절대정신)을 수용한 것은 아니다. 물론, 그렇다고 변증법적 유물론을 신봉한 것도 아니다. 그런 면에서 듀이의 사상은 매우 독창적이다. 이 점이 '생성' 중심의 현대 철학 조류에서 듀이를 다시 읽는 의미를 찾을 수 있다.

2. 교육은 상호작용, 연속성, 소통으로서 문화와 자연의 복잡한 긴장으로부터 생기는 과정이다. 상호작용, 소통, 그리고 문화는 교육을 위한 복잡하고 다양한 함의를 가진 장과 얽혀 있다(Garrison, Neubert & Reith, 2016: 75). 자연과 문화 사이의 긴장 관계 속에서 교육을 이해하는 듀이의 접근은 오늘날에 심대한 의미를 지닌다. 그러나 어느 한쪽을 우선할 위험은 상존한다. 듀이는 항상 문화의 중요성을 인식했지만, 과학에 대한 지배적인 의견에 따라 때때로 자연의 편을 과대평가하는 경향이 있었다. 실용주의를 '경험적 자연주의'로 해석하는 듀이는 특정한 해석을 통해 세계를 형성하는 문화의 참여자이자 선택적 관심을 가진 행위자로서 자연을 관찰하고 구성한다는 점을 일관되게 충분히 고려하지 못했다. 자연과 생명에 대한 분명하고 직접적 입장을 갖지는 못했다. 듀이가 『민주주의와 교육』의 첫 장에서 말하는 것처럼, 생명의 필요성으로서 교육을 언급하는 것을 두고, 생태학적 책임을 강조한 점은 맞지만, 문화적 맥락에 의해 제한받지 않는 완벽한 자연주의적 주장을 편 것은 아니다. 이는 자연 환원주의에 반대하고 교육 정책과 수단의 장기적인 효과에 더 초점을 맞추는 것을 함의하는 것으로 이해해야 한다. 삶의 칸막이를 비판하며 교육을 통한 불공평하고 불평등한 기회의 재생산, 다양성과 권력 관계, 교육 분야와 주체의 경제화 및 자본화에 대한 보다 현대적인 관점은 듀이의 교육 비전을 우리 시대에도 이어가는 데 여전히 필요한 것이다(Garrison, Neubert & Reith, 2016: 28).

3. 문명도 살아 있는 사물이고 수명이 있다. 아마도 이것은 '죽음'이라는 사실에 대한 확장된 성찰인 『민주주의와 교육』의 다소 색다른 시작을 설명하는 것으로 보일 수 있다. 그런데 이 장의 제목이 '삶·생명의 필요로서의 교육'이라는 것을 떠올려 본다면, 생명은 필연적으로 죽음을 수반하기 때문에 그것은 없어서는 안 되는 '필수' 요소이다. 사실, 듀이는 먼저 생물이 자신을 갱신하기 위해 환경을 이용하려고 노력하지만, 얼마 후에는 굴복하고 죽는다는 엄연한 사실을 지적한다. 그러나 삶·생명 과정의 연속성은 어느 한 개인의 존재 연장에 달려 있지 않다. 생물학적 수준에서의 생명은 번식을 통해 개인 자신의 죽음을 초월하는 능력을 가리킨다. 좋은 적어도 잠시 동안 변하는 방식을 취한다.

삶·생명의 연속성이란 "살아 있는 유기체의 요구에 끊임없이 재적응하는 것을 의미한다 (MW 9). 지금까지는 단순히 생물학적 진리를 진술한 것에 불과하다. 그러나 듀이는 그것을 인간 상황에서 독특한 확장을 제시하기 위해 사용한다. 생물학적 존재로부터 단순히 종의 생명에 대한 새로운 생명으로 생각되지만, 그것은 그 개인이 태어나는 '문화'가 생명을 갱신한다. 그리고 이 문화적 사실은 어린 시절의 우리 안에 생물학적으로 존재한다. 그런데 죽음(소멸)에 대한 생각이 중요하다. 소멸 때문에 단순히 생물학적인 삶이 아닌 문화적인 삶을 사는 존재인 인간에게 교육이 필요한 것이다. 따라서 교육은 우리의 집단적인 죽음을 초월하는 것이다.

4. 생명체의 경우 산다는 것은 생명체를 둘러싸고 있는 환경과 상호작용하는 것이다. 그러므로 생명체가 살아 있는 동안에는 어떤 종류의 경험을 하느냐 하는 것이 문제이지 경험은 끊임없이 일어난다. 즉, 산다는 것은 경험의 연속이다. 그런데 생명체와 환경 또는 자아와 세계 사이의 상호작용은 물 흐르듯이 순조롭게 진행되는 것이 아니다. 거기에는 항상 문제와 갈등이 존재한다. 우리의 삶은 항상 불완전한 경험들로 가득 차 있다. 얽혀 있는 문제와 갈등은 인간에게 독특한 감정을 불러일으키며, 나아가 그러한 갈등을 해결해야겠다는 생각을 하게 하며, 갈등을 해결하는 것을 의식적 목적으로 갖게 한다 (Dewey, 2021: 87).

5. 듀이에게 '경험(experience)'은 철학적으로는 합리론에 대립하는 개념이고, 전통 철학이 이성과 대비하여 경멸의 대상으로 삼았던 용어이다. 듀이가 출발점으로 삼는 문제 상황은 산업화, 과학화 등으로 인한 전면적 사회변화이며, 이에 대응하는 인간의 능동적 능력이다. 듀이에게 경험은 이중적 성격을 지닌다. 즉 행하면서 겪는 능동-수동의 것으로 세계와 복합적 상호작용 속에 있는 것이다. 즉 유기체와 환경, 자아와 대상 세계가 통합적 관계를 이루며 연계되어 있다. 듀이는 형이상학에 해당하는 저서 『경험과 자연』에서 자신의 철학적 입장을 '경험적 자연주의'(empirical naturalism)라고 밝힌다. 듀이는 자신의 실용주의를 언어, 지식, 사고, 이론 등 인간의 모든 정신활동의 산물을 유기체로서 인간이 환경에 적응하기 위한 하나의 도구—때로는 '도구주의'(instrumentalism)로 명명되는—로 간주한다. 영국 경험론의 경험 개념이 감각적인 지각에 의해 발생한 원자적인 것이라면, 듀이의 경험 개념은 유기체로서의 인간이 환경에 적응해 가는 과정에서 발생한 모든 것으로 포괄적이고 충만한 것이다. 듀이의 경험 철학은 일상적인 경험으로부터 출발하며, 나아가 '하나의 경험'으로서 '미적 경험'의 개념을 도입하고 새롭게 정의하여 그것들을 연속적으로 발전하는 것으로 봄으로써 자신만의 독특한 철학을 구축한다.

6. '삶(life)'에 관한 듀이의 생각은 『민주주의와 교육』의 모든 장으로 확산된다. '행함으로써 배운다(learning by doing)'와 연관성은 '사는 것(living)'이 '하는 것(doing)'—우리의 욕구와 필요를 확보하기 위해 행동하는 것—을 수반한다는 것이다.

7. 듀이의 『민주주의와 교육』에서 'technological'이라는 말이 69번이나 사용되고 있으나, 'technology(기술/공학)'는 보이지 않는다. 'technological(기술적)'이라는 말은 세 가지 맥락에서 사용하고 있다. 첫째 사례는 "다음 세대에게 인류의 '기술적', 예술적, 과학적, 도덕적 성취"를 계승하기 위해 '교육'할 경우이다. 둘째 사례는 군사적, 상업적, 인류적, 관습적 또는 공학을 위한 도구로서 '기술적' 목적을 가진 다양한 가치에 대해 논의하는 경우이다. 셋째 사례는 산업에서 역사적 변화와 관련하여 경험적, 주먹구구식 절차, 물려받은 관습 등을 중지할 수 있는 테크닉은 '기술적'이다. 이런 세 가지 '기술적'이라는 용어의 사용은 1916년 이전에 종종 '기계장치'의 설계 및 개발을 통해 엔지니어링 및 산업 문제를 해결하기 위해 과학적 지식을 적용하는 기술에 대한 다소 전통적인 이해이다. 그는 기계장치 중 일부가 과학적 탐구를 위해 특별히 설계되었다는 점을 고려할 때, 과학과 기술 사이에 상호 관계가 있다는 것을 확실히 알고 있었다. 듀이는 1916년에 가졌던 것보다 기술에 대한 훨씬 더 광범위한 개념을 점차 발전시켰다. 듀이가 '기

술(technology)'이라는 단어를 실제로 명사로 사용한 것은 1920년대 중반이 되어서였다. 기술이라는 말은 더 빠르고, 더 싸고, 더 좋은 접근이라는 의미를 갖게 되었다. 어떤 문제를 풀기 위한 응용으로서 '예견되는 목적'을 위한 '수단' 또는 '도구적' 의미를 가졌다(Cunningham, 2017: 325-326).

8. 듀이가 강조하는 상호작용의 맥락에서 이해되는 '소통'은 동료 교수였던 미드의 영향을 크게 받았다. 듀이의 소통 개념은 하버마스의 소통적 행위 이론에 영향을 미쳤다(Garrison, Neubert & Reith, 2016: 66). 이러한 소통하는 공통의 '지평융합(fusion of horizons)'-가다머의 말-이 없다면, 공유된 의미나 공동의 세계가 존재할 수 없다(Alexander, 2017: 254-255).

9. 듀이는 『나의 교육신조』(1897)에서 '사회'를 개인의 유기적인 통합체라고 정의한다. 듀이는 '사회(society)'와 '공동체(community)'를 구분하지 않고 쓰는데, 사회는 '사회적', '사회적인 것'과 연관된 의미를 가질 때 '공동체'의 의미가 일치하게 된다. 통상 사회는 '이익사회' 또는 '조직사회', 공동체는 '공동사회' 또는 '지역사회'로 번역하기도 한다.

10. 듀이의 성향(disposition/inclination), 취향(taste), 습관(habit)은 부르디외의 '습속(habitus)' 논의와 연관지어 논의할 수 있다. 부르디외가 구분하는 세 가지 형태의 자본(경제적 자본, 사회적 자본, 문화적 자본)은 습관과 장을 필요로 한다(Garrison, Neubert & Reith, 2016: 200-204). '습속'은 사회화되고 구조화된 '학습된 취향'을 말한다. 사람과 사람을 구별짓는 '습속(habitus; 행위자의 신체와 정신에 습관의 형식으로 뿌리내리고 있는, 지속적이면서 전환 가능한 성향들의 체계이자 실천들의 발생 도식들의 체계)과 연계된다. '습속'은 오랫동안 습득한 어떤 실천의 장을 지향하는 지각, 사유, 행동의 체계다. 습속은 단순히 개인적인 것이 아니라, 그 개인이 놓여 있는 사회적 위치의 반영이기도 하다. 학습된 취향은 사회적 위치뿐 아니라, 교육환경, 계급적 위상에 따라 후천적으로 길러진 성향으로서 개인의 문화적 취향과 소비의 근간이 되는 성향을 가리킨다. 모든 종류의 자본(경제적 자본, 사회적 자본, 특히 문화적 자본)은 인정과 무시의 관계에서 사회적으로 인지 능력을 구성하는 취향의 개입을 전제로 한다. 그것은 사회적 맥락의 변화에 따라 강화되거나 약화될 수 있다.

11. '소통'은 '어떠한 것이 막히지 않고 잘 통한다'는 뜻을 가진 말이다. 듀이에게 교육이란 기본적으로 '소통'의 한 형식이다. 대화, 협력 및 숙고는 듀이 교실(온라인 포럼 등)의 기초이고, 학습 원리의 핵심은 연합(개인적 담론에서 집단적 담론으로), 모방(생각으로부터의 도피가 아니라 이해의 확장이자 공동체의 표식으로서 모방하려는 동기를 찬양), 연계(논리적인 것과 심리적인 것의 연계, 교과와 학습자의 연계, 사실과 감정의 연계, 훈육과 자유의 연계)이다(Cohen, 2017: 333-337).

12. 듀이의 따르면 행위(action)는 목적 지향적이며, 각 행위는 사회적 맥락에서 일어나며, 그 행위는 사회적 규범에 의해 다스려진다.

13. 듀이가 교육이란 '소통의 행위'라고 말할 때, 교육의 과정에서 일반적인 개념, 즉 가득 찬 주전자로 빈 컵에 액체를 붓는 것과 같은 것을 생각하는 것과는 거리가 멀다(Alexander, 2017: 254). 교육의 과정은 계속적인 재조직이고 재구성이며 변혁이다(MW 9). 듀이는 민주사회의 교육이 현재의 경험에서 가능한 것에 비추어 실제적인 것을 이해함으로서 의미의 성장을 목표로 한다고 말한다(Alexander, 2017: 260).

14. 어원적으로 '표현하는 행위(ex-press)'는 짜내는 것 또는 압력을 가해서 밖으로 나오게 하는 것을 뜻한다. 포도주스는 포도를 기계로 눌러서 짜내는 것이다. 기름도 지방이 들어 있는 물질에 열과 압력을 가하여 짜내는 것이다. 압력을 가하거나 짜내려면 원재료가 있어야 하듯이, 표현행위가 존재하려면 원재료가 있어야 한다. 그러나 동일한 이유에서 원재료를 그대로 내보내는 것은 표현행위가 아니다. 표현행위가 성립하려면 포도를 짜는 기계와 상호작용을 통하여 주스를 배출하는 것과 같이 원재료가 변형되는 과정을 거쳐야 한다. 감정을 '표현'하기 위해서는 내부에서 일어나는 감정의 움직

임뿐만 아니라 이들과 마주치는 대상들이 있고, 양자 사이에 적절한 상호작용이 일어나야 한다(Dewey, 2021: 144-145). 그리고 '표현'이라는 말은 '건축(construction)'이라는 말과 유사한 성격을 갖는다. '건축'이라는 말은 무엇을 만들고 세우는 '행위'를 가리키는 말이면서, 동시에 그러한 행위의 '결과'를 지칭하는 용어로도 쓰인다. 이와 같이 '표현'이라는 말도 '표현하는 행위'와 '표현된 결과'를 동시에 가리키는 용어로 사용된다(Dewey, 2021: 181).

15. 듀이는 『공공성과 그 문제들』(1926)에서 '연합(association)'을 '연결(connection)'과 '결합(combination)'의 의미를 갖는 것으로 개념화하며, 이는 모든 존재자에게 공통되는 법칙으로 제시하고 있다. 개개의 단독적인 행동을 하지만 그럼에도 그들은 연합 속에서 행동한다. 모든 것들의 행동은 다른 것들의 행동과 함께 있다. 이 '함께 있음(along with)'은 각자의 행동이 타자와의 연관에 의해서 바뀌게 된다는 것을 의미한다(Dewey, 1926: 22-23). '연합'은 개별적 요소의 활동성에 영향을 미치는 상호 연관된 활동이다. 개별자들은 이미 연합 속에서 존재하며 움직인다. 더 많은 것을 갖춘 성숙한 존재, 즉 어른은 어린이들과 함께 행동할 뿐만 아니라 특별한 종류의 연합 속에서 행동한다. 즉 그들은 자신의 행동이 어린이의 삶과 성장에 미치는 결과에 관심을 둔다. 물론 이러한 이론들에는 과거 사회에서 정식화되어 지금의 민주사회에서도 여전히 효력을 발휘하며 민주적 이상의 충분한 실현을 저해하는 것에 대한 비판적 평가도 들어 있다.

16. 경험의 성장이 교육에 적용되었을 때, 성장의 전제는 '미숙'이다. 듀이에게 미숙은 하나의 적극적인 능력, 즉 성장하는 힘을 뜻하는 것이다.

17. 이 문장에서 사회적 형성에 맞게 길러내는 것을 '사회화'라고 한다. 듀이는 사회화(동화/동일시/훈련)와 교육(새로운 질서의 형성/탈동일시/주체화)을 극단적으로 분리하지 않았다. 이는 곧 민주주의와 교육의 연계와도 연결된다(Garrison, Neubert & Reith, 2016: 31-49).

18. 듀이는 '환경(environment)'과 '주변조건(surroundings)'을 구별한다. "유기체가 살아가는 '환경'은 살아 있는 존재가 어떤 방향으로 기능할지 적극적으로 영향을 미치는 조건의 총합이다. 그러므로 환경은 단순히 주위의 물리적인 조건과 같지 않다. 개인과 그를 둘러싼 환경은 지속해서 교변작용하고 공진화하면서 성장한다. 그러므로 우리는 단순히 '주변에 존재하는 자연'과 '개인이 자연에 영향 받으며 자연과 상호작용하고 함께 진화하는 환경으로서의 자연'을 구별한다. 듀이의 관점에서 볼 때, 학습 환경은 저절로 작동되는 외부 조건으로 결코 축소될 수 없다. 따라서 학습 환경은 조직된 교육내용과 학습자들의 경험 사이에 참된 교변작용이 가능하도록 구성되어야 한다.

19. '사회적 매개체'는 사회적으로 일반적으로 통용되고 있는 지식, 신념, 정서, 태도, 가치관 등을 일컫는다. '사회적 매개체'는 매개 기능을 하는 '문화'의 개념에 가깝다. 훗날 듀이가 '경험'을 '문화'로 이해하려고 했던 것과 연관된다.

20. 듀이의 '취향'과 '습관' 개념은 부르디외의 '습속(habitus, 항구적 성향체제)' 개념과 비슷하다. 듀이는 사회적 행동은 물론이고 개인의 행동에서 습관과 지성의 연관성을 특히 강조했다.

21. '기관(organ)'이라는 것은 원래 생물학에서 어울리는 용어로서 소화기관, 순환기관 등 신체의 기관을 나타낸다. 학교를 '사회적 기관'이라고 한 것은 사회를 하나의 유기체로 본다는 뜻을 은연중에 비치고 있다.

22. 파긴(Fagin)은 어린 소매치기나 도둑을 내세워 돈을 버는 나이 먹은 악한으로 디킨스의 『올리버 트위스트(Oliver Twist)』에 나오는 인물이다. 이 인물은 똘마니들을 한 집에 모아 놓고 소매치기 훈련을 시키는데, 이것은 이따금 그런 것도 '교육'이라고 볼 수 있는가 하는 손쉬운 사례로 등장한다.

23. '실제(practice)'는 '활동(activity)'과 거의 같은 의미로 해석된다. 초점과 순서가 실제에서 구분되지 않는다는 것은 활동을 하는 장면에서 초점을 맞추는 일이 따로 있고,

순서를 짓는 일이 따로 있는 것이 아니라, 두 가지가 활동 속에 녹아 있어서 그것이 전체로서 활동을 이룬다.

24. 듀이에게는 인간의 활동 일체가 목적을 위하여 수단 또는 도구를 활용하는 것이며, 지식은 이 활동의 '도구'가 된다. 그래서 듀이 철학의 인식론적 측면을 '도구주의(instrumentalism)'로 부른다. '사물을 사용한다'는 표현은 목적을 달성하기 위하여 수단을 활용한다는 것과 동일한 뜻을 나타낸다.

25. '정제된 자극(weighted stimuli)'이라는 말은 어떤 자극이 정신적 자양분이 되며, 어떤 자극이 그렇지 못한지, 그리고 어느 정도로 정신적 자양분이 되는지 등이 세밀하게 구분되어서 자양분이 많이 되는 자극을 더 중요시한다는 뜻이다.

26. 듀이의 관점에서 '지성(intelligence)'은 사회와 고립된 요소가 아니며 실험적이고 실천적인 것으로서 과학적 탐구와도 같은 것이다. 듀이는 합리주의 전통을 계승한 허친스가 주로 사용하는 '지력(intellect)'의 개념에 불만을 품고 자신의 '지성' 개념을 끌어들였다. 허친스가 말하는 지력은 형이상학적인 세계를 파악하기 위한 '지적 능력'이다. 이런 점에서 과거 합리주의자들이 말하는 지력은 형이상학자들이 사용해 온 이성의 개념과 다를 바 없다. 왜냐하면 그것은 현실의 경험과는 너무 유리된 세계를 전제로 하고 있기 때문이다. 또 듀이는 지성을 생물학적 용어로 '지능(intellect)'과 구별하고자 했다.

27. 듀이의 토대역량(capability) 또는 잠재력(potentiality)은 내적 역량을 정치경제적 조건과 연동시켜 사회정의와 기회의 균등을 달성하고자 하는 아마티아 센과 마사 누스바움의 토대역량 접근(capabilities approach) 이론과 연관될 수 있다(Garrison, Neubert & Reith, 2017: 88).

28. '아동기'를 '청소년기(adolescence)'를 포함하는 넓은 개념으로 사용하느냐, 아니면 '청년기'를 별도로 설정하느냐 하는 것을 둘러싸고 발달 단계 설정을 둘러싼 논쟁이 벌어질 수 있다. 듀이는 유아기와 청소년기를 구분해 특별히 언급하지는 않지만, 대체로 이를 포괄한 성인기와 대조하여 아동기 개념을 사용하고 있다.

29. 듀이는 '가소성(plasticity)'을 새로운 통제 방식을 획득하는 힘이라 일컫는다. 듀이는 '완전 가능성(perfectibikity/Bildsamkeit)'이라는 아이디어를 가지고, 때로는 '교육 가능성'으로 논의하고, 때로는 다윈의 영향을 받아 자연주의적 용어, 즉 '가소성'으로 구조화하였다.

30. 수정을 통한 진보의 가능성은 오늘날 사회적 직업을 변화시키는 새로운 기술 개발-인터넷이 20년 만에 모든 직업을 변화시켰듯이-을 포함할 수 있다(Waks, 2017: 9).

31. '판에 박힌' 습관을 듀이는 '타성(habituation)'이라고 지칭하고, 이와 반대되는 습관(habit)을 '사고'를 하는 습관, '지성'을 발휘하는 습관으로 강조하고 있다. 듀이는 모든 행동을 더욱 적절하게 표현할 수 있는 단위를 '습관'에서 찾았다. 듀이는 습관이 본질적으로 보수적이라는 견해를 반박한다. 모든 습관이 오래된 틀의 노예화는 아니다(MW 14: 48).

32. 찰스 디킨스의 소설 『위대한 유산』(1849)에 나오는 주인공의 이름이다. 가난하지만 미래의 행운에 낙관적인 기대를 하며 살아가는 인물이다.

33. 듀이는 의식적 사고가 없이 무한히 반복하는 판에 박힌 행동을 보여 주는 습관에 대해 매우 비판적이다. '습관'은 우리가 생각을 실제 실험해 봄으로써 세상에 구현하는 것을 가능하게 해 준다. 그리고 우리의 행동과 시험을 성찰하는 '탐구'는 현재의 습관을 세상에 더 잘 맞게 적응하거나 새로운 습관을 개발하도록 유도한다. 실험이 실패하거나 새로운 조건이 발생했을 때, 또는 문제 상황에 직면할 때 우리는 습관을 고려해야 한다. 좋은 경험은 교육적이고 성장으로 이어지며 연속성을 제공하는 반면, 나쁘거나 교육적이지 않은 경험은 성장을 방해하고 세상에 대한 관심을 억누르며 나쁜 태도를 낳거나 개인의 변화하는 세계를 칭찬하지 못한다.(Stitzlein, 2017: 42-43).

34. 'instruction(수업)'은 arrange, inform, teach를 뜻하는 라틴어 'instructus'로부터

유래되었다. 'instructus'(in=into+build/erect)는 informare(in+ shape/form/train/instruct/inform)와 뜻이 유사하다. '수업'은 단순히 학습을 학생들 '속으로' 또는 '에게로' 삽입하여 우리가 원하는 대로 학생들을 형성한다는 것을 암시한다. 이것은 여전히 가르침과 배움에 대한 '사고'를 지배하는 것을 말한다. 이 경우 '마음'은 정보가 투입된 정보처리 기계(컴퓨터)로서 기능한다. 따라서 진정한 교육이란 이와 같지 않다. 인간은 살아 있는 기능을 하는 복잡한 유기체이다.

35. '아동기의 이상화'는 아동기의 예찬, 즉 아동을 맹목적으로 떠받드는 것을 말한다. 듀이에게 심리학을 가르쳤던 발달주의자 홀(G. S. Hall)은 청소년기의 개념에서 단순히 개인 발달에 대한 이상화가 아니라 인류의 단계에 대한 이상화를 주장했다. 간단히 말해, 학교는 가능한 한 아동을 방해하는 것이 아니라 오히려 아동기와 청소년기의 단계를 연장하는 것을 추구해야 한다는 점이다. 그는 어린 시절, 특히 청소년기에 대한 감상주의에 찬동함으로써 지성을 폄하하는 입장을 취하고 있다.

36. 이 장에서 듀이는 성장과 발달을 구분하지 않고 있다. 성장하려면 변화할 수 있는 잠재적 능력, 즉 '발달할 수 있는 능력'(MW 9)이 있어야 한다. 이를 보면 성장의 교육적 함의를 '발달'로 표현하였으나 성장과 발달을 혼용하여 쓰고 있다. 하지만 겉으로 드러나는 발달적 현상에 대하여 그것이 어떤 방향으로 향하는지에 대해 주목하라는 것(지도성 발휘)은 비고츠키의 근접발달의 문제인식과 통하는 바가 있다. 그런데 듀이는 홀의 낭만적 발달주의를 넘어서고 있다.

37. '발현(unfolding: 포개어지지 않은 것)'은 내부로부터의 발달을 가리키며, 그런 뜻에서 '발달(development: de/off + voloper/wrap, 싸여 있는 것이 벗겨지는 것)'의 개념과 큰 차이가 없다. '성장(growth)'이란 인간 안에 내재되어 있는 잠재성이 점차 발현되는 과정으로 이해될 수 있다. 이러한 관점은 전통적인 '발현설'에서 나온 것이다. 발현설은 본래 아리스토텔레스 철학에서 나온 것이다.

38. 발현 이론(unfoldment theory)은 전통적인 교육 모형인 '주형(moulding)' 모형에 반기를 든 '계발(development)' 모형의 이론적 토대가 되었다. 외적 통제와 지식 전수를 중시했던 교육자의 관심을 아이들의 잠재 가능성을 이끌어 내는 데로 돌리는 데 기여하였다. 주형 모형이 전통적 준비설과 연관이 깊다면, 계발 모형은 루소나 프뢰벨 등의 발현 이론의 관점을 대변한다고 할 수 있다. '발현 이론'은 근대의 루소와 프뢰벨을 통해서 새로운 사회적 의미와 영향력을 갖게 되었다. 발현 이론은 18세기에 일어난 자유주의 철학과 잘 맞았기 때문에 자연스럽게 수용될 수 있었다.

39. '절대자'는 아무것에도 제약받음이 없고 의존하지도 않으면서 일체의 조건과 타자와의 관계에서 독립적이며, 만물의 근원을 이루는 존재이다. 신(God)의 다른 이름이기도 하며, 신의 거룩한 속성에 해당하는 자존, 완전, 신성, 궁극, 무제한 등과 함께 어울려 일컬어지곤 한다.

40. 프뢰벨은 신의 정신이 자연 속에 머무르며 자연을 통해 전달되며, 자연을 통해 사물과 자신과의 관계에 대한 지식을 형성하고, 수학은 인간의 정신적인 작용과 본질의 인식을 위해 유익하다고 보았다.

41. '완전성(perfectibilité/perfectibility)' 또는 완전 가능성은 불확정적이며, 이는 모든 개인이 동일한 속도와 동일한 능력으로 동일한 것을 배우리라는 것을 의미하지는 않는다. 오히려 모든 개인은 자신의 교육의 과정에 참여하고 고유하게 기여할 권리와 능력이 있기 때문에 불확정적인 것이다. 루소의 이러한 사고의 실마리는 독일의 교육이론화 전통, 특히 완전 가능성/형성 가능성(Bildsamkeit/plasticity)이 '교육의 기초 원리'라고 말하는 헤르바르트(1902)에게서 매우 현저하게 드러난다.

42. 프뢰벨은 인간 발달의 원리를 통해 아동의 현재 교육이 장래 생활의 준비를 위한 것이 아니라, 현재의 자기 발달에 충실한 것이어야 한다는 입장을 내세웠다. 프뢰벨은 '놀이'는 아이들의 내적 세계를 표현하는 것이고, 아동기의 가장 순수한 정신적 산물이며

인간 생활 전체의 모범이고, 자기의 내적 본질의 필요에 따라 자신의 내면세계를 밖으로 표현하는 것이라고 보았다.

43. 유치원의 교육 내용과 교수 방법을 처음으로 체계화했다는 점에서 지대한 공헌을 했다. 프뢰벨의 발달 이론은 이상주의적이고 상징주의라는 비판과 함께 아동 발달 과정에 적합하지 않고 학습이 지나치게 단계를 따라 진행됨으로써 고정적이라는 비판을 받았다. 듀이가 프뢰벨의 교육철학에 동의하기 어려웠던 이유를 이해할 수 있다. 완전하고 절대적인 이상향에 이르는, 프뢰벨이 강조하는 '정태적 완전성'은 존재하지 않기 때문이다. 듀이가 보기에 인간의 삶의 세계에서 프뢰벨이 그리는 완전하고 절대적인 이상향은 존재하지 않는다고 할 수 있다. 인간의 삶의 세계에서는 누구나 미래 정해진 저편을 향해 갈 수밖에 없는 종국적 상태란 존재하지 않는다. 그가 보기에 상호작용의 영향을 벗어난 궁극적 실재(잠재력)란 사실상 존재하지 않는 추상적이고 공허한 것이다.

44. 'transcendental(선험적)'에서 'trans'는 라틴어 'transcedere'에서 파생된 것으로, '뛰어넘다(hin berschreiten)', '경계를 벗어나다(eine Grenze berschreiten'라는 의미이다. 'transcendental'의 독일어 'transzendental'은 모두 일정한 경계를 뛰어넘기라는 의미가 있다. 여기서 그 경계는 '가능한 경험의 영역'이고, 가능한 경험을 넘어서는 존재를 '선험적'이라고 말할 수 있다.

45. 헤겔(1770~1831)은 『정신현상학』에서 '절대정신(絶對精神/Absoluter Geist)'은 변증법으로 도달되는 최고의 지점, 즉 더 이상 변화될 필요 없는 최고의 위치를 뜻한다. 절대정신의 자기 전개 과정을 유(有)-무(無)-생성(生成)의 원리로 변증법으로 파악하고 헤겔의 독자적인 이론을 전개한 것이다. 변증법은 정(긍정)-반(부정)-합(부정의 부정)의 형식으로 요약할 수 있다. 헤겔은 세계사를 '절대정신(이성)'이 자유를 향해 나아가는 과정이라고 정의했다.

46. 루소는 『에밀』에서 교사에 대한 복종과 암기에 의존하는 교육을 반대했다. 그는 학생들이 구체적 경험을 하고, 스스로 진리를 발견할 때 가장 잘 배운다고 주장한다. 그는 아이들이 '선하게 태어난다'고 믿었기에 더 많은 자유를 허용하고, 더 관용적인 형태의 훈육을 해야 한다고 믿었다. 루소의 관점은 확실히 듀이를 포함한 미국 교육자들의 사상에 영향을 미쳤다.

47. 유기체적 관점에서 살펴보면 국가의 형성 이전에 이미 개인들은 서로 사회적 관계를 맺고 있다. 듀이는 개인을 하나의 고립된 단위로 보는 관점을 비판하면서 개인과 사회가 뗄 수 없는 하나의 유기체를 이루고 있다고 보았다. 듀이는 이러한 사회성을 특징짓는 최초의 사실은 '협력'이라고 보았다.

48. 형식도야 이론(formal discipline theory)은 교육의 역사에서 가장 오랫동안 영향력을 행사한 이론이며, 전통적으로 학교에서 가르쳐 온 교과의 가치를 설명하는 최초의 교육과정 이론이다. '형식도야'라는 것은 교과의 형식을 반복적으로 연습한 결과로 일정한 완성 단계에 이르게 되는 것을 가리킨다.

49. 'discipline'은 cipere/take+dis/away, 즉 뭔가를 '떼어내다'라는 의미이다. '陶冶(陶/질그릇+冶/쇠불릴)'의 우리말 뜻은 도기를 만드는 일과 쇠를 거푸집에 부어 물건을 만드는 일을 말한다. '도야'란 녹슨 떼를 벗기는 제련소의 작업과 같다. 훌륭한 사람이 되도록 몸과 마음을 닦고 기르는 것을 비유적으로 이르는 말이다.

50. 형식도야 이론에서 강조하는 능력(power/capacity)은 능력심리학(faculty psychology)에서 강조하는 '능력(faculties)'과 밀접한 관련을 맺고 있다. 능력심리학에서 '능력'은 '정신능력'을 말한다. 정신능력은 우리 마음속에 각각 상이한 위치를 차지하고 있다. 능력심리학에서는 이를 '마음의 근육' 또는 '부소능력'이라고 호칭한다. 그러므로 적합한 교과나 학습 자료를 계속적으로 반복적으로 연습한다는 것은 바로 이 마음의 근육을 개발하기 위한 운동이 되는 것이다.

51. 17세기 영국의 사상가 로크는 토머스 제퍼슨 등 미국의 혁명가 지도자들의 정부와 민

주주의에 대한 사상 형성에 영향을 준 인물이다. 교육 영역에서 로크는 "진리와 지식은 수동적, 피상적으로 주어진 생각을 처리하는 것이 아니라 관찰하고 경험하는 데서 나온다"고 보았다. 그는 진보주의 교육 지도자들이 채택한 방식으로 평생에 걸쳐 교육에 대해 생각했다. 로크는 진정한 배움에는 구체적인 경험이 필요하다고 최초로 주장했던 인물이다. 나아가 그는 이러한 경험들이 학생의 개별적 필요와 능력에 맞춰져야 한다고 확신했다. 이것은 진보적 교육 사유의 전조를 보여 준 것이다.

52. Kliebard(1995)는 미국교육이 어떻게 조형되어야 하는가를 둘러싸고 경합하는 네 개의 집단 또는 관점이 있었다는 것을 밝히고, 이들 집단 사이의 논쟁을 연구했다. 그가 분류한 이들 네 개의 집단은 인문주의자, 발달주의자, 사회효율성주의자, 사회개량주의자이다. 각각의 집단은 학교개혁에 대한 독자적인 의제를 가지고 있었고, 더 많은 지지를 받기 위해 담론적 경합을 벌였다.

53. 독일교육철학에서는 'Erziehung/education'은 일정한 교육목표를 세우고 이에 도달하기 위한 교육자의 교육행위를 전제로 하는 데 반해, 'formation'과 유사한 의미를 갖는 'Bildung'은 본래 일정한 가치 지향에 따라 인간의 내면성의 형성을 의미하는 것으로서, 타인에 의한 교육적인 도움 없이도 스스로 이루어질 수 있다는 자율성을 강조하고 있다. 훔볼트는 자아와 세계의 상호작용으로서 환경에 의해 개인이 형성되고 그리고 개인이 환경을 형성하는 'Bildung' 이론을 개진하고 있다. '안'에서부터 자발적 형성을 강조하는 독일교육철학의 '형성(Bildung)'과 미국의 듀이가 사용하는 '형성(formation)' 개념은 의미의 차이를 보이고 있다. 'Bildung'은 내부로부터 자율적 도야를 강조하고 있기 때문이다. Erziehung과 Bildung을 비교하는 독일 교육철학의 전통과 달리, 개념의 내포는 달리하고 있지만, 듀이는 5장에서 헤겔과 프뢰벨의 내부 잠재력의 발현(unfolding)으로 보는 관점과 외부로부터의 형성(formation)이라는 관점을 대조시키면서 '형성'을 헤르바르트 심리학이 강조하는 마음의 발달 개념으로 통합해내고 있다.

54. 근대 교육학의 토대를 제공한 헤르바르트(1776-1841)는 30세에 『일반교육학』(1806)을 발표함으로써 서구에서 최초로 교육학을 근대적 의미의 학문으로 정립한 사람으로 인정되고 있다. 독일에 처음으로 교육학과(1810)를 설립하였다. '일반교육학'이란 모든 종류의 교육활동에 '일반적인', 공통적인 이론적 토대가 될 수 있는 교육론을 제시하고자 하는 의도에서 붙여진 명칭이다. 듀이의 교육관에 강력한 영향을 미친 독일의 사상가이며 교육철학자이기도 하다. 헤르바르트 교육사상은 미국과 유럽에 큰 영향을 미쳤다. 듀이는 미국 헤르바르트학회 회원이었으며, 형성 이론을 뒷받침하는 내적 능력과 유기적 발전을 논한 헤르바르트의 지각심리학의 영향을 받았다.

55. '실재(reality)'란 겉으로 보이는 것이 아닌, 진정으로 존재하는 것을 말한다. 헤르바르트의 실재론(realism)은 실재가 사물의 외양의 이면에 숨어 있다는 것, 경험적 사실을 해석하려고 할 때 그 해석의 수단으로서 단순하고 순수한 실체, 즉 '참-실재'를 가정할 수 있다는 것, 그리고 그 '참-실재'에 관하여 우리는 말할 수 있는 것은 오직 그것이 존재한다는 것과 무수하게 다양하다. 듀이는 우리의 삶이 '총체(totality)'이며, 따라서 유일한 '실재'라고 주장한다. 삶이 총체라고 하는 것은 곧 삶 - 즉 지적·도덕적 성장 - 이 이론(보는 것)과 실제(하는 것)를 위시한 일체의 대립/모순을 동시에 포함하고 있다는 뜻이다.

56. 헤르바르트는 인간의 마음을 표상(presentations/Vorstellungen)의 결합체로 보았다. '표상'은 사람들이 가지는 생각이나 정신적 이미지, 더 나아가 감정 상태를 포함한다. 모든 것은 영적인 사건, 즉 '표상'이다. 표상들이 끌어당기거나 대립하는 서로의 관계에서부터 변화나 방향성, 융해, 결합, 재생산(기억, 환타지) 등이 생긴다. 이것들은 멈추어 있는 것이 아니라, 역동적으로 서로 움직이며 상호작용한다.

57. '의식의 문턱(threshold)'은 의식과 무의식의 경계선을 가리키는 것으로서 이것을 넘어

서면 '의식의 상태'가 되고, 그것을 넘어서지 못하면 '의식을 하지 못하는 상태'가 된다.

58. '통각' 또는 '지각'은 새로운 표상이 기존의 것을 통해 융합되는 방식이다. 표상 집단의 특정한 자리매김에 따라 느낌, 욕구 및 의지의 행위가 발생한다. 통각기관 (apperceiving organs)은 관념 또는 표상들 사이의 관계라고 할 수 있다. 헤르바르트 는 모든 학습이 곧 '통각'이라고 본다. 학습의 필수조건으로서 흥미(자기활동)는 전적으 로 '통각' 또는 '지적 내면화'에 의존한다.

59. 경험에서 인간 밖에 있는 사물과 사건들은 물리적 세계에 속하는 것이면서 동시에 사 회적인 것이며, 그러한 사물과 사건들은 함께 상호작용하는 인간적 요소에 의해 변형된 다. 동시에 인간 자신도 외부에 있는 사물이나 사건들과의 상호 교류(intercourse), 더 욱 엄밀히 말하면 '교변작용'을 통해서 변화하고 발전한다(Dewey, 2021: 122). 교변작 용은 경험 주체와 경험 대상이 구분이 있기 전에 중체와 객체가 설 영향을 주고받음으 로써 이전과는 새로운 성격을 갖게 된다는 점을 보여 준다. 듀이는『아는 것과 알려진 것』에서 행위의 발전 과정이 3단계 과정을 밟는다고 보았다. 자기작용(self-action; 행 위자 자신의 행위) → 상호작용(inter-action; 주체자의 행위와 의도가 다른 사람과의 교류) → 교변작용(trans-action/유기적 상호작용; 사람과 사람과의 교류뿐 아니라 '사 람'과 '사물'의 동적 교류)이 그것이다.

60. 헤르바르트는 근대적 교육학 이론에 지대한 영향을 미친 '교육적 수업(erziehender Unterricht/educational instruction)' 이론을 제시했다. 헤르바르트가 말하는 교육적 수업은 윤리적 차원에서는 교육목적, 심리적 차원에서는 학습자, 논리적 차원에서는 교 사의 중요성을 이야기하면서 이들의 균형과 조화를 강조한다.

61. 듀이는 교육에서 과거를 향한 '회고적(retrospective=retro/back+specere/look/ view)' 기능과 함께 미래를 향한 '전망적(prospective=pro/forward+specere/look/ view)' 기능을 강조하고 있다. 교육은 미래를 과거에 순응시키는 과정으로 생각될 수도 있고, 과거를 발전하는 미래의 자원으로 활용하는 과정으로 생각될 수도 있다.

62. 이 논변은 헤켈(Ernst Haekel)의 생물발생 법칙(biogenetic law: 개체발생은 계통발 생과 반복한다는 형태론)(1872)에 반대했던 베르그송(Henri Bergson, 1859~1841)으 로 거슬러 올라가게 한다. '지속(durée)'은 베르그송 철학의 핵심을 이루는 개념이다. 이 개념은 시간에 관한 것이기는 하지만, 전통적으로 혼동되어 온 시간의 두 측면을 서 로 구별하고자 하는 의도에서 도입되었다.

63. 듀이(1901)는 교육개혁이 실패한 이유를 다음과 같이 말한다. 첫째, 학교 시스템이 시 대에 뒤떨어져 있다. 교육과정과 분리되어 돌아가는 교육 기준도 문제다. 둘째, 학교 조 직 및 행정의 역할이 원활하지 않다. 학생의 그룹화, 교사 선발체제, 보상 체계가 서로 맞물려 잘 돌아가지 않고 있다. 교육과정은 광범위하고 혁명적인데 학교 운영 방식은 그에 따르지 못하고 있다. 시험이라는 외적 검사도 방해 요인이다. 교사가 학습 과정을 형성하는 중심에 있는데 명확하고 권위 있는 리더십을 발휘하지 못하고 외부인이 되고 있다. 교사의 적극적 참여 없이 그리고 그들의 능력, 관심과 욕구를 고려하지 않은 채 교육과정의 개혁을 시도하는 것은 무의미하다. 이것은 민주주의 문제와 관련이 있다.

64. 듀이는 피아제와 헤르바르트의 교육과 수업의 평행이론을 비판하면서 그 대안으로 교 육을 '회고(recapitulation)'와 '전망(retrospection)'으로 보았다.

65. 교육학 영역 내부와 외부의 학습 과정에 대한 듀이의 차별화는 '사회(society)'와 '공 동체(community)'에 대한 똑같이 중요하고 근본적인 구별과 관련이 있다. 이에 독일어 로 society를 Gesellschaft로, community를 Gemeinshcaft로 번역하나 듀이의 구별 처럼 독일어도 의미의 회색지대를 건너가기란 쉽지 않다.

66. 사회의 '규범적' 의미는 '좋은 사회', '올바른 의미에서의 사회'를 가리키며, '기술적' 의 미는 '있는 그대로의 사회', '시민들이 사회'라고 부르는 것을 가리킨다.

67. 일반적으로 '사회화(socialization)'란 한 사회가 그 성원들에게 공통된 지식, 신념, 가

치관, 행동양식 등을 받아들이도록 하는 과정을 가리킨다. 교육의 사회적 목적이란 교육을 통해 특정한 사회·문화·정치 질서의 구성원이 되게 하는 것을 뜻한다.

68. 탈레랑(C-M. de Talleyrand, 1754~1838)은 프랑스 대혁명(1789) 시기의 정치가이자 외교관이다. 사제 서품을 받은 그는 1789년 삼부회에서 성직자 대표로 선출되었고, 새 정부에 자금을 지원하기 위해 교회 재산을 몰수하고, 성직자 시민헌법을 지지함으로써 혁명의 주교가 되었다. 정치적 생존에 능숙한 그는 나폴레옹을 지지했고 이후 외무장관과 대참사가 되었다.

69. '유동적 사회(mobil society)' 논의는 '액체적/유동적 근대성(liquid modernity)'을 강조하는 바우만 논의와 연계될 수 있다. 후기 근대성 또는 성찰적 근대성의 특징을 보이는 액체적 근대성은 전체주의적 경향을 보이는 '고체적 근대성'과 대비된다. 급속히 발전하는 산업사회의 핵심 문제에 대한 해결책은 개인이나 집단의 경직된 사회적 포용도, 국가가 만드는 분배나 자원도 아닌 '이동성(mobility)'과 '교육'이다(Oelkers, 2017: 279).

70. 세 계급은 각각 영혼을 구성하고 있는 세 요소, 즉 욕망, 용기, 이성 중 어느 것이 지배적으로 작용하느냐에 따라 구분되는데, 생산자, 수호자, 통치자 계급으로 구분된다.

71. '특수자(the particular)'는 감성적 인식의 대상으로 경험적 실재이다. 예컨대, 어떤 특수한 인간, 특수한 경우를 말하는데, 이를 특히 더욱 포괄적 개념인 '보편자'와 대립된 것으로 보는가, 또는 종속의 관계로 보는가는 철학에 따라 다르다. 즉, 플라톤적 관념론에서는 보편자는 실재하고, 특수자는 그 그림자에 불과한 데 비해, 경험론에서는 특수자는 실재하고, 보편자는 추상적 산물, 또는 편의적 기호라고 본다.

72. 플라톤의 용어로 '보편자'는 이데아 또는 형식이며, 존재의 목적이라고 할 수 있다. 보편자를 개별자들의 이데아로서 절대 불변적인 참된 것으로 파악하는 플라톤에 반하여, 아리스토텔레스는 개체만이 실재하는 것이며, 실재하는 것으로 개체들은 고정 불변적인 것이 아니라, 변화 중에서 자기 자신을 발전시키고 완성시켜 나간다고 본다.

73. 과학철학자 토마스 쿤은 패러다임 전환과 함께 통약 불가능성의 이론을 제창하였다. 서로 다른 패러다임에 속하는 개념끼리는 비교 불가능하다. 즉, 서로 다른 통상적인 학문들 사이에는 비교 가능한 공통분모가 존재하지 않는다는 것이다. '통약 불가능성'은 세상의 모든 사유방식/삶의 방식 등등은 각각의 문화, 시간, 공간, 맥락에 따라 각각의 기준을 갖고 있기 때문에 그러한 상이성을 갖는 각각의 기준을 상호 비교하기란 불가능하다는 것이다.

74. 세계시민주의(世界市民主義)는 이성을 공유하는 것으로 전 인류를 동포로 보는 입장이다. 사람은 모두 '세계의 시민'이라는 견해이다. 세계시민주의란 명칭의 기원은 기원전 4c경 그리스 견유철학자인 디오게네스가 스스로를 '세계의 시민'(kosmou polites: "I am a citizen of the world")이라고 칭했던 것에서 유래한다. 이는 디오게네스가 자신을 그리스 시민으로서 지역성에 국한시키지 않고 세계의 시민으로 더욱 보편적인 도덕성을 갖춘 존재로 인식하고자 했던 그의 열망을 표현한 것이다. 에픽테토스는 모두가 두 세계의 시민이라고 말했다. 즉, 인접한 정치 공동체에 해당하는 '작은 도시'의 시민일 뿐만 아니라 전체 우주에 해당하는 '거대한 도시'의 시민이기도 하다는 것이었다.

75. '초감각주의'란 감각기관(물리적 감각)을 거치지 않고 외적 또는 내적 사상(事象: 물체나 사건)을 인지하는 것을 말한다. 현대심리학에서 '초감각적 지각'은 인지되는 물리적 감각을 통해서 얻지 않은, '마음'을 통해서 얻은 정보의 획득을 동반하는 것으로 파악한다. 주로 정신의학, 발도르프 교육학, 영성, 요가 등에서 많이 인용되고 있다.

76. 페스탈로치는 루소와 달리 이론가에 그치지 않고 교육개혁에 관심을 둔 실천가의 면모를 보였다. 교육은 식물의 성장처럼 일련의 진화적 발달 단계를 따라 일어난다고 본 점에서는 페스탈로치와 루소는 견해를 같이하면서도, 페스탈로치는 인류 전체의 발달과 개체로서 인간의 발달 사이에 긴밀한 관계가 있다고 보고, 여기에 입각하여 루소가

주장한 '개인 중심 교육'에 새로운 의미와 가치를 부여하였다. 페스탈로치는 루소보다도 더 '일상의 삶'이 가지는 교육적 가능성에 대하여 깊은 신념을 가졌다. 이 점에서 듀이는 페스탈로치와 닮았지만, 듀이는 일상의 삶과 교과의 연계성을 매우 중시한다는 점에서는 페스탈로치와 다르다.

77. 루소의 사상에서 이런 방향의 주장 – '인간'이 아니라, '시민'을 기르는 것이 교육의 목적이다 – 은 자주 무시되었다. 그가 그 무렵 기존의 교육에 반대한 것은 시민도 인간도 키우지 못한다는 이유에서였다. 그 당시의 상황으로 보아 루소가 시민을 길러내는 것보다도 인간을 길러내는 편이 더 중요하다고 생각한 것은 사실이다.

78. 이 생각은 흔히 '국가유기체설(organic theory of the state)'이라고 부르며, 헤겔에 의하여 대표된다.

79. '관념주의'로도 번역되는 '이상주의(Idealismus/idealism)'의 철학적 의미는 우리가 사물에서 발견하는 그러한 속성들로서 그 물체들이 우리에게 인식된 주체로서 나타나는 방식에 의존한다. 이러한 속성은 사물의 인식된 모양에만 속하며, '그 자체'를 소유하는 것은 아니다. 따라서 독일 관념론의 주요한 주제는 정신/사유의 자립성 문제, 의식의 능동적 활동성 문제가 핵심으로 자리하고 있다. 이론적이건 실천적이건, 관념 또는 관념적인 것을 실재적 또는 물질적인 것보다 우선으로 보는 입장으로서 실재론(realism) 또는 유물론(materialism)에 대립하는 용어로 사용된다.

80. 칸트의 이러한 자연주의적 교육관은 루소로부터 지대한 영향을 받았다.

81. '목적(aim)'은 궁극목적(telos)에 가깝다. '목표(goal)'는 단기적 목적에 가깝다. 목적 없는 목표는 소모적이고 수단적이다. 이러한 관점은 목표를 달성한 후 방향성을 상실하여 쉽게 무기력에 빠질 수 있다.

82. 교육목적으로서 '자연' 개념의 강조는 주로 아동 연구를 주로 하던 발달주의자들(G. S. Hall, J. Dewey 등)이 주장했다(Mintz, 2017: 82-84).

83. 교육목적으로서의 사회적 효율성 개념은 아동 중심 진보주의자와 비슷한 근거로 전통적 교육을 거부하는 사회적 효율성 진보주의자(J. F. Bobbitt, D. Snedden 등) – 때때로 행정적 진보주의자라고 불림 – 에 의해 주장되었다(Mintz, 2017: 84-86).

84. 듀이는 '다양성(diversity)'을 차이(difference), 다원주의(pluralism)와 혼용하여 사용하고 있다. 곧잘 '민주적 다원주의'라는 말도 사용한다. "차이의 표현은 전적으로 타인의 권리가 아니라, 자신의 삶의 경험을 풍요롭게 하는 수단이라는 믿음 때문에 차이를 드러낼 기회를 줌으로써 협력하는 것은 민주적인 개인의 생활방식에 내재되어 있다"(LW 14: 228). 개인은 자신의 독특한 잠재력을 발달시킬 정도로 독특한 존재로서 타인을 필요로 한다(Garrison, Neubert, Reith, 2017: 295).

85. 듀이의 철학적 실험주의와 그가 함축하는 문화적 구성주의는 상호작용적 구성주의와 연동되어 관찰자, 참가자, 행위주체가 중요한 위치를 갖는다(Garrison, Neubert & Reith, 2016: 225).

86. '흥미' 또는 '이익'이라는 뜻을 가진 'interest'는 '사이에(inter/between)'+'존재한다(est/to be)'는 뜻이 된다. 이기심의 원천이라 여겨지는 '이익'조차 인간이 사이에 존재하기 때문에 생겨난다. 이런 맥락에서 필연적으로 타인이 필요한 공유하는 세계를 짓는 행위는 인간의 본질적인 측면과 가장 맞닿아 있다.

87. 특수도야 이론은 일반적 능력, 즉 어떤 종류의 문제에나 적용될 수 있는 능력을 기른다고 생각했던 것에 대비되는 이론이다. 듀이는 일반적인 것이든 특수적인 것이든, 능력 또는 마음이라는 것이 별도로 있다는 생각을 부정한다.

88. 작품 내 속성에서 예술작품이 지니는 가치를 뜻하는 '예술적 가치'는 미적 가치(아름다움, 우아함)뿐만 아니라 인식적, 정동적, 도덕적 가치를 포함한 포괄적인 개념이어야 한다고 주장한다. 예술적 경험에는 미적 경험을 포함한 해석 활동 등 다양한 활동이 포함되어야 한다. 그는 예술 활동이 순전히 내면적 관조에 그쳐서는 안 된다고 보았다.

89. '자유로운(liberal)' 단어에는 'liberal education(자유교양교육)'에서 보듯 편견이 없고, 굴종적이지 않고, 사유가 넓다는 뜻이 들어 있다. 교육의 내재적 가치와 전인의 이념 등을 강조하고 있다는 면에서 '자유롭다'는 말이다.

90. 듀이는 교사가 자신의 제한된 경험과 더욱 추상적인 지식체계 사이에 존재하는 간격의 연계를 어떻게 인식시키는 데 도움을 줄 수 있는지에 해결책을 모색하는 데 심혈을 기울였다. 듀이의 응답은 간접적으로 '사회적 매개체/환경'을 통한 교육의 힘과 함께 목적적 활동, 즉 '작업'을 통해 가능하다고 보았다. 듀이에게 학교는 중요한 환경이며, 차이와 다양성을 중재하는 환경이다. 그리고 교육을 간접적으로 교육하는 부분은 요리, 정원 가꾸기 등 학생들의 친숙하고 일상적인 활동을 반영하도록 고안된 활동인 '작업'의 중요성이다(Wilson, 2017: 95). 듀이는 '작업(occupation)'을 교과와 학생의 흥미를 매개하는 활동에 참여하는 것으로 보았다. 이렇게 학생은 학교 일(school work)에 전념하기 위해 독자적으로 훈련할 필요가 없다. 참여하는 활동에서 학생들은 경험을 쌓고, 새로운 관심을 접하고, 활동이 특정 목적을 달성하도록 동기를 부여받는다(Wilson, 2017: 95).

91. 라틴어 experientia/experiri(to try, to test)=ex(out of)+peritus(experienced, tested) 'experience'의 어원은 to attempt(시도하다), to venture(위험을 무릅쓰고 해보다), to risk(모험하다)를 뜻을 가진 인도유럽어 per이다. 경험은 또한 그리스어/라틴어 ex-per-iment(실험), peril(위험), pirate(해적)과도 연관을 갖고 있다. 듀이는 어떤 이론이나 가설이 문제 해결을 위해 유용한지 알아보려면 반드시 '실험'을 거쳐야 한다고 생각했다. 여기서 말하는 실험은 자연과학자의 실험만을 의미하지는 않으며, 사회 자체가 다양한 정책의 실험장이라고 생각했다.

92. pupil(학생)은 14세기 후반, 고아 아이, 후견인의 보호를 받는 사람을 뜻하는 프랑스어 'pupille'에서 유래한 단어로 라틴어 'pupillus'에서 파생되었다. 'puer(아이)'와도 관련이 있다. 1560년대에는 '제자', '학생', '가르침을 받는 사람'을 뜻하는 것으로 기록되어 있다.

93. 듀이는 결과의 어원 풀이를 con + sequence; 더불어+연이어 일어남으로 파악한다.

94. 듀이(1898)는 '읽기'가 자연스러운 맥락을 벗어나 읽기 자체가 목적이 될 때 '생명이 없는' 것으로 전락한다고 우려했다. 책에 대한 노예적인 의존과 책을 효과적으로 사용하지 못하는 무능력이 결합한 역설을 개탄했다.

95. 듀이는 탐구(inquiry)를 탐구자와 탐구 대상 사이의 변증법적 상호관계, 즉 역동적이고 유연하며 상호적인 관계 자체로 설명한다(Dewey, 1934). 듀이에게 '탐구'의 역할은 성찰, 인지, 사고, 의미이다. 듀이의 '탐구'는 아동 성장의 핵심이다(Johnston, 2013: 172). 아동의 중심에 탐구가 있고, 아동의 발달을 도와주는 학교의 중심에 탐구가 있다.

96. 듀이의 사고 개념-관심을 갖고 가능한 행동의 결과를 평가하고 그러한 행동의 기초가 되는 아이디어를 검증하는 순환 과정-은 『민주주의와 교육』의 출판 이전과 이후, 듀이의 심리학과 교육철학의 중심 요소라고 할 수 있다.

97. '성찰(reflection/省察)'은 마음속으로 깊이 반성하여 살피는 것이다. 대상을 구별하고 생각하고 살피고 추리하고 헤아리고 판단하는 것이다. 성찰·반성은 지적, 이론적, 분석적, 추론적 사고방법 등 이성적 사고의 방법이 동원된다. 듀이는 일반적 사고와 반성적(성찰적) 사고를 구분한다(Dewey, 2010: 6). '일반적 사고'는 과거의 경험에 근거하여 여러 가지 가능한 제안이나 해결 방법에 대해 생각할 때 발현되지만, 그 해결 방법에 대해서는 비판적으로 생각하지 않고 그저 먼저 떠오르는 방법을 채택하기 마련이다. 이에 비해 '반성적·성찰적 사고'란 어떤 신념이나 근거에 비추어 가정된 형태의 지식, 그리고 그것이 나아가고자 하는 방향에 대해 능동적이고 집요하며 주의 깊게 생각한다(Thayer-Bacon, 2022: 118).

98. 듀이의 '사고의 역설'은 아렌트의 '모순어법'에서도 나타난다(Smith, 2001). 듀이가 우

려하는 '생각(사고)'과 '행위'의 분리 현상이 아렌트가 강조하는 '생각 없음/무사유'에서 극적으로 드러난다(Schutz, 2001; Gordon, 2001). 듀이에게서 '사고(thinking)'는 어려움을 느끼거나 당혹스럽거나 의심을 품을 때 시작된다(Dewey, 2010). 사고는 생각의 목적을 갖고 있으며, 반드시 누군가에 의해 수행되어야 하는 행위이다. 즉, 듀이는 사고 자체가 독자적으로 존재할 수 없다고 여겼고, 소통과 관계 맺음이 사고 능력에 영향을 미친다고 보았다(Thayer-Bacon, 2022: 119, 332-336). 듀이는 모든 의미 구축에서 협력적이고 통합된 관계적 소통을 중시했다(Garrison, 1995: 719).

99. 'tentative(잠정적)'는 1580년대 중세 라틴어 tentativu(trying/testing)에서 유래했다.

100. '추론(inference)'은 사고 활동이다. 한 사물은 추론에 의해서 다른 사물에 대한 아이디어와 믿음으로 우리를 데리고 간다. 사유는 확실히 알고 있는 것에서 그것의 보증 아래 수용된 다른 어떤 것으로의 도약 또는 비약을 포함한다.

101. 듀이는 사고 중에서 가장 뛰어난 수준의 사고를 비판적 사고, 탐구적 사고, 과학적 사고, 성찰적/반성적 사고 등 다양하게 불렀다. 듀이의 성찰적 사고(reflective thinking)의 단계는 제안의 단계→지성화 단계→가설 구성의 단계→추론의 단계→검증의 단계를 거친다.

102. '사고'에는 이성적 사고(지적 사고, 이론적 사고 등), 성찰적 사고, 정서화된 사고(심미적 사고), 질성적 사고 등이 있다(Dewey, 2021: 164). 생각하는 작용으로서의 사고에 대해 생각된 내용을 '사상'이라고 한다. 생각은 사고(思考) 또는 사유(思惟)라고도 말한다. 특히 '사유'는 대상을 두루 생각하는 일이다. 'thought(생각/사상)'이라는 명사형은 'thinking(사고)'이라는 동사형과는 달리 '사고의 결과'나 '생각된 내용'을 가리킨다.

103. 듀이에게서 '상황(situation)'은 인간의 경험이 일어나는 물리적, 사회적, 심리적 환경을 뜻한다(Smith III & Greenhagh, 2017: 109-110). 그는 『경험과 교육』에서 '상황'을 경험의 객관적이고 내재적인 조건이라고 부른다. 객관적 조건은 경험이 일어나는 물리적이고 사회적인 맥락이고, 내재적 조건은 경험을 형성하는 개인의 심리적 상태의 요소이다.

104. 듀이는 '인격(character)'이란 어떤 능력을 실제적인 행동으로 바꾸는 의지라고 정의하였다. 인격이란 확산된 의지력으로서 그 자체의 힘을 의지에 빌려준다. '의지'란 사물을 자각하고 인식하도록 하는 근원적인 힘이고, 자아를 도덕적으로 실현하는 힘이다. 실현된 자아인 '인격'은 이루려는 목적으로 이끌어 가는 에너지의 저장고이다. 인격 안에는 앞선 행동의 결과들이 저장되어 있다.

105. 듀이는 '곤란한 문제'를 문제 상황(problematic situation)으로 다룬다. 이 상황은 또한 '성찰적' 상황이라고 할 수 있다.

106. 'developing method'은 오늘날의 용어로는 '발견학습법(discovery method)'에 해당한다. 교사의 지시를 최소화하고, 학습과제의 최종적 형태를 관찰, 토론, 실험 등을 통해 학습자 스스로 찾아내게 하는 방법을 말한다. 그런데 발견학습에 대한 문제로 모든 지식을 학생 스스로 발견할 수 없으며, 문제해결력만이 교육의 기본목표는 아니라는 비판을 받고 있다.

107. 'liberal education'는 흔히 '인문교육'으로도 번역되며, 내용상으로는 앞의 'cultural education'과 동일하다. 노예가 아닌 자유로운 시민을 위한 자유교양교육의 가장 중요한 목적은 지성(intellect/intelligence)을 함양하는 데 있다. 즉 상상력, 비판적 사유, 시민의식의 함양에 자유교양교육이 크게 기여할 수 있다. 주로 고전과의 '불멸의 대화(immortal conversation)'를 중시하며, 이를 위한 방법으로 '함께 읽기(common reading)'를 강조한다.

108. 'exist(존재한다)'는 '사실적으로' 존재하는 것으로서 '논리적으로' 존재하는 것과는 구분된다. 듀이가 말하는 '방법'이란 논리적으로는 내용과 떨어져서 존재하지만, 사실적으로는 내용과 떨어져서 존재할 수 없다.

109. 학습을 위한 출발점은 교수학습 방법이 교과와 상호작용을 할 때이다. 학생, 교사 또는 기타 사회 구성원을 위한 교수학습 방법은 개인이 자신의 목표를 달성하기 위해 교과를 관리하거나 통제하는 방식이다.

110. 예술가는 환경과의 조화를 이루기 위하여 사고한 내용이 원래 주어진 대상들 속으로 통합되는 경험의 순간을 잘 포착하는 사람이라고 할 수 있다(Dewey, 2021: 41).

111. 다윈의『종의 기원』이 출간된 해에 태어난 듀이는 당대의 많은 지식인과 마찬가지로 과학의 가능성에 흠뻑 젖어 있었는데, 듀이는 어린이에 관한 과학적 연구를 환영했지만, 그러한 연구를 실제적인 긴급 상황에 적용하는 데에는 매우 신중했다.

112. 듀이는 솔직함, 열린 마음, 한결같은 마음, 책임감과 같은 태도와 자질을 '도덕적 특성'으로 묘사한다. 사고의 질, 즉 사회적 삶에서 방법의 질이 도덕적 참여의 한 형태라고 해도 과언이 아니다(Satoro, 2017: 121-122).

113. '한결같은 마음'은 '온전한 마음(whole-heartedness)'이라고 할 수 있고, 통합성(integrity)으로 이끌어진다. 통합성은 수단과 목적이 일치함을 수반한다. 교사와 학생이 두려움이나 강압의 장소에서 활동한다면, 온전한 마음을 구현할 수 없다. 듀이는 보상과 처벌을 통해 배움을 유도함으로써 학생들의 주의력이 분리된 상태로 유도하는 것에 대해 경고한다(Satoro, 2017: 121-122).

114. 'thinking'을 '사유'로 번역한 것은 뒤의 '정동'과 의미를 연동시키고자 한 의도이다. 'thinking'을 '사고'로 번역할 경우 때로는 내포가 약해 의미심장함이 약화될 가능성이 있다. 그래서 '성찰적' 사고라고 사고 앞에 꾸밈의 말을 덧붙여야 의미가 살아난다. 성찰적 사고를 한 말로 줄이면 '사유'라고 할 수 있다. '사고'는 생각하고 궁리함을 뜻한다면, 사유는 마음으로 생각함, 대상을 분별하는 일을 뜻한다. 사고가 논리적이라면, 사유는 철학적이라고 할 수 있다.

115. 'emotion'을 '정서(감정의 실마리)'라고 번역하지 않고 '정동(affect; 감정의 움직임)'으로 번역한 것은 정서의 동적인 의미를 강조하기 위해서다. '정동'은 '이성'과 반대되는 '감정'으로 마음, 취향, 감상, 습관 등을 강조하는 듀이의 이론과 적극적으로 연동되어 풀어야 할 새로운 관심 주제이다.

116. 이 문장을 보면 '지적 철저함'은 그 의미가 '지성'으로 다가온다. 'intelligence'를 지력이 아닌 규범적 의미를 갖는 '지성'으로 번역한 이유가 여기에 있다. 'intellectual'은 사실적 의미를 갖는 '지력'으로 번역하였다. 물론 'intelligence'을 모두 '지성'으로 번역한 것은 아니고 맥락에 따라 무엇을 이루고자 할 때 그 목적을 이루기 위한 수단으로 사용할 때, '지력(지적인 힘/앎의 능력)'으로 번역하였다.

117. 듀이는 문화가 인류학적으로 이해된다면 문화는 경험보다 적합한 용어일 수 있다고 보았지만, 그 자신의 의미들로 무장된 '문화'라는 용어가 '경험'보다 비판을 더 잘 견뎌낼 수 있을지는 보장할 수 없다고 보았다(LW 1: 361-364).

118. 이미 '배운 사람(the learned man)'도 여전히 '배우고 있는 사람'이므로 여기에 나타난 대비는 상대적인 것일 뿐, 절대적인 것이 아님을 유의해야 한다. 그러나 적어도 교육/학습의 초기단계에서는 학생과 교사의 그러한 차이가 실질적으로 매우 중요하다.

119. 듀이는 기존의 교육이론과 실제-책 중심의 학습, 기억 중심의 학습-를 비판하면서 대안을 제시한다. '함으로써 배운다'는 것은 교사들이 학생들의 머릿속에 지식을 '부어 넣고' 학생들은 교실에서 줄 세워진 자리에 가만히 앉아 있는 것이 아니라, 탐구하고 토론하고 실험하고 탐색하며 능동적으로 참여해야 한다. 배운다는 것은 '행위하는 것'과 '소통하는 것'이라고 할 수 있다.

120. 듀이가 강조하는 '활동적 작업(active occupation)'은 일반적으로 아동의 신체적·지적·도덕적 활동을 함양시키는 '노작'을 뜻한다. 듀이는 경험의 계속적 재구성이라는 전제 아래 반성적·성찰적 사고라는 가정을 포함하고 있는 경험의 교육적 의미를 노작활동(Arbeit/work/occupation) 속에서 찾았다.

121. '놀이(play)'는 목적을 향하여 나아갈 수 있도록 재료와 활동들을 질서 있게 조직하는 점진적 변화를 일어나게 한다. 하나의 사건으로서 놀이는 여전히 직접적인 것, 즉 그냥 즐기기 위한 것이다. 그러나 놀이의 내용은 현재 하는 놀이의 대상이 과거의 경험에서 얻은 생각과 만나면서 새롭게 변화된다(Dewey, 2022: 166).

122. 'work(노작)'라는 말은 '제작'하는 것과 그 결과인 '작품'을 동시에 표현하는 말이다(Dewey, 2021: 118). 인간 활동을 문제 해결로서 억제되지 않는 형태로 기술한 듀이의 경향은 '생산적 노작(Produktiver Arbeit)'을 제시했던 독일의 케르셴슈타이너(1906)의 것과 유사하다. '생산적 노작(productive work)'은 듀이의 '활동적 작업(active occupation)과 유사하며, 두 사람 모두 '놀이(play)'를 인간 활동의 특징을 이루는 원초적 형태로 본다. 그리고 아이들의 놀이를 인간의 활동의 원형적 형태로 보았다. 둘 다 놀이 활동의 자기주도적 성격과 그것이 독립적 성인행동의 전조(fore-shadowing) 현상임을 강조한다(Winch, 2017a: 139).

123. 기술(technique)의 어원인 'techne'는 인도-유럽어 'teks(선별해서 엮다)'에서 유래했다. 'techne'는 영어 'art' 또는 'skill'로 번역되는데, 이것은 듀이가 말하는 단순히 맹목적이고 기계적인 기술과는 구분된다. 예술(art)의 어원인 인도-유럽어 'ars(우주의 원칙에 맞춰 연결하다)'에서 유래했다. 고대 그리스에서 테크네(techne/craft/art)는 의미를 만들거나 창조하고 혹은 존재하도록 하는 제작(poiesis/making)과 관련된 지식의 형태였다.

124. 근대 교육의 아버지라고 불리는 페스탈로치는 '실물수업'이라고 불리는 교육체제로 사물에 대한 직접 경험을 통해 배우는 방식을 옹호했다.

125. 어떤 작업을 노동이나 고역과 같은 것으로 생각하지만 않는다면, '놀이(play)'와 '노작(occupation)'을 같은 것으로 보게 만든다. 어떤 작업이 정해진 물질적 결과를 얻기 위하여 행해질 때 '일(work)'이 되며, 여기에 반하여 일정한 결과를 얻기 위한 단순한 수단이며 고된 것으로 행해질 때 '노동(labor)'이 된다(Dewey, 2022: 166). 놀이는 외적 필요에 의해서 억지로 주어진 목적에 종속되지 않는 태도, 즉 '노동에 종속되지 않는 태도'를 가리킨다. 그러나 놀이에서 행해지는 활동들이 객관적 결과를 낳는 데 종속될 때 놀이는 '일'이 된다(Dewey, 2022: 167).

126. 한나 아렌트는 인간의 활동적 삶의 유형을 노동, 작업, 행위로 구분하였다. 인간에게 '먹고 사는' 일은 매우 중요하다. 기본적으로 우리의 생명 그 자체를 유지하는 활동이기 때문이다. 이런 이유로 한나 아렌트는 '노동(labor)'을 '활동적 삶(vita activa)'의 한 유형으로 분류한다.

127. 청교도(淸敎徒, Puritans)라는 말은 그들이 부르는 이름이 아니라, 지나치게 극단적인 교리적 완벽함을 추구한다는 비판에서 비롯되었다. 이들은 도덕적인 순수성을 추구하여 낭비와 사치를 배격하고, 근면을 강조하는 영국의 중산층을 형성했다. 또한 신학적으로는 인위적 권위와 전통을 인정하지 않고, 성경에 철저하고자 한 전통 복음주의인 성서주의적인 입장을 지녔다. 이들이 영국교회로부터 핍박을 받자 미국으로 건너와서 청교도의 부흥을 이루었다.

128. 때때로 통과할 수 없는 경계 역할을 하는 거대한 국가의 경계와는 달리, 모든 울타리는 에로스(삶의 본능)로의 초대, 즉 의미를 확장할 수 있는 기회가 된다(Pratt, 2017: 149-152).

129. 『마태복음』 8장 22절.

130. 듀이는 사회의 복지와 번영을 위한 도구로 사용되는 '사회화된 지성'을 통해 모든 공중(publics)이 정치적 의사결정과 정치과정에 참여하는 '민주적 공론장'을 재건하고자 했다.

131. 스펜서(1820~1903)는 다윈처럼 삶의 과정을 외적 조건에 대해 점차 더 잘 적응하는 것이라고 보았으며, 사회적·정신적·영적 삶도 인간이 환경 및 인간 외적인 환경에 적응

하여 진보하는 것이라고 보았다. 듀이는 스펜서가 소위 원시인에 대한 해석에서 마치 야만인의 마음을 일종의 '고정된 척도'로 측정할 수 있는 것처럼, 자신의 문명을 다른 문명을 측정하는 기준으로 삼는 것 같다는 사실에 '야만적 해석'이라며 불쾌하게 생각했다.

132. '과학적 탐구'란 불확실한 상황, 즉 무엇을 할지를 모르는 상황에 빠져들 때마다 시작된다. 이것은 모든 진정한 탐구에 해당된다(McCarthy, 2017: 156). 행동을 하는 과정에서 상황이 의심스러울 때, 즉 문제 상황이 발생한 때 성찰적으로 생각하게 된다(11장).

133. '아는 것'이란 '알게 되는 과정', 즉 '과학적 탐구의 활동'을 말한다. 과학적 앎(활동적 과정)이란 과학적 지식(지적 결과물)으로 이끈다. 듀이는 과학적으로 아는 것이 민주적 사회에 필수적이라고 보았다(McCarthy, 2017: 155-156).

134. '합리성(合理性/rationality)'은 특정 목적을 달성하기 위한 최적 수단을 찾을 수 있는 지적 능력을 가리킨다. 합리적 행위자는 효용을 극대화하거나 최적화하는 자, 혹은 선호 실현의 극대화를 추구하는 능력이 있는 자이다. 합리성은 행위자의 이런 '인지적' 능력에 모종의 특권을 부여해 왔다. 베버의 행위 유형에서 가장 중요한 것으로 상정되는 '목적 합리적 행위'는 어떤 목적을 달성하기 위해 최적의 수단을 찾아낼 수 있는 능력을 가리킨다.

135. '추상화'는 문제 상황에서 널리 공유되고, 따라서 유사한 상황에서 인과관계로 중요할 수 있는 과거 경험의 특정 측면을 식별하고 추출하고 상징으로 기록하는 의도적인 과정이다(McCarthy, 2017: 159). '추상화'란 문제 상황에서 널리 공유되는 과거 경험의 특정한 측면을 식별하고, 뽑아내고, 기호로 기록하는 의도적인 과정이며, 따라서 이것은 유사한 상황에서는 인과적 요인으로 중요할 수 있다(McCarthy, 2017: 159).

136. 추상적인 개념을 활용하고 이를 자신의 행동 방향에 적용하는 것은 '일반화'라는 지적 과정을 필요로 한다. 사회적 도구로서 일반화는 인간을 자신의 특별한 상황과 이해관계의 제한에서 해방시키고, 발견된 추상적인 원리를 폭넓게 적용할 수 있게 해 준다(McCarthy, 2017: 160).

137. 여기에서 요구되는 '명확한' 체계화는 정확하게 정의된 과학적 기호, 용어 및 수학적 관계를 개발하는 과정이라고 할 수 있다. 명확하게 구성된 과학적 언어가 없다면, 과학적 지식을 구성한 의미와 관계는 과학을 철저하게 연구하는 모든 사람과 분명하게 소통할 수 없을 것이다. 용어와 체계화된 공식의 전문성은 변혁된 의미를 지닌 새로운 경험을 구성하는 도구로서 과학적 지식의 힘을 밝힌다(McCarthy, 2017:160).

138. 듀이는 『민주주의와 교육』(1916)에서 '자연주의(naturalism)'를 아주 간략하게 다루고 있으나, 이후의 저작에서는 그의 사상에 근본적이고 혁명적인 측면을 보여 준다. 듀이는 실재란 역동적 상호작용적 사태가 복잡하게 서로 연계된 자연체계라고 주장한다. 이들 사태의 일부는 상대적으로 정태적이고, 그래하여 '사물'이라고 부르나, 우리가 인식하는 모든 사물/사태는 더욱 정확하게 말하면, 자연에서 일어나는 끊임없이 역동적인 상호작용이다. 이런 사물/사태는 인과적으로 복잡한 방식으로 상호 연계되고 있다. 이들 각각은 발생의 조건(발생으로 이어지는 인과적 상호작용)과 발생의 결과(사물/사건의 인과적 효과가 지속적인 상호작용에 있는 교변작용)를 가지고 있다. 듀이는 자연적인 사물/사태 이외에 초자연적인 존재 또는 자연 밖의 존재가 있을 수 있다는 개념을 거부한다. 자연세계 바깥에 어떤 의미가 있는 다른 존재의 영역이 없다. 모든 인간 사건을 포함한 모든 사물/사태는 자연이라는 단일한 통일된 상호작용 체제 속에서 일어난다(McCarthy, 2017: 162-163).

139. 듀이는 '과학적 태도'가 과학적 탐구를 하는 전문가에게만 필요한 것이 아니라, 인간 누구나 계발해야 한다고 주장했다. 듀이는 1938년 '과학적 태도'를 반복된 일, 편견, 도그마, 성찰 없는 전통, 순전한 사리사욕에 의한 통제로부터 자유로움으로 표현했다(LW 13: 273).

140. 실험실학교/실험학교(Laboratory School/experimental school)의 교육학적 접근은 이론과 실천을 조화시키는 '실험주의(experimentalism)'에 바탕을 둔 것으로 근본적으로 '실험' 정신에 바탕을 두고 있다. 듀이(1897)의 실험학교는 '아동의 정신적 작용'의 우위를 주장하는 '심리적 입장'과 '조직화된 지식체계'의 우위를 주장하는 '논리적 입장' 사이에 존재하는 간격을 좁히고자 하였다. 실험학교는 삶 전체의 기본이 되는 활동을 축소하여 재현함으로써 한편으로는 어린이가 더 큰 공동체의 구조, 자료, 운영 방식에 점차 익숙해지도록 하고, 다른 한편으로는 이러한 행동양식을 통해 개별적으로 자신을 표현할 수 있게 하여 자신의 힘을 통제할 수 있게 한다고 하였다. 기본적 사회적 직업을 중심으로 구성된 교육과정은 개인적 목적과 사회적 목적을 조화시킬 수 있는 가교 역할을 할 것이며, 이는 모든 교육이론에서 해결해야 할 핵심 과제였다.

141. 듀이는 경험의 두 영역－직접적 경험(실감)과 매개적 경험(상징)－을 주의 깊게 구별하고 있다. 듀이는 경험을 일차적 경험과 이차적 경험으로 구분했다. 일차적 경험은 직접적, 즉각적, 겪은, 원초적 차원의 경험, 즉 일상적으로 정제되지 않은 우리가 겪는 온갖 종류의 사건과 사태로서, 거친 경험으로서 성찰적 활동이 최소 수준으로만 이루어진 상태이다. 그리고 이차적 경험은 알려진, 간접적, 매개적인, 보다 체계적이고 규칙적 사고를 이끄는 성찰적·인지적 경험이다. 이차적 경험은 일차적 경험의 의미를 명료화하며 조직화함으로써 지식의 유용한 축적을 가능하게 한다(LW 1: 16-17). 듀이의 『민주주의와 교육』 11장에서 1차적/직접적 경험 국면(겪는 경험/수동적 경험), 2차적/간접적/인지적 경험 국면(하는 경험/능동적/성찰적 경험/매개적 경험)의 관점에서 논의하는 구분에서 포괄적으로 다루어지고 있다(Fesmire, 2017: 167-168).

142. '래그타임'은 1895년부터 1918년 사이에 전성기를 누렸던 재즈 음악 장르로서 뉴올리언스와 세인트루이스의 홍등가에서 댄스음악으로 연주되었다. 래그타임은 일그러뜨린 박자, 즉 엇박자로 된 불규칙한 리듬 구조를 가진 음악을 말한다. 아프리카계 미국인 문화에 기반한 '래그(rag: '일그러뜨리다'라는 뜻)' 리듬과 타임(time: 음악에서 박자, 리듬을 의미)을 특징으로 한다.

143. '기계적 시연(mechanical rehearsals)'에 정반대는 '극적 시연(dramatic rehearsals)'이다. 극적 시연은 도덕적 숙려를 위한 공식도 레시피도 순서도 아니다. 듀이의 숙고 과정에서의 '극적 시연' 이론은 21세기 철학과 인지과학에 기반을 두고 있으며, 상상 속의 시연에 함축되어 있다(Fesmire, 2017: 171).

144. 감상적 실감(appreciative realization)에서 상상력의 위치에 대한 성찰을 계속하면서, 상상력은 인간 상호작용의 본질적 기능이고, 감각에 존재하지 않는 것을 깨닫는 우리의 능력이다. 우리가 상황에 따라 제공되는 가능성을 창의적으로 만나는 것은 오직 상상력을 통해서만 가능하다. 듀이에 따르면 상상력은 우리의 조건화를 넘어 확장할 수 있게 함으로써 사고에서 형성적인 역할을 한다. 우리는 상상력을 통해 다른 사람들의 과거와 현재의 경험과 소통한다(Fesmire, 2017: 171-172). 과거의 삶의 경험에서 현재를 관통하면서 미래의 삶에 예언적 통찰을 발견하려면, 풍부한 상상력이 있어야 한다. 풍부한 상상력이 있어야 현실의 삶에 스며들어 있는, 현재 실현된 것 속에 얽혀 있는 가능성을 밝혀낼 수 있다(Dewey, 2022: 272). '상상력'이 더해지면 자료들은 미래의 삶에 대한 예언으로 변화하며, 미래의 삶이 나아가야 할 이상을 형성하는 자원이 된다. 그러므로 상상력을 격려하는 사회적 풍토를 조성하는 것은 삶의 세세한 면의 변화를 넘어서서 전체 사회의 변혁을 이끌어 내는 가장 중요한 열쇠라고 할 수 있다(Dewey, 2022: 272).

145. 이를 두고 흔히 듀이는 '도구주의자(instrumentalist)'로 호칭되기도 한다. 여기서 말하는 도구란 목적을 달성하기 위한 수단이나 방법을 뜻한다고 보기보다는 우리의 생각이나 경험, 개념 같은 것들이 모두 문제 해결을 위한 도구 역할을 한다는 것이다. 모든 지식과 정설, 공리, 공식 등에서 불확실한 상황을 확실한 상황으로 바꾸어 놓는 데는

'도구'를 필요로 한다.

146. 듀이는 사실의 축적/예탁(deposit)만 하는 교육/학습을 지식의 '냉동된 이상(cold-storage ideal)'이라고 표현하였다. 듀이의 영향을 받은 프레이리는 소통이 없이 예탁만 하는 '은행저축식 교육(banking education)'이라고 명명했다.

147. 듀이는 노동과 여가, 노작과 놀이가 주체의 성향과 경험에 통합되도록 현재 수단을 존중하기를 원한다(Stroud, 2017: 182).

148. 아리스토텔레스는에게 활동 또는 성취에는 이론적인(theoretical) 것과 실제적인(practical) 것이 있다. 실제적인 것은 무엇인가를 '하는 것(doing)', 외적인 결과를 목적으로 하는 것이며, 이론적인 것은 '보는 것(seeing)', 이해하는 것, 관조하는 것을 말한다. 여기에서 '기술'은 실제적 활동이며, 이 분류에서는 예술도 기술과 마찬가지로 실제적 활동에 속한다.

149. 『민주주의와 교육』을 통한 한 가지 주제는 경험이 '교육적'이라는 것이다. 이는 우리 사회가 '노동'이라고 부르는 경향이 있는 활동에도 적용된다. 숙련된 작업을 하는 것은 관념이지만 보람이 있다. 또한 듀이는 이를 탐구와 예술의 특정 주제와 연결된 기술로 본다. 듀이에게서 사고와 실천, 성찰과 활동, 인문학과 실용예술은 별개의 것이 아니다. 최고의 교육적 형태 또는 일상적 형태로 서로 얽혀 있는 것이다. 예를 들어 농업은 단순한 노동이나 육체적 노동이 아니다. 여기에는 생물학, 수학, 기술의 숙련된 사용이 포함된다. 듀이는 고대 직업의 현대적 형태가 다양한 학습 영역을 통합한다면, 숙련된 경험과 농업 활동, 학교 정원 가꾸기 활동을 통해 학생들에게 이러한 지식 체계를 심어줄 수 있다고 보았다(Stroud, 2017: 182).

150. '지적인' 것과 '실제적인' 것의 대립은 익숙한 주제이다. 듀이가 18장에서 지적한 대로 수학과 과학 등 '지적' 교과는 위신이 높고 기예, 예술, 장사 등 '실제적' 교과는 위신이 낮은 것처럼 교과에는 보이지 않는 암묵적 위계가 숨어 있다. 학교체제는 종종 '학문적' 경로와 '직업적' 경로로 분리되었으며, 부모들은 자기 자녀가 후자의 경로로 떨어질지 염려한다. 진보주의 교육의 구상은 이보다 덜하기는 하지만, 이런 교육을 지향하는 실험학교 교사들은 지적 교과가 충분하지 않은 교육과정에 대한 학부모들의 우려에 대처해야 했다. 학부모들은 종종 문화적 문해력에 필요한 엄격한 교육과정의 '핵심적 지식'을 가르치는 데 실패하였다고 비판한다. 그리고 예술, 공예, 음악을 강조하는 것은 불필요한 '장식'이라고 비판하는 부모들이 있다(Waddington, 2017: 185).

151. experience은 어원적으로 emperia(전부터 해 오던 방식)에 기원한다.

152. 사변(思辨, speculation, Spekulation)은 그리스어 theōria에 해당하는 말로 '실천(praxis)'에 반대되는 관조(觀照/contemplatio) 및 이론을 의미한다. 오늘에 와서는 경험에 의하지 않고, 사유로만 인식하려는 것에 해당한다.

153. 『민주주의와 교육』의 여러 곳에서 듀이는 플라톤과 아리스토텔레스 철학의 단점을 분석한다. 듀이는 고대 그리스 철학의 개척자적 기여를 인정하였지만, 비판적 오류 지점, 즉 실제/실천과 멀어지는 점을 발견하였다. 듀이는 그리스인들이 경험에 대해 잘못된 경멸을 갖고 있다고 생각했으며, 이러한 경멸은 후속 철학과 사회 전체의 특정 분야에서 받아들여졌다(Waddington, 2017: 186).

154. 듀이가 지적한 것처럼 그리스인들은 과학적 실천의 초기 버전을 개발하여 이에 맞춰 지식을 위한 어떤 기초를 구축하기를 원했다. 하지만 듀이는 그리스인들에게서 그러한 기초의 유망한 원천이 보이지 않는다고 지적한다(Waddington, 2017: 187).

155. '관조(觀照/contemplation/contemporatio; 그대로 비추어 바라본다)'는 추구하는 지식, 보편적 진리를 알려 주는 앎(episteme/theory/science)이다. 일상용어에서 '관조'는 무언가를 계속, 조용히, 주의 깊게, 탐구적으로 응시한다는 뜻을 갖고 있다. 철학적으로 '관조'는 사물과 인생, 세계의 의미에 대한 내적 열림으로서 인생의 모든 활동을 분석하고, 짜고, 재고하고 평가해 그 통일성을 파악하고 표면 밑에서 모든 게 한데 연결

되는 있음을 발견하는 것이다. 미학적 관점에서 '관조'는 자연이나 미술품을 감상하고 감동하는 계기나 태도를 뜻한다.

156. 우리는 실제적 교과에 대한 경멸이 지금 시대보다 듀이 시대에 훨씬 더 심했다는 점을 주목해야 한다. 이것은 19세기 후반과 20세기 초반의 경우 전통적, 지적 지식을 습득하는 것이 부, 탁월성, 능력을 보여 주는 신호이고 표식이기 때문이다. 20세기 초에는 많은 명문 고등학교와 대학교가 전통적인 고전 교과과정을 옹호했으며, 보다 실용적인 학문의 침해에 저항했다(Waddington, 2017: 185-186).

157. 듀이는 근대 사상가 중에서 가장 주목할 인물로서 프랜시스 베이컨을 든다. 베이컨의 '아는 것이 힘이다'라는 격언은 서구의 전통적인 신념과 관념을 넘어설 수 있는 새로운 정신을 상징하는 것이다. 허약하고, 공상적이며, 논쟁적이었던 전통적인 학문은 실용적인 유용성이 없다는 점에서 극복해야 할 대상이었다. 지식을 현실적인 문제 해결의 도구로 간주하는 듀이의 실용주의 관점에서 보자면, 베이컨의 그와 같은 정신이야말로 획기적이고 선구적인 것이다. 듀이에 의하면 베이컨의 주요한 공헌 가운데 하나는 아리스토텔레스의 고전논리학을 비판함으로써 진보의 길을 연 것이다. 낡은 논리학은 형식적인 추론 과정에만 주목하고 이미 존재하는 진리를 가르치기 위한 것으로 스스로를 자리매김함으로써 지식의 문제가 새로운 진리의 발견과 관련되어 있다는 것을 깨닫지 못한다. 베이컨은 참된 논리학의 목표가 끊임없는 지식의 진보에 있다고 봄으로써 우리의 지식이 권위에 의한 독단적인 학설로 퇴화되는 것을 막으려 했다. 베이컨의 이러한 태도는 고전논리학이 자연 속에서 단순성, 획일성, 통일성을 전제함으로써 구체적인 현상의 다양성을 놓치고 있는 것과는 달리 자연을 실질적으로 지배할 수 있는 힘을 가져다주었다. 듀이는 베이컨의 이러한 혁명적인 생각이 가능하게 된 원인을 산업적, 정치적, 종교적 변화와 관련지어 설명한다(Dewey, 2014: 73-92).

158. '자연을 앞지른다(to anticipat the nature)'는 베이컨의 말은 자연을 있는 그대로 파악하지 않고, 미리 이러이러고 하는 생각, 즉 '편견'을 가지고 자연을 본다는 것이다. 사변에 머물지 않고 사물을 관찰하고 실험해 본질을 찾아내는 귀납법(歸納法/induction)만이 우리의 유일한 희망이다"고 주장한 베이컨은 귀납법이 무엇인지를 네 가지 우상(종족, 동굴, 극장, 시장)을 예로 들었다. 우상은 자연을 있는 그대로 파악하는데 장애가 되는 것으로 일종의 '편견'이다.

159. 엘베시우스(1715~1771)는 철학자로 알려진 프랑스의 계몽주의 사상가이다. 그는 모든 사람이 동등하게 학습할 수 있다고 믿었는데, 이것은 그가 루소의 교육에 관한 연구인 『에밀』에 반대하고, 인간 문제를 해결하기 위한 교육의 가능성은 무한하다고 주장했다. 로크의 생각을 가장 잘 따르는 엘베시우스는 지력의 평등과 배울 보편적 능력-누구나 무엇이든 배울 수 있다-을 신뢰했다.

160. 듀이가 가장 중요하게 생각하는 점은 교육과정에서 우위를 점하기 위한 과학과 인문학 간의 경쟁이며(17장), 이는 오늘날 교육적 노력을 약화시키는 경쟁이 되었다. 과학은 인간의 관점에 의해 오염되지 않은 객관적인 방식으로 자연에 초점을 맞춘 반면, 인문학은 다양하고 상충하는 모든 표현을 통해 인간의 관심사에 초점을 맞춤으로써 나타난 불만스러운 결과는 교과의 분할이었다. 과학과 인문학의 경쟁은 자연과 인간의 삶을 그릇되게 나누기 때문에 과학교육과 인문교육(문학교육을 포함한) 모두에 해를 끼친다. 그리하여 우리의 경험에서 자라나는 자연에 질문하고 탐구하려는 충동을 억누르게 된다. 어느 경우든 성향의 성장이나 탐구하는 능력으로서의 교육은 좌절된다(Coleman, 2017: 193).

161. 듀이의 관점에서 과학과 인문학의 갈등을 해결하기 위해서는 본질적으로 인간으로서의 우리의 위치에 대한 문제를 제기하고, 정신과 세계를 독립적인 종류의 존재처럼 분리하는 이원론적 철학을 제고하는 것이 필요하다. 따라서 듀이는 과학과 인문학을 상충시키는 철학적 관점을 제고하고, 이러한 이원론적 관점의 역사적 배경을 검토한다.

이는 마치 학생의 성장을 이끄는 경험의 요소가 아니라 소비되는 외부적인 것인 것처럼, 학생에게 미리 정해진 수업(교과 내용)을 제시하는 교육의 모습으로 이어진다. 이런 모습은 학생의 경험을 풍부하게 하는 수단이기보다는 목적 그 자체로서 잘못 제시되는 것이다. 그러한 교육적 접근 방식을 사용하면 학생은 탐구하는 학생의 성장에 도움이 되는 수업이 되지 못할 뿐 아니라, 아마도 독립적인 수업을 어렵게 할 것이다. 이는 경험을 탐구의 출발점으로 삼겠다는 듀이의 헌신에서 나온 것이다(Coleman, 2017: 193-194). 왜냐하면 듀이는 경험을 단순히 인간의 생리적 반응으로 이루어진 것이 아니라, 모든 역사를 포괄하는 것으로 간주하기 때문이다. 이는 경험이 그것을 발생시키는 객관적 조건과 경험에 대한 인간 해석을 모두 포함한다는 것을 의미한다(LW 1: 370). 듀이의 실험적 접근 방식은 과학과 인문학, 주체와 객체, 정신과 세계, 인간과 자연 등의 범주가 영원히 분리되어 있다는 것을 당연하게 여기기보다, 경험적이고 역사적인 맥락에서 범주를 고려한다(Coleman, 2017: 194).

162. 새로운 교육이론의 방향으로 인간과 자연의 관계를 고려하여 교육이론을 정립해야 한다는 듀이의 주장은 인간 중심적 사유에서 생태 중심적 사유로 나아가는 의식 전환을 보여 준다. 자연은 인간의 보금자리이며 인간 경험의 원천이며, 교육활동의 토대이며 출발점이기에 교육이란 학습자가 자연과의 상호작용을 통해 지식과 정보를 얻어내는 경험의 과정이라고 본 듀이의 자연주의 철학은 오늘날의 생태학적 위기를 극복할 수 있는 중요한 교육적 시사점을 제공한다.

163. 소크라테스, 플라톤, 아리스토텔레스로 대표되는 고대 그리스 사상가는 인간과 자연의 관계에 관해 동일한 견해를 갖지 않았다. 물론 인간과 자연의 다른 관계를 가졌다고 이들이 현대 사상가들 사이에서 상정하는 경향이 있는 심오한 이원론적 형태를 취한 것도 아니다(Coleman, 2017: 194).

164. 여기에 나오는 학문의 명칭 중에서 논리학, 형이상학, 물리학은 플라톤 당시의 용어가 아니라, 아리스토텔레스의 용어이다. 플라톤에서는 논리학과 형이상학에 해당하는 내용은 'dialectics(변증법, 대화법)'라는 이름으로 불렸고, '물리학(physics)'은 아직 존재하지도 않았다.

165. 'paideia'는 아동이 어른으로 성장하기 위하여 따라야 하는 과정이다. 교육의 표준은 아동이 아니라, 성인이다. 아동(pais)이 성인으로 되기 위해서 어릴 적에 '파이데이아'-문명(civilization)의 의미가 강함-와 동일한 뜻을 가진 헬레니즘 시대의 희랍어인 '아우세시스(auxesis)'가 교육적 노력-비단 학교에서뿐 아니라 일생에 걸쳐 추구되고 평생의 효과가 지속되는, 점점 완벽하게 인간의 이상을 실현하려는 교육적 노력-의 최종 결과를 지칭하는 것으로 의미상 확장되었다. 즉 파이데이아 또는 파이도시스(paideusis)는 '문화'-우리가 보통 교육이라고 말할 때 떠올리는, 무엇인가를 준비하는 활동을 가리키는 것이 아니라 오늘날 통용되는 의미로서 문화/교양(culture)-를 가리키는 것으로 발전되었다. 즉 파이데이아는 이미 완성된 경지에 도달한, 달리 말하면 완전히 발달한, 진정한 인간이 된 인간만이 가질 수 있는 그런 종류의 마음을 가리킨다. 이후에 로마의 바로와 키케로가 파이데이아를 라틴어로 번역할 때 '휴마니타스(Humanitas)'라는 용어를 사용했다.

166. 스콜라주의(Scholasticism)에서 '스콜라'는 고대 그리스어에서 '여유'라는 뜻을 가진 스콜레(σχολη)에서 온 라틴어로 오늘날 '학파'라는 뜻으로 이해되고 있으며, 특히 9세기에서 15세기에 걸쳐서 유럽의 정신세계를 지배했던 신학에 바탕을 둔 철학적 사상을 일컫는 데 쓰이고 있다.

167. Wilhelm Windelband(1848-1915)는 독일의 신칸트주의 철학자이다. 그는 1880년대 이후 독일 학문 철학에서 지배적이 된 칸트에 대한 반심리학적 해석의 중심적 인물이며, 19세기 후반 정통적 신칸트주의의 중추를 구성했다. 그는 철학사에서 개별 사상가들의 연대 순서에 의한 것이 아니라, 문제에 의한 주제의 조직화를 시도했다. 체계적

인 철학자로서 그는 칸트 비평의 원칙을 역사과학까지 확장하려 시도했다.

168. 듀이에 따르면 15세기 유럽에서 학문이 부흥하면서 인간의 삶과 자연의 관계에 대한 새로운 관심이 자극되었고, 교육받은 독자들은 고대 그리스 문학의 자유정신과 그것이 자연에서 관찰한 질서와 아름다움을 높이 평가했다. 그러나 듀이는 이 역사가 나중에 인간과 자연이 어떻게 나뉘게 되었는지, 과학과 인문학이 어떻게 반대의 극단으로 가게 되었는지에 대한 문제를 다시 강조한다(Coleman, 2017: 195-198).

169. 듀이의 이런 생각은 '철학 회복의 필요성'(MW 10, 1917)에서 "자아가 이 세상에서 낯선 사람이자 순례자"라는 사실을 부인하고, 『경험과 교육』(LW, 1925)에서 "개인은 세계에서 비-자연적이고 귀화할 수 없는 외계인"이라는 사실을 거부하는 글로 이어진다. 그리고 이러한 사회적 질문은 물리적 본성에 관한 질문만큼 과학적 탐구에 적합하다는 것을 의미한다(Coleman, 2017: 198).

170. 인문주의적 감각을 갖는다는 것은 사물이 사회적 조건과 어떻게 관련되거나 영향을 미치는지, 또는 그것이 삶에서 어떻게 기능하는지를 인식하는 것을 포함한다. 이러한 감각을 키우려면 삶에서 끊임없이 확장되는 상상력이 풍부한 비전이 필요하다. 즉, 자신과 다른 상황에 있는 사람들이 기술, 정책, 예술 작품, 경제제도 또는 고려 중인 모든 것에 의해 어떻게 영향을 받는지에 대한 이해를 높이는 것이 필요하다. 그런데 전통적으로 문학을 통해 이러한 인문주의적 감각을 촉진한다고 생각되어 온 듀이는 문학연구가 편협하고, 천편일률적이며, 자기 폐쇄적이 되면, 실제로 이러한 감각을 둔화시킬 수 있다고 지적한다(Coleman, 2017: 199).

171. 인간의 흥미를 함양하는 것은 어떤 특정한 교과에 달린 것이 아니라, 오히려 주어진 교과-문학이든 과학이든 다른 것으로 지정되든-가 점점 더 광범위하고 생생한 맥락에서 고려되는 것에 달려 있다(Coleman, 2017: 199).

172. 계급 분할은 과학주의와 인문주의 사이의 분열을 조장하고 문화의 귀족적 이상은 오늘날 인위적으로 분리된 교과 사이의 교육과정 경쟁에 남아 있다. 하지만 듀이는 과학이 주도한 산업혁명의 영향에서 새로운 민주적 잠재력을 발견한다. 교육은 이러한 잠재력을 발전시킬 수 있다. 교육은 상업 및 기술 활동을 노동자교육의 기회로 삼고, 모두를 위한 문화의 안정성을 높임으로써 이러한 잠재력을 개발할 수 있다(MW 15, LW 6, LW 12, LW 15). 교육이 과학과 인문학의 교육과정 분리를 실제로 극복한다면, 보다 민주적인 사회를 적극적으로 촉진할 수 있을 것이다(Coleman, 2017: 201).

173. 듀이는 2장, 7장에서 자아와 세계의 통합적 실재의 두 측면을, 19장과 20장 및 21장에서 마음과 몸, 이론과 실제의 관계를 다루는 '이원론'을 구체적으로 노동과 여가, 이론적 교과와 실제적 교과, 자연교과와 인문교과로 나누어 설명한다. 교육에서의 이원론은 교과 내용(세계의 짝)과 학습 방법(마음의 짝)의 분리로 나타난다. 나아가 지금의 22장에서는 개별적 마음과 세계(자연적 세계, 사회적 세계)를 구분하는 이원론적 관점에 대한 비판적 논의로 발전한다.

174. 보편적인 것/보편자란 한갓 명사(名辭, nomen)에 불과하다는 '유명론(唯名論/nominalism)'은 아리스토텔레스의 논리학에 기반하고 있다. 그에 따르면, 우리가 실재를 확인할 수 있는 것은 경험되는 개체이며, 개체는 판단에서 '바탕에 놓이는 것(hypokeimenon/substratum)', 즉 실체(substantia)이며, 반면에 보편자의 논리적 의미는 판단에서 술어이다. 유명론은 본질론(essentialism)에 대비되는 주장으로서 보편적 개념은 개별적 사물에 붙인 '이름'에 불과하여, 실제로 존재하는 것은 보편적 개념이 아니라, 개별적 사물이라고 본다. 유명론이 개인의 마음을 중요시하였다는 것은 그 개별적 사물에 보편적 이름을 붙이는 것이 개인의 마음이라고 보았기 때문이다.

175. 듀이는 여기서 두 가지 질문을 제기한다. 첫째, 개인과 세계 사이의 상호관계가 지식 탐색에서 어떻게 작동하는가? 둘째, 지식 자체는 무엇인가? 듀이는 개인의 마음에 대한 신념을 보여 주면서 자유(freedom)와 개체성(individuality)에 대한 개념을 깊이 들여

다봄으로써 개인과 세계의 상호관계를 정당화한다(Peng, 2017: 206).

176. 듀이는 각 개인이 미숙하고, 무기력하며, 언어도 신념도 사상도 사회적 기준도 없이 태어났다고 지적한다(1장). 개인의 마음은 '수용된 의미와 가치'를 지닌 '사회적 환경/매개체'에 의해 형성되고, 거기에 뿌리를 내리며, 다양한 사회적 활동과 상호작용에 참여함으로써 성장한다. 타인과 자연의 '세계'는 '수용된 의미와 가치의 매개체'이다. 이러한 이해는 우리가 지식에 대한 듀이의 접근 방식을 이해하는 데 도움이 된다(Peng, 2017: 207).

177. 원래 중세 카톨릭 지배사회의 길드 개념에 연유하는 기능적 단체인 조합(corporation)에 그 구조적 근원을 두고 있는 'corporatism'은 무솔리니가 이탈리아에서 '조합국가(corporate state)'를 시도함으로써 발전하기 시작했다. 무솔리니는 직능집단을 단위로 하여 노동자, 자본가, 전문직업인 등을 각종 직능조합에 가입케 하여 국가의 통제 하에 둠으로써 파시스트당에 의한 지배를 강화하는 수단으로 이용하였다. 이런 배경 하에 등장한 코포라티즘은 파시즘과 나치즘이 패망한 후 거의 사라진 듯한 용어였으나 최근의 이익집단 연구에서 새로운 시각으로 등장하기 시작했다.

178. 일상적인 교실 환경에서 채택되는 '개별화' 학습 방법은 외부 세계나 목적을 추구하는 학생들의 자유로운 행동과 거의 관련이 없다. 현실세계의 목적과 사회적 상호작용을 통해 제공되는 동기와 통제가 없으면, 학교 과목은 무의미하지는 않더라도 덜 흥미로워진다. 이러한 학습 수단은 동일한 지적 마음을 가진, 그리고 추가적인 지식의 원천들이 될 수 있는 동료들에 대한 학생들의 연계를 제한한다. 즉 전형적인 학교 방법은 세상을 다른 사람과 분리시키는 개인의 이원론을 강요함으로써 『민주주의와 교육』의 1장에서 설명된 자연스러운 학습 방법을 차단한다. 개인의 특이성을 고려하지 않으면, 교육은 비인간적이 되고 프레이리가 그의 고전적인 『억압받는 사람들의 교육학』에서 '은행 저축식(banking)' 과정을 비판하는 것으로 변할 수 있다(Peng, 2017: 208).

179. '개인의 자유'를 증진하는 데 관심을 가진 일부 진보적인 교육자들은 교실 활동에서 너무 많은 사회적 개입이 개인의 자율성을 침해할 것이라고 걱정했다. 그러나 우리가 교육의 자유를 열망할 때, 자유가 무엇을 의미하는지, 어떤 종류의 자유를 소중히 여겨야 하는지 질문해야 한다. 듀이는 자유에 대한 두 가지 개념-사회적 방향의 부재와 단순한 신체적 제약의 결여-을 제거했다(Peng, 2017: 208).

180. 듀이의 '개체성(individuality)' 개념은 지적으로나 도덕적으로 자유로운 사회적 관계에 있는 개인을 신뢰한다. 개인 모두는 그들의 최초 돌봄 제공자, 받아들인 지식, 가치 그리고 신념을 포함한 사회적 환경에서 발전한다. 그러나 개체성은 특이성을 의미한다. 듀이는 학습자의 관점에서 태도의 독창성은 진정한 발견으로 이어지고, 이는 진정한 학습으로 이어진다고 주장한다. 대부분의 경우, 개체성과 자유에 대한 이러한 개념은 현대 교육사상이나 실제에 확고히 자리잡고 있지 않다. 결과적으로 교육은 학생들에게 영감을 주지 못하고 교사의 성장도 촉진하지 못한다(Peng, 2017: 209).

181. 듀이는 돈벌이를 위한 '일자리'로 전락한 '직업(vocation)'을 비판하며 '작업'의 뜻을 갖는 'occupation'을 즐겨 사용하였다. '작업'이란 일을 하는 방식에 따라 다스려지는 중요한 삶의 활동을 뜻한다. 듀이의 개념을 따를 때 직업교육(vocational education/Ausbildung)은 일반교육(general education/allgemeine Menschenbildung)에 포섭된다. 독일의 교육철학자 케르셴슈타이너도 vocation의 어원이 'calling/Beruf(소명; 신성한 하늘의 부름에 따른 일)'이라는 듀이의 해석을 따르면서 직업교육의 개념을 확장시킨다. '소명'은 사람의 소명은 어떤 의미에서 인생의 계획이며, 부분적으로는 흥미, 능력, 인격에 대한 자기 지식 내에서 자유롭고 진정으로 선택된 자신이 누구인지를 구성한다. 케르셴슈타이너가 사용하기 시작한 '노작교육'은 '작업을 위한 교육(berufliche Bildung/education for occupation)'은 개인 생활의 경제적·직업적 요소에 더 중점을 두고 있고, '직업교육(Ausbildung/vocational education)' 프로그램은 개인의 육성

을 위한 준비 요소, 일터 밖에서의 인성 발달 그리고 시민성을 포함하고 있다(Winch, 2017b: 211-212). 오늘날 듀이의 직업교육에 대한 확산적 개념은 '자율성을 위한 교육'으로 불리고 있다(Winch, 2017: 143; Winch, 2017b: 216).

	직업교육	일반교육
정치적 지향	기술적	민주적
교육의 주요한 재생산 기능	경제적 갱생	공적 참여
정치적·사회적 가치	능력주의	평등주의
교육의 중심적 은유	적절성, 기업정신	참여, 협력
정책 사례(영국)	기술직업교육창안(TVEI)	1944 교육법
학교 유형	기술대학	종합적 지역사회학교
학교 조직	관리적	민주적
교육과정 조직	교과의 다양화, 직업적 요구에 기반한 분류화, 교실과 일 세계의 약한 구분	공동 활동에 따라 교과의 다양화, 교실과 지역사회의 약한 구분
교육과정 지식	관리적, 학습 결과의 최대화	공동의 과제를 둘러싸고 학습을 조직하는 공동조정자
교수 방법	실용적 수업	프로젝트, 집단작업, 협동적 탐구

182. 교육의 두 패러다임(Carr & Harnett, 1996: 25).
183. 작업이란 '유급 일자리(paid jobs/employment)'를 의미하는 것이 아니라, 오히려 우리가 빵을 굽고, 정원을 관리하고, 글을 쓰고, 강아지를 훈련하고, 아이들 키우는 등 삶을 계속 이어가면서 '종사하는(occupy)' 활동을 의미한다. 따라서 아이들은 자라서 사회에서 자신의 자리를 '차지'하려면 스스로 많은 작업에 참여하는 법을 배워야 한다. 사전적으로 '작업(作業)'은 일정한 목적과 계획 아래 육체적 또는 정신적인 일을 하는 것이고, '노작(勞作/Arbeit)'은 애써 만드는 일 또는 힘써 일하는 것이다. 힘든 작업인 '노작'은 '노동(labor)'에 근접할 수 있다. 그렇게 되면 노작은 작업의 '놀이적' 성격을 잃어버릴 수 있다. 그래서 듀이는 'occupation'을 즐겨 사용하였다.
184. 듀이(1899)는 미국 사회 그리고 직업들이 기계적인 '공장 체제'로 변화되고 있음을 크게 우려하였다. 그는 직업의 실용적 가치보다 사회적 가치를 더 중시하였다. 직업의 성격을 주체적으로 파악하지 못한 채 수동적으로 끌려다니는 노예적 직업생활을 크게 우려했다.
185. 듀이에게 '교육적 변화'는 '물리적으로 통제되는' 훈련/길들이기가 아니라, 공유된 의미에 따라 '사회적으로 지도되는' 과정을 통해 얻어진다(Dewey, 1996: 36).
186. 구상(conception) 기능과 수행(execution) 기능의 분리를 통해 탈숙련화(de-skilling)되는 노동과정을 비판하는 브레이버만(Braverman)의 논지와 연관이 있다.
187. 듀이의 철학에 대한 이해는 관념론이나 경험론과 같은 전통적 철학체계와 대조된다. 듀이 철학은 인간 존재와 실재의 관계를 종합적으로 설명한다.
188. 이 문장에서 듀이의 노선이 중도를 지향하고 있음을 발견하게 된다. 그는 개인과 사회가 분리되지 않는, 보수와 진보를 모두 아우르는 민주적/진보적 사회를 꿈꾸고 있다.
189. '힘의 균형(balance of power)'에서 '힘'은 '능력'의 균형이기도 하고, '권력'의 균형이기도 하다.
190. '철학'은 '교육의 일반적 이론'이라고 정의할 수 있기에 철학은 교육에 빛을 비추고 이론을 풍부하게 하는 사회학이나 심리학과 병렬되는 또 다른 지적 학문이라고 할 수 없다. 실제로 '교육의 철학'을 이야기하는 것조차 잘못된 것 같다. 오히려 '철학'은 교육의 실제를 구성하는 활동과 관여에 대해 체계적이고 진지하게 참여하는 사고방식이다

(Pring, 2017a: 219). 12장처럼 철학은 지식체계라기보다는 '사고하는 방식'이라고 할 수 있다(Pring, 2017a: 220). 전문가의 전문적 언어를 의심하고 있다.

191. 이해(comprehend): com(with)+prehendere(to grasp)=함께 잡다/파악하다.

192. 철학(philosophy): philos(love)+sophia(wisdom)=지혜를 사랑한다.

193. 헬레니즘 철학을 대표한 스토아 철학은 로고스로 대표되는 이성과 금욕적인 삶을 중시하였다. 'stoic'이라고 불리는 비정한 금욕주의적 심정은 그 결과로 나타나는 것이다. 스토아철학 초기의 비관적이고 숙명론적인 성격은 로마 시대에 접어들면서 건실한 로마의 정신으로 변모하여 사회에 대한 엄격한 의무감, 동포애, 윤리적인 사명감을 대변하게 된다. 스토아학파는 전체적으로 진보적인 편이었다. 그들은 노예들에게 연민을 가져야 한다고 주장했고—자유를 주어야 한다고 주장하지는 않았지만—, 놀라울 만큼 '세계시민주의'를 추구했다.

194. '그 자체를 의식하는 사고'는 헤겔의 '대자적 사고'를 말한다.

195. 실증과학(positive science)에서 'positive'라는 말은 특히 철학과 대비해서 과학을 지칭할 때 사용된다. 과학에서는 '이러이러하다'는 '적극적' 결론을 내는 데 목적을 두는 반면, 철학은 '비판'을 목적으로 하기 때문에 그만큼 '소극적(negative)'인 성격을 갖는다.

196. 소피스트들(sophists/sophistes: 지혜 있는 사람/현자)은 능숙한 처세와 다면적 도야를 교육의 목표로 삼았다. 'sophia'는 '지혜'를 뜻한다. 소피스트들의 등장은 그들이 표방한 자유분방한 인생관으로 말미암아 일상적인 사회 풍습의 제약을 약화시키는 데 한몫을 했다. 그들은 대체로 개인주의적 사회관을 가지고 있었기 때문이다. 푸코는 이 소피스트들을 'parrhesiast(진실을 솔직하게 말하는 사람)'의 대표자라 설정했다.

197. 듀이의 앎에 대한 이론은 '민주주의'와 '교육' 모두에 연결되어 있다. 그는 7장에서 민주주의가 정치적 정부의 특정 형태를 말하지 않는다는 것을 주지시키고 있다. 오히려 그는 민주주의를 사회의 모든 구성원이 동등하게 가치가 있다는 '존재 방식(a way of being)', '사회적 삶의 형식'으로 이해한다. 듀이는 민주적 사회가 아이디어의 자유로운 교환을 허용하고, 시민들의 필요를 충족시키기 위해 학교와 같은 사회제도의 유연한 재조정을 보장할 수 있다고 본다. 아이디어의 자유로운 교환과 유연한 재조정은 사회가 민주주의로 존재하고 번영할 수 있도록, 시민들 사이에 공통성을 확립할 수 있는 다양한 방법을 제공할 것이다. 듀이의 '지식' 이론은 다른 사람들보다 더 가치 있는, 어떤 사람들의 계급을 차별화하기 위해 만들어진 사회에서 형성된 장벽을 허물고자 한다. 민주적 사회에서 인간의 번영을 지원하는 가장 효과적인 방법은 모든 구성원에게 개방되고 가치 있는 지식을 달성하는 방법—지식을 획득하는 여러 가지 방법—에 기초해야 한다(Thayer-Bacon, 2017: 228).

198. '선험적(transcendental/先驗的)'에서 선험이란 경험에 앞선다는 뜻이다. 경험하기 이전에 선천적으로 가능한 인식 능력, 경험에 앞서서 인식의 주관적 형식이 인간에게 주어져 있다는 주장은 칸트의 'transzendental'에서 빌려왔다.

199. 듀이가 비판한 외양과 실재의 이원론적 사고는 플라톤에서 전형적으로 드러난다. 이원론을 극복한다는 것은 단순히 두 개의 개념, 예컨대 몸과 마음, 외양과 실재를 '구분'하는 것을 뜻하는 것이 아니라, 그 두 개의 개념이 동일한 형태로 또는 동일한 차원을 이루면서 존재한다고 생각하는 것을 뜻한다. 이원론을 극복한다는 것—만약 그것이 극복되어야 하는 것이라면—은 그 그릇된 생각을 바로잡는 것을 뜻한다. 그것은 결코 그 '구분'을 없애는 것을 뜻하는 것이 아니다. 왜냐하면 듀이는 일원론을 옹호하지 않기 때문이다.

200. 듀이는 인간의 경험 속에서 감정(emotion)이 행위에 종속되어 나타난다고 주장한다. 그것은 행위의 성공과 실패에 대한 정서적 반응이다. '정동(affect/情動)'으로 분류되기도 하는 감정은 듀이 사상에서도 그 단초를 엿볼 수 있다. 듀이의 이론 내에서 감정은

행위에 종속되어 있는 만큼, 우리는 그것이 감정의 힘을 온전히 해명하고 있는지에 대해 검토해 봐야 한다. 듀이의 행위 이론이 다양한 사회적 협력 안에서 나타나는 감정을, 그러한 정서적 반응을 유도하는 상황과 행위에 대한 하나의 계기로 파악할 수 있도록 하는 계기를 마련해 주고 있다. 정동 이론의 부상으로 인해 나타난 듀이의 행위 이론에 담겨 있는 감정적 친화성 등 듀이의 이론이 가지고 있는 이와 같은 확장성은 정치적 감정과 정동에 주목하는 최근의 연구 관심들을 포괄적으로 수용하는 데에도 도움이 된다.

201. 듀이는 현대 사회에 다양한 형태의 이원론을 유지할 수 없게 하는 관념이 존재한다는 면-이원론은 '연속성'의 개념으로 대체되어야 한다-을 강조하고자 했다. 듀이가 언급하는 이 관념은 그의 생애 동안 다양한 과학 분야의 발전이며 정신활동과 신경 시스템의 연관성을 보여 주는 생리학과 심리학의 발전-단순한 유기적 형태에서 인간 존재에 이르는 살아 있는 유기체의 연속성 및 변화하는 환경과의 상호작용을 보여 주는 생물학과 다윈의 진화론의 발달-을 포함한다(Thayer-Bacon, 2017: 232).

202. 듀이에게 '실험 방법(experimental method)'은 학교에서 육성할 수 있는 '성찰적·반성적 사고'의 핵심 요소와 동일하다(11장, 12장). 첫째, 학생은 그 자체로 흥미를 갖는 활동을 가지고 있다. 둘째, 학생이 느끼는 의심이나 우려가 발전하여 학생의 성찰을 자극한다. 셋째, 학생이 느낀 우려를 처리하기 위해 정보를 수집하고 관찰한다. 넷째, 학생으로부터 해결책이 생긴다. 다섯째, 학생은 문제가 해결되는지 확인하기 위해 응용 프로그램을 통해 이러한 해결책을 검증한다. 실험은 습관에 기반한 맹목적 반응과 같은 것이 아니다. 실험은 아이디어의 시험이다. 그런데 실험은 과학적 자원으로 새로운 것이다(Thayer-Bacon, 2017: 232). 실험 방법의 발달은 오늘날 '과학적 방법'으로 더 많이 불리고 있다. 듀이는 '절대주의'를 대신하는 것은 '실험주의(experimentalism)'라고 하였다. 그는 자신의 입장을 '실험주의'라고 불렀다. 실험주의를 현대적으로 '구성주의(constructivism)'-상호작용적 구성주의 또는 사회적 구성주의-라고 호칭하기도 한다(Garrison, Neubert & Reith, 2016: 221-225). 어떤 이론이나 가설이 문제 해결을 위해 유용한지 알아보려면 반드시 실험을 거쳐야 한다고 생각했기 때문이다. 여기서 말하는 실험은 자연과학자의 실험만을 의미하지는 않는다. 듀이는 사회 자체가 다양한 정책의 실험장이라고 생각했다.

203. 밀(1806~1873)은 『자유론』에서 이렇게 말한다. "정부가 … 교육을 직접 담당하려고 헛되게 애쓸 필요는 없다. 그냥 부모가 원하는 장소에서 그들이 원하는 방식대로 교육받도록 내버려 두면 된다. 국가는 그저 가난한 집안의 아이들을 위해 교육비를 지원해 주고, 비용을 대줄 사람이 없는 경우에는 아예 전액 부담하는 것으로 만족해야 한다. 국가교육을 반대하는 논리는 국가가 직접 교육을 담당하는 경우에는 적용될 수 있다. 그러나 국가가 시행하는 의무교육에 대해서는 반대할 수 없다. 이 둘은 전혀 다른 이야기이기 때문이다. 만일 국가가 국민교육의 전부 또는 상당한 부분을 직접 담당한다면 나는 그 누구 못지않게 반대할 것이다. 나는 지금까지 성격의 개별성, 의견과 행동 양식의 다양함의 중요성에 대해 강조해 왔다. 교육의 다양성도 그에 못지않게, 말로 다 표현할 수 없을 정도로 중요하다. … 국가가 운영하고 통제하는 교육이 꼭 있어야 한다면, 그것은 시범적으로 그리고 다른 교육 방식이 일정 수준에 오르도록 자극을 줄 목적에서 여러 경쟁적인 교육체계 가운데 하나로서 시도되는 경우에 한정되어야 한다." "정부는 모든 아이들이 교육을 받을 수 있도록 비용을 대 주어야 한다. 그러나 교육을 직접 담당하려고 해서는 안 된다."

204. '가장 효과적'이라는 말은 우리가 계속해서 질문하고, 우리의 아이디어를 시험하고, 우리가 직면한 곤란과 문제에 대해 정보에 입각하지만, 잠정적인 해결책을 찾도록 유도하는 실천 형태를 의미한다. 이런 의미에서 '실천'은 실험적이다(Thayer-Bacon, 2017: 232).

205. 듀이는 인간만이 가지고 있는 특이한 기능이 '이성(Reason)'이라고 보고, 이 기능을

통해 우주를 관조할 수 있다는 것이다. 경험보다 우월한 이성은 신념과 활동의 유일하게 타당한 지침으로 편견과 미신과 완력을 무너뜨리고, 논의와 토론과 설득에 의존하는 습관을 갖게 했으나, 삶에 작용하는 힘으로 습관, 본능, 정동의 영향을 과소평가하였고, 공허한 형식성에 면치 못해 무기력하게 되었다. 그래서 듀이는 이성이 멀리 있는 관념상의 정신 능력이 아니라, 성장과 지식에 필요 불가결한 요소로서 활동이 풍부한 의미를 가질 수 있게 하는 일체의 자원이어야 한다고 주장한다.

206. 실용주의(pragmatism)는 행위(deed)나 행동(act)을 뜻을 가진 그리스어 'pragma'에 유래하였다. 사유보다 행동을 우위에 두고, 관념의 의미와 진리성을 행동상의 성과나 귀결로 이해하는 입장이다.

207. 다양한 지식이론에 대한 듀이의 논의는 민주적 사회의 일부인 자유롭고 완전한 교류를 방해하는 사회적 분할에 대한 비판과 관련된다. 그는 궁극적으로 앎의 이론이 함(doing)/행위(action)의 방식을 암시한다고 지적한다. 사회의 구성원이 다양한 계층으로 분리되면, 실용성과 관련된 경험을 하는 사람은 '실제적 경험주의자'가 되고, 명상적인/관조적인 삶을 즐기는 사람은 '합리주의자'가 된다. 듀이가 우리에게 제공하는 것은 아이디어와 경험의 자유로운 교류를 가능하게 하는 이론적 지식이며, 만약 교육학적으로 학교의 교사들에 의해 모델화된다면, 개인적이고 사회적인 경험이 다른 경험에 방향과 의미를 부여하는 데 사용될 수 있는 사회적 연속성을 가능하게 할 것이다(Thayer-Bacon, 2017: 235).

208. '도덕성'을 뜻하는 'morality'는 라틴어 'moralitas'에서 유래하였다. '도덕성'은 일반적으로 인간이 어떻게 살아야 하고, 무엇을 해야 하고 하지 말아야 하는지, 어떤 종류의 사람이 되어야 하고, 어떤 사람이 되지 말아야 하는지에 관련된 신념이나 태도를 뜻하는 말이다.

209. '도덕'을 뜻하는 'morals'은 라틴어 'mores'에서 유래했다. '도덕'은 일반적으로 일상생활에서 무엇이 옳으며 가치 있는 것인가를 알려 주는 도덕적 원리에 기반을 둔 행위의 체계이다.

210. '인격(character)'은 그리스어 kharaktēr('새겨진 표식', '영혼에 남은 기호/인상', '표시하는 도구'에서 유래하였다.

211. 『민주주의와 교육』에서 듀이는 자신의 도덕이론에 대한 귀중한 통찰력을 제공하고, 그것이 학교와 사회에서 강력한 민주적 성격을 육성하는 데 교육자들에게 도움이 된다는 것을 보여 준다. 동시에 교육자들은 학교와 사회에서 민주적 인격을 함양하면서 교육의 종합적인 목표로서 인격의 함양을 촉진한다. 듀이의 생각은 교육자들이 교육을 개별 학생의 정보, 지식, 기술 및 태도 습득으로 보는 개념이 전체적으로 부적절하다는 점을 인식하는 데 도움이 된다. 그는 포괄적인 목적으로 도덕적 발전이 사회와 학교에서의 행동과 분리될 수 있다는 생각에 도전하도록 교육자들에게 초대한다. 그는 학생들에게 특정한 도덕적 이념-민주주의 이념조차-을 교화하거나 주입하려는 사람들을 반민주적이고 잘못된 교육적 실천이라고 비판한다(Simpson, 2017: 243).

212. 듀이는 '목적 그 자체'의 절대주의를 거부하며 '예견된/예측된/가시적 목적(ends-in view)'을 중시한다(Johnston, 2006: 134).

213. 다른 말로 하면, 듀이는 즉각적인 인식, 질적 판단, 감동적 아이디어, 그리고 동정적-공감적 성향 등이 종종 도덕적 상황에 대한 통찰력과 참여를 자극한다는 생각을 확장한다(LW 7: 272). 듀이는 가치 있는 목적을 추구하기 위해 각 사람-교사와 학생을 포함하여-이 윤리적 상황의 각 측면을 더 높은 수준의 의식으로 끌어올리도록 '멈추어 생각하라'고 권장한다(LW 13: 41-42). 여기에서 듀이는 11장의 몇 가지 주요한 생각으로 돌아갈 수 있다.

214. 상징적인 것과 상상적인 것은 소통과 상호작용적 구성주의와 연결될 수 있다. 교육의 영역(표준화시험, 측정, 자격 등)에서 상징적인 것이 지배하는데 그에 따라 어린이의

상상이 위축된다(Garrison, Neubert & Reith, 2016: 69-72). 여기에서 인간의 심리를 상상계(the Imaginary Order), 상징계(the Symbolic Order), 실재계(the Real Order) 등 3개 차원으로 나눈 라캉의 이론을 상기시킨다(Garrison, Neubert & Reich, 2021: 239-250). 상상적 욕망은 늘 자아와 타인들 사이에 서로 거울이 되는 경험을 동반한다. 이러한 거울 경험들은 부분적으로 무의식적인 방식으로 발생하는데, 이들은 인정, 감사, 사랑 혹은 상징적 방법으로 충분히 표현할 수 없는 것들에 대한 욕망을 표현한다. 따라서 상상적인 것은 상징적 소통의 극한으로 나타난다. 상징계가 상상계를 구조화하고 상징계 내의 구멍 속에 바로 실재계가 자리한다. 상징계는 상징계의 구멍 난 세계이며, 주체는 그 구멍 난 세계를 가상적인 것(the imaginary/fantasy; 내면의 환상; 자신의 정체성을 유지하는 어떤 형식 혹은 틀)으로 채운다. 하지만 가상적인 것의 대상에 다가갈수록 현실은 위협받게 된다.

215. 듀이는 칸트의 심리학으로 박사학위를 받은 것으로 보아 '선의를 가진다'는 말은 칸트의 '선의지(good will)'를 말하는 듯하다. 선의지는 결과나 경향성 때문이 아니라, 동기나 의도 때문에 선하다. 말하자면 선의지란 옳은 행위를 오로지 그것이 옳다는 이유에서 마땅히 해야 할 의무로 받아들이고 이를 따르려는 의지다. '선의지'만이 참된 의미의 도덕적 가치를 갖는다.

216. 선의 또는 선의지와 같은 동기를 강조하는 칸트의 도덕이론이 결과를 강조하는 쾌락주의와 공리주의 도덕이론과 대립하는 입장을 말한다.

217. 듀이는 '누적적 행동'을 할 수 없게 되는 사태의 원인을 사회적 계급의 분리에 있다고 보았다. 사회적 분열이 있을 때는 강제에 의해 '외적 행동'은 하면서도 '내적 사유'를 할 수 없는 사람들이 반드시 생긴다는 것이다. 여기에서 듀이는 '제도주의적' 입장을 취하고 있다.

218. 듀이의 도덕성 설명은 의무와 흥미 모두를 고려한다. 그는 둘 다 윤리적 사고와 발전에 중요하며 서로 얽혀 있다고 생각한다. 의무론의 입장에 있는 칸트와 벤담과 밀의 이익론적 입장-이들은 모두 이원론으로 구분하여 어느 편에 섰다-과 달리, 듀이는 개인의 행복이 타인의 행복과 얽혀 있기 때문에 타인과 자신에 대한 관심은 가능할 뿐만 아니라, 도덕적 의무를 위해 바람직하고 필요하다고 주장한다. 각 사람은 다양한 방법으로 필요하다. 교육적으로 학교 학습의 효율성은 계급 및 각 개인의 잘삶(well-being)에 대한 '흥미'를 가질 때 향상된다. 윤리적으로 교육자는 계급, 개별 학생, 그리고 자기 자신에 흥미를 가질 '의무'가 있다. 따라서 의무와 흥미는 동맹이다(Simpson, 2017: 239).

219. 자기이해와 의무 사이의 갈등은 이미 형성된 것이 아니라, 사회적·개인적 형성 과정에서 볼 때 사라진다. 그러므로 '어떤 종류의 자아'가 되고자 선택하는 사람-교사나 학생이 교육적 맥락에서- 은 중요한 관심사이다. 듀이는 교사나 학생을 포함하여 성장하는 사람에게 잘 계획된 경험, 습관 및 숙고가 얼마나 중요한지 논의한다. 성장하는 자아는 또한 특정 습관을 지원하는 조건이 무엇인지 배우고 자신과 다른 사람의 지속적인 성장을 지원하는 새로운 조건을 도입할 수 있다(Simpson, 2017: 240).

220. 자아(自我, self/Ego=스스로自+나我)는 '스스로 있는 나' 혹은 '스스로 자각할 수 있는 나'라는 뜻이다. 생각, 감정, 의지 등을 통해 외부와 접촉하는 행동의 주체로서 '나 자신'을 말한다. '자아'가 정신적 면을 강조하는 개념이라면, '자기'는 신체와 정신을 포함한 인격 전체를 가리킨다.

221. 성장하는 학생의 성숙한 능력은 평생의 균형 잡힌 삶을 가능하게 한다. 즉, 다른 사람들과 상호작용하면서 얻어진 것인 만큼 다른 사람에게도 베풀 수 있을 것이다. 따라서 지식, 개인 그리고 사회의 역동적 성격은 그것들을 이해하는 차원에서 교육자와 학생들을 위한 기회를 계속해서 제공할 것이다. 물론 항상 성장하거나 수축되는 사람은 거의 없다. 듀이는 각 개인이 자신이 반성적으로 고백하는 자질, 이상적으로는 지식, 의

식, 지성 및 성격의 성장을 포함하는 자질을 구현하는 것을 촉진하는 개인적 성실성을 위한 노력을 모든 사람에게 권장한다(Simpson, 2017: 240).

222. 듀이는 지식과 도덕적 행위 사이의 소크라테스적 연관성의 상당 부분을 최소한 유지하기를 원했다. 그는 전통에 대한 비판을 '지식의 본질'로 향하게 하며, 지식—활기 없는 사실의 집합이 아닌 지식—이 도덕적 삶에 적용되려면 학생들이 지식에서 어떤 사회적 의의를 보아야 한다고 주장한다. 내적인 것은 외적인 요인과 행위와 연관되어야 한다 (Noddings, 2017: 322).

223. 학교교육과 일상생활에서 작동하는 지식 및 이론적 이해를 넘어선 다양한 배경의 문화적 요인은 도덕적 사고, 가치평가 그리고 행동을 형성한다. 여기에는 많은 오해가 있을 수 있다. 우리는 지성이 인격에 어떻게 작용하는지, 지식이 어떻게 도덕적 성장의 한 요소를 이루는지, 형식학교 교육과정이 인격 발달에 어떻게 관계를 맺는지, 사회적 조건이 인격 형성에 어떻게 영향을 미치는지에 대해 잘못 이해할 수 있다. 지성, 지식, 그리고 인격 발달의 잘못된 이해는 도덕적 사고와 인격 발달을 영구적으로 방해하지는 않는다. 듀이는 일상의 윤리적 결정과 문제 상황에 직면하는 방법—지성의 방법—을 식별하기 때문이다. 사고의 방법을 사용함으로써 인간의 욕구, 생각, 행동의 기존 개인 패턴을 새로운 상황에 맞게 의식적으로 조정하거나 수정함으로써 성장을 지원한다. 이 방법은 또한 조건을 재조직하고, 행동의 변화를 촉진하고, 문제해결에 참여하는 데 도움을 준다(Simpson, 2017: 241).

224. 듀이는 도덕을 순응적인 것으로 이해하는 협소한 관점에서 파생된 '사회적인 것'과 '도덕적인 것'의 이원론을 강하게 비판한다.

225. 듀이주의자들과 돌봄 이론가들은 모두 모든 사회적/도덕적 삶에서 소통과 돌봄 관계의 핵심적 중요성에 동의한다. 소통은 관계를 초대하고, 돌봄 관계는 교육적 소통을 유지하고 증진하는 데 도움이 된다. 듀이는 돌봄 이론가처럼 덕윤리와 인격교육을 경계했다. 양자의 주요한 차이점은 주목할 만하다. 듀이가 도덕적 행위를 동기화하는 데 있어 감정과 정동의 역할을 별로 언급하지 않은 데 반해, 돌봄이론가들은 도덕적/사회적 반응으로서 정동(affect)을 우선적 동기로 인식하고 있다(Noddings, 2017: 323). 돌봄 윤리(care ethics)의 관점에서 볼 때, 덕론적 접근(virtue approach)에는 또 다른 주요 난관이 있는데, 그것은 '개인에 대한 집중'이다. 예를 들어, 정직한 것이 미덕이라는 점에는 우리 모두 동의할 수 있지만, 정직한 행위가 무고한 타인에게 해를 끼친다면 그 행위가 미덕일까? 덕 윤리에 대한 유보와 더불어, 듀이는 지식 그 자체가 도덕적 행위를 보장할 수 있다는 가정에 대해서도 경고했다. 소크라테스—플라톤 전통에서는 모든 악하거나 부도덕한 행위를 '지식(앎)의 결핍'으로 비난했다. 좋은 것을 아는 것은 좋은 일을 하는 것이다. 물론 듀이는 이런 관점을 거부했지만, 돌봄 이론가들이 기대하는 것만큼 단호하게 거부하지는 않았다. 그는 많은 것이 논쟁 중인 '지식'의 성격에 좌우된다고 제안했다. 듀이는 학교 관련 행동(시험 통과, 선생님을 기쁘게 하기 등)에 제한을 가하는 적극적인 효과만 가져오는 지식으로 최소화하고 싶었다(Noddings, 2017: 322).

226. 듀이는 이 장에서 첫째, 학교 수업의 종합적 목적으로 도덕이나 인격 발달의 추구를 저해하는 지성과 인격의 관계에 대한 철학적 이원론(내적/외적 도덕적 요인, 의무와 흥미, 의식과 인격, 사회적/도덕적 고려)에 주의를 환기시킨다. 여기에서 그는 18장부터 발전해 온 주제를 선택한다. 둘째, 듀이는 학교가 포괄적인 목표를 성공적으로 추구할 수 있도록 하는 '조건'을 확인한다. 그는 두 번째 주제를 다루면서 그의 책 전체의 조각들을 하나로 모았다. 교육철학의 중심적 문제로서 1장에서 논의를 시작했던 '우발적 학습'과 '학교 수업'의 적절한 관계에 대한 질문에 대답한다. 듀이는 두 번째 목표를 달성하는 데 필요한 학교 학습의 조건보다 교육의 포괄적 목표를 첫 번째에 더 많은 공간을 할애한다. 그러나 지성의 방법이 교육의 포괄적 목적이자 수단으로 두 가지 모두에 대한 열쇠를 제공한다는 것이 명백해지면, 이러한 불균형은 그다지 중요하지 않다

(Simpson, 2017: 237).

227. 듀이는 도덕성 발달의 첫 번째 조건으로 '공동체 생활'을 특징으로 하는 학교, 즉 학교행정, 교육과정, 교육 방법의 가치는 사회적 정신으로 활력을 주는 정도에 따라 측정되어야 한다는 것을 이해하는 '공동체(community)'를 만드는 것이 포함된다. 단순한 학교 정신과 다른 진정한 사회적 정신은 학교의 사회적 기능을 이해하고 실천하려고 노력할 때 나타난다(2장). 듀이는 분위기, 집단, 생활, 관심, 환경, 목적 등 여러 용어 앞에 '사회적'이라는 형용사를 사용하여 사회적 정신을 강조했다. 결과적으로 도덕성 발달은 교실이나 학교 공동체 전체의 활동을 꿰뚫고 설득하는 사회적 노력으로 자양분을 얻는다. 학교는 기본적으로 개인들의 집합체, 학문적 센터 또는 직업연구소가 아니라, 삶 자체의 중요한 측면이며 '학습과 성장'이 사회적 상호작용의 일반적인 특징인 '축소된 사회집단'이어야 한다(LW 7: 368). 듀이는 학교 공동체가 '이상화된 과거'나 '좁고 도덕적인 윤리'를 짓밟는 것을 피해야 한다고 생각한다. 그 대신에 학교 공동체가 열린 마음, 한결같은 마음, 성실함, 폭넓은 전망, 철저함, 책임의 상정, 그리고 도야, 교양, 사회적 효율성, 개인적 정련, 품성의 향상 등의 도덕적 특성으로 점진적으로 특징지어지는 성장하는 자아를 육성한다(Simpson, 2017: 242-243).

228. 학교는 민주적인 공공 생활에 참여하도록 어린이들을 준비시키는 '축소된 공동체'나 '맹아적 공동체'가 되어야 하며, '아동의 서식지'가 되어야 한다는 것이다. 삶의 장면과는 유리된, 단순히 교과를 공부하는 장소로서 학교보다는 공부와 성장이 현재 공유되고 있는 경험의 장의 한 부분이 되는, 사회집단의 축소판으로서의 학교가 되어야 한다. 듀이는 이런 관점에서 7년간 시카고대학교의 실험학교(1896~1903)를 운영하였다.

229. 듀이가 시카고대학교에 재임할 동안, 그와 그의 동료들은 기본적 공동체 활동에 아이들을 몰입시키는 교육과정 모델을 만들었다. 정원 가꾸기, 요리, 목공, 의류 제조업과 같은 다년생 직업을 사용하여 실험실 학교의 학생들은 생물학, 수학, 화학, 예술의 발명으로 이어지는 문제 해결과 조사의 형태로 수업했다. 학교를 소규모의 대화형 공동체로 전환해서 경제학 및 정치학의 기저에 놓인 사유와 의사결정 유형을 학생들에게 소개했다. 학생들은 지역 문제를 해결할 수 있는 다양한 모둠 프로젝트를 맡아서 학습하게 된다. 학교는 두 가지 면에서 하나의 실습실이다. 하나는 새로운 실습으로, 진보적 교육과정을 실험하는 시카고대학교 교육자들의 산물이고, 다른 하나는 실천 문제를 과학적으로 접근하는 학교의 학생들을 위한 것이다. 실험학교 학생들은 미래의 목적을 위해서가 아니라, 그들이 당면한 문제를 사회에서 성인이 마주치는 것과 견줄 이슈들처럼 다루는 방법을 배웠다. 듀이는 전통적 교육 방법을 거부해서, 이를 기반으로 학교를 조직하였던 진보주의 교육이론가와 교육자들에게 영향을 미쳤다. 제1차 세계대전 이후 듀이의 문하생인 윌리엄 킬패트릭은 공식교육을 아이들의 삶에 연결하는 더 개방적인 방법을 제안했다. 킬패트릭은 '프로젝트 학습'을 중심으로 교육을 조직했다.

230. 듀이는 학교와 사회의 격리를 거부하면서 도덕성 발달을 위한 조건으로 학교 밖에서도 학교 학습이 연속적이어야 한다고 단언한다. 결과적으로 학교와 외부 지역사회 사이에 빈번하고 생산적인 상호작용이 이루어져야 한다(Simpson, 2017: 243).

옮긴이 해제

1. 듀이의 삶과 학문적 실천

듀이1859~1952는 20세기 초반 미국에서 가장 유명한 철학자일 뿐 아니라, 학계를 넘어 일반 대중들을 대상으로 정치, 교육, 과학, 종교 등에 대해 수많은 글을 남긴 공적 지성인이다. 26세에 철학교수가 되었고 성공적인 학문적 여정과 함께 실천적 활동을 벌였다. 듀이는 좀 수줍어하는 편이고 내성적이었고 성적은 보통이었다. 모르는 것은 항상 확실하게 모른다고 말하는 솔직한 사람이었고, 또 늘 자신의 생각이 올바른지 아닌지를 확인하는 탐구심이 강한 사람이었다. 편 가르는 것을 좋아하지 않았고, 삶을 살아가는 일반 사람들과 끊임없이 상호작용하는 사회의 현실을 이해하려고 노력했다. 당대에 일어난 사태/상황에 영향을 미치는 힘에 대해 이해하려고 했으며, 영향력을 미치기 위한 실천적 활동을 게을리하지 않았다. 물론 연구실에 박혀 있는 은둔적인 학자가 아니었고 학문의 발전을 위한 교육행정가의 면모도 보였다. 미국심리학회와 미국철학회의 회장도 지냈다. 많은 자녀를 돌봐야 했기에 살림살이는 늘 빠듯했다.

듀이는 긴 생애 동안 근대화가 가져온 엄청난 변화를 직접 목격했고, 그 변화의 낙관과 한탄이 뒤섞인 격동의 시대를 살았다. 근대화의 명암을 모두 목격한 듀이는 사물이나 사태의 판단에서 용어 사용에 매우 신중한 모습을 보이며 대중을 위한 글을 썼다. 단순히 사회개혁을 위한 정책적 제안을 하는 데 머물지 않고, 그 제안이 실제로 새로운 세계 건설을 위한 하나의 정설로서 받아들여지는 것을 직접 확인하고, 이론과 실천의 결합을 끊임없이 시도한 '실천적 이론가'의 삶을 살았다. 듀이는 고담준론을 하는 철학자의 자리를 넘어 세상으로 내려와 이론을 정립하고 실험하고 실천하는 사상가가 되었다. 연구뿐 아니라 삶에서도 실용적이고 실험적인 삶의 태도를 보였다. 그는 자기 생각이 실제로 적용되는 것을 볼 때 가장 행복해했다. 듀이는 이상에서 실재를 찾는 관조적인 이상주의자가 아니었으며, 또한 현실에서 실재를 찾는 사실주의자도 아니었다. 그는 이론과 실제, 이상과 현실, 이성과 감성, 지식과 행동, 사고와 행동, 물질과 정신, 육체와 정신, 선과 악, 아름다움과 추함, 노동과 한가, 개체성과 사회성이 서로 대립하는 극단적 이원론을 극복하고자 한 변증법적 사상가였다.

듀이는 존스홉킨스대학교에서 철학박사 학위를 취득한 후 미네소타대학교에서 1년을 제외하고 미시간대학교에서 기독교 철학과 헤겔 철학을 10년(1884~1894) 동안 가르쳤다. 당시 그는 사회이론이나 민주주의 문제에 별 관심이 없었다. 그러던 그가 1888년에 관심이 급격하게 변화한다. 가장 큰 변화를 준 것은 미국 사회의 분열된 사회적, 이념적 갈등 때문이었다. 사회를 특별한 종류의 도덕적 유기체로 보는 신헤겔주의적* 이해에 기반을 두고 있었던 듀이는 유기적 사회 속의 개별적 자유와 관련된 개념, 즉 사회적 존재로서 자신을 최대한 활용할 수 있는 적극적 자유를 중시하였다. 듀이는 헤겔의 이상주의에 심취하여 사회적 재건의 의지를 확고히 가졌다. 여기에 덧붙여 듀이의 지적 발전에 더 직접 영향을 미친 것은 헤겔주의와 함께 헤르바르트주의였다. 당시 많은 교육철학자의 생각에 배경을 이룬 당대의 선도적인 교육사상인 헤르바르트주의에 대한 듀이의 친숙함도 듀이의 사상 구성에 한몫을 했다. 철학과 심리학이 결합된 교육학을 구성하였다.**

듀이는 마음과 몸, 주체와 객체의 이분법, 외적 세계와 내적 세계의 분

---

* 헤겔은 세계의 모든 일을 정신의 현상으로 보았다. 그것에 대해 듀이는 세계의 모든 일을 자연의 현상으로 보았다. 헤겔의 '정신'을 '자연'으로 바꿔놓았다. 헤겔은 정신이 현상해 오는 과정을 변증법이라는 사변적인 방법으로 설명했으나, 듀이는 자연이 현상해 오는 과정을 진화론으로 실증적으로 설명했다. 그래서 진화론의 '진화'라는 것에 변증법이 가지고 있는 모순, 운동, 발전 등의 개념을 끌어옴으로써 문제 해결의 탐구 논리를 생각해 냈다. 듀이는 헤겔이 머릿속에서 생각했던 '발전'이라는 것을 생물학의 자연과학 실험으로 확인해 볼 수 있는 '성장'이라는 생각으로 바꾸어 성장을 유기체가 환경에 의해 행하던 문제 해결의 과정 및 결과로서 받아들였다.

** 듀이는 미시간대학교 교수 시절 미국의 헤르바르트학회 회원이었다. 헤르바르트는 마음을 내부에서 형성·발전되는 것이 아니라, 사람과 세계와의 접촉을 통하여 외부에서 '형성'되는 것으로 보았다. 교육은 경험의 제공과 지도에 의한 마음의 형성 과정으로 매우 중요한 일로 보았다. 헤르바르트주의자들은 교육의 질서에 대한 도전의 구심적 역할을 하였다. 헤르바르트는 자신의 교육학 체계에서 교육의 목적을 '윤리학'에서 이끌어 내야 하고, 교육의 방법, 즉 수업 방법의 원리는 '심리학'에서 끌어내야 한다고 주장하였다.

리, 표상 대 현실을 피하고자 하는 실용주의적 전환을 보여 주려고 했다. 듀이는 심리학과 인식론뿐만 아니라 사회철학과 정치철학에 대해 광범위한 저서를 남겼다. 듀이는 자연주의 철학의 관점을 취했기에, 곧 전통적인 시각과는 전혀 다른 교육의 입장을 취함으로써 많은 반대자들과 격렬한 논쟁을 벌였다. 유럽의 전통적 관념주의와 경험주의를 넘어서는 미국식 실용주의를 개척하였다. 듀이의 실용주의는 유럽의 이원론을 넘어선 새로운 시대의 철학이었다. 서구의 전통적 형이상학을 전면적으로 거부하였다는 면에서 프랑스의 해체주의자* 데리다에 비교되기도 한다. 듀이를 세계적인 학자로 부상시키는 데는 미국 철학의 경우 실용주의의 르네상스를 다시 불러일으킨 리처드 로티가 기여를 했으며, 독일 철학에서 듀이의 실용주의를 받아들인 위르겐 하버마스의 기여도 한몫을 하였다. 듀이는 급진적 자유주의자 또는 심미적 실용주의자로, 민주적 인문주의자 또는 과학적 인문주의자로, 숙의적 민주주의자 또는 참여민주주의자, 사회민주주의자 또는 민주적 리얼리스트 등으로 다양하게 분류되고 있으며, 최근에는 평화교육자 또는 생태철학자로서 새롭게 조명되고 있다.

듀이의 실용주의는 유럽 철학의 가장 좋은 것을 흡수하면서도 추상적인 것을 구체적인 것으로 전환하려는 전형적인 미국적 관심을 표현했다. 듀이는 다윈과 제임스의 영향 아래 헤겔 철학에서 변증법의 반정립을, 그리고 생물학의 유기체 이론에 근거를 두면서도 사회학(미드**의 영향)으로 뒷받침된 '문제 상황'의 긴장들로 변형시켜 나갔다.Dewey, 1955 옛것과 새로운 것의 대립에서 오는 사회적 갈등은 우리의 생활환경을 '문제 상황', 즉 성찰적 상황으로 만든다. 그 속에서 문제를 해결하고자 하는 것은 인간의 근원적 본성이기도 하다.*** 듀이는 학생들이 '심리학'을 배움으로써 자신의 존재와 배움의 가치에 대해 더 잘 이해할 수 있다고 보았다. 심

---

* 해체주의(decontructionism)는 포스트모더니스트라고 일컬어지는 프랑스 철학자들의 철학적 입장을 뜻한다. 이들은 로고스중심주의에 반대해서 영원불변의 진리는 존재하지 않음을, 동일성보다는 차이를 강조했다. 특히 데카르트적인 이성적 주체의 개념을 부정함으로써 근대적인 주체의 개념을 해체시켰다고 평가된다.

리학은 학교에서 하는 모든 다른 교과의 내용을 연관 지으며, 더욱이 학생들이 새로운 사상에 좀 더 수용적 태도를 가질 수 있도록 돕는다고 보았다. 따라서 듀이는 고등학교에서 심리학을 배우게 되면 학생들이 더 높은 수준의 대학교육을 받을 준비를 갖추게 될 것이라고 주장했다. 미시간대학교에서의 이러한 경험들은 듀이가 자신의 '이론'을 '교육의 실제'에 적용하고 실험해보고 싶다는 생각으로 이어졌다. 이것은 듀이에게 앞으로 다가올 더 큰 기회를 받아들일 준비를 하게 하였다. 듀이의 주 전공이 철학임에도 불구하고, 그의 박사 학위 논문이 '칸트의 심리학'일 정도로 심리학에 관심을 가지게 되었고, 이러한 관심은 홀의 심리학연구소에서 일하게 된 계기가 되었다.

이러한 가운데 듀이에게 새로운 세계가 열린다. 1894년 35세 때 듀이는 미시간대학교를 떠나 시카고대학교의 철학·심리학·교육학과의 공동학과장****으로 더 확장된 경험의 기회와 환경을 제공하기로 약속한 시카고대학교로 자리를 옮기게 된다. 시카고대학교로 옮긴 것은 철학이 단지 이론으로만 끝나는 것이 아니라 항상 교육이라는 실천의 장에서 이론의 유효성이 검증될 수 있는 실험적 공간이 확보되었기 때문이다. 당시 시카고대학교는 새로이 하퍼 총장을 초빙하여 새로운 세계적 대학으로 변모시킬 계획이 이루어지고 있었다. 이에 부응한 듀이는 교육학, 심리학, 철학을

** 미드는 듀이가 미시간대학교에서 시카고대학교로 옮길 때 듀이를 따라갔다. 미드는 고등학교에서 가르친 경험이 있다. 미드도 듀이와 터프츠처럼 1894년 1894년부터 시카고 개혁 운동에 참여하며 사회운동에 몰두하였다. 미드는 주체적 나(I)와 객체적 나(Me), 그리고 자기(self)와 일반화된 타자 사이의 긴장 관계를 이론화하였다. 객체로서 나는 사회적 경험에서 안정성의 국면을 뜻하는 반면, 주체로서의 나는 불안정성의 측면을 뜻하면서 예측 불가능성, 개방성, 창조성, 참신성과 관련된 유형을 끌어들인다. 마음과 자아는 사회적 맥락 속에서 기호에 의한 소통의 과정을 통해서 발달한다. 따라서 교육은 공동체적 환경에서 다른 사람들과의 놀이, 게임, 사회적 의식에 참여함으로써 이루어져야 한다. 미드의 사회적 상호작용 이론과 의사소통 이론은 듀이에게 큰 영향을 미쳤다.
*** '문제 상황'의 각각의 변수는 해결책의 변수를 요구한다. 한 시대의 진리는 다른 시대의 거짓이 될 수 있다. 따라서 각각의 문제 해결은 '새로운 진리'를 구성한다. 달리 말하면 유기체의 욕구가 새롭게 발생함에 따라 새로운 진리가 창조된다는 것이다.
**** 당시는 학문의 분류가 뚜렷하게 분류되지 않은 상황이었던 것 같다. 이런 상황을 달리 보면 사물/사태를 종합적으로 바라볼 수 있는 긍정적 측면도 있다.

조화시키려는 그의 노력이 본격적으로 시작되었으며, 이것은 그의 철학에서 중요한 관심 사항이 되었다. 듀이는 '철학'이 문화적 실천, 신념, 구조, 그리고 제도에 대한 성찰과 평가라고 보았다. 철학은 '사회적 삶'이 사회적인 것을 보존하고 재구성하는 실천을 지속해서 진화하고 복잡한 조정 과정이 이루어지는 것임을 인식하는 것이다.*

듀이의 실험학교 경험

학과장으로 부임한 지 2년 만인 1896년에 시카고대학교에 사립 '실험실학교Laboratory School', 즉 '실험학교experimental school'를 설립했다. 7년 동안(1896~1903)의 실험학교의 교육학적 접근은 이론과 실천을 조화시키는 '실험주의experimentalism'** 정신에 바탕을 둔 것이다. 이론과 실천을 조화시키는 실험학교***는 학교의 벽을 넘어 결합된 경험의 유형과 밀접한 교섭이 이루어지는 '축소된 공동체a miniature community' 또는 '배아 사회an embryonic society'를 설정하고 있다.Dewey, 1899 학교는 아이들이 자신과 타인, 전체 사회의 성장을 증진하는 방법을 실제로 배우는 '작은 사회'이다. 듀이가 볼 때 인간에게 가장 바람직한 사회는 민주주의 사회이며, 민주주의 사회를 강화하기 위해서는 학교가 '작은 사회'가 되어야 하고, 더 나아가 학생들이 민주시민의 태도와 자질을 경험하고 실천하는 공간이

---

* 듀이는 '사회적인 삶'과 성인의 '사회생활'을 혼동해서는 안 된다며, 아이들에게 실제 사회 현실 그대로 서둘러 '날 것'으로 경험하게 하려는 관점에 대해 우려를 표명했다. 그는 가면 뒤에 숨어 어린이 연구를 단지 자신의 감성을 표현하는 수단으로, 따라서 의심스러운 관행을 지지하는 수단으로만 사용하는 진보주의 교육운동을 사람들을 가장 강력하게 비판했다.

** 듀이가 자기 철학의 최종 단계를 '실험주의'라고 불렀다. 그는 자신의 철학관 전체를 기술하는 데는 도구주의보다는 실험주의라는 용어가 더 낫다고 보았다. 왜냐하면 도구주의는 너무 물질적이고 공리주의적인 느낌을 풍기는 용어였기 때문이다.

*** 1890년대 듀이가 교육에 관해 글을 쓰기 시작했을 때 이미 일부 실험학교가 존재하고 있었다. 이들 학교를 만들었던 교육개혁자들과 실천가들은 '진보적'이었고, 전통적이고 고정적인 교육과정을 거부하고, 그 대신에 적극적인 체험학습을 격려하고, 학생의 흥미에 반응하고, 무엇보다도 학교를 학생들과 관련되게 하려고 노력했다는 점에서 지금은 그들을 전형적으로 '아동 중심' '낭만적' '교육적' 진보주의자로 부르게 되었다(Mintz, 2017: 82).

되어야 한다.

이러한 듀이의 실천적 경험은 헤겔의 절대주의 사상을 넘어서 '실험주의 사고'로 전환한 결정적 계기가 되었다. 실험학교 이념에는 발달주의자, 사회개량주의자, 인문주의자, 헤르바르트주의자의 개념이 혼합되어 재구성되어 나타났다. 듀이는 현대 사회처럼 복잡하고 빠르게 변화하는 상황에서 학교라는 특별한 환경이 필요하며, 이러한 사회의 변화에 맞추어 학교 역시 철저하게 혁신할 필요가 있다고 보았다. 듀이는 개인과 개인의 차이에 대한 심리학을 넘어 더 넓은 공동체와 사회적 관계를 고려하게 되었다. 이러한 고려 사항은 시카고 이민자들의 극심한 빈곤과 전반적 무기력, 그리고 그가 대학과 도시 내에서 어울리기 시작한 사람들의 견해를 포괄하였다. 이러한 발전은 듀이와 시카고 실용주의자들****의 주요한 지적 역사와 전기에 잘 기록되어 있다.Johnston, 2023: 210 듀이는 '철학philosophy'을 '교육의 일반이론'으로 정의하였으며, '교육'을 '철학이론의 실험실'이라 생각했다. 어떤 면에서 보면 실용주의는 넓은 의미로 하나의 '교육철학educative philosophy'이라고 할 수 있다.MW 9: 24장 듀이는 학교에서 하는 경험과 사회에서 하는 경험을 연결하고자 했다. 즉, 학생들이 학교에서 경험한 것을 자신의 매일의 삶에 적용함으로써 학교는 더 이상 고립된 장소가 아니라, 사회와 유기적인 관계를 맺는 곳이어야 한다는 것이다. 또한 적어도 교육은 철학을 가장 잘 검증하고 있는 하나의 장이다. 철학 자체는 가장 일반적인 양상에서 교육이론이라고 할 수 있다. 이처럼 듀이는 과거의 철학자들과는 달리, 새로운 사고를 수용하는 지름길은 교육을 통

**** 1894년 미국의 사회적·산업적 혼란의 절정기에 20세기 초 미국의 진보적 정신을 상징하는 시카고 실용주의 학파가 설립된다. 존 듀이, 허버트 미드, 제임스 헤이든 티프츠가 공동 설립자이다. 이들은 진보적 개혁 의제의 이론적 토대를 제공한 현대 직장, 학교, 이웃에 대한 면밀한 비판을 추구했으며, 미국 격동의 시기에 분출한 이러한 학문적·사회적 사상의 발효로 수십 년 동안 광범위한 관심과 존경을 받았다. 이들은 당대 미국 철학의 중심 세력이었고, 형이상학·인식론·가치론에서 관념론(이상주의)과 실재론(사실주의)에 맞서 싸웠다. 이들의 교육철학은 국가의 민주적이고 산업적인 성격에 학교가 더 잘 반응하도록 하는 것을 목표로 하는 진보주의의 중요 구성 요소이기도 하다.

하는 것이라고 인식했다. 철학을 교육이론으로 정의함으로써 철학이 사색적/관조적 관심이라기보다는 실제적/실천적*이라는 확신을 증명했다. 듀이는 철학함이란 단순한 지식학이 아니라 구체적으로 자신을 실현해 가는 '실천학Praxeologie/praxeology'**임을 보여 주었다. 자신의 철학을 그대로 삶으로 살아낸 지행합일의 사상가라고 할 수 있다.

듀이의 시카고대학교 시절은 그에게 지적 관심사의 큰 변화를 가져왔으며, 이러한 변화는 교육에 대한 그의 생각에도 영향을 미쳤다. 이에 7년이라는 '실험학교'의 경영을 책임졌고, 아내 엘리스 듀이는 그 학교의 교장이었고, 그의 큰딸Evelyn Dewey도 교사였다. 듀이는 딸과 공동으로『내일의 학교』1915라는 책을 공동으로 출간하기도 하였다. 듀이는 미시간대학교에 재직하고 있던 시절부터 자신의 이론을 교육의 실제에 적용하고 실험해 보고 싶어 했던 꿈이 실현되었다. 그런 의미에서 시카고대학교의 실험학교는 그에게 훌륭한 실험공간이었다. 적어도 그곳에서 재직했던 기간에는 듀이에게 학교는 '철학자'로서 그리고 '교육자'로서 자신의 철학을 교육의 실제에 적용하고 실험하는 곳이었다. 듀이의 위대성은 철학을 교육 실제에 적용하여 설명한 이론적 구성 능력과 함께 이를 실험학교에 적용한 '실천성'을 보였다는 점이다. 듀이에게서 실험공간으로서의 학교는 또 다른 의미로 이해될 수 있는데, 그것은 바로 학교는 '학생들'이 민주시민의 태도와 자질을 경험하고 실천하는 '실험실'이라는 것이다.

듀이는 민주적인 국가와 개인 사이의 관계는 균형 있고 자연스럽게 상

---

* '실천학적 교육학'은 칸트, 훔볼트, 헤르바르트에 의해 발전된 교육적 성찰에 대한 체계적인 해석을 통해 교육 실천과 교육학에 대한 실천학적인 이해를 필요로 한다. 실천학은 구성과 관련하여 사회에서 요구되는 인간들 간의 핵심과제는 모두 세 겹의 투쟁으로부터 성장한다는 기본 생각을 갖고 있다. 첫째, 인간들은 상호 간에 투쟁하고, 둘째, 자연과는 공동으로 투쟁하며, 셋째, 인간 고유의 이중 결함, 즉 병에 감염되기 쉬움과 제도적인 미완결성이라는 결핍 구조와는 실존적으로 투쟁한다(Krüger, 2023: 92-110).
** 듀이의 '실천학'은 독일 교육학계의 '실천학적 교육학'과 맥락이 통한다. 교육학이 행위과학으로 발전하여야 하며, 이론과 연구보다 실천에 우선권을 부여한다. 행위 지향적 교육학의 중심적인 방법은 교육 실천적 '실험'이라고 할 수 있다. 실천학적 교육학은 듀이의 '실험적 교육학'을 거쳐 프레이리의 '프락시스 교육학(pedagogy of praxis)'으로 발전하는 면모를 보인다(심성보, 2022: 303-331 참조).

호의존적이어야 한다고 주장하며, 자신의 관점은 철저하게 '상호작용'의 철학이라고 단언했다. 듀이에게 국가는 일차적으로 개인의 권리를 보호하기 위해서 존재하는 것도 아니고, 개인 또한 국가의 기능적 구성 요소로서만 존재하는 것도 아니다. 이러한 사고를 민주적인 교실에 적용하며, 듀이는 학교가 개인들 사이의 공정한 경쟁을 장려해서도 안 되지만, 얼굴 없는 학급의 구성원으로서 모두를 동일하게 대해서도 안 된다고 생각했다. 차라리 학교는 함께 살아가는 삶의 최고 형태를 실현하는 장으로서 민주적으로 조직되어야 한다.

모든 교육의 궁극적인 문제는 심리적 요인과 사회적 요인을 조정하는 것이라고 생각한 듀이는 평생 이 문제와 씨름했다. 한편으로는 개인이 있었고, 여기에서의 교육은 개인이 능력을 최대한 개발하는 것을 목표로 했다. 다른 한편으로는 개인이 살고 있는 사회적 환경이 있었는데, 그 사회적 환경은 개인의 힘의 발현이 어떻게든 사회적 목적과 조화를 이루어야 함을 함의했다. 듀이는 양자 사이를 '조정'할 수 있는 한 가지 방법은 학교를 아동이 생활하고 참여하고 기여하는 '축소된 공동체'로 만드는 것이며, 사실상 학교가 아동의 내면에서 부상하는 인격으로 사회공동체를 풍요롭게 하는 동시에 사회현실의 지시에 따라 실험되는 곳이라고 믿었다. 이러한 학교 개념에서 특히 중요한 것은 학교의 임무가 단순히 다른 것 또는 미래의 삶을 위한 준비가 아니라, 현재 어린이에게 가치 있는 것을 지향한다는 점이다. 듀이의 이러한 교육관은 교육의 기능이 다음 세대가 기존 사회질서에서 효율적으로 활동할 수 있도록 준비시키는 것이라는 생각, 그리고 아동의 현재 이익이 직업적 능력으로 표현되든 문화유산에 대한 명령으로 표현되든 미래의 보상에 종속되어야 한다는 생각을 모두 거부한 것이라고 할 수 있다. 하지만 아동을 현재 관심사에서 현대 세계에 대한 지적인 명령으로 이끄는 과정은 듀이에게 통제 가능한 목적으로 남아 있었으며, 더욱 중요한 문제는 그 과정을 가장 잘 촉진하는 교육과정을 구성하는 일이었다. 듀이는 이러한 목표를 달성하기 위한 이론적 설계를 실제 교사와 실제 아이들이 존재하고 있는 세상에서 시험해 볼 수 있는 '실험실'로 학교를 구상한 것도 바로 이러한 이유에서였다.Klibard, 2004

이런 측면에서 '민주주의의 실험실'이며 '민주적 공동체의 축소판'이라고 주장한 듀이는 우리나라의 '혁신교육'에 해당하는 진보주의 교육의 이론적 초석을 제공한 선구적 교육학자라고 평가할 수 있다. 이전의 미국 실험학교들이 대부분 '계몽학교'의 성격을 띤 것과는 달리, 듀이의 '실험학교'는 자신의 독창적인 그리고 아동의 심리학에 충실한 교육이론을 검증하기 위한, 그야말로 '실험'을 위한 학교였다. 실험학교는 환경이 어떻게 그리고 어떤 요소로 만들어지는가에 대한 탐구와 실험의 작업이 이루어지는 공간이라고 할 수 있다.

듀이 사상의 세계적 확산

듀이는 시카고대학교에서 실험학교 행정을 둘러싼 갈등이 일어나면서 뉴욕시에 소재한 컬럼비아대학교로 옮겨 갔다. 듀이가 진보주의 교육운동에서 전국적으로 가장 저명한 인물이 된 것은 이곳에서였다. 듀이 덕분에 컬럼비아대학교는 전 세계 교육학자들을 끌어들이는 자석 같은 연구기관이 되었다. 그곳에서 교수 생활을 하면서 각 방면의 진보적인 사회운동에 깊은 관심을 보인 듀이는 여러 가지 실천 행동에 참여하여 강연, 집필, 라디오방송 등으로 바쁘게 돌아다녔다. 뉴욕에서 일어난 부인 참정권 운동의 가두 행진에도 참여했고, 최초로 설립한 교원노조AFT의 창립 멤버로도 참여했다. '내가 교원노조의 회원이 된 이유'1927에 대해 강연하기도 하였다.

듀이의 이론은 미국은 물론 전 세계 사상계에 커다란 영향을 미쳤다. 듀이가 몇 번의 해외여행에서 가장 영향력이 컸던 것은 일본과 중국에 갔을 때였다. 19세기 말부터 20세기 초에 걸쳐 새로운 학교 또는 실험학교로 불리며 세계적으로 널리 유행했던 새로운 교육 실천 및 운동은 일본에도 큰 영향을 주었다. 다이쇼大正, 1912-1926 자유교육운동으로 일컬어지는 새로운 교육의 흐름은 교사 중심의 획일적·주입식교육을 비판하고, 아동의 주체적인 학습과 자치활동을 강조하는 것이었다. 이러한 움직임은 1910년대부터 1920년대 초에 걸쳐 일본에서 일어났던 정치·사회·문화적 자유주의 풍조에 영향을 받은 측면이 컸고, 당시의 시대적 분위기를 배경으로 1920년부터 1930년대 전반에 이르기까지 다이쇼 '자유교육' 혹은 '신교육'이라 불리는 교육개조운동이 일어났다. 이런 과정에 1918년 듀이의 『민주주의와 교육』이 일본어로 번역되었고 듀이를 일본에 초청했다. 듀이는 1919년 2월 9일에 일본에 도착하여 4월 29일까지 머물러 학기의 반을 일본에서 강의했다. 일본을 눈앞에 두고 듀이가 행한 강연은 주로 일본 사회의 개조 방향을 제시한 것이다. 그의 8회 연속 강의는 뒷날 『철학의 재구성』[1920]으로 출판되었다. 일본에서 듀이의 철학사상은 국권의식이 강한 도쿄대학교를 중심으로 한 관학 학자들에게는 외면당했고, 민주주의와 밀착한 실용주의 철학은 이른바 '와세다 학파'에 의해 가장 열심히 수용되었다. 어쨌든 듀이가 '민주주의'에 대한 강의를 위해 일본에 초청받을 정도로 당시의 일본은 자유주의 풍조가 성행했다. 당시 일본에서는 '민주주의'라고 하는 단어조차 사용하지 않았고, '민본주의'라는 번역어가 유행할 만큼 국가주의적 색채가 강했다. 이에 대한 현장 보고서를 '일본의 민주주의'라는 제목으로 잡지에 기고하였다. 글은 일본이 서양 문명을 받아들이는 방법의 특수성, 중산계층이 급속하게 단순노동자화로 전락하는 경향, 앵글로색슨 제국과 미국의 대일 정책의 잘못, 일본의 천황제도에 대한 것이다. 듀이의 눈에는 일본의 사상이 깊은 독일 사상과 엮여 있고, 가장 유능한 젊은이들이 군대에 들어가는 경향이 너무나 현저했던 것이 당시로서는 희한하게 비쳤던 모양이다. 이것이 그에게는 위험한 징후로 받아들여졌다.

듀이 부부는 일본에 있는 동안에 과거에 가르쳤던 사람들을 중심으로 중국 방문을 요청받았다. 듀이는 컬럼비아 대학에서 휴가 연장을 신청하면서 중국을 향해서 출발했다. 여기에서 듀이 부부는 2년간에 달하는 긴

중국 강연 여행을 시작했다. 듀이는 1919년 5월부터 1921년 7월까지 중국에 머물렀다. 듀이 부부가 상해에 상륙한 것은 베이징 학생, 학자, 문화인을 선두로 하는 반일운동이 한창일 때였다. 그것은 1차 세계대전 이후 일본을 중심으로 하는 선진 열강의 대중국 제국주의 침략에 반대하는 중국 인민의 민족주의적 정치운동이었다. 동시에 그것은 중국 전통 사상·문화의 근대화에 따른 새로운 중국의 건설을 맞춘 기준이 되었다. 이것에 호응해서 중국 각지에서 파업이나 일본 물품을 배척하는 운동이 일어났다. 5·4운동이 시작된 것이다. 5·4운동*은 그저 반일운동에서 반침략주의 운동, 군벌타도 운동으로 발전했고, 거기다가 처음부터 친문화운동이라고 하는 사상혁명을 지지하는 의미가 있었다. 이것은 중국인들이 근대적인 독립 민족으로서의 자각을 가지고 정치, 경제, 문화, 사상의 자유와 독립을 요구하고 있다는 것이며, 근대 중국사의 중요한 전환점이 되었다. 듀이 부분은 중국 방문 초기부터 중국에서의 학생과 선생의 사회적인 힘을 보게 되었다. 그리고 비정치적인 장소로 몰린 '공중'**이 최후에는 큰 의견의 힘을 가지게 된다는 것을 목격하였다. 정부가 체포한 학생을 석방하겠다고 했을 때, 공중의 동정을 배경으로 한 학생들은 정부가 정식 해명을 할 때까지 일부러 자리를 뜨지 않는 것을 보았던 것이다.

---

* 1919년 5·4운동(五四運動)은 러시아 혁명(1917년)의 영향을 받아서 중국에서 발발해서 확대하기 시작한 반제국주의·반봉건주의 혁명 운동으로 중화민국에서 소비에트 연방의 볼셰비키 혁명을 본 따 중화소비에트공화국을 중국 전역에서 확대 전개시키고자 했던 혁명운동이 도래하는 사건으로 이행되었다. 중국 공산당은 오사운동을 공산당의 신민주주의 혁명의 출발점으로 평가한다. 또한 이는 중국 근대사의 중요 사건으로 불리기도 한다.
** 듀이는 도시화와 산업화, 소비사회의 대두로 공중이 대중(masses/大衆) 또는 우중으로 전락하는 현상을 민주주의가 위기에 빠지는 상황이라고 크게 우려하였다. 공중(the public/publics/公衆)은 공론장의 핵심 주체로서 또는 공공성의 구현자로서 정당한 정치적 힘을 획득할 수 있다. 완전한 공공성이 발휘되지 않으면 공중이란 존재할 수 없다(Dewey, 1927: 167). 민주적 조건 속에서 협력적 문제해결을 하는 담론적 매개자로서 '공론장'은 문제를 협력적으로 해결해 가는 '공중' 없이는 공론이 잘 형성될 수가 없다. 그래서 듀이는 '수동적 대중'이 의사소통과 공공성에 관심을 가진 '능동적 공중'으로 전환할 필요성을 갖게 된다. 듀이는 더 적극적 표현으로 지적 방법에 관한 문제를 넘어 실천적 절차의 문제로 나아가도록 하는 민주적 공동체와 연결된 '민주적 공중'을 요청했다(Dewey, 1927: 217).

듀이 부부를 안내한 사람은 호적1891~1962이었다. 호적은 컬럼비아 대학에서 교육학 박사 학위를 받고 듀이의 수업에도 출석해서 실용주의 철학의 지도를 받았고 귀국해서는 문화개혁운동을 펼쳤다. 중국인 강의에서 듀이 부인도 강연을 했다. 부인해방운동에 대한 듀이 부인의 격려는 중국 여성들에게 대단히 큰 자극이 되었다고 한다. 강의 내용은 속기되어서 지방신문에 전문이 소개되거나 팸플릿으로 광범위하게 전달되었다. 듀이는 일본의 경우와는 다르게 중국에 대해서는 칭찬과 애정을 감추지 않았다.

1928년 듀이는 러시아 방문 교육시찰단의 일원으로 혁명 후의 러시아를 방문했다. 1917년 러시아혁명 이후 10년이 지난 때였고 이미 레닌이 사망한 후 혁명 기운이 사라지고 스탈린 체제가 들어선 시기였다. 러시아에서는 체제 기간이 짧았지만, 교육관계자로 방문한 이유도 있어 정치나 경제면에 대해서는 깊이 살펴보는 것은 불가능했다. 당시 러시아와 같이 극심한 관료 통제를 하고 있는 경우에는 듀이는 나라의 사정을 정직하게 설명하는 능력이 없는 공무원이나 정치가의 설명을 신뢰하지 않았다. 다만 듀이는 여행하면서 저명한 인사 몇 명과 교사와 학생을 만났는데, 이들로부터 혁명의 목적을 확보하기 위한 사회적 비전과 집단적 학습 방법은 교육의 본질적인 작용이라는 것을 신뢰하였다. 이런 신뢰에 따라 듀이는 그들이 더 나은 새로운 사회의 건설을 위한 일에 열중하고 있다고 보았다. 혁명의 정치적·경제적 국면은 개개인 능력의 해방에 도움이 될 것이라 믿었던 그들은 교육에서 정치적·경제적 조건을 중시하였다. 이런 진지한 분위기에서 듀이는 소비에트 사회주의 연방에 대한 공감을 표하는 글을 쓰기도 했다.

하지만 훗날 상부로부터 학교 통제를 엄격하게 하고 학교를 공산주의라고 하는 특정 목적을 달성하기 위한 도구로 사용함으로써, 즉 고압적인 5개년 계획이 1928년 10월부터 시작되는 것을 보고, 듀이는 러시아교육에 대해 깊은 실망을 감추지 않았다. 듀이는 역시 근본적으로 어디까지나 자유주의에 토대를 둔 민주주의 입장을 견지하였다. 한 가지 입장만을 고정해서 절대화하는 사회적 원리에는 동감하지 않았다. 하물며 교육을 그러한 절대적 원리에 종속시켜 버리는 것은 어떻게 봐도 찬동할 수 없었다. 이런 것은 교육이 아니라 선동이고 교화라고 여겼다.

물론 듀이는 자본주의 사회의 현상에 대해서도 확실히 많은 모순을 안고 있다고 인식하였다. 그러한 여러 가지 모순을 어떤 방법을 써서 개혁한다는 것은 절대로 필요하다. 한 가지 목표를 향해서 협력하고 노력해가는 것은 아름다운 것이다. 또한 자신들이 세계 민중의 행복을 위해서 헌신해야 한다고 확신하는 것은 훌륭한 것이다. 그것은 목적이 없는 자유방임의 상태와는 다르다. 하지만 그것은 여러 가지 실천을 더해서 조금이라도 더욱 좋은 수단, 방법을 적용하려고 하는 입장으로 행해져야 하며한 가지 방법만 고집해서는 안 된다. 한 가지 이론, 하나의 정당만이 항상절대적으로 올바르다고 하는 것은 있을 수 없다. 이것이 러시아 시찰과그 이후의 정보로부터 듀이가 얻은 사회주의에 대한 대체적 평가이다.

듀이의 노년의 삶

1930년 듀이는 만 70세에 컬럼비아대학교를 은퇴하고 1939년까지 석좌교수가 되었다. 80대의 나이에도 듀이는 연구와 저작 활동, 이론의 실제 검증 방법으로서의 정치와 경제에 대한 관심과 발언, 행동과 실천은결코 쇠약해지지 않았다. 듀이는 위대한 철학자이면서도 다른 철학자보다도 훨씬 상아탑적인 분위기를 싫어했다. 그는 인생 말년에 뉴욕의 자유당 명예부총재를 맡기도 했고, 노동조합운동에도 적극적으로 참여하였다. 듀이는 1차 세계대전 후에는 절대 평화주의자가 되었다. 전후의 베르사유 체제와 국제연맹이 가진 위장 평화주의에 반대하고, 또 파리조약을'그림의 떡'이라고 비판하였다. 2차 세계대전 후 듀이는 원폭의 출현을 보고 훗날의 세계평화 문제에도 더욱 깊은 관심을 기울여 '세계연맹정부'를수립해야 할 가능성과 필연성을 역설하기도 하였다. 듀이는 미국 교육계

뿐 아니라 세계적으로 여전히 영향력을 발휘했다.

듀이는 처음에는 아동의 생활 경험과 흥미에서 출발했는데, 기존 학문들의 조직적 교과로 끝내지 않았다. 그의 교육 저술은 대부분 그러한 교육적 변혁에 포함되어 있는 조건과 과정을 이론적으로 자세하게 기술하는 데 관심을 쏟았다. 대학에서 은퇴한 이후 초기의 철학적 관심을 더욱 확대시킬 기회가 생겼다. 철학자들은 경험의 질을 향상시키기 위해 경험을 이용하며 상상력과 예술에 호소한다.Dewey, 2021: 86 듀이는 가장 만족스러운 경험은 '미적인 것'이라고 말한다. 왜냐하면 그것은 '질적으로 직접적이고 통일된 전체'를 낳기 때문이다. 예술적 실천은 미학적으로 즐거운 가공품을 만드는 것을 추구하고 도덕적 탐구를 포괄한다. 듀이의 경험철학은 일상적인 경험에서 출발하며, 나아가 '하나의 경험'*을 하는 것으로서 '미적 경험' 개념을 도입하여 새롭게 정의하고 그것들을 연속적으로 발전하는 것으로 봄으로써 자신만의 독특한 철학을 구축한다. 듀이는 차츰 정서와 정동에 대한 관심이 커지면서 경험을 예술로 연결시키는 『경험으로서의 예술』1934이라는 대작을 낳는다. 듀이는 형이상학을 다룬 『경험과 자연』의 원고를 교정하다가 1952년 6월 1일 뉴욕시에서 93세로 이 세상을 떠난다.

2. 실용주의 철학의 출현과 진보주의 교육이론

존 듀이는 실용주의pragmatism 철학자다. 실용주의는 미국에서 발생한 철학사상으로 1872년경에 퍼스가 창안했고 제임스가 발전시켰으며 듀

---

* '하나의 경험'이란 일상 경험 중에서 미적 경험의 특징이 잘 나타나는 경험을 말한다. '하나의 경험'이란 사실적 의미와 더불어 인간의 경험으로서 바람직한 조건을 갖춘 가치 있는 경험, 즉 규범적 의미의 경험을 말한다. 이상적 경험으로서 '하나의 경험'은 경험에 작용하는 모든 부분과 구성 요소가 조화를 잘 이루어 하나의 통합된 완결 상태에 이르게 되는 경험, 즉 '완결된 경험'을 뜻한다(Dewey, 2021: 87-88).

이가 도구주의instrumentalism로 집대성하면서 공고하게 자리 잡았다. 그러나 실용주의는 1950년대 분석철학의 등장과 더불어 점차 퇴조했다가 1980년대에 분석철학자 로티가 부흥시키기 시작했다. 로티 역시 듀이를 모델로 삼아 합리성에 기반한 영원불변한 진리를 추구하기보다 '연대성'을 모색함으로써 인간의 자유를 확장시켜 주는 철학을 전개했다.

실용주의가 창안된 지 약 100여 년이 지나 부흥한 것은 미국 사회와 문화의 변화가 불러온 요구 때문이다. 미국은 세계대전을 치르면서 강대국이 되었고 보편적인 담론인 분석철학이 미국화되는 과정에서 학문의 자신감을 갖게 된 것이다. 그래서 이제는 사상가들이 미국 문화의 전통에서 새로운 철학적 담론을 형성하기 위한 근거를 모색하게 되었으며, 이 과정에서 실용주의가 부흥되었다. 실용주의는 서구 전통 철학에 대한 비판에서 출발하여 그것을 구성하고 있는 근본적인 관념을 부정 내지는 거부하여 탈유럽적인 독자적 담론을 구축한다. 실용주의는 탈유럽적인 담론을 구축하기 위해 진리의 탐구를 거부하거나 새롭게 해석하는데, 그것은 서구 철학 전통의 가치나 이념을 미국의 상황에 맞게 변형시키기 위해 논리적이나 개념적으로 뒷받침하기 위해서다.

듀이는 형이상학에 해당하는 저서 『경험과 자연』1925에서 자신의 철학적 입장을 '경험적 자연주의'라고 밝히고, 자신의 실용주의를 '도구주의'라고 명명하였다. 듀이는 언어, 지식, 사고, 이론 등 인간의 모든 정신활동의 산물을 유기체로서 인간이 환경에 적응하기 위한 하나의 도구로 간주한다. 경험적 자연주의의 입장에서 전개되는 도구주의적 실용주의는 '경험' 개념을 중심으로 논의된다. 듀이의 경험 개념은 근대 경험주의의 경험 개념에서 많은 영향을 받았지만 당시의 진화 생물학과 심리학 등의 과학적 성과들을 수용하여 새롭게 해석된 것으로 그의 철학에 중심적인 것이다. 영국 경험론의 '경험' 개념이 감각적인 지각으로 발생한 원자적인 것이라면, 듀이의 경험 개념은 유기체로서의 인간이 환경에 적응해 가는 과정에서 발생한 모든 것으로 포괄적이고 충만한 것이다.

듀이 철학에 관해 최고의 전문 연구가의 한 사람으로 평가받는 알렉산더T. Alexander는 우리가 그의 거대한 견해들에 도달하기 위해서는 뒤엉킨 관목들을 헤치고 조심스럽게 그의 철학을 따라가야만 하는 어려움이 있다고 토로한다. 번스타인R. Bernstein에 따르면, 미국 철학자 중에서 듀이만큼 가장 활발하게 논의되었던 철학자도 없지만, 또한 그만큼 철학적 핵심에서 커다란 혼돈과 오해를 불러온 철학자도 없다. 이러한 혼돈과 오해 중에는 듀이의 전체 철학과 예술철학의 관계에서 그의 경험적 자연주의가 관념론의 전제에 의존한다는 논란이 있다. 듀이의 철학을 관념론이라고 주장하는 입장에서는 예술철학을 그의 경험철학과 구분되는 별도의 것으로 간주한다. 반면에 경험을 발전하는 것으로 보는 입장에서는 예술철학을 그의 전체 철학의 완성이라고 본다. 물론 그러한 논란 이후 듀이의 철학은 예술과 연속적인 것이라고 해석하는 견해들이 지지를 받고 있다. 듀이 읽기는 후자의 입장에 속하며 알렉산더의 해석을 따라 예술철학은 그의 전체 철학의 부록에 불과한 것이 아니며, 오히려 경험철학과 연속적이고 나아가 전체적인 경험철학을 완성하여 그 정점에 위치한 것으로 간주한다.

실용주의 철학

실용주의는 민주주의의 철학적 대응물로 표현된다. 미국의 실용주의는 청교도주의의 종교적 신조와 기술적 사고방식 사이의 상극을 해결하려는 조정자로서 일종의 타협의 철학이라고 할 수 있다. 관념론의 '원리'와 경험론의 '사실' 사이의 양극단을 중간에서 매개하려는 중개자로 나타났다. 사상사적으로 볼 때, 실용주의는 베이컨이나 밀에 이르는 영국 경험론의 사고방식을 계승한 경험론의 새로운 부흥이라고 볼 수 있다. 실용주의의 사상적 토대는 생물학적 진화론이며, 따라서 자연주의적이다. 인간도 하나의 생존하는 유기체로서 산다는 것은 환경에 대한 유기체의 적응이다. 즉 문제 해결의 과정이 곧 삶이다. 지식이나 사고도 결국 살기 위한 수단이며 도구에 불과하다. 그리고 진리라는 것도 사는 데 유용한 개념 도구의 역할을 하는 것에 지나지 않는다.

세계대전 이후 실용주의*는 사회철학으로 성장했다. 관념주의는 점차 북미에서 진정한 교육철학으로서의 자리를 잃었다. 제1차 세계대전이 시작되기 직전과 전쟁 중의 지적 흐름은 독일 및 독일의 사상에 맞섰다. 이러한 환멸은 엄밀한 철학적 요인과 경쟁자의 존재만큼이나 독일 관념주의(이상주의)의 몰락과 관련이 있다. 실용주의자들은 그들의 주장을 사회이론의 모든 측면에 응용했다. 듀이는 그의 철학을 경제학적, 정치학적, 교육학적 문제에 적용했다. 실용주의 철학은 미국적 풍토(역사, 사회 상황)에서 나온 생활철학이며 교육철학이라고 할 수 있다. 실용주의는 미국의 철학이라고 일컬어질 만큼 미국적인 사상이다. 유럽의 봉건적인 구속에 반항하여 자유를 찾기 위해 신대륙으로 건너왔던 민주주의자들이 18~19세기의 유럽철학을 옮겨 심어서 개척하고 결실을 맺은 것이 바로 '프래그머티즘'이다.

실용주의는 다윈1809~1882의 '종의 진화' 개념을 사회의 발전 면에 적용시킨 철학이라고 할 수 있다.** 즉 종의 진화와 사회의 진보 개념을 거의 동형으로 보았다. 19세기는 대립하는 이데올로기 대변자들이 현상 유지 또는 급진적 사회 변화에 대한 격렬한 논쟁을 벌였는데,*** 이들 중심에는 정치가가 아닌 과학자들이 존재한다. 『종의 기원』1859은 관찰, 실험, 통찰을 통해 발전시키는 하나의 종합이라고 할 수 있다. 다윈은 자연도태의

---

* 실용주의자라는 이름표가 붙는 것이 어떤 결과를 낳는지 매우 잘 알고 있던 듀이는 자기 자신을 소개하는데 그 용어를 거의 사용하지 않았고, 1893년에서 1894년 사이에는 '실험적 관념론'이라는 용어를 선호했으며, 20세기 초반의 20년 동안은 '도구주의'라는 용어를 선호했다. 그럼에도 불구하고, 실용주의라는 용어는 좋든 나쁘든 퍼스, 제임스, 그리고 특히 듀이에게 달라붙어 있는 개념이다.

** 듀이는 존스홉킨스대학교에서 헤겔학파의 이상주의를 공부했으나 다윈주의가 그에게 더 의미 있게 받아들여졌다. 물론 듀이는 헤겔의 '위대한 공동체' 이념의 통일 지향인 부분에 대해서는 계속 관심을 가졌다.

*** 당시 자유주의, 보수주의, 낭만주의, 민족주의, 사회주의, 공산주의와 같은 이데올로기들이 주도권 경쟁을 벌이던 시대였다.

원리를 모든 유기체 생명에 적용하면서 식물에서 동물 그리고 인간에게 까지 배열했다. 즉 태초의 간단한 생명이 순수한 자연 단계의 오랜 전전을 통하여 점점 분화되어 성장해 왔다는 것이다. "모든 유기체가 서로 상호관계에서 또는 생명체의 물리적 환경 속에서 얼마나 복잡하고 정밀하게 적응하는가를, 이때 각각 다른 구조의 차이에도 불구하고 유용하게 적응하는가를 생각해 보라. 인간에게 유용한 변종이 생기고 생물의 복잡한 서로의 투쟁 속에서 어떤 방향으로 유리한 변종이 생겨 몇 세대에 걸쳐 계속된다고 생각해 보라. 이때 어떤 개체가 다른 개체보다 우세해서 생존하면 변종을 낼 기회가 있겠는가? 이에 상해를 입은 변종은 크게 소멸되고 만다. 유리한 개체의 형질 유지와 변종, 상해된 변종의 소멸, 바꾸어 말하면 많은 개체 간에 살아남기 위한 경쟁, 즉 생존경쟁이 일어난다. 이 경쟁에서 생존에 적합한 형질을 가진 개체만이 살아남게 된다." 이 것을 자연도태 또는 적자생존이라고 부른다.**** 듀이의 '다원적 자연주의'는 '문화적 구성주의cultural constructivism'라고도 불린다. 그는 자연을 타고난 의도와 유형에 의해 움직이는 완전한 기능을 하는 우주적 기계로 보았던 18세기 철학자와 달리, 자연을 '역동적 과정'으로 보았다.

실용주의의 성격은 자아의 사회적 성격을 강조하며, 이와 관련하여 비판적인 탐구자들의 공동체를 필요로 한다. 실용주의의 특징은 일반적으로 합리주의(주지주의)나 경험주의(감각주의)의 양극단을 거부하고, 지성적인 개입이 세계에 미치는 '실제적 의미'나 세계에 대한 지적 개입의 효과를 고려하는 실재주의realism를 선호하며, 또 그렇기 때문에 정신을 절대적인 것으로 보는 관념주의idealism에 반대한다. 교육사상에서 실용주의로 전환한 것은 다양한 형태의 절대적 관념론으로부터 방향을 돌린다는 것을 의미하기도 한다.Johnston, 2023: 204, 210 듀이 철학의 가장 큰 특징은 플라톤주의와 아리스토텔레스주의와 같은 서구 전통 철학의 맹점이라

**** 자연도태를 주장하는 진화론은 기독교 창세기의 전통적 창조설 개념에 엄청난 반발을 가져왔다.

고 할 수 있는 이원론dualism-정신을 육체보다 우위에 두며, 이성을 감성보다 우위에 둠-을 거부했다는 점이다. 숙달해야 할 대상이나 아이디어, 도달해야 할 목적, 수행해야 할 행위는 마음과 세계의 이원론에 기반을 둔 가정이다. 그러나 듀이에 따르면 이것은 잘못된 이원론이다. 자아는 자신의 목적을 향해 나아가면서 이미 어떤 대상을 가지며 그것을 이상으로 갖기 때문이다. 인간의 이성과 정신을 자연의 우위에 둔 철학적 이원론은 과학적 이성의 힘을 절대시했으며, 이를 기초로 자연을 정복의 대상으로 삼았다. 듀이는 이러한 이원론이 서구인들에게 그릇된 사고방식 및 생활방식을 가져다주었으며, 잘못된 교육관을 낳게 했다고 지적했다. 자연nature은 자아에 대해 외적인 것이 아님이 밝혀졌다. 자연은 이상을 통해 대상을 파악하는 과정에서 자아로서 자아의 외부성이라는 것을 알게 되었다. 자아에 대한 유기적 해석에 의하면 마음과 자연이 자아 전체의 내적·외적 표현이기 때문에 마음과 자연의 이원론에 대한 형이상학적 정당성을 마련하기 위해 신의 섭리에 호소할 필요가 없는 것이다. 듀이는 자연이 곧 인간 경험의 토대이고 토양이며, 출발지라고 보았다.

듀이의 실용주의는 합리론과 경험론을 넘어서는 제3의 철학, 즉 실험주의experimentalism를 지향하고 있다. 실용주의는 ① 이원론을 거부하며 실재에 대한 신념을 경험하고, 환경과 상호작용하고, 끊임없이 변화하는 세계에 둔다. 이렇게 실재는 변화, 성장, 발전한다. 그리고 인간은 계속적으로 자신의 관념을 변화시킨다. 듀이가 주장하는 실재reality; 참모습는 전통적 형이상학(절대주의)과 달리, 인간 존재와 환경이 상호작용하는 가운데 비로소 형성되며, '경험하는 바의 총체'이다. ② 앎(지식)은 과학적 방법을 사용하여 관념을 경험하고 검증하는 것에서 나온다(인식론).[*] ③ 가치는 상황적이고 상대적이다(가치론), ④ 수업은 과학적 방법에 따라 문제해결에 기반한다(교육적 함의).Orstein, Levine & Gutek, 2011: 159

교육철학	실재론 (존재란 무엇인가)**	인식론 (어떻게 알 수 있는가)***	가치론 (윤리학/미학)****	교육적 함의	지지자
이상주의 (관념주의)	실재는 정신적이고· 영적이고 변화되지 않음	앎(지식)은 잠재적 관념의 상기	가치는 보편적이고 절대적이고 영원함	교과의 교육과정은 문화의 위대하고 지속적인 관념을 강조	에머슨 프뢰벨 헤겔 플라톤
사실주의 (실재주의)	실재는 객관적이고 우리와 독립되어 존재하나 우리는 그것을 알 수 있음	앎(지식)은 감각과 추상에 기반한 개념화로 구성	가치는 보편적이고 자연적인 법칙에 기반하여 절대적이고 영원함	교과의 교육과정은 인문적 과학적 학문을 중시	아리스토텔레스 아퀴나스 부라우디 마리탱 페스탈로치
실용주의 (실험주의)	형이상학을 거부, 경험 그리고 환경과의 상호 작용에 기반한 실재에 대한 신념을 주장, 실재는 계속 변화하는 것	앎은 경험하고 과학적 방법을 사용하여 검증됨으로써 귀결되는 것임	가치는 상황적이고 상대적임	수업은 과학적 방법을 통한 문제 해결에 기반	제임스 퍼스 듀이 차일즈
실존주의	형이상학을 경시, 실존은 본질에 앞선다고 주장하면서 실재는 주관적 이라고 함	우리의 앎은 개인적 선택에 의해 비롯됨	가치는 사람에 의해 선택됨	교실의 대화는 의미 있는 선택을 통해 자아 개념을 창조할 수 있는 각성을 자극하는 장소	키르케고르 사르트르
포스트 모더니즘	사회경제적 지배를 위해 사용되는 역사적 구성으로서 형이상학을 거부	텍스트(정전)를 해체하여 지배적인 집단과 계층에 의해 그 기원과 사용법을 찾음	주변화된 인간과 집단을 강조	학교는 민주적 비판과 지배되는 집단에게 힘을 자력화하는 사회 변화의 장	데리다 푸코

Ornstein, Levin, Gutek(2011: 159)

* 실용주의의 형이상학적 신념은 변화의 원리에 있으며, 이러한 변화의 형이상학은 변화의 논리학을 요구한다. 이러한 변화의 논리에 따라 모든 지식은 끊임없이 수정되므로, 모든 결론도 또한 일시적인 것이다. 참된 철학은 절대적 기원론이나 최종성을 버리고 실제적, 도덕적, 사회적 생활에서 구체적인 가치들을 탐구해야 한다. 듀이는 관념론(이상주의)과 실재론(사실주의)이 중시하는 세계에 참여 이전의 선험적 실재관, 즉 절대적인 것, 불변하는 자연의 법칙을 거부한다. 인식론에서도 선험적 개념과 절대적 진리를 거부한다. 왜냐하면 우리는 지속해 변화하는 경험의 세계에 살고 있기 때문에, 오늘 여기에서의 진리가 내일 거기에서의 진리가 될 수 없기 때문이다. 즉 진리는 절대적이지 않고 상대적이라는 것이다. 이것은 진리 혹은 믿음의 수용 및 실천들이 어떤 절대적인 것(예컨대 신의 명령)에 의해서가 아니라 인간의 '경험'에 의해 정당화된다는 것이다.

실용주의 철학의 중요한 주제는 영구불변한 것은 없고 변화만이 실재한다는 신념, 가치의 상대성, 인간의 사회적·생물학적 본성, 생활하는 방법으로서 민주주의의 중요성, 모든 인간의 행동에서 비판적/사회적 지성의 가치를 들 수 있다. 실용주의 철학은 인간적 욕구의 지성적 표현이며, 인간의 욕구가 필연적으로 갈등을 일으킴에 따라 그 갈등을 반영하면서 전개된다. 이러한 인간적 갈등 가운데 가장 근본적인 것은 전통적 요구와 시대적 변천에 따른 새로운 사회적 요구의 대립에서 생긴 것이다. 모든 시대의 철학은 사회적 갈등의 근원을 밝히고, 나아가서는 그 대립 내지 갈등을 전반적으로 해결하는 것을 사명으로 삼는다. '실용주의'는 추상이나 탁상공론, 선천적 이성, 고정된 원리, 절대적인 존재 등을 외면하고 구체와 적합, 사실, 그리고 행동과 힘에 주목하는 것으로 경험적 특성을 강조한다. '실용주의'란 단순히 현실에서의 실용적 가치를 중시하는 사상이 아니라, 의미와 인식과 진리에 관한 철학적 이론으로 인간과 세계의 연속성에 대한 '자연주의적 이해'와 인간 행위를 습관의 구속에서 자유롭게 하는 창조적 지성*에 대한 신뢰에 토대를 둔 것이다.

** 인간이 된다는 것은 무엇을 의미하는가? 우리는 어떻게 마음과 몸의 관계를 이해해야 하는가? 누가 교육되어야 하는가? 인간 성숙은 발달적인가 아니면 순환적인가? 우리의 젊은 자아에는 무엇이 일어나는가? 아이는 동물과 같은가? 아동기는 그 자체로 하나의 삶의 형식인가? 철학은 아동에게 원초적인가? 교육에서 인간의 탄생성과 유한성의 의의는 무엇인가?

*** 인간으로서 잘 산다는 것, 번영한다는 것은 무엇을 의미하는가? 교육은 잘 삶에 어떻게 기여하는가? 어떤 형태의 가르침과 교육과정이 도대체 예술적이고 의미 있는 삶을 보장하는가? 가르침과 배움의 미덕은 무엇인가? 교사는 어떻게 학교 내에서 혹은 학교 바깥에서 처신하도록 기대되는가? 어떤 윤리적 딜레마가 학교나 학교 지도성에 고유한 것인가?

**** 무엇이 교육적 경험을 구성하는가? 지식은 무엇인가? 지식은 어디에서 오는가? 지식은 타고나는 것인가, 외부 세계의 감각 경험에서 오는가? 이것은 발견되는 것인가, 만들어지는 것인가? 구성된다면 이것은 개인이 구성하는 것인가?, 사회가 구성하는 것인가? 교수적 전략은 학습자가 이미 아는 것을 끄집어내어야 하는 것인가, 아니면 그가 모르는 것을 부어 넣어야 하는 것인가? 지식의 구조는 학습의 구조나 순서와 어떻게 관계되어 있는가? 지식은 개인적 형성과 사회적 형성에 영향을 미치는가? 교육은 지식과 지혜를 구분하도록 어떻게 가르칠 수 있는가? 이성의 본질은 무엇인가? 이성은 열정과 구분되는 절차적이고 도구적인가, 아니면 우리의 사유를 실재 및 좋은 것을 지향하는 직관적이고 평가적인 능력과 결합시키는가?

신다원주의자라고도 불리는 듀이의 다원주의 관점은 사회구조 및 제도를 인간 실천에서 발생하는 우연적·역사적 구성물이라고 본다. 영원한 정체성은 없으며, 불변의 인식론이나 도덕적 토대는 없고, 궁극적 목적론이나 완전한 이상적 목적이나 목표도 없는 것이다. 결국 만물은 진화한다. 문화와 자연 사이에는 항상 긴장 관계가 있다. 문화는 인간의 본성적 동기의 산물이 아니라, 내면적인 정신을 통해 변형되어 왔던 자연적인 동기의 산물이다.Dewey, 1915/2006: 108 듀이는 후기사상에서 존재/세계를 물리적-화학적 고원(수학적·기계적 체제), 심리적-물리적 고원(탄소에 기반한 유기적/동물적 기능), 몸-마음의 고원(마음을 지성으로 규정하는 담론, 연합, 소통, 참여, 의미의 소유와 그것에 대한 반응)으로 구분한다. 세 번째 몸-마음의 고원은 우리에게 친숙한 문화이고 인지, 언어적 의미, 논리적 본질의 사회적 구성이다.LW 1: 209 이 세 가지 고원은 듀이가 강조하는 계속성과 상호작용의 철학 원리와 조응한다. 물론 듀이는 환원주의적 유물론자reductive materialist가 아니기에 마음을 뇌로 환원할 수도 없고, 튜링 기계(자동기계, 컴퓨터)로 환원할 수도 없다.

듀이의 실험주의는 인간성이 더 나은 사회를 향한 계몽주의와 헤겔의 이상주의가 융합한 인간 진보의 가능성에 대한 낙관주의를 강조했다. 인간은 자신의 환경과 상호작용 없이는 존재할 수 없는 '경험하는 유기체experiencing organism'이다. 인간은 살아 있는 유기체, 즉 욕망, 소망, 흥미, 욕구 등을 가지고 있으며, 목표와 대상을 선정하고 그것들을 획득하기 위해 자신의 지력을 사용하여 투쟁하는 '성장하는 유기체growing organism'이다. 또한 인간은 다른 사회적 인간존재와 더불어 조화롭게 살아갈 때 자신의 흥미가 가장 잘 촉진되는 '사회적 유기체social organism'이기도 하다. 경험적 유기체, 성장적 유기체, 사회적 유기체로 파악하는 실용주의의

---

* 듀이가 말하는 '창조적 지성'이란 우리로 하여금 미래의 계획을 세우고 그것을 실현하기 위한 수단을 제공해 주는 지성을 뜻한다. 미래 정해져 있는 인간의 본질이나 운명 같은 것은 존재하지 않으며 미래는 우리가 만들어 가야 하는 것이라고 생각했다. 이런 생각은 분명히 다원주의의 영향을 받은 것이라 볼 수 있다.

인간관은 학교교육에도 그대로 연계된다. 실용주의자들은 학교를 사회적 기관으로, 그리고 학생을 경험적 존재, 성장적 존재, 사회문화적 존재, 생명을 가진 생태적 존재로 본다. 특히 오늘날 생태학적 위기의 부상으로 그동안 간과되어 왔던 생명의 본질적 특성에 따라 인간(학생)을 '자연적 존재'로 보는 것이 부각되고 있다. 아이들이 학교에 가는 것은 마음과 함께 몸도 이동하는 것이라고 보았다. 듀이는 자연의 개념을 독립적으로 분리해서 정의하기보다는 인간과의 관계 속에서 설명한다. 왜냐하면 자연은 인간과의 관계 속에서만 의미를 가질 수 있기 때문이다. 듀이는 자연을 인간의 보금자리며 인간 경험의 원천이고, 교육활동의 토대이며 출발점으로 파악했다. 인간, 자연, 교육을 일차적으로 생물학적 관점에서 설명한다. 듀이는 자연의 개념을 독립적으로 분리해서 정의하기보다는 인간과의 관계 속에서 설명하려고 한다. 왜냐하면 자연은 인간과의 관계 속에서만이 의미를 가질 수 있기 때문이다.

듀이는 생명 유기체들이 환경과의 상호작용을 통해 생명을 유지·발전시켜 가듯이, 인간도 여타의 생명체들과 마찬가지로 주변 환경(자연환경과 사회환경)과의 부단한 상호작용을 통해서 경험을 얻고 그 경험을 새롭게 갱신함으로써 삶을 성장시켜 나간다고 본다.[이병승, 2014*] 교육은 생명의 자기 보존 활동에 뿌리를 둔 것으로서 진정으로 살아 있는 존재에게 필요하고 가능한 '자연적인' 삶의 과정이라고 할 수 있다.[양은주, 2023**] 이러한 의미에서 듀이의 생각은 다분히 생태론적이라고 말할 수 있다. 삶과 생명의 연속성을 확보하기 위한 자기갱신으로서 교육은 인간과 자연의 상호작용 및 교변작용을 통해 자아와 세계, 개인과 사회 모두를 거듭 새롭게 탈바꿈시키는/변혁시키는 상호 구성적 과정이라고 할 수 있다. 이로써 획일적으로 정해진 교과의 일방적인 전달과 재생 및 추상적 상징과 기호의 기계적 학습을 당연시하는 교육 관행을 해체·재건하도록 일깨워 준다.

듀이는 자연과 인간을 분리하지 않을 뿐 아니라, 인간의 삶을 자연의 과정으로 파악한다는 점에서 자연주의 철학에 충실한 사상가이다. 즉 그는 자연을 일원론적 관점에서 파악했으며, 자연을 통합적 개념으로 이해했다. 또한 듀이는 자연을 인간의 보금자리며 인간 경험의 원천이고, 교육활동의 토대이며 출발점으로 파악했다. 즉 듀이의 자연주의 철학에 비추어 보면, 교육이란 학습자가 자연과의 상호작용을 통해 지식과 정보를 얻어내는 경험의 과정이다. 이러한 의미에서 듀이의 생각은 다분히 생태론적이라고 말할 수 있다. 삶과 생명의 연속성을 확보하기 위한 자기갱신으로서 교육은 인간과 자연의 상호작용 및 교변작용을 통해 자아와 세계, 개인과 사회 모두가 거듭 새롭게 탈바꿈시키는/변혁시키는 상호 구성적 과정이라고 할 수 있다. 이로써 획일적으로 정해진 교과의 일방적인 전달과 재생 및 추상적 상징과 기호의 기계적 학습을 당연시하는 교육 관행을 해체·재건하도록 일깨워 준다.

---

* 듀이는 자연이 교육의 중요한 원천이라는 주장을 받아들이면서도 루소가 통찰하지 못한 부분들을 지적하고 있다. 듀이는 루소의 자연주의 교육사상이 갖는 강점과 약점을 예리하게 통찰했다. 즉 루소는 그 당시 판에 박힌 듯한 형식적이고 인위적인 교육의 폐단을 시정할 수 있도록 자극을 주었으며, 교육이 효율성을 가지려면 특정한 자연적 조건이 필요하다는 것, 그리고 그 조건이 무엇인가를 알고 우리의 교육을 그것에 합치시키지 않는 한, 아무리 고귀하고 이상적인 목적도 실패할 수밖에 없다는 것을 환기시켜 주었다는 것이다. 하지만 듀이는 루소의 주장 속에 담긴 약점도 지적했다. 듀이는 루소가 '자연'이라는 말을 너무 좁게 해석했으며, 자연을 순전히 물리적인 실체로만 파악했다고 지적했다. 이점에 대해 듀이는 루소의 견해가 가지고 있는 약점은 '자연적'이라는 말에는 '정상적'이라는 뜻이 있는데도 그런 의미에서의 '자연적'이라는 것을 '물리적'이라는 것과 혼동하는 경향이 있다고 지적했다. 또 다른 약점은 자연, 인간, 사물이 각각 독립적으로 작용하는 것으로 보아, 생득적인 기관과 능력이 독립적인 것으로 또는 '자발적으로' 발달한다고 믿은 것이라고 보았다. 이러한 루소의 오류는 그가 '자연'을 신과 동일한 것으로 생각한 데서 기인한다고 듀이는 생각했다. 그리하여 루소의 주장은 사회적 접촉에 의해 이루어지는 교육을 자연에 의해 이루어지는 교육에 종속시켜 버리는 결과를 낳게 했다는 것이다. 결국 듀이는 루소가 가진 이러한 약점들이 인간과 환경의 상호작용의 중요성을 간과한 데에서 기인하는 것이라고 보았다. 물론 여기서 듀이가 말하는 '환경'이란 자연 환경과 사회 환경을 모두 포괄하는 개념이다.
** 최근 듀이의 자연주의 철학자로서 생태학적 관점이 새롭게 조명되고 있다. 자본주의의 세계적 확산, 즉 신자유주의를 통해 초래된 최근의 민주주의 위기는 듀이가 강조하는 'crisis of life', 즉 '삶의 위기' 또는 '생명/생태의 위기'라는 더욱 넓은 맥락으로 이해될 필요가 있다. 듀이는 자연과 인간을 분리하지 않을 뿐 아니라, 인간의 삶을 자연의 과정으로 파악한다는 점에서 그는 자연주의 철학에 충실한 사상가이다. 코로나 펜데믹 사태를 계기로 듀이의 자연주의가 더욱 관심을 끌고 있다.

진보주의 교육이론

실용주의 철학에서 유도된 '진보주의'라는 교육사조는 당대를 풍미했으며, 그 영향과 여파는 미국뿐만 아니라 세계 곳곳으로 전파되었다. 실용주의는 듀이의 진보주의 교육이론으로 발전했다. ① 교육은 활동적이어야 하며, 또한 아동의 흥미와 관련되어 있어야 한다. ② 학습이란 교과목을 흡수하는 것에서 시작되는 것이 아니라, 문제를 해결하는 계획에서 시작되어야 한다. ③ 교육은 미래를 위한 생활을 위한 준비/수단이라기보다는 오히려 현재의 삶 자체여야 한다. 현명한 삶이란 경험의 해석과 경험의 재구성을 포함하고 있기 때문에 모든 현명한 삶이 학습이다. ④ 교사는 권위의 표상이나 아이들을 감독하는 것이 아니라 안내자로서, 충고자로서 행동을 해야 한다. 왜냐하면 어린이 자신의 흥미가 그가 무엇을 배울 것인가를 결정해야만 하기 때문이다. 또한 자기 자신의 발달에 대해서도 함께 계획을 한다. ⑤ 개인들은 서로 대립해서 작업을 하는 것보다는 오히려 서로 협동해서 작업할 때보다 더 많은 것을 성취한다. 학교는 경쟁보다는 오히려 협동을 장려해야만 한다. 인간이란 원래 사회적이고 인간 상호 간의 대인관계가 원만할 때 대단한 만족감을 갖는다. ⑥ 민주주의와 교육은 서로에게 중대한 의미를 지니고 있다. 민주주주의만이 아이디어와 인격의 자유로운 상호작용을 허용하며 격려한다. 자유로운 상호작용이란 진정한 성장을 위한 필연적 조건이다.Kneller, 1990: 73-79

듀이의 교육철학은 다음과 같이 요약할 수 있다. 첫째, 학습자는 생명을 유지하기 위해 고안된 추진력이나 충동을 소유한 생물학적·사회학적 현상을 보이는 살아 있는 유기체이다. 둘째, 학습자는 자연적이고 사회적인 하나의 환경 혹은 거주지에서 산다. 셋째, 개인적 충동으로 움직이는 학습자는 환경과 계속적으로 상호작용하면서 적극적으로 참여한다. 넷째, 환경과의 상호작용은 개인이 자신의 필요를 충족시킴으로써 일어나는 문제를 야기한다. 다섯째, 학습은 경험을 환경에서 일어나는 문제를 해결하기 위한 도구로 이용하는 과정이다.Gutek, 2014: 86

듀이는 절대주의를 대신하는 것을 '실험주의'라고 하였다. 듀이는 실용주의를 '실험주의'라고 불렀다. '진화'와 '실험'을 바탕으로 하는 실용주의는 전통문화의 고향인 유럽으로부터 미국이 문화적으로 주체성을 확립하고, 또 자기네의 새 문화를 건설하려 한 신대륙의 개척정신의 표현이라고 할 수 있다. 실용주의는 '실험', 즉 경험에 의한 검증을 중시하는 철학이라고 할 수 있다. 『민주주의와 교육』에서는 능동적 측면에서 볼 때, 경험은 '실험'이라는 말의 의미에서 잘 드러난다. 듀이는 '실험으로서 경험', '실험적 탐구로서 경험', '실험적 지성'을 강조했다. 듀이의 '실험'은 바로 사물이 '우리에게 하는 일'/ '겪는 일undergoing'과 그 사물에 변화를 일으키기 위해 우리가 그 '사물에게 할 수 있는 일'/ '시도해 보는 것trying'의 결합에 초점을 맞추고 있다. 듀이에게 교육의 사회적 개념은 계속되는 존재의 사고와 행위를 통일된 흐름으로 보는 실험주의의 기본이다. 사고와 행위는 분리될 수 없으며, 사고는 경험에서 검증할 때까지 불완전하다. 인간은 변화만이 실재이며, 사회적·생물학적 존재이며, 인간은 단순히 지식을 받아들이는 데 그치지 않고, 자신의 문제 해결의 과정에서 그것을 재구성하는 존재이다.

교육철학은 기성 관념을 모든 문제에 적용하는 것이 아니며, 당면한 문제에 도전하는 데 사용할 올바른 정신적·도덕적 태도를 함양하는 것이다. 듀이의 사상체계에서 그것이 역력히 나타난다. 문화적 사회를 확보하기 위해서는 사회집단을 내에서 성숙된 구성원의 경험들을 미숙한 구성원에게 전파해야 하는데, 여기에 교육이 활용된다. 다른 말로 하면 교육은 문화 형성의 한 형태이다. 형식교육은 집단생활에 필요한 대화와 참여의 기술을 제공함으로써 젊은 세대를 그들의 문화로 이끄는 과정이다. 듀이는 형식교육을 하나의 선택 과정으로 간주한다. 문화는 인류의 모든 경험을 포함한다. 인간 성장에서 어떤 경험은 가치가 있지만 어떤 경험은 이롭지 못하다. 젊은이에게 문화를 이입하는 특수한 사회적 기관으로서 학교는 세 가지의 복합적인 기능, 즉 문화유산을 단순화하고, 순화하고,

균형을 잡는 일을 한다. 첫째, 단순화하기 위하여 학교는 문화의 어떤 부분을 선택하고 학습자의 성숙이나 준비성에 적합하도록 분류한다. 인간의 삶에 가장 근본적인 부분이면서 학생의 성향에 맞는 '단순화된 환경'을 제공해야 한다. 둘째, 순화하기 위하여 학교는 사회적 가치를 지닌 문화유산의 부분을 강조하고, 사회적으로 이롭지 못한 것을 배제한다. 좀 더 나은 사회를 만들 수 있는 데 필요한 '정화된 환경'을 제공해야 한다. 셋째, 균형을 이루기 위해 학교는 통합된 사회 속에서 조화로운 인간을 육성하기 위해 단순화한 문화와 승화된 문화 간의 균형을 이룬다. 각자가 태어난 사회집단의 제약에서 벗어나 '보다 넓은 환경'과 살아 있는 접촉을 할 수 있게 한다(MW 9). 학교는 젊은이에게 접하게 되는 문제를 해결할 수 있도록 해 주는 단순화된, 순화된/정제된 그리고 균형을 이룬 환경이다. 학교는 사회 구성원의 지적이고 도덕적인 성향에 영향을 주려는 목적을 가지고 의도적으로 조직된 전형적인 형태여야 한다.

3. 『민주주의와 교육』 이전과 이후 교육이론의 전개

듀이 교육이론의 중심에는 윤리학, 사회철학, 논리학의 특징적 모습이 여러 저작에 나타난다. 각 시대의 특징을 듀이 이론에 맞추어 보면, 미시간대학교 시대는 윤리학, 시카고대학교 시대는 교육이론, 컬럼비아대학교 시대는 사회철학, 만년에는 논리학에 학문적 관심이 집중되었다. 전반적으로 관심의 초점이 각각의 시대에서 이렇게 나뉜다는 사실만으로 듀이는 어느 시대에서도 사회의 모든 문제에 철학적 관심을 가졌음을 알 수 있다. 이러한 관심의 이론화는 세계적 학문의 흐름을 보여 주는 동시에 듀이의 실천적 경험이 융합되어 나타난 것이라고 할 수 있다. 듀이의 중심적 실천이 체계화되고 지성화되어 교육사상으로 응축된 것이다.* 이렇게 하여 듀이의 교육학은 헤르바르트 이후 혁신transformation의 교육학으로

 듀이는 실험학교를 설립한 지 일 년 만에 교육에 대한 자신의 교육철학을 담은 『나의 교육 신조』1897**를 발표했으며, 그 철학을 실험학교에 적용하여 깨닫고 얻게 된 내용과 교훈을 『학교와 사회』1899***와 『아동과 교육과정』1902****에 담았다. 특히 실험학교에서 이루어진 강연 모음집인 『학교와 사회』(듀이 나이 40세)는 교육이론에 신선한 바람을 불러일으켰다. 『학교와 사회』는 미국의 교육계는 물론이고 전 세계적으로 '새로운 교육'이 확산되는 기폭제가 되었다. 19세기 말 서구의 급변하던 사회에 적합한 교육이라고 인식하는 계기가 되어 그의 교육사상은 더욱 탄력을 받게 된다. 듀이는 실험학교의 운영 기금 조성과 함께 실험학교가 너무 급진적 이념을 도입하고 있다는 세간의 우려를 잠재우기 위해 실험학교의

---

* 듀이의 글은 37권의 책으로 묶여져 나와 있다. 전기 저작(EW 5권; 1882~1898), 중기저작(MW 14권; 1899~1924), 후기 저작(LW 17권; 1925~1953)으로 나뉠 정도로 방대한 저술을 하였다. 듀이 철학은 오랫동안 탈정치화된 교육학 영역에서 읽혀져 왔는데, 냉전 구조 붕괴 후에는 사회철학, 정치학, 기술학, 윤리학, 미학, 종교학에서 재평가되어 수많은 연구와 저작이 출판되고 있다. 이번에 새로이 번역한 『민주주의와 교육』(1916)은 중기 저작에 속한다. 중기 저작은 전기 저작과 확연히 달라진다. 후기 저작은 중기 저작의 일부 추가적인 주제와 부차적인 요건이 소개되고 있다.

** 듀이는 『나의 교육 신조』(1987)에서 "참된 교육은 오로지 아동이 자신을 발견하는 사회적 상황의 요구에 의해 자신의 능력에 대해서 자극받는 데서 나오는 것이다. 아동은 자신의 활동에 대한 다른 사람들의 반응을 통해서 자신의 활동이 사회적인 차원에서 어떤 의미를 갖는지를 알게 된다." "학교는 사회적 과정인 만큼 학교는 당연히 사회생활의 한 형태가 되어야 한다. 교육은 삶의 과정 그 자체이지 장래의 삶을 위한 준비가 아니다. 학교는 현재의 삶을 재현해야 한다. 학교생활은 아동이 가정에서, 놀이터에서 영위하는 삶과 마찬가지로 실감과 생동감을 가진 것이어야 한다. 삶의 여러 형식들, 그 자체로서 살 가치가 있는 삶의 형식들을 통하여 이루어지는 교육이 아니라면, 아동을 족쇄를 채우고 목을 조르는 일로 되고 만다." "교육을 삶으로 본다면, 모든 삶은 처음부터 과학적 측면, 예술과 문화의 측면, 그리고 소통의 측면을 모두 가지고 있다." "교육은 경험의 계속적인 재구성으로 이해되어야 한다. 교육의 과정과 목적은 하나이고, 서로 다른 것이 아니다." "교육은 사회의 진보와 개혁의 근본적인 방법이다. 단순히 법률을 제정하거나 형벌로 위협하거나, 기계적이고 피상적인 제도 변화에 머무르는 개혁은 모두가 일시적이고 별 효과가 없다. 교육은 사회적 공감대 형성을 조절하는 과정이며, 이 공감대를 토대로 개인의 활동을 조정하는 것이야말로 사회를 개조하는 가장 확실한 방법이다. 이상적인 학교에서는 개인적인 이상과 제도적인 이상이 조화를 이루고 있다. 교육은 과학과 예술의 결합, 인류의 경험에서 생각할 수 있는 이 두 가지의 가장 완전하고 긴밀한 융합이라는 특징을 띠고 있다."

사회적 기능을 강조한 것인데 엄청난 반향을 일으켰다.* 듀이가 실험학교를 처음 시작할 당시 미국에서도 부모들이 자녀들의 개인적인 성공과 행복에 교육의 목적을 두고 있어서 듀이가 실험학교를 운영할 당시, 미국에서도 부모들이 자녀들의 개인적인 성공과 행복에 교육의 목적을 두고 있어 학부모 초청 첫 번째 강연을 시작할 때 '교육의 사회적 목적'을 강조했다.

*** 『학교와 사회』는 듀이의 실험학교 운동을 깊이 있게 들여다보게 하였다. 그것은 곧 도래할 사회를 준비하는 것이라고 할 수 있다. 새로운 사회의 모습을 실험학교를 통해서 보여 주고자 하는 것이다. 『학교와 사회』는 그러한 이상을 잘 보여 주고 있다. "사회를 구성하고 모든 개개인의 성장이 충분히 이루어질 경우에만, 사회도 그 자체의 성장이 이루어질 수 있는 것이다. 그리고 이렇게 주어진 사회의 자기 방향성에서 학교만큼 중요한 것은 없다." "사회란 수많은 사람이 공동 노선에 따라, 공동 정신으로, 공동 목적에 관심을 가지고 움직이기 때문에 서로 결합되어 있다. 이 공동의 욕구와 목적으로 인하여 우리는 계속해서 더 많이 생각을 교환하고 공감이 합치되도록 해 나갈 필요가 있다." "실험학교에서 실험을 행하는 목적은 다른 사람들이 실험할 필요가 없도록 하기 위한 것이다. 실험이란 것은 결과가 자유롭고도 확실하게 나오도록 하기 위해서 특별히 여러 가지 편리한 조건을 필요로 한다. 오늘날은 대기업, 큰 공장, 철도회사, 증기선 회사 모두 실험실을 갖추고 있다."

**** 아주 짧은 글인 『아동과 교육과정』(1902)은 『학교와 사회』와 함께 실험학교 운영 중에 나온 글이다. "아동의 삶은 통합적이고도 전체적인데, 교육과정의 교과목과 주제들은 아동의 세계와 동떨어지다 보니, 아동은 이전과는 다른 세계로 옮겨 가지도 못하고 변모하지도 못하고 있다." "구체적인 경험을 추상화한 것인 교과의 내용은 추상화가 이루어지기 이전의 경험으로 복원되어야 한다. 교과의 내용은 '심리화'될 필요가 있다." 교과를 심리화하는 일은 『학교와 사회』에서 언급한 '교과의 진보적 조직'과 연결된다. "모든 학과나 교과는 두 가지 측면을 지닌다. 학문을 탐구하는 학자에게 의미를 지니는 교과의 측면이며, 가르치는 일을 수행하는 교사에게 의미를 지니는 교과의 측면이다. 교과가 이러한 이중적인 측면을 지니고 있다는 사실을 명심하지 못하고 쉽사리 망각하기 때문에 교육과정과 아동을 서로 적대적인 것으로 취급하는 잘못을 범하고 있다."

* 듀이가 1894년 당시 부인에게 보낸 편지를 보면 그의 문제의식을 잘 볼 수 있다. "때때로 나는 철학을 직접 가르치기보다 교육의 원리와 방법을 사용하여 철학을 가르치고 싶다는 생각을 합니다. 매년 시카고의 학교에서 실제로 파멸되어 가고 있는 수많은 학생을 생각하면 밖으로 나가 길모퉁이에서 구세군처럼 크게 소리 지르고 싶은 마음이 듭니다. 지금 내 마음속에는 학교에 대한 하나의 상이 계속 자라고 있습니다. 실질적으로 '아동의 성장'을 이끄는 활동들이 학교의 중심이 되며, 그 활동들은 두 가지 방향으로 전개될 것입니다. 하나는 건설적인 '노동의 사회적 관계'이며, 다른 하나는 활동의 재료를 공급하는 '자연과의 접촉'입니다. 이론적으로, 집을 지을 때 목공일 등과 같은 것이 어떻게 한편으로는 사회적 훈련의 중심이 되고, 다른 한편으로는 '과학적 훈련'이 되어야 하는지를 이해하고 있습니다. … 내가 생각하는 학교는 축약된 질서가 있는 '사회적 삶'의 한 형태입니다. 그것은 분명 '실험적'입니다. 만약 철학이 실험적 과학이 되려면 '학교의 설립'이 그것의 시작점입니다."(듀이가 부인 앨리스에게 1894년 11월 1일에 보낸 편지)

듀이의 교육적 실용주의

듀이의 교육적 실용주의educational pragmatism는 대중의 인기를 사로잡았다. 그의 가장 유명한 저서 『학교와 사회』, 『민주주의와 교육』은 미국 내외에서 교사교육 프로그램의 핵심이 되었다. 실제로 듀이는 흔히 말하는 '진보주의 교육운동'의 핵심 인물이 되었다. 진보주의 교육운동은 컬럼비아 대학에서 듀이의 가르침을 받았던 몇몇 인물, 특히 킬 패트릭이 주도하였다. 흥미와 생활을 중시하는 아동 중심적 진보주의가 지나치게 강력해져 이에 대한 문제의식을 갖게 된 듀이는 교육론을 다룬 『경험과 교육』1938에서 진보주의 교육의 수사학을 비판하기 시작했다. 듀이가 스스로를 가리켜서 전적으로 '아동 중심적child-centred'이라고 주장한 적은 없었다. 그는 교육의 목적을 실현할 때 '아동의 흥미'를 고려해야 한다는 주장을 내세웠다. 또한 일부 진보주의 교육자가 요구했던 것처럼 아동을 훈육과 교육과정 측면에서 방치하라는 제안을 한 적도 없었다. 사실상 듀이의 주장에 따르면 사회통제의 어떤 요소를 가지고 아동을 지도하는 맥락 속에서 비로소 '자유'가 생길 수 있다. 아동이 자기 도야의 습관을 발달시키고 실천할 때 비로소 자유가 허용될 수 있으며, 그것도 규율과 의무를 살아 있는 맥락에서 행위할 때 가능한 것이다. 듀이는 아동의 외적 행동뿐만 아니라, 아동의 경험 자체에 대해 주목하는 것이 교육의 핵심이라고 역설했다.

듀이에게 학교는 '변화'를 시도해야 하기에 '실험적인' 공간이다. 교육의 실험적 성격은 항상 배워야 할 새로운 것이 있고, 경험할 다른 것들이 있기 때문이다. 따라서 탐구 학습의 원리가 강조된다. 듀이의 실험은 교육이 개인을 존중하면서도 이기적이 되지 않게 하며, 그리고 개인의 성공과 행복을 넘어 민주주의 사회의 진보와 발전에 기여하는 공동체**의 일원이 되도록 돕는가에 대한 것이었다. 듀이는 본래의 개인의식이라는 거짓 심리학에 맞서 인간 존재를 '축적된 유기체'Dewey, 1939로 정의한다. 즉, 인간 존재는 사회적 매개와 상호작용을 통해서 사고와 성찰의 습관을 포함한 습관을 형성하는 살아 있는 유기체라는 것이다. 학교를 하나의 '축소된 공동체'Dewey, 1899, MW 1, 민주주의의 삶을 위한 일종의 훈련장으로 간주한 듀이는 사회적 삶을 준비하는 유일한 길은 사회적 삶에 참여하는 일이라고 여겼다.Dewey, 1882~1898, EW 5 듀이의 교육이론은 학습을 '협동적 활동'으로 본다는 점을 중시한다. 이렇듯 인간 존재의 협동적 성격에 대한 강조는 정치나 사회의 개혁에 관한 그의 저작 대부분의 핵심을 차지한다. 그는 개인적 성취는 집단적 삶을 통해서만 달성될 수 있다고 믿었다. 집단성을 벗어나서는 개인이란 것도 가능하지 않기 때문이다. "비사회적인 개인이란, 사람이 인간적인 모든 특질을 빼앗기도 나면 무엇이 될까를 상상해 나온 하나의 추상물이다."Dewey, 1888, EW 1 우리의 행위와 신념의 근거로서 '공동체'를 강조한 것은 진리를 개별적 신념이 아니라 공동체적 합의에 달린 것으로 간주하였기 때문이다. 듀이의 이러한 사고 경향은 미시간대학교에서 시카고대학교로 함께 옮겨 지적 교류를 나누었던 미드George Herbert Mead의 영향이 컸다. 그리고 듀이가 이익사회society/Gesellschaft보다 공동체사회community/Gemeinschaft를 더 중시한 것은 당시 학교가 기업주의적, 자본주의적, 관료주의적 이익과 결합되어 있고, 대중이 점점 공

** 공론장이나 공중과 연동된 듀이의 공동체 개념은 사회의 새로운 조직화를 통해 점점 상실되고 있다며 연합적·민주적 삶의 양식과 공통의 정치적 행위를 요청한다. 이리하여 듀이는 '공동체적 자유주의자', 또는 '자유주의적 공동체주의자'로 분류되기도 하고, '공화주의자'로 분류되기도 한다. 학문적으로 '공동체'는 논쟁적 개념이다. 흔히 퇴니스의 분류에 따라 공동체(Gemeinshaft/community; 공통의 정서적 유대/유기적 연대, 공동사회) 개념은 사회(Gesellschaft/society; 이익사회/조직사회)와 대조되어 사용되고 있다. 정체성과 인격 형성의 전제로서 공동체, 사회의 토대와 사회적/관계적 자본으로서, 또 민주주의의 조건으로서 공화주의적 공동체 논의가 부상하고 있다. '공동체'는 현대성에 의해 억압되고 추방되고 소환되고 부정되고 배척되고 해체되면서도, 공동체와 결합한 생활양식으로 '차가운' 현대 사회에 대한, 그리고 소외, 사물화, 의미상실 등 근대 사회의 병리적 현상들에 대한 유토피아적 대항 장소(디스토피아적 보충물)를 재현한다. 다른 한편으로 '하나 됨/동질성'을 추구하는 공동체 이념의 해체가 논의되기도 하고, '몫 없는 자들의 몫'을 요구하는 목소리(아감벤, 랑세에르)가 나온다. 따스함, 보호, 사랑, 우정 그리고 신뢰 등을 상징화하는 정서적 은유들로서 전근대적인 중세적 생활 모습으로의 회귀를 상기시키기도 한다(Rosa & Gertenbach & Strecker, 2017). 오늘날 우리는 탈전통적 공동체 및 유동적 현대성의 부상, 인공지능의 출현과 함께 전근대와 근대가 중첩된 연장된 근대와 후기근대(post-modern) 사회를 마주하고 있다.

공성 및 공중the public을 상실하는 것과 연관이 있다.Johnston, 2006: 113-114, 128-131

　듀이 교육학의 민주적인 관점은 매우 중요한 위치를 차지한다. 듀이는 민주주의를 모든 사람이 투표하고 다수파가 지배하는 정부 시스템으로 간주하지 않았다. 듀이에게 민주주의는 함께 더불어 살아가는 '삶의 양식'*이고, 결정은 규칙을 충분히 검정해야 하는 탐구inquiry의 절차로 이루어지는 것이었다. 공동체의 삶을 지배하는 규율을 충분히 검증해야 하고 일상의 경험적 검증을 받아야 한다. 유력한 소수가 자의적으로 영원히 전체 구성원들에게 대하여 그 규율을 강제해서는 안 된다. 분명히 듀이는 시민들이 권력과 이기적 관심의 욕망이 아니라, 합리성과 동료의식에 따라줄 것을 기대했다. 만일 사회가 그러한 시민들을 키우는 것이라면, 그 사회는 학생들과 함께 시작해야 한다. 듀이의 기술에서 민주주의는 어떤 상태가 아니라 오히려 하나의 과정이고, 규율은 지속적인 탐구와 수정, 그리고 창조 아래에 두어 계속 변경되어야 한다.

　듀이의 전기 저작에 들어 있는 듀이의 민주적 교육철학은 당대 학자들이 대부분 무시했다. 그 이유는 듀이의 민주적 교육철학이 단지 영국의 관념론에서 파생되었거나, 『민주주의와 교육』의 초기 이론 정도로 치부되었기 때문이다. 전기의 빈약한 이론은 서로 연결되지 않은 일련의 에세이로 제시된 것이다. 더욱 심해지는 사회적 갈등을 해결하기 위한 사회를 개선하고 재건하는 진보적인 방안은 협상과 타협 등을 강조하는 자유주의 기독교 정신에 바탕을 둔 것이다. 듀이는 정착시설settlement**의 철학적 기초를 다지는 데 큰 영향을 미쳤다. 그것의 결과는 1891년 「기독교와 민주주의」와 「비판적 윤리이론의 개요」라는 연설과 출판물로 나타났다. 개인의 필요 및 욕구뿐 아니라 사회가 이를 형성하는 데에서 역할을 고

---

* '삶의 양식으로서 민주주의'는 개인이 자유롭게 상호작용하고, 소통하고, 다양한 공동체를 발전시키고, 개별적 경험을 통해 공유된 경험의 영역을 형성하도록 허용하고 격려하는 것이다(Benner, 2017: 275-276).

려하는 도덕에 대한 사회적 관점을 발전시켰다. 듀이는 시카고의 모래투성이와 같은 산업화, 낮은 임금과 비참한 노동조건에 처했던 다수의 이민자, 가난하고 추구하게 살고 있었던 수많은 이웃 사람들, 다수의 이민자 자녀를 제대로 받아들이지 못하는 학교들, 그리고 헐 하우스Hull House 와 같은 조직들의 개선 노력 등을 직접 목격하였다. 실제로 듀이는 헐 하우스를 자주 찾아갔고, 거기서 다양한 주제에 대해 강연을 하였다. 헐 하우스 운영자인 사회운동가 애덤스와 더욱 긴밀하게 일하면서 사회윤리에 대해 더 진보적인 입장을 향해 나아갔다. 이렇게 해서 듀이는 사회 문제, 정치 문제에 대해 글을 쓰기 시작하였다. 헐 하우스에서 듀이가 했던 작업은 교육에 대한 그의 사고를 형성하는 주요한 요인이 되었다. 듀이가 「나의 교육학적 신조」1897라는 제목의 글에서 자신의 철학을 분명히 한 것은 바로 이 시점이다. 듀이는 헤겔 등 다양한 관념론자들의 '변증법적 방법'을 포기하지는 않았지만, 헐 하우스 사람들과의 교류를 통해 헤겔의 변증법을 잘못 해석하였다는 반성도 하게 되었다. 애덤스와 듀이는 사회적 정착과 사회적 실천 문제를 함께 할 사회운동의 동반자가 되었다. 이렇

** 정착시설인 헐 하우스는 1884년에 영국에 세워진 토인비 홀의 영향을 받은 미국 최초의 대표적인 사회복지관이다. 이민자의 생활 향상을 목적으로 시작했다. 지식인들이 빈곤지역의 생활거점인 헐 하우스에 들어가 살면서 지역의 생활환경을 개선하고자 하였다. 실업자 증가와 인구의 도시집중화에 따라 슬럼 지역이 생기는 등 새로운 도시 문제들이 대두하자, 이를 해결하기 위해 사회복지사들이 정주활동을 하면서 빈민의 생활을 개선하기 위해 노력하는 3R(정주residence, 조사research, 사회환경개혁reform)운동을 벌였다. 노동자들에게 직업을 알선해 주는 한편으로 읽기, 공중위생, 직업기술을 가르쳤다. 노동조합운동, 평화운동, 아동복지운동과 결부된 활동 등으로 사회적 의의를 가지며, 사회사업뿐 아니라 사회개량과 근대화에 큰 기틀을 마련해 주었다. 1주일에 최대 2,000명을 수용할 수 있었고, 성인을 위한 야간학교, 유치원, 어린이클럽, 자선식당, 미술실, 카페, 체육관, 작업장 등 대규모 시설을 갖추었다. 헐 하우스는 이들의 친구들 중 많은 부유한 후원자의 지원을 받았다. 헐 하우스의 거주자들은 대체로 잘 교육받은 남녀로 구성되어 있었고, 이들은 시카고의 노동자계급으로 권리를 박탈당한 사람들에 접근할 수 있었다. 헐 하우스는 도시 생활의 일치 또는 단합의 실현을 목적으로 하였다. 이를 위한 삶의 방식을 터득하게 하는 것과 의식의 각성을 목표에 두었다. 교육자들은 헐 하우스의 야간학교 교사로 봉사하였다. 듀이는 시카고대학교에 재직하고 있던 1892년에 헐 하우스를 방문하여 애덤스를 만났다. 듀이 또한 이곳에서 강의하면서 노동자 및 이민자들과의 경험을 통해 새로운 문제의식을 갖게 되었다.

게 하여 시카고대학교에서 듀이는 자신이 평생 관심을 쏟았던 '사회민주주의social democracy'에 점점 관심을 기울어지기 시작했다.

그러나 전기 저작은 대안적 교육이론에 대한 설명과 비판, 교육적 공통점(목표, 주제, 방법 등)에 대한 상세한 탐구, 뿌리 깊은 이원론에 대한 공격, 교육이론을 철학의 중심에 두는 주장을 담고 있다. 오늘날 학자들과 교사들이 관심을 가지고 있는 민주주의와 교육의 관계에 대해 초보적이고 접근하기 쉬우면서도 듀이 철학에 대한 이해를 뚜렷하게 제공한다. 「민주주의와 윤리」1888, 「기독교와 민주주의」1892, 「교육의 기초가 되는 윤리적 원칙」1897은 민주주의의 기초가 되는 '인성personality' 개념을 적극적으로 끌어들였다. 「민주주의와 윤리」에서는 민주주의를 '자유로운 의사소통의 여건 아래 그리고 끊임없이 변화하는 사회질서 속에서 모든 사회 구성원이 각자의 위치를 형성하는 자기 조직적인 결과'로 해석한다. 이 글에서 듀이는 개인이란 구체적인 사회적 조건하에서 자신의 목적을 찾고 자신의 진리를 발견하면서 발전하는 사람일 뿐이라며 '원자론적 개인주의'를 비판한다. 듀이는 이 글에서 '국가는 사회생활의 지배를 위한 논리적 필연성이 아니라, 오직 하나의 사회기관이라고 서술하고 있는데, 그의 후기 저작인 『공론장과 그 문제들』1927에서 발전된 관점을 보여 준다.

『민주주의와 교육』의 내용 구성

왁스와 잉글리시가 편집한 『존 듀이의 민주주의와 교육: 100주년 기념 핸드북』Waks & English, 2017은 『민주주의와 교육』을 쉽게 이해하는 데 많은 도움이 된다. 듀이 전문가들이 각각 26개의 장을 맡아서 해설하여 듀이의 난해한 글과 생각을 깊이 있게 이해할 수 있게 해 준다. 『민주주의와 교육』의 내용을 오늘날 시대 상황에 적용하여 현재적 의미를 세 부분으로 범주화하여 설명한 것도 금상첨화다. 그것은 첫째, 『민주주의와 교육』 본문의 핵심 개념을 끌어내고, 듀이의 아이디어를 이 시기 이전과 이 기간의 교육 및 철학적 담론 속에 위치시킨다. 둘째, 듀이 시대 이후 등장한 교육철학에 대한 그의 생각이 어떤 의미인지를 다룬다. 셋째, 교육에 대한 현재와 미래의 공적 담론에 대한 그의 아이디어의 의미를 고찰한다. 이들 논의에서 공통된 줄거리로 드러나는 것은 '연합된 삶의 양식', '공동으로 소통된 경험의 양식'이라는 듀이의 민주주의 개념이 20세기 후반, 그의 시대 이후, 그리고 오늘에 이르기까지 어떻게 새로운 의미를 얻었는지를 해명하는 것이다.

『민주주의와 교육』은 크게 네 부분으로 구성되어 있다. (1) 성장으로서의 교육이론(1~6장: 목적 지향적 행위, 사회적 맥락 속에서 일어나는 행위, 규범이 지배하는 행위, 작업, 학습과 경험, 소통적 교류로부터의 학습, 사회적 규범의 학습, 학습활동의 방향, 성장과 준비로서 교육), (2) 교육에서 민주주의 이론(7~18장: 민주주의의 정의, 교육에서의 민주주의), (3) 민주교육의 장애물로서 철학적 이원론(18~23장: 순수예술과 대중예술, 노동과 여가, 지적 교과와 실제적 교과, 과학과 인문학), (4) 철학의 재구성을 위한 교육에서 민주주의의 함의(24~26장: 사유의 유형으로서 철학, 지식의 이론, 도덕이론)이다. 1~6장까지는 준비, 발현, 형식도야, 형성, 반복 등 교육의 일반개념을 배치하여 듀이의 생각을 펼치고 있다. 7장의 '연합된 삶의 양식', '연합된 소통적 경험 양식'이라는 듀이의 독특한 민주주의 개념은 당대 이후인 20세기 후반, 오늘날까지 새로운 의미를 부여하고 있다. 8~23장까지는 민주적 맥락을 위한 교육이념(교육목적, 자연적 발달과 사회적 효율성 및 교양, 흥미와 도야, 경험과 사고, 교육과정과 교과 및 교수학습 방법, 이론적 교과와 실제적 교과, 자연교과와 인문교과, 개인과 세계, 작업과 놀이 및 노작, 노동과 여가, 실감과 감상, 상상력과 성취, 직업교육 등)의 확장적 재구성을 시도한다. 24~26장까지는 지식, 도덕, 그리고 교육 사이의 삼각적 관계를 규명한다.

『민주주의와 교육』을 출판할 당시, 듀이는 민주주의의 위기의식을 무척 느꼈던 것 같다. 민주주의가 정치나 제도의 형식으로만 인식되고, 하나의 '삶의 유형a way of life'으로 이해되지 않은 것이 미국 민주주의 위기,

그리고 미국 교육의 위기라는 문제의식을 지닌 것으로 보인다. 듀이는 서문에서 『민주주의와 교육』을 내게 된 동기를 민주주의 사회에 내포된 이념을 탐색하고 진술하며, 그 이념을 교육의 실제 문제에 적용해 보려고 한 노력의 산물이라고 밝히고 있다. 그러기에 『민주주의와 교육』은 민주주의를 지향하며 공동체적 시민을 길러내는 학교교육의 목적으로 삼고 있는 오늘날 대부분의 국가에서는 더욱더 의미 있는 책으로 다가온 것이다. 『민주주의와 교육』은 오늘날 냉전구조 붕괴 후 또다시 돌연 각광을 받으며 '듀이 르네상스'라 불리는 새로운 상황이 도래한 것이다. 교육현장의 현실이 『민주주의와 교육』의 호소력 있는 목소리를 갈구하고 있는 것이다. 특히 듀이 이론의 특징은 문제 제기에 그치지 않고 대안적이기에 우리에게 더욱 설득력 있게 다가온다.

지금 논의의 중심이 된 『민주주의와 교육』[1916]은 듀이의 정치이론, 지식이론, 교육이론을 통합한 것이다. 그의 정치이론은 '민주주의'이고, 그의 지식론은 '전체론'이며, 그리고 그의 교육론은 '진보주의'이다.[Menand, 2001: 27] 『민주주의와 교육』은 교육의 본질과 사회 및 개인의 관계에 관해 일관된 주장을 제시한다. 이 주장은 성장으로서의 교육, 또는 듀이가 어린이나 성인이나 그들 '경험의 계속적 재구성'이라고 부르는 개념을 중심으로 한다. 이는 민주주의가 모든 사람을 위한 그러한 교육을 지원하는 최고의 정치적 삶의 방식을 구성한다는 생각을 낳은 개념이다. '교육'과 '민주주의'는 공생한다.[Hansen, 2017: xx]* 듀이는 '교육'과 '민주주의'의 관계에 대한 위계적 모델 모델을 거부한다. 즉, 그는 인간 활동의 한 영역이 다른 영역을 지배하고, 사회의 한 시스템이 다른 시스템에 종속된다는 생각 또한 거부한다.[Benner, 2017: 275] 교육을 받는다는 것은 더 개방적이고 세계에

---

* '민주주의 교육론'으로는 '민주적 교육의 개념' 하나뿐인데, 아마 이 주제들이 민주주의라는 대주제를 구성하는 하위 주제로 보았을 것이다. 그런데 그동안 듀이 이론은 학습자중심교육론, 아동중심사상가 등으로 이름 붙여지면서 교수학습 과정에서 교사와 학생의 역할에 대한 숱한 오해를 받아 왔다. 이에 대해 듀이는 일반론적으로 교육을 일상적 경험에 내재해 있는 가능성을 지적으로 지도하여 개발하는 일이라고 보았다.

참여하는 것을 의미하며, 이것이 바로 민주시민이 되는 것에 대한 듀이의 생각이다. 듀이는 공교육의 문제들에 주의를 기울이면서도『민주주의와 교육』을 완성할 때까지 교육의 사회적 측면에 대한 여타 책은 쓰지 않았다. 듀이는『민주주의와 교육』에서 민주주의와 교육의 개념에 대한 철저한 규명을 하면서 민주적 사회의 교육적 요구에 대해 상세하게 검토한다. 교수, 학습, 목표, 방법, 교과 등 모든 주요 교육적 공통점은 민주주의를 위한 교육의 필요에 맞게 재조명되고 재구성된다. 듀이는 실험학교의 경험과 함께 자신의 삶 전반에 걸쳐 '민주주의' 개념을 사회집단 및 계층 사이의 공유된 이해와 풍부한 소통이 이루어진 '연합적 삶associated life'의 양식으로 생각한다.『민주주의와 교육』 7장 여기에서 듀이는 민주주의의 개념을 분석하고 민주적 삶의 방식이 갖는 도덕적 가치를 설명한다.『민주주의와 교육』의 첫 부분은 민주적이건 아니건 모든 사회에 적용할 수 있는 일반적 교육이론을 진지하게 논의한다. 듀이는 형식적 교과학습과 비형식적 학습의 가치를 탐색하고, 이를 학교 프로그램에서 가장 잘 그리고 균형 있게 조정하는 방법을 탐구함으로써 우리가 이미 접한 아이디어를 통합하여 새로운 종합을 제시한다.[*]

『민주주의와 교육』은 모든 행동, 즉 인간의 행동이 목적을 지향한다는 점을 지적한다. 인간의 행동은 언제나 모든 사람이 자신의 목적을 향해서 행동하는 사회적 맥락에서 일어난다. 따라서 모든 행동은 이미 사회적 상호작용을 통해 발전된 공유된 규범을 가진 사회적 세계를 전제로 한다. 듀이에게 교육은 가장 넓은 의미에서 '경험의 재구성'이다. 이것은 아이들을 유아기부터 성인의 직업에 완전한 참여시킨다는 뜻이며, 그 자체가 끝없는 재구성을 수반한다. 아이들을 이끌어 가는 방법은 아동기와 청소년

---

[*] 듀이가 시카고대학교에서의 실험학교 경험을 컬럼비아대학교에서 비판적으로 성찰한 것이『민주주의와 교육』이라는 위대한 성과를 냈다고 평가할 수 있다. 듀이가 1904년 하버 총장과의 의견 차이로 시카고대학교를 떠나 컬럼비아대학교로 옮겨 감으로써 결과적으로 실험학교 경험은 학문적 결실을 가져왔다. 그런데 시카고대학교의 실험학교는 존속했지만 듀이의 특별한 개성인 실험성은 점차 줄어들었다고 한다.

기에 걸쳐 성찰적 사고가 필요한 학교의 작업들에 그들을 직접 참여시키는 것이다. 아이들은 사회적 맥락에서 자신의 목적을 향하여 행동하면서 그들이 행하는 것과 겪는 것, 즉 경험(행함과 겪음)에서 배운다. 경험은 그들의 습관(타성)을 고쳐 주며, 그렇게 하여 '성장'한다. 아이들은 극복해야 할 난관에 부딪히면서 일을 더 잘하게 되고, 더욱 많은 역량을 발전시킨다. 행함doing은 소통이 필요하므로 실행하면서 그들은 타인과 관계 맺고 어울리고 듣고 이끌고 따르는 방법도 배운다. 듀이는 인종, 종교, 관습이 서로 다른 아이들이 학교에서 교류함으로써 소통을 위한 온갖 새로운 더 넓은 환경을 창조한다고 주장한다. 모든 소통은 '교육적'이라고 단언한다. 왜냐하면 "소통에서 각자는 상대방이 생각하고 느낀 것을 공유하면서 자신의 태도를 수정하기 때문이다".MW 9, 7장

『민주주의와 교육』의 민주적 기여

『민주주의와 교육』이 민주적 교육의 가장 특별한 공헌의 발판을 마련해 준 것은 그것의 표준이 되는 교육의 공통 영역, 즉 가르침과 배움, 목적, 방법과 교과의 재구축, 그리고 학교 작업의 유연성이다. 이런 요소는 다음과 같은 종합적인 구도를 위한 특별한 특징에 제각기 기여한다.

첫째, 듀이는 가르침과 배움의 측면에서 민주적 학교의 가르침이란 항상 학습자가 활동에 자발적으로 참여하게 하는 것에서 시작한다. 전통적·비민주적 교육에서 미리 선정하고 미리 구성된 자료를 학생들에게 일방적으로 전달하는 가르침teaching과는 다르다. '교육'이라는 활동에 교육자의 역할은 반응을 자극하고 학습자의 과정을 이끄는 환경을 제공하는 일이다. 따라서 배움learning은 수동적으로 수업을 듣거나 교과서를 읽거나 시험을 준비하는 것을 가리키지 않는다. 그러기에 교사의 우선적 과제는 활동 영역을 설계하고, 그 안에서 구조화된 활동을 고안하는 것인데, 이것이 학습자가 자발적으로 참여하는 환경이 된다. 모든 것은 아이들이 교실을 어떤 목표와 그 구조를 생각할 수 있는 '실험실'로 설계하는 것, 그

리고 이런 실험실에서 구조화된 활동이 추구하는 목적에 달려 있다.ᴹᵂ 9

둘째, 듀이는 교육의 목적 측면에서 그것이 교육 밖에 있는 것이 아니라는 점을 강조한다. 교육의 목적은 더욱 교육적인 것이다. 그렇기 때문에 교육은 목적이면서 동시에 수단으로서 가능하도록 해야 한다. 듀이는 교육에 고유한 구체적인 목적이 있다는 것을 부인하지 않는다. 실제 그는 교육적인 활동은 그 본질상 목적을 가져야 한다고 보았다. 목적은 고정적이지 않고, 지속되는 교육 너머 어떤 거대한 궁극적인 목적 또한 없다. 듀이가 생각하는 교육의 목적관은 수단-목적의 계획 속에서 작용한다. 목적을 하나의 예견 속에서 '가시적 목적end-in-view'으로 간주하고 우리가 선택한 수단이 기대한 목적에 이르지 못한다면, 다른 수단을 고려해야 한다.ᴹᵂ 9 만약 목적이 교육과정을 넘어선 어떤 힘이 부여한 것이라면, 그 과정은 결코 민주적이지 않다. 그렇게 되면 교사와 학생의 자유로운 행동이 제한된다. 민주적 교육의 목적은 교육환경 '내에서' 일어나며, 교사와 학생이 그것을 추구하면서 취할 수 있는 행동만큼 다양하다. 따라서 질문은 '교육의 목적이 무엇인가?'에서 '교육에서 무엇이 목적인가?'와 '교육에서 좋은 목적은 무엇인가?'로 옮겨 간다.ᴹᵂ 9, 8장 목적은 항상 결과와 관련되므로 우선적 문제는 '배정된 작업이 내재적 연속성을 가지고 있는지'이다. 그렇다면 좋은 목적이란 무엇인가? 듀이는 좋은 목적을 위한 세 가지 기준을 제시한다. ① 목적은 '상황적인' 것, 즉 기존 조건이 자연적 산물이어야 한다.* ② 목적은 '유연한' 것이어야 한다.** ③ 목적은 의도하는 종결을 제공하고 경계를 설정함으로써 활동을 '자유롭게' 만들어

---

* '상황적인' 목적은 이미 진행되고 있는 것의 고려에, 즉 그 상황의 자원과 난관에 기초한 것이어야 한다(MW 9: 111). 예를 들어 이런 조건의 밖에서 부과되는, 즉 외부에서 부과된 이론이나 기존 교육과정 지침을 참조하는 모든 목적은 지성을 제한하는데, 이는 지성의 기능을 기계적으로 선택하는 일로 축소하기 때문이다.

** '유연한' 목적은 복잡한 상황에서 연결과 결과에 주목하는 지적 행동은 예견·예측 불가능한 조건을 밝혀 줌으로써 목적을 어느 정도 수정할 것을 요구한다. 외부에서 부과되는 모든 목적은 경직된 것이며 상황의 구체적 조건과의 유용한 관계가 없는 것이다(MW 9: 111)

야 한다.***

셋째, 민주적 교육에서 교과와 방법은 상호 침투해야 한다. 교과는 어떤 일을 할 때 사용되는 자료일 뿐이다. 따라서 방법은 교과가 원하는 결과를 향하게 하는 효과적인 방향을 제시하고, 공부의 내용은 무한한 활동이 가능하며, 그리고 방법은 어떤 경우이건 어떤 종결을 위해 어떤 자료를 효과적으로 사용하는 방법일 따름이다. 우리가 방법과 교과를 분리하고 교육 방법을 별도로 연구할 경우, 방법은 더 이상 지성intelligence****발달에 기여하지 못한다. 전통적·비민주적 교육에서 교과와 방법이 두 개의 독립된 영역, 즉 별개의 문제로 여겨지는 것은 문제다. 전통적·비민주적 교육에서 교과는 외부 당국이 강요한다. 교사와 학생은 교과의 선택과 구성에서 아무런 역할도 없다. 따라서 아이들의 교과는 학술적 목적과 전문 영역에서가 아니라, 아동이 직접적/일차적 흥미를 갖는 실천적 중심 영역이 되어야 한다.

넷째, 실험학교의 '작업occupations'은 사회의 '직업vocation'과 연동되어 학생들에게 학교 공부에 대한 진정한 동기를 제공한다.***** 좁은 교육적 측면에서 경제적 압박으로부터 해방된 학교의 '작업'은 예술의 동맹이면서 과학의 중심이다. 지리학에서는 지구를 작업의 '지속적 고향'으로 설정한다. "작업을 통해서 인류는 역사적·정치적 진보를 이룩하고, 자연의 힘에 대한 지적 이해를 얻는다."MW 9 나아가 학교의 작업은 민주주의 교육을 위해 '사회적' 측면이 더욱 중요하다. 아이들은 학교 작업을 통해서 사회적 삶의 규범과 태도에 둘러싸이고 그것의 내면을 흡수한다. 작업을 중심

*** '자유로운' 목적은 18행 짧은 시의 규칙이 시인에게 그런 시를 쓸 수 있게 하는 것과 똑같다. 목적은 우리가 수행하려고 하는 그 활동을 마음이 구체화하는 표시나 기호일 뿐이다(MW 9: 112). 만약 표적이나 명중시킬 것이 없다면 궁수의 활동은 임의적일 것이다.
**** 듀이가 말하는 '지성'이라는 개념은 강하면서도 구체적이다. 그것은 단지 차가운 인식만이 아니라, 뜨거운 상상력과 충동, 감정을 포함한다. 이는 듀이의 탐구 이론과 성찰적 학습이론과 연동되어 있다.
***** 직업교육(vocational education/Ausbildung)은 엄밀히 말하면 듀이의 영향을 받은 케르셴슈타이너가 강조하는 '작업을 위한 교육(berufliche Bildung/education for occupation), 즉 '노작교육(Arbeitserziehung)'이라고 할 수 있다.

으로 조직된 학교들은 모든 아이들을 지역사회의 일원으로 훈련시키고, 봉사정신을 함양시킨다. 따라서 "작업을 통한 학교교육은 민주주의 사회 건설을 위한 최선의 보증을 제공한다."MW 9 학교 작업의 "일차적 가치는 교육적이며... 이는 넓고 자유로운 지식 체계를 배제하지 않고 포함한다."MW 4 듀이는 작업이 정당화되는 것은 그것이 '폭넓고 자유로운 지식의 체계'라는 협소한 의미의 대안들보다 더 나은 더 넓은 교육을 제공하기 때문이다. '작업'은 놀이play가 되기도 하고 노작work이 되기도 하며 나아가 노동labor이 되기도 한다. 듀이는 이들 사이에 적절한 균형을 찾으려고 한다.

듀이의 이론에서 애초에 작업 활동과 다른 형태의 '행함을 통한 학습 learning by doing'은 지적 교육의 배경과 출발점을 반드시 제공해야 했다. 듀이는 여기서 어쩔 수 없이 "모든 '지적 교육'은 협력적 활동을 하는 데 있어 '행함을 통한 배움'에서 시작해야 한다."MW 4는 그동안의 주장을 많이 약화시킨 입장을 보인다. 그러나 듀이는 이 주장을 지지하지 않는다. 듀이는 작업의 일차적 가치가 넓은 의미의 교육 목표라고 설명하는 민주적 인성의 발달을 지원하는 데 있으며, 교과 지식의 폭넓고 자유로운-그러나 반드시 최선의 것이 아닌- 체계를 지지하기도 한다고 주장하는 것이 더 안전할 것이다. 나아가 듀이는 폭넓은 소통과 참신함을 포용하는 민주적 인성이 결국은 사회의 모든 구성원을 위한 충실한-반드시 최고 수준은 아닌- 지적 발달에 생산적이 될 것이라고 덧붙여 강조한다.Waks, 2023: 85-86

『민주주의와 교육』 이전의 저작과 이후에 미친 교육사상

듀이는 전기 저작의 민주주의에 관한 에세이에서 이미 교육철학의 싹을 내포하고 있음을 보여 주었다. 「교육의 기초가 되는 윤리적 원칙」1987에서 듀이는 이러한 교육철학을 명시한다. 그리고 인성은 학교 공부의 목적이지만, 인성은 개인적 목적과 스스로 선택한 사회적 지위를 윤리적으로 추구하는 사회적 주체성의 힘을 의미한다. 이러한 인성의 형태는 사회적 규범과 입장의 맥락에서 다른 사회적 행위자들과의 협상을 통해 형성된다. 비록 사회적 기관이라 할지라도, 학교와 교사들은 국가의 대리인이라 아니라, 자유롭고 자기 주도적이며, 상호 자기 조직적인 사람들의 조력자여야 한다. 모든 젊은이는 사회적 행동을 통해 자신의 신념을 발견하고, 개인적 목적을 확립하며, 도덕률에 의해 제약된 개인적 주도를 통해 사회에서 자신만의 고유한 위치를 형성한다. 듀이는 아이들을 인간으로 교육한다는 것은 그들을 사회의 일원인 시민으로 교육하는 것을 의미한다고 주장하면서 시작한다. 그러나 민주주의를 위한 교육은 특정한 자기 주도성과 책임감 있는 리더십의 구체적인 능력을 개발해야 한다. "학교의 윤리적 책임은 아이들이 자신을 책임질 수 있도록 자신을 소유하게 하는 훈련과 같다. 이를 통하여 현재 일어나고 있는 변화에 적응할 수 있을 뿐만 아니라, 그러한 변화를 형성하고 지시할 힘을 가질 수 있다."「교육의 기초가 되는 윤리적 원칙」 학교가 이러한 윤리적 책임을 다할 수 있는 유일한 방법은 그들 스스로 사회생활의 전형적인 조건을 재생산하는 것이다. 이러한 재생산 역할은 아이를 둘러싼 성인 직업들에 의해 이어지는데, 중기 저작인 『학교와 사회』와 『민주주의와 교육』에서 교육적 원리로 발전된다.

「나의 교육학적 신조」[1897]는 듀이의 전기 사상을 요약하고 중기 저작으로 건너가는 교량 역할을 한다. 이 신조는 듀이가 초기 10년간의 전기 저작에서 발전한 사상의 결과로서 비롯된 민주주의와 교육의 이론을 요약한 것이다. 이 신조는 교육, 학교, 교과, 방법, 사회적 진보의 다섯 부분으로 요약할 수 있다. 여기에서 우리는 이미 듀이의 가장 특징적인 생각들 중 일부를 발견한다. "교육은 삶의 과정이지 미래의 삶을 위한 준비가 아니다.""학교는 현재의 삶, 즉 가정, 이웃, 또는 운동장의 삶처럼 아동에게 현실적이고 필수적인 삶을 대표해야 한다.""학교 공부를 위한 조직의 중심은 교과에서 발견되는 것이 아니라, 아동 자신의 사회활동에서 발견된다.""교과서들은 학교에서 유용하게 사용될 수 있지만, 교과서에서 극화한 사회적 사실들이 이미 고려한 후에만 가능하다." 이러한 언명들은 듀이가 이후 『민주주의와 교육』에서 상세히 기술한 생각들로 발전한다.

『민주주의와 교육』에서는 민주주의란 '정부의 형태' 이상이라고 주장한다. 듀이는 민주주의를 입헌민주주의라고 부르는 것은 '집을 단순히 벽돌을 쌓아 올리는 배열 그 이상이라고 부르는 것과 같다'고 말한다. 사회에 집중된 각 개인에게 민주주의의 현실은 집단적 기억, 현재에 대한 의식, 사회적 행동을 움직이는 미래의 이상이기에 민주주의는 사회적 관계를 통해 작동하고 활성화하는 정신이라고 할 수 있다. 따라서 민주주의는 주로 윤리적이고 정신적인 이상이다. 플라톤이 주장하는 최고의 선인과 현인이 통치하는 사회적 이상이란 현실과 너무나 동떨어져 있다. 그들에게 좋은 권력을 집중적으로 부여하는 것은 많은 사람의 필요와 요구에 대해 무지하게 된다. 여기에서 듀이의 주장은 각 개인은 사회에서 자신의 고유한 위치를 결정하고, 그것의 확보에서 각자가 주도권을 가져야 한다는 것이다. 민주주의는 모든 개인이 개인적 주도를 통해 사회질서에서 자신의 위치를 형성할 자유가 있어야 하므로 자유를 필요로 한다. 그렇지 않으면 듀이가 강력하게 되풀이하는 미국 헌법에서 확인된 사항으로 민주주의는 존재할 수 없게 된다. "평등은 주로 경제적 분배의 문제가 아니라, 존엄과 존중에 대한 평등한 요구, 즉 인격에 있다."「민주주의와 윤리」 따라서 민주주의는 정신적인 것과 세속적인 것을 구별하지 않는 궁극적인 윤리적 이상이라고 할 수 있다.

「기독교와 민주주의」에서 듀이는 기독교와 민주주의의 연결고리를 찾는다. 민주주의도 역시 '계시'로서 사고력이 필요하고, 우리 동료들과 연결된다. 그러므로 민주주의는 사회적 행동의 자유를 내포하며, 진리가 자신을 보여 줄 수 있는 기회를 준다. "역사의 업적은 자유로운 표현과 소통을 막는 고립과 신분 계층의 벽을 허물어 진리를 자유롭게 하는 데 있다."「기독교와 민주주의」 이 구절에서 『민주주의와 교육』에서 꽃을 피울 민주주의 이론의 씨앗을 발견하게 된다. 자유로운 소통과 협력을 통한 인류의 자치에 대한 영적 이상은 듀이가 후기 저작LW 17에서 크게 감탄한 톨스토이의 '기독교 무정부주의'와 친화성을 보여 준다.Waks, 2023: 71 여기에서 주목이 되는 점은 후기 저작에서는 종교에 관한 글을 볼 수 없다는 사실이다. 「나의 교육학적 신조」에서 언명한 각각의 강령이 이전 글에서 보였던 종교적 어휘가 완전히 사라졌다. 듀이는 종교적 절대주의*의 과도한 짐을 벗어 던져 버리고, 새로이 중기 저작의 '실험주의'를 발전시킬 사상적 준비의 맹아가 될 수 있을 정도의 충분한 교육이론을 내비쳤다.Waks, 2023: 74 듀이는 자신만의 새로운 세속적 어휘를 채택한 이후에도 시카고대학교에 남아 1903년까지 실험학교에 계속 관여한다. 그 기간에 그의 교육에 관한 가장 중요한 연구로 학부모를 대상으로 한 실험학교에 대한 강연집인 『학교와 사회』1899를 간행한다. 『학교와 사회』에서 듀이는 학교를 개별 학생들이 배우는 것의 관점에서 보는 경향이 있지만, 그러한 관점은 확대된다. 학교는 사회적 수단이기 때문이다. 좋은 사회는 최고의 아이디어와 실천, 긍정적인 자아상, 미래에 실현하기를 바라는 이상을 모으고, 이런 점들을 새로운 구성원 모두의 재량에 맡기기를 바란다. 그 이하가 되면 우리의 민주주의가 파괴될 위험을 듀이는 경고한다.

「심리학」1887과 「윤리적 이상으로서의 자아실현」1893은 민주주의와 듀이 사상의 핵심인 인성과 자아에 대한 발전적인 개념을 구체화시켰다. 「심리학」에서 듀이는 인성, 진리, 신의 왕국 사이의 개념적 연관성을 보여 준다. 완전히 실현된 인성은 그 자체로 진리(모든 사물의 관계 통일), 아름다움(모든 이상적인 가치의 통일), 도덕(인류의 통일)을 통합한다. 민주주의는 행동과 소통을 통해 모든 사람이 자신의 지적·미적·도덕적 차원을 완전히 발전시키고, 결국 신 안에서 실현되는 자신을 발견하는 자기조직화

---

* 듀이는 1895년 이후 절대적인 것, 초자연적 존재, 선험적 원리, 플라톤적 형성이나 종류, 논리의 논박 불가능성, 관념의 확실성 등을 믿지 않았다. 듀이는 현대철학이 이런 것에 관심을 쏟는 것은 '헌 술을 새 부대에 담는 것'과 같은 일이라고 생각했다.

과정으로 구성된다. 민주주의는 인간과 영혼이 하나로 통합된 진정한 '신의 왕국'이다. 「윤리적 이상으로서의 자아실현」에서 완전히 실현된 인성이란 개인의 발전이 완성되었음을 함의하는데, 이 난제는 듀이에게 자아실현에 대한 개념을 재검토하도록 한다. 모든 새로운 상황이 집중적인 행동을 요구하기 때문에 이 과정은 끝이 없다. 듀이는 『윤리학』1908에서도 민주주의와 윤리적 이상은 동일하다며, 자아실현이란 자연적 자아로부터 사회화된 욕구와 애정이 지배적인 자발적 자아가 형성된다는 것을 뜻하고, 교육은 윤리적 프로젝트, 즉 독특하게 타고난 성향과 편견을 가진 자연적 자아가 사회적으로 실현된 자아로 변화되는 일이라고 본다. 이런 개별적 잠재력은 사회적 가치와 관련하여 발달된, 즉 '민주적 자아'로 개혁될 수 있다고 본다. 자아*에 대한 이러한 변화된 인식은 듀이가 전기 저작에서 강조된 '인성'이 중기 저작에서 '성장growth'으로 전환하고, 결국 '신국'을 떠날 것을 촉구하는 방향으로 나아간다.Waks, 2023: 72

듀이의 『민주주의와 교육』에서 발전된 요지는 『공론장과 그 문제들』1927로 확장되며, 이 저서에서 '문제들'로 제기된 이론이 완화되어서 「교육적 혼란에서 벗어나는 길」LW 6, 1931로서 새로운 대안을 완곡하게 제시한다. 그래서 『민주주의와 교육』은 듀이의 저작물에서 대개 간과되어 왔던 초기 민주주의 교육에 관한 저술들에 비추어 검토함으로써 전기사상에서 보인 철학적 직관을 확장·수정하고 새로운 전망과 통찰력을 제공한다. 나아가 듀이는 생이 끝날 때까지 자신이 제기된 문제를 명확히 밝히고 확충하는 논의를 이어 갔다.

『민주주의와 교육』 이후의 저작과 교육사상

듀이는 1930대와 1940년대 독일 나치즘, 이탈리아 파시즘, 소비에트 스

---

* 듀이는 자아가 그 자체를 나 혹은 실존 혹은 개성으로 인식하는 힘을 가지고 있는 사실을 표현할 때 사용하는 용어라고 말한다. 인간은 자아를 가지고 있는데, '자아'란 지식, 감정, 의지의 통일체라고 말한다. 마음이란 자아가 지적인 것이라는 사실을 암시하고 있다. '의식'은 자아의 두드러진 특징이다.

탈린주의 등 전체주의를 목격하면서 민주주의를 공개적으로 더욱 옹호하고, 젊은 세대들에게 민주적 습관을 형성할 수 있는 학교의 역할에 더욱 관심을 기울였다.Wegmarshaus, 2007: 106 듀이는 민주주의를 위협하는 전체주의적 도전과 함께 시장 지향적 경제 발전을 마주하면서 민주적 학교 및 민주적 방법의 이용을 더욱 진지하게 열렬하게 다루어야 한다고 주장한다. 나라의 어린이와 젊은이들을 자유로운 사회에 참여할 자유를 갖도록 하면서 교육해야 한다고 역설하였다. 그래서 듀이는 '민주주의'와 '교육'이 궁극적으로 분리될 수 없다고 주장한다. 일반적인 정치 세뇌indoctrination의 금지에 대해 하나의 예외를 두고자 하지 않았다. 민주주의는 학생들의 정신에 외적 부과의 방식으로 주입되지 않고, 교육의 실천 그 자체에 내재할 필요가 있다는 점을 강조한다. 듀이는 학생들이 논란의 여지가 있는 정치철학을 강제로 받아들이거나 국민주권의 원리를 쉽게 믿게 되는 것이 아니라, 학생들이 받는 지적 훈련이 잘 기능하도록 민주주의를 특징짓고, 그리고 같은 사회적 지성의 성격을 동시에 가져야 하다는 점을 적극적으로 옹호한다. 듀이는 앎(지식)과 경험(실천)이 적절하게 결합되는 성찰적 사고가 활성화되면, 학교와 사회가 유기적으로 결합되어 자연스럽게 상호작용과 교변작용을 일으켜 각자 진보할 것임을 굳게 믿었다.

4. 『민주주의와 교육』이 발간된 시대적 배경과 현재적 의미

듀이가 『민주주의와 교육』에서 논리적이고 심리적인 것의 균형, 주체와 학습자의 균형, 사실과 감정의 균형, 규율과 자유의 균형을 주장하는 것을 고려한다면, 학생들의 반응은 듀이 원리의 분명한 이행이다.Cohen, 2017: 337 우리는 습득된 지식을 구체적인 상황에 적용하여 사용하며, 거기서 얻은 결과는 새로운 지식을 이루고, 이후 환경과 만날 때 우리는 그 지식을 수행한다. 지식을 교과서 속에 미라로 만들어 보존해 실체화할 때, 생각은 경험과 단절되며, 우리와 세계의 관계에 손상을 가져온다. 지식이란 "우리 외부에 있는 실재에 대한 심리적 모사가 아니라, 성공적인 행위를 위한 하나의 도구 혹은 기관"[MW 4]이기 때문이다.

1916년 『민주주의와 교육』의 출간 2년 후 보빗[J. F. Bobbitt]이 영향력을 발휘한 『교육과정』[1918]이 출간되었다. 교육청은 교육과정 전문가와 컨설턴트를 고용하여 모든 수준의 모든 과정에 구체적인 학습목표를 개발하기 시작하였다. 테스트 제작자는 광범위하게 사용될 수 있는 표준화성취검사를 제작하기 위해 이 목표에 맞는 샘플을 구안하였다. 『민주주의와 교육』에 대한 보편적인 칭송을 받았음에도 불구하고, 교육자들은 거의 듀이의 교육목표에 대한 민주적 이론에 거의 귀를 기울이지 않았다.[Waks, 2007: 79] 사실 『민주주의와 교육』 출간 당시의 상황은 듀이를 포함한 미국 진보주의 교육운동이 20세기 전환기 이전에 이미 교육의 비효율성 주장에 눈을 돌린 상태였다. 그래서 듀이는 진공 속에서 교육목적을 설정할 수는 없었고 대안을 마련해야 했다. 듀이 등 진보주의자들은 과학적 기술과 국가기업의 성장이 가져한 미국사회의 거대한 변화에 대응했고, 이전의 제도를 새로운 과학기술적이고 기업적인 맥락에 맞추는 개혁을 요청했다. 교육에서 행정적 진보주의는 가장 효율적인 수단을 찾기 위해 측정 가능한 용어로 교육의 목적을 기술하는 것이 포함된 학교교육의 과학적 접근을 요구했다. 기업과 산업에서의 과학적 관리 운동은 이런 추세의 일부이다. 테일러리즘[Taylorism]*은 생산성과 경제적 효율성을 위해 일의 과정을 세부 단계로 나누어 분석할 수 있는 과정이다. 듀이의 『민주주의와 교육』[1916]이 출판된 1910년대는 과학적 관리주의 흐름이 정점에 이르렀을 때이다. 외부 목적의 강요가 이미 깊은 뿌리를 내리고 있었고, 일련의 과정이 탈숙련화[de-skilling] 가르침을 강화하면서 교사의 전문적 지위와 학교교육의 민주적 성과 및 교육적 가치를 파괴한다고 듀이는 예민하게 감지하고 있었다.[Waks, 2017c: 79]

대변혁 시대, 『민주주의와 교육』의 호출

그런데 그 이후 40여 년이 지나 미국의 국가교육정책은 표준화 학습목표와 고부담 표준화 시점과 결합–'위기의 국가'에서 '목표 2000', '아동낙오방지법'과 공통핵심교육과정, 그리고 '정상을 향한 경주'–하여 미국 학교가 시험 준비 학원으로 전락하는 상황이 전개되었다. 이러한 가운데 점점 국제학력성취도검사PISA 경쟁이 시작되었다. 교실의 조건에서 출발한 목적은 개발하지 않고 실제의 개별 학생의 학업성취의 성장만 촉진하는 것은 교사가 권위주의적으로 강요된 표준과 세부 학습목표에 순응하도록 요구하는 것이고, 학생의 표준화검사 성적에 따른 '전문적 평가'에 복종하도록 하는 것이다. 이런 학교개혁 프로젝트가 야기한 질병에 대한 듀이적 진단과 처방책으로서 『민주주의와 교육』은 다음과 같은 이유로 불확실한 시대에 다시 호출되고 있다.

첫째, 알렉산더Alexander, 2017: 250-262는 듀이가 강조하는 삶/생명, 성장, 경험, 소통, 공동체와 같은 개념을 연결하는 핵심 아이디어에 대한 보다 풍부한 감각을 제공함으로써 '민주주의'와 '교육' 사이의 단순한 연결을 훨씬 넘어서게 한다. 알렉산더는 '교육은 삶/생명의 필요'라는 듀이의 개념, 즉 듀이가 자신의 책을 시작하는 아이디어의 의미를 끄집어내어 이 환상적일 정도로 단순한 개념과 연결되는 『민주주의와 교육』을 통해 연결된 핵심 개념을 소개하는 역할을 한다. 베너Benner, 2017: 263-276는 듀이

---

* 과학적 관리법 또는 과학적 경영이란 창안자인 프레더릭 윈즐로 테일러(Frederick Winslow Taylor)의 이름을 따 테일러리즘이라고 불렸다. 미국의 공학기술자 테일러가 19세기 말부터 연구하고 발표한 이론이다. 과학적 관리법은 1929년 대공황 이전까지 전 세계적인 주목을 받은 조직 이론이자 생산관리 이론으로 19세기 말부터 본격적으로 시작된 산업혁명과 자연과학, 공학의 급진적인 발전, 엽관주의의 타파, 행정·경영의 일원화의 과정에서 만들어진 이론으로 과학적인 수치와 근거에 기초하여 조직을 관리하기 위해 탄생한 이론이다. 그런데 테일러의 과학적 관리법이 전문적인 지식과 역량이 요구되는 일에는 부적합하며, 노동자들의 자율성과 창의성은 무시한 채 효율성의 논리만을 강조했다는 비판을 받았다. 과학적 관리법은 인간을 기계적 원리에 따라 관리하는 데는 한계가 있음을 드러냈다. 즉, 감정적·비합리적·정서적 성격을 지닌 인간을 단순히 기계적·합리적·비인간적인 도구로 취급하고 관리함으로써 오히려 자발적인 생산성을 저하시킨다는 비판을 받았다.

의 『민주주의와 교육』은 교육에 대한 철학적 사고-플라톤, 아리스토텔레스, 루소, 칸트, 헤겔, 헤르바르트 등-의 전통과 대화할 수 있는 가능성을 보여 준다. 이 대화를 통해 『민주주의와 교육』이 민주적 삶의 새로운 지평을 연 현대 사회와 민족국가의 발전에서 어떻게 새롭게 부상하고 있는 상황을 다루고 있는지를 심층적으로 이해하게 해 준다. '민주주의'와 '교육'이라는 용어에 대한 서로 다른 의미의 렌즈를 통해 듀이의 텍스트를 검토하는 것은 사회에서 모든 사람이 번영과 참여를 촉진하는 데 있어 교육과 학교의 목적으로 보는 것을 이해하는 경로를 제공한다. 웰크스Oelkers, 2017: 279-288는 듀이가 교육에 대해 자신의 견해를 제시한 맥락과 이 견해가 특히 '성장' 개념과 관련하여 당시의 주요 사상과 어떻게 직접적으로 반대되었는지를 알려 준다. 그러면서 그는 듀이의 성장 개념과 교육에서의 민주적 개념과 그가 말하는 것이 무엇을 의미하는지 사이의 관계를 파악하는 방법을 제시한다. 웰크스의 설명에서 우리는 듀이의 성장 개념에서 새로운 점이 사회적 삶의 새로운 것과 어느 정도 얽혀 있음을 알 수 있다.

둘째, 듀이 교육을 연구하는 또 다른 연구자들이 20세기 중후반에 듀이의 사상을 어떻게 확장하고 비판하고, 그리고 그 이상으로 나아갔는지를 추적한다. 여기에서는 20세기 후기 영향력 있는 교육이론의 전통에서 서로 다른 세 가지 특별한 사상적 가닥(구성주의, 분석철학, 여성주의)의 관점을 제시한다. 게리슨, 노이버트, 라이히Garrison & Neubert & Reich, 2017: 290-301는 듀이가 『민주주의와 교육』를 쓴 이후 그의 사고의 강력한 줄기가 되었던 것으로 인간을 '사회적' 존재로 보는 것에 대한 생각을 추적하여 논의한다. 듀이의 저작에서 '구성'과 '재구성'에 대한 다양한 개념을 채택하면서, 저자들은 '사회적 구성주의'가 개인과 사회 사이의 지속적인 긴장을 이해할 수 있도록 하는 방식으로 이러한 개념을 어떻게 확장하는지 밝힌다. 마틴은 듀이를 전후 교육철학의 분석적 전통을 다시 되살리는 안목으로 본다. 그는 분석적 교육철학의 주요 인물들이 어떻게 듀이의 실용주의를 비판하는지를 살펴보고, 교육과 민주적 삶에 대한 더 완전한 이해를 제공하기 위해 이러한 다양한 사고방식을 하나로 모으는 방법을 제안한다.Martin, 2017: 304-311 이어서 나딩스Noddings, 2017: 314-323는 여성과 기타 소수집단의 목소리가 더욱 대중화되던 1970년대와 1980년대에 기반을 잡은 '돌봄 이론'이 듀이철학과 강한 연관성을 갖고 있음을 밝힌다. 그는 철학자와 교육자에게 교사와 학습자 사이의 교육적 관계를 이해하는 의미 있는 방법을 제공한다.

셋째, 듀이는 교육의 미래에 대한 새로운 비전을 보여 주고 있다. 듀이는 당시 사회가 점점 더 복잡해지고 있음을 인식하고, 그러한 복잡성을 다루는 원리를 제시했다. 우리 시대의 교육이 직면한 복잡성에 비추어 『민주주의와 교육』을 검토한다. 사회가 과거 수 세기 동안 지식 및 전문적 기술의 급속한 성장-오늘날 점점 더 기술적으로 뿌리내린 다른 사람들과 더불어 살고 연합하는 삶의 방식, 가상교실, 교육의 세계화 및 시장화-이 교육에 미치는 영향력을 볼 때, 그 위험이 오늘날처럼 현재보다 컸던 적은 없었다고 진단한다.MW 1장, 요약 커닝험Cunnigham, 2017: 325-331은 기술에 대한 듀이의 진술을 재맥락화하여 오늘날 교육 및 학교에 기술의 적용 가능성을 보여 준다. 교사들이 디지털 기술을 활용할 수 있는 가능성을 인식하면서 교육 기술의 혁신적인 접근 방식을 주장한다. 코헨Cohen, 2017: 333-339은 고등교육이 직면한 핵심 문제, 즉 교실을 '온라인'으로 전환하면서 초래되는 문제로 교사와 학습자 간의 '교육적 연합'이 사라질 것이라고 우려한다. 그는 온라인 과정에서 『민주주의와 교육』을 강의한 경험을 얘기한다. 폐쇄적이 아닌 다양한 연합과 교육적 형태의 참여를 개방하는 고전적 텍스트를 가르칠 가능성을 생각하는 새로운 방법을 제공한다. 프링Pring, 2017b: 340-347은 오늘날 우리가 직면한 깊은 교육적 위기-국제비교를 위해 사용될 시험을 위한 학습의 시장화와 물화-의 핵심적 측면을 논의한다. 프링은 듀이를 통해 이러한 위기에 대처하는 방법을 제시한다. 이를 위해 교육에 활력을 요구하고, 이 역할을 하는 데 교사가 절대적으로 필요하다고 주장한다.

세계화 시대, 『민주주의와 교육』의 현대적 의미

모데카이 고든과 안드레아 잉글리시가 편집한 『세계화 시대에 있어 존 듀이의 민주주의와 교육』2000은 민주주의와 교육의 현대적 의미를 더욱 부각시키고 있다. 특히 세계화globalization-전 세계적으로 상품, 정보, 사람의 유통을 가속화하는 데 기여한 현대적 현상- 시대를 맞이하여 민주주의, 교육. 그리고 인간의 번영에 대한 듀이의 생각을 둘러싼 몇 가지 긴장들을 보여 주며 해결책을 모색하고 있다. 세계화는 사람들이 다양한 역사, 종교, 문화에 점점 더 많이 노출되는 데 중요한 역할을 했지만, 또한 노동자를 주변화하고, '이웃'이나 '지역공동체'와 같은 많은 통합의 원리를 밀어냈다. 세계화는 교육시장화, 교사와 학생 간의 상호작용을 중재하는 디지털 기술의 증가, 모든 수준의 교육에서 데이터 기반 의사 결정에 기여함으로써 교육의 형태를 여러 면에서 변화시켰다. 이 문제와 다른 문제는 우리가 교육에 대해 어떻게 생각하는지에 대한 새로운 도전을 제시한다. 이에 대해 듀이는 어떻게 대응했을까? 듀이 연구자들은 『민주주의와 교육』에서 보여 주는 민주교육의 관점을 통해 세계화 현상에 대한 입장을 보여 준다. 민주주의와 자본주의 사이의 긴장, 상호문화교육에 대한 입장, 오늘날 학교와 교실에서 실천하고 있는 '아이들을 위한 철학'의 정당화 및 그 발전에 대한 적절성 등에 대해 듀이의 생각을 묻는다.

케티 히턴Hytten, 2020은 「세계화, 민주주의 그리고 사회운동: 행동주의의 교육적 잠재력」에서 듀이의 민주주의 개념으로 신자유주의 세계화의 도전에 대처함으로써 듀이의 현대적 가치를 탐구한다. 민주주의를 실험주의, 다원주의, 그리고 희망의 습관을 필요로 하는 '삶의 양식'으로 이해하는 듀이의 비전을 설명한다. 그리고 그는 현대적 형태의 저항들-월가 점령 시위the Occupy Movement 등-을 우리 시대의 중요한 듀이적 민주주의 측면의 모델로 삼는다. 이런 시민적 행동주의가 풍부하고, 심오하고, 참여적이고, 창의적인 민주주의에 대한 듀이의 비전을 다시 활성화하는 데 도움이 될 수 있음을 강조한다. 그는 이러한 운동의 가치가 격려하고 지지하는 민주적 습관과 삶의 방식이 중요하다고 역설한다.

게리슨 등Garrison, Neubert & Reich, 2020은 「교육철학의 복잡성과 환원주의: 민주주의와 교육의 재고찰, 존 듀이의 비판적 접근」에서 『민주주의와 교육』의 전통을 배경으로 교육 및 교육철학의 복잡성과 환원주의 문제를 논의한다. 저자들은 자본주의적 경쟁과 사회적 다원주의라는 강력한 사회적 경향이 교육의 환원주의를 지지하고, 민주주의 프로젝트를 위험에 빠뜨리고 있다고 주장한다. 첫째, 저자들은 당시 교육의 전통, 이론, 실천에 나타난 환원주의 경향에 대한 듀이의 몇 가지 비판을 확인한다. 둘째, 저자들은 우리 시대의 교육 논쟁에서 환원주의의 몇몇 중요한 사례들을 탐구하고, 민주주의와 교육을 옹호하는 유사한 비판이 적절하고, 듀이 용어를 기반으로 쉽게 이루어질 수 있다고 주장한다. 셋째, 저자들은 민주주의와 자본주의에 대한 도전이 듀이 시대만큼 우리 시대의 교육철학에 대한 주요한 도전이 되기 때문에 복잡성과 환원주의에 대한 보다 일반적인 결론을 내린다.

존 퀘이Quay, 2020는 「민주적 교육이 아닌 민주주주와 교육: 듀이 교육철학에 대한 잘못된 안내」에서 오늘날 '민주주의'와 '교육'이 주로 '민주적 교육'으로 결합되어 잘못된 이해로 유도되는 점을 지적한다. 그는 '민주적 교육'이 암시하는 것보다는 '민주주의'와 '교육'의 관계가 더 의미 있다고 주장한다. 듀이가 민주주의와 교육을 이해하는 데 제공한 몇 가지 추가적 풍부함을 조명하는데, 그 핵심은 '작업'에 대한 이론화이며, 이는 '일관된 경험 이론'을 분명히 표현하려는 그의 시도와 일치한다. 민주주의와 교육의 관계와 마찬가지로 '노작'으로 발전되는 '작업'의 교육적 중요성은 '직업교육vocational education'과 같이 단순한 용어 조합으로는 포착할 수 없다. 두 경우 모두 교육에 형용사를 덧붙일 뿐인데, 듀이는 이것이 문제라고 생각했다. 퀘이가 주장하는 것처럼, 작업에 대한 실존적 고려는 작업이 삶의 기능적 통일성, 사회적 집단화의 성격, 그리고 성장이 배열되는 방식을 포함한다는 것을 깨닫게 해 준다. 이렇게 작업은 우리에게 학교구조와 학습의 성격을 개념화하는 새로운 방식을 제공한다. 그는 작업에서 민주주의와 교육이 삶의 표현으로 훨씬 더 근본적인 의미에서 함께 결합되는 것을 보여 준다. 나아가 『민주주의와 교육』은 아이들이 잘 아는 작업에 참여함으로써 민첩해지고, 그 결과 다른 사람들뿐 아니라 자신의 능력도 자유롭게 펼쳐진다. 학교의 작업을 통해 민주주의에 대한 그의 개념과 민주적 인성을 촉진하는 목표에 따라 전체적으로 종합되도록 이끌고 있다.

메간 라버티Laverty, 2020는 「소통과 개념 형성에 대한 존 듀이의 생각」에서 『민주주의와 교육』1916이 사고thinking와 관련이 있는 데, 듀이의 『사고하는 방법』1933과의 관계 속에서 그것을 재검토한다. 듀이는 『사고하는 방법』에서 교육에서 '개념conception'의 형성보다 더 중요한 것은 없다고 설명한다. 개념은 '영속성'을 영속적이지 않은 세계에 적용한다. 듀이는 개념을 '확립된 의미'로 정의하고, 이를 새로운 경험에 대한 더 나은 이해를 찾는 데 사용되는 지적 축적물로 설명한다. 듀이에 따르면 '개념'은 모든 경험을 교육적으로 가치 있게 만드는 것이다. 전통적인 교육이나 진보적인 교육이 학생들에게 적절하게 그 개념을 형성하는 데 실패했다고 비판했다. 개념은 경험, 성찰, 활동으로 형성되고 변혁된다. 듀이는 개인은 자신이 필요로 하는 개념을 개별화된 방식, 즉 경험의 연속성, 새롭거나 놀라운 가능성에 대한 노출, 다른 사람과의 지속적인 소통-『민주주의와 교육』에서 자세하게 논의된 것-으로 사용한다고 주장한다. 듀이는 교육자들이 인간성의 역설 속에 살고 있다는 사실을 인식해야 한다고 주장한다. 교육자들은 그들의 학생들을 미래적 경험의 의미와 효과를 확장시킬 수 있는 경험에 참여시키도록 노력해야 한다. 라버티는 학교교육에서 성찰적 사고의 중요성에 대한 듀이의 노력과 헌신을 부각시킨다. 라버티는 교육 과정에 철학을 도입할 것을 제안한다. 교육자들은 필연적으로 아이디어를 수집하지만 사고에 전념하는 사람들은 어린이와 청소년이 '아이들을 위한 철학P4C'-말하고, 생각하고, 함께 존재하는 아이들의 '철학적 탐구 공동체'-처럼 스스로 말하도록 초대되어야 한다. 이는 결국 어린이와 청소년의 개념(아름다움, 우정, 사랑, 정의 등)을 명확하게 하고, 도전하고 다듬을 수 있는 기회를 만들어야 한다. 듀이는 '개념적 전체주의'를 경계하면서 전통적 교육과 진보적 교육 개념 모두에 시정이 필요함을 주장한다.

안드레아 잉글리시English, 2020는 「존 듀이와 글로벌 세계에서의 교사의 역할: 상상력, 공감 그리고 제3의 목소리」에서 학생의 사회적 역량, 특히 '공감'과 결합된 것을 촉진할 때 교사의 역할을 둘러싸고 현재 세계적 차원의 고등교육 정책 개혁의 맥락에서 논의하고 있다. 이런 개혁들은 전통적으로 고등교육과 연관된 강의 중심 교육에서 학생 중심 교육으로 전환되는 것을 요구하고 있고, 특히 듀이의 영향을 보여 주는 학습 이론을 언급하고 있다. 그러나 잉글리시는 '공감'을 함양하는 것과 '상상력'을 함양하는 것 사이의 연관성이 명시적으로 전제되지 않는다는 점에서 핵심적 문제를 이러한 현재의 정책 권고들 내에서 본다. 듀이의 학습에서 상상력 개념과 마사 누스바움Martha Nussbaum의 서사적 예술 작업과 그의 교육 경험을 바탕으로 잉글리시는 모든 학습에 없어서는 안 되는 학생의 상상력을 함양하는 것이 교사의 임무에 얼마나 중요한지를 보여 준다. 이를 근거로 잉글리시는 듀이의 작업이 철학자, 실천가, 정책결정자에게 고등교육이 특히 문화적, 언어학적, 종교적 다양성의 조건 아래 '포용적 교실'을 만들어 내는 것이 필요하다는 것을 제고하도록 하는 방법에 대해 중요한 통찰력을 제시한다. 잉글리시는 서사적 예술이 '제3의 목소리'-교사와 학생을 포함한 참여자들 사이의 성찰적 상호작용을 적극적으로 매개하는 다른 '입장'-라고 부르는 것의 발전을 통해 어떻게 차이를 가로지르는 대화를 촉진할 수 있는지 설명하기 위해 자신의 가르침에서 얻은 사례를 소개한다.

모데카이 고든Gordon, 2020은 「학자들이 왜 다시 존 듀이에게 돌아가야 하는가?』에서 철학자, 교육철학자, 민주주의 학자들이 '민주주의'와 '교육'과 관련된 문제에 대한 통찰과 영감을 얻기 위해 듀이에게로 계속 돌아와야 하는 이유를 설명하려고 시도한다. 첫째, 시대의 흐름에 따른 교육의 극단적인 변화를 거부하고, 학교의 질과 안정성을 유지하고자 하는 듀이의 실용적 교육 방식이다. 둘째, 듀이의 저작에는 자유주의적이고 급진적인 요소와 근대적이고 포스트모던적인 요소가 포함되어 있어 그를 특정 학파의 일원으로 분류하기가 어렵다는 점이다. 실제로 듀이의 많은 수필과 저서는 서로 다른 사상적 관점 사이의 대화로 볼 수 있다. 셋째, 듀이의 연구는 예술에서 정치에 이르기까지, 또 철학에서 교육의 본질과 목적에 이르기까지 광범위한 주제와 관심을 보인다. 듀이는 자연 속에서 지속되는 다양한 질문에 대해 생각할 수 있는 통찰력과 자료를 사상가들에게 제공했다. 그러나 이러한 다양하고 복잡한 주제에 대한 듀이의 처리는 종종 불명확하고 모호하므로 해석을 위한 다양한 길을 열어 준다. 마지막으로 아마도 가장 중요한 것으로 고든은 듀이의 민주주의 비전이 모든 시민들이 혜택을 누릴 수 있는 방식으로 변화하는 역사적 상황에 부응하기 위해 글로벌 공동체와 교육체제를 재창조하는 것을 도전하게 한다고 주장한다. 듀이는 민주주의 사회의 시민들에게 세계에서 자유, 평등, 그리고 다양한 존재 방식에 대한 존중을 촉구하는 새로운 연합과 상호작용의 방식을 상상할 것을 요구했다.

신자유주의 교육의 범람과 『민주주의와 교육』의 부활

미국의 교육역사학자인 래비치는 『미국 공교육의 빛과 그림자』Ravich, 2010에서 미국의 국가교육정책이 책무성, 고부담 시험, 데이터 기반 결정, 선택, 협약학교, 민영화, 탈규제, 성과급, 학교 간 경쟁을 특징으로 하고 있어 진정한 학교개혁이 시들어 가고 있다고 비판한다. 이와 비슷한 상황이 영국 사회에서도 벌어졌다. 학습자들은 아마도 세계에서 가장 많은 시험을 치르게 될 것이며, 그 결과 시험에 대비한 교육이 널리 퍼지고, 결과가 좋지 않은 시험을 피하기 위해 교사 측에서 '내기'를 걸고, 이해 없는 '지식'을 습득하며, 낙제할 가능성이 있는 학생들을 등록부에서 제외시켜 교사들이 부정행위를 하는 교육 망국 조짐을 보였다. 이러한 양상의 주요 특징은 교육 담론의 언어가 바뀌었다는 것을 의미한다. 측정 가능한 목표, 성과 지표, 소비자로서 학습자, 경영진의 책임자인 교사, 교육과정 전달자로서 교사가 그것이다. 이는 기업과 경영에서 빌려온 언어이다. 이렇게 듀이를 격분시킬 만한 상황이 도래한 것이다. 표준화 시험 등 쉽게 측정되는 것과 학습자들이 제공하도록 훈련된 답에 초점을 맞추는 산업이 대세를 형성함으로써 더 깊은 이해, 이치를 따지려는 몰입, 탐구의 추구, 더 많은 학습이 이루어지는 경험, 예술과의 관계가 가져오는 더 깊은 의미를 사색하는 것을 가로막았다. 많은 학생에게 열패감을 조성하고, 다수 학생의 학습을 방해하고, 개인과 사회가 직면한 도덕적·사회적 문제를 해결하지 못하는 것은 크게 '잘못된 교육'으로 돌아가는 것이다.Pring, 2017b: 342-343 이러한 사태는 우리나라 교육 상황과 다르지 않다. 선진국의 교육 수준이 후진화하고 있기에 특히 그렇다. 이를 핀란드의 살버그는 『핀란드 교육의 교훈』Salhberg, 2012에서 오늘의 세계교육개혁Global Educational Reform Movement을 약어인 '세균GERM'으로 비유했다.

최근 영국의 교육철학(피터스, 허스트 등)에서는 젊은 학습자가 더 깊은 의미를 찾아 즉각적인 경험을 할 수 있도록 다양한 형태의 지식을 입문initiation한다는 교육목표를 강조했다. 그리고 블룸의 유명한 『미국 문명의 쇠퇴』Bloom, 1987에서는 미국 문명의 몰락을 우려하며 전통적인 학문을 포기한 것이 국민 전체의 무지 상태를 초래하였다고 비판했다. 이에 발맞추어 허시는 '문화적 문해력'Hirsch, 1988을 강조하였다. 그러나 듀이와 그를 따르는 듀이주의자들은 그러한 전통적 학습이 흔히 학습자의 경험, 흥미, 관심, 그리고 삶으로부터 분리된 교과지식의 숙달에 뿌리를 둔 것이 문제라고 응수했다. 그래서 듀이가 다시 주목을 받는 것은 민주주의와 진보 교육의 쇠퇴와 관련이 있다. 1970년대 말 이후 전개된 신자유주의 세계화는 미국에서는 직접적으로 진보주의 교육을 공격 대상으로 삼았다. 미국 신자유주의 교육개혁의 출발이 된 미국 국가수월성위원회에서 출간된 보고서인 레이건 정부의 〈위기에 처한 국가〉1983*는 진보주의가 지배해 온 미국 교육의 문제들을 드러내는 것이었고, '자신감은 넘치지만 무식한' 미국 청소년들의 상황을 위기로 규정하고 있었다. 시장주의와 소비자선택론이 지배하게 된 신자유주의 교육은 교육론뿐 아니라 인간관, 사회관, 지식관도 바꾸어 냈다. 19세기 말 미국에서 듀이의 도구주의적 지식관**이 기존의 전통적 지식관에 기반한 교육－소위 관망자적 관점에서 '보는' 교육 혹은 '이론적' 교육－을 비트는 것이었다면, 20세기 후반 신자유주의는 근본적으로 다른 인간관과 사회관의 기초 위에 교육을 재구조화했다고 할 수 있다. 인간은 사회적 존재라기보다는 합리적 개인 또는 소유집착적 개인주의로 규정되었고, 민주적 시민보다 이윤동기를 구현하고 부가가치를 창출하는 역량을 갖추는 것이 교육의 목표가 되어 버렸다. 학교는 가치를 공유하고 실현하는 공간이 아니라, 시장에 내보낼 상품명세서(스펙)을 만드는 곳으로 전락되었다. 신자유주의는 단지 경제논리로 학교를 재편했을 뿐만 아니라, 교육에 대한 기본적 '상식들'을 전면으로 뒤집어 버렸다. 이러한 상황이기에 듀이의 『민주주의와 교육』은 더욱 우리의 관심을 끌고도 남는다.

듀이의 『민주주의와 교육』은 20세기로 넘어오는 전환기에 인간 공동체의 절박한 사회적·정치적 문제들을 다루고 있다. 여기에는 국가적·민족적·계급적 갈등, 제국주의와 전쟁, 그리고 지식과 가치의 기존 개념에 대한 도전 등을 포함하고 있다. 듀이는 플라톤, 아리스토텔레스, 로크, 루

---

* 〈위기에 처한 국가(A Nation at Risk)〉는 레이건 행정부의 교육부 장관 테럴 벨(Terrel Bell) 이름으로 1983년 발간된 연방 정부의 보고서이다. 이 보고서는 발간 즉시 여론의 폭발적인 주목을 받았다.
** 도구주의자들이 인간이 물질적인 육체와 정신적인 영혼으로 구성되었다는 이론적 견해를 거부하면서 '도구주의'라는 용어를 공리주의와 개인주의로 왜곡되어 받아들이는 경향이 있자 듀이는 '실험주의'라는 말을 즐겨 사용하였다.

소, 헤겔, 칸트, 프뢰벨, 헤르바르트 등 기존의 철학적·교육적 전통에서 나온 고전들을 끌어들임으로써 그의 시대를 위한 새롭고 포괄적인 민주주의 교육이론을 구축하였다.[Waks, 2023: 94-95] 듀이의 업적은 그의 생존 시기에 널리 인정받았으며, 교육이론의 새로운 작업을 위해 자극이 되었을 뿐만 아니라, 교육개혁과 혁신의 구체적 프로젝트를 위한 지침이 되기도 하였다. 특히 교육철학에서 그 이후의 움직임은 듀이의 업적을 고려해야 했다. 예를 들어, 교육철학에서 분석철학적 혁명의 선도자인 셰플러[1974]와 피터스[1977]는 모두 듀이에 주목했고, 그를 선구자로 인정했다. 로티[1982]와 힉먼[2007]은 포스트모던 철학이 괴롭힌 많은 문제를 듀이가 이미 상당히 해결했다고 주장했다. 프랑크푸르트학파의 전통에서 나타난 비판이론 연구는 듀이가 제시한 방향으로 움직이고 있음이 분명하다.[Frega, 2017]

영국 옥스퍼드대학교의 교육철학자 리처드 프링은 오늘날에 던지는 듀이의 메시지를 다음과 같이 제시한다. 첫째, 학습자의 경험과 목소리를 진지하게 받아들이는 방법을 찾아야 한다. 둘째, 그러한 경험과 목소리를 우리가 물려받은 다양한 탐구 방식에서 포착한 지혜와 연결해야 한다. 셋째, 학습자의 경험과 목소리를 연결하는 방법을 찾아야 한다. 이는 학습자가 살고 있고 미래에 직면하게 될 더 넓은 사회의 풍요로움과 관련된다. 현재 교육 상태에 대한 위와 같은 간략한 분석을 고려할 때 그러한 메시지는 오늘날에도 여전히 '혁명적' 목소리로 다가온다고 본다. 그러한 혁명적인 변화의 핵심 인물은 바로 교사일 것이다. 그렇기 때문에 듀이가 교사를 참된 선지자이자 신국의 안내자라고 불렀던 것은 개인적으로나 사회적으로 과거의 지혜를 미래 세대의 숙고와 연결시키는 임무를 맡은 사람이 바로 교사이기 때문이다.[Pring, 2017b: 347] 듀이는 이론(교과)과 실제(경험)의 괴리를 극복한 '진보적 사회' 또는 '민주적 사회'를 염원하였고, 그리하여 어린이 해방과 사회의 해방을 동시적으로 이룩하고자 하였다.

100여 년이 지난 지금의 『민주주의와 교육』은 소통이 부재하고 민주적 삶의 양식이 없는 반공동체적 교육정책, 시장 지향적 신자유주의 교육정책을 비판하고 그것의 대안적 해결책을 제시한다.『민주주의와 교육』이 출판된 이후의 교육목표에 대한 설명은 시민으로서 그리고 교육자로서 우리에게 이러한 실패한 교육체제를 재평가하고 이를 잘못된 교육으로 비판하면서, 나아가 현재의 권위주의적 도덕을 보다 민주적인 형태의 교육으로 나아갈 수 있는 수단을 제공한다.Waks, 2017c: 79-80 듀이의『민주주의와 교육』은 우리에게 많은 것을 제공하는데, 그것은 특히 우리 세계가 듀이가 경험한 것과 비슷하게 또다시 급격한 변화에 직면하고 있기 때문일 것이다. 민주주의의 과제, 즉 모두가 공유하고 기여하는 더욱 자유롭고, 더 인간적인 경험의 창출은 실제로 우리의 과제로 다가오고 있다. 오늘날 대전환 시대를 맞이하여『민주주의와 교육』은 민주주의 사회에서 제기되는 교육의 위기에 대한 여러 차원의 다양한 미션과 메시지를 던져주고 있다.

참고문헌

김상현(2021). 「실험공간으로서의 학교: 듀이의 삶과 사상을 중심으로」. 『교육철학연구』 제43권 제4호, pp. 55~79.

김천기(2021). 『세상의 모든 아이들을 위한 민주주의와 교육』. 학지사.

박봉목(2000). 「듀이」. 연세대학교 교육철학연구회 편. 『위대한 교육사상가들』. 교육과학사.

양은주(2023). 「삶의 양식과 민주주의, 그리고 실험학교」. 심성보 외. 『교육사상가의 삶과 사상』. 살림터.

이병승(2014). 「자연에 관한 담론과 생태교육」. 『교육철학담론』. 박영story.

정해창(2013). 『듀이의 미완성 경험』. 청계.

Abowitz, K. K.(2017). A Mode of Associated Living: The Distinctiveness of Deweyan Democracy. L. J. Waks & A. R. English(eds.). *John Dewey's Democracy and Education: A Centennial Handbook*. Cambridge.

Alexander, T.(2017). The Dialogue of Death and Life: Education, Civilization, and Growth. L. J. Waks & A. R. English(eds.). *John Dewey's Democracy and Education: A Centennial Handbook*. Cambridge.

Benner, D.(2017). John Dewey, a Modern Thinker: On Education(as Bildung and Erziehung) and Democracy(as a Politics System and a Mode of Associated Living). L. J. Waks & A. R. English(eds.). *John Dewey's Democracy and Education: A Centennial Handbook*. Cambridge.

Biesta, G.(2006). "Of All Affairs, Communication is the Most Wonderful": The Communicative Turn in Dewey's Democracy and Education. D. T. Hansen(ed.). *John Dewey and Our Educational Prospect*. Suny.

Bobbbit, F.(1918). *The Curriculum*. Houghton Mifflin. 정광순 외 옮김(2017). 『학교에서 무엇을 가르쳐야 하는가』. 학지사.

Carr, W. & Hartnett, A.(1996). *Education and the Struggle for Democracy: The Politics of Educational Ideas*. Open University Press.

Cohen, R. M.(2017), Inviting Dewey to an Online Forum: Using Techology to Deepen Student Understanding of Democracy and Education. L. J. Waks & A. R. English(eds.). *John Dewey's Democracy and Education: A Centennial Handbook*. Cambridge.

Coleman, M. A.(2017). Nature and Human Life in an Education for Democracy. L. J. Waks & A. R. English(eds.). *John Dewey's Democracy and Education: A Centennial Handbook*, Cambridge.

Cunnigham, C. A.(2017). Technologies for Democracy and Education in the Twenty-first Century. L. J. Waks & A. R. English(eds.). *John Dewey's Democracy and Education: A Centennial Handbook*. Cambridge.

Dewey, J. EW The Early Works(1882~1898)
　　　　　MW The Middle Works(1899~1924)
　　　　　LW The Late Works(1925~1953)

Dewey, J.(1888). 「민주주의의 윤리」. L. Menand(1997). *Pragmatism: A Reader*. New

York: Vintage Books. 김동식·박우석·이유선 옮김(2001). 『프래그머티즘의 길잡이』. 철학과현실사.

Dewey, J.(1896). Interest in Relation to Training of the Will. J. A. Boydston(Ed.). *The Early Works of John Dewey*, 1882-1898.

Dewey, J.(1897). the Interpretation Side of Child-study. *Transaction of Illinois Society for Child-Study*, 2: 17-27.

Dewey, J.(1899). *The School and Society*. Chicago: University of Chicago Press. 송도선 옮김(2016). 『학교와 사회』. 교육과학사.

Dewey, J.(1902). *The Child and Curriculum*. Chicago: University of Chicago Press. 박철홍 옮김(2002). 『아동과 교육과정』. 문음사.

Dewey, J.(1909). *Moral Principles in Education*. 임태평 옮김(1986). 『도덕교육』. 이문출판사.

Dewey, J.(1910). *How We Think*. D. C. Heath & Co. Publishers. 정회옥 옮김(2011). 『하우 위 싱크: 과학적 사고의 방법과 교육』. 학이시습.

Dewey, J.(1913). *Interest and Effort in Education*. Hough Mifflin Company. 조용기(2015). 『흥미와 노력: 그 교육적 의의』. 교우사.

Dewey, J.(1914). A Policy of Industrial Education. *New Republic*, 1, 11-12.

Dewey, J.(1915). *German Phiolosohpy and Politics*. Henry Holt and Company. 조상식 옮김(2016). 『존 듀이의 독일 철학과 정치』. 교육과학사.

Dewey, J.(1920). *Reonstruction in Philosophy*. Henry Holt and Co. 이유선 옮김(2014). 『철학의 재구성』. 아카넷.

Dewey, J.(1922). *Human Nature and Conduct*. Henry Holt.

Dewey, J.(1926). *The Public and its Problems*. Athens: Swallow. 정창호·이유선 옮김(2014). 『공공성과 그 문제들』. 한국문화사.

Dewey, J.(1931). *The Way out of Educational Confusion*. Cambridge. MA: Harvard University Press.

Dewey, J.(1935a). An Empirical Survey of Empiricisms. *LW* 11: 69-83.

Dewey, J.(1935b). *Liberalism and Social Action*. Prometheus Books.

Dewey, J.(1938). 박철홍 옮김(2021). 『경험으로서의 예술 1』. 나남.

Dewey, J.(1938). 박철홍 옮김(2022). 『경험으로서의 예술 2』. 나남.

Dewey, J.(1938). *Experience and Education*. The Macmillan Company. 박철홍 옮김(2002). 『경험과 교육』. 문음사.

Dewey, J.(1939). 이해영 옮김(1957). 『자유와 문화』. 을유문화사.

Dewey, J.(1946). *Problems of Men*. New York: Philosophical Library.

Dewey, J.(1958). *Experience and Nature*. Dover Publications.

English, A. R.(2017). Experience and Thinking: Transforming our Perspective on Learning. L. J. Waks & A. R. English(eds.). *John Dewey's Democracy and Education: A Centennial Handbook*. Cambridge.

English, A. R.(2020). John Dewey and the Role of the Teacher in a Globalized World: Imagination, Empathy, and 'The Third Voice'. M. Gordon & A. R. English(eds.). *John Dewey's Democracy and Education in an Era of Globalization*, Routledge.

Fesmire, S.(2017). Educational Values: Schools as Cultures of Imagination, Growth, and Fulfillment. L. J. Waks & A. R. English(eds.). *John Dewey's Democracy and Education: A Centennial Handbook*. Cambridge.

Garrison, J., Neubert, S. & Reith, K.,(2012). 심성보 외 옮김(2014). 『존 듀이와 교육: 듀

이 철학입문과 이 시대를 위한 현대적 재구성』. 살림터.

Garrison, J., Neubert, S. & Reith, K.(2016), *Democracy and Education: Dewey after one Hundred Years*. Routledge.

Garrison, J., Neubert, S. & Reith, K.(2020). Complexity and Reductionism in Educational Philosophy: John Dewey's Critical Approach in 'Democracy and Education' Reconsidered. M. Gordon & A. R. English(eds.). *John Dewey's Democracy and Education in an Era of Globalization*. Routledge.

Goldman, L.(2017). Learning and Its Environment. L. J. Waks & A. R. English(eds.). *John Dewey's Democracy and Education: A Centennial Handbook*. Cambridge.

Gordon, M.(2020). Why Should Scholars Keep Coming Back to John Dewey?, M. Gordon & A. R. English(eds.). *John Dewey's Democracy and Education in an Era of Globalization*. Routledge.

Gutek, G.(2014). *Philosophical, Ideological, and Theoretical Perspectives on Education*. Pearson.

Hansen, D. T.(2017). Foreword. L. J. Waks & A. R. English(eds.). *John Dewey's Democracy and Education: A Centennial Handbook*. Cambridge.

Hytten, K.(2020). Globalization, Democracy, and Social Movement: The Educational Potentential of Activism. M. Gordon & A. R. English(eds.). *John Dewey's Democracy and Education in an Era of Globalization*. Routledge.

Johnson, M. L. & Schulkin, J.(2023). *Mind in Nature: John Dewey, Cognitive Science, and a Naturalistic Philosophy for Living*. The MIT Press.

Johnston, J. S.(2006). *Inquiry and Education: John Dewey and the Quest for Democracy*. State University of New Yok Press.

Johnston, J. S. 김회용 옮김(2023). 「19세기 미국교육의 철학적 환경: 관념주의에서 실용주의로」. 김희봉 외 옮김. 『서양교육철학사: 근대: 1850~1914』. 학지사.

Jörke, D.(2007). John Dewey's Post-Traditional Notion of Community. J. Ryder & G.-R. Wegmarshaus(Eds.)(2007). *Education for a Democratic Society: Central European Pragmatist Forum Volume Three*. Amsterdam/New York: Rodopi.

Kliebard, H. M.(1986/2004). *The Struggle for the American Curriculum: 1893-1958*. New York: Routledge.

Kneller, G. F.(1990). *Introduction to the Philosophy of Education*. John Wiley & Sons, INC. 정희순 옮김. 『교육철학이란 무엇인가』. 서광사.

Laverty, M. J.(2020). Thinking My Way back to You: John Dewey on the Communication and Formation of Concept. M. Gordon & A. R. English(eds.). *John Dewey's Democracy and Education in an Era of Globalization*. Routledge.

Martin, C.(2017). John Dewey and the Analytic Paradigm in Philosophy of Education: Conceptual Analysis as a Social Aim. L. J. Waks & A. R. English(eds.). *John Dewey's Democracy and Education: A Centennial Handbook*. Cambridge.

McCarthy, C.(2017). Knowing Scientifically is Essential for Democratic Society. L. J. Waks & A. R. English(eds.). *John Dewey's Democracy and Education: A Centennial Handbook*. Cambridge.

McKenna, E.(2007). Pluralism and Democracy: Individuality by Another Name. J. Ryder & G.-R. Wegmarshaus(eds.). *Education for a Democratic Society: Central European Pragmatist Forum Volume Three*. Amsterdam/New York: Rodopi.

Meyer, M. A.(2017). Subject Matter: Combining Learning by Doing with Past Collective Experience. L. J. Waks & A. R. English(eds.). *John Dewey's*

Democracy and Education: A Centennial Handbook. Cambridge.

Mintz, A. I.(2017). What is the Purpose of Education?: Dewey's challenge to his Contemporaries. L. J. Waks & A. R. English(eds.). *John Dewey's Democracy and Education: A Centennial Handbook*. Cambridge.

Noddings, N.(2017). Dewey, Care Ethics, and Education. L. J. Waks & A. R. English(eds.). *John Dewey's Democracy and Education: A Centennial Handbook*. Cambridge.

Obelleiro, G.(2017). Democracy without Telos: Education for a Future Uncertain. L. J. Waks & A. R. English(eds.). *John Dewey's Democracy and Education: A Centennial Handbook*. Cambridge.

Oelkers, J.(2017). John Dewey's Refutation of Classical Educational Thinking. L. J. Waks & A. R. English(eds.). *John Dewey's Democracy and Education: A Centennial Handbook*. Cambridge.

Ornstein, A. C., Levin, D. U., & Gutek, G. L.(2011). *Foundations of Education*. Wadsworth.

Peng, H.(2017. Individuality and a Flourishing Society: A Reciprocal Relationship. L. J. Waks & A. R. English(eds.). *John Dewey's Democracy and Education: A Centennial Handbook*. Cambridge.

Pring, R.(2017a). Philosophy of Education. L. J. Waks & A. R. English(eds.). *John Dewey's Democracy and Education: A Centennial Handbook*. Cambridge.

Pring, R.(2017b). John Dewey: Philosopher of Education for Our Time. L. J. Waks & A. R. English(eds.). *John Dewey's Democracy and Education: A Centennial Handbook*. Cambridge.

Quay, J.(2020). Not 'Democratic Education' but 'Democracy and Education: Reconsidering Dewey's Oft Misunderstood Introduction to Philosophy of edcuation. M. Gordon & A. R. English(eds.). *John Dewey's Democracy and Education in an Era of Globalization*. Routledge.

Rosenblatt, H.(2018). *The Lost History of Liberalism*. Princeton University Press. 김승진 옮김(2023). 『자유주의의 잃어버린 역사』. 니케북스.

Rud, A. G.(2017), Giving Form and Structure to Experience. L. J. Waks & A. R. English(eds.). *John Dewey's Democracy and Education: A Centennial Handbook*. Cambridge.

Schutz, A.(2001). Contesting Utopianism: Hannah Arendt and the Tensions of Democratic Education. M. Gordon(2001). *Hannah Arendt and Education*. Westview.

Simpson, D. J.(2017). The Consciously Growing and Refreshing Life. L. J. Waks & A. R. English(eds.). *John Dewey's Democracy and Education: A Centennial Handbook*. Cambridge.

Simpson, D. J. & Jackson, J. B.(1997). *Educational Reform: A Deweyan Perspective*. Garland Publishing.

Smith Ⅲ, J. P. & Greenhagh, S. P.(2017). The Role of Thinking in Education: Why Dewey Still Raises the Bar on Educators. L. J. Waks & A. R. English(eds.). *John Dewey's Democracy and Education: A Centennial Handbook*. Cambridge.

Smith, S.(2001). Education for Judgement: An Arendtian Oxymoran?. M. Gordon. (2001), *Hannah Arendt and Education*. Westview.

Stitzlein, S. M.(2017). Growth, Habits, and Plasticity in Education. L. J. Waks & A. R.

English(eds.). *John Dewey's Democracy and Education: A Centennial Handbook*. Cambridge.

Stroud, S. R.(2017). The Value of the Present: Rethinking Labor and Leisure through Education. L. J. Waks & A. R. English(eds.). *John Dewey's Democracy and Education: A Centennial Handbook*. Cambridge.

Thayer-Bacon, B.(2017). Healing Splits: Dewey's Theory of Knowing. L. J. Waks & A. R. English(eds.). *John Dewey's Democracy and Education: A Centennial Handbook*. Cambridge.

Thayer-Bacon, B.(2000). *Transforming Critical Thinking: Thinking Constructively*. Teachers College Press. 김아영 옮김(2022). 『비판적 사고의 전환』. 글로벌콘텐츠.

Waddington, D. I.(2017). An Old Story: Dewey's Account of the Opposition between the Intellectual and the Practical. L. J. Waks & A. R. English(eds.). *John Dewey's Democracy and Education: A Centennial Handbook*. Cambridge.

Waks, L. J.(2017a). Introduction to Part I. L. J. Waks & A. R. English(eds.). *John Dewey's Democracy and Education: A Centennial Handbook*. Cambridge.

Waks, L. J.(2017b). Learning by Doing and Communicating. L. J. Waks & A. R. English(eds.). *John Dewey's Democracy and Education: A Centennial Handbook*. Cambridge.

Waks, L. J.(2017c). A Democratic Theory of Aims. L. J. Waks & A. R. English(eds.). *John Dewey's Democracy and Education: A Centennial Handbook*. Cambridge.

Waks, L. J. 김운종 옮김(2023). 「존 듀이의 민주주의 교육철학」. 김희봉 외 옮김. 『서양교육철학사: 근대: 1850~1914』. 학지사.

Wegmarshaus, G. R.(2007). John Dewey's Understanding of Democracy: Inspiring Political Education in Germany. J. Ryder & G.-R. Wegmarshaus(Eds.)(2007). *Education for a Democratic Society: Central European Pragmatist Forum Volume Three*. Amsterdam/New York: Rodopi.

Westbrook, R. B.(1991). *John Dewey and American Democracy*. Cornell University Press.

Wilson, T. S.(2017a). Shaping and Sharing Democratic Aims: Reconstructing Interest and Discipline. L. J. Waks & A. R. English(eds.). *John Dewey's Democracy and Education: A Centennial Handbook*. Cambridge.

Wilson, T. S.(2017b). Shaping and Sharing Democratic Aims: Reconstructing Interest and Discipline. L. J. Waks & A. R. English(eds.). *John Dewey's Democracy and Education: A Centennial Handbook*. Cambridge.

Winch, C.(2017a). Work, Play, and Learning. L. J. Waks & A. R. English(eds.). *John Dewey's Democracy and Education: A Centennial Handbook*. Cambridge.

Winch, C.(2017b). Autonomy, Occupation, and Vocational Education. L. J. Waks & A. R. English(eds.). *John Dewey's Democracy and Education: A Centennial Handbook*. Cambridge.

삶의 행복을 꿈꾸는 교육은
어디에서 오는가?

● **교육혁명을 앞당기는 배움책 이야기** 혁신교육의 철학과 잉걸진 미래를 만나다!

● 비고츠키 선집 발달과 협력의 교육학 어떻게 읽을 것인가?

● 경쟁과 차별을 넘어 평등과 협력으로 미래를 열어가는 교육 대전환! 혁신교육 현장 필독서

전문적 학습네트워크

초등 개념기반 탐구학습 설계와 실천 이야기

선생님이 왜 노조 해요?

크리스 브라운·신디 푸트먼 엮음 | 성기선·문은경 옮김 | 424쪽 | 값 24,000원

김병일 외 지음 | 380쪽 | 값 27,000원

교사노동조합연맹 기획 | 324쪽 | 값 18,000원

참된 삶과 교육에 관한
생각 줍기